MIDI-PYRÉNÉES

Directeur	David Brabis
Rédactrice en chef	Nadia Bosquès
Responsable éditorial	Amaury de Valroger
Rédaction	Sophie Fréret, Emmanuelle Maisonneuve
Informations pratiques	Catherine Rossignol, Michel Chaput, Danielle Leroyer
Documentation	Eugénia Gallese, Yvette Vargas ; www.insee.fr *(chiffres population)*
Cartographie	Alain Baldet, Michèle Cana, Véronique Aissani, Thierry Lemasson, Olivier Guinet, Jean-Pierre Michel. *Plans de ville réalisés d'après les données TéléAtlas, © TéléAtlas 2006.*
Iconographie	Cécile Koroleff, Stéphane Sauvignier
Secrétariat de rédaction	Pascal Grougon, Jacqueline Pavageau, Danièle Jazeron, Anne Duquénoy
Relecture	Agnès Jeanjean
Maquette intérieure	Agence Rampazzo
Création couverture	Laurent Muller
Fabrication	Renaud Leblanc, Sandrine Combeau, Cécile Lisiecki
Marketing	Ana Gonzalez, Flora Libercier
Ventes	Gilles Maucout (France), Charles Van de Perre (Belgique), Fernando Rubiato (Espagne, Portugal), Philippe Orain (Italie), Jack Haugh (Canada), Stéphane Coiffet (Grand Export)
Relations publiques	Gonzague de Jarnac
Remerciements	Patrick Berger, Jean-François Mesplede
Régie pub et partenariats	michelin-cartesetguides-btob@fr.michelin.com *Le contenu des pages de publicité insérées dans ce guide n'engage que la responsabilité des annonceurs.*
Pour nous contacter	Michelin Cartes et Guides 46, avenue de Breteuil - 75324 Paris Cedex 07 ✆ 01 45 66 12 34 – Fax : 01 45 66 13 75 LeGuideVert@fr.michelin.com www.ViaMichelin.fr

Parution 2007

Note au lecteur

L'équipe éditoriale a apporté le plus grand soin à la rédaction de ce guide et à sa vérification. Toutefois, les informations pratiques (prix, adresses, conditions de visite, numéros de téléphone, sites et adresses Internet...) doivent être considérées comme des indications du fait de l'évolution constante des données. Il n'est pas totalement exclu que certaines d'entre elles ne soient plus, à la date de parution du guide, tout à fait exactes ou exhaustives. Elles ne sauraient de ce fait engager notre responsabilité.

Le Guide Vert,
la culture en mouvement

Vous avez envie de bouger pendant vos vacances, le week-end ou simplement quelques heures pour changer d'air ? Le Guide Vert vous apporte des idées, des conseils et une connaissance récente, indispensable, de votre destination.

Tout d'abord, **sachez que tout change**. Toutes les informations pratiques du voyage évoluent rapidement : nouveaux hôtels et restaurants, nouveaux tarifs, nouveaux horaires d'ouverture... Le patrimoine aussi est en perpétuelle évolution, qu'il soit artistique, industriel ou artisanal... Des initiatives surgissent partout pour rénover, améliorer, surprendre, instruire, divertir. Même les lieux les plus connus innovent : nouveaux aménagements, nouvelles acquisitions ou animations, nouvelles découvertes enrichissent les circuits de visite.

Le Guide Vert **recense** et **présente ces changements** ; il réévalue en permanence le niveau d'intérêt de chaque curiosité afin de bien mesurer ce qui aujourd'hui vaut le voyage (distingué par ses fameuses 3 étoiles), mérite un détour (2 étoiles), est intéressant (1 étoile). Actualisation, sélection et appréciation sur le terrain sont les maîtres mots de la collection, afin que Le Guide Vert soit à chaque édition le reflet de la réalité touristique du moment.

Créé dès l'origine pour **faciliter et enrichir vos déplacements**, Le Guide Vert s'adresse encore aujourd'hui à tous ceux qui aiment connaître et comprendre ce qui fait l'identité d'une région. Simple, clair et facile à utiliser, il est aussi idéal pour voyager en famille. Le symbole 👨‍👧 signale tout ce qui est intéressant pour les enfants : zoos, parcs d'attractions, musées insolites, mais également animations pédagogiques pour découvrir les grands sites.

Ce guide vit pour vous et par vous. N'hésitez pas à nous faire part de vos remarques, suggestions ou découvertes ; elles viendront enrichir la prochaine édition de ce guide.

L'ÉQUIPE DU GUIDE VERT MICHELIN
LeGuideVert@fr.michelin.com

ORGANISER SON VOYAGE

OÙ ET QUAND PARTIR

S'Y RENDRE ET CHOISIR SES ADRESSES

À FAIRE ET À VOIR

COMPRENDRE LA RÉGION

NATURE

HISTOIRE

ART ET CULTURE

LA DESTINATION AUJOURD'HUI

VILLES ET SITES

À l'intérieur du premier rabat de couverture, la carte générale intitulée « **Les plus beaux sites** » donne :

- une **vision synthétique** de tous les lieux traités ;
- les **sites étoilés** visibles en un coup d'œil ;
- les **circuits de découverte**, dessinés en vert, aux environs des destinations principales.

Dans la partie « **Découvrir les sites** » :

- les **destinations principales** sont classées par ordre alphabétique ;
- les **destinations moins importantes** leur sont rattachées sous les rubriques « Aux alentours » ou « Circuits de découverte » ;
- les **informations pratiques** sont présentées dans un encadré vert dans chaque chapitre.

L'**index** permet de retrouver rapidement la description de chaque lieu.

SOMMAIRE

DÉCOUVRIR LES SITES

Petit matin au lac d'Aumar, dans la réserve naturelle de Néouvielle.

M.-H. Carcanague / MICHELIN

ORGANISER SON VOYAGE

OÙ ET QUAND PARTIR

Selon vos affinités et le temps dont vous disposez, vous choisirez une région plutôt qu'une autre et un type de voyage (séjour fixe ou itinérant). Les **lieux de séjour** vous sont conseillés pour leurs possibilités d'accueil et l'agrément de leur site : on y passe facilement une semaine. Les **propositions d'itinéraires** décrivent des parcours de découverte de la région sur plusieurs jours. Enfin les villes de Toulouse, Auch, Lourdes et Castres méritent d'être classées parmi les **idées de week-end**.

Nos conseils de lieux de séjour

Pour plus d'informations sur les types d'hébergement, les services de réservation, les adresses que nous avons retenues dans ce guide, reportez-vous au chapitre « S'y rendre et choisir ses adresses ». Pour connaître les possibilités d'activités de plein air et les manifestations culturelles ou sportives de la région, consultez le chapitre « À faire et à voir ».

À LA MONTAGNE

Avant de présenter les différentes stations de montagne (taille, activités à pratiquer, sites à visiter), voici un petit aperçu des logements qui pourront vous y accueillir. Vous choisirez entre chalets ou gîtes isolés au cœur de la nature, auberges et chambres d'hôte dans les petits villages de montagne, hôtels dans les villes thermales (Cauterets, Luchon), hébergement en résidence de tourisme (Saint-Lary-Soulan, Ustou, Cauterets) ou en villages de vacances (Ax-les-Thermes, Auzat).

Ludovic Cazenave / MICHELIN

Vue imprenable sur la vallée du Lys.

Hiver

Moins connues que leurs consœurs alpines, les stations des Pyrénées n'en sont pas moins dynamiques, sans jamais quitter l'échelle humaine.
Les amateurs de descentes cherchant la variété piocheront parmi les plus grandes stations des Hautes-Pyrénées (le domaine du **Tourmalet**, englobant La Mongie et Barèges ; **Saint-Lary-Soulan**, labellisée « Famille Plus » - *voir p. 44*) ou d'Andorre (**Granvalira**, **Vallnord**). Parmi les stations de taille moyenne, toujours pour le ski alpin, citons **Piau**, **Luz-Ardiden**, **Peyragudes** et les stations Kid **Gavarnie-Gèdre** et **Cauterets** pour les Hautes-Pyrénées ; **Superbagnères** pour la Haute-Garonne ; **Ax-les-Thermes** et **Guzet-Neige** pour l'Ariège. La plupart de ces stations combinent au plaisir du ski - ou de la randonnée en été - les bienfaits du thermoludisme *(voir p. 40)*. Plus confidentielles et idéales pour l'apprentissage du ski en famille, les petites stations : **Hautacam**, **Val Louron**, **Les Monts d'Olmes**, **Ascou-Pailhères**, **Mijanès-Donezan**, **Le Mourtis**, **Bourg-d'Oueil**.
Le ski de fond et les balades en raquettes ont également leurs adeptes, y compris en Aubrac, sur les derniers contreforts du Massif central : par ordre décroissant de taille, mentionnons le **Val d'Azun**, **Beille**, **Chioula**, **Campan-Payolle**, **Nistos**, **Laguiole**, **Le Mourtis**, **Cauterets**, **Mijanès-Donezan**, **Peyragudes**, **Aubrac** et **Brameloup**.

Pour plus de détails, reportez-vous au tableau p. 37-38.

Été

Toutes les stations citées ci-dessus proposent, à leur échelle, un grand éventail de sports de montagne : canyoning, rafting, hydrospeed, escalade, parapente, équitation, VTT, etc. Sans omettre, bien sûr, la randonnée (n'oubliez pas vos chaussures de marche !). Les Hautes-Pyrénées, situées pour une bonne partie sur le territoire du Parc national des Pyrénées, réservent aux marcheurs des paysages époustouflants mais souvent très touristiques (cirque de Gavarnie, Pont d'Espagne, pic du Midi de Bigorre, lacs de la réserve naturelle de Néouvielle). Pour fuir la foule, préférez les cirques de Troumouse, d'Espingo, de Cagateille et autres randonnées plus secrètes en Val d'Azun, dans la vallée du Louron ou la vallée de l'Ourse. L'Ariège, aux paysages plus préservés, n'est pas en reste pour les visites et les découvertes : sites préhistoriques (Niaux, Mas-d'Azil, Bédeilhac, la Vache, parc de Tarascon), château cathare de Montségur, traditions bethmalaises. Pour résumer à grands traits, les stations des Hautes-Pyrénées conviendront d'avantage aux amateurs de loisirs actifs (en été, il s'agit surtout de **Saint-Lary-Soulan**, **Luz-Saint-Sauveur**, **Cauterets**, **Barèges**, **Gavarnie**), tandis que l'Ariège et l'Aubrac plairont à ceux qui préfèrent le calme et la nature à l'état pur.

À LA CAMPAGNE

Tout séjour au vert en Midi-Pyrénées suppose une certaine attirance pour la gastronomie et les bons produits du terroir. Difficile de ne pas déguster au moins une fois au cours de votre séjour du foie gras du Gers, du cassoulet toulousain ou des charcuteries de Lacaune, d'agrémenter vos repas d'ail rose de Lautrec ou blanc de Lomagne et d'arroser le tout de vin (gaillac, madiran, Vic-Bilh) ou d'armagnac. Si ce ne sont vos papilles, vous régalerez au moins vos yeux d'un petit tour dans les marchés qui se tiennent sous les halles d'un bon nombre de bastides du Gers (Mirande), du Rouergue (Villefranche) ou du Lauragais (Revel). Pour ceux qui n'aiment pas se lever matin, séance de rattrappage avec les marchés de nuit.
Besoin de respirer en pleine nature ? Optez pour une Station Verte : elles sont particulièrement nombreuses dans l'Aveyron et dans le Gers *(voir p 26)*. **Mur-de-Barrez** et **Masseube** sont parmi les plus au calme. La **Montagne noire** offre de son côté une multitude d'hébergements au milieu des bois (chalets, chambres d'hôte, villages de vacances) et de très belles possibilités de randonnées.
Amoureux des belles pierres blanches ? Séjournez dans une bastide de caractère : **Cordes-sur-Ciel**, **Fourcès**, **Sauveterre-de-Rouergue**, **Mirande**, **Mirepoix**. Devenues des villes, certaines d'entre elles n'ont pourtant pas perdu leur cachet : **Montauban**, **Villefranche-de-Rouergue**, **Montréjeau**, **Revel**, **Grenade**.
Les fêtes et festivals constituent à eux seuls de bons prétextes pour y

Antonin Thuillier / MICHELIN

La presqu'île de Laussac (Aveyron).

séjourner (Festival du jazz à Marciac, Fête médiévale du Grand Fauconnier à Cordes, etc.). Consultez le calendrier des événements p. 45.
Le thermalisme représente un autre mode de repos : rendez-vous dans le Gers à **Barbotan-les-Thermes**, **Castéra-Verduzan** ou **Lectoure**.
Les **chemins de Saint-Jacques**, au long desquels abondent les gîtes, ont façonné l'architecture de nombreuses étapes que les passionnés d'art roman ne manqueront pas de découvrir (Saint-Sernin à Toulouse, Conques, Moissac, Saint-Lizier, abbaye de Flaran)
Enfin, d'intéressants musées (Montauban, Albi, Castres) et de vivants pôles d'artisanat (couteaux de Laguiole, ébénisterie à Revel, faïencerie à Martres-Tolosane) pimenteront votre séjour.

AU BORD DE L'EAU

SI la région Midi-Pyrénées ne présente aucune ouverture sur la mer, elle n'en possède pas moins des kilomètres de rivières, canaux et fleuve ainsi que de très nombreux lacs et plans d'eau prêtant leurs surfaces aux sports nautiques et leurs berges aux découvertes culturelles.
Pour la splendeur des paysages, installez-vous au bord du Lot, de l'Aveyron ou du Tarn. Ces trois rivières issues du Massif central tracent des vallées parallèles au nord de Toulouse et forment par endroits de splendides gorges où la pratique du canoë est très répandue. De véritables joyaux architecturaux ont vu le jour au bord de ces rivières. Pour explorer la vallée du Lot, installez-vous à **Sainte-Eulalie d'Olt**, **Saint-Geniez-d'Olt**, **Espalion**, **Estaing** ou **Entraygues-sur-Truyère**.
Pour l'Aveyron, choisissez entre **Rodez**, **Belcastel**, **Villefranche-de-Rouergue**, **Najac**, **Saint-Antonin-Noble-Val** et **Bruniquel**. Enfin,

Jean Malburet / MICHELIN

Le lac de Pareloup, près de Rodez.

la basse vallée du Tarn se laissera dévoiler à **Ambialet**, **Albi**, **Gaillac**, **Lisle-sur-Tarn**, **Rabastens**, **Villemur**, **Montauban** ou **Moissac**. *Les gorges du Tarn sont décrites dans* Le Guide Vert Languedoc-Roussillon.
La Garonne, où tout ce petit monde finit un jour ou l'autre par affluer, présente des rives de choix, surtout au début de son voyage : **Saint-Béat**, **Saint-Bertrand-de-Comminges**, **Rieux**, **Toulouse** et **Auvillar**.

Aménagés par l'homme, les canaux du Midi et de la Garonne prêtent leurs berges aux randonnées cyclistes. En vous installant à **Ayguesvives**, **Montesquieu-Lauragais** ou **Avignonet-Lauragais**, au cœur d'une vaste plaine céréalière, explorez le pays de cocagne, non loin de là, et profitez-en pour vous offrir quelques heures de navigation de plaisance.

Parmi les plans d'eau, le **lac de Pareloup** (1 300 ha) est réputé être la plus grande mer intérieure française. En logeant à proximité, vous pourrez pratiquer tout type de sports d'eau (baignade, planche à voile, aviron, ski nautique). Même programme au bassin de **Saint-Ferréol** près de Revel, bordé de sable fin et de pins maritimes, à **Loudenvielle** dans la vallée du Louron, **Saint-Nicolas-de-la-Grave**, près de Moissac, **Laouzas**, **Saints-Peyres** et **Montagnès** dans le Tarn. De nombreux campings du Gers jouxtent des bases de loisirs *(voir p. 30)*.

Nos propositions d'itinéraires

Si vous souhaitez visiter dans le détail un secteur marqué par une identité particulière, nous vous proposons ci-dessous **7 itinéraires** regroupant les principales curiosités de la région. N'oubliez pas de consulter également la **carte des plus beaux sites** (rabat de la couverture) qui vous invitera sans doute à faire tel ou tel crochet en fonction de vos propres goûts.

VILLES ROSES ENTRE TARN ET GARONNE

Circuit de 5 jours au départ d'Albi (285 km)

1er jour – Commencez votre périple par une visite de la cathédrale Sainte-Cécile d'**Albi**, puis longez la rive droite du Tarn vers l'ouest, jusqu'à **Castelnau-de-Lévis** pour admirer le panorama sur Albi et la vallée du Tarn. Vous y apercevrez les ruines d'une forteresse du 13e s. Continuez plus à l'ouest vers **Gaillac**, où vous arroserez votre repas d'un bon petit vin AOC, avant de visiter l'abbatiale et les musées de la ville. Toujours le long du Tarn, gagnez le charmant village de **Lisle-sur-Tarn**, et découvrez la belle église de briques de **Rabastens**, où vous logerez.

2e jour – Partez admirer les premiers rayons du soleil sur le vignoble frontonnais en traversant **Villemur-sur-Tarn** et **Fronton**, puis faites halte dans la bastide de **Grenade**. Passez **Bouillac**, au nord-ouest, et déjeunez à **Beaumont-de-Lomagne**, la capitale de l'ail blanc, reconnaissable au clocher toulousain de son église fortifiée. Rejoignez **Auvillar**, au nord-ouest, qui vous enchantera par sa halle circulaire. Terminez votre journée à **Moissac** et contemplez le portail méridional et le cloître de son abbaye.

3e jour – Débutez par la visite de **Montauban**, ville natale d'Ingres et de Bourdelle, où vous resterez jusqu'au déjeuner. Par la D 115 à l'est, ralliez **Montricoux**, patrie du peintre Marcel Lenoir avant de vous établir pour la soirée à **Bruniquel**, superbe village couronné d'un château, au débouché des gorges de l'Aveyron.

4e jour – Dirigez-vous vers la **forêt de Grésigne** pour une balade matinale. Vous apercevrez, au sud-ouest de la forêt, sur une plate-forme rocheuse, **Puycelci**, ancienne place forte propice aux déambulations. Reprenez la route vers **Castelnau-de-Montmiral** où vous trouverez de quoi vous sustenter. Consacrez votre après-midi et votre soirée à découvrir **Cordes-sur-Ciel**, la « ville aux cent ogives », qui regorge d'échoppes d'artisans.

5e jour – Prolongez votre séjour à **Cordes** jusqu'à la fin de la matinée. Regagnez enfin **Albi** où de nombreuses richesses restent à découvrir.

EAUX THERMALES DES PYRÉNÉES

Déjà, les Romains, fins connaisseurs en la matière, avaient établi des thermes çà et là dans les Pyrénées. Mais c'est à partir du 18e s. (et plus encore au 19e s.) que « prendre les eaux » devint une véritable mode : les Pyrénées doivent à cette vogue leur fortune touristique et leur équipement en voies de communication.

Circuit de 5 jours au départ de Tarbes (250 km)

1er jour – Quittez **Tarbes** et son haras pour gagner **Lourdes** où l'eau n'est pas thermale, mais miraculeuse. Les apparitions de la Vierge ont transformé cette paisible bourgade en une cité connue du monde entier.

2e jour – Roulez vers le sud, en direction des Pyrénées. L'ascension du **pic de Pibeste** (chaussures de marche indispensables) vous offrira une vue splendide sur les Pyrénées. Poursuivez vers **Argelès-Gazost** pour une pause déjeuner avant de gagner **Luz-Saint-Sauveur** et **Barèges**. De là, franchissez le **col du Tourmalet** pour contempler le paysage du haut du **pic du Midi de Bigorre** et visiter l'observatoire (accès en téléphérique depuis **La Mongie**). Arrêtez-vous à **Arreau** pour la nuit.

3e jour – La ville mérite une visite, ne serait-ce que pour sa maison des Lys. Partez en fin de matinée pour la **vallée du Louron**, avec un pique-nique. Vous y admirerez au passage de belles églises peintes (**Mont** en particulier). Une fois franchi le col de Peyresourde, délassez-vous dans la cité thermale de **Bagnères-de-Luchon**.

4e jour – Après une matinée de randonnée vers le lac d'Ôo, mettez le cap au nord, vers **Saint-Bertrand-de-Comminges**, magnifique bourg perché sur une colline et dominé par son abbatiale. L'après-midi sera consacré à la visite de l'abbatiale, de la cité romaine au pied de la colline et de la basilique romane de Saint-Just de **Valcabrère**. Passez la nuit sur place.

5e jour – Quittant le Moyen Âge pour la préhistoire, gagnez Montréjeau, puis partez visiter les **grottes de Gargas**. Restaurez-vous en chemin avant de rejoindre l'**abbaye de l'Escaladieu** et **Bagnères-de-Bigorre**, ultime étape avant le retour sur Tarbes.

PAYS DE COCAGNE

À travers ce circuit, découvrez les activités humaines qui ont fait ou qui font aujourd'hui vivre la région.

Circuit de 4 jours au départ de Toulouse (230 km)

1er jour – À **Toulouse**, visitez l'usine d'assemblage d'Airbus et la Cité de l'espace. Échappez-vous en fin de journée vers le sud, sur les berges du **canal du Midi** (préférez la N 113 à l'autoroute), œuvre magistrale de Pierre-Paul Riquet, pour faire halte à **Avignonet-Lauragais**. Quittez la plaine agricole du Lauragais pour grimper vers le nord-est jusqu'à **Saint-Félix-Lauragais**, petit village à flanc de coteaux, où vous passerez la nuit.

2e jour – Du pied du château de Saint-Félix (13e s.), vous apercevrez déjà **Revel**, votre prochaine étape (accès par la D 622, à l'est). Après une visite de Sylvea, où sont présentés les métiers du bois, prenez le temps de déjeuner à proximité de la halle (marché le samedi). Reprenez la route vers le **seuil de Naurouze**, autre belle réalisation de Riquet fixant le lieu de partage des eaux entre la Méditerranée et l'Atlantique. Tout proche, le bassin de **Saint-Ferréol** (baignade, sports nautiques), vous offrira une pause rafraîchissante. Poursuivez à travers la Montagne noire vers **Arfons**, puis **Mazamet**.

3e jour – Si vous n'en avez pas eu le temps la veille, visitez la maison des Mémoires de Mazamet. Sinon, poussez jusqu'à **Hautpoul** pour découvrir la Maison du bois et du jouet. Filez ensuite à **Castres**, réputée pour son activité liée au textile et au cuir. La visite de la ville, du musée Goya et un tour en bateau vous mèneront jusqu'au milieu de l'après-midi, que vous couronnerez par une balade dans le **Sidobre**. Idéal pour une soirée et une nuit tranquille (nombreuses chambres d'hôte).

4e jour – Direction le petit village médiéval de **Lautrec**, capitale de l'ail rose. Poursuivez votre périple vers **Graulhet**, jadis réputée pour sa mégisserie. Partez vous restaurer dans la vieille ville de **Lavaur**, au sud-ouest. Votre circuit se terminera par la traversée du « pays de cocagne », que vous connaîtrez mieux en visitant le château de **Magrin**. Avant de retrouver Toulouse, faites un dernier saut à **Loubens-Lauragais**, village fleuri adossé à un château.

HISTOIRES ET LÉGENDES DU COMTÉ DE FOIX

Le pays de Foix est auréolé de mystères. Cela tient sans doute à l'aspect inquiétant que prennent les paysages de ses étroites vallées par temps de brouilard. À moins qu'il ne s'agisse d'une histoire devenue légende…

Circuit de 4 jours au départ de Foix (280 km)

1er jour – Votre première journée d'excursion vous mènera sur les traces des cathares. À **Foix**, d'abord, qui fut aussi la cité du flamboyant Gaston Fébus, vous visiterez le château qui domine fièrement la ville. Prenez-y des forces avant de vous lancer à l'assaut du piton rocheux de **Roquefixade** et du pog de **Montségur**, où fut réduit le dernier foyer cathare. Après un passage par la fontaine intermittente de **Fontestorbes**, reposez-vous de vos ascensions à **Mirepoix**.

2e jour – Commencez la journée par une flânerie sur la superbe place à couverts de la bastide. Gagnez la surprenante église rupestre de **Vals**, puis rejoignez **Pamiers**, la plus grande ville du département, hérissée de tours et de clochers, pour déjeuner. La grotte du **Mas-d'Azil,** riche de nombreux témoignages préhistoriques, entamera l'après-midi. Passez ensuite au village du Mas-d'Azil, où l'affabuloscope saura vous amuser. La soirée arrivant, trouvez un gîte à **Saint-Girons**.

3e jour – En route pour **Saint-Lizier**, minuscule cité épiscopale au passé prestigieux. En suivant la **vallée de Bethmale**, vous traverserez de magnifiques paysages et rencontrerez le dernier artisan à fabriquer des sabots bethmalais. Déjeunez en route. D'églises romanes **(Vic** et **Massat)** en panoramas **(port de Lers)**, vous atteindrez l'un des berceaux de la préhistoire dans les Pyrénées : la **grotte de Niaux** et ses peintures rupestres. Poursuivez votre route jusqu'à **Tarascon-sur-Ariège** où vous pourrez vous établir pour la nuit.

4e jour – Le **parc de la Préhistoire** complètera bien votre visite de la veille à Niaux. Les enfants apprécieront les différents ateliers de reconstitution du mode de vie préhistorique ; vous aurez en plus la possibilité de déjeuner sur place. Explorez ensuite la **grotte de Lombrives**. Avant de revenir à Foix, faites une dernière halte à **Unac** et à la carrière de talc de **Trimouns**.

Le village de Lavardens (Gers).

LE ROUERGUE, DE LAUZES ET DE BRIQUES

Circuit de 4 jours au départ de Rodez (265 km)

1er jour – Une visite de **Rodez**, sa cathédrale et sa vieille ville, permettra de se familiariser avec le Rouergue. Déjeunez sur place avant de prendre la route de **Bozouls** dont le fameux « trou » offre une vue à couper le souffle. Puis direction **Espalion**, village pittoresque bordant le Lot où vous ferez étape.

2e jour – En poursuivant la vallée du Lot, vous traverserez d'autres petits villages dont **Estaing** et **Entraygues-sur-Truyère**. Avant de rejoindre **Conques**, arrêtez-vous à la Maison de la rivière Olt, à **Saint-Parthem**, pour tout comprendre sur le Lot. Point fort et incontournable de cette journée, le trésor de l'abbatiale de Conques. Ne manquez pas non plus de goûter aux spécialités du cru, déclinaison de charcuteries et de fromages, tripoux et aligot. Nuitée sur place.

3e jour – Direction **Decazeville** (ancien bassin houiller), puis **Villeneuve-d'Aveyron** et **Villefranche-de-Rouergue**, bastides dont l'habitat traditionnel a été préservé. Restaurez-vous sur place avant de poursuivre votre chemin vers **Rieupeyroux** et **Sauveterre-de-Rouergue** dont vous visiterez la bastide. Vous y séjournerez la soirée et la nuit.

4e jour – Réjouissez vos enfants en inaugurant votre cycle de visites matinal par le **parc animalier de Pradinas**. Puis reprenez la route en direction du majestueux **viaduc du Viaur**, masse métallique pesant près de quatre mille tonnes que vous emprunterez pour rejoindre **Camjac**. Coup d'œil sur l'église avant de regagner Rodez.

BASTIDES ET CASTELNAUX D'ARMAGNAC

Circuit de 4 jours au départ d'Auch (225 km)

Voilà un circuit au pays du foie gras et de l'armagnac, qui devrait combler les gourmets. Ce périple vous conduira aussi à la découverte d'un patrimoine architectural typiquement gascon.

1er jour – Visitez Auch, sa cathédrale, son musée des Jacobins, puis, après le déjeuner, partez à la découverte de bastides et de castelnaux gersois. Au menu : **Mirande**, **Montesquiou** et **Bassoues**. Dirigez-vous ensuite vers **Marciac** pour une visite en musique des « Territoires du jazz ». Passez-y la soirée et la nuit.

2e jour – En remontant vers le nord, remarquez la forteresse de **Termes-d'Armagnac**, dont il ne reste que le donjon, et faites un crochet par **Sabazan**, village perché doté d'une église romane particulièrement élancée. Prévoyez votre pause déjeuner à **Aignan,** où l'armagnac agrémentera votre fin de repas. À **Eauze** (D 20), visitez le superbe trésor du Musée archéologique. L'Antiquité reste au programme avec la visite de la villa gallo-romaine de Séviac tout près de **Montréal**. Poussez dans la foulée jusqu'à la bastide ronde de **Fourcès** pour y passer la nuit.

3e jour – Après la visite de Fourcès, rejoignez **Larressingle**, la « plus petite cité fortifiée de France ». Le circuit vous mène ensuite à Condom pour un déjeuner suivi d'une promenade digestive sur la Baïse. Fin de la journée à **La Romieu**, où les chats sont rois. Pause dînatoire dans une ferme-auberge et nuitée sur place.

4e jour – Sur le chemin du retour vers Auch, **Lectoure** vous attend au tournant de l'histoire avec son Musée gallo-romain, tandis que l'**abbaye de Flaran** vous offrira un dernier émerveillement.

DE L'ÂGE DE LA PIERRE AU MOYEN ÂGE

Circuit de 3 jours au départ de Toulouse (280 km)

1er jour – À **Toulouse** où est surtout évoqué le Moyen Âge, visitez les musées Saint-Raymond et des Augustins (merveilleuses sculptures romanes), ainsi que la basilique Saint-Sernin et l'église des Jacobins, chefs-d'œuvre du gothique toulousain. En fin d'après-midi, prenez la route de **Muret** (A 64 vers Tarbes), place forte qui a longtemps entendu le choc des épées de la fameuse bataille scellant le destin du comté de Toulouse lors de la croisade contre les albigeois. Gagnez enfin la charmante ville de **Rieux**, que vous visiterez après une nuit réparatrice.

2e jour – Une fois découverte la cathédrale de Rieux, partez pour **Montesquieu-Volvestre**, jolie bastide de briques. Rejoignez ensuite la Garonne que vous traverserez au niveau de Saint-Julien. Le **village gaulois** constitue une visite idéale pour toute la famille. Gagnez **Cazères**, dont le plan d'eau se prête bien aux activités nautiques ; vous pourrez y pique-niquer. **Martres-Tolosane** s'impose ensuite pour ses faïences (l'occasion de faire des emplettes !). Blottie dans les premiers contreforts des Pyrénées, **Salies-du-Salat** est une ville d'eau où il fait bon vivre. Ce sera la dernière étape avant **Saint-Gaudens**, à l'ouest, où vous approcherez les traditions du Comminges avant d'y établir vos quartiers pour la nuit.

3e jour – Accessible par la D 9, au nord, la villa gallo-romaine de **Montmaurin** vous plongera dans les temps antiques. Rejoignez la D 635, à l'est, pour atteindre **Aurignac**, ville aux portes de laquelle fut découvert un important site préhistorique. Vous y trouverez de quoi vous sustenter. En route pour une échappée gersoise à **Lombez**, le temps d'apprécier le clocher gothique de la cathédrale, et à **L'Isle-Jourdain**, qui abrite le musée d'Art campanaire. Retour sur les terres haute-garonnaises par la N 124, avec la ville rose en point de mire.

Nos idées de week-end

TOULOUSE

Le week-end occitan par excellence ! Il débutera par une douce flânerie dans les rues de la Ville rose : basilique Saint-Sernin, église des Jacobins, hôtel d'Assézat, Jardin Royal, etc. Pour l'après-midi, les idées de visites ne manquent pas : musée des Augustins, musée Saint-Raymond, fondation Bemberg,… Lorsque le soleil commence à décliner, allez admirer les reflets de ses derniers rayons sur le quai de la Daurade, en bord de

Garonne, entre le pont Neuf et le pont Saint-Pierre. Si le temps s'y prête, étendez-vous sur les pelouses formant un tapis verdoyant ou sirotez un verre en terrasse avant de regagner, pour la soirée, les rues animées du vieux Toulouse. Le lendemain, démarrez par un petit déjeuner sous les arcades de la place du Capitole, face aux marbres roses de la mairie. Pour la suite, le choix demeure vaste. Besoin de nature ? Prenez votre voiture pour une escapade dans le Lauragais. Vous découvrirez de grandes étendues couvertes de blé, de belles fermes aux proportions généreuses et une cuisine qui vaut le détour. Si vous êtes curieux de technologie, restez à Toulouse pour visiter la Cité de l'espace et les ateliers de montage d'Airbus. Quelle que soit l'option choisie, il vous en restera forcément pour un prochain séjour...

AUCH ET LE GERS

Chez les mousquetaires, voilà une halte gourmande au pays du foie gras et de l'armagnac. Vous appécierez les chefs-d'œuvre de la cathédrale Sainte-Marie, en particulier ses stalles et ses verrières illustrées de personnages colorés aux figures expressives. Laissez-vous ensuite impressionner par l'escalier monumental, en compagnie de d'Artagnan, puis perdez-vous dans les Pousterles avant de partir vous rafraîchir dans une base de loisirs voisine. Le dimanche matin, de novembre à mars (et tous les mercredis de l'année), ne manquez pas la « grasse matinée » de Gimont. Pas question de cure de sommeil, ici, il s'agit du fameux marché au gras. Après une solide dégustation dans un restaurant du cru, partez visiter quelques bastides : Cologne, Saint-Clar et Fleurance où vous terminerez la soirée à contempler les étoiles. Après un tel week-end, vous aurez du moins acquis une certitude : le bonheur est dans le pré...

LOURDES ET LES PYRÉNÉES

Cette cité religieuse réputée pour la grotte de Massabielle, où Bernadette Soubirous vit, à 18 reprises, apparaître la « belle dame », présente l'heureux avantage d'être située au pied des Pyrénées. Commencez votre première journée par découvrir les sanctuaires (grotte, basilique néobyzantine du Rosaire, musée Sainte-Bernadette), après quoi vous grimperez au château fort. Un petit tour au musée de Cire, puis quittez les foules et les innombrables marchands de pieuseries pour respirer l'air des montagnes. Mieux vaut opter pour un hébergement plus au calme, du côté de Luz-Saint-Sauveur. Le lendemain, choisissez entre la visite de l'observatoire du pic du Midi de Bigorre (montée en téléphérique depuis La Mongie) ou une randonnée vers le majestueux cirque de Gavarnie, inscrit au patrimoine mondial de l'humanité. Un week-end de ressourcement et de contemplation.

CASTRES ET LA MONTAGNE NOIRE

Avant une immersion en pleine nature, ménagez-vous une transition grâce à la visite de Castres et de son musée Goya. L'après-midi, une balade dans le Sidobre comblera votre envie d'être surpris, avec ses blocs de granit aux formes plus incongrues les unes que les autres. Après une nuit en petit chalet dans les monts de Lacaune, partez découvrir la Montagne noire. Le bassin de Saint-Ferréol vous permettra d'exercer le sport nautique de votre choix. Vous vous poserez ensuite dans la jolie cité de Revel, paradis des amateurs d'objets de bois. Pour finir, vous n'oublierez pas que le pays du pastel n'est qu'à quelques kilomètres.

Escapade à l'étranger

Dans la portion des Pyrénées traitée dans ce guide, trois routes mènent de l'autre côté de la frontière. La D 173 parvient en Espagne au tunnel de Bielsa (axe Saint-Lary-Soulan-Lérida), la N 125 au pont du Roi (axe Saint-Béat-Vielha) et la N 22 mène à la principauté d'Andorre par le village-frontière du Pas de la Casa. Pour définir l'itinéraire entre votre point de départ en France et votre destination en Espagne, consultez les cartes Michelin n°s 571 à 579 (au 1/400 000) couvrant l'ensemble du pays. Vous localiserez sur les cartes n°s 573 et 574 les différentes voies de passage.

NOS PROPOSITIONS D'ITINÉRAIRES

Les deux circuits proposés ci-après vous permettent de découvrir l'**Espagne** depuis Saint-Lary-Soulan ou Saint-Béat. Pour parcourir l'**Andorre**, reportez-vous à la page 103.

Circuit de 140 km de Saint-Lary-Soulan au Parc national d'Ordesa et du mont Perdu

Au cœur des Pyrénées aragonaises, ce parc jumelé au Parc national des Pyrénées, de l'autre côté de la frontière, englobe tout le massif du Mont-Perdu et les vallées d'Ordesa, d'Añisclo, d'Escuain et de la Pineta.

Quittez Saint-Lary par le sud en empruntant la D 929, puis traversez la frontière au niveau du tunnel de Bielsa. Suivez la A 138, puis bifurquez à droite juste avant Bielsa. Une route étroite remonte le cours du río Cinca traversant le site spectaculaire de la **vallée de Pineta★★**. Au cœur d'un cirque glaciaire : l'hôtel parador de Bielsa. Vous voici au pied du mont Perdu (3 355 m). Revenez à Bielsa, agréable village de montagne, afin de poursuivre votre route vers Ainsa. Sur votre gauche, le **défilé de las Devotas★**. Au niveau d'Escalona, quittez la A 138 et tournez à droite sur l'étroite et sinueuse route menant au **Cañón d'Añisclo★★**, séduisant par sa fraîcheur et sa végétation de pins à crochets s'agrippant aux parois calcaires. Reprenez le HU 631 jusqu'au village de Sarvisé puis prenez à droite la N 260. Après Broto et une montée en lacets, quittez la N 260 pour l'A 135 qui conduit à Torla. Continuez jusqu'à pénétrer sur la droite dans la **vallée d'Ordesa★★★**. De la route, deux belvédères permettent d'apprécier la vue générale sur le canyon d'Ordesa et la **cascade de Tamborrotera** (60 m). La route conduit à un centre d'information puis à restaurant. La suite s'effectue à pied… Pour les marcheurs débutants ou les familles avec de petits enfants, suivre le sentier au fond du canyon qui longe l'Arazas. C'est une promenade très agréable et ombragée. *Comptez la journée pour parcourir tout le canyon et revenir au parking.*

Circuit de 101 km de Saint-Béat à Llavorsí

Dans les Pyrénées catalanes, ce circuit parcourt le val d'Aran et le val d'Aneu.

Quittez Saint-Béat par le sud en empruntant la N 125. Passée la frontière au niveau du Pont du

Espagne pratique

Les formalités d'entrée sont les mêmes dans tous les pays de l'Union européenne : voir « Pour venir en France », p. 18.

Adresse utile

Office espagnol du tourisme – 43 r. Decamps - 75016 Paris - ✆ 01 45 03 82 50 - www.espagne.infotourisme.com

Vie quotidienne

Véhicules – La vitesse est limitée à 50 km/h dans les villes et agglomérations, à 90 sur le réseau courant, à 100 sur les routes nationales et à 120 sur les autoroutes et voies rapides. Outre les papiers du véhicule, il est nécessaire de posséder, sous peine d'amende, dans l'habitacle et non dans le coffre, deux triangles de signalisation et un gilet fluorescent à utiliser chaque fois que l'on quitte le véhicule sur le bord d'une route.

Santé – Vous pouvez aussi vous procurer la carte européenne d'assurance maladie sur Internet (www.amelie.fr).

Horaires – Ils sont assez différents de ceux pratiqués en France. À titre indicatif : déjeuner 13h30-15h30, dîner 21h-23h. Les bureaux de poste et les banques sont ouverts de 9h à 14h, sauf dans les grandes villes ; les banques sont fermées le samedi en été. Les magasins ouvrent généralement vers 9h30-10h, marquent souvent une pause entre 13h30 et 16h30 et ferment entre 20h et 20h30, voire à 22h ou 23h en été, dans les régions touristiques. Ils sont fermés le dimanche.

Courrier et téléphone – Les bureaux de poste sont signalés par le nom *Correos*. On peut y acheter des timbres *(sellos)* et des cartes téléphoniques *(tarjetas telefónicas)*, de même que dans les bureaux de tabac *(estancos)*. L'indicatif à ajouter devant le numéro de votre correspondant espagnol, à la place du premier « 0 » est le 00 34.

Si vous possédez un téléphone mobile, pensez à étendre votre forfait à l'usage international et renseignez-vous sur les offres qui pourront vous épargner

Jean Malburet / MICHELIN

La station Baqueira Beret (val d'Aran).

Roi, vous parviendrez à Bòssost dont l'**église de la Purificaciò de Maria★★** (12e s.) constitue le plus remarquable sanctuaire roman de toute la vallée. La N 230 suit le **val d'Aran★★**. Faites halte à **Vielha**, important centre touristique dont le noyau ancien et les maisons des 16e et 17e s. ont été préservées. À voir, l'**église Sant Miquèu★** pourvue d'un portail gothique du 13e s. et d'un clocher octogonal du 14e s. et le **Musèu de la Vall d'Arán**. Quelques kilomètres plus loin, dans le petit village touristique de **Betrén**, vous ne manquerez pas de visiter l'**église Sant Esteve★**, de style romano-gothique, et de remarquer le réalisme des personnages représentés sur le **portail★★**. À **Escunhau**, l'**église Sant Pedro★** conserve elle aussi un élégant **portail★★** du 12e s. Au confluent de la Garonne et du Valarties, arrêtez-vous à l'église romane du village d'**Arties★**. Autre village pittoresque : **Salardù★**, aux maisons de granit et de schiste blotties autour de l'église **Sant Andreu★**, qui abrite de superbes scultures et peintures. Passé Baqueira, restez sur l'axe principal et poursuivez votre ascension jusqu'au **Port de la Bonaigua** (2 072 m), environné de nombreux pics. Sur la droite, on distingue un splendide cirque glaciaire avant de plonger sur Esterri d'Àneu. Vous traversez ensuite le **val d'Àneu★★** auquel se greffe le val d'Espot, ouvrant la voie au secteur pallarais du **Parc national d'Aigüestortes i Estany de Sant Maurici★★**. Pour clore le circuit, rendez-vous à **Llavorsí**, village situé à la confluence des trois grands vals de la haute vallée de Noguera Pallaresa : Àneu, Cardós et Ferrera.

> **Quel temps pour demain ?**
>
> **Services téléphoniques de Météo France** – Taper **3250** suivi de :
>
> **1** – toutes les prévisions météo départementales jusqu'à 7 jours (DOM-TOM compris) ;
>
> **2** – météo des villes ;
>
> **4** – météo de la montagne ;
>
> **5** – météo des routes ;
>
> **6** – météo internationale.
>
> **Accès direct aux prévisions du département** – ✆ **0 892 68 02** suivi du numéro du département.
>
> Ces appels sont facturés 0,34 €/mn.
>
> Toutes ces informations sont également disponibles sur **www.meteo.fr**

Les atouts de la région au fil des saisons

Le climat de la région couverte par ce guide relève de trois régimes : atlantique, méditerranéen et celui du Massif central pour le Rouergue. Quant à la chaîne pyrénéenne, la disposition du relief, l'altitude et l'exposition des versants apportent une grande variété de nuances au climat des vallées. On parle même de microclimat.

Hiver

Les grandes étendues recouvertes de neige de l'Aubrac ravissent les amateurs de ski de fond et de randonnée. Le ski alpin, dans les Pyrénées proprement dites, dépend d'un enneigement variable d'un massif à l'autre, et souvent tardif : c'est à la fin de l'hiver, voire au début du printemps, que la neige est la plus abondante.

Printemps

C'est sans doute la meilleure saison pour visiter la région : les skieurs disposent encore souvent de neige en altitude, et les températures étant généralement modérées, c'est l'époque idéale pour pratiquer les multiples formes de randonnées. Les champs et les vergers se parent de couleurs.

Été

Il est sec et chaud, parfois caniculaire, en particulier sur le versant méditerranéen, mais aussi dans le Toulousain, l'Albigeois ou le Gers… Les orages, aussi violents que soudains, ne sont pas rares, surtout à partir de la mi-août, d'où l'importance de consulter la météo avant toute expédition en montagne.

Automne

Il se caractérise par des précipitations abondantes, en particulier dans le Toulousain et l'Albigeois. Des sautes de vent viennent parfois interrompre les courants dominant d'ouest et du nord-ouest : c'est le vent d'autan, en provenance du sud-ouest, qui balaie les plaines de son souffle tiède, d'abord sec puis chargé de pluie, dégénérant en rafales furieuses qui causent quelques dégâts aux cultures les plus fragiles. Dans le Gers et le Tarn-et-Garonne, le climat reste doux.

S'Y RENDRE ET CHOISIR SES ADRESSES

Où s'informer avant de partir

Ceux qui aiment préparer leur voyage dans le détail peuvent rassembler toute la documentation utile auprès des professionnels du tourisme de la région, qui disposent de cartes touristiques, brochures sur l'hébergement et la restauration, dépliants sur les activités, etc.

Outre les adresses indiquées ci-dessous, sachez que les coordonnées des offices de tourisme ou syndicats d'initiative des villes et sites décrits dans ce guide sont données systématiquement dans chaque **encadré pratique**, sous la rubrique « Adresses utiles ».

LES ADRESSES UTILES

Un numéro pour la France, le 3265 – Un nouvel accès facile a été mis en place pour joindre tous les offices de tourisme et syndicats d'initiative en France. Il suffit de composer le 3265 (0,34 €/mn) et prononcer distinctement le nom de la commune. Vous serez alors directement mis en relation avec l'organisme souhaité.

Comité régional de tourisme

Midi-Pyrénées – 54 bd de l'Embouchure - BP 2166 - 31022 Toulouse Cedex 2 - 05 61 13 55 55 - www.tourisme-midi-pyrenees.org

Comités départementaux du tourisme

Ariège – 31 bis av. du Gén.-de-Gaulle - BP 143 - 09004 Foix Cedex - 05 61 02 30 70 - www.ariegepyrenees.com

Aveyron – 17 r. Aristide-Briand - BP 831 - 12008 Rodez - 05 65 75 55 75 - www.tourisme-aveyron.com

Haute-Garonne – 14 r. Bayard - BP 845 - 31015 Toulouse Cedex 6 - 05 61 99 44 00 - www.tourisme-haute-garonne.com

Gers – 3 bd Roquelaure - BP 106 - 32002 Auch Cedex - 05 62 05 95 95 - www.tourisme-gers.com

Hautes-Pyrénées – Hautes-Pyrénées Tourisme Environnement - 11 r. Gaston-Manent - BP 9502 - 65950 Tarbes Cedex 9 - 05 62 56 70 65 - www.tourisme-hautes-pyrenees.com

Tarn – 41 r. Porta - BP 225 - 81006 Albi Cedex - 05 63 77 32 10 - www.tourisme-tarn.com

Tarn-et-Garonne – 7 bd Midi-Pyrénées - BP 534 - 82005 Montauban Cedex - 05 63 21 79 09 - www.tourisme82.com

Maisons de pays

Maison de l'Aveyron – 46 r. Berger - 75001 Paris - 01 42 36 84 63 - www.maison-aveyron.org

Maison des Pyrénées – 15 r. Saint-Augustin - 75002 Paris - 01 42 86 51 86.

Renseignements sur Internet

www.midi-pyrenees-net.com : une sélection d'hébergements en Midi-Pyrénées.

www.estelum.net : présente les villes les plus importantes de Midi-Pyrénées, leur patrimoine culturel et touristique.

www.pyrenees-online.fr : hébergement, stations de ski, activités, infos montagne…

www.lespyrenees.net : pour tout savoir sur les Pyrénées en toute saison.

www.parc-pyrenees.com : site officiel du Parc national des Pyrénées.

www.bigorre.org : portail sur Tarbes et les Hautes-Pyrénées (actualité culturelle, grands sites à visiter, stations de ski, hôtels et restaurants notés par les internautes).

www.randonnees-ariege.com : nombreuses propositions de circuits de randonnée en Ariège.

Antonin Thuillier / MICHELIN

Un balcon fleuri à Bagnères-de-Bigorre.

www.histariege.com : site actualisé sur l'histoire et le patrimoine ariégeois.

www.aubrac.com : il y est aussi bien question de tourisme que d'agriculture, de culture, d'immobilier, d'artisanat, de sport et loisirs…

www.aveyron.com : un panorama du département, nourri d'informations pratiques.

www.tarn-loisirs.com propose, au fil du calendrier, un large panel d'activités dans le Tarn.

www.gascogne.fr : voyage culturel au cœur de la Gascogne (Gers).

TOURISME DES PERSONNES HANDICAPÉES

Un certain nombre de curiosités décrites dans ce guide sont accessibles aux personnes à **mobilité réduite**, elles sont signalées par le symbole ♿. Le degré d'accessibilité et les conditions d'accueil variant toutefois d'un site à l'autre, il est recommandé d'appeler avant tout déplacement.

Accessibilité des infrastructures touristiques

Lancé en 2001, le label national **Tourisme et Handicap** est délivré en fonction de l'accessibilité des équipements touristiques et de loisirs au regard des quatre grands handicaps : auditif, mental, moteur ou visuel. À ce jour, 1 500 sites labellisés (hébergement, restauration, musées, équipements sportifs, salles de spectacles, etc.) ont été répertoriés en France. Vous pourrez en consulter la liste sur le site Internet **www.franceguide.com**

> **Quelques sites labellisés « Tourisme et Handicap »**
>
> En **Haute-Garonne** : Cité de l'espace et musée Saint-Raymond à Toulouse, Bisonnerie de Borde Basse à Mérenvielle ;
> Dans les **Hautes-Pyrénées** : Aquarium de Lourdes, Jardin botanique du Tourmalet à Barèges, les Lamas du val d'Azun à Estaing ;
> Dans le **Gers** : Jardin carnivore à Peyrusse-Massas, musée d'Art naïf à Béraut ;
> Dans le **Tarn** : Espace culturel du Saut du Tarn à Saint-Juéry, Jardin des Paradis à Cordes-sur-Ciel, musée de l'Abbaye Saint-Michel à Gaillac ;
> Dans l'**Aveyron** : Jardin médiéval du Château du Colombier.

Le magazine *Faire Face* publie chaque année, à l'intention des personnes en situation de handicap moteur, un hors-série intitulé *Guide vacances*. Cette sélection de lieux et offres de loisirs est disponible sur Internet ou sur demande (5,30 €, frais de port non compris) auprès de l'**Association des Paralysés de France** (APF) - Direction de la Communication - 17 bd Auguste Blanqui - 75013 Paris - www.apf.asso.fr

Pour plus d'informations sur l'accessibilité des musées, consultez le site **http://museofile.culture.fr**

Accessibilité des transports

Train – Disponible gratuitement dans les gares et boutiques SNCF ou sur le site www.voyages-sncf.com, le *Mémento du voyageur handicapé* donne des renseignements sur l'assistance à l'embarquement et au débarquement, la réservation de places spéciales. À retenir également, le numéro vert **SNCF Accessibilité Service** : ✆ 0 800 15 47 53 (n° vert).

Avion – Air France propose aux personnes handicapées le service d'**assistance Saphir** : ✆ 0 820 01 24 24 (0,12 €/mn). Pour plus de détails, consultez le site Internet www.airfrance.fr

Publié chaque année par Aéroguide Éditions (47 av. Léon Gambetta - 92120 Montrouge - ✆ 01 46 55 93 43 - infos@aeroguide.fr), l'*Aéroguide France : aéroports mode d'emploi* (59 €, frais de port non compris) donne lui aussi de précieux renseignements sur les services et assistances aux personnes handicapées dans les aéroports et aérodromes français.

Pour venir en France

Voici quelques informations pour les voyageurs étrangers en provenance de pays francophones comme la Suisse, la Belgique ou le Canada.

Pour en savoir plus, consultez le site de la Maison de la France **www.franceguide.com**

Ambassade de Suisse – 142 r. de Grenelle - 75007 Paris - ✆ 01 49 55 67 00 - www.eda.admin.ch/paris

Ambassade du Canada – 35-37 av. Montaigne - 75008 Paris - ✆ 01 44 43 29 00 - www.amb-canada.fr

Ambassade de Belgique – 9 r. de Tilsitt - 75017 Paris - ✆ 01 44 09 39 39 (en cas d'urgence seulement) - www.diplomatie.be/paris

FORMALITÉS

Pièces d'identité

La carte nationale d'identité en cours de validité ou le passeport (même périmé depuis moins de 5 ans) sont valables pour les ressortissants des pays de l'Union européenne, d'Andorre, du Liechtenstein, de Monaco et de Suisse. Pour les Canadiens, il n'y a pas besoin de visa mais d'un passeport valide.

Santé

Les ressortissants de l'Union européenne bénéficient de la gratuité des soins avec la **carte européenne d'assurance maladie**. Comptez un délai d'au moins deux semaines avant le départ (fabrication et envoi par la Poste) pour obtenir la carte auprès de votre caisse d'assurance maladie. Nominative et individuelle, elle remplace le formulaire E 111 ; chaque membre d'une même famille doit en posséder une, y compris les enfants de moins de 16 ans.

Véhicules

Pour le conducteur : permis de conduire à trois volets ou permis international. Outre les papiers du véhicule, il est nécessaire de posséder la carte verte d'assurance.

QUELQUES RAPPELS

Code de la route

Sachez que la **vitesse** est généralement limitée à 50 km/h dans les villes et agglomérations, à 90 km/h sur le réseau courant, à 110 km/h sur les voies rapides et à 130 km/h sur les autoroutes.
Le port de la **ceinture** de sécurité est obligatoire à l'avant comme à l'arrière.
Le taux d'**alcoolémie** maximum toléré est de 0,5 g/l.

Argent

La monnaie est l'**euro**. Les principales **cartes de crédit** internationales sont acceptées dans presque tous les commerces, hôtels, restaurants et par les distributeurs de billets.

Téléphone

En France, tous les numéros sont à 10 chiffres. Pour appeler la France depuis l'étranger, composer le **00 33** et les neufs chiffres de votre correspondant français (sans le zéro qui commence tous les numéros).
Pour téléphoner à l'étranger depuis la France, composer le **00** + l'indicatif du pays + le numéro de votre correspondant.

Numéros d'urgence – Le **112** (numéro européen), le **18** (pompiers) ou le **17** (police, gendarmerie), le **15** (urgences médicales).

Transports

PAR LA ROUTE

Les grands axes

On atteint **Toulouse** depuis Paris en suivant les autoroutes A 10 (via Orléans), A 71, A 20 (via Châteauroux, Limoges et Brive) et A 62 après Montauban ; depuis Bordeaux au nord-ouest ou Narbonne au sud-est par l'autoroute dite « des Deux-Mers », A 62 (axe Bordeaux-Toulouse) et A 61 (axe Narbonne-Toulouse) ; depuis Biarritz ou Pau par l'autoroute A 64 ; depuis Albi par l'autoroute A 68. Pour une visite des **bastides du Gers** et, au-delà, des Hautes-Pyrénées, si l'on vient de Bordeaux, on quittera l'autoroute A 62 à Agen pour emprunter la N 21 qui rejoint **Auch** et se prolonge jusqu'à **Tarbes**. L'autoroute A 75, dite « la Méridienne » (axe Clermont-Ferrand-Montpellier) permet de rejoindre **Rodez** et le Rouergue : sortir à Sévérac-le-Château et emprunter la N 88 vers l'ouest.

Informations autoroutières

3 r. Edmond-Valentin - 75007 Paris - informations sur les conditions de circulation sur les autoroutes au ✆ 0 892 681 077 (0,34 €/mn) - www.autoroutes.fr - sur autoroute : Radio Trafic FM 107.7.

Péages

Lyon-Toulouse : 39,30 €
Paris-Toulouse : 29,20 €
Marseille-Toulouse : 26,70 €
Bordeaux-Toulouse : 15,40 €
Albi-Tarbes : 7,80 €
Montauban-Foix : 7,80 €

Distances en km	Toulouse	Rodez	Tarbes	Foix
Bordeaux	245	343	217	229
Lille	896	877	1 047	948
Lyon	540	336	688	537
Marseille	408	365	555	404
Paris	678	660	830	767
Strasbourg	956	841	1 107	1 027

Changement de numérotation routière !

Sur de nombreux tronçons, les routes nationales passent sous la direction des départements. Leur numérotation est en cours de modification.
La mise en place sur le terrain a commencé en 2006 mais devrait se poursuivre sur plusieurs années. De plus, certaines routes n'ont pas encore définivement trouvé leur statut au moment où nous bouclons la rédaction de ce guide. Nous n'avons donc pas pu reporter systématiquement les changements de numéros sur l'ensemble de nos cartes et de nos textes.

Bon à savoir – Dans la majorité des cas, on retrouve le n° de la nationale dans les derniers chiffres du n° de la départementale qui la remplace. Exemple : N 16 devient D 1016 ou N 51 devient D 951.

Les cartes Michelin

Les cartes **Local** (1/150 000 ou au 1/175 000, avec index des localités et plans des préfectures) ont été conçues pour ceux qui aiment prendre le temps de découvrir une zone géographique réduite (un ou deux départements) lors de leurs déplacements en voiture. Pour ce guide, procurez-vous les cartes **Local 336** (Gers, Lot-et-Garonne), **337** (Lot, Tarn-et-Garonne), **338** (Aveyron, Tarn), **342** (Hautes-Pyrénées, Pyrénées-Atlantiques) et **343** (Ariège, Haute-Garonne). Vous pouvez également consulter la carte **Régional 525** (Midi-Pyrénées), au 1/300 000, avec index des localités et plan des préfectures (Albi, Auch, Cahors, Foix, Montauban, Rodez, Tarbes et Toulouse), qui couvre le réseau routier secondaire et donne de nombreuses indications touristiques. Elle est pratique lorsque l'on aborde un vaste territoire ou pour relier des villes distantes de plus de cent kilomètres. Enfin, n'oubliez pas, la **carte de France n° 721** vous offre une vue d'ensemble de la région Midi-Pyrénées au 1/1 000 000, avec ses grandes voies d'accès d'où que vous veniez.

Les informations sur Internet et Minitel

Le site **www.viamichelin.fr** offre une multitude de services et d'informations pratiques d'aide à la mobilité (calcul d'itinéraires, cartographie : des cartes pays aux plans de villes, sélection des hôtels et restaurants du Guide Michelin France...) sur toute l'Europe. Les calculs d'itinéraires sont également accessibles sur **Minitel** (3615 ViaMichelin) et peuvent être envoyés par **fax** (3617 ou 3623 Michelin).

EN TRAIN

Les grandes lignes

Le **TGV-Atlantique** a permis, depuis 1990, de réduire les temps de parcours : Paris n'est plus qu'à 5h45 de Tarbes, 5h25 de Lourdes et 5h de Toulouse. Toulouse est à 3h30 de Marseille, 4h de Lyon et 7h30 de Lille. Le service **iDTGV**, proposé entre autres sur la ligne Paris-Bordeaux-Toulouse, inaugure une nouvelle façon de voyager en TGV. Attachée à une rame de TGV classique, la rame iDTGV offre différentes ambiances : iDzen, propice au repos (vente d'un kit sommeil), IDzap, où l'on peut louer des DVD, des jeux, etc. et iDzinc, le bar. *Tarifs et réservation, voir « Les bons plans ».*

Stéphane Sauvignier / MICHELIN

La gare SNCF de Luchon.

Des trains **corail** permettent également de se rendre de Toulouse à Nantes, La Rochelle, Nice, Marseille, etc. Albi, Rodez, Ax-les-Thermes, Foix, Latour-de-Carol (66), etc. sont directement reliées à Paris par des trains de nuit. Les corail classiques tendent progressivement à être remplacés par les corail **Téoz** (jour) et **Lunéa** (nuit), plus confortables et dotés de nombreux services à bord, sur les lignes Toulouse/Brive/Limoges/Paris et Bordeaux/Toulouse/Montpellier/Marseille/Nice.

Informations et réservation - ✆ 36 35 (0,34 €/mn) - www.voyages-sncf.com ; www.idtgv.com (informations seulement : ni réservation ni vente)

Le réseau régional

Plus de 300 trains régionaux (TER) circulent quotidiennement en région Midi-Pyrénées. Les TER assurent les liaisons interrégionales, ce qui permet d'aller d'une ville à l'autre sans encombre : de Toulouse, on rejoint Albi puis Rodez (2h30), Castres puis Mazamet (1h30), Colomiers puis Auch (1h40), Pamiers puis Lavelanet (1h55), Foix puis Latour-de-Carol (2h50), Tarbes, Lourdes puis Pau (2h30) ; une ligne relie Lourdes à Cauterets, par Barèges en 45mn ; de Tarbes, on compte 1h45 pour accèder à Saint-Lary-Soulan par Lannemezan et 1h30 pour gagner La Mongie par Bagnères-de-Bigorre ; de Montauban, on parvient à Gaillac puis à Albi en 1h ; enfin, Villefranche-de-Rouergue est à 1h de Decazeville.

Informations et réservation – TER Midi-Pyrénées - ✆ 0 891 677 677 (0,23 €/mn) - www.ter-sncf.com

Les bons plans

Les tarifs de la SNCF varient selon les périodes : –50 % en période bleue, –25 % en période blanche, plein tarif en période rouge (calendriers dans les gares et boutiques SNCF).

Les cartes de réduction

Les cartes suivantes, valables un an, offrent une réduction de 50 % sur tous les trains dans la limite des places disponibles et sinon 25 % :

- **carte enfant** pour les moins de 12 ans ;
- **carte 12-25** pour les 12-25 ans, qui peut être achetée la veille de ses 26 ans pour l'année suivante ;
- **carte senior** à partir de 60 ans.

La SNCF offre la possibilité de les essayer une fois gratuitement en prenant la carte découverte appropriée.

Info pratique

En achetant la carte **Midi-Pyrénées Loisirs** (20 €/an), vous profitez de 50 % de réduction sur tout trajet en TER en 1re ou 2e classe effectué en juillet ou en août et, le reste de l'année, les week-ends et jours fériés, pour vous et les personnes qui vous accompagnent (3 au maximum). Tous les autres jours de l'année, la réduction est de 25 %, pour le détenteur de la carte uniquement. De plus, cette carte vous permet d'obtenir des tarifs préférentiels auprès de quelques musées et sites de loisirs. La liste des participants à l'opération est visible sur le site www.ter-sncf.com.

Antonin Thuillier / MICHELIN

La bastide de Saint-Clar (Gers).

Les familles ayant au minimum 3 enfants mineurs peuvent bénéficier d'une **carte famille nombreuse** (16 € pour l'ensemble des cartes, valables 3 ans) permettant une réduction individuelle de 30 à 75 % selon le nombre d'enfants (la réduction est toujours calculée sur le prix plein tarif de 2e classe, même si la carte permet de voyager également en 1re). Elle ouvre droit à d'autres réductions hors SNCF *(voir p. 24)*.

La **carte Grand Voyageur**, valable 3 ans, permet de gagner des points et d'avoir des réductions exclusives. Elle donne aussi accès à certains services comme le transport des bagages.

La **carte Escapade** permet une réduction de 25 % sur tous les trains pour des allers-retours d'au moins 200 km, comprenant une nuit sur place du samedi au dimanche.

Les réductions sans carte

Sans disposer d'aucune carte, vous pouvez bénéficier de certains tarifs réduits. Les détenteurs de carte ne peuvent cependant cumuler les offres suivantes avec leurs avantages habituels.

Sur Internet, les **billets Prem's** sont très avantageux pourvu que vous réserviez suffisamment à l'avance. Ils s'achètent uniquement en ligne et ne sont ni échangeables ni remboursables.

Exclusivement sur Internet également, les billets **iDTGV** s'appliquent à des TGV spéciaux *(voir « Les grandes lignes »)*. Ici encore, plus vous réservez tôt (4 mois à l'avance maximum), moins vous payez cher. Le billet est à imprimer soi-même.

Les **billets Découverte** offrent quant à eux des réductions de 25 % (dans la limite des places dédiées à ce tarif) pour les moins de 25 ans, les plus de 60 ans, et sous certaines conditions entre 25 et 60 ans. Si vous effectuez un aller-retour d'au moins 200 km et si votre séjour comprend une nuit du samedi au dimanche, vous pouvez profiter du tarif **Découverte Séjour**. Si vous êtes de 2 à 9 personnes à effectuer un aller-retour, que vous ayez ou non un lien de parenté, et si votre voyage comprend au moins une nuit entre l'aller et le retour, vous pouvez bénéficier du tarif **Découverte à deux**.

EN AVION

La région, dotée de plusieurs aéroports, est reliée aux principales villes françaises et européennes. Sur les vols Paris-Toulouse, il vous faudra compter au moins 80 € aller-retour, taxes d'aéroport comprises.

Compagnies aériennes

Air France – Air France et ses filiales (CCM Airlines, Régional ou Brit'Air), desservent l'aéroport de Toulouse au départ de Paris, Rennes, Nantes, Tarbes-Lourdes, Clermont-Ferrand, Lille, Lyon, Strasbourg, Marseille et Nice. Renseignements et réservations : ✆ 36 54 (0,34 €/mn) - www.airfrance.fr

Easy Jet – La compagnie « low cost » britannique propose des liaisons quotidiennes Paris Orly-Toulouse. Renseignements et réservations : ✆ 0 825 08 25 08 ou sur Internet : www.easyjet.com. Les réservations en ligne sont un peu moins chères que celles effectuées par téléphone.

Hex'Air – La compagnie assure des liaisons Lyon/Rodez et Lyon/Castres. Renseignements et réservations ✆ 04 71 08 62 28 ou 0 810 182 292.

Aéroports qui desservent la région

Aéroport de Toulouse – BP 90103 - 31703 Blagnac - ✆ 0 825 380 000 - www.toulouse.aeroport.fr - au nord-ouest de Toulouse.

Aéroport international Tarbes-Lourdes-Pyrénées – BP 3 - 65290 Juillan - ✆ 05 62 32 92 22 - www.tarbes-lourdes.aeroport.fr

Aéroport Rodez-Marcillac – Rte de Decazeville - 12330 Salles-la-Source - ✆ 05 65 42 20 30.

Les bons plans

Les quelques sites suivants proposent des billets d'avion à bas coût (promos, vols de dernière minute) :
www.lastminute.com
www.opodo.fr
www.anyway.com
www.voyagermoinscher.com
www.belvedair.com
www.govoyages.fr
www.voyages-sncf.com

Budget

FORFAITS TOURISTIQUES INTÉRESSANTS

Club Escapades

Cette association implantée en Midi-Pyrénées propose à la vente une carte nominative (10 €) donnant droit à des avantages, tout au long de l'année : jusqu'à 40 % d'économie sur les grands sites touristiques (Cité de l'espace à Toulouse, grotte de Niaux, château de Foix, pic du Midi de Bigorre,...), des gratuités pour les enfants dans certains sites animaliers de la région, un rabais de 10 % dans les centres de remise en forme des Hautes-Pyrénées, des tarifs préférentiels sur les forfaits ski à la journée (de 5 à 20 % de réduction), etc. Outre ces avantages financiers, vous pourrez bénéficier de conseils pour organiser et réserver vos séjours ou participer à des sorties organisées. Un magazine semestriel recense les offres de la saison et donne des idées de découverte.

Maison Midi-Pyrénées – 1 r. de Rémusat - 31000 Toulouse - ✆ 05 34 44 18 00 - www.escapades.org

Carte N'Py

Les stations de ski de **Peyragudes**, du **Tourmalet** et de **Luz-Ardiden**, ainsi que deux stations des Pyrénées-Atlantiques, se sont associées pour proposer à leurs vacanciers une carte leur épargnant l'achat de forfaits séparés, tout en leur proposant des offres avantageuses. ✆ 0 820 208 707 (0,09 €/mn) ou www.n-py.com

LES BONS PLANS

Idées week-ends et courts séjours à Albi

Éditée par l'office du tourisme d'Albi, la brochure *Bon séjour à Albi* diffuse toutes les informations pour séjourner et découvrir la ville à tarif réduit. La formule, valable toute l'année et 7j/7, comprend nuitée(s) et petit(s)-déjeuner(s), la carte Albi Pass (réductions sur les principaux sites et monuments) et un cadeau de bienvenue. ✆ 05 63 49 48 80.

Info pratique

Bon à savoir – Si d'aventure vous n'avez pu trouver votre bonheur parmi toutes nos adresses, vous pouvez toujours consulter ces différents sites :
www.partirpascher.com
www.etaphotel.com
www.optile.com
www.budget.fr

Forfaits courts séjours Toulouse Festivals

Ce sont une vingtaine de formules et de thématiques qui sont proposées : cinéma, arts plastiques, danse, humour, musique classique. Chaque forfait comprend l'hébergement (de 1 à 4 nuits), des entrées au Festival et la carte City Pass (offrant des réductions sur les sites toulousains à visiter). ✆ 05 61 11 02 22.

Les bons plans de d'Artagnan

Le Comité départemental du tourisme du Gers propose l'envoi d'une newsletter bi-mensuelle, présentant toutes les offres attractives du moment. Inscription : www.tourisme-gers.com

Marie-Hélène Carcanague / MICHELIN

Jour de marché sur la place du Capitole.

Les chèques vacances

Ce sont des titres de paiement permettant d'optimiser le budget vacances/loisirs des salariés grâce à une participation de l'employeur. Les salariés du privé peuvent se les procurer auprès de leur employeur ou de leur comité d'entreprise ; les fonctionnaires auprès des organismes sociaux dont ils dépendent.
On peut les utiliser pour régler toutes les dépenses liées à l'hébergement, à la restauration, aux transports ainsi qu'aux loisirs. Il existe aujourd'hui plus de 135 000 points d'accueil.

La carte famille nombreuse

On se la procure auprès de la **SNCF** *(voir p. 22)*. Elle ouvre droit, outre les billets de train à prix réduits, à des réductions diverses auprès des musées nationaux, de certains sites privés, parcs d'attractions, loisirs et équipements sportifs, cinéma et même certaines boutiques.

NOS ADRESSES D'HÉBERGEMENT ET DE RESTAURATION

Au fil des pages, vous découvrirez nos **encadrés pratiques**, sur fond vert. Ils présentent une sélection d'établissements dans et à proximité des villes ou des sites touristiques remarquables auxquels ils sont rattachés. Pour repérer facilement ces adresses sur nos plans, nous leur avons attribué des pastilles numérotées.

Nos catégories de prix

Pour vous aider dans votre choix, nous vous communiquons également une **fourchette de prix** : pour l'hébergement, les prix communiqués correspondent aux tarifs minimum et maximum d'une chambre double ; il en va de même pour la restauration et les prix des menus proposés sur place. Les mentions « ***Astuce prix*** » et « bc » signalent : pour la première les formules repas à prix attractif, servies généralement au déjeuner par certains établissements de stnading, pour la seconde les menus avec boisson comprise (verre de vin ou eau minérale au choix).
Les prix que nous indiquons sont ceux pratiqués en **haute saison** ; hors saison, de nombreux établissements proposent des tarifs plus avantageux, renseignez-vous... Dans chaque encadré, les adresses sont classées en quatre catégories de prix pour répondre à toutes les attentes *(voir le tableau page suivante)*.

Petit budget – Choisissez vos adresses parmi celles de la catégorie ⊖ : vous trouverez là des hôtels, des chambres d'hôte simples et conviviales et des tables souvent gourmandes, toujours honnêtes.

Budget moyen – Votre budget est un peu plus large. Piochez vos étapes dans les adresses ⊖⊖. Dans cette catégorie, des maisons, souvent de charme, de meilleur confort et plus agréablement aménagées, animées par des passionnés, ravis de vous faire découvrir leur demeure et leur table.

NOS CATÉGORIES DE PRIX				
	Se restaurer (prix déjeuner)		**Se loger** (prix de la chambre double)	
	Province	Paris / Grandes villes et stations	Province	Paris / Grandes villes et stations
●	jusqu'à 14 €	jusqu'à 16 €	jusqu'à 45 €	jusqu'à 65 €
●●	de 14 € à 25 €	de 16 € à 30 €	de 45 € à 80 €	de 65 € à 100 €
●●●	de 25 € à 40 €	de 30 € à 50 €	de 80 € à 100 €	de 100 € à 160 €
●●●●	plus de 40 €	plus de 50 €	plus de 100 €	plus de 160 €

Chambres et tables d'hôte sont au rendez-vous, aux côtés d'hôtels et de restaurants plus traditionnels.

Budgets confortable et haut de gamme – Vous souhaitez vous faire plaisir, le temps d'un repas ou d'une nuit, vous aimez voyager dans des conditions très confortables ? Les catégories ●●● et ●●●● sont pour vous... La vie de château dans de luxueuses chambres d'hôte pas si chères que cela ou dans les palaces et les grands hôtels : à vous de choisir ! Vous pouvez aussi profiter des décors de rêve de lieux mythiques à moindres frais, le temps d'un brunch ou d'une tasse de thé... À moins que vous ne préfériez casser votre tirelire pour un repas gastronomique dans un restaurant renommé. N'oubliez pas que la formule « tenue correcte exigée » est toujours d'actualité dans ces établissements !

Se loger

NOS CRITÈRES DE CHOIX

Les hôtels

Nous vous proposons, dans chaque encadré pratique, un choix très large en terme de confort. La location se fait à la nuit et le petit-déjeuner est facturé en supplément. Certains établissements assurent un service de restauration également accessible à la clientèle extérieure.

Pour un choix plus étoffé et actualisé, **Le Guide Michelin France** recommande hôtels et restaurants sur toute la France. Pour chaque établissement, le niveau de confort et de prix est indiqué, en plus de nombreux renseignements pratiques. Le symbole **« Bib Gourmand »** sélectionne les tables qui proposent une cuisine soignée à moins de 28 € en province. Le symbole **« Bib Hôtel »** signale des hôtels pratiques et accueillants offrant une prestation de qualité à prix raisonnable.

Les chambres d'hôte

Vous êtes reçu directement par les habitants qui vous ouvrent leur demeure. L'atmosphère est plus conviviale qu'à l'hôtel, et l'envie de communiquer doit être réciproque : misanthropes, s'abstenir ! Les prix, mentionnés à la nuit, incluent le petit-déjeuner. Certains propriétaires proposent aussi une table d'hôte, en général le soir, et toujours réservée aux résidents de la maison. Il est très vivement conseillé de réserver votre étape, en raison du grand succès de ce type d'hébergement.

Bon à savoir – Certains établissements ne peuvent pas recevoir vos compagnons à quatre pattes ou les accueillent moyennant un supplément, pensez à le demander lors de votre réservation.

Le camping

Le **Guide Camping Michelin** France propose tous les ans une sélection de terrains visités régulièrement par nos inspecteurs. Renseignements pratiques, niveau de confort, prix, agrément, location de bungalows, de mobile homes ou de chalets y sont mentionnés.

LES BONS PLANS

Les services de réservation

Fédération nationale des services de réservation Loisirs-Accueil – 280 bd St-Germain - 75007 Paris - ✆ 01 44 11 10 44 - www.resinfrance.com ou www.loisirsaccueilfrance.com. La Fédération propose un large choix d'hébergements et d'activités de qualité, édite un dépliant regroupant les coordonnées des 62 services Loisirs-Accueil et, pour tous les départements, une brochure détaillée.

Fédération nationale Clévacances France – 54 bd de l'Embouchure -

BP 52166 - 31022 Toulouse Cedex - ✆ 05 61 13 55 66 - www.clevacances.com. Cette fédération propose près de 23 800 locations de vacances (appartements, chalets, villas, demeures de caractère, pavillons en résidence) et 3 400 chambres dans 22 régions réparties sur 89 départements en France et outre-mer, et publie un catalogue par département (passer commande auprès des représentants départementaux Clévacances).

L'hébergement rural

Fédération française des Stations Vertes de Vacances et des Villages de Neige – BP 71698 - 21016 Dijon Cedex - ✆ 03 80 54 10 50 - www.stationsvertes.com. À la campagne et à la montagne, les 590 stations vertes sont des destinations familales reconnues pour leur qualité de vie (produits du terroir, loisirs nature variés, cadre agréable) et pour la qualité de leurs structures d'accueil et d'hébergement. En Midi-Pyrénées, on en compte 80 (dont 10 en Ariège, 21 en Aveyron, 1 en Haute-Garonne, 15 dans le Gers, 4 dans les Hautes-Pyrénées, 7 dans le Tarn et 8 dans le Tarn-et-Garonne).

Bienvenue à la ferme – Le guide *Bienvenue à la ferme*, édité par l'assemblée permanente des chambres d'agriculture (service agriculture et tourisme – 9 av. George-V - 75008 Paris - ✆ 01 53 57 11 44), est aussi en vente en librairie ou sur **www.bienvenue-a-la-ferme.com**. Il propose par région et par département des fermes-auberges, campings à la ferme, fermes de séjour, mais aussi des loisirs variés : chasse, équitation, approches pédagogiques pour enfants, découverte de la gastronomie des terroirs en ferme-auberge.

Maison des Gîtes de France et du Tourisme vert – 59 r. St-Lazare - 75439 Paris Cedex 09 - ✆ 01 49 70 75 75 - www.gites-de-france.com. Cet organisme donne les adresses des relais départementaux et publie des guides sur les différentes possibilités d'hébergement en milieu rural (gîtes ruraux, chambres et tables d'hôte, gîtes d'étape, chambres d'hôte de charme, gîtes de charme, gîtes de neige, gîtes de pêche, locations de chalets et campings à la ferme, séjours à la ferme, gîtes Panda).

L'hébergement pour randonneurs

Guide et site Internet – Les randonneurs peuvent consulter le guide *Gîtes d'étapes, refuges* par A. et S. Mouraret (Rando Éditions – BP 24 - 65421 Ibos - ✆ 05 62 90 09 90), et le site **www.gites-refuges.com**, destinés aux amateurs de randonnées, d'alpinisme, d'escalade, de ski, de cyclotourisme et de canoë-kayak.

Les auberges de jeunesse

Ligue française pour les Auberges de la Jeunesse – 67 r. Vergniaud - bâtiment K - 75013 Paris - ✆ 01 44 16 78 78 - www.auberges-de-jeunesse.com. La carte LFAJ est délivrée en échange d'une cotisation annuelle de 10,70 € (–26 ans), de 15,25 € (+26 ans) ou de 22,90 € pour les familles.
Bon à savoir – En Midi-Pyrénées, vous trouverez des auberges de la LFAJ à Luz-Saint-Sauveur, Saint-Savin et Mirepoix.

Fédération unie des Auberges de la Jeunesse – 27 r. Pajol - 75018 Paris - ✆ 01 44 89 87 27 - www.fuaj.org. La **carte FUAJ** est délivrée en échange d'une cotisation annuelle de 10,70 € (–26 ans), de 15,30 € (+26 ans) ou de 22,90 € pour les familles.
Bon à savoir – En Midi-Pyrénées, vous trouverez des auberges de la FUAJ à Rodez, Saint-Gaudens, Tarbes, Toulouse et Villefranche-de-Rouergue.

POUR DÉPANNER

Les chaînes hôtelières

L'hôtellerie dite « économique » peut éventuellement vous rendre service. Vous y trouverez un équipement complet (sanitaire privé et télévision), mais un confort très simple. Souvent à proximité de grands axes routiers, ces établissements n'assurent pas de restauration. Toutefois, leurs tarifs restent difficiles à concurrencer (moins de 45 € la chambre double).
Akena – ✆ 01 69 84 85 17 ;
B & B – ✆ 0 892 782 929 (0,34 €/mn) ;
Etap Hôtel – ✆ 0 892 688 900 (0,34 €/mn) ;
Villages Hôtel – ✆ 03 80 60 92 70.

Les hôtels suivants, un peu plus chers (à partir de 58 € la chambre), offrent un meilleur confort et quelques services complémentaires :
Campanile – ✆ 01 64 62 46 46 ;
Kyriad – ✆ 0 825 003 003 (0,34 €/mn) ;
Ibis – ✆ 0 892 686 686 (0,34 €/mn).

Se restaurer

NOS CRITÈRES DE CHOIX

Pour répondre à toutes les envies, nous avons sélectionné des **restaurants** régionaux bien sûr, mais aussi classiques, exotiques ou à thème... Et des lieux plus simples, où vous pourrez grignoter une salade composée, une tarte salée, une pâtisserie ou savourer des produits régionaux sur le pouce. Quelques **fermes-auberges** vous permettront de découvrir les saveurs de la France rurale, à l'occasion d'un repas ou d'un simple goûter. Vous y dégusterez des produits authentiques provenant de l'exploitation agricole, préparés dans la tradition et généralement servis en menu unique. Le service et l'ambiance sont bon enfant. Réservation obligatoire !
Vous pouvez aussi recevoir le guide édité par l'association départementale « **Produits de la Ferme** », sur demande auprès de la chambre d'agriculture – 20 pl. du Foirail - 65000 Tarbes - ✆ 05 62 34 66 74.

LABEL

Afin de valoriser le patrimoine gastronomique, les **restaurateurs tarnais** membres de l'association « **Cuisineries gourmandes des provinces françaises** » remettent à l'honneur des spécialités régionales. Chaque cuisinier choisit une recette par saison, composée de produits du terroir, et l'inscrit à sa carte sous l'intitulé « l'assiette de mon village », avec quelques mots de son histoire.
www.cuisineries-gourmandes.com
✆ 05 63 56 06 58.

LES SITES REMARQUABLES DU GOÛT

C'est un label décerné aux sites dont la richesse gastronomique s'appuie sur des produits de qualité et un environnement culturel et touristique intéressant.
En Midi-Pyrénées bénéficient de ce label les burons de l'Aubrac (Aveyron) pour le fromage de Laguiole et l'aligot, la ville de Moissac (Tarn-et-Garonne) pour son chasselas, la Fête de la Saint-Barthélemy à Najac (Aveyron) pour sa fouace, la Fête de l'ail rose de Lautrec (Tarn), la Foire aux côtelettes de Luz-Saint-Sauveur (Hautes-Pyrénées) pour sa viande de mouton.
www.sitesremarquablesdugout.com

LES GRANDS CHEFS DE LA RÉGION

Nous avons sélectionné ici quelques grandes figures régionales.

Laguiole

Jusqu'alors, du village de l'Aveyron on connaissait la fabrique de couteaux. On n'ignore rien désormais du restaurant d'un chef dont le Guide Michelin estime depuis 2000 qu'il « vaut le voyage ». L'histoire de **Michel Bras** est unique dans un paysage gastronomique où l'on se fait un chemin à coup de CV et d'expériences chez les grands. Rien de tout cela chez le fils d'Angèle, natif de Laguiole, qui a appris la cuisine aux côtés de sa mère, toujours active au restaurant pour tourner l'aligot. Depuis 1962, avec son épouse Ginette, comme elle « fou amoureux » de la nature, Michel Bras a poursuivi sa route jusqu'aux sommets étoilés. Sans bruit. Sans esbroufe. Et il passe le relais en douceur à son fils **Sébastien** qu'épaule sa femme Véronique. Sans esbroufe. Sans bruit.
Michel Bras, ✆ *05 65 51 18 20.*

Laguiole

Digne représentante de la troisième génération d'une famille d'hôteliers-restaurateurs, **Isabelle Muylaert-Auguy** pouvait-elle échapper à son destin ? Dans les années 1920, sa grand-mère Éléonore montre la voie en créant un hôtel, référencé dans le Guide Michelin dès 1931. Jean, fils d'Éléonore, décroche en 1953 une étoile conservée jusqu'en 1966. Le parcours incite Isabelle, à la sortie de l'école hôtelière de Toulouse, à revenir au pays. Elle n'arrive pas seule : son mari Jean-Marc Muylaert s'implique à son tour dans l'affaire familiale. Cuisinière de cœur, cette femme étoilée, la deuxième dans son département natal, dit volontiers qu'elle livre davantage une « cuisine de sentiment que de technique ». Ce dont nul client ne songe à se plaindre.
Grand Hôtel Auguy, ✆ *05 65 44 31 11.*

Toulouse

Michel Sarran, « électron libre » de la cuisine, est né dans le Gers où Pierrette, sa mère, tient une auberge rurale. À vingt ans, il choisit d'abandonner ses études de médecine pour le piano de cuisine. Et trois ans plus tard, grâce à l'audace de sa maman qui parle de lui à Alain

Stéphane Sauvignier / MICHELIN

L'aligot, spécialité de l'Aubrac.

Ducasse, le voilà commis chez le grand cuisinier, dans la brigade du Juana à Juan-les-Pins. De la Côte d'Azur, il file dans les Alpes (Courchevel), passe chez Michel Guérard à Eugénie-les-Bains, grimpe en Bourgogne chez les Lorain à Joigny. Il se nourrit du talent des grands chefs pour mieux entreprendre sa propre ascension. En 1995, il ouvre à Toulouse les portes de la maison qui porte son nom, voit une étoile arriver un an plus tard, une deuxième sept ans après.

Michel Sarran, 21 bd A.-Duportal, 05 61 12 32 32.

Cordes-sur-Ciel

Tombé sous le charme des lieux, **Yves Thuriès** y installe son « Hôtel du Grand Écuyer » en 1980. Double « Meilleur Ouvrier de France », créateur d'un magazine qui porte son nom, l'homme est un épicurien authentique. Il n'aime rien tant que faire partager son savoir et ses connaissances. Et le voilà qui confie à son neveu **Damien** les cuisines d'un restaurant étoilé, le seul du Tarn. Yves planche sur l'histoire de la cuisine, découvrant avec ravissement que l'on peut faire du neuf avec de l'ancien. Et le concept de trilogie s'impose de lui même. Le duo propose une carte basée sur une sélection d'assiettes où les plats vont par trois. « Trois petits plats, trois recettes, trois produits et trois saveurs dans une même assiette et en un même service » indique son concepteur qui offre ainsi à ses clients 21 dégustations. Une façon moderne de décliner les services au plat et les longs menus dégustation des siècles derniers.

Le Grand Écuyer, 05 63 53 79 50.

Belcastel

Il était une fois un homme et une femme, mari et épouse, tous deux cuisiniers et travaillant à quatre mains. Ils vivent leur histoire au quotidien en Aveyron, à Belcastel, près d'un pont antique d'où le restaurant a tiré son nom. L'homme ? Bruno Rouquier. La femme ? **Nicole Fagegaltier**, qui a fait le choix en 1983 de reprendre un restaurant de famille réputé pour ses fritures de goujons, pêchés ici même, et son poulet sauté aux oignons venant de la ferme voisine. « La maison était remplie de saveurs et d'odeurs. Et nos jeunes années nous ont appris l'art du bien manger et du bien vivre », dit-elle simplement. En s'appuyant sur le savoir-faire maternel, elle a dépoussiéré la carte pour la faire vivre avec son temps. Entre mari et femme, on ne parle pas de second, mais c'est elle qui donne le ton. « Je goûte, je saupoudre, je travaille à l'instinct. Lui a ses recettes et travaille mathématiquement », dit-elle, attestant ainsi que la créativité n'a pas de sexe. La fidèle clientèle de l'établissement peut en témoigner.

Le Vieux Pont, 05 65 64 52 29.

Saint-Félix-Lauragais

« J'ai toujours vu ma grand-mère passer ses journées à cuisiner au coin de la cheminée pour toute la famille. Je l'appelais d'ailleurs la grand-mère du feu », s'amuse **Claude Taffarello**. Issu d'un mileu rural, désormais propriétaire de l'Auberge du Poids Public où il fit, jadis, son apprentissage, ce grand chef aime à retranscrire en cuisine une authenticité locale. Gamin, il tourne le dos au chemin de l'école et découvre l'apprentissage. Son père pense qu'il va craquer, mais il serre les dents et s'accroche. Il obtient le CAP, voyage au Luxembourg, en Allemagne et aux Pays-Bas. Il revient en France, travaille à Marseille avec Jean-Paul Passédat au Petit Nice puis à Mougins, au Moulin de Roger Vergé, l'idole de son enfance. Il reste sur la Côte quelques années, de Biot à Juan-les-Pins, en passant par Mougins (encore) et Ramatuelle. Et le voilà qui rêve d'un retour au pays. Une opportunité se présente : Bernard Ougé, son maître d'apprentissage, veut passer la main. En 1990, avec son épouse Denise, il rachète l'Auberge du Poids Public où tout a commencé, dix-huit ans avant.

Auberge du Poids Public, 05 62 18 85 00.

LES BONS VINS ET ALCOOLS

Consultez les pages 44 (adresses des Maisons du vin de la région) et 88 (typologie des vins de Midi-Pyrénées).

À FAIRE ET À VOIR

Activités et loisirs de A à Z

Les **comités départementaux** et le **comité régional de tourisme** *(voir p. 17)* disposent de nombreuses documentations et répondront à vos demandes d'informations quant aux activités proposées dans leur secteur.

Dans les **encadrés pratiques** des villes ou sites, les rubriques « Visite » et « Sports & Loisirs » proposent aussi des adresses de prestataires.

BAIGNADE

Pensez à votre maillot de bain ! La région Midi-Pyrénées n'a pas d'accès à l'Atlantique ni à la Méditerranée, elle n'en propose pas moins nombre de possibilités de baignades en plein air (pas forcément surveillées). Lacs naturels, rivières, bases de loisirs artificielles, cascades et eaux vives sont autant d'invitations à tremper les pieds, nager ou plonger. À lui seul, le département du **Tarn** regorge de lieux : lac de la Roucarié à Almayrac près de Carmaux ; lac des Montagnès à Mazamet ; lac du Laouzas à Nages ; lac de Saint-Ferréol à Sorèze…
Le **Gers**, lui, compte une trentaine de bases de loisirs ; vous en trouverez la liste sur **www.gascogne.fr**
Enfin, les **Hautes-Pyrénées** offrent une foule de lacs d'altitude dont certains sont aménagés pour la baignade, comme le lac Vert près d'Argelès-Gazost ou le lac de Génos-Loudenvielle dans la vallée du Louron *(voir Arreau)* ; vue splendide garantie.

CANOË-KAYAK

Le **canoë** (d'origine canadienne) se manie avec une pagaie simple. C'est l'embarcation idéale pour une promenade en famille, à la journée en rayonnant au départ d'une base, ou en randonnée pour la découverte d'une vallée. Le **kayak** (d'origine esquimaude) se manœuvre avec une pagaie double.

Comité départemental de canoë-kayak de l'Ariège – Complexe sportif de l'Ayroule - 09000 Foix - ✆ 05 61 65 20 65 ou 06 82 28 39 90 - www.ck-ariege.com

Fédération française de canoë-kayak – 87 quai de la Marne - BP 58 - 94344 Joinville-le-Pont - ✆ 01 45 11 08 50 - www.ffcanoe.asso.fr
La Fédération édite un livre *France canoë-kayak et sports d'eaux vives* et avec le concours de l'IGN une carte « Les rivières de France », avec tous les cours d'eau praticables.

CANYONING

La technique du canyoning tient à la fois de la spéléologie, de la plongée et de l'escalade. Il s'agit de descendre, en rappel ou en saut, le lit des torrents dont on suit le cours au fil des gorges étroites et des cascades. Deux techniques de déplacement sont particulièrement utilisées : le toboggan (allongé sur le dos, bras croisés), pour glisser sur les dalles lisses, et le saut (hauteur moyenne de 8 à 10 m), plus délicat, où l'élan du départ conditionne la bonne réception dans la vasque. Il est impératif d'effectuer un sondage de l'état et de la profondeur de la vasque avant de sauter. L'initiation débute par des parcours n'excédant pas 2 km, avec un encadrement de moniteurs brevetés. Ensuite, il demeure indispensable d'effectuer les sorties avec un moniteur sachant « lire » le cours d'eau emprunté et connaissant les particularités de la météo locale. Pour ce faire, contactez :

Fédération communautaire des accompagnateurs en montagne pyrénées – Pl. de la Mairie - 65150 Saint-Laurent-de-Neste - ✆ 05 62 39 76 44.

Compagnie des guides des Pyrénées – Bernard Pez - lotissement Trébessot - 64290 Bosdarros - ✆ 05 59 21 79 81 - www.cieguides-pyrenees.com

Ludovic Cazenave / MICHELIN

CYCLOTOURISME

Les petites routes, bien revêtues, sans circulation, se prêtent merveilleusement aux randonnées à bicyclette. Pratiqué en montagne ou en plaine, ce moyen de déplacement est idéal pour découvrir les paysages et le spectacle de la nature.

Pour les plus sportifs, des panneaux indiquent, au départ des routes de cols, les kilomètres et pourcentages de pente des itinéraires. En montagne, la pratique du VTT constitue une activité sportive qui peut très bien remplacer le ski de fond en cas d'enneigement insuffisant. De nombreux sentiers de grande randonnée ou de randonnée de pays sont accessibles aux amateurs de VTT.

Moins exténuants, plusieurs parcours longent les fleuves et les canaux : ainsi, le parcours cyclable de la Garonne, reliant Saint-Gaudens à Saint-Bertrand-de-Comminges (10 km), les pistes cyclables aménagées le long du canal de Garonne, de Toulouse au Tarn-et-Garonne (20 km) et le long du canal du Midi, de Toulouse à Port-Lauragais (40 km).

Les clubs cyclotouristes organisent des sorties week-end ou des circuits-découverte avec des guides. On peut obtenir leurs adresses auprès des comités départementaux de cyclotourisme, qui dépendent de la **Fédération française de cyclotourisme** – 12 r. Louis-Bertrand - 94207 Ivry-sur-Seine Cedex - ✆ 01 56 20 88 88 - www.ffct.org

Fédération française de cyclisme – 5 r. de Rome - 93561 Rosny-sous-Bois Cedex - ✆ 01 49 35 69 24 - www.ffc.fr. Elle édite un guide annuel gratuit qui répertorie 46 000 km de sentiers balisés pour la pratique du VTT.

Pour les cyclistes de haute montagne, sportifs ou amateurs, Rando Éditions publie le guide de *La Haute Route des Pyrénées à vélo*, qui joint Hendaye à Banyuls en 14 étapes.
Les offices de tourisme et les syndicats d'initiative communiquent les adresses des points de location.

ESCALADE

Le relief des Pyrénées constitue un véritable paradis pour les amateurs d'escalade. Avant d'atteindre l'assurance des prises, la grâce d'évolution des grimpeurs aguerris et d'apprivoiser le « gaz » sous les pieds, le néophyte aura à cœur de se laisser accompagner par un guide de montagne ou un moniteur d'escalade breveté d'État pour maîtriser les techniques de base et accéder à l'autonomie ; pour ce faire, son choix se portera sur la journée ou demi-journée de rocher-école ou sur un stage évolutif qui se conclura sur des sites plus difficiles. Les offices de tourisme et les clubs d'escalade proposent en saison une large gamme de prestations en initiation et en entraînement.

Fédération française de la montagne et de l'escalade – 8-10 quai de la Marne - 75019 Paris - ✆ 01 40 18 75 50 - www.ffme.fr. Consulter également le *Guide des sites naturels d'escalade en France,* par D. Taupin (Éd. Cosiroc/FFME), pour connaître la localisation des sites d'escalade dans la France entière.

Comité départemental de montagne et d'escalade – Chemin de l'Alette - 65000 Tarbes - ✆ 05 62 44 11 87 - ffmecd65@wanadoo.fr

GASTRONOMIE

Voir le détail des spécialités p. 87.

Stages culinaires

Service Loisirs-Accueil du Gers – Maison de l'agriculture - rte de Tarbes - BP 178 - 32003 Auch Cedex - ✆ 05 62 61 79 00 - www.gers-tourisme.com. Il propose plusieurs formules de découverte de la gastronomie gersoise : un forfait comprenant visite de chais, marché et journée cuisine ; un week-end foie gras à la ferme avec initiation à la découpe des oies et à la préparation du foie gras ; un stage chez un grand chef de la Ronde des Mousquetaires. Autre formule inscrite au programme : un week-end découverte du vignoble de Saint-Mont incluant visites, dégustations, initiation aux techniques (ébourgeonnage, taille des vignes, etc.), dîners gastronomiques, hébergement en chambre d'hôte.

Service Loisirs-Accueil de l'Aveyron – 17 r. Aristide-Briand - BP 831 - 12000 Rodez - ✆ 05 65 75 55 50. Stages cuisine et découverte.

Marchés

Outre les traditonnels marchés au gras abondamment pourvus de canards, oies, foies crus ou cuisinés dans le Gers, subsistent d'autres marchés de produits du cru non moins

pittoresques et alléchants. Tout un circuit gourmand à parcourir…
Le **lundi** : Tarbes, Mirande (marché au gras de nov. à mars), Samatan (pour le gras aussi) et Luz-Saint-Sauveur.
Le **mardi** : Argelès-Gazost, Capvern-les-Bains (de mai à oct.), Castelnau-de-Montmiral, Loudenvielle (le soir en juil.-août), Sarrancolin, Tournay, Trie-sur -Baïse (spécialisé dans le porc) et Vielle-Aure.
Le **mercredi** : Barèges et Sainte-Marie-de-Campan (en été), Lannemezan (pour les ovins), Le Mas-d'Azil, Saint-Pé-de-Bigorre.
Le **jeudi** : Arreau, Cauterets (de juin à sept.), Labastide-Rouairoux, Vaour, Vicdessos.
Le **vendredi** : Cauterets, Foix, Lautrec, Loures-Barousse, Saint-Laurent-de-Neste (l'été), Sorèze.
Le **samedi** : Bagnères-de-Bigorre, Lourdes, Castelnau-Magnoac, Cordes-sur-Ciel, Saint-Girons, Saint-Lary, Vic-en-Bigorre et Pierrefitte-Nestalas.
Le **dimanche** : Arrens-Marsous, Aulus-les-Bains et Bordères Louron (en été), Campan, La-Barthe-de-Neste, Lisle-sur-Tarn.

Rallye

Participez aux « Traces du fromage » organisées à Laguiole tous les ans en mars. Il s'agit d'une randonnée gastronomique en ski de fond ou à pied dont les étapes s'accompagnent de dégustations de spécialités de l'Aubrac : aligot de l'Aubrac accompagné de viande et fromage de Laguiole AOC. Visite gratuite de la fromagerie. **Fromagerie Jeune Montagne** – 12210 Laguiole - ✆ 05 65 44 35 54.

HYDROSPEED (NAGE EN EAU VIVE)

Cette forme très sportive de descente à la nage des torrents exige une maîtrise de la nage avec palmes et une bonne condition physique. Elle se pratique équipé d'un casque et d'une combinaison, le buste appuyé sur un flotteur caréné très résistant (l'hydrospeed) ; le mouvement des palmes permet d'éviter les rochers et d'orienter la descente.

NAVIGATION DE PLAISANCE

Les croisières organisées

Nombre d'organismes proposent des promenades commentées en bateau sur les rivières, les canaux, les lacs, etc.

Stéphane Sauvignier / MICHELIN

Excursion sur la Garonne à Toulouse.

Ces croisières peuvent durer quelques heures, une ou plusieurs journées. Un forfait avec déjeuner ou dîner à bord est parfois proposé.

Promenades en coche d'eau à Castres – *Voir l'encadré pratique de Castres.*

Navigation Plaisance – Promenades sur le canal des Deux-Mers et sur le Tarn *: voir l'encadré pratique de Moissac.*

Péniche « Baladine » et bateau-mouche « Le Capitole » – Croisières sur la Garonne ou le canal du Midi au départ de Toulouse : *voir l'encadré pratique de Toulouse.*

Bateau « Lucie » – Promenades en barge : *voir l'encadré pratique du canal du Midi.*

Gascogne-Navigation – Promenades sur la Baïse : *voir l'encadré pratique de Condom.*

Bateau-restaurant « Emmanuel-III » – Tour du lac de Pareloup : *voir l'encadré pratique de Rodez.*

Location de bateaux habitables

La location de « bateaux habitables » *(houseboats)* aménagés en général pour 6 à 8 personnes permet une approche insolite des sites parcourus sur les canaux. Diverses formules existent : à la journée, au week-end ou à la semaine. Dans la région, on navigue surtout sur le canal du Midi et le canal latéral à la Garonne, ainsi que sur la Baïse. Avant de partir, il est conseillé de se procurer les cartes nautiques et cartes-guides :

Éditions Grafocarte-Navicarte – 125 r. Jean-Jacques-Rousseau - BP 40 - 92132 Issy-les-Moulineaux Cedex - ✆ 01 41 09 19 00.

Éditions du Plaisancier – 43 porte du Grand-Lyon - 01700 Neyron - ✆ 04 72 01 58 68 - www.vagnon.fr

Société Crown Blue Line – C'est la première société de location de bateaux sans permis à s'être installée sur le canal du Midi dans les années 1970. Bateaux habitables de 2 à 12 personnes. Elle offre deux bases de départ pour ce canal avec un total de 124 bateaux : l'une à Castelnaudary, l'autre à Portiragnes.
Centrale de réservation : Le Grand Bassin - BP 1201 - 11492 Castelnaudary - ✆ 04 68 94 52 72 - www.crownblueline.com
Pour le canal latéral à la Garonne, il existe une base au Mas-d'Agenais : Écluse 44 - 47430 Le Mas-d'Agenais - ✆ 05 53 89 50 80.

Gascogne Navigation – Capitainerie de Condom - quai de la Bouquerie - 32100 Condom - ✆ 05 62 28 46 46 - www.gascogne-navigation.com. Location de bateaux de 2 à 6 personnes pour naviguer sur la Baïse.

Nicols – Location de bateaux habitables de 2 à 12 personnes pour naviguer sur le canal du Midi et celui de la Robine. Centrale de réservation – rte du Puy-St-Bonnet - 49300 Cholet - ✆ 02 41 56 46 56 - www.nicols.com

PÊCHE

La région pyrénéenne, particulièrement riche en lacs, rivières, torrents (les gaves) aux eaux vives et froides, est le paradis des pêcheurs de truites. Généralement, le cours supérieur des rivières est classé en 1re catégorie, les cours moyen et inférieur en 2e catégorie. De nombreux lacs ont été aménagés en retenue (à visiter de préférence au début de l'été avant les prélèvements à destination hydroélectrique).
L'Ariège possède plus de 200 lacs de montagne, les plans d'eau de Montbel, de Filheit et de Mondély pour la pêche des carnassiers, et 4 000 km de cours d'eau dont 80 % en 1re catégorie.
L'étang de Lers est ouvert à la pêche de juin à septembre et le lac de Bethmale de mai à septembre.
Pour ceux qui veulent apprendre les diverses techniques de pêche (pêche à la mouche, au toc), il existe des écoles ou des guides de pêche (se renseigner auprès des offices de tourisme).
Quel que soit l'endroit choisi, il convient d'observer la réglementation en vigueur et de prendre contact avec les associations de pêche et de pisciculture, les offices de tourisme ou les représentants des fédérations de pêche.

Conseil supérieur de la pêche – Immeuble Le Péricentre - 16 av. Louison-Bobet - 94132 Fontenay-sous-Bois Cedex - ✆ 01 45 14 36 00.

Union nationale pour la pêche en France – 17 rue Bergère - 75009 Paris - ✆ 01 48 24 96 00 - www.unpf.fr

Fédérations pour la pêche et la protection du milieu aquatique :

Ariège – Place du 59e-R.-I. - BP 18 - 09001 Foix Cedex - ✆ 05 34 09 31 09 - www.peche-ariege.com

Aveyron – Moulin de la Gascarie - BP 305 - 12003 Rodez Cedex - ✆ 05 65 68 41 52.
Le topoguide de la pêche en Aveyron, édité par le Comité départemental du tourisme de l'Aveyron, présente les hauts lieux de l'activité.

Hautes-Pyrénées – 20 bd du 8-Mai-1945 - 65000 Tarbes - ✆ 05 62 34 00 36.

RAFTING

C'est le plus accessible des sports d'eau vive. Il s'agit de descendre le cours des rivières à fort débit dans des radeaux pneumatiques à 6 ou 8 places maniés à la pagaie et dirigés par un moniteur-barreur installé à l'arrière. L'équipement isotherme et antichoc est fourni par le prestataire.

RANDONNÉE ÉQUESTRE

Il existe des itinéraires de randonnée équestre balisés dans toute la région. Pour les connaître et obtenir les cartes et topoguides correspondants, adressez-vous aux comités départementaux du tourisme équestre (CDTE). Des promenades ou des randonnées de plusieurs jours sont proposées par les centres équestres. Pour obtenir leurs coordonnées, contactez les CDTE :

Haute-Garonne – 14 r. Bayard - 31000 Toulouse - ✆ 05 61 87 50 00 ou 06 86 55 78 08 (Roger Bacou) - www.cdte31.fr

Tarn – Voyage à cheval - 81220 Damiatte - ✆ 05 63 42 06 00 - www.terre-equestre.com/1voyageacheval

Comité national du tourisme équestre – 9 bd Macdonald - 75019 Paris - ✆ 01 53 26 15 50 - www.ffe.com. Le comité édite une brochure annuelle, *Cheval nature, l'officiel du tourisme équestre,* répertoriant les possibilités en équitation de loisir et les hébergements accueillant cavaliers et chevaux.

Ligue Midi-Pyrénées tourisme équestre (ARTEMIP) – 31 chemin des Canalets - 31400 Toulouse - ✆ 05 61 14 04 58.

Sherpa - Centre national du Mérens – 09240 La Bastide-de-Sérou - ✆ 05 61 64 59 05 - www.chevaldemerens.com. Dans les Pyrénées ariégeoises, les chevaux de Mérens sont robustes, dociles et particulièrement adaptés à l'équitation de loisirs (randonnée en montagne) et la compétition (attelage, TREC, endurance). Le Sherpa, association nationale de race, donne les adresses des éleveurs et des différents centres équestres utilisant le cheval de Mérens.

Mérens du pays d'Olmes – Centre équestre domaine de Tony - D 117 - rte de Foix - 09300 Péreille - ✆ 05 61 03 07 08/06 07 15 68 00 - www.centreequestredomainedetony.com. Stages, initiation, sections baby poney, poney club, cours et randos tous niveaux, toute l'année, formules week-end pour débutants et confirmés.

RANDONNÉE PÉDESTRE

Elle permet de découvrir les paysages les plus beaux. Outre les parcours dont on peut soi-même déterminer l'itinéraire, il existe deux sortes de sentiers balisés : les GR (grande randonnée) et les GRP (grande randonnée de pays). Ils s'adressent aux marcheurs avertis, sur plusieurs centaines de kilomètres pour les GR, limités à une seule région pour les GRP. Parmi les GR : le « sentier de Saint-Jacques » (GR 65), reliant Moissac à Saint-Jean-Pied-de-Port, et sa variante, le GR 653, qui relie Toulouse à Auch, Pau et le col du Somport ;

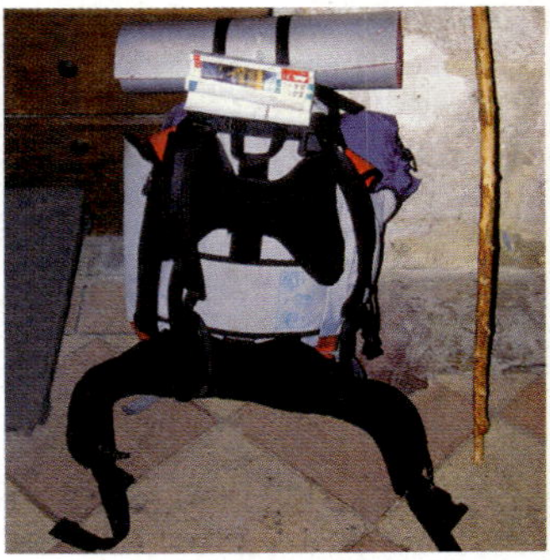
Stéphane Sauvignier / MICHELIN

Un sac de randonneur à Moissac.

« sur la route de Toulouse » (GR 623) ; la Transpyrénéenne (GR 10), qui relie l'Atlantique à la Méditerranée ; de Castelnaudary à l'Andorre (GR 7) ; le chemin des Bonshommes (GR 107), qui suit les traces des cathares, le GR 86, qui joint Toulouse à Luchon. Les GRP : tours dans l'Ariège (pays cathare, Mérens, Ax-les-Thermes), Pyrénées ariégeoises (Mérens, Aulus-les-Bains). D'autre part, la Haute Route des Pyrénées (HRP) traverse les Pyrénées d'est en ouest en altitude.
Le jalonnement des sentiers consiste en marques de peinture sur les rochers, les arbres, les murs, les poteaux. Leur fréquence dépend du terrain.

Pour en savoir plus sur les **chemins de Saint-Jacques**, reportez-vous aux pages 62 et 63 et consultez le site www.chemins-compostelle.com

Comité régional de la randonnée pédestre en Midi-Pyrénées – Maison des sports - rue Buissonnière - BP 81908 - 31319 Labège Cedex - ✆ 05 62 24 18 77 - permanence tous les jeudis après-midi de mars à nov. à la Maison Midi-Pyrénées - 1 rue de Rémusat - 31000 Toulouse. Le site

Quelques conseils

Pour partir en randonnée, il faut tout d'abord se renseigner sur la **météo** *(possible dans la plupart des offices de tourisme)*. Si le temps se dégrade trop, n'hésitez pas à **rebrousser chemin**.

Mieux vaut être un peu entraîné avant de s'engager sur un sentier (ne surestimez pas votre endurance). Dans tous les cas, il ne faut **jamais partir seul**. Il est recommandé de préparer avec soin son itinéraire et d'en faire part à quelqu'un avant de partir. Enfin, il est très dangereux de s'aventurer en haute montagne (glaciers, neiges éternelles) sans équipement spécifique ni connaissance du terrain.

Quelle que soit la durée ou la difficulté du parcours, voici l'**équipement de base** :

- bonnes **chaussures** de marche ;
- **carte(s)** au 1/25 000 ou au 1/50 000 ;
- 1 à 2 litres d'**eau** par personne ;
- denrées énergétiques ;
- vêtement imperméable, pull-over ;
- lunettes de soleil, crème solaire et pharmacie légère ;
- sacs en plastique pour **stocker les détritus**.

Respecter la nature est une des premières règles à suivre lorsqu'on se promène : ne pas cueillir les plantes, ne pas effrayer les animaux.

La vallée de Campan (Hautes-Pyrénées).

www.randonnees-midi-pyrenees.com propose de nombreuses balades tous niveaux à travers la région, ainsi qu'un calendrier de randonnées.

Fédération française de randonnée pédestre – 14 r. Riquet - 75019 Paris - ✆ 01 44 89 93 93 (projet de déménagement courant 2007 au 64 r. du Dessous-des-Berges - 75013 Paris - ✆ non connu à ce jour) - www.ffrandonnee.fr. La Fédération donne le tracé détaillé des GR, GRP et PR ainsi que d'utiles conseils. *Voir également notre bibliographie p. 48.*

Les comités départementaux de tourisme et les offices de tourisme éditent leurs propres parcours, permettant ainsi de découvrir les paysages spécifiques à leurs régions ou pays, le patrimoine culturel et naturel qui s'y rattache. Des brochures sont disponibles gratuitement auprès de ces organismes.

Comité départemental de la randonnée pédestre d'Aveyron – Maison du tourisme - 17 r. A.-Briand - 12008 Rodez Cedex - ✆ 05 65 75 54 61 - www.aveyronsport.com/cdrp12. Demandez (ou téléchargez) le calendrier annuel des randonnées organisées dans le cadre de l'initiative « À chaque dimanche sa rando ».

Comité départemental de la randonnée pédestre des Hautes-Pyrénées – Maisons des associations - 6 quai de l'Adour - 65000 Tarbes - ✆ 05 62 34 44 13 - www.hautes-pyrenees-rando.com

Ariège – www.randonnees-ariege.com

La Balaguère – 65400 Arrens-Marsous - ✆ 0 820 972 021 - www.balaguere.com. Elle organise des « voyages à pied » dans les Pyrénées ou à l'étranger, libres ou accompagnés, avec ou sans portage, parfois sur des thèmes (histoire, santé, musique) et pour tous niveaux.

Chamina Voyages – Naussac - BP 5 - 48300 Langogne - ✆ 04 66 69 00 44 - www.chamina-voyages.com. Randonnées à pied avec ou sans accompagnateur, avec transport des bagages, en France et à l'étranger. Nombreux circuits dans les Pyrénées.

Fédération nationale ânes et randonnées – 13 montée Saint-Lazare - 04000 Digne les Bains - ✆ 04 92 34 23 11 - www.ane-et-rando.com. La Fnar fournit la liste de ses prestataires, dans toutes les régions de France, proposant des randonnées à pied en compagnie d'ânes bâtés.

ROUTES HISTORIQUES

Pour découvrir le patrimoine architectural local, la Fédération nationale des routes historiques a élaboré 20 itinéraires à thème. Tracés et dépliants sont disponibles auprès des offices de tourisme ou de M. Tranié - 1 r. du Château - 60112 Troissereux - ✆ 03 44 79 00 00 - www.routes-historiques.com

Route historique du Pastel en pays de cocagne – Château de Magrin - 81220 Magrin - ✆ 05 63 70 63 82 s'adresser à M. Rufino - www.route-historique-du-pastel.com

ROUTES THÉMATIQUES

Route des Cadets de Gascogne – Renseignements auprès du Comité départemental du tourisme et des loisirs du Gers *(voir p. 17).*

Route des comtes de Toulouse – Elle comprend les châteaux de Cas, Belcastel, Cénevières, Cieurac, Pruines, Saint-Projet, la forteresse de Najac et les abbayes de Loc-Dieu, Beaulieu-en-Rouergue et la collégiale de Villefranche-de-Rouergue. *S'adresser à M. Lyonel de Lastic-Saint-Jal - 43 r. du Parc-de-Clagny - 78000 Versailles - ✆ 01 39 54 79 85.*

Sur les pas de Saint-Jacques-de-Compostelle – De Toulouse à Saint-Bertrand-de-Comminges, ce parcours de 137 km suit le pèlerinage de Saint-Jacques à travers les églises, cathédrales et monastères de la région (Pibrac, Plaisance-du-Touch, Muret, Rieux-Volvestre, Cazères, Martres-Tolosane, Saint-Gaudens, Montréjeau).

Route des vins – Entre Garonne et Tarn, à travers le vignoble frontonnais (Vacquiers, Castelnau d'Estrétefonds, Fronton, Villaudric, Villemur-sur-Tarn, Buzet-sur-Tarn, Montjoire).

Route des grottes – L'Ariège est très riche en grottes et sites souterrains. Pour les parcourir, cette route plonge, entre autres, dans le complexe souterrain du Mas-d'Azil ou dans l'habitat préhistorique de la Vache.

RUGBY

Plus qu'un simple sport, le rugby (qu'on prononcera en roulant le *r* initial et en omettant le *g* intermédiaire, peu adapté au rocailleux parler d'oc) est l'âme du peuple occitan : il n'y a pas un village, pas un quartier qui ne possède son équipe. On peut donc facilement découvrir et apprécier ce sport d'équipe dans les stades des grandes villes et des petits villages où, vaille que vaille, parvient à se maintenir la tradition conviviale de ce jeu rattrapé par le professionnalisme. D'octobre à mai, chaque rencontre dominicale prend l'allure d'une épopée, souvent contée avec beaucoup de verve. L'équipe locale est l'objet de toutes les attentions, et les discussions sont sans cesse avivées par la subtilité des règles du jeu et des décisions de l'arbitre.

Pour en savoir plus, voir p. 86.

Fédération française de rugby – 9 r. de Liège - 75431 Paris Cedex 09 - ✆ 01 53 21 15 39 - www.ffr.fr

SKI

Les **Pyrénées** offrent de vastes champs enneigés bien équipés, autorisant la pratique de tous les sports de neige : ski de fond, de randonnée, de piste, mais aussi ski-parapente, motoneige… On distingue les stations de vallée, qui exploitent en altitude un domaine skiable de hautes courbes ou de plateaux (Cauterets, Saint-Lary, Superbagnères), et les stations hautes qui, en dehors de Barèges, berceau du ski pyrénéen, sont souvent des créations récentes (La Mongie, Piau-Engaly). L'équipement performant de certaines stations pyrénéennes les rend tout à fait comparables à leurs sœurs alpines. La pratique du ski de fond, déjà connu en 1910 dans le milieu sportif pyrénéen, est particulièrement favorisée par l'étendue des pistes. On le pratique dans les stations de Cauterets-Pont d'Espagne, Campan-Payolle, val d'Azun, Nistos-Cap-Nestes et Ax-les-Thermes (plateau de Beille).

En **Aubrac**, les grandes étendues se prêtent bien au ski de fond. Renseignements à l'office du tourisme de Laguiole - ✆ 05 65 44 35 94 ou sur www.montagnemassifcentral.com

Pour skier en **Andorre**, un site Internet intéressant : www.ski.andorra.com

STATIONS DE SPORTS D'HIVER	Nombre de pistes total	Km de pistes A : Alpin F : Fond	Autres activités	Renseignements téléphoniques et sites Internet	Page de description détaillée
Ascou-Pailhères (09)	15	15 (A)	Piste de luge, tennis	05 61 64 28 86 05 61 64 24 76 (école de ski)	134
Ax-Bonascre-Le Saquet (Ax 3 Domaines) (09)	23	75 (A)	Stade de luge et de bosses, snowpark, piste de boarder-cross, promenades en traîneau et en raquettes, tennis	05 61 64 20 06 05 61 64 24 76 (école de ski) www.ax-ski.com	134
Beille (09)	12	70 (F)	Stades de luge et de biathlon, promenades en traîneau et en raquettes, tennis	05 34 09 35 35 www.plateau-de-beille.com	134
Bourg-d'Oueil (31)	4	5 (A) 14 (F)		05 61 79 75 47 www.bourgdoueil.com	–
Campan-Payolle (65)	5	50 (F)	Promenades en raquettes	05 62 91 70 36 www.campan-pyrenees.com	-
Cauterets (65) Station Kid	33	42 (A) 36 (F)	Stade de luge et de bosses, slalom, snowpark et half-pipe ; ski hors-piste autorisé	05 62 92 50 50 www.cauterets.com	179
Le Chioula (09)	7	65 (F)	Stade de luge, promenades en raquettes	05 61 64 20 00 www.chioula.fr	134
Gavarnie-Gèdre (65) Station Kid	32	52 (A) 7 (F)	Promenades en raquettes, patinoire	05 62 92 49 10 05 62 92 48 05 www.gavarnie.com	231

STATIONS DE SPORTS D'HIVER	Nombre de pistes total	Km de pistes A : Alpin F : Fond	Autres activités	Renseignements téléphoniques et sites Internet	Page de description détaillée
Grandvalira (Pas de la Casa/Grau Roig/Soldeu El Tarter) (Andorre)	110	193 (A) 6 (F)	Snowpark, railsparks, boardercross, promenades en raquettes, mushing (chiens de traîneaux), patinoire, piscine, tennis, squash	(376) 80 10 60 (376) 89 05 91 (école de ski) www. grandvalira. com	109
Guzet-Neige (09)	36	42 (A) 3 (F)	Stades de luge et de bosses, snowpark, promenades en raquettes et en traîneau	05 61 96 00 01 05 61 26 02 76 (école de ski) www.guzet.com	368
Hautacam-Ski (65)	14	26 (A) 15 (F)	Parapente, devalkart, rollerbe (été), piscine, remise en forme	05 62 97 10 16 05 62 97 20 97 (école de ski) w com	114
Luchon-Superbagnères (31)	28	30 (A) 4 (F)	Stades de snowboard et de slalom, promenades en raquettes, piscine	05 61 79 21 21 05 61 79 08 75 (école de ski) www.luchon. com	150
Luz-Ardiden (65)	27	60 (A)	Stades de luge, snowpark, slalom et bosses, promenades en traîneau et en raquettes ; ski hors-piste autorisé	05 62 92 30 30 05 62 92 86 99 (école de ski) www.luz.org	264
Mijanès-Donezan (09)	10	9 (A) 36 (F)	Stade de luge, promenades en raquettes	04 68 20 40 44 (hiver)	134
Les Monts d'Olmes (09)	17	23 (A)	Piste de luge, promenades en raquettes, snowpark	05 61 01 14 14 www. montsdolmes. com	–
Le Mourtis (31)	20	22 (A) 45 (F)	Stade de luge, promenades en raquettes	05 61 79 44 79 www.lemourtis. com	352
Nistos (65)	8	48 (F)	Piste de luge, promenades en raquettes	05 62 39 71 00 www.neste-nistos.com	–
Peyragudes (31, 65)	43	55 (A) 20 (F)	Stades de slalom, boardercross, snowpark et half-pipe, promenades en raquettes, scooter des neiges, traîneaux à chiens	05 62 99 69 99 www. peyragudes. com	119
Piau (65)	41	65 (A)	Traîneaux à chiens, promenades en raquettes, scooter des neiges, ski nocturne, plongée sous glace, snowpark	05 62 39 61 69 05 62 39 62 83 (école de ski) www.piau-engaly.com	320
Saint-Lary-Soulan (65) Famille Plus	53	100 (A) 3 (F)	Stades de bosses, snowpark et half-pipe, kidpark, ski nocturne, promenades en raquettes et en traîneau, scooter des neiges ; ski hors-piste autorisé	05 62 39 50 81 05 62 98 44 01 (école de ski) www.saintlary. com	368
Domaine du Tourmalet - Barèges, La Mongie (65)	69	100 (A) 20 (F)	Ski nocturne, stades de luge, snowpark et bosses, boardercross, traîneau, raquettes, scooter des neiges, patinoire, centre de remise en forme, squash ; ski hors-piste autorisé	05 62 91 90 84 05 62 92 68 86 (école de ski) www. tourmalet.fr	152
Val d'Azun (65)	11	110 (F)	Piste de luge, promenades en raquettes et en traîneau	05 62 97 49 49 www.valdazun. com	–
Val Louron (65)	18	22 (A)	Promenades en raquettes	05 62 99 92 00 www.vallouron. com	–
Vallnord - Pal-Arinsal Ordino Arcalis (Andorre)	66	89 (A)	Snowpark, piste de luge, promenades en traîneau et en raquettes	(376) 878 000 (Pal-Arinsal) (376) 739 600 (Ordino-Arcalis)	–

SPÉLÉOLOGIE

Les amateurs de spéléologie trouveront, sur les plateaux ou dans les vallées particulièrement riches en grottes et en cavités, de nombreux clubs avec lesquels ils pourront prendre contact. Parmi les sites les plus propices à l'exploration spéléologique, citons le massif de Souroque et la vallée du Biros dans l'Ariège ; le gouffre de la Bathmale, le gouffre de l'Amazonie, le gouffre de la Coquille, le gouffre Blagnac, le gouffre Cécile et le puits de l'If en Haute-Garonne ; l'aven de la Planasse dans le Tarn…
L'équipement spécifique donne la mesure de la haute technicité atteinte par la spéléo : combinaison renforcée, matériel d'escalade complet et spécial (cordes fines pour le rappel), souvent canoë pneumatique, casque, sac étanche, et bien sûr lampe au carbure et halogène. Le principal risque provient des crues transformant un innocent passage asséché en piège mortel. D'autant que les prévisions s'avèrent être un exercice difficile : en effet, la brusque montée des eaux peut être provoquée par des orages situés à des kilomètres de la grotte. Seul un accompagnateur breveté de spéléo, connaissant parfaitement le réseau hydrographique, assure la garantie d'une découverte au risque minimal. Ainsi encadré, le visiteur attentif pourra apprécier les particularités d'une journée en randonnée souterraine : perte rapide pour le profane de la notion naturelle du temps et de l'orientation, vision progressive l'amenant à s'attacher aux détails des concrétions qui seront les jalons de sa marche. Le retour à la surface après ce long parcours sera marqué par une multitude de sensations olfactives habituellement insoupçonnées.

Comité régional de spéléologie Midi-Pyrénées – 7 r. André-Citroën - 31130 Balma - ✆ 05 61 11 71 60 - http://comite.speleo.midipy.free.fr

École française de spéléologie – 28 r. Delandine - 69002 Lyon - ✆ 04 72 56 35 76.

Fédération française de spéléologie – 28 r. Delandine - 69002 Lyon - ✆ 04 72 56 09 63 - www.ffspeleo.fr

Marie-Hélène Carcanague / MICHELIN

SPORTS DE MONTAGNE

Les massifs montagneux permettent la pratique de sports de montagne aussi diversifiés qu'accessibles à chacun, à condition d'y avoir été initié ou d'être accompagné par un professionnel. Les compagnies de guides de montagne proposent souvent une gamme d'activités accompagnées allant du ski de randonnée à l'escalade en passant par le rafting, les randonnées en raquettes ou en VTT.

Montagne Passion – Gare Aval du Téléporté - BP 24 - 09110 Ax-les-Thermes - ✆ 05 61 64 31 51 ou 06 19 46 02 27 - www.montagnepassion.com

Bureau des guides de Luchon – 66 allées d'Étigny - 31110 Luchon - ✆ 05 61 79 69 38 - www.bureau-guides-luchon.com

Bureau des guides de Saint-Savin – 1 pl. du Trey - 65400 St-Savin - ✆ 05 62 97 91 09 ou 06 80 32 07 41.

Bureau des guides de la vallée de Cauterets – 2 pl. Georges-Clemenceau - BP 43 - 65110 Cauterets - ✆ 05 62 92 62 02 ou 06 71 82 77 47 - www.guides-cauterets.com

Bureau des guides de la vallée de Luz – BP 6 - 1 pl. du 8-Mai-1945 - 65120 Luz-St-Sauveur - ✆ 05 62 92 87 28/91 07.

Bureau des guides de la vallée d'Aure – 65170 St-Lary-Soulan - ✆ 05 62 40 02 58 - www.bg-saint-lary.com

La montagne a ses dangers, redoutables pour le néophyte, toujours présents à l'esprit des plus expérimentés. Avalanches, « dévissages », chutes de pierres, mauvais temps, brouillard, traîtrises du sol et de la neige, eau glaciale des lacs d'altitude ou des torrents, désorientation, appréciation défectueuse des distances, foudre (n'oubliez pas que la voiture, constituant une « cage de Faraday », est un bon abri) peuvent surprendre l'alpiniste, le skieur ou le promeneur.

Marie-Hélène Carcanague / MICHELIN

Les **Bulletins neige et avalanche** (BNA), affichés dans chaque section et lieu de randonnée, avertissent des risques et doivent être impérativement consultés avant tout projet de sortie. Pour affiner l'information auprès des adeptes du hors-piste, de la randonnée nordique ou en raquettes, une nouvelle échelle de risque a été établie, de 1 (risque faible) à 5 (très fort). On peut également connaître les risques d'avalanche en consultant le répondeur de Météo France ✆ 3250 ou 08 92 68 02 suivi du n° du département. Pour se renseigner sur la foudre : www.meteorage.fr

THERMALISME

L'abondance des sources minérales et thermales a fait la renommée des Pyrénées dès l'Antiquité. Par leur nature et leur composition variées, elles offrent un large éventail de propriétés thérapeutiques. Le thermalisme fut remis au goût du jour dès la fin du 18e s., et en particulier au milieu du 19e s., grâce à l'amélioration des moyens de transport et à la création par Napoléon III d'une route thermale reliant les stations.
Prenant le relais de ce thermalisme mondain d'autrefois, le thermalisme actuel attire des foules de curistes venus se soigner pour des affections très diverses, principalement respiratoires et rhumatismales.

Conseil national des exploitants thermaux (CNETh) – 1 r. Cels - 75014 Paris - ✆ 01 53 91 05 77 - www.france-thermale.org

Chaîne thermale du soleil/Maison du thermalisme – 32 av. de l'Opéra - 75002 Paris - ✆ 01 44 71 37 00 ou 0 800 050 532 (appel gratuit) - www.sante-eau.com

Les eaux pyrénéennes appartiennent à deux grandes catégories, les sources sulfurées et les sources salées.

Les sources sulfurées

Elles se situent principalement dans les Pyrénées centrales, mais elles s'étirent en direction de la Méditerranée, d'Ax-les-Thermes jusqu'en Catalogne. Leur température, tiède, peut s'élever jusqu'à 80 °C. Le soufre, qualifié de « divin » par les Grecs en raison de ses vertus médicales, entre dans leur composition en combinaisons chloro-sulfurées et sulfurées-sodiques. Sous forme de bains, douches et humages, ces eaux sont utilisées dans le traitement de nombreuses affections : oto-rhino-laryngologie (oreilles, nez, gorge et bronches), maladies osseuses et rhumatismales, rénales et féminines. Les principales stations de ce groupe se répartissent entre les Hautes-Pyrénées (Barèges, Beaucens, Cauterets, Saint-Sauveur, Saint-Lary), la Haute-Garonne (Bagnères-de-Luchon) et l'Ariège (Ax-les-Thermes).

Les sources salées

Elles se trouvent en bordure du massif ancien. Selon leur composition minéralogique, on distingue les eaux sulfatées ou bicarbonatées-calciques, dites « sédatives », des eaux chlorurées-sodiques. Les premières sont employées dans le traitement des affections nerveuses, hépatiques et rénales à Castera-Verduzan, Barbotan-les-Thermes *(voir Eauze)*, Bagnères-de-Bigorre, Capvern-les-Bains *(voir Bagnères-de-Bigorre)*, Aulus-les-Bains *(voir St-Girons)* et Ussat-les-Bains.
Les secondes, à Ussat-les-Bains, utilisées sous forme de douches et de bains, soulagent les affections gynécologiques et infantiles.

Thermoludisme

Ce néologisme né de la contraction de « therme » et « ludique » qualifie un nouveau phénomène de société. Le mot désigne une récréation, une remise en forme au moyen de jeux d'eau et de plaisirs sensoriels, toujours avec de l'eau thermale mais en dehors de toute prescription médicale.
Retrouvez la description des principaux centres thermoludiques des Hautes-Pyrénées et d'Andorre dans les encadrés pratiques des villes et sites suivants : Bagnères-de-Bigorre (**Aquensis**), Arreau (**Balnéa**, à Génos-Loudenvielle), Saint-Lary-Soulan (**Sensoria**), Luz-Saint-Sauveur (**Luzéa**), Principauté d'Andorre (**Caldea**), Cauterets (**César et les Griffons**).
Pour plus d'informations, voir www.thermes.org

Source du bassin des Ladres à Ax-les-Thermes.

Les gaz chauds

Cransac-les-Thermes *(voir Decazeville)* est la seule station thermale en Europe à proposer une thérapie aux gaz secs et chauds (130 °C). Ces derniers, chargés de soufre et d'alun, permettent de soigner les rhumatismes grâce à des étuves et des douches.

VISITES GUIDÉES

La plupart des villes proposent des visites guidées. Elles sont organisées toute l'année dans les grandes villes ou seulement en saison dans les plus petites. Dans tous les cas, informez-vous du programme à l'office de tourisme et pensez à vous inscrire. En général, les visites ne sont pas assurées en deçà de quatre personnes et pendant la période estivale les listes sont rapidement complètes.

Reportez-vous aussi à l'encadré pratique des villes, dans la partie « Découvrir les sites », où nous mentionnons les visites guidées qui ont retenu notre attention.

Villes et Pays d'art et d'histoire

Sous ce label décerné par le ministère de la Culture et de la Communication sont regroupés quelque 117 villes et pays qui œuvrent activement à la mise en valeur et à l'animation de leur architecture et de leur patrimoine. Dans ce réseau sont proposées des visites générales ou insolites (1h30 ou plus), conduites par des guides-conférenciers et des animateurs du patrimoine agréés par le ministère. Renseignements auprès des offices de tourisme des villes ou sur le site www.vpah.culture.fr

Parmi les Villes d'art et d'histoire, vous trouverez dans ce guide la ville de Montauban, à laquelle s'ajoute le Pays des bastides du Rouergue (Najac, Sauveterre, Villefranche et Villeneuve).

Voir également le chapitre suivant, « La destination en famille ».

VUE DU CIEL

En avion

Installées un peu partout dans la région, les écoles de pilotage, généralement situées sur les aérodromes, proposent des baptêmes de l'air, des vols et des cours de pilotage (vols biplaces, planeur, vol à voile, ULM, etc.).

Fédération française de planeur ultra-léger motorisé – 96 bis r. Marc-Sangnier - 94704 Maisons-Alfort Cedex - ✆ 01 49 81 74 43 - www.ffplum.com

Aéro-Club de Luchon – 31110 Bagnères-de-Luchon - ✆ 05 61 79 00 48.

En deltaplane et parapente

Le vol libre (deltaplane et parapente) a trouvé dans les reliefs pyrénéens autant de bases d'envol permettant une découverte différente du panorama des vallées. On peut louer du matériel et suivre des stages d'initiation et de perfectionnement dans la plupart des écoles de parapente. Les meilleurs sites dans les Pyrénées sont les suivants : Barèges, Campan, Val Louron, Peyragudes, Oô, Superbagnères, Arbas, Moulis (près de St-Girons) et Prat d'Albis (près de Foix).

Fédération française de vol libre – 4 r. de Suisse - 06000 Nice - ✆ 04 97 03 82 82 - www.ffvl.fr

En montgolfière

Voilà un autre moyen, non moins original, de vous élancer dans les airs et d'apprécier le paysage. Entre mi-juin et fin janvier (période où les conditions météorologiques sont les meilleures), embarquez à bord d'une nacelle et laissez-vous porter au gré du vent…

Pyrénées Montgolfières – Aérodrome Auch-Lamotte - 32000 Auch - ✆ 05 62 63 66 11 - www.pyrenees-montgolfieres.com. Vol de jour ou de nuit à partir du château de Lavardens (Gers), de l'abbaye d'Escaladieu (Hautes-Pyrénées) ou de tout autre lieu de votre choix.

Le Relais Templier – R. Principale - 81140 Vaour - ✆ 05 63 56 11 78. Balade aérienne dans le secteur des bastides albigeoises et les gorges de l'Aveyron.

La destination en famille

Pour se faire pardonner quelques visites de musées « pour les grands », nous avons sélectionné pour vous un certain nombre de sites *(voir le tableau récapitulatif ci-contre)* qui intéresseront particulièrement vos enfants. Vous les repérerez dans la partie « Découvrir les sites » grâce au pictogramme .

Ministère de la Culture et de la Communication

LES LABELS

Villes et Pays d'art et d'histoire

Le réseau des Villes et Pays d'art et d'histoire *(voir la rubrique « Visites guidées »)* propose des visites-découvertes et ateliers du patrimoine aux enfants, les mercredis, samedis ou durant les vacances scolaires. Munis de livrets-jeux et d'outils pédagogiques adaptés à leur âge, ces derniers s'initient à l'histoire et à l'architecture et participent activement à la découverte de la ville. En atelier, ils s'expriment à partir de multiples supports (maquettes, gravures, vidéos) et au contact d'intervenants de tous horizons : architectes, tailleurs de pierre, conteurs, comédiens.
En juillet-août, dans le cadre de l'opération « L'Été des 6-12 ans », ces activités sont également proposées pendant la visite des adultes.

Stations Kid

Une station gratifiée du label « Kid » remplit nécessairement une série de conditions qui la rend parfaitement adaptée à l'**accueil des familles** (hébergement, équipements, animations spécifiques pour chaque âge) ; les enfants y « sont rois ».
À la montagne, toute « Station Kid » qui se respecte propose une garderie et un jardin de neige pour initier les plus petits aux plaisirs de la glisse, des pistes de luge, ainsi que de nombreux jeux et activités (goûters géants, concours de sculpture sur neige).
En Midi-Pyrénées, Cauterets et Gavarnie-Gèdre ont obtenu le label.

Association nationale des Stations Kid – BP 139 - 59027 Lille Cedex - 03 20 14 97 87 - www.stationskid.com

Stations Vertes

La fédération des Stations Vertes de vacances *(voir p. 26)* décerne chaque année quelques prix de l'accueil des enfants, sur toute la France. Parmi les Stations Vertes lauréates, la région Midi-Pyrénées a été représentée en 2003 par Pont-de-Salars (Aveyron), en 2004 par Mur-de-Barrez (Aveyron) et Masseube (Gers) et en 2006 par Condom (Gers).

Famille Plus

Créé avec le soutien du ministère du Tourisme par l'Association nationale des maires des stations classées et communes touristiques, l'Association nationale des maires des stations de montagne et la Fédération des Stations Vertes de vacances et Villages de Neige, ce label récompense les

SITES OU ACTIVITÉS À FAIRE EN FAMILLE

Chapitre du guide	Nature	Musée	Loisirs
Principauté d'Andorre		Musée de la Microminiature	
Argelès-Gazost	Parc animalier des Pyrénées ; lamas du val d'Azun (Estaing) ; donjon des Aigles (Beaucens) ; aquarium tropical du Haut-Lavedan (Pierrefitte-Nestalas)		
Arreau	Les Aigles d'Aure	Musée de la Vallée d'Aure et musée de la Cidrerie d'Ancizan	Lac de Génos-Loudenvielle
Auch	Jardin carnivore (Peyrusse-Massas)		
Ax-les-Thermes	Maison des Loups (Orlu)		

Chapitre du guide	Nature	Musée	Loisirs
Bagnères-de-Bigorre	Grottes de Médous		
Barèges	Jadin botanique du Tourmalet		
Beaumont-de Lomagne		Moulin à vent de Brignemont	
Bozouls		Terra Memoria	
Carmaux		Parc des Titans	Cap'Découverte
Castres	Zoo de Montredon		Planétarium-observatoire (Montredon-Labessonnié)
Condom		Halte du pèlerin et cité des machines du Moyen-Âge (Larresingle)	
Cordes-sur-Ciel	Jardin des Paradis	Historama Musée de l'Art du sucre	
Entraygues-sur-Truyère		Visites contées au château de Valon	
Espalion		Château de Calmont-d'Olt	
Foix	Ferme des reptiles (Brouzenac) Rivière souterraine de Labouiche	Forges de Pyrène (Montgaillard)	
Gaillac		Musée'art du Chocolat (Lisle-sur-Tarn)	
Cirque de Gavarnie	Balade à cheval vers le cirque de Gavarnie		
L'Isle-Jourdain	Bisonnerie de Borde Basse (Mérenvielle)		
Laguiole		Grenier de Capou (Soulages-Bonneval)	
Lavaur	Les jardins de Martel (Giroussens)		Chemin de fer touristique (St-Lieux-lès-Lavaur)
Lectoure	Ferme des étoiles (Fleurance)		
Grotte de Lombrives	Grotte (à partir de 8 ans)		
Lourdes	Aquarium de Lourdes Grottes du Loup	Musée du Petit Lourdes	
Mas d'Azil		Affabuloscope	
Mazamet		Maison du bois et du jouet (Hautpoul)	
La Montagne noire		Sylvea (Revel) Explorarôme (Montégut-Lauragais)	Bassin de Saint-Ferréol
Mur-de-Barrez			Sentiers de l'Imaginaire
Muret	Aquarium de la Garonne et des Pyrénées		
Grotte de Niaux	Grotte (à partir de 8 ans)		
Nogaro			Base de loisirs de Lupiac
Rieux		Village gaulois de Saint-Julien	
Rodez	Haras	Château du Colombier (Mondalazac)	Lac de Pareloup
Saint-Bertrand-de-Comminges		Maison des Sources (Mauléon-Barousse)	
Saint-Lary-Soulan		Maison de l'Ours	
Saint-Lizier	Au Pays des Traces		
Sauveterre-de-Rouergue	Parc animalier de Pradinas		
Tarascon-sur-Ariège		Parc de la Préhistoire	
Tarbes	Haras, maison du cheval		Promenades en calèche
Toulouse	African Safari (Plaisance-du-Touch)	Cité de l'espace	Labyrinthe des Merveilles (château de Merville)
Villeneuve	Grottes de Foissac		

de Neige, ce label récompense les stations les plus performantes dans le domaine de l'accueil des familles. Ces « destinations pour petits et grands », qu'elles soient à la montagne, à la mer, en ville ou à la campagne, garantissent des animations et des activités adaptées à chaque âge, des tarifs préférentiels pour les familles et des équipements assurant la sécurité des enfants. **Saint-Lary-Soulan** dans les Hautes-Pyrénées, ainsi que **Barbotan-les-Thermes**, **Lectoure**, **Marciac**, **Masseube** et **Plaisance** dans le Gers appartiennent aux 66 stations labellisées en 2006.

Accueil toboggan

Ce label décerné par les Gîtes de France est propre à la région Midi-Pyrénées. Il signale les gîtes ruraux, chambres d'hôte ou chalets loisir offrant des prestations spécifiques pour les enfants (lit de bébé, table à langer, chaise haute, jeux d'intérieur et d'extérieur, etc.)

À savoir

Le comité départemental du tourisme de l'Aveyron édite chaque année une brochure « **Aveyron junior** », disponible sur demande (✆ 05 65 75 55 75) ou auprès des offices de tourisme du département. Vous y trouverez de nombreux sites et idées d'activités à faire en famille. Pour en savoir plus : www.tourisme-aveyron.com, rubrique « Famille et enfants ».

Que rapporter

Il est parfois possible de visiter les ateliers de fabrication… ce qui ne donne que plus de prix au souvenir que l'on rapporte, pour soi, ou pour ses amis !

PRODUITS DU TERROIR

Préparations salées

Foie gras et confits sont indispensables pour affronter les longs mois d'hiver (en bocaux, pour faciliter leur transport). Outre les marchés au gras, vous pourrez vous fournir chez les producteurs des villages du Gers. Pour confectionner un cassoulet à votre retour, fournissez-vous en haricots (ceux de Tarbes sont excellents) et en ail (de Lautrec, bien sûr).

Charcuteries de montagne

Jambons crus, saucissons de montagne : un peu rustiques mais délicieux, surtout si on se les procure auprès des producteurs sur les marchés ou dans les charcuteries de village. Nous vous recommandons tout spécialement les charcuteries de Lacaune et celles de l'Aveyron. À Varilhes (Ariège), on trouve du saucisson de foie d'oie. Dans les Hautes-Pyrénées, il faut absolument goûter le jambon de porc noir gascon.

Fromages

Le bethmale (Pyrénées) et la fourme de Laguiole (Aveyron) égaieront vos plateaux de fromages. Dans les Pyrénées, il existe plusieurs sortes de tomes à base de lait de vache, de brebis ou des deux.

Douceurs

Pastis gascons, gâteaux à la broche des Pyrénées, violettes cristallisées de Toulouse, fouaces de Najac, berlingots de Cauterets.

Vins

Les caves sont généralement ouvertes à la visite et proposent la plupart du temps une dégustation (à pratiquer avec modération !). Vous trouverez leurs coordonnées dans les offices de tourisme et les Maisons du vin, dont nous donnons ci-dessous quelques adresses. Les syndicats viticoles éditent des brochures de présentation de leurs crus, parfois avec un tracé des routes des vins.

Maison des vins de Madiran et Pacherenc du Vic-Bilh – Le Prieuré - pl. de l'Église - 65700 Madiran - ✆ 05 62 31 90 67.

Bureau national interprofessionnel de l'Armagnac AOC – 11 pl. de la Liberté - BP 3 - 32800 Eauze - ✆ 05 62 08 11 00 - www.armagnac.fr

Maison du floc de Gascogne – R. des Vignerons - 32800 Eauze - ✆ 05 62 09 85 41 - www.floc-de-gascogne.fr

Maison des vins de Gaillac – Abbaye Saint-Michel - 81600 Gaillac - ✆ 05 63 57 15 40 - www.vins-gaillac.com

Syndicat des vignerons AOC Fronton – 51 av. Adrien-Escudier - BP 15 - 31620 Fronton - ✆ 05 61 82 46 33.

Syndicat des vins AOVDQS Estaing – L'Escalière - 3 r. Flandres-Dunkerque - 12190 Estaing - ✆ 05 65 44 75 38.

Syndicat des vins VDQS Entraygues-Le-Fel – Les Buis - 12140 Entraygues-sur-Truyère - ✆ 05 65 44 50 45 ou 06 87 67 06 46.

POUR LA MAISON

Poteries

Ce sont généralement de belles poteries artisanales recouvertes d'émail naturel.
On en trouve sur les marchés (Giroussens) et chez les potiers installés dans des villages particulièrement touristiques, comme par exemple Cordes-sur-Ciel.

Faïences

Vous trouverez de quoi refaire votre service de table à Martres-Tolosane, en particulier aux Faïenceries du Matet et à La Tolosane *(voir Muret)*.

Coutellerie

Pour trancher dans le lard ou dans la tome de Laguiole, il vous faut un véritable couteau de Laguiole ! *(voir ce nom)*.

Antonin Thuillier / MICHELIN

Laine et tissus

Dans les Pyrénées, la laine apportée par les bergers à la filature est tricotée, puis frottée sur un « métier de cardes » qui remplace les chardons d'autrefois, pour donner aux couvertures et aux pull-overs une douceur pelucheuse.
On trouve ces produits dans les commerces et les magasins d'usine de production.

Meubles, objets en bois

Revel (Haute-Garonne) est spécialisé dans les meubles en marqueterie. Dans la vallée de Bethmale (Ariège), on trouve encore les fameux sabots pointus.

Événements

La brochure *Festivals en Midi-Pyrénées* éditée par le conseil régional complète utilement la liste ci-dessous. Vous la trouverez dans les offices de tourisme et de nombreux lieux publics de la région. Le programme est également disponible sur www.festivals.midipyrenees.fr

Février

Toulouse – Festival de la violette (début du mois). ✆ 05 62 16 31 31.

Albi – Carnaval (fin fév.-déb. mars).

Mars

Gavarnie – Derby 3000 : épreuve de ski de randonnée. ✆ 05 62 92 49 10. http://derby3000.free.fr

Mars – avril

Toulouse – Printemps du rire. ✆ 05 62 21 23 24. www.printempsdurire.com

Lourdes – Festival de musique sacrée. ✆ 05 62 42 77 40.

Dimanche et lundi de Pâques

Saint-Félix-Lauragais – Fête historique de la cocagne : concerts, spectacles de cirque, jongleurs, défilés historiques. ✆ 05 62 18 96 99.

Dernier week-end d'avril

Giroussens – Marché des potiers. ✆ 05 63 41 61 90.

Mai

Rieux-Volvestre – Fête du papogay : tournoi d'archerie du 14e s. (1er w.-end). ✆ 05 61 87 63 33.

Montesquieu-Volvestre – Fête des bastides (1 dim. mi-mai). ✆ 05 61 90 19 55.

Condom – Festival européen de bandas y penas (2e w.-end du mois). ✆ 05 62 68 31 38. www.festival-de-bandas.com

Saint-Chély-d'Aubrac, Aubrac et Saint-Geniez-d'Olt – Fête de la transhumance et de la vache Aubrac (le w.-end le plus proche du 25). ✆ 05 65 44 21 15. www.traditionsenaubrac.com

Lavaur – « Mai de Dame Guiraude » : fête médiévale (3e dimanche). ✆ 05 63 58 02 00.

Toulouse – Festival Le Marathon des mots (dernier w.-end du mois). ✆ 05 61 99 64 01. www.lemarathondesmots.com

Ascension

Montauban – Alors chante : festival de la chanson française. ✆ 05 63 63 02 36. www.alorschante.com

Week-end de la Pentecôte

Vic-Fezensac – Feria du toro ; grandes corridas. ✆ 05 62 64 45 99/ 06 56 55.

1er week-end après la Pentecôte

Martres-Tolosane – Fête de la Saint-Vidian : fête religieuse et reconstitution historique. ✆ 05 61 98 66 41.

Juin

Auch – Éclats de voix : musique classique et contemporaine. ✆ 05 62 05 20 82. www.eclatsdevoix.com

Lac d'Estaing – Transhumance (1er sam. du mois) ; Eolo Tempo : festival de cerfs-volants et rapaces (mi-juin, tous les 2 ans). ✆ 05 62 97 45 68. www.eolotempo.fr

Toulouse – Festival Rio Loco : concerts rock, jazz, pop, bal tango, arts visuels (fin du mois). ✆ 05 61 32 77 28. www.rio-loco.org

Toulouse – Fête folklorique du Grand Fenetra (dernier w.-end du mois) : défilés, spectacles de danse, musique… ✆ 06 86 55 20 24.

Juin-septembre

Saint-Félix-Lauragais – Festival Déodat de Séverac : musique de chambre, opéra, musiques occitanes et catalanes. ✆ 05 62 18 96 99.

Juillet

Eauze – Grand Prix de la ville d'Eauze (le 3) : courses de chevaux. ✆ 05 62 09 85 62.

Monestiés – Festival Pause Guitare. ✆ 05 65 60 55 90.

Villemur-sur-Tarn – Festival Renaissance Henri IV. ✆ 05 61 35 36 60.

Estaing – Procession de la Saint-Fleuret (1er dim. du mois). ✆ 05 65 44 03 22.

Toulouse – Festival Les Siestes électroniques (1re quinz.). www.les-siestes-electroniques.com

Castres – Festival Les Extravadanses (1re quinz.) ✆ 05 63 71 56 58/59 95.

Mazamet – Festival Fanfares sans frontières (1re quinz.). ✆ 05 63 61 27 07. www.fanfares-sans-frontieres.org

Luz-Saint-Sauveur – Jazz à Luz (2e ou 3e w.-end du mois). ✆ 05 62 92 38 30. www.jazzaluz.com

Eauze – Fêtes d'Eauze : courses landaises et corrida (1er dim. juil.).

Pamiers – Fiesta, festival de musiques latines (w.-end du 14). ✆ 05 61 67 52 52. www.pamierstourisme.com/fiesta

Cordes-sur-Ciel – Fête médiévale du Grand Fauconnier : défilés en costumes, bateleurs, jongleurs, troubadours, marché médiéval (autour du 14). ✆ 05 63 56 34 63.

Moissac – Festival Les Vibrations de Moissac (mi-juil.), polyphonies, animations de rue, soirées grand public. ✆ 05 63 04 63 85.

Albi – Scènes estivales, festival de théâtre (mi-juil.). ✆ 05 63 54 18 63. www.croixblanche.net

Foix – Résistances : festival de cinéma (10 jours comprenant la 2e sem. du mois). ✆ 05 61 05 13 30. www.cine-resistances.fr

Montauban – Festival de jazz (2e quinz.). ✆ 05 63 63 60 60. www.jazzmontauban.com

Cordes – Musique sur Ciel : festival de musique classique (2e quinz.). ✆ 05 63 56 00 75. www.festivalmusiquesurciel.com

Saint-Geniez-d'Olt – Festival et académie « Musique de chambre » (2e quinz.). ✆ 05 65 70 43 42.

Mirepoix – Fête médiévale (3e w.-end). ✆ 05 61 68 83 76.

Tarbes – Equestria (fin du mois) : festival de création équestre. ✆ 05 62 51 30 31. www.festivalequestria.com

Vic-Fezensac – Festival Tempo Latino : musiques latino-américaines (fin du mois). ✆ 05 62 06 56 66. www.tempo-latino.com

Juillet-août

Grotte de Lombrives – Concerts dans la grotte : musique classique, contemporaine, variétés (jeu. soirs). ✆ 05 61 05 98 40 ou 06 70 74 32 80.

Conques – Festival de musique (de fin juil. à mi-août). ✆ 05 65 71 24 00. www.festival-conques.com

Saint-Bertrand-de-Comminges, Saint-Just de Valcabrère, Saint-Gaudens, Martres-Tolosane – Festival du Comminges (musique classique, musique sacrée et musique de chambre). ✆ 05 61 88 32 00. www.festival-du-comminges.com

Moissac – Soirées musicales. ✆ 05 63 04 06 81.

Flagnac – « Hier un village », grande fresque vivante sur le pays rouergat (fin juil.-déb. août). ✆ 05 65 64 09 92.

Foix – « Le trésor des cathares » : son et lumière (fin juillet-mi-août, mar., jeu. et vend.). ✆ 05 61 02 88 26. http://foixterredhistoire.free.fr

Août

Saint-Antonin-Noble-Val – Fête des battages.

Fleurance – Festival d'astronomie. 1 sem. déb. août. ✆ 05 62 06 62 76. www.fermedesetoiles.com

Saint-Lizier – Festival de musique (1re quinz.). ✆ 05 61 66 67 89. http://austriart.chez.tiscali.fr

Marciac – Jazz in Marciac (1re quinz.). ✆ 0 892 690 277 (0,34 €/mn). www.jazzinmarciac.com

Villefranche de Rouergue, Najac et Villeneuve – Festival en bastides (1re sem. du mois) : théâtre et animations de rue. ✆ 05 65 45 76 74.

Lautrec – Fête de l'ail : concours, sculptures (sur ail !), dégustation (1er vend. du mois).

Mirepoix – Festival international de la marionnette (1er w.-end du mois). ✆ 05 61 68 83 76.

Gaillac – Fête des vins (1er w.-end du mois). ✆ 05 63 57 15 40/70 06. www.civso.com

Pont-de-Salars et plusieurs villes du Rouergue – Festival folklorique international du Rouergue (2e sem. du mois). ✆ 05 65 46 80 67. www.festival-rouergue.com

Sauveterre-de-Rouergue – Fête de la lumière (2e sam. du mois). ✆ 05 65 72 02 52.

Madiran – Fête du vin (les 14 et 15). ✆ 05 62 31 90 67.

Saint-Geniez-d'Olt – Fête de la race Aubrac (sam. le plus proche du 15).

Mirepoix – Marché des potiers (mar. et merc. de la 1re ou 2e sem. du mois).

Bouan – Concours national du cheval de Mérens (mi-août). ✆ 05 61 64 59 05/01 58 03.

Sorèze – Grande foire (3e w.-end du mois) : vide-grenier, concours de peintres, marché au livre, animations nocturnes… ✆ 05 637416 28.

Bagnères-de-Luchon – Fête des fleurs (avant-dernier dim. du mois) : danses du monde. ✆ 05 61 94 68 86.

Montauban – « Les 400 coups » : cinéscénie sur les thèmes des guerres de Religion et du siège de Montauban (dernier w.-end). ✆ 05 63 63 06 08.

Septembre

Toulouse – Festival international Piano aux Jacobins. ✆ 05 61 22 40 05. www.pianojacobins.com

Albi – Grand Prix automobile (1er w.-end du mois). ✆ 05 63 43 23 00. www.circuit-albi.com

Meritxell (principauté d'Andorre) – Fête nationale de la principauté d'Andorre (le 8).

Tarbes – Terro'art, fête des labels (1 sam. mi-sept.). ✆ 05 62 51 30 31.

Estaing – « Les Médiévales » : plongée dans l'Aveyron du 13e s. Spectacles, animations et barbecues géants (2e w.-end du mois). ✆ 05 65 44 03 22.

Arrens-Marsous – Foire aux côtelettes (à la mi-sept.). ✆ 05 62 97 49 40.

Moissac – Fête du chasselas (3e w.-end du mois). ✆ 05 63 04 01 85.

Saint-Félix-Lauragais – Marché des potiers (3e w.-end du mois). ✆ 05 62 18 96 99.

Nogaro – Grand Prix automobile (1 w.-end fin du mois). ✆ 05 62 09 02 49.

Étienne Larribère / MICHELIN

Couse automobile sur le circuit de Nogaro.

Septembre-octobre

Toulouse – Festival Toulouse Les Orgues (fin sept.–mi-oct.). ✆ 05 61 22 20 44. www.toulouse-les-orgues.org

Fête de la transhumance en Aubrac.

Toulouse – Le Printemps de septembre (3 sem. à partir de l'avant-dernier w.-end de sept.). ✆ 01 43 38 00 11. www.printempsdeseptembre.com

Octobre

Gimont – Festival aéronautique de Gimont (film, métiers, histoire). ✆ 05 62 67 70 02.

Toulouse – Jazz sur son 31. ✆ 05 34 45 05 92. www.jazz31.com

Val d'Azun – Fête du cheval de trait (2e w.-end du mois à Aucun). ✆ 05 62 97 49 49.

Sauveterre-de-Rouergue – Fête de la châtaigne et du cidre doux (dernier dim. du mois). ✆ 05 65 72 02 52.

Novembre

Eauze – Flamme de l'armagnac. ✆ 05 62 08 11 00. www.armagnac.fr

Nos conseils de lecture

Rien de tel pour préparer un voyage, comme pour se rappeler avec plaisir des vacances réussies, que quelques livres qui vous aideront à élucider des points d'histoire ou qui sauront restituer une atmosphère… et vous donner envie de revenir !

OUVRAGES GÉNÉRAUX-GÉOGRAPHIE-ÉCONOMIE

Le Grand Guide des Pyrénées (France, Espagne, Andorre), Milan, Toulouse, 1995. Une mine d'informations : architecture, paysages, hommes, faune, flore, vie quotidienne…

Le Dictionnaire des Pyrénées (encyclopédie illustrée. France-Espagne), sous la direction d'André Lévy, Privat, Toulouse, 2000.

Toulouse, X. Boisselet, G. Bouquillon (photographie), éd. Déclics, 2002. Toulouse vue par un Toulousain. Texte accompagné de 120 photos.

Tarn, pays de contrastes (texte bilingue français/anglais), J.-P. Hiver-Bérenguier, Privat, Toulouse, 2000.

Lauragais, pays des cathares et du pastel, J. Odol, G. Jungblut (photographie), Privat, Toulouse, 2004.

En Gascogne, J.-R. Bourrec, Privat, Toulouse, 2000. Récit en images d'un écrivain s'attachant à déchiffrer l'énigmatique Gascogne.

Le Canal du Midi, Michel Cotte, Belin, 2003. La fabuleuse histoire du plus vaste chantier de génie civil du 17e s.

HISTOIRE-ART

Histoire de l'Occitanie, sous la dir. de A. Armengaud et R. Laffont, Hachette.

Histoire du Languedoc, P. Wolff, coll. « Univers de la France, histoire des provinces », Privat, Toulouse, 2000.

Histoire de la Guyenne et de la Gascogne, J. Castarède, France-Empire, 1997.

Histoire d'Albi, de Castres-Mazamet-la Montagne Noire, de Lourdes, de Montauban, de Toulouse, coll. « Univers de la France, histoire des villes », Privat, Toulouse.

Histoire générale du protestantisme, É.-G. Léonard, coll. « Quadrige », PUF, 1994.

Les Cathares, R. Nelli, Marabout, 1981.

L'Épopée cathare (4 volumes), M. Roquebert, Privat, Toulouse, 1970-1994.

Montaillou, village occitan, E. Le Roy Ladurie, Gallimard, 1985.

Les Comtes de Toulouse, 1050-1250, J.-L. Dejean, Fayard, 1988.

Le Capitole de Toulouse, D. Baudis et J. Darreux, coll. « Pays et villes de France », Privat, Toulouse, 2000.

Lumières sur la brique en Midi toulousain : du rural à l'urbain, H. Fondevilla et D. Pawlowski, Privat, Toulouse, 1992.

Pyrénées romanes, Zodiaque, 1978.

Rouergue roman, Zodiaque, 1990.

L'Art gothique en Pays catalan, J. Raynal et M. Castillo, Privat, Touiouse, 2005.

Toulouse, 2000 ans art et d'histoire, C. Cau, éd. Daniel Briand, 1999.

Les Pyrénées, les ascensions et la philosophie de l'exercice, P.-M. Leroy, Monhélios, 2005.

Cauterets, A. Mengelle, Alan Sutton, 2005.

RANDONNÉES

En pays villefranchois, topoguide disponible auprès de l'office du tourisme de Villefranche-de-Rouergue.

Les Sentiers d'Émilie dans les Hautes-Pyrénées (2006), *autour de Toulouse* (2005), Rando Éditions, Ibos.

Le Chemin du Puy vers Saint-Jacques-de-Compostelle (2004), *d'Arles vers Saint-Jacques-de-Compostelle* (2005), J.-P. Siréjol et L. Laborde-Balen, Rando Éditions, Ibos.

Les Plus Belles Randonnées des Pyrénées ariégeoises, E. Delaperrière, Glénat, 2004.

VIE PRATIQUE

Animaux sauvages des Pyrénées, C. Dendaletche, Milan, Toulouse, 1990.

Cuisine paysanne en Rouergue, P. Auger-Holderbach, éd. du Rouergue, 1999.

Foie gras et confits, A. Prébois, Dormonval, 1998.

Bras, Laguiole Aubrac France, M. Bras, éd. du Rouergue, 2002.

CIVILISATION ET LANGUE

Petit précis de Pyrénéisme, Joseph Ribas, Loubatières, Carcassonne, 1998.

L'Aventure des bastides, G. Bernard, Privat, Toulouse, 1998.

Les Bastides du Sud-Ouest, Diagram éditeur, Toulouse.

Bastides et villages du Gers, 2 fascicules aux éd. du Sud-Ouest.

Le Pastel : or bleu du pays de Cocagne, P.-G. Rufino et F. Bacon, Daniel Briand éditions, 1990.

Les Ailes de l'Europe : l'aventure de l'Airbus, J. Picq, Fayard, 1990.

Voyous et gentlemen, une histoire du rugby, J. Lacouture, coll. « Découvertes », Gallimard, 1993.

La Fabuleuse Histoire du rugby, H. Garcia, La Martinière, 1996.

Initiation au gascon, R. Darrigrand, Per Noste, Orthlez, 1971.

Que Parlam : guide de conversation français-gascon, Jakin, Toulouse, 1997.

L'Occitan sans peine (1 livre et 3 CD), « Collections Langues Régionales », Assimil. Pour ceux qui ont résolu d'apprendre la langue des troubadours…
Aubrac impressions, M. Subervie et J. Villefranque, éd. Subervie, 1996.

LITTÉRATURE

Chez nous en Gascogne, Joseph de Pesquidoux, coll. « Terres », éd. C. de Bartillat, 1991.

Le Petit Garçon, Philippe Labro, coll. « Folio », Gallimard, 1992 : pendant les années noires de l'Occupation, une enfance aux portes d'une ville du Sud-Ouest qui ne peut être que Montauban !

L'Énigme de Ravejouls, A. Gandy, éd. Jeannine Balland, Presses de la Cité, 1998.

Le Pain blanc, D. Crozes, éd. du Rouergue, 1994.

Sel rouge, R. Beteille, éd. du Rouergue, 1988.

Contes traditionnels de Gascogne, Michel Cosem, Milan, Toulouse, 1993.

Contes traditionnels des Pyrénées, Michel Cosem, Milan, Toulouse, 1991.

MÉDIAS

Quotidiens – *L'Éclair des Pyrénées, La République des Pyrénées, Sud-Ouest, Midi Libre* et, bien entendu, l'incontournable *Dépêche du Midi* (Toulouse).

Revues – *Pyrénées Magazine* (Milan Presse), *L'Esprit du Sud-Ouest* (Milan Presse), *Pays cathare magazine, Massif central magazine.*

Radios – Sud Radio : FM 88.5 (Saint-Girons), 89.2 (Tarascon-sur-Ariège), 90.3 (Pamiers), 91.2 (Foix), 98.1 (Castres), 99.3 (Lourdes, Tarbes), 101.2 (Albi), 101.4 (Toulouse), 102.0 (Montauban, Argelès-Gazost, Bagnères-de-Bigorre), 102.3 (Font-Romeu), 103.0 (Ax-les-Thermes), 104.0 (Luchon, Villefranche-de-Rouergue), 104.1 (Mazamet), 104.4 (Rodez). Radio Païs : FM 89.4 (St-Gaudens), 90.8 (Auch), 98.0 (Mirande), 101.5 (Tarbes).

Soleils de Gascogne autour d'un ancien pigeonnier près d'Auch.

Jacass / MICHELIN

NATURE

La plus vaste région de France s'étend d'Aubrac en Pyrénées et s'étire de Gascogne en Ariège. C'est dire si les climats et les paysages sont variés, de plaines en vallées, de collines en bocages, de cimes élevées en forêts sauvages, traversés par la Garonne, le Tarn, l'Aveyron et de nombreuses rivières. Toute une gerbe de tons chauds et lumineux, éclairant des merveilles naturelles.

Antonin Thuillier / MICHELIN

Le site grandiose du lac Bleu (vallée de Lesponne).

Paysages

Sous l'influence croisée de la Méditerranée et de l'Atlantique, la région Midi-Pyrénées présente une palette complète de paysages de montagne et de plaine, façonnés par les mouvements géologiques et par l'érosion. Au sud, les Pyrénées ont, à leur naissance, entraîné le soulèvement du socle ancien du Massif central, au nord-est de la région ; entre les deux massifs, l'érosion a fait son œuvre, en créant des plaines et coteaux sillonnés de rivières montagnardes.

LES PYRÉNÉES

Frontière naturelle avec l'Espagne, la chaîne pyrénéenne semble une barrière infranchissable tronçonnée de vallées transversales qui l'apparentent, sur les atlas hyperréalistes, à une arête de poisson. Si l'on sait que les sommets pyrénéens ne dépassent jamais 3 500 m – le point culminant étant le pic d'Aneto (3 404 m), du côté espagnol, au sud de Bagnères-de-Luchon, on sera déconcerté d'apprendre que l'altitude moyenne des Pyrénées est presque égale à celle des Alpes : en effet, les cols pyrénéens ne s'abaissent pas autant que les cols alpins, donnant à la chaîne son aspect massif et finement échancré.

Tout a commencé il y a environ 50 millions d'années, lorsque le bloc ibérique se faufila sous la plaque européenne. Les matériaux très différents soulevés par ce glissement ont réagi diversement aux intempéries et à l'érosion glaciaire, composant des paysages étonnamment variés, d'un bout à l'autre de la chaîne. Le regard est en effet surpris par le visage changeant de la montagne : Andorre et la haute Ariège règnent sur un relief rude d'éboulis et de rocailles alors que les petits « pays » (Toy, les Quatre Vallées) abritent des percées hospitalières

Hercule et Pyrène

Les étymologistes distingués font venir le nom des Pyrénées du grec *pyros*, désignant le « feu »... D'autres, non moins sérieux, mentionnent le basque *buru*, la « montagne ». Quant aux poètes, ils préfèrent la légende de la princesse Pyrène que séduisit Hercule *(voir « grotte de Lombrives »)*. Chose curieuse, le mot Pyrénées, largement utilisé dans l'Antiquité, a ensuite longuement disparu de l'usage, car les habitants du Moyen Âge ne nommaient que les vallées et non l'ensemble de la chaîne. Il fallut attendre le 15e s. pour voir attestée l'expression curieuse d'« Alpes pyrénéennes », qui fut par la suite raccourcie.

au climat presque aquitain. Les Petites Pyrénées et le Plantaurel, dits aussi les Prépyrénées, sont coupés de « cluses » (défilés de Boussens sur la Garonne, de Labarre sur l'Ariège) ouvertes sur la plaine ; les contreforts forment des crêtes disséquées tandis que la zone axiale tend une échine ciselée (massif des Pyrénées luchonnaises, de la Maladetta...) où les glaciers du quaternaire ont creusé de très nombreux lacs d'altitude.

La Bigorre se confond avec les Pyrénées centrales, zone la plus attirante de la chaîne, tant par l'altitude des sommets (Vignemale : 3 298 m, Balaïtous : 3 146 m, l'un et l'autre sur la crête frontière, pic Long : 3 192 m) que par l'apparition de quelques lambeaux glaciaires.

Les Pyrénées luchonnaises enrobées de quelques glaciers se dressent en barrière, suivant une ligne de crête jalonnée d'ouest en est par les sommets granitiques, tous d'altitude supérieure à 3 000 m, fermant la vallée d'Oô (Spijoles, Gourgs Blancs, Perdiguère) et la vallée du Lys (Crabioules, Maupas). L'échancrure la plus marquée, le port de Vénasque, s'élève encore à 2 448 m. Les avant-monts calcaires, au nord du bassin de Marignac et sur la rive droite de la Garonne, culminent au pic de Cagire (alt. 1 912 m), masse sombre dressant, vue de l'avant-pays, un repère très remarquable devant les hautes crêtes luchonnaises. La forêt, principalement des hêtres, se poursuit plus à l'est dans le massif d'Arbas (pic de Paloumère – alt. 1 608 m) criblé de cavités souterraines, véritable terrain d'exercice pour les spéléologues.

CONTREFORTS DU MASSIF CENTRAL

Monts de Lacaune, Sidobre, Montagne noire et Aubrac

Dans le sud du Massif central, les failles ont formé des escarpements et détaché des blocs dissymétriques auxquels l'altitude donne un profil montagnard : ce sont les **monts de Lacaune** et le **Sidobre**.

Les hauteurs froides de Lacaune (1 267 m au Montgrand) sont célèbres pour l'élevage et la qualité des eaux minérales et thermales. Le Sidobre, massif peu élevé, regorge de merveilles naturelles insolites : rochers tremblants, cascades et lacs. C'est le pays de l'extraction de magnifiques blocs de granit. À l'extrémité sud du Massif central, la **Montagne noire** culmine au pic de Nore, à 1 210 m. Son abrupt versant nord est riche en forêts et en lacs.

Entre les vallées de la Truyère et du Lot, les plateaux volcaniques de l'**Aubrac** déroulent un immense pâturage où les narcisses et les jonquilles fleurissent généreusement au printemps. En hiver, un lourd manteau de neige enveloppe le relief pour le bonheur des skieurs de Brameloup, Laguiole, Nasbinals ou St-Urcize. Cette région de très faible densité de population vit essentiellement de l'élevage. Le promeneur remarque ainsi les « drailles » – pistes parfois délimitées de petits murs de pierres sèches – suivies par les bovins lors de la transhumance.

Le Lévézou

Entre Millau et Rodez, ce petit massif cristallin grimpe jusqu'au Puech del Pal (1 155 m). En haut, autour de Vezins, un

Stéphane Sauvignier / MICHELIN

Paysage de l'Aubrac.

espace désertique de sous-bois et de bruyère reçoit la visite des troupeaux. Le bas pays présente un visage plus souriant de bocages et de grands lacs aménagés pour le tourisme (à Pont-de-Salars, Bage, Pareloup, Villefranche-de-Panat…).

Les ségalas du Rouergue

Les terres froides du Rouergue ont l'allure de lents plateaux inclinés vers le Bassin aquitain sur lesquels s'accrochent la châtaigneraie de toujours et de récents bocages épanouis au milieu de lacs immobiles.

Le ségala du Rouergue, entre Lévézou et Aveyron, et le ségala du Tarn étaient jadis couverts de seigle ; si les cultures se sont aujourd'hui diversifiées, le nom est resté.

Des prés verdoyants enclos d'aubépines font aujourd'hui oublier la tristesse qui régnait dans cette région, longtemps concurrencée par le blé blond d'Aquitaine (le fromental), jusqu'à ce qu'elle s'éveille sous l'effet conjugué de l'exploitation de la chaux et de l'arrivée du chemin de fer (Carmaux-Rodez, Capdenac-Rodez), au 19e s. Un bouquet touffu de trèfle, de blé, de maïs et d'orge remplace ainsi la lande et le seigle d'antan. Cette petite révolution agricole s'est accompagnée d'un vrai développement des élevages bovins, ovins et porcins qui contribuent aux bonnes tablées de la région Midi-Pyrénées.

Les plateaux légèrement ondulés en collines (les puechs) portent, ici ou là, une chapelle. Le promeneur traverse, près de Camarès ou de Marcillac, des terres rouges fertiles, les **rougiers**, parsemées de vergers. Au loin, on devine les avancées des causses de Sévérac et du Comtal, la Châtaigneraie au nom évocateur, et le ségala du Quercy.

LES PLAINES ET LES COTEAUX

Issus de l'érosion de la chaîne pyrénéenne et du Massif central, plaines et coteaux séparent les zones de montagne. Les eaux des deux massifs s'y rassemblent et entretiennent la richesse de vastes plaines alluviales propices au développement agricole.

Les coteaux gascons

À la sortie des grandes vallées pyrénéennes, une bande de lande sèche serpente entre le haut **plateau de Lannemezan** et le plateau de Ger, à l'ouest de Tarbes. Les rivières affluentes de la Garonne s'écartent ensuite en éventail vers le nord, où elles découpent les collines de l'Armagnac en fines lanières. Le modelé labyrinthique est l'œuvre d'anciens cours d'eau puissants dont le souvenir est parfois ravivé lors de crues dévastatrices. Par temps calme, seuls de minces filets coulent le long du ruban d'une prairie, d'un rideau d'arbres. Les croupes portent le dessin géométrique des haies et des parcelles cultivées, tandis que les vallées s'organisent autour de bourgs joyeusement gascons.

Des collines aux plaines de Garonne

La Garonne draine dans son sillage une gerbe de tons chauds et lumineux : jaune céréalier, verte prairie, rouge brique et bleu pastel s'y mélangent joyeusement.

Puissant fleuve aux crues capricieuses, la Garonne trace, avec ses affluents, un large couloir entre Aquitaine et Languedoc dans lequel aime à s'engouffrer l'autan. Des terrasses en gradins, séparées de talus boisés, assurent la transition avec les collines vigoureuses taillées dans la **molasse**.

En Albigeois, le relief se redresse en petits causses (Cordes, Blaye) et en pitons calcaires (« puechs ») que couronne souvent un village solitaire.

À la périphérie, la terre semble avoir tremblé : plateaux et petits monts s'interpénètrent étroitement dans le pays tarnais ; des graviers viennent soutenir

Une ou des Garonnes ?

La Garonne (Garona) est, dans le val d'Aran, un nom commun à plusieurs torrents. Ce qui est tout à fait logique puisque le mot signifie « rivière qui charrie des pierres » ! Le plus important, le rio Garona de Ruda, prend sa source à proximité du mont Saboredo (2 830 m) au sud du col de la Bonaigua. Ce torrent reçoit plusieurs affluents dont le plus connu est le rio Garona de Juèu. Celui-ci naît en pleine forêt au güell du Juèu, résurgence des eaux de fonte glaciaire du versant nord de la Maladetta, étudiée par Norbert Casteret en 1931.

La Garonne pénètre en France au pont du Roi ; c'est encore un torrent de haute montagne par la pente et par le régime (basses eaux en hiver, hautes eaux en mai-juin). En Comminges, elle se grossit de la Pique, de l'Ourse et de la Neste d'Aure. À Montréjeau, débouchant dans une véritable gouttière qui s'allonge au pied de la chaîne, de la Barthe-de-Neste à Boussens, elle oblique vers l'est et traverse la « rivière » de Saint-Gaudens. La cluse de Boussens marque la sortie définitive des Pyrénées.

Le grenier toulousain.

de petites côtes au pied des Pyrénées. Dans le Lauragais enfin, à l'est de Toulouse, les **terreforts** argileux et fertiles se couvrent de la culture rafraîchissante des céréales : des collines basses se plissent entre des vallées en berceau, ouvertes dans les **boulbènes**.
Ce Midi de transition sait valoriser les atouts d'un climat déjà méridional mais à l'abri des pénuries d'eau des étés méditerranéens. Le paysage de plaines et de coteaux pactise avec les violences qui grondent du ciel ou du lit des rivières. Les vergers, délicatement en fleurs, se découvrent au matin derrière des voiles de brume, le chasselas doré éclaire longtemps de ses feux les vignes d'automne tandis que les villes elles-mêmes, Albi ou Moissac, dans leur habit de brique, battent au rythme des campagnes, au fil de la Garonne.

Le grenier toulousain

Véritable grange céréalière, la Garonne étend à perte de vue ses prairies et ses champs balancés par les vents. Dans les vallées, quand l'irrigation est aisée, le maïs pousse avec plus de densité. Le blé l'emporte sur les coteaux. C'est dans le Toulousain et le Lauragais que s'est bâti ce « grenier » du Midi, domaine de la culture intensive. Dans l'Albigeois, les parcelles se resserrent face aux vergers et aux cultures maraîchères. Sur les bords de la Garonne et du Tarn, des fruits goûteux mûrissent (pommes golden, poires, pêches, fraises…), qui occupent, avec les autres récoltes, une bonne place sur le marché national. La polyculture traditionnelle (blé, maïs, vigne), quant à elle, se simplifie peu à peu autour d'une ou deux productions, parfois réservées à la seule consommation familiale.

Sur ces riches terres agricoles, des pigeonniers impassibles ou délabrés, fantaisistes ou austères, témoignent d'une vie rurale révolue, où les volatiles étaient messagers ou producteurs d'engrais. Ils forment dans le paysage d'aujourd'hui des silhouettes familières.

Faune et flore pyrénéennes

Une des caractéristiques de la faune et de la flore pyrénéennes est leur fort taux d'endémisme : nombreuses sont les espèces, surtout parmi les plus petites, qu'on ne trouve nulle part ailleurs, ou presque. D'où les mesures de protection mises en place pour sauver les derniers individus appartenant aux espèces menacées, après la disparition du loup, du lynx et du bouquetin des Pyrénées (en 2000).

FAUNE SAUVAGE DES PYRÉNÉES

Peuplant les zones de haute montagne, grâce à ses sabots adaptés à l'escalade des rochers, l'**isard**, homologue pyrénéen du chamois, s'est bien remis de la menace d'extinction qui planait sur lui dans les années 1960 : on en compte aujourd'hui plus de 20 000 sur le versant français de la chaîne, dont 5 000 environs sur le territoire du Parc national des Pyrénées. Vous aurez peut-être la chance d'en apercevoir lors de vos randonnées en vallée de Cauterets, pourvu que vous restiez discret et que vous vous munissiez de bonnes jumelles car les isards possèdent une vue, une ouïe et un odorat excellents et leur pelage se confond avec les rochers.

Au petit matin, les **marmottes** sortent de leur terrier pour leurs séances de guet. À la moindre alerte, leurs sifflements stridents font rentrer toute la colonie aux abris, où elles passent 85 % de leur temps. Leur implantation dans les Pyrénées ne datent en fait que de 1948. Elles avaient, semble-t-il, disparu de la chaîne depuis la fin du pléistocène (-12 000).

Les berges hautes des torrents abritent un rongeur, le **desman**. Ce petit mammifère de la famille des taupes se nourrit d'insectes aquatiques qu'il capture avec sa trompe en marchant au fond de l'eau. On ne le trouve pratiquement que dans les Pyrénées et dans le sud de la Russie.

Les lacs et les rivières abondent en **saumons** et en **truites** nouvellement introduits ; dans les galets se cache l'**euprocte des Pyrénées**, un genre de salamandre. Le **crapaud accoucheur** possède la particularité de porter ses oeufs sur lui pendant plusieurs années et de mourir peu après leur éclosion.

Dans les airs, on voit planer l'aigle royal et solitaire, des groupes de **vautours fauves** ou, plus rare, le grand **gypaète barbu**. Ce dernier, d'une envergure de 3 m, passe derrière les vautours et les corbeaux pour se nourrir d'os qu'il fracasse sur les rochers. 25 couples de ce rapace trouvent encore refuge dans les Pyrénées, sur 135 pour l'ensemble de l'Europe. Également protégé et très présent dans les Pyrénées (3 000 à 5 000 individus, soit plus de 80 % de la population française), le **grand tétras** ou coq de bruyère est, du poids de ses 3 à 5 kg, le plus gros des gallinacées européens. Se nourrissant d'aiguilles de résineux en hiver, de bourgeons et de feuilles le reste de l'année, il est surtout présent dans les forêts de montagne. Très discret, il est difficile à apercevoir ; on peut cependant entendre son chant nuptial au printemps.

D'autres rencontres surprenantes sont possibles : cerfs, sangliers, renards roux, chats sauvages, loutres, faucons, chauves-souris, hermines et lagopèdes (perdrix des neiges), dont le plumage blanchit en hiver pour se confondre avec les pentes enneigées.

La délicate question de l'ours

On ne peut aborder de question faunistique dans les Pyrénées sans évoquer les passions que déchaîne la réintroduction de l'ours dans le massif.

L'ours brun européen ou *Ursus arctos* est un plantigrade qui, autrefois carnivore,

Alain Cassaigne / MICHELIN

L'ours des Pyrénées, un retour controversé.

est devenu omnivore, se nourrissant, selon les saisons, de tubercules, de baies, d'insectes, de glands, mais aussi de petits mammifères et parfois même de brebis… L'aménagement du réseau routier, l'exploitation forestière, le braconnage et l'engouement touristique joints à un cycle de reproduction très lent (la femelle met bas un ourson tous les deux ans) ont entraîné la régression de l'espèce, tombée, dans les années 1980, à six ou sept individus, contre 150 au début du 20e s. Pour pallier la menace d'extinction, une charte signée en janvier 1994 prévoit d'intégrer la protection de l'ours dans un programme global de protection de la nature. Ainsi, 7 000 ha sont interdits à la chasse en automne, lorsque l'ours constitue ses réserves avant l'hibernation. En même temps, un programme de réintégration des ours est lancé : en mai et juin 1996, deux ourses slovènes, Melba et Ziva, sont lâchées dans les Pyrénées centrales, suivies en 1997 de Pyros, un mâle, lui aussi d'origine slovène. En 1997, Melba met au monde trois oursons, mais elle est abattue par un chasseur au début de l'année 1998.

À la suite de la mort de Cannelle, la dernière ourse de souche pyrénéenne, le 1er novembre 2004 sous les balles d'un chasseur, le Gouvernement décide une nouvelle réintroduction de cinq femelles slovènes. Cette mesure fait alors l'objet de polémiques féroces entre partisans et détracteurs de l'ours. D'un côté, le Gouvernement et des associations écologiques défendent la préservation d'une espèce en voie de disparition, quoique présente encore dans d'autres pays d'Europe, et tiennent à sauver le mythe pyrénéen de l'ours ; de l'autre, des éleveurs dénoncent le coût démesuré de l'opération et la mort de leurs brebis. Si le Gouvernement reconnaît ces dégâts causés par l'ours et indemnise les propriétaires des bêtes tuées, il n'a de cesse de rappeler que l'ours n'est qu'une cause de mortalité ovine parmi d'autres et qu'il est possible de s'en défendre par une garde permanente des troupeaux. Dans un contexte très tendu et sur-médiatisé, quatre lâchers sont finalement effectués d'avril à juin 2006, souvent de nuit pour éviter toute manifestation de violence. L'une des ourses relâchées, Palouma, meurt accidentellement en août à proximité de Loudenvielle (vallée du Louron). En 2006, on estime que la population d'ours dans les Pyrénées est composée d'une vingtaine d'individus.

Pour en savoir plus, consultez le site officiel de l'État : www.ours.ecologie.gouv.fr ou rendez-vous à la **maison de l'Ours** de Saint-Lary-Soulan.

VÉGÉTATION MONTAGNARDE

À l'ombrée (versant nord), le bas des montagnes est couvert de chênes, puis de hêtres et de sapins. Les **pins à crochets** se mêlent aux bouleaux et aux sorbiers des oiseleurs entre 1 700 et 2 400 m. Au-dessus, des forêts claires avoisinent les pelouses piquées de rhododendrons et de fleurs délicates. Plus haut encore, à l'étage alpin, le saule nain subsiste seul au milieu d'une végétation bariolée et basse, qui se raréfie en mousses et lichens.

La flore pyrénéenne est un enchantement, avec ses espèces endémiques, telle la **ramonde**, petite plante aux fleurs d'un violet profond et aux feuilles veloutées. À cueillir des yeux seulement : **lys des Pyrénées**, saxifrage à feuilles longues, chardon bleu, silène acaule, vélar, pavot du pays de Galles, iris xiphoïde, delphinium de la montagne, potentille arborescente.

Environnement

PROTECTION DES MILIEUX

La prise de conscience d'une nécessité de protéger les milieux fragiles a été suivie d'actions concrètes en France dès le début du 20e s. Les premiers parcs nationaux, dont le Parc national des Pyrénées, voient le jour dans les années 1960. La réserve naturelle de Néouvielle, gérée par le Parc depuis sa création en 1968, s'est constituée sur un territoire déjà protégé depuis 1936. Midi-Pyrénées possède en outre 11 réserves naturelles régionales, 3 Parcs naturels régionaux (Grandes Causses, Haut-Languedoc et Causses du Quercy) et forme le projet de créer un quatrième parc naturel en Ariège, à l'horizon 2008. Autre outil de préservation, le classement de sites naturels au patrimoine mondial de l'Unesco (Cirque de Gavarnie, canal du Midi).

INITIATIVES ÉCOLOGIQUES

La région Midi-Pyrénées a choisi de s'impliquer sérieusement dans le domaine du développement durable. Parmi les dispositions prises en faveur de la préservation de l'environnement, on peut citer le fleurissement des associations pour le maintien d'une agriculture paysanne (Amap) ; l'installation d'une « mission eau » à l'échelle régionale ; le Centre de Terre à Lavalette (31) ; l'expérimentation du gaz naturel dans le pays de Couserans ; le parc éolien du Lauragais ; l'engouement que connaissent, sur l'ensemble de la chaîne, les maisons « bio », à faible consommation d'énergie.

Marie-Hélène Carcanague / MICHELIN

« Il y a toujours mille soleils à l'envers des nuages », au sommet du pic du Midi de Bigorre.

HISTOIRE

Il n'existe pas une histoire de Midi-Pyrénées mais des histoires, qui s'entrecoupent, se cognent, se mêlent. C'est là une vaste terre habitée par l'homme de Cro-Magnon, occupée par les Romains, où se dressent encore quelques châteaux cathares… Une terre de légendes, de mythes, où s'affrontent, se côtoient Gaston Fébus, les Albret, le bon roi Henri IV, de preux chevaliers et des mousquetaires illustres, des Jacquets anonymes et Bernadette Soubirous, avant que le pyrénéisme ne soulève d'autres vocations et passions.

Parc de la Préhistoire, Tarascon-sur-Ariège

Deux aurochs, extrait de la grotte de Niaux, au parc de la Préhistoire de Tarascon-sur-Ariège.

Des origines à nos jours

LA PRÉHISTOIRE

Les traces des plus anciens ancêtres de l'homme invitent à un saisissant voyage dans le temps et à la découverte des prestigieux sites dont est truffée la région *(voir l'encadré)*.

Paléolithique inférieur (avant -150 000) – C'est par leur station verticale et leur maîtrise du feu (il y a 800 000 ans) que l'on distingue les hommes de cette période. Les fouilles attestent qu'ils avaient la faculté de tailler (bifaces) des noyaux de roche dure (silex).

Paléolithique moyen (de -150 000 à -35 000) – L'homme de Neandertal est riche d'un outillage de pierre qu'il perfectionne à loisir. Il façonne le silex pour obtenir des pointes triangulaires, des racloirs ou des massues. Il inhume ses morts et élabore des rites (il y a 80 000 ans).

Paléolithique supérieur (de -35 000 à -10 000) – L'*Homo sapiens* (homme sage, intelligent) est caractérisé par le fort volume de son crâne et son langage articulé. Il se réfugie dans les cavités rocheuses creusées à flanc de montagne par le ruissellement des eaux. Cet homme de Cro-Magnon se consacre avec brio à l'art rupestre, aux peintures pariétales de la grotte de Gargas et de celle de Niaux, ou aux représentations humaines sculptées, tels les os gravés de la grotte de la Vache et la Vénus de Lespugue.

Sites préhistoriques

Si vous vous intéressez à la Préhistoire, profitez de votre passage dans la région pour visiter la grotte de **Niaux** *(voir ce nom)*, ornée de peintures rupestres ; la grotte du **Mas-d'Azil** *(voir ce nom)*, aux nombreux outils ; **Bédeilhac** et ses dessins au trait *(voir Tarascon-sur-Ariège)* ; la **Vache** et ses nombreux ossements *(voir Tarascon-sur-Ariège)* ; **Gargas** et ses mains au pochoir *(voir Saint-Bertrand-de-Comminges)* ; **Foissac** et ses sépultures *(voir Villeneuve)*.

Parmi les musées, citons le parc de la Préhistoire à **Tarascon-sur-Ariège**, le musée de la Préhistoire au **Mas-d'Azil**, le musée de **Montmaurin**, où l'on peut voir un moulage de la Vénus de Lespugue. À **Aurignac**, un nouveau musée doit prochainement remettre en valeur les produits des fouilles aurignaciennes.

Le mésolithique (de -10 000 à -7 500) – La disparition du climat glaciaire fixe le paysage historique des Pyrénées. Des périodes fraîches ou tempérées engendrent la migration du renne vers le nord et le développement d'une faune sylvestre identique à la nôtre. L'art prend la forme d'énigmatiques galets à signes peints.

La moyenne montagne est alors la plus densément peuplée. On y pratique l'élevage tandis que l'armement accomplit des progrès décisifs (flèches, haches et couteaux) et que se répandent les parures et les poteries.

Le néolithique (de -7 500 à -1 500) – Les mégalithes, dolmens et cromlechs parsèment les terres. C'est le signe d'une occupation dense de la moyenne montagne par des pasteurs.

Les plus importants dolmens, érigés dans les zones de peuplement stable, contiennent les restes de centaines d'individus. Sur les hauts pâturages, ils sont plus petits et ont été remplacés par des **cistes** (coffres de pierre), sépultures individuelles de bergers décédés l'été.

Le milieu pyrénéen au paléolithique – Durant un million d'années, les Pyrénées ont été marquées par les avancées et les reculs des glaciers. En périodes froides, l'avant-pays offrait à l'homme des cavités et des falaises, refuges précaires mais situés à proximité des terrains de chasse de la plaine.

Indépendamment du climat, les espèces végétales méditerranéennes (pins, chênes, platanes) sont parvenues à se maintenir. De grands herbivores parcouraient la région : rennes, thars (chèvres de montagne), rhinocéros de prairie, bisons, bœufs musqués, cerfs élaphes et mouflons antiques. Les carnivores (ours, loups, renards polaires, lions des cavernes) étaient déjà recherchés pour leur fourrure. Certains rongeurs (lièvres, castors, mulots) et oiseaux (aigles royaux, gypaètes barbus, chocards à bec rouge) ont peu évolué jusqu'à nos jours.

Les Pyrénées restent un des sites les plus riches du globe pour l'étude des premiers âges de l'humanité. Ainsi, les chercheurs ont-ils trouvé une précieuse mâchoire humaine remontant à 300 000 ou à 400 000 ans et les restes d'un homme « de Tautavel » qui chassait dans la steppe il y a quelque 450 000 ans.

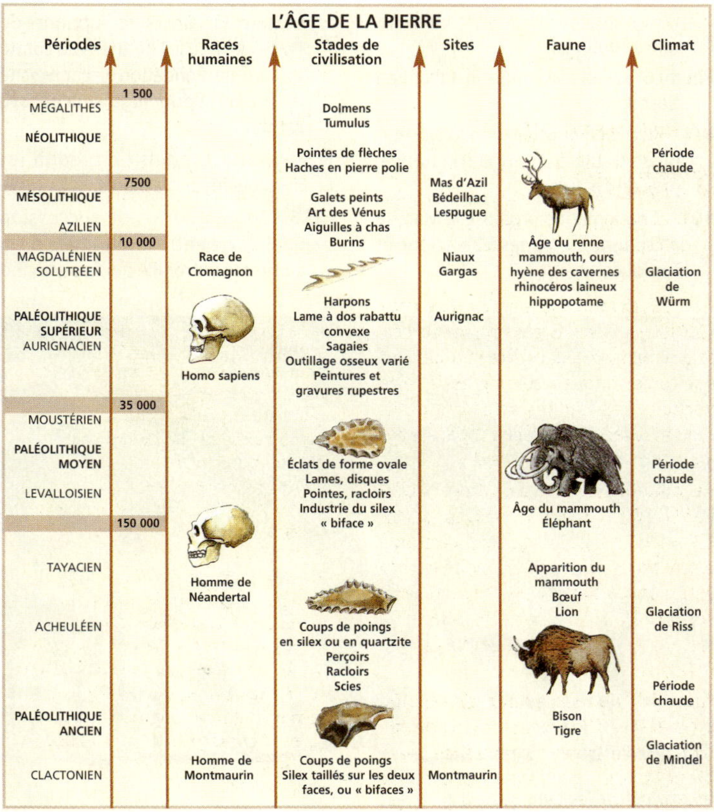

Illustrations : Rodolphe Corbel/MICHELIN

ANTIQUITÉ ET HAUT MOYEN ÂGE

De 1800 à 50 av. J.-C. – De grands mouvements de peuples fixent la physionomie ethnique de l'Occident.

600-50 av. J.-C. – Influence celtique (les Volques Tectosages) et développement de la métallurgie (forges catalanes).

2e s. av. J.-C. – Conquête romaine. Rome incorpore le Béarn, la Bigorre et la Gascogne dans la *Novempopulania*, le « territoire des neuf peuples ».

76 av. J.-C. – Pompée, partant faire campagne en Espagne, annexe la haute vallée de la Garonne et l'intègre à la province romaine de Gaule transalpine.

72 av. J.-C. – Fondation par Pompée de Lugdunum Convenarum, aujourd'hui Saint-Bertrand-de-Comminges (peuplée d'aventuriers, de montagnards et de bergers). La cité deviendra la capitale religieuse du sud de la Garonne.

Vers 250 apr. J.-C. – Martyre de saint Sernin à Toulouse.

3e et 4e s. apr. J.-C. – Décadence de Narbonne et de Toulouse.

5e s. – Arrivée des Vandales, puis des Wisigoths, qui établissent leur capitale à Toulouse.

Fin du 6e s. – Les Vascons s'installent en Gascogne.

614 – Premier monastère bénédictin établi en Gaule, à Altaripa (Hauterive, près de Castres).

801 – Charlemagne organise la Marche d'Espagne, de Nîmes à Barcelone et Toulouse.

843 – Le traité de Verdun divise l'Empire : Charles le Chauve reçoit la région du Rhône à l'Océan.

877 – À la mort de Charles, fondation des grandes maisons princières du Midi.

1059 – Union des duchés d'Aquitaine et de Gascogne.

1097 – Bernard II édicte les « fors de Bigorre » qui confirment les coutumes réglant les rapports du peuple et du seigneur.

11e s. – Renouveau démographique et économique en Occident. Vague de constructions religieuses. Domination des comtes de Toulouse.

LE RATTACHEMENT AU ROYAUME DE FRANCE

12e-13e s. – Épanouissement de l'art des troubadours. Apparition des bastides.

1137 – Le futur Louis VII, fils du roi de France, épouse Aliénor d'Aquitaine qui lui apporte en dot la Gascogne et le comté de Toulouse.

1209 – Début de la première croisade contre les Albigeois.

1229 – Le traité de Paris clôt la guerre albigeoise et intègre l'Albigeois et le Languedoc au royaume de France. Le frère de Saint Louis, Alphonse de Poitiers, épouse l'héritière du comté toulousain. Fondation de l'université de Toulouse pour juguler la pensée cathare.

1250-1320 – L'Inquisition réduit les derniers foyers cathares.

1256-1283 – Guerres de succession en Bigorre entre les héritiers de la comtesse Pétronille qui épousa cinq

Archives municipales, Toulouse

Les capitouls de Toulouse.

maris et eut des filles avec chacun d'eux.

1258 – Le traité de Corbeil, signé entre Saint Louis et Jacques Ier, reconnaît les droits de l'Aragon sur le val d'Aran. La vallée d'expression occitane fait aujourd'hui toujours partie de la Catalogne espagnole.

1292 – Philippe le Bel place le comté de Bigorre sous séquestre.

1331-1391 – Vie de Gaston Fébus, comte de Foix.

1350-1450 – Période de troubles, de famines et d'épidémies en Pyrénées.

1360 – Fin de la première partie de la guerre de Cent Ans (traité de Brétigny) : entre autres, la Bigorre, la Gascogne et le Rouergue passent au roi d'Angleterre ; le Languedoc est divisé en sénéchaussées (Toulouse, Carcassonne, Beaucaire).

1406-1407 – Les Anglais sont chassés de la Bigorre, qui passe entre les mains de Jean de Foix avant d'être intégrée au Béarn en 1429.

1444 – Création du parlement de Toulouse à qui appartient les pouvoirs judiciaire et administratif ainsi que la répartition de l'impôt.

1450-1500 – Fin de la Gascogne « anglaise » et rattachement en 1454 à la France de l'Armagnac et du Comminges.

1484 – Après le mariage de Catherine de Foix et de Jean d'Albret, les Albret, « rois de Navarre », règnent en Pyrénées gasconnes (Foix, Béarn, Bigorre).

1512 – Ferdinand le Catholique annexe le sud de la Navarre.

1548 – Mariage de Jeanne d'Albret et d'Antoine de Bourbon, de fait roi de Navarre. Leur fils, Henri III de Navarre, né en 1553, n'est autre que le futur roi Henri IV.

1560-1561 – Jeanne d'Albret se convertit au protestantisme et impose le calvinisme dans son royaume.

GUERRES DE RELIGION

17 mai 1562 – Expulsion des protestants de Toulouse ; guerre cruelle entre protestants et catholiques jusqu'en 1598.

1593 – Henri IV abjure le protestantisme à Saint-Denis ; il est sacré à Chartres le 27 février 1594.

1598 – L'édit de Nantes accorde aux protestants des places de sûreté (Montauban) et la liberté de culte.

Sources de prospérité

La région a connu au cours des siècles des périodes prospères.
Dès la fin du 15e s., le pastel devient « l'or bleu » du Lauragais *(voir Saint-Félix-de-Lauragais)*. Par milliers, les balles de cette plante tinctoriale partent vers les ports de l'Atlantique et de la Méditerranée, puis vers l'Angleterre, la Flandre, l'Italie... Sa culture est un commerce florissant pour les grands marchands toulousains et albigeois, rapidement ennoblis. Ils bâtissent alors de somptueux palais et hôtels particuliers, entre 1500 et 1560, avant que l'indigo des Indes et les guerres de religion n'entraînent son déclin.
D'une autre couleur, au début du 19e s., Decazeville a animé le bassin houiller de l'Aveyron, dont les dernières mines ont cessé leurs activités en 1965.

1607 – Henri IV réunit à la France la Basse-Navarre, Foix et le Béarn.

1629 – La paix d'Alès dépossède les protestants de leurs places de sûreté.

1643 – Révolte des Croquants du Rouergue contre l'augmentation de l'impôt.

1680 – Construction du canal du Midi *(voir ce nom)*.

1685 – Révocation de l'édit de Nantes.

1762 – Affaire Calas *(voir Toulouse)*.

1787 – L'édit de Tolérance met fin aux persécutions.

RÉVOLUTION, EMPIRE ET INDUSTRIE

1751-1767 – Administration exemplaire de la généralité d'Auch par d'Étigny.

1789 – La Révolution ne fut pas dans la région aussi violente et mouvementée qu'à Paris, Lyon ou en Vendée.

Juin 1793 – Les autorités de Montauban et de Toulouse soutiennent la Convention montagnarde, mettant en échec les Girondins.

1799 – Des royalistes en marche vers Toulouse sont arrêtés près de Montréjeau.

1808 – Lors de son passage dans la région, Napoléon créé le département du Tarn-et-Garonne, à la demande des Montalbanais.

19e s. – La région reste en marge de la révolution industrielle et urbaine.

1857 –Ouverture du canal latéral à la Garonne (Toulouse-Bordeaux).

1858 – Apparitions de la Vierge à Bernadette Soubirous. Développement de Lourdes.

1892 – Grandes grèves de Carmaux. Jean Jaurès résout le conflit en faveur des mineurs et les représente à la Chambre des députés.

1901 – Exploitation hydroélectrique des Pyrénées.

20e ET 21e SIÈCLES

1914 – Assassinat de Jean Jaurès, natif de Castres.

1914-1918 – L'éloignement des zones de combat de la Première Guerre mondiale permet l'implantation d'usines militaires dans la région.

1920 – Importantes infrastructures touristiques réalisées sous l'impulsion de J.-R. Paul, directeur de la Cie des chemins de fer du Midi.

1940-1944 – Importance du réseau pyrénéen dans la Résistance. Nouvelles constructions d'usines dans la région.

1945 – Nationalisation des compagnies minières, dont celle de Carmaux qui fermera définitivement ses portes en 1983.

1970 – Création d'Airbus Industrie.

1993 – Mise en service du métro à Toulouse.

1997 – Le cirque de Gavarnie, le site d'Ordesa et le mont Perdu entrent au patrimoine mondial de l'Unesco.

21 septembre 2001 – Explosion de l'usine chimique AZF, en banlieue périphérique de Toulouse. On dénombre 29 morts et plus de 2400 blessés. Des secousses ont été enregistrées jusque sur la place du Capitole.

2006 – Premiers essais du plus gros avion au monde, l'A380, assemblé à Toulouse.

Sur la route de Saint-Jacques

Très ancien, et pendant un temps tombé en désuétude, le pèlerinage de Saint-Jacques-de-Compostelle connaît aujourd'hui un certain succès et reste une expérience unique, chargée d'émotions.

L'APÔTRE

Jacques vint de Palestine pour évangéliser l'Espagne. Selon la légende enracinée dans l'histoire, il aurait été décapité et son corps transporté par deux de ses disciples échoués sur la côte de Galice.

Saint Jacques en pélerin.

Vers l'an 813, un ermite repère en Galice la sépulture de saint Jacques le Majeur grâce à une pluie d'étoiles qui tombe sur un monticule. Une chapelle est aussitôt édifiée et le lieu prend le nom de *Campus Stellae* (Compostelle). Le saint, évangélisateur de l'Espagne, est élu patron des chrétiens et symbolise la reconquête espagnole sur les infidèles à la suite d'une apparition : on l'aurait vu en 844 combattant les Maures (ou Mores), d'où son surnom de Matamore. L'évêque du Puy inaugure en 951 le premier pèlerinage français. Compostelle acquiert une aussi grande réputation que Rome ou Jérusalem, et, à partir du Moyen Âge, des millions de **Jacquets**, Jacquots ou Jacobits se mettent en route.

LES CHEMINS DE COMPOSTELLE

La pratique des pèlerinages lointains, notamment celui de Compostelle, amenait dans les villages des étrangers, souvent loqueteux, redoutés par les autorités locales, mais dont les récits étaient propres à enflammer l'imagination populaire. Le costume du pèlerin ressemblait à celui des voyageurs de l'époque, mis à part le gros bâton à crosse, ou bourdon, et les insignes du pèlerinage : coquille et médaille. Nombre de tableaux et de statuettes révèlent la vaste cape et le mantelet court (esclavine) ; une panetière (musette), une gourde, un couvert, une écuelle, un coffret en tôle contenant les papiers et les sauf-conduits complétaient sa tenue.

Tout était prévu pour le réconfort et la sécurité du pèlerin, même un guide touristique (le *Codex Calixtinus*), rédigé

en 1130 par un moine poitevin, Aymeri Picaud, qui traçait les chemins de Compostelle. En Midi-Pyrénées, trois d'entre eux s'élançaient vers Saint-Jean-Pied-de-Port pour traverser les Pyrénées, formant le *camino frances* : la **via Podiensis** part du Puy-en-Velay, traverse Aubrac, Espalion, Estaing, Conques, Figeac et propose un détour par Rocamadour avant de poursuivre sur Cahors puis Moissac ; la **via Tolosane**, que l'on emprunte à partir d'Arles, permet de passer par Castres, Sorèze et Toulouse pour gagner ensuite Auch, Montesquiou et Marciac ; enfin, la **voie du piémont pyrénéen**, se veut parallèle à la chaîne montagneuse. Partant du Languedoc, elle fait étape à Foix, Saint-Lizier, Saint-Gaudens, Saint-Bertrand-de-Comminges, Lourdes et Saint-Pé-de-Bigorre.
La forêt vivante de fidèles se clairsemera au fil des siècles. La foi des Jacquets s'émoussa, et les villageois, de leur côté, se méfiaient des aventuriers ou des escrocs cachés sous la pèlerine, rassemblés en bandes de « Coquillards » auxquels aima se joindre le poète François Villon.
Mais plus de dix siècles de pèlerinage vers le tombeau de saint Jacques ont laissé de belles traces culturelles : Conques, Rocamadour, Saint-Sernin de Toulouse, Saint-Bertrand-de-Comminges ainsi que de nombreuses petites chapelles, hospices, fontaines ou ponts évoquent au présent les lieux de repos, d'accueil et de dévotion des pèlerins.

Pour toutes les informations pratiques concernant les chemins de Saint-Jacques, reportez-vous à la rubrique « randonnée » p. 34.

L'épopée cathare

Célèbre, mais vraiment méconnue, cette période est souvent réduite à certaines scènes tragiques qui ont marqué l'imaginaire collectif jusqu'à nos jours.

LA DOCTRINE

Venue d'Orient, elle doit son nom au grec *katharos* (pur). Le « dualisme radical », fondé au concile de Saint-Félix-Lauragais (1167), emprunte au catholicisme, mais nie la divinité du Christ. Au Dieu bon régnant sur un monde spirituel de lumière et de beauté s'oppose le monde matériel de Satan qui emprisonne l'homme. Les **parfaits** ou **bons-hommes** mènent une existence austère qui les libère du malin et les ramène à la pureté divine. Les **croyants**, simples fidèles, les vénèrent.

L'ÉGLISE CATHARE

Ses quatre évêques sont à Albi (d'où le nom d'Albigeois), Toulouse, Carcassonne et Agen. L'Église cathare n'administre qu'un sacrement, le *consolamentum*, dont le rite varie selon qu'il s'agit de l'ordination d'un parfait ou de la bénédiction réservée aux croyants à l'article de la mort, qui seule peut leur ouvrir les portes du monde de la lumière. D'autres usages liturgiques rassemblent les fidèles : réunions de prière, confessions publiques, etc. Le refus des sacrements traditionnels (baptême et mariage) au profit du seul *consolamentum* attise la colère des clercs et explique le franc succès que remporte l'hérésie.
Dons et legs assurent le fonctionnement économique de l'Église cathare et lui permettent de financer ses œuvres caritatives et hospitalières. Les fonds récoltés sont rassemblés dans un dépôt monétaire propre à chaque église local. Ce *thesaurus* (« trésor » en latin), joue ainsi le rôle de banque. Par sa connotation mystérieuse et par son étymologie, ce terme a contribué à créer le mythe du « trésor cathare », notamment à Montségur, sous la plume des écrivains romantiques du 19e s. Un mythe favorisé par une réalité historique : persécutés, les hérétiques font circuler des sommes plus ou moins importantes dans la clandestinité.

Marie-Hélène Carcanague / MICHELIN

Chevalier cathare (Avignonet-Lauragais).

LA RÉPRESSION

En 1204, le pape Innocent III demande au comte de Toulouse, **Raimond VI**, de renoncer à protéger les hérétiques ; en vain. Le meurtre du légat Pierre de Castelnau va déclencher la **première croisade contre les albigeois** qui dégénère en massacres et appropriations. **Simon de Montfort** met à sac Béziers (1209) et Mazamet (1212), ferraille à Muret, où Raimond VI doit abdiquer (1213), et fait tomber le comté de Toulouse (1215).
Raimond VII venge son père par huit ans de guerre de libération cathare. En 1226, Louis VIII en personne mène la **seconde croisade** du Nord contre le Sud. Avec la paix, le **traité de Paris** (1229) apporte à la couronne de France toutes les terres conquises par les Montfort.
L'Inquisition relance la lutte. **Peyrepertuse** se rend en 1240. Au fameux siège de **Montségur**, 215 cathares sont brûlés vifs, et les rescapés sont achevés au château de **Puilaurens**. Enfin, la guerre se conclut par la chute de **Quéribus** en 1255.

Ces passions ont posé définitivement les bases de l'unité française. On peut s'imprégner de leur décor à **Montségur** *(voir p. 309)*, à **Foix** *(voir p. 215)* dont le château fut assiégé, à **Mirepoix** *(voir p. 286)* qui abrita un concile cathare, à **Roquefixade** *(voir p. 220)*, haut lieu de la vie albigeoise, et encore à **Toulouse**, **Castres**, **Albi**... Les châteaux de Peyrepertuse, Puilaurens et Quéribus sont décrits dans *Le Guide Vert Languedoc Roussillon*.

Le pyrénéisme

Hérité des premiers grands ascensionnistes, audacieux et rêveurs, le pyrénéisme – l'étude et la pratique des Pyrénées – conserve immuablement la ferveur et l'élégance de ses débuts.

LES CONTEMPLATIFS

Après un premier séjour à Barèges en 1787 pour accompagner le cardinal de Rohan dont il était secrétaire, **Ramond de Carbonnières** (1755-1827) se passionne pour l'étude des Pyrénées. Il atteint en 1802 la cime convoitée du mont Perdu, « la plus belle montagne calcaire ». De son côté, le comte **Henry Russel** (1834-1909), familier des Andes et de l'Himalaya, gravit 33 fois le Vignemale, se faisant aménager près du sommet 7 « villas » (grottes-abris). Ses ouvrages suscitèrent de nombreuses vocations.

LE PYRÉNÉISME PROFESSIONNEL

D'autres exploits, longtemps méconnus, sont dus à des militaires chargés de la réalisation des cartes d'état-major. De grands cartographes ont aussi œuvré pour une meilleure connaissance des Pyrénées : Schrader, Wallon, de Saint-Saud sur le versant espagnol ont réuni une moisson de renseignements précieux, exploités par le colonel Prudent pour une carte de France officielle au 1/500 000 (1871-1893) qui facilita les ascensions futures.
Ces pyrénéistes de la première heure portaient sur la montagne un regard esthétique et sentimental ; l'escalade athlétique attendit la fin du 19e s. pour se développer.

LES GRANDS TERRAINS D'ESCALADE

Le **massif de Luchon** affirme son caractère dans le cirque d'Espingo, aux parois de granit franc et à la fine guirlande glaciaire. Le souvenir du Dr Jean Arlaud (1896-1938), skieur et alpiniste, y reste vif. À **Gavarnie**, Henri Brulle (1854-1936) inaugura de son côté les courses d'escalade, appelées plaisamment « jeux du cirque ».

Le couloir de Gaube du **Vignemale** présente une « fascinante et provocante cheminée de neige et de glace... vertigineuse et haute de 600 m », qui rendit très difficile son accès (en 1889 puis en 1933).
Le **Balaïtous**, massif granitique le plus secret des Pyrénées centrales, offre un parcours aérien aussi admirable qu'effroyable, la crête du Diable.

LE THERMALISME

Tout au long du Premier Empire sont découvertes de nouvelles sources thermales. La grande vogue du thermalisme pyrénéen connaît un essor au milieu du 19e s., avec la route thermale des Pyrénées ouverte par Napoléon III, reliant Eaux-Bonnes à Bagnères-de-Bigorre. Ainsi commence une ère de luxe et d'opulence au moment où les grands de l'Europe entière viennent prendre les eaux à **Luchon**, **Cauterets** ou **Barèges**. Ces grandes stations sont alors des lieux de plaisirs mondains qui vont faire des Pyrénées une des grandes régions touristiques françaises, héritage encore présent aujourd'hui.

Quelques personnalités de la région

HOMMES DE GUERRE ET DE LÉGENDE

Cadet de Gascogne, **Hector de Galard**, né à Terraube, fut des compagnons de Jeanne d'Arc qui soutinrent la pucelle d'Orléans pour bouter les Anglais hors de France. Il donna également son nom au valet de carreau des jeux de cartes traditionnels.

Le seul nom de **d'Artagnan** symbolise une mosaïque de force et d'élégance, de chevalerie altière et de verbe truculent. De son vrai nom, **Charles de Batz de Castelmore** (1611-1673) fut Cadet de Gascogne, capitaine des Mousquetaires du roi (Louis XIII puis Louis XIV). Un rôle qu'il tint, en fin bretteur, avec courage et panache, et qui l'entraîna au mariage de Louis XIV à Saint-Jean-de-Luz, aux parades de Fontainebleau, à l'arrestation du surintendant Fouquet, jusqu'au siège de Maastricht, où il mourut au combat. Un parcours qui inspira très largement et librement Alexandre Dumas père pour ses *Trois mousquetaires*.

Trouvé en janvier 1800 dans les bois de la Bassine près de Laucaune, un jeune garçon âgé de dix ans environ, ayant grandi seul dans la nature, telle une bête, défraya la chronique à l'orée du 19e s. Il se réfugia d'abord chez le teinturier Vidal à Saint-Sernin-sur-Rance, avant d'être envoyé à Rodez, puis à Paris chez le docteur Itard. Il fut enfin confié à Madame Guérin qui se chargea de lui jusqu'à sa mort, en 1828. L'histoire peu commune et extraordinaire de cet enfant que l'on baptisa **Victor** inspira François Truffaut pour son film *L'Enfant sauvage* (1970).

Né à Saint-Béat, le **maréchal Joseph Gallieni** (1849-1916), fin stratège, fit ses premières armes au Soudan puis au Tonkin, avant de devenir ministre de la Guerre entre 1915 et 1916. C'est lui qui, en août 1914, avait eu l'idée des taxis de la Marne. Il fit réquisitionner les taxis parisiens pour amener les troupes à faire face au plus vite à l'avancée allemande… D'où la victoire de la Marne qui lui valut, à titre posthume, le titre de maréchal.

ARTISTES ET ÉCRIVAINS

Le sculpteur **Denys Puech** est né à Gavernac dans l'Aveyron en 1854 et mort à Rodez en 1942. Lauréat du grand prix de Rome en 1884, il est élu membre de l'Académie des beaux-arts en 1905, puis directeur de la villa Médicis en 1921. Artiste officiel, on lui commande, entre autres, le monument Cabrol à Decazeville. Nombre de ses œuvres sont

Les grandes personnalités de Midi-Pyrénées

Pour en savoir plus sur ces personnalités, reportez-vous à la description de la ville indiquée entre parenthèses.

Clément Ader (*Muret*) ;
Vincent Auriol *(Revel - Montagne noire)* ;
Simon Berryer, alias **Sim** *(Cauterets)* ;
Antoine Bourdelle *(Montauban)* ;
Emma Calvé *(Decazeville)* ;
Jacques Chancel *(Argelès-Gazost)* ;
Gabriel Fauré *(Pamiers - Mirepoix)* ;
Gaston Fébus *(Foix)* ;
Pierre de Fermat *(Beaumont-de-Lomagne)* ;
Le maréchal **Foch** *(Tarbes)* ;
Théophile Gautier *(Tarbes)* ;
Dominique Ingres *(Montauban)* ;
Francis Jammes *(Tournay - Bagnères-de-Bigorre)* ;
Jean Jaurès *(Castres et Carmaux)* ;
Le maréchal **Lannes** *(Lectoure)* ;
Pierre Latécoère (*Bagnères-de-Bigorre*) ;
Alain Peyrefitte *(Najac)* ;
Déodat de Séverac *(Saint-Félix-de-Lauragais)* ;
Bernadette Soubirous *(Lourdes)* ;
Henri de Toulouse-Lautrec *(Albi)* ;
Le maréchal **Soult** *(Saint-Amans-Soult - Mazamet)*.

Antonin Thuillier / MICHELIN

Statue de Jean Jaurès à Carmaux.

aujourd'hui conservées au musée qui lui est consacré à Rodez *(voir ce nom)*.

Écrivain et académicien français, l'Albigeois **Pierre Benoît** (1886-1962) est l'auteur, à succès, d'une trentaine de romans, dont *L'Atlantide*, *Kœnigsmark* et *Le Roi lépreux*.

Le Rodézien **Pierre Soulages** (né en 1919) compte parmi les artistes peintres contemporains les plus importants, dont l'œuvre joue sur les dégradés monochromes, traversés de fulgurances colorées. Il est également l'auteur des vitraux de l'abbatiale romane de Sainte-Foy à Conques.

Jean Dieuzaide (1921-2003), né à Grenade-sur-Garonne, est l'un des maîtres de la photographie d'après-guerre, fondateur de la Galerie du Château d'Eau à Toulouse, portraitiste (Giono, Dali entre autres) et paysagiste. Il reçut les deux prix prestigieux réservés à son art, les prix Niepce et Nadar.

Figure essentielle de la chanson française, à la voix suave et rauque, inspiré par le swing et le jazz, chantre de la cité rose, de l'eau verte du canal du Midi et de la brique rouge des Minimes, **Claude Nougaro** (1930-2004) ne s'est jamais départi de son accent de la Haute-Garonne. Verbe coloré et jeux de langue ont marqué ses textes. *Ô Toulouse*, *Cécile*, *Garonne*, *La Pendule* sont quelques-uns de ses titres les plus fredonnés.

SCIENTIFIQUES ET AVENTURIERS

Né à Béziers, l'ingénieur **Pierre-Paul Riquet** (1604-1680) reste intimement lié à la région Midi-Pyrénées pour avoir imaginé et orchestré l'édification du canal du Midi *(voir ce nom)*.

« A t-on des nouvelles de monsieur de La Pérouse ? », interrogea Louis XVI peu avant de monter sur l'échafaud. Question non sans hasard puisque le navigateur **Jean-François de Galaup de La Pérouse** (1741-1788), né au Guo, près d'Albi, était le protégé du roi. À la tête d'une expédition de découvertes, il aborda successivement les îles de Pâques, Hawaï puis Macao, les Philippines et l'Australie, avant d'échouer et de disparaître à Vanikoro en 1788.

Un musée lui est consacré à Albi.

Ingénieur, constructeur d'hydravions, fournisseur de l'Aéropostale, le Bagnérais **Pierre-Georges Latécoère** (1883-1943) est un pionnier de l'aviation. À la tête d'une compagnie qui porta son nom et qu'il installa aux portes de Toulouse, à Montaudran, il multiplia les entreprises audacieuses. Il fut le premier à inaugurer une ligne aérienne Toulouse-Barcelone (1918), qui fut ensuite prolongée jusqu'à Casablanca (1919), puis Dakar (1924), avant de céder sa compagnie en 1927, alors que la prestigieuse Aéropostale allait voir le jour. La compagnie Latécoère fournit encore aujourd'hui des pièces détachées pour l'aviation.

Fondateur, au tout début des années 1960, des laboratoires qui portent son nom, le Castrais **Pierre Fabre** (né en 1927), leader des cosmétiques en pharmacie, a commencé sa carrière en cultivant le houx poussant sur la Montagne noire. Amateur de rugby, il est aussi le sponsor du Castres Olympique.

Jean-Louis Étienne (né en 1946 à Vielmur-sur-Agout, près de Castres), médecin, explorateur, spécialiste de la biodiversité, aventurier des temps modernes, multiplie les expéditions aux confins du monde, du pôle Nord au pôle Sud, en infatigable défenseur de la planète.

SPORTIFS

Le rugbyman **Jean Prat** (1923-2005), le plus souvent au poste de troisième ligne, capitaine de l'équipe de Lourdes, 51 fois champion international, emporta six fois le bouclier de Brennus dans les années 1950. Un palmarès et une aura qui lui ont valu le surnom de « Monsieur Rugby ».

Coureur cycliste majeur dans le peloton des années 1990, **Laurent Jalabert**, né à Mazamet en 1968, emporta plusieurs étapes du Tour de France, le Tour d'Espagne et diverses classiques (Midi Libre, Tour de Lombardie, Milan-San Remo, Flèche Wallonne...).

Gardien de but de Toulouse, de Marseille, de Manchester United, portier de l'équipe nationale durant une bonne décennie, **Fabien Barthez**, né en 1972 à Lavelanet, est l'un des plus titrés des joueurs de football français : vainqueur de la coupe d'Europe des clubs champions, de la coupe du monde 1998, du Championnat d'Europe des nations 2000, finaliste également de la coupe du monde 2006 en Allemagne. Un palmarès à la hauteur de son génie footballistique.

ART ET CULTURE

Châteaux cathares juchés sur des éperons rocheux, églises fortifiées, bastides à la géométrie rigoureuse, campaniles aux allures toscanes, cathédrales romanes et gothiques s'élevant tels de puissants vaisseaux aux côtés d'un habitat rural traditionnel… La variété des édifices en Midi-Pyrénées se lit comme une histoire de l'art. Une histoire illuminée par les œuvres de Goya, Ingres et Toulouse-Lautrec.

Marie-Hélène Carcanague / MICHELIN

Le château de Montségur.

L'architecture militaire

En ruine ou préservées des outrages du temps, les constructions militaires du Moyen Âge donnent au paysage un aspect de grandeur sévère où pointe la mélancolie.

CHÂTEAUX FORTS ET DONJONS

Au fil des ans, l'émiettement de la puissance publique, puis la guerre des albigeois incitent les seigneurs à organiser leur propre défense.
Des fortifications grossières se dressent en dehors des cités à partir du 10e s., les **mottes**, qui vont se changer en inaccessibles et fières citadelles.
Aux 12e et 13e s., l'entrée des canyons, les rocs abrupts et la Montagne noire se hérissent de tours d'observation et de forteresses défendues par leur simple position, sans pont-levis ni fossés.
Les **donjons** viennent compléter l'arsenal dès le 11e s. Isolés, ils servent d'abord à se protéger puis à se défendre, avant d'être intégrés, aux 13e et 14e s., dans les enceintes du château. Le seigneur s'installe dans un bâtiment plus vaste de la **basse cour**. Les **salles**, variantes gasconnes du donjon, sont des logis accostés de tours rectangulaires. Plus élaboré, le **château gascon** est aménagé en longues pièces flanquées de tours inégales.

ÉGLISES FORTIFIÉES

Lieux de paix et de recueillement, les églises deviennent aux 10e et 11e s., avec les Trêves de Dieu – ces journées où toute entreprise guerrière entraîne l'excommunication – des aires d'asile inviolables. Avec leur architecture robuste et leur clocher tout désigné pour le guet, elles offrent un refuge sûr. L'usage se répand, chez les comtes de Toulouse, de les renforcer de mâchicoulis, comme à Beaumont-de-Lomagne ou à Simorre : la croisade contre les albigeois y met fin.
Avec le triomphe de l'orthodoxie sur l'hérésie, l'intégration du Sud au domaine royal, le 13e s. voit se multiplier les grandes églises de brique du gothique toulousain, conçues dans un souci défensif. La cathédrale Sainte-Cécile s'élève ainsi puissamment au cœur d'un pays cathare soumis. Dans les hautes vallées pyrénéennes exposées aux raids aragonais, d'autres édifices demeurent, impassibles, tels ceux de Luz ou de Sentein.

LA GUERRE DE SIÈGE

À défaut d'une attaque surprise, la conquête des châteaux nécessitait souvent de longs sièges aux stratégies savantes, parfois cocasses.

Le premier soin de l'attaquant était de fortifier la place pour se prémunir d'une sortie éventuelle des assiégés ou de l'assaut d'une armée de secours.

On ébréchait ensuite la muraille avant d'actionner les engins conçus par les « engeigneurs ». À la catapulte romaine, le Moyen Âge préfère l'artillerie trébuchante, bâtie sur place (**pierrière** ou **trébuchet**). Cette arme à tir courbe, propulsant des blocs de pierre à l'aide d'une énorme fronde, vint à bout du fief de Montségur. La sophistiquée **tour roulante** (ou beffroi) abritait des centaines de soldats.

Au signal, les beffrois déversaient une fourmilière de combattants. De hautes échelles et des échafaudages assemblés par des charpentiers virtuoses s'abattaient sur les courtines en une toile d'araignée géante.

Les assiégés se défendaient comme de beaux diables, tirant des flèches, coupant les cordes, versant de la poix bouillante ou de la chaux vive sur les intrus. Un farouche corps à corps protégeait ensuite la prise de la forteresse intérieure.

Les châteaux cathares furent sans doute les plus décourageants pour l'assaillant. Juchés sur des éperons rocheux, surplombant de vertigineux à-pics, ils se dérobaient aux techniques de siège. Les prouesses des pyrénéistes, grimpeurs prodiges, auraient mieux convenu, mais leur science vit le jour trop tardivement !

Les bastides

La rigoureuse géométrie de leur plan et le charme des matériaux utilisés font des bastides un joyau de l'architecture civile méridionale, la marque tangible du bouillonnant passage du gothique à la Renaissance.

UNE VOLONTÉ POLITIQUE

À l'initiative des templiers ou des monastères, les premières **sauvetés** (Salvetat, Sauveterre…) sont créées au 11e s. pour servir de refuge et procéder au défrichement. Les **castelnaux** (Muret, Castelnau-Magnoac…) leur succèdent, sous forme d'agglomérations dépendantes d'un château. Avec l'apparition des **bastides**, aux 12e et 13e s., l'échelle change radicalement. De véritables villes nouvelles surgissent de la terre occitane, voulues par de puissants seigneurs afin d'étendre leur influence politique et contrôler les frontières de leurs territoires. Ce formidable mouvement de construction a pour toile de fond la dynastie des comtes de Toulouse, Simon de Montfort, la répression cathare et la rivalité centenaire des souverains de France et d'Angleterre.

On compte environ 300 bastides, *bastidas* en langue d'oc, disséminées le long de la Garonne et du Tarn, vers Toulouse, le piémont pyrénéen, les coteaux de Gascogne, le pays de Foix, le Lauragais… Inscrites dans un vaste programme de colonisation et de valorisation des fiefs, nombre d'entre elles sont nées d'un contrat de paréage entre roi et seigneurs. Y étaient précisés les prérogatives seigneuriales, le statut des habitants, la nature du lotissement, les redevances à payer par les acquéreurs, etc.

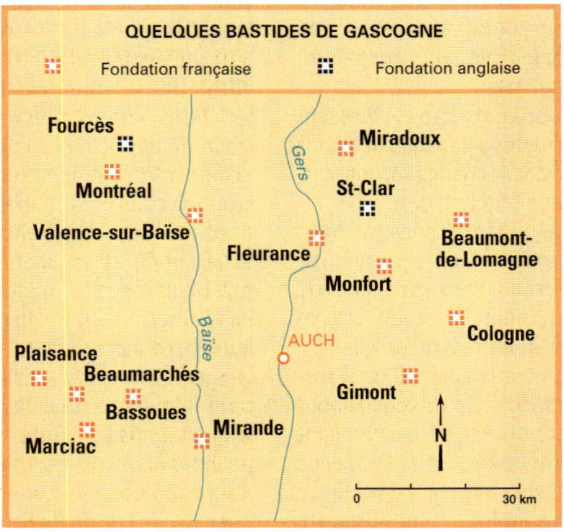

Les nouveaux venus recevaient une parcelle à bâtir, une à jardiner et une à cultiver. Une charte extrêmement libérale les encourageait à s'installer et comprenait la garantie du droit d'asile, l'exemption du service militaire, la pleine disposition de leurs biens en faveur de leurs héritiers, l'égalité des conjoints... Une fois les bastides créées, il fallait leur trouver un nom... D'où les Villeneuve et autres Villefranche qui pullulent dans la région. D'où aussi cette idée de les mettre sous le patronage d'une cité prestigieuse. Ainsi en est-il pour Grenade, Cologne, Valence, Pavie, Miélan (Milan) et Fleurance (Florence). D'autres bastides enfin, quand elles sont royales, ont conservé dans leur étymologie un hommage à leur roi fondateur, Capétien ou Plantagenêt, comme à Montréjeau et Montréal.

Où voir des bastides ?

Fleurance *(voir Lectoure)*, élevée sur un plan triangulaire, **Mirande** et **Marciac** selon un damier, **Saint-Clar** *(voir Lectoure)*, dotée de deux places à couvert, **Cordes** sur les hauteurs, **Fourcès** *(voir Condom)* suivant un modèle circulaire ; **Villefranche-de-Rouergue**, **Villeneuve**, **Sauveterre-de-Rouergue** en Aveyron ; **Mirepoix** en Ariège ; **Revel** *(voir la Montagne noire)* et **Grenade** *(voir Toulouse)* en Haute-Garonne ; **Cologne** *(voir Beaumont-de-Lomagne)* et **Jegun** *(voir Auch)* dans le Gers ; **Castelnau-de-Montmiral** *(voir Gaillac)* dans le Tarn ; **Montauban**, **Auvillar** *(voir Lectoure)*, **Beaumont-de-Lomagne** et **Larrazet** *(voir Beaumont-de-Lomagne)* dans le Tarn-et-Garonne...

NAISSANCE D'UN NOUVEL URBANISME

Le frère de Saint Louis, **Alphonse de Poitiers** (1249-1271), comte de Toulouse, fut l'un des plus grands fondateurs de bastides, du Comminges au Rouergue. Quant au sénéchal de Toulouse, **Eustache de Beaumarchés** (1272-1294), il dirigea des constructions selon des plans originaux (Fleurance, dans un triangle) et fit élever des bastides gasconnes en très beaux damiers (Mirande, Marciac).

Le plan des bastides se rapprochait souvent du modèle de l'échiquier carré ou rectangulaire, sauf exceptions dues au relief. Leur régularité tranchait avec l'urbanisme anarchique et insalubre des bourgs anciens. On faisait appel à un arpenteur professionnel pour le tracé des rues se croisant à angle droit et le découpage de lots de valeur égale. La bastide innovait aussi par son organisation autour d'une place unique et centrale, réservée aux marchés et entourée de **couverts**, un maillage d'arcades de bois (les *embans* gascons) ou de pierre, magnifiquement conservés à Mirepoix.

Les bastides les plus prospères firent naître des chantiers d'églises qui s'ouvraient à proximité des couverts ou dans le prolongement des fortifications (Montesquieu-Volvestre). Le gothique méridional, à nef unique, y trouva d'autant plus naturellement sa place qu'il devait s'intégrer dans un espace limité. L'église Saint-Jacques de Montauban se rattache à l'école languedocienne par sa nef sombre et son clocher octogonal en brique. Celle de Grenade s'inspire de l'édifice des Jacobins de Toulouse ; les églises des bastides gasconnes sont surmontées d'un clocher-porche accueillant.

Certaines de ces villes nouvelles sont actuellement dans un état d'alanguissement, d'autres ont même disparu. Celles qui demeurent donnent un beau témoignage de cette révolution de velours.

L'art roman

Pour retrouver les traces de la foi, de l'art et de l'histoire, on peut suivre le chemin qui relie les grands sites romans ou s'abandonner au hasard d'une promenade propre à dévoiler la finesse d'édifices plus humbles.

LE PRINTEMPS DE L'EUROPE

Après l'an mil, le pays toulousain est balayé comme tout l'Occident par un souffle économique, spirituel et artistique qu'on appelle « le printemps de l'Europe ». Dans cette Occitanie déjà hantée par les troubadours, l'art roman va se développer avec une richesse toute particulière.

Les églises sont construites en moellons concassés selon une technique importée d'Italie par des maçons lombards. Les « bandes lombardes », frises de petites arcatures retombant sur de légers pilastres, sont la seule fantaisie du décor. Le plan d'ensemble est simple : une nef unique et un chœur quadrangulaire qui deviendra ensuite semi-circulaire. Dès le milieu du 11e s., l'édifice se complique : des chapelles latérales sont ajoutées à l'abside, les voûtes en simples charpentes deviennent des berceaux plein cintre soutenus de murs très épais. Autre caractéristique de la région, le **campanile**, tour carrée à étage avec fenêtres en arcades groupées deux à deux.

Il reste de beaux exemples de ce premier âge roman, comme l'église de **Vals** *(voir Mirepoix)*, édifice rupestre auquel on accède par l'étroite faille d'un rocher.
Au début du 12e s., une architecture plus évoluée voit le jour. Les monuments se distinguent par des plans d'une exceptionnelle ampleur, une vaste abside entourée de déambulatoires et couronnée de chapelles rayonnantes. La grande nouveauté est la généralisation de la sculpture aux fenêtres, dans le chœur et les petits édifices. On y observe souvent des lions, signe de l'influence du chantier toulousain, et également en Pyrénées des masques d'ours qui témoignent de l'importance quasi mythique de cet animal des montagnes.

LES GRANDS CHANTIERS

Plusieurs grands chantiers s'ouvrent, vers la fin du 11e s., que dominent Saint-Pierre de Moissac, Saint-Sernin de Toulouse ou Sainte-Foy de Conques.
Importante étape sur la route de Compostelle, l'abbaye bénédictine de **Moissac** rayonne de tous ses feux à l'époque romane, où elle est partiellement reconstruite. Le portail et le cloître sont de purs chefs-d'œuvre qui laissent la sensibilité médiévale s'épanouir dans toute sa profondeur. L'harmonie et la richesse du décor se déploient jusque dans les chapiteaux des galeries qui offrent une grande variété de motifs géométriques, végétaux et animaux, et des scènes historiées.
L'église Saint-Sernin de **Toulouse** s'impose comme la plus vaste basilique romane d'Occident. Sa construction constitue un véritable temps fort dans le perfectionnement de l'art religieux. Comme Sainte-Foy de **Conques**, elle appartient à une famille architecturale d'églises conçues pour accueillir une grande foule de fidèles attirés par la vénération des saintes reliques et pour abriter une importante communauté religieuse. Elle s'élève sur un plan grandiose, mêle subtilement pierre et brique, et développe toute la gamme raffinée des voûtes romanes. Les scènes sculptées des portails de Saint-Sernin, par leur symbolisme et leur ordonnance, manifestent une foi profonde et cultivée, puisée directement aux sources de l'Ancien et du Nouveau Testament.
L'histoire romane s'inscrit aussi aux frontons de l'abbaye de **Flaran**, fleuron cistercien du Gers, de la cathédrale de **Saint-Bertrand-de-Comminges**, complétée ultérieurement d'une touche gothique, de **Saint-Just de Valcabrère**, l'une des plus belles églises des Pyrénées et de l'abbaye de l'**Escaladieu**…

Le gothique toulousain

Toulouse la romane a su tirer le meilleur effet de l'art gothique venu d'Île-de-France, innovant tout en intégrant les traditions architecturales de l'Occitanie. L'art toulousain n'en rayonne que davantage aujourd'hui.

DE L'ÎLE-DE-FRANCE…

C'est un ensemble de formes artistiques développées brillamment du 12e s. au 16e s. dans l'Occident chrétien. Il se caractérise par la voûte sur croisée d'ogives et l'emploi systématique de l'arc brisé, principes qui bouleversent complètement l'art de construire puisque les murs ne subissent plus d'efforts qu'aux points de retombée des ogives.
La nouveauté, par rapport à l'architecture romane, vient aussi de la capacité du gothique à aérer et illuminer les édifices – en ajourant les murs et en multipliant les fenêtres –, et à renforcer le sentiment de vertige par une plus grande verticalité.
Né en Île-de-France (Saint-Denis, Chartres…), ce mouvement accompagne l'installation d'un pouvoir central fort et une nouvelle vision du monde plus attentive à l'homme et à la nature. Le midi de la France ne s'aligne pas exactement sur ce style « français », représenté seulement par la cathédrale de Rodez ; farouchement indépendante, la région préfère innover tout en restant étroitement liée à ses traditions romanes.

Stéphane Sauvignier / MICHELIN

Partie centrale du portail de Sainte-Foy à Conques.

Le clocher-tour de Rieux.

... À TOULOUSE

Au 13e s., un **art gothique proprement méridional** dit « toulousain » se développe donc. Il se démarque par l'emploi de la brique légère – qui permet aussi de voûter des édifices primitivement couverts de charpentes – et par la présence d'un clocher-mur ou d'un clocher-tour (joliment illustré à Rieux-Volvestre), ajouré d'arcs en mitre, grande technique originale du toulousain.
À l'intérieur, on choisit d'élever une nef unique, relativement sombre, très large, terminée par une étroite abside polygonale et bordée de chapelles peu profondes. Les vastes surfaces aveugles des murs appellent la décoration peinte.
L'ampleur de la nef permet le rassemblement des foules afin de mieux servir la mission de prédication confiée principalement aux ordres mendiants (dominicains et franciscains) établis à Toulouse.

LES ORDRES MENDIANTS

Les dominicains ou « jacobins » élèvent le premier couvent de leur ordre en 1216 à Toulouse. En 1222, du vivant de saint François d'Assise, les cordeliers (franciscains) s'y installent aussi, dans une bâtisse désormais disparue.
L'audacieuse voûte de l'église des Jacobins, ses colonnes en palmier et l'austère cloître aux frêles colonnettes jumelées font de cet édifice un ensemble gracieux d'où se dégage l'impression d'une haute spiritualité. Son clocher inaugure, avec les deux derniers étages de celui de Saint-Sernin et le beau clocher-tour de Notre-Dame-du-Taur, la particularité toulousaine qu'est l'arc en mitre : il présente d'élégantes baies géminées coiffées d'arcs triangulaires de briques en saillie. Ces arcs en mitre produisent un si bel effet, avec des moyens très simples, qu'ils sont imités dans toutes les constructions qui foisonnent, du 13e au 15e s., dans la ville comme dans l'ensemble de la région.

LA CATHÉDRALE D'ALBI

La cathédrale d'Albi constitue l'exemple le plus achevé de l'art gothique méridional. Elle abolit le transept, les collatéraux et le déambulatoire pour privilégier l'équilibre des masses. Puissant vaisseau d'une seule nef à douze travées, soutenue d'épais contreforts et percée d'ouvertures étroites, elle affiche, malgré ses allures de forteresse, une très grande pureté de lignes. Commencée en 1282, elle ne sera achevée que deux siècles plus tard. En 1500, le style flamboyant fait naturellement son apparition avec la clôture du chœur et le jubé, tandis que sont édifiés les trois derniers étages du clocher. En 1533, un porche en forme de baldaquin complète l'imposante physionomie d'un monument d'art subtil.
Écho lointain des écoles gothiques française, flamande et italienne qui s'enrichissent mutuellement au fil des siècles, ces créations architecturales s'accompagnent d'un formidable essor des ordres religieux, instruments d'une valorisation toujours plus avancée de la terre occitane.

Viollet-le-Duc (1814-1879)

Architecte et restaurateur, il est régulièrement intervenu en Midi-Pyrénées, suivant un adage personnel : « Sauver avant de restaurer. » Un attachement à l'architecture médiévale, un retour au gothique : tels sont les deux éléments clés qui régissent son œuvre. À Toulouse, il prolonge à l'extérieur de la basilique Saint-Sernin les volumes intérieurs de la nef ; il orne le toit d'arcatures décoratives et substitue à la pierre locale le grès de Carcassonne. La restauration n'échappa pas à de vives critiques jusque dans les années 1990, où des travaux rendirent à l'édifice ses allures d'antan. Viollet-le-Duc transforma également l'ancienne tour du Capitole en véritable donjon surmonté d'un beffroi d'inspiration flamande. Au-delà de la Ville rose, il intervint à Saint-Antonin-Noble-Val, dotant l'hôtel de ville d'un beffroi carré couronné d'une loggia à mâchicoulis et à Simorre, pour abaisser la toiture de l'église et ajouter des créneaux.

ABC d'architecture

Les dessins présentés dans les planches qui suivent offrent un aperçu visuel de l'histoire de l'architecture dans la région et de ses particularités. Les définitions des termes d'art permettent de se familiariser avec un vocabulaire spécifique et de profiter au mieux des visites des monuments religieux, militaires ou civils.

Architecture religieuse

TOULOUSE – Coupe transversale de la basilique St-Sernin (11e-14e s.)

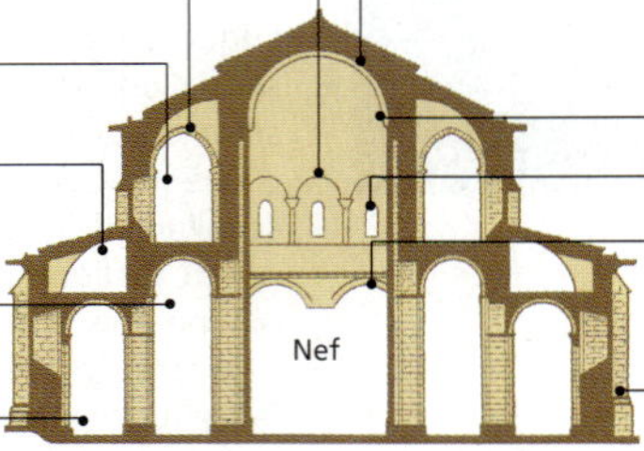

Sous le chœur s'étend la **crypte**, chapelle souterraine destinée à abriter des reliques.

MOISSAC – Portail méridional de l'église abbatiale (12e s.)

CONQUES – Coupole de l'abbatiale Ste-Foy (12e-14e s.)

La coupole sur trompes surmontant la croisée du transept existait dès le 12e s. Elle a été montée sur huit nervures au 14e s.

Rodolphe Corbel/MICHELIN

VALCABRÈRE – Chevet de la basilique St-Just (11e-12e s.)

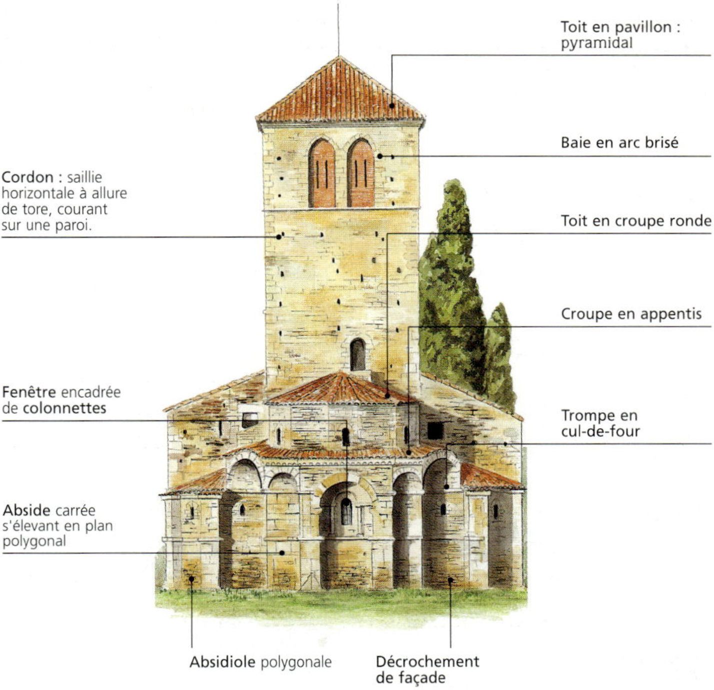

LUZ-ST-SAUVEUR – Église fortifiée (12e-14e s.)

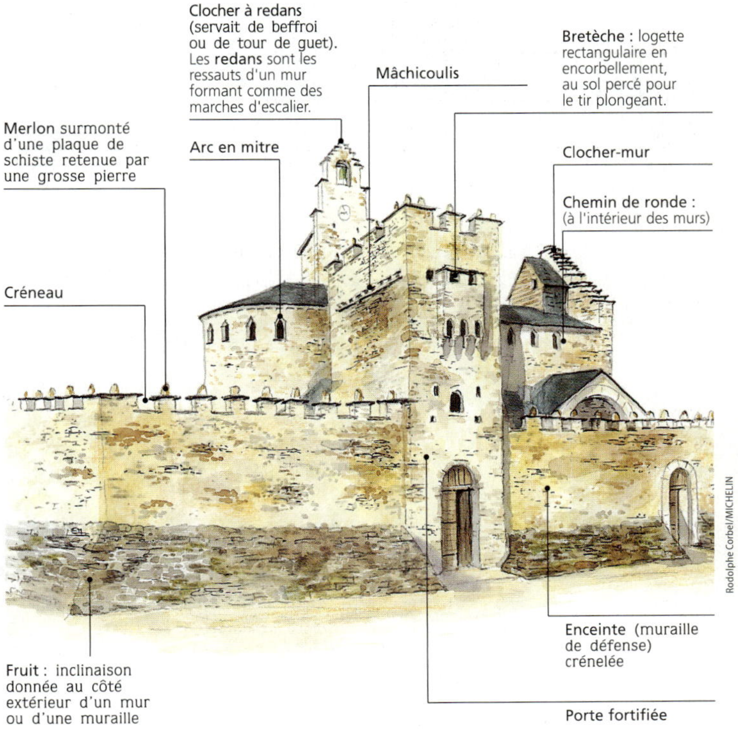

TOULOUSE – Intérieur de l'église des Jacobins (13e-14e s.)

RODEZ – Chevet de la cathédrale Notre-Dame (13e-16e s.)

Alors que le chevet de la cathédrale date du 13e s., le clocher a été ajouté au 16e s., époque du gothique flamboyant finissant.

Rodolphe Corbel/MICHELIN

AUCH – Façade occidentale de la cathédrale Ste-Marie (15e-16e s.)

ALBI – Jubé de la cathédrale Ste-Cécile (16e s.)

Le jubé avait pour fonction de séparer le chœur (réservé aux clercs) de la nef centrale (où se tenaient les fidèles). Celui de la cathédrale d'Albi est un exemple de style gothique flamboyant.

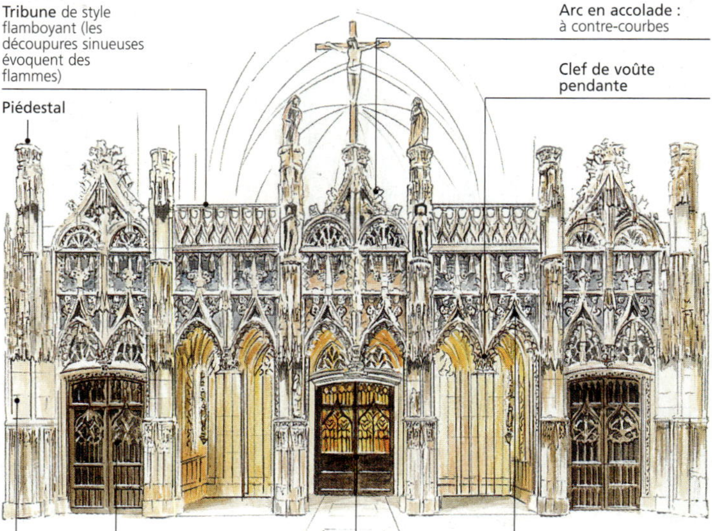

Architecture civile

TOULOUSE – Hôtel d'Assézat (16e s.)

Nicolas Bachelier, architecte de l'hôtel d'Assézat, fut le premier à introduire dans le Midi toulousain le « grand ordre » prôné par Palladio, superposant les ordres ionique, dorique et corinthien.

MONTAUBAN – Immeuble néoclassique, place Franklin-Roosevelt (1830-1840)

Rodolphe Corbel/MICHELIN

Habitat traditionnel

À chacun son chez soi. Telle pourrait être la devise des maisons de ce Midi. En pierres, en granit, en galets, souvent en briques. Une mosaïque de constructions toujours parfaitement intégrées à la géographie des lieux.

LE ROUERGUE

Les solides bâtisses du Rouergue s'appuient sur de gros murs en moellons de schiste ou de granit et se coiffent de toits de lauzes ou d'ardoises animés de lucarnes. La vie agricole s'étage des combles, où sèchent les châtaignes, à la cave, qui abrite les réserves. Sous l'escalier extérieur conduisant au logement, une porcherie est souvent installée. Près de Villefranche-de-Rouergue, cet escalier est prolongé au premier étage par un balcon ou « balet ».

Quelquefois, un paysan aisé déploie plusieurs bâtiments autour d'une cour abritée d'un portail à auvent, et place ses châtaignes à l'écart dans la *secada* ou *secadour*.

Les burons, essentiellement constitués de basalte, et de granit pour les angles, servaient d'abris et de fromagerie aux bergers durant les mois d'estive.

On rencontre aussi, clairsemées dans les champs, de petites cabanes rondes en pierres sèches, au toit conique, qui rappellent les bories de haute Provence, utilisées comme abris, remises…

Dans la vallée du Lot, les granges ont de drôles de toitures « à la Philibert » en forme de carènes de bateaux renversées qui permettent d'amasser un très grand volume de foin.

LE MIDI TOULOUSAIN

De longues maisons, dont le toit presque plat est recouvert de tuiles, jalonnent cette vaste plaine. Elles sont ornées d'un auvent et parées de granges et remises.

Faute de pierres, la **brique** s'est faite reine de Montauban à Toulouse, d'Albi à Saint-Félix-Lauragais. Non sans hasard, puisque le sol du Midi toulousain est chargé de glaise et d'argile : exactement ce qui est nécessaire à la fabrication d'une brique. Une brique plate et pleine, tantôt cuite tantôt crue, parfois additionnée de cailloux pour la construction. Son utilisation a connu de rares défaillances, finissant toujours par avoir le dessus sur le béton ou le marbre.

Outre les prestigieux édifices visibles à Toulouse, Albi, Gaillac, Montauban,

Stéphane Sauvignier / MICHELIN

Buron d'Aubrac.

nombreuses sont les constructions traditionnelles en brique : humbles bâtisses, hôtels particuliers, châteaux d'eau, fermes, tours, porches et ponts. Et l'usage perdure, comme en témoigne encore le très contemporain Théâtre National de la Cité à Toulouse.

Murs porteurs, façades, encadrements, clefs de voûte, corniches, ouvertures en arc de plein cintre… La brique sert à tout, jusqu'aux décorations en terre cuite (frises, rosaces, cariatides, etc.). Autre avantage : elle offre une variété de teintes, entre ocre, rose, feu oranger et pourpre. De quoi colorer les cités.

LES DEUX VOLETS ARIÉGEOIS

En montagne dominent de petites maisons aux teintes blonde ou grise, constituées de calcaire, granit, schiste et galets, surmontées d'un toit en ardoise plus ou moins pointu, ouvertes sur le paysage

Pigeonniers et moulins

Il fut un temps où les pigeons étaient utilisés comme messagers et où leurs rejets servaient d'engrais pour le pastel, les vignes et les céréales, tandis que les moulins à vent, à eau ou à traction distribuaient leur énergie motrice.

Voilà pourquoi nombre de pigeonniers et moulins se dressent en Midi-Pyrénées, isolés dans les champs ou partie intégrante d'un ensemble agricole et pleinement inscrits dans le patrimoine architectural de la région.

Carrés, cylindriques, dotés d'un porche, sur piliers ou sur arcades, parfois à colonnes, les pigeonniers sont légion dans le Gers, le Tarn et le Tarn-et-Garonne (qui propose même un circuit des pigeonniers). Si la plupart des pigeonniers se sont vidés de leurs volatiles, rares sont également les moulins en activité. En Ariège ou dans le Tarn, beaucoup ont été restaurés pour se muer en résidences.

et au soleil par un balcon ou une galerie en bois. Certaines bâtisses, notamment dans le Couserans, possèdent leur four à pain sur le côté d'une façade. À l'écart des villages se dressent des granges, habitées pendant la transhumance, mais également adaptées au stockage. Dans la vallée de Soucem, ce sont les cabanes de bergers, en pierres sèches, qui caractérisent le paysage.
La plaine ariégeoise, au climat moins rude, décline ses maisons de calcaire et de galets, de brique également (quand l'influence du Midi Toulousain l'a emporté), à un ou deux étages, auréolées d'un grenier, et de balcons.

DEMEURES GASCONNES

Avec sa riche palette de paysages, la Gascogne déploie une multitude de bâtisses. À commencer par ces maisons carrées, ornées d'un tympan triangulaire typique au centre de leur façade, juste au bord du toit.
Il existe aussi des maisons-bloc, groupant dans un même ensemble l'habitation et l'exploitation, disposées en équerre et coiffées de tuiles-canal.
En Lomagne et dans les environs de Lectoure, les maisons peuvent s'enorgueillir de belles pierres. Ailleurs, les constructions sont constituées de matériaux divers (cailloux, pierres ou briques) selon les ressources locales.
Du côté d'Aignan, de Lombez, d'Eauze et de Mirande, on observe de jolies maisons à colombages.
Enfin, vignobles obligent, en Armagnac, on édifie à l'arrière des maisons des celliers et des chais tournés vers le nord et protégés par les arbres.

La peinture moderne

À l'ombre des musées de Montauban, d'Albi et de Castres reposent discrètement des pièces suffisamment belles et rares pour rivaliser avec les plus riches collections du monde. Elles sont signées Ingres, Toulouse-Lautrec et Goya.

INGRES À MONTAUBAN

Né à Montauban en 1780, Ingres étudie à l'académie de Toulouse avant de devenir l'élève de David à Paris. Il voyage beaucoup en Italie, où il pose les bases stylistiques de son œuvre : réalisme dans l'observation et le rendu du détail, et recomposition du dessin sous un trait lisse et uniforme. Ce défenseur de la tradition néoclassique est surtout connu pour ses portraits et ses nus célèbres. Après le triomphe que reçoit *Stratonice* en 1840, il revient à Paris où il finit ses jours couvert d'honneurs. Épris d'harmonies rares et de teintes franches, Ingres aimait aussi se délasser en faisant de la musique sur son proverbial *violon d'Ingres*.
Le musée qui lui est consacré dans sa ville natale occupe l'ancien palais épiscopal. Des toiles y sont accrochées depuis 1843 ; le peintre a lui-même légué 56 toiles en 1851, puis 4000 dessins, une vingtaine de tableaux et des objets personnels à sa mort, en 1867. Un étage entier lui est réservé, qui se prolonge par un parcours dans l'histoire de l'art : toiles de David, Géricault, Delacroix, peintures des 17e-18e s. et sculptures d'Antoine Bourdelle, autre Montalbanais célèbre.

Au salon de la rue des Moulins, par Toulouse-Lautrec.

TOULOUSE-LAUTREC À ALBI

C'est dans le palais de la Berbie, imposante forteresse du 13e s. nichée au pied de la cathédrale, que s'est installé le musée Toulouse-Lautrec en 1922. Cet enfant du pays, descendant direct des comtes de Toulouse, est né à Albi en 1864. Atteint d'une maladie osseuse aggravée par deux chutes de cheval, il meurt à l'âge de 37 ans, laissant derrière lui une œuvre riche de 22 années de travail.
Sa mère et sa famille ont légué au musée une vaste collection de peintures, dessins, affiches et lithographies retraçant la vie de cet artiste fasciné par Montmartre, les cafés-concerts, les théâtres et les beuglants, les music-halls, les maisons closes et les danseuses. On y trouve des portraits d'une rare intensité expressive, ceux de ses modèles préférés comme Jane Avril et Cléo de Mérode, et des affiches très personnelles et mordantes du Moulin-Rouge ou de La Vache enragée. Quelques-unes de ses toiles les plus célèbres sont aussi accrochées (*À la toilette*, 1898, *L'Anglaise du « Star »*, 1899), mais c'est aux lithographies que la collection d'Albi doit sa réputation mondiale.
On remarque malicieusement la canne dont le peintre ne se séparait jamais, le pommeau contenant une petite fiole d'alcool ! Cet homme profondément indépendant, qui fit preuve d'une grande virtuosité et d'un regard caustique, se prêta aussi de bonne grâce au jeu du modèle, comme l'attestent des portraits de lui peints par Javal ou Anquetin.

GOYA À CASTRES

Le premier legs de tableaux de Goya (1746-1828) au musée de Castres est effectué en 1893 par Pierre Briguiboul. Un des plus grands tableaux jamais peints par le maître espagnol, *La Junte des Philippines*, y figure. On découvre aussi à Castres des tirages des *Caprices*, dans lesquels Goya s'attaque à la superstition, la bêtise, les vices et fait une large place au fantastique, des estampes à l'eau-forte de la *Tauromachie*, des gravures visionnaires et mystérieuses des *Disparates* et des épreuves de ses fameux *Désastres de la guerre*, fresque désespérée dans laquelle il pourfend la cruauté des hommes.
C'est à Bordeaux, où il avait fui depuis quatre ans l'absolutisme espagnol et la répression, que Goya s'éteignit en 1828. Il avait poursuivi une brillante carrière de peintre officiel en Espagne, avant de s'éloigner peu à peu des conventions thématiques et stylistiques pour se forger une palette très personnelle : désinvolte, violente, sombre et libre.
Autour des chefs-d'œuvre de Goya s'articule une exceptionnelle collection de peintures espagnoles, du 14e s. à nos jours. Avec ses Vélasquez, Alonso Cano, Javier Bueno et ses Picasso, c'est la deuxième en France après celle du Louvre.

L'occitan

Tendez l'oreille aux mélopées locales… Les accents portent encore la trace des belles sonorités colorées de la langue d'oc, écho lointain de la romance des troubadours.

FIERS TROUBADOURS

Oyez gentes dames ! Fini le temps où vous étiez de « souveraines pestes » et des « sentinelles avancées de l'Enfer » ; place à l'amour courtois ! Au 11e s., la rudesse des seigneurs s'estompe : ils deviennent chevaliers et honorent les charmes de leur belle. Vient alors l'idée de s'entourer de poètes capables de « trouver » eux-mêmes leurs chansons ; ce seront les « troubadours ». Certains sont princes, d'autres démunis, mais tous jouent le même air, celui de l'amour pur, inspiré par une femme idéale.
Parmi les plus célèbres, citons **Jaufré Rudel**, seigneur de Blaye, qui « s'enamoura de la comtesse de Tripoli sans la voir… » (« amor de lonh »), **Bernard de Ventadour**, chantre de la fin'amor (l'amour parfait), **Peire Vidal** qui promena son lyrisme extravagant de la Provence à la Terre sainte, **Guiraut Riquier**…
Les cours méridionales retentissent jusqu'au 13e s. de leur langue raffinée, l'occitan. Celui-ci ne correspond pas exactement au dialecte alors parlé, mais à une langue plus littéraire, harmonisée,

Quelques termes pyrénéens

Arrieu, arriu : ruisseau
Bielle, vielle : village
Casse, cassagne : chêne, chênaie
Castanet : châtaigneraie
Clot : cuvette, cirque (sans eau)
Coume : combe, cirque
Jer, germ : herbage d'altitude
Pène : crête rocheuse abrupte
Pla : plateau, petite plaine
Port, portet : col
Soum : sommet arrondi
Vic : communauté de vallée

Stéphane Sauvignier / MICHELIN

Plaque de rue en occitan à St-Côme-d'Olt.

dans laquelle les troubadours écrivent leurs textes. Le phénomène du « classicisme » donne à l'occitan un surplus de dignité : ainsi Dante hésite-t-il entre le provençal et le toscan au moment de la rédaction de *La Divine Comédie*.

RENAISSANCE D'UNE LANGUE

« Occitan » est le terme qui remplace de nos jours celui de « langue d'oc ». Les langues d'oïl et d'oc, issues de la fusion du latin vulgaire et d'un vieux fonds linguistique gaulois, étaient ainsi nommées pour la façon dont on disait « oui » en chacune d'elles. Cette distinction, dessinée dès l'époque mérovingienne, était suffisamment avancée aux 10e et 11e s. pour que les deux langues entrent séparément dans la littérature. La limite géographique entre les pays d'oïl et d'oc passait au nord du Massif central, si bien que l'occitan comportait les parlers languedocien, gascon, limousin, auvergnat et provençal. Le catalan et le corse, autres expressions de cultures indépendantes, ont de nombreuses affinités avec l'occitan.

Avec les croisades contre les albigeois (1208 et 1226) et leur cortège de malheurs, l'occitan déclina. En 1323, des poètes toulousains tentèrent de le réhabiliter par des Jeux floraux de pure tradition médiévale. En 1539, l'**édit de Villers-Cotterêts** lui porta le coup de grâce en imposant, dans les actes administratifs, le dialecte d'Île-de-France : le français.

L'occitan connut plusieurs sursauts : en 1819, avec la publication, par Rochegude, d'une anthologie de poèmes de troubadours, *Le Parnasse occitanien* ; au 19e s. avec l'édition de nombreuses études savantes de « romanistes » germaniques ; en 1854 lorsque le Félibrige *(voir* Le Guide Vert Provence*)* réforma l'orthographe du provençal. Depuis le 19e s., donc, l'espoir renaît d'enrayer le déclin de l'occitan, tout au moins comme langue de culture.

L'OCCITANIE AU 20e S.

Les termes naguère savants et littéraires d'« Occitanie » ou de « peuple occitan » se sont vulgarisés pour désigner une communauté de culture à l'intérieur des limites de l'ancien pays de langue d'oc. L'Escola Occitana (1919) et l'Institut d'études occitanes de Toulouse (1945) ont joué un rôle décisif dans ce renouveau de l'Occitanie : la première en mettant au point une orthographe normalisée, tenant le plus grand compte de l'ancienne langue des troubadours et compatible avec tous les parlers d'oc ; la seconde en assurant la diffusion de cette réforme.

Lyrisme en Bigorre

Au début du 20e s., deux poètes bigourdans ont chanté, dans leur belle langue, la grande nature pyrénéenne : Philadelphe de Gerde, « la fée de Bigorre », et Miquèu Camélat d'Arrens, l'un des fondateurs de l'école Gaston-Fébus.

Il faut cependant attendre une loi de 1951, la « loi Deixonne », pour que soit annulée l'interdiction des « patois » à l'école et, partant, de l'occitan. En 1969, étape importante, il est introduit comme épreuve facultative au baccalauréat. Aujourd'hui, les petits peuvent l'apprendre dans les *calendretas* de Muret, Castanet-Tolosan, Pamiers et Toulouse, et les plus grands au collège bilingue ouvert dans la ville voisine de Montpellier en 1997.

LA DESTINATION AUJOURD'HUI

Une économie diversifiée, stimulée par une industrie de pointe internationalement reconnue, particulièrement dans le secteur aéronautique, une identité portée vers l'hospitalité, un folklore animé, des passions partagées entre le rugby, la neige et la randonnée, une gastronomie fière de ses produits et quelques douces liqueurs pour arroser l'ensemble : la région Midi-Pyrénées a su se relever d'un 19e s. plutôt engourdi et mettre en valeur ses coutumes ancestrales. Elle vibre avec ses traditions, s'ouvre à l'innovation, avec un remarquable sens du bien-être.

P. Masclet/e'm company / © Airbus SAS 2005

Dernier-né des usines aéronautiques toulousaines, l'Airbus A380.

Carte d'identité

Comptant parmi les régions les plus importantes de l'Hexagone, la première par sa superficie, Midi-Pyrénées rassemble huit départements (Ariège, Aveyron, Haute-Garonne, Gers, Lot, Hautes-Pyrénées, Tarn, Tarn-et-Garonne), dont les appellations traduisent le relief, entre fleuves et montagnes.

SUPERFICIE ET POPULATION

Plus grande que la Suisse, la Belgique ou les Pays-Bas, avec ses 45 348 km^2 (soit 8,3 % de l'espace national), partagée entre 290 cantons, plus de 3 000 communes, la région Midi-Pyrénées compte environ 2,5 millions d'habitants (4,4 % de la population française), répartis de façon très inégale d'un département à l'autre.

Quatrième ville de France, Toulouse a drainé vers elle plus de 400 000 habitants (près de 800 000 si l'on tient compte de son agglomération). Cela signifie donc qu'un tiers des habitants de la région Midi-Pyrénées vit dans l'agglomération toulousaine. L'ensemble des pôles urbains, représentant seulement 18 % de l'espace, rassemblent au total les deux tiers de la population. On comprend mieux le saisissant contraste entre la densité de population de la Haute-Garonne (166 habitants au km^2) et celle des départements de l'Ariège, du Lot, de l'Aveyron et du Gers, oscillant entre 28 et 32 habitants au km^2, parmi les plus faibles densités de France.

Terre d'accueil

La région s'est depuis toujours voulue terre hospitalière. Italienne, espagnole, portugaise ou africaine, nombreuses ont été les vagues d'immigration. Aujourd'hui, Britanniques, Hollandais ou Asiatiques, attirés par les opportunités qu'offre la technologie de pointe, se sont ajoutés à la population.
Côté hexagonal, derrière le Languedoc-Roussillon, Midi-Pyrénées demeure la deuxième région la plus attractive. Le taux annuel de migration atteint en effet le nombre de 66 pour 10 000 habitants (contre 107 en Languedoc-Roussillon et 64 en Aquitaine). La qualité de la vie sur place n'est évidemment pas étrangère à ces choix.

ÉCONOMIE

La région possède une palette d'activités aux facettes différentes, au diapason de sa géographie. D'une façon générale, tournée plutôt vers le secteur tertiaire, elle est faiblement industrialisée. Légèrement en dessous de la moyenne nationale (17 %), l'industrie représente (en 2004) 16 % du secteur d'activité.

Toulouse à la pointe

La métropole toulousaine concentre industries de pointe, services, centres de recherches et petites entreprises qui lui permettent de rayonner en Midi-Pyrénées, et bien au-delà. Si le secteur **aéronautique** et **spatial** est le fer de lance économique actuel, il le doit, en partie, à son histoire. Loin des zones de combat de la Première Guerre mondiale, la région fut en effet choisie pour l'implantation d'usines d'armements et d'aviation entre 1914 et 1918. Dans l'Entre-deux-guerres, Latécoère, Bréguet et Dewoitine développèrent l'industrie aéronautique et, à partir des années 1960, depuis les vastes halls de montages toulousains s'envolaient de fameux avions : Caravelle, Concorde et nombre d'Airbus. Aujourd'hui, c'est toujours à Toulouse que sont assemblés les satellites et le plus gros avion du monde, l'A380.

Pour cela, comme pour les secteurs de l'informatique, de la robotique, ceux des nanotechnologie et biotechnologie, ou encore celui de la santé (en témoigne le futur Cancéropôle), Toulouse peut compter sur ses étudiants (115 000 environ) et ses 10 000 chercheurs *(voir l'encadré)*.

Reconversion des régions minières et textiles

Ce dynamisme propre aux temps modernes a succédé à l'industrie lourde, longtemps présente dans le Rouergue. Née autour de l'extraction de la houille, de la production de zinc, d'acier et de fonte, elle s'est peu à peu essoufflée après avoir laissé sa marque sur le paysage.

C'est l'architecture audacieuse des viaducs métalliques jetés au-dessus des collines (Viaur ou, plus récemment, Millau) ; c'est le site d'extraction à ciel ouvert de Carmaux reconverti en circuit touristique. Les mineurs que l'on croise ne sont plus que des statues posées sur la place d'une bourgade reconnaissante. Les bassins sidérurgiques de Decazeville ont trouvé leur reconversion dans le bois, le plastique, la mécanique et les matériaux pour l'aéronautique, tandis que l'Aveyron a développé aussi son secteur de construction automobile...

Réservoir de pensée

L'agglomération toulousaine attire à elle seule 86 % des étudiants de la région et le poids de l'enseignement supérieur est particulièrement conséquent. Derrière l'Académie de Lyon, le taux d'inscription en études supérieures est le plus élevé des régions françaises (19,4 %). Trois étudiants sur quatre optent pour l'université, tandis que 8 % d'entre eux (près de 9 000) sont étudiants ingénieurs (le double de la moyenne nationale !). Des chiffres qui témoignent du dynamisme du réservoir toulousain.

Reste tout de même une industrie qui ne manque pas de prestige : l'exploitation du marbre à Saint-Béat, à Campan ou en Sidobre, l'extraction du talc de Luzenac (premier producteur mondial, avec 1,5 million de tonnes par an), toujours d'actualité.

L'industrie du textile (laine, cuir et vêtement), si forte il y a vingt-cinq ans, a doucement décliné, représentant aujourd'hui à peine 5 % des emplois. Mazamet et Graulhet, très actifs dans le délainage et la mégisserie, sont aujourd'hui contraints d'exploiter d'autres filières devant la rude concurrence des pays asiatiques. Ainsi, Mazamet revit entre autres grâce à l'industrie agro-alimentaire avec l'implantation de l'usine Mengy's.

Fidèles à la terre

Enfin, la région la plus étendue de France se veut toujours et encore rurale, avec plus de 53 000 exploitations. En Aubrac, les grands troupeaux de moutons de naguère ont été remplacés par les vaches qui occupent les herbages de fin mai à mi-octobre. Avec leur lait, des fromagers (les *cantalès*) fabriquent encore la fourme de Laguiole, à l'abri de quelque buron. Les foires à bestiaux de Laissac offrent, elles, des spectacles hauts en couleur. Dans les Pyrénées, en revanche, la vie rurale traditionnelle ne tient plus qu'une faible place, les petites vallées en cul-de-sac et les villages isolés de soulanes (versants ensoleillés) s'étant considérablement désertifiés.

En Gascogne, le vert tendre des blés au printemps contraste avec les sols fauves en attente de maïs. L'été venu, les blés balancent leurs épis d'or, tandis que le maïs s'élève dans sa robe verte. Ce jeu de couleurs alternées est enrichi par la vigne, le sorgho, le tournesol, les melons et les fraises au bon goût sucré. Dans la région de Lectoure, l'irrigation de la polyculture est assurée par de petites retenues d'eau et de longues chenilles

La mine de la Découverte à Decazeville.

de plastique, sortes de serres rampantes. Dans le Gers, ovins, bovins et porcs animent les marchés, où la volaille est aussi à l'honneur : poule pour le pot, poularde engraissée, pigeon à farcir et surtout oie et canard dont la graisse et le foie font l'objet de tous les soins (la production de canards gras atteint le nombre impressionnant de quatre millions de têtes !). La vieille technique du gavage consiste à nourrir les palmipèdes de semoule et de maïs jusqu'à ce qu'ils soient trop lourds pour se mouvoir. Leurs foies sont ensuite négociés sur les marchés au gras, où on les cuisine selon une recette de pâté inaugurée par l'aubergiste Taverne en 1769 !

Comme une suite logique, l'industrie **agroalimentaire** est très représentée dans le Gers. Elle emploie 17 % des actifs sur l'ensemble du territoire régional.

Artisanat

Au reste, il n'est guère de lieu en Midi-Pyrénées où l'on n'est pas peu fier de ses productions artisanales : la pierre à faux à Saurat, les sabots dans la vallée de Bethmale, les peignes en corne de bovin à Lavelanet, les chaudrons et les casseroles de cuivre à Durfort, ou encore le fameux couteau à Laguiole, avec son manche légèrement courbé pour épouser la forme de la main, créé en 1829.

Tourisme

Se déclinant entre vallées, forêts et montagnes, cités historiques, chemins de randonnées, lacs et stations de vacances, déployant mille et un sites majestueux, la région possède nombre d'attraits touristiques dynamisant son économie. La ville de Lourdes pour ses pèlerinages (son parc hôtelier se hisse au second rang national, derrière Paris), les chemins de Saint-Jacques de Compostelle, le cirque de Gavarnie et le canal du Midi, trois lieux inscrits au patrimoine mondial de l'Unesco, le Parc national des Pyrénées, la multitude de grottes ou encore la réserve naturelle de Néouvielle et une gastronomie réputée participent amplement à cet attrait. De même, les prestigieux musées Ingres à Montauban, Goya à Castres ou Toulouse-Lautrec à Albi, les stations de ski (Guzet-Neige en Ariège, Luchon-Superbagnères en Haute-Garonne, Saint-Lary-Soulan dans les Hautes-Pyrénées, sans compter les stations andorranes, aux portes de la région), le tourisme thermal (revivifié par le thermoludisme), ou la route des cols chère au Tour de France (Aspin, Tourmalet, Peyresourde, Portillon) sont autant d'invitations au voyage.

Rayonnement de la région

Forte de ses personnalités et de sa culture, Midi-Pyrénées ne manque jamais de faire parler d'elle sur tout le territoire national et bien au-delà.

Claude Nougaro a ainsi porté haut les accents de la Garonne, comme Juliette aujourd'hui ; l'Orchestre du Capitole se produit sur les grandes scènes internationales ; les Maisons des Pyrénées et de l'Aveyron distillent en capitale les parfums de la région tandis que nombre de cafetiers, de restaurateurs aveyronnais ont élu domicile à Paris, avec leurs couleurs et leurs traditions gourmandes… Présentes sur les rayons des libraires dans toute la France, les éditions du Rouergue, installées à Rodez, comptent parmi les éditeurs importants depuis plusieurs années. Au catalogue, se côtoient livres pour la jeunesse, romans, essais et ouvrages gastronomiques (dont quelques-uns signés Michel Bras, figure emblématique de l'Aubrac). Le foie gras de canard régale jusqu'au Japon, côtes-de-saint-mont, madiran et gaillac se dégustent plaisamment à l'étranger.

L'occitan aujourd'hui

Si la chanson traditionnelle est représentée par la Tabiera ou Los Sonaires d'Oc, Jordi Blanc, Léopold Durand, Gui Viala, Arlette Oms ou encore Andrée Labit sont autant d'écrivains qui s'expriment en occitan. Les éditions Vent Terral (installées à Valdériès) publient des livres en occitan, tandis que Radio Albigès émet dans cette langue. Promotion de la culture, enseignement, collecte des traditions orales… Nombreuses sont les associations (parmi lesquelles l'Institut d'Estudis Occitans, fort de plusieurs sections locales, dont Lo Grifo à Albi), les manifestations et les démarches qui favorisent la pérennité du sentiment occitan *(voir le chapitre « Art et culture »)*.

Traditions et folklore

Riche d'un passé aussi mouvementé, habitée de figures extraordinaires, nourrie de mythes et de contes, la région tient à son âme. Elle se veut un creuset de traditions, le vivier d'un folklore qui perdure, sans jamais perdre sa proverbiale bonne humeur.

LE SENS DE LA FÊTE…

Bienvenue au pays des « festaires ». Profanes ou sacrées, musicales ou historiques, les célébrations et les manifestations sont légion en Midi-Pyrénées. Le sens de le fête n'est plus à démontrer dans ce grand Sud-Ouest et se décline avec autant de ferveur dans les grandes villes que dans les petits villages des vallées pyrénéennes.

Les traditions sont ici très fortes et témoignent d'une histoire parfois tumultueuse : on ne compte plus les **fêtes médiévales**, à Cordes-sur-Ciel, Mirepoix, Lavaur ou Estaing par exemple, tandis qu'à Rieux-Volvestre une compagnie d'archers assure toujours le succès de la Fête du papogay (tir au perroquet). Foix, qui n'a pas oublié les assauts de Simon de Montfort, met en scène la vie des cathares, tandis que Saint-Félix-Lauragais s'attache à faire revivre les grandes heures du pays de Cocagne…

Dans ces pays, les montagnes ne sont jamais loin, et avec elles leurs cortèges de **traditions pastorales** et musicales. Comment ne pas évoquer les transhumances (Espalion, Aubrac, Saint-Geniez-d'Olt, val d'Azun) qui témoignent de longues pratiques ancestrales.

Mais que seraient toutes ces fêtes sans les **chants et les danses** ? Comme dans le Pays basque, les chœurs d'hommes sont ici célèbres, avec les Chanteurs Montagnards d'Alfred Roland à Bagnères-de-Bigorre, ou les Chanteurs du Comminges à Saint-Gaudens. Dans certaines vallées, comme celle du Couserans, des groupes folkloriques maintiennent depuis des générations les costumes, chants et danses locales ; c'est ainsi le cas des Bethmalais à Saint-Girons.

Omniprésente, la musique rythme la vie des villes et villages grâce à un calendrier aussi riche que varié. Fière de son passé, la région est également ouverte aux innovations et aux autres cultures. De la musique classique à la musique expérimentale (Toulouse) en passant par le jazz (Marciac), les bandas (Condom) ou les musiques latino (Vic-Fezensac), tous les styles sont ici à l'honneur.

Pour toutes les précisions pratiques, reportez-vous au calendrier p. 45.

… ET CELUI DU JEU

Sans doute le climat permet-il plus qu'ailleurs la bonhomie : la région est un parterre de jeux et de sports. En témoignent les corridas dans les arènes gersoises, pleinement inscrites dans la culture gasconne. Aignan, Eauze, Gimont et Vic-Fezensac drainent ainsi une foule d'aficionados qui encouragent les matadors. Pareille ferveur anime les courses landaises, à Nogaro comme à Gimont – il est vrai que les Landes sont toutes proches. Inaugurées par un défilé des « écarteurs », communément appelé le paseo, accompagnées d'une marche musicale, les courses constituent un spectacle haut en couleurs, entre les troupeaux et les cuadrillas, équipes masculines constituées de sept écarteurs, d'un cordier, d'un sauteur et de deux entraîneurs.

Il y a d'autres jeux plus pacifiques bien que tout aussi passionnés. La pétanque est bien sûr incontournable, mais doit partager son succès avec les nombreuses variantes de jeux de quilles dont les quilles au maillet et le fameux palet gascon (Gers).

LE RUGBY

Vigoureusement installé dans le Midi, le rugby est la marque de distinction des Occitans. Il a aussi modelé un nouveau type de Gascon, successeur étoffé des nobles mousquetaires, à la stature imposante, à la tenue soignée et au verbe haut.

Naissance d'un sport

En 1823, au collège de Rugby, en Angleterre, William Webb Ellis enfreint les règles du football en s'emparant à deux mains du ballon. Le rugby vient de naître, non sans rappeler un jeu pratiqué dès le Moyen Âge en France, la soule. Quelques décennies plus tard, le rugby s'implante avec succès dans le Midi où il devient un véritable sport régional. On dit de lui qu'il est un « sport de voyous pratiqué par des gentlemen » !

Les Occitans peuvent y déployer leur spontanéité et leur joie de vivre coutumières. Né dans les villages et les petites villes dont chaque équipe défendait avec ferveur les couleurs, le rugby sollicite le sens de la solidarité. Le plaisir d'être ensemble se manifeste joyeusement durant les plantureux repas qui suivent le match : c'est la célèbre troisième mi-temps. Les qualités propres au Sud, le goût du contact, de l'exagération et de la franche castagne y sont copieusement exaltés.

Règles du jeu

Dans le **rugby à XV** (15 joueurs), l'équipe doit marquer le plus de points possible en portant ou bottant le ballon ovale. Le match se déroule en deux mi-temps de 40 minutes, séparées par une pause de 10 minutes maximum. Un « essai » (5 points) est marqué lorsqu'un joueur porte le ballon au-delà de la ligne de l'« en-but » adverse ; un « but » (3 points) quand il le « botte » au-dessus de la barre de l'en-but (à 3 mètres du sol). L'essai transformé en but (« transformation ») donne 2 points en plus. Un joueur qui commet la faute de passer le ballon en avant à la main (« en-avant ») entraîne une « mêlée », moment de grande émotion : les avants de chaque équipe s'arc-boutent les uns contre les autres pour gagner le ballon au sol. Une « touche » sur les limites du terrain conduit les joueurs à s'aligner en deux rangs perpendiculaires jusqu'à ce que le ballon franchisse leur ligne.

Au **rugby à XIII** (13 joueurs), la mêlée a lieu lorsque le ballon sort des limites latérales du terrain. Un joueur « tenu » par un adversaire doit botter le ballon à l'endroit où il a été arrêté. Cette variante du rugby s'est développée en France dès 1934, suite à l'exclusion de Jean Galia de l'équipe de France. On le surnomme, non sans humour, le « rugby hérétique » ou « sport des cathares ».

Les grandes équipes

Le classement des meilleures équipes françaises, le **Top 14**, regroupe pas moins de 4 équipes de la région : Albi, Castres, Montauban et Toulouse. Elles se disputent la renommée, notamment dans le cadre du très attendu championnat de France, dont l'enjeu n'est autre que le célèbre bouclier de Brennus. Dernière née dans la catégorie des grandes compétitions, la coupe d'Europe a été lancée en 1996, et remportée déjà trois fois par le Stade toulousain.

Star dans le monde du rugby le **Stade Toulousain**, aux couleurs rouge et noir,

Étienne Larribère / MICHELIN

Match de rugby Agen-Toulouse.

a obtenu seize fois le titre de champion de France dont quatre fois d'affilée entre 1994 et 1997. Le célèbre *Midi olympique*, l'hebdomadaire de référence, a pieusement relaté les exploits de Robert Barran, Yves Bergougnan, Jean-Pierre-Rives ou Christian Califano. Aujourd'hui encore, l'équipe fournit des joueurs internationaux au XV de France comme Frédéric Michalak et, bien sûr, son capitaine Fabien Pelous.
L'**US Carmausine** (Carmaux) a été championne de France une fois, en 1951 et l'**Union Sportive Montalbanaise** (Montauban) une fois aussi en 1967. Dans toute la région, des équipes s'entraînent en **Pro-D2** pour rejoindre les meilleurs ; il s'agit du **FC Auch**, de l'**UA Gaillacoise**, du **Tarbes Pyrénées Rugby** et de la fameuse équipe de **Colomiers** dont est issu Fabien Galthier, capitaine de l'équipe de France lors de la coupe du monde de 2003.
La Gascogne réserve de bonnes surprises : elle a été pionnière avec ses équipes féminines jouant à la « barette », telles les « Lionnes » d'Auch. Ce jeu est aussi appelé « rugby du toucher », car la joueuse en possession du ballon doit faire une passe dès qu'elle a été touchée par une adversaire. À l'origine, le plaquage avait été supprimé, mais aujourd'hui le rugby féminin se développe selon les mêmes règles que le jeu masculin et occitan.

Une généreuse cuisine

Ici, foin des régimes, on se pourlèche les babines ! Dans ces foyers d'art culinaire développés en Toulousain, en Gascogne et au pied des montagnes, il s'agit de mettre autant de générosité à manger que les cuisiniers à préparer les repas !

À TOULOUSE

Le roi **cassoulet**, fleuron de la cuisine occitane, mijotait autrefois dans une *cassole* en argile d'Issel, idéale pour l'estouffade. Haricots tarbais (qui doivent représenter, selon la tradition, 70 % du plat), graisse d'oie, ail et couennes sont accompagnés de confit d'oie et de canard ; à Castelnaudary et à Carcassonne, villes qui disputent la paternité de ce plat à Toulouse, le confit est remplacé par du mouton, du porc frais ou de la perdrix braisée. Foix et Pamiers proposent aussi leur variante.
La saucisse fraîche s'impose par son excellence et on trouve de la charcuterie

Marie-Hélène Carcanague / MICHELIN

Le cassoulet, fleuron de la gastronomie occitane.

en abondance dans toute la région. L'oie et le canard se savourent en foie gras et en confit. Une bonne recette de poularde à la toulousaine (farcie de saucisses et d'olives vertes) fait le bonheur des amateurs. On sert aussi à table le canard à l'albigeoise (aux lardons, légumes verts et piment), le pigeon du Lauragais et les asperges du Tarnais. Enfin, la galette de **millas**, à base de maïs frit, sucrée ou nappée de confiture, se croque au goûter.

CHEZ LES MOUSQUETAIRES

Dans les casseroles de l'hospitalière Gascogne se préparent quelques mets rares à ne pas manquer, souvent rehaussés par l'ail blanc de Lomagne.
Toutes les volailles et le porc peuvent être confits, c'est-à-dire conservés dans la graisse de leur cuisson. La **garbure** est un potage de campagne typique (que l'on retrouve également en montagne avec ses variantes), accommodé de légumes de saison et de confits. En guise d'entrée froide, le melon de Lectoure possède une belle réputation.
Sur du pain chaud, c'est de **foie gras d'oie** et de **canard** que l'on se régale. Le Gers occupe le 1er rang national pour l'élevage de chapons et de dindes de qualité supérieure et tient la 2e position pour l'élevage de palmipèdes gras.
Les **salmis** sont préparés avec du volatile rôti dont les morceaux sont détachés, et la carcasse, les chairs et les abats hachés menu. Les **magrets** se mangent frais et grillés comme la viande rouge, ou fumés sur un lit de salade.
Après le nadaou, fromage rustique fabriqué dans une feuille de châtaignier, un bon repas se termine par une croustade du Gers (feuilleté aux pruneaux ou aux pommes), un pastis gascon à la pâte parfumée de rhum, des pruneaux à l'armagnac, ou plus simplement avec une confiture de noix vertes confectionnée à Masseube.

Le gargouillou

C'est une spécialité de l'Aveyron à base de pommes de terre, mouillée d'eau et accompagnée d'une tranche de jambon de montagne. Le plat est devenu un classique de la cuisine de Michel Bras, grand officier de bouche à Laguiole : un mélange croquant et fondant garni de graines germées, de fleurs et d'herbes champêtres, de jeunes légumes (asperge verte, artichaut, cardon, chou pommé, blette, crosne) revenus avec le jambon. Un méli-mélo savoureux, renouvelé au gré des saisons.

À LA MONTAGNE

Les terres aveyronnaises et pyrénéennes offrent elles aussi une gastronomie de caractère.

On pêche de belles truites dans les eaux fraîches des rivières et, plus rarement, des écrevisses. Les poissons de « longue conservation » (morue séchée, anchois au sel et stockfisch) s'apprécient chauds dans l'**estofinado**, plat de résistance typique de Villefranche-de-Rouergue.

Côté charcuterie, Rodez a fait du pâté de grives sa spécialité. L'Aveyron s'enorgueillit également d'une viande prestigieuse, l'agneau Allaiton Triple A, élevé sous la mère, et régulièrement présent sur les grandes tables.

La cuisine paysanne mijote toutes sortes de plats à base de mouton et de cochon, comme la charcuterie d'Entraygues ou l'**alicuit.** Avec les abats de veau, on confectionne les tripoux de Naucelles (vin blanc, jambon et ail). La châtaigne est trempée dans la soupe *(lou bajanac)* ou grillée et accompagnée d'un bon cidre. Dans le Tarn, à côté du fricandeau et du foie sec, la charcuterie est particulièrement réputée à Castres pour les **bougnettes** (crépinettes de porc), à Mazamet pour le **coudenou** et à Lacaune pour les jambons et saucissons. Le département est aussi producteur du fameux ail rose de Lautrec, parfumant nombre de plats.

Pour les fromages, outre le cabécou du Rouergue, l'Aubrac fournit l'inégalée **fourme de Laguiole** à l'épaisse croûte brune, ou laguiole. C'est elle que l'on incorpore à la purée de pommes de terre à l'ail pour faire l'**aligot**. Quant aux Pyrénées, elles donnent des pâtes savoureuses (comme la tomme) faites de lait de brebis et de vaches estivant sur les pâturages. En Ariège, par exemple, bethmale et orrys sont des produits succulents.

En fin de repas, le palais s'adoucit des **berlingots** de Cauterets, de l'arôme de fleur d'oranger des **soleils** de Rodez (gâteaux aux amandes sèches), des saveurs du **gâteau à la broche** et du bon goût d'angélique des **fouaces** de Najac (brioches).

VINS ET ALCOOLS

Pour connaître les adresses des différentes maisons du vin et coopératives de la région, reportez-vous à la p. 44.

Le vignoble aveyronnais

Défriché par les moines de Conques, ce vignoble s'étend singulièrement sur des coteaux abrupts quasi montagnards. Il donne les vins rouges de **Marcillac** (AOC), au goût de framboise charpenté, et ceux d'**Entraygues** et de **Fel** (VDQS), charnus et fruités. Dans la vallée du Lot, le raisin d'**Estaing** (VDQS) produit des rouges bouquetés et des blancs secs et plaisants.

Les vins de Gaillac et du Frontonnais

Le vignoble de Gaillac (AOC) s'étend sur les coteaux à l'ouest d'Albi. Les cépages blancs, le mauzac, le len de l'el et l'ondec donnent des vins secs pleins d'arômes Ce sont des blancs moelleux, perlés ou mousseux. Le gaillac rouge est produit avec les traditionnels gamay, syrah,

Jean Malburet / MICHELIN

Vignoble de Marcillac.

merlot et cabernet et les plus typiques braucol, duras et négrette. Bien fruités, les rouges méritent un patient vieillissement. Du côté de Toulouse, le cépage très ancien de la négrette est mêlé aux cabernets, à la syrah, au fer servadou et au côt pour donner les vins souples et fruités du Frontonnais, qui se boivent très jeunes.

Les vins gascons

Les vignes du **Vic-Bilh** « vieux villages » sont le domaine du **pacherenc**, vin blanc original, sec ou moelleux. Les vins rouges de **Madiran**, à la vigueur tannique, sont

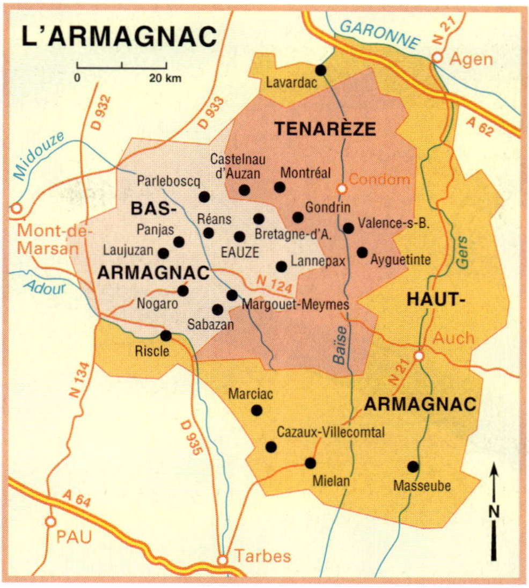

réputés pour s'accommoder merveilleusement avec le confit d'oie. Le **tursan** est un VDQS corsé blanc, rouge ou rosé, tout comme le **côtes-de-saint-mont**, un vin fruité.

L'armagnac

Avant même de porter le verre aux lèvres, c'est la couleur de la robe de l'armagnac, eau-de-vie de raisin, que l'on déguste. La région d'appellation « armagnac » couvre la plus grande partie du département du Gers et empiète sur le Lot-et-Garonne et les Landes (35 000 ha). On distingue à l'est le **haut Armagnac** (région d'Auch), au centre la **Ténarèze** (région de Condom), à l'ouest le **bas Armagnac** (région d'Eauze). Seuls les vins blancs issus des dix cépages réglementaires peuvent être distillés. Les plus appréciés sont principalement l'ugni blanc et la folle blanche (le gros plant du pays nantais).

La vinification requiert une grande minutie, le vin devant demeurer sur « lie » jusqu'à son passage à l'alambic. Le bouilleur de cru dompte alors véritablement le combustible, accélérant ou ralentissant la course du vin : au sortir, l'eau-de-vie incolore (52 °-72 °) est recueillie dans un gros fût de chêne, « la pièce », où il commence à prendre sa robe ambrée. Au bout de deux ans, l'eau est soutirée dans un autre fût et dort une dizaine d'années avant d'atteindre ses 42 ° et d'être mise en bouteilles. Au maître de chai revient le soin des « coupes », le dosage des produits du bas Armagnac, suaves et fruités, et des eaux-de-vie plus étoffées de la Ténarèze.

L'armagnac se savoure à température ambiante, après avoir été tourné dans un verre à fond large pour l'oxygéner.

Produits dérivés

Les connaisseurs savent que le **floc** (« fleur », en gascon) est un vin de liqueur (16 °-18 °) qui se boit frais en apéritif, rouge ou blanc. Il résulte du mélange de moût de raisin et d'armagnac supérieur à 52 °. Le **pousse-rapière** est également une liqueur, faite d'armagnac, de fruits macérés et de vin effervescent brut (méthode champenoise). Cette création de Blaise de Monluc donne un savoureux cocktail.

Le quai de Tounis, dans l'œil du pont Neuf.

M.-H. Carcanague / MICHELIN

DÉCOUVRIR LES SITES

Albi★★★

47 800 ALBIGEOIS
CARTE GÉNÉRALE C2 – CARTE MICHELIN LOCAL 338 E7 – TARN (81).

Une ville fascinante, au charme fou, dont le rouge de la brique se reflète dans les eaux vert émeraude du Tarn. « Avec son beau ciel, ses maisons de briques, ses jardins en terrasses et ses beaux ponts ; avec sa place centrale bien exposée au soleil [...], avec sa cathédrale puissante, au pied de laquelle fleurit le baldaquin, avec les coteaux crayeux qui la bornent au nord et qui ressemblent aux collines du Latium, on dirait une ville italienne, faite surtout pour le culte de l'art et d'une sereine philosophie. » (discours de Jean Jaurès à Albi en 1888).

Se repérer – Dominée par la fantastique silhouette de sa cathédrale-forteresse, « Albi la Rouge », bâtie en brique, s'étend au bord du Tarn qui, nonchalant, vient d'abandonner les derniers contreforts du Massif central. Accès par l'A 68 depuis Toulouse.

À ne pas manquer – Le jubé de la cathédrale Sainte-Cécile ; le musée Toulouse-Lautrec ; les vues depuis les berges du Tarn.

Organiser son temps – On peut démarrer la journée au salon de thé la Berbie, place Sainte-Cécile, face à l'impressionnante cathédrale. Après une visite du musée Toulouse-Lautrec, palais de la Berbie, passez goûter les friandises locales à la pâtisserie Galy. Dans la journée, offrez-vous la promenade en gabarre sur le Tarn pour entrevoir un peu mieux la beauté de cette cité.

Pour poursuivre la visite – Voir aussi Carmaux, Gaillac, Cordes-sur-Ciel.

Comprendre

Trépidants Albigeois – S'ils ont donné leur nom à une hérésie, ce n'est pas parce que les cathares y étaient plus nombreux qu'ailleurs, mais parce que la ville sut les accueillir et que leur Église y tint quelques conciles. Entre 1209 et 1229, une croisade permit de rattacher à la Couronne les terres du comte de Toulouse. La ville se tourna vers Simon de Montfort, qui avait pris la tête de la répression contre les albigeois, et le fit seigneur d'Albi. Les évêques, sans cesse en guerre ou en procès, ne tardèrent cependant pas à recouvrer leurs pouvoirs. Bernard de Castanet fit ériger la cathédrale Sainte-Cécile pour exalter la foi catholique et transforma la résidence épiscopale, le palais de la Berbie, en une forteresse ; son goût immodéré pour les satisfactions temporelles finit par scandaliser un pape, pourtant peu bégueule, et lui valut une retraite au couvent. Plus tard, Louis d'Amboise (1473-1502), au terme d'un règne fastueux, dut abdiquer à la suite de querelles incessantes avec ses administrés. Albi fut malgré tout érigée en archevêché en 1678.

« Le comte Bufèc » – C'est en 1864, en l'hôtel du Bosc, que naquit Henri de Toulouse-Lautrec, l'un de nos plus grands peintres de mœurs. Descendant des comtes de Toulouse, il était le fils d'Alphonse de Toulouse-Lautrec Monfa et d'Adèle Tapié de

Alain Cassaigne / MICHELIN

La cathédrale Sainte-Cécile au bord du Tarn.

Le saviez-vous ?

👁 Le nom d'Albi vient peut-être du préfixe celte *alb-* ou *alp-* désignant une « hauteur », un « oppidum » ou d'Albius, notable d'Albi à l'époque romaine… ou encore d'*albus* (« blanc » en latin), qui ferait référence aux falaises calcaires qui entourent la ville.
👁 C'est sous le nom d'albigeois que l'on désignait au 12e s., dans tout le Languedoc, les adeptes de la religion cathare. Sans doute parce que ces derniers trouvèrent d'abord refuge dans l'Albigeois, région qui s'étendait alors jusqu'à Béziers, Limoux, Carcassonne et Saint-Gilles.
👁 Le commerce du pastel, fameuse plante tinctoriale cultivée dans le Lauragais et l'Albigeois, fit longtemps la fortune d'Albi. Le 15e s. fut une période particulièrement florissante au cours de laquelle la ville ne cessa de s'agrandir et de s'embellir.

Céleyran, sa cousine germaine. Son enfance est marquée par deux accidents, en 1878 et en 1879, qui le privent de l'usage normal de ses jambes et rendent sa silhouette difforme. En 1882, il s'installe à Montmartre et se mêle au monde de la misère et de la débauche. Les personnages qu'il y rencontre le fascinent et deviennent ses modèles. Il les croque dans leurs lieux familiers qui, il faut bien l'avouer, deviennent aussi les siens : maisons closes, champs de courses, cirques, cabarets… À partir de 1891, ses talents de lithographe et les débuts de la « réclame » lui apportent la célébrité, et ses affiches couvrent les murs de Paris. Prématurément usé par l'alcool et la vie de bohème, il est interné dans une maison de santé de Neuilly en 1899, se rétablit et reprend son existence dissolue, malgré la vigilance de son ami Paul Viaud. C'est en 1901, à la dernière extrémité, qu'il quitte la capitale pour s'éteindre au mois de septembre au château familial de Malromé, près de Langon (Gironde).

La verrerie ouvrière d'Albi – Créée en 1896, cette entreprise possédait à ses débuts l'originalité d'appartenir entièrement à des ouvriers. Sur les conseils de Jean Jaurès, alors député de Carmaux, les employés verriers, licenciés à la suite des grandes grèves, se groupèrent en coopérative pour rassembler les capitaux nécessaires à l'ouverture d'une verrerie ouvière. La VOA, toujours en activité, mais aujourd'hui propriété du groupe Saint-Gobain, est spécialisée dans la production de bouteilles de vin.

Découvrir

CATHÉDRALE SAINTE-CÉCILE★★★

Il faut admirer la cathédrale de loin avant de l'approcher. On peut la voir du pont du 22-Août ou la découvrir depuis l'une des rues du vieil Alby (ainsi la rue Puech-Bérenguier), en débouchant sur la place Sainte-Cécile, devenue semi-piétonne.

Au lendemain de la croisade contre les albigeois, il faut que l'autorité catholique apparaisse tout à fait rétablie. Et pourquoi pas une église qui symbolise la grandeur et la puissance de Rome ? Tel est le postulat qui conduit Bernard de Castanet à entreprendre en 1282 la construction d'une cathédrale, conçue comme une forteresse et dédiée à sainte Cécile, martyre romaine du 5e s. L'achèvement du gros œuvre dure deux siècles ! Le simple toit de tuiles, qui la couvrait au ras des fenêtres et reposait directement sur les voûtes, a été remplacé en 1849 par un bandeau à faux mâchicoulis et chemin de ronde, surmonté de clochetons.

Porche et baldaquin★

L'entrée principale s'ouvre au milieu du flanc sud. On y accède par une porte construite au début du 15e s. qui unit l'édifice à une ancienne tour de défense. Il faut gravir le majestueux escalier en pierre, qui conduit au porche en forme de baldaquin. Sa décoration, de style flamboyant, est exubérante mais d'une extrême délicatesse. Elle contraste avec le sobre appareil de briques de la façade. C'est une œuvre de l'évêque Louis Ier d'Amboise (1520).

Clocher

Entre 1485 et 1492, Louis Ier d'Amboise fait édifier trois étages sur la tour carrée à l'allure de donjon, qui s'adossent aux deux tourelles orientales, alors qu'à l'ouest celles-ci s'arrêtent à hauteur du 1er étage. Cet agencement donne au monument une silhouette cambrée…

Nef

Pour se représenter l'intérieur de la cathédrale, telle qu'il était à l'origine, il faut se placer à droite du grand orgue et imaginer l'édifice sans le jubé ni la galerie qui, ajoutée au 15e s., est venue interrompre l'élan des chapelles. On se retrouve alors en

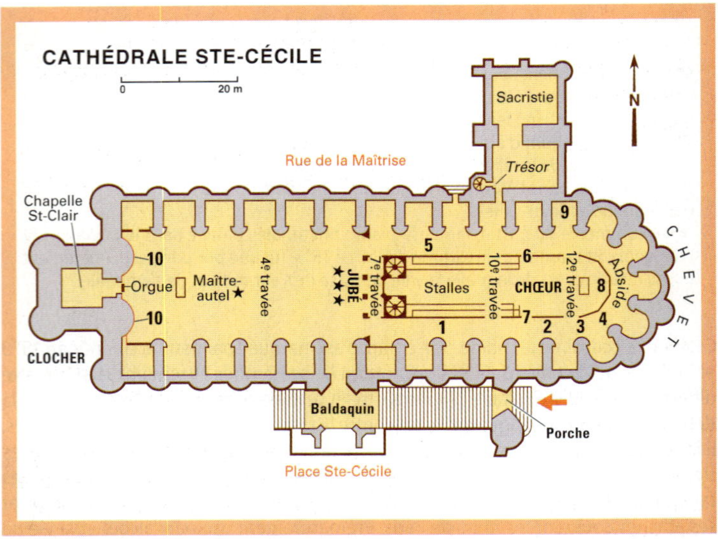

présence d'un vaste vaisseau voûté d'ogives, sans transept, épaulé de contreforts intérieurs que séparent des chapelles.

Jubé★★★

L'église fut consacrée en 1480. Presque aussitôt, Louis Ier d'Amboise décide l'érection du chœur, clos par un **jubé★★★** souvent comparé à une dentelle. L'art flamboyant finissant déploie ici toute sa technique. Ce ne sont que motifs enlacés, pinacles et arcs savamment mêlés, voûtes aux clés richement décorées : une orgie architecturale !
La porte principale, en bois finement sculpté, possède de remarquables serrures. Des 96 statues qui ont paré ce jubé jusqu'à la Révolution il ne reste qu'Adam et Ève, dont les mains ont été mutilées à la Révolution. Les trois statues qui couronnent le jubé (le Christ en Croix entouré à droite par la Vierge, à gauche par saint Jean) sont des copies exécutées à la fin du 19e s. À l'entrée du jubé, au revers de la haute croix, on aperçoit sainte Cécile, assise, tenant un orgue et la palme de martyr *(visible uniquement depuis le chœur)*.
La clôture extérieure est faite d'arcs en accolade où s'inscrit le monogramme du Christ. Les piliers qui séparent ces arcs portent chacun une statue représentant un personnage de l'Ancien Testament. Avec la statuaire de la clôture du chœur d'Albi, le naturalisme de la sculpture gothique atteint son apogée. L'influence bourguignonne est manifeste dans l'expression réaliste des visages, les drapés un peu lourds des vêtements, l'allure souvent trapue des personnages. Sont particulièrement remarquables Judith **(1)**, les prophètes Sophonie **(2)**, Isaïe **(3)** et Jérémie **(4)** et, côté nord, Esther **(5)**.

Pour une description en image, reportez-vous à l'ABC d'architecture p. 76.

Chœur

05 63 43 23 43 - http://perso.wanadoo.fr/paroisse.ste-cecile.albi - ♿ - juin-sept. : 9h-18h30 ; reste de l'année : 9h-12h, 14h-18h30 - 1 € (-12 ans gratuit).
À l'intérieur du chœur, les statues de Charlemagne **(6)** et de Constantin **(7)** trônent au-dessus des deux portes latérales. Il faut se placer face au maître-autel pour voir resplendir les peintures des chapelles à travers les ajours des arcades. Sur le sanctuaire proprement dit règne la Vierge à l'Enfant **(8)** entourée d'anges. Aux piliers, les douze apôtres. Autour du chœur courent deux rangées de stalles au-dessus desquelles une frise d'angelots, magnifiquement sculptée, apparaît dans un décor d'arabesques peint sur la pierre. Les vitraux des cinq fenêtres hautes de l'abside datent du 15e s. et furent restaurés au 19e s. Les chapelles latérales présentent un intérêt inégal. Il faut remarquer surtout celle de la Sainte-Croix **(9)**.

Trésor

05 63 43 23 43 - http://perso.wanadoo.fr/paroisse.ste-cecile.albi - juin-sept. : 9h-18h30 ; reste de l'année : tlj sf dim. 9h-12h, 14h-18h30 - 3 € (enf. 2 €).
Il est aménagé dans une chapelle haute qui, dès le 13e s., était destinée à abriter les archives et les objets précieux de la cathédrale. Une 1re salle rassemble les objets

d'art sacré, parmi lesquels la châsse de sainte Ursule en bois polychrome du 14e s., une crosse limousine du 13e s., un anneau épiscopal (14e s.) et un polyptyque siennois du 14e s. On peut voir dans la salle voisine des objets provenant des autres églises d'Albi et du diocèse.

Orgue★

L'**orgue** monumental, construit entre 1734 et 1736 par C. Moucherel, est admirable. Il se compose en fait de deux parties superposées, soutenues par des atlantes. Il compte 3 549 tuyaux dont seulement un dixième sont visibles. Le buffet de l'orgue, très raffiné, est décoré de chérubins jouant de différents instruments de musique. On aperçoit au-dessus les statues de sainte Cécile et de saint Valérien.

Maître-autel★

Au pied de l'orgue, on découvre le maître-autel en marbre noir de Jean-Paul Froidevaux (consacré en 1980). Il est orné d'émaux de couleurs vives figurant une vigne sur trois côtés, et sainte Cécile sur la face postérieure. Tout autour de l'autel court un verset de l'Évangile de Matthieu qui évoque le mystère de l'Eucharistie.

Le Jugement dernier (10)

C'est l'immense peinture sur enduit qui orne la paroi occidentale *(sous le grand orgue)*. Exécutée à la fin du 15e s., elle fut malheureusement mutilée en 1693 par le percement de la chapelle Saint-Clair, ce qui entraîna la disparition de toute la partie centrale et en particulier de la figure du Christ. La technique employée est celle de la détrempe : les couleurs, broyées, ont été fixées au jaune d'œuf et à la colle. La paroi de brique, qui supporte cette composition, sur laquelle vient jouer la lumière, contribue à sa légèreté et à sa transparence.

La peinture, qui supplée peut-être à l'absence de sculpture sur la façade ouest (traditionnellement réservée à ce thème dans les cathédrales), se compose de trois registres. On peut voir au sommet une assemblée d'anges qui figure le ciel. Au centre et à la droite du Christ disparu (c'est-à-dire à gauche) se tiennent les élus, sur trois rangées. En haut les apôtres, vêtus de blanc et nimbés d'or. Au-dessous, les saints, déjà jugés et admis au ciel, parmi lesquels on reconnaît des personnages de haut rang. En bas, les ressuscités nouvellement élus, encore tournés vers le juge suprême, le livre de leur vie ouvert devant eux.

Leur faisant pendant à droite, les maudits sont précipités dans les ténèbres de l'enfer. L'espace vide qui les domine matérialise la rupture irrémédiable avec Dieu qu'a engendrée leurs péchés. Le dernier registre représente l'enfer où sont dépeints de façon truculente les châtiments correspondant aux sept péchés capitaux. La nature des tourments est directement inspirée des vices de ces damnés. De gauche à droite : les orgueilleux, les envieux, les coléreux, les avaricieux, les gourmands et les luxurieux… Seuls manquent les paresseux : le panneau qui leur était consacré a disparu.

La grande voûte

Le Jugement dernier achevé, les artistes français abandonnèrent Sainte-Cécile. Louis Ier d'Amboise fit alors appel à des Italiens pour décorer les parois et la voûte. Les artistes bolonais, qui ont paré de fresques éblouissantes la grande voûte de l'austère nef de la cathédrale, se sont souvenus des splendeurs du Quattrocento (15e s.), le grand siècle de la Renaissance italienne. Sur un fond d'azur, les blancs et les gris des rinceaux, rehaussés de feuilles d'or, produisent le plus bel effet.

La grande voûte est décorée de multiples portraits de saints et de personnages de l'Ancien Testament. Parmi les douze travées, remarquez la 4e en partant du clocher : dans le voûtain ouest, le Christ montre ses plaies à Thomas ; à l'est, la Transfiguration. À la 7e travée, dans le compartiment ouest, sainte Cécile et saint Valérien, son époux ; à l'est, l'Annonciation. La 10e travée est la plus richement décorée : à l'ouest, parabole des Vierges sages et des Vierges folles. À l'opposé, le Christ, dans une auréole de lumière, couronne la Vierge. Enfin, à la naissance de l'abside (12e travée), le Christ de la Parousie, auréolé d'anges, est entouré des quatre symboles évangéliques.

PALAIS DE LA BERBIE★

« Berbie » est la transformation du mot Berbia (ou, suivant les régions, Bisbia) signifiant « évêché ». Détail amusant, c'est ce dernier terme qui a donné en français familier le mot « bisbille » désignant une querelle sans importance. C'est dire comment étaient considérées les disputes de droit canon auxquelles se livraient les évêques.

Le palais

C'est à Bernard de Combret que revient l'initiative d'avoir commencé vers 1265 la construction d'une résidence épiscopale, près de la première cathédrale, aujourd'hui disparue. Bernard de Castanet en fit une forteresse, avec donjon massif et enceinte fortifiée dont on apprécie l'importance depuis la terrasse aménagée au bord du Tarn. Cette muraille, primitivement destinée à préserver l'accès au donjon, s'est transformée au cours des siècles. À la fin du 17e s., la cour jadis occupée par les hommes d'armes fut décorée par un jardin à la française dessiné par Le Nôtre, d'aspect nettement moins guerrier, et la tour occidentale coiffée d'un toit hexagonal. Quant au chemin de ronde, il est devenu une agréable promenade ombragée, bordée de statues de marbre représentant Bacchus et les Saisons (18e s.).

Le corps de logis oriental, couvert d'ardoises, date de la fin du 15e s. Louis Ier d'Amboise fit surmonter les tourelles de toits en poivrière ajourés d'élégantes lucarnes en pierre dont il ne subsiste qu'un exemplaire. Après la promulgation de l'édit de Nantes en 1598, la Berbie perdit toute fonction de citadelle. L'enceinte occidentale fut démantelée, la tour nord du donjon écrêtée. Par la suite, les prélats s'attachèrent surtout à aménager l'intérieur du château qui abrite, depuis 1922, le musée Toulouse-Lautrec créé à l'initiative de sa mère, par son cousin, Gabriel Tapié de Céleyran et Maurice Joyant, son fidèle ami.

Musée Toulouse-Lautrec★★

Le musée est entré dans une phase de restructuration devant s'achever en 2009 ; les œuvres restent cependant visibles, mais sont susceptibles d'être déplacées. ☏ 05 63 49 48 70 - www.musee-toulouse-lautrec.com - ♿ - juil.-août : 9h-18h ; juin et sept. : 9h-12h, 14h-18h ; avr.-mai : 10h-12h, 14h-18h ; mars et oct. : tlj sf mar. 10h-12h, 14h-17h30 ; nov.-fév. : tlj sf mar. 10h-12h, 14h-17h - fermé 1er janv., 1er Mai, 1er nov. et 25 déc. - 5 € (-14 ans gratuit), 9 € visite guidée.

Plus de 1 000 œuvres dues à une généreuse donation des parents du peintre sont ici rassemblées. Même si certaines toiles importantes sont absentes du musée, l'ensemble n'en constitue pas moins un fonds des plus intéressants : tableaux, dessins, lithographies et l'ensemble des affiches réalisées par le peintre prennent place dans le superbe décor du palais. S'ajoutent aux œuvres de Toulouse-Lautrec des collections d'archéologie, d'art ancien et d'art moderne.

La visite débute dans les salles médiévales (des prisons et de l'Inquisition) par une série de **portraits** et d'**œuvres de jeunesse**. Parmi les portraits consacrés à l'artiste, remarquez celui réalisé par Édouard Vuillard (1898) ou celui exécuté par Javal, qui traduit bien la noblesse dont Toulouse-Lautrec ne s'est jamais départi sous son apparente déchéance. Les œuvres de l'artiste lui-même évoquent les séjours au domaine maternel de Céleyran (près de Narbonne) et mettent en scène famille et amis. Ici le docteur Tapié de Céleyran, Désiré Dihau, Maurice Joyant, là Adèle, la comtesse de Toulouse-Lautrec. Avisez *L'Artilleur sellant son cheval*, peint par Lautrec alors qu'il n'avait que 16 ans.

Au 1er étage, la série des dessins *Au cirque* fut exécutée de mémoire par Toulouse-Lautrec durant son séjour en maison de repos à Neuilly en 1899. Remarquez l'étude pour l'affiche de *La Revue blanche* (1895), œuvre au fusain rehaussée de couleurs, hommage à la beauté de Misia Godebski, alors épouse d'un des frères Natanson, créateurs de *La Revue blanche*. Des portraits célèbres et des scènes illustrent la **vie parisienne** de l'artiste. *L'Anglaise du « Star »* est un souvenir du Havre : avant de s'embarquer pour Bordeaux, l'artiste a voulu fixer le sourire de la blonde Miss Dolly, rencontrée dans un café-concert du port. *La Modiste* frappe par son atmosphère de clair-obscur. *Au salon de la rue des Moulins* (1894) demeure l'une des œuvres les plus connues. Le salon Empire contient une série de croquis représentant le jeune Routy (un laboureur) à Céleyran, et montrant l'énorme travail de préparation auquel Toulouse-Lautrec se livrait avant de peindre un portrait.

Ça, c'est Paris !

Dessinateur incomparable, l'artiste observe et reproduit impitoyablement. Il laisse toujours apparaître le trait sous la peinture. Puis défilent les personnages de music-hall et de théâtre dont il allait chaque soir faire de nombreux portraits : Valentin le Désossé qui venait au Moulin Rouge pour danser avec la Goulue ; le chansonnier Aristide Bruant qui chantait en argot dans son cabaret Le Mirliton ; Caudieux, l'artiste de café-concert ; Jane Avril, surnommée « la Mélinite » pour ses danses frénétiques, dont Lautrec a maintes fois évoqué les expressions délicates et les attitudes distinguées ; la chanteuse Yvette Guilbert, poursuivie avec acharnement par le peintre à qui elle interdisait de divulguer ses portraits qu'elle trouvait désobligeants… et à qui elle doit d'être passée à la postérité !

Ouverte sur le 1er étage, la galerie du Lude abrite deux originaux et des copies de Georges de La Tour. Beaux plafonds dans le vaste salon Daillon du Lude qui renferme des tableaux de Luca Giordano et de Francesco Guardi. On peut pénétrer dans la chapelle Notre-Dame, du 13e s., voûtée d'ogives et décorée au 17e s. par le Marseillais Antoine Lombard. Au centre trône la chaise à porteurs du cardinal de Bernis (l'un des archevêques du Palais de la Berbie). La galerie d'archéologie renferme notamment la Vénus de Courbet, la plus petite Vénus, découverte à Penne dans le Tarn et vieille de 20 000 ans (périgordien supérieur).
Au 2e étage, on découvrira un remarquable ensemble de **dessins**, **affiches** et **lithographies** (Aristide Bruant, la Goulue...), ainsi que la canne évidée utilisée par l'artiste à sa sortie de la maison de repos de Neuilly. Il pouvait la remplir discrètement de cognac, mystifiant son ami et ange gardien Paul Viaud !
Au cours de sa carrière, Toulouse-Lautrec a multiplié les signatures : Monfa, H L. ou H T L., l'anagramme Tréclau inscrite dans un éléphant, une souris ou un chat...

Se promener

ALBI LA ROUGE★★

Promenade : 1h. De la place Ste-Cécile, prendre la rue du même nom et tourner dans la rue St-Clair (2e à droite).

Sur la gauche, un passage couvert permet de découvrir l'agréable **cloître Saint-Salvi**, que l'on reverra plus tard.

Hôtel Séré-de-Rivières

Ce fut la demeure (15e-18e s.) d'une famille de marchands de pastel anoblie au 18e s. Son plus illustre représentant fut le général Raymond Séré de Rivières (1815-1895) qui conçut le dispositif de places fortes défendant les nouvelles frontières de la France après 1870.

Maison du vieil Alby

Restaurée selon les plans d'une maison médiévale, cette demeure en brique et bois, avec un étage en encorbellement, occupe la fourche entre les rues très pittoresques de la Croix-Blanche et **Puech-Bérenguier**, au bout de laquelle on a une jolie vue sur le clocher de Sainte-Cécile. La maison du vieil Alby, dont le nom évoque le plus vieux quartier de la ville, sert de cadre à des expositions d'artisanat et présente des documents sur la ville.

SE LOGER
- Chambre d'hôte à la Ferme Naussens 1
- Chambre d'hôte Au bouquet de Roose 2
- Hôtel Cantepau 4
- Hôtel George V 7
- Hôtel Mercure 10

SE RESTAURER
- Jardin des Quatre Saisons 6
- L'Esprit du Vin 9
- La Table du Sommelier 11
- La Taverne 14
- Le Poisson d'Avril 16
- Le Robinson 18

- Puech-Bérenguier (R.) 37
- Toulouse-Lautrec (R.) 60
- Vigan (Pl. du) 65

- Hôtel Decazes ...... B
- Hôtel Reynès C
- Hôtel Séré-de-Rivières ...... D
- Maison du 15e s. L
- Pharmacie des Pénitents ...... R
- Maison du Vieil Alby ...... K
- Maison natale de T.-Lautrec ...... F
- Statue de La Pérouse ...... S

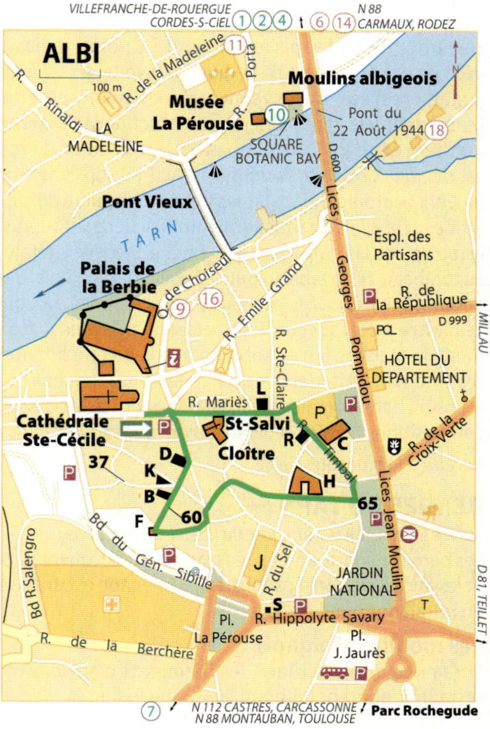

Rue Toulouse-Lautrec

Au n° 8, l'**hôtel Decazes** possède une belle cour avec escalier à balustres et galeries sous arcades surbaissées, architecture de transition entre Renaissance et classicisme. Sur la droite de la rue se succèdent la maison La Pérouse, où est installé le musée de Cire, et l'hôtel du Bosc (maison natale de Toulouse-Lautrec), situé à l'emplacement des fortifications du 14e s. (il en subsiste deux tours et une partie du chemin de ronde).

Prendre à gauche la rue de Verdusse, puis à droite la rue de Saunal. Remarquez l'**hôtel du 16e s. de Simon Saunal**, riche marchand de pastel, avec sa tour, et, plus loin, l'**hôtel de ville**, belle construction du 17e s. occupant l'angle des rues des Pénitents et de l'Hôtel-de-Ville.

Au bout de la rue de l'Hôtel-de-Ville, on débouche sur la **place du Vigan**, entièrement restaurée, avec ses 81 jets d'eau et le Jardin national. *Prendre la rue Timbal.*

Hôtel Reynès★

Siège de la chambre de commerce et d'industrie, cette demeure Renaissance en brique et pierre appartenait à une famille de riches marchands de pastel. La cour est décorée de deux galeries superposées accolées à une tour d'angle du 14e s. Les meneaux des fenêtres représentent des formes féminines, mais les éléments les plus remarquables sont les deux bustes de François Ier et d'Éléonore d'Autriche, sa seconde épouse.

Pharmacie des Pénitents★ (ou maison Enjalbert)

Construction du 16e s. typique du style albigeois avec ses briques entrecroisées et son colombage. La décoration de la façade (frontons, masques et perles) est caractéristique de la Renaissance.

Prendre la rue Mariès. Au n° 6, belle maison du 15e s. en brique et bois.

Collégiale Saint-Salvi

Saint Salvi, d'abord avocat, devint moine puis évêque d'Albi au 6e s. Il fut enterré à l'emplacement actuel de l'église. Celle-ci eut une histoire mouvementée. Ses plans et fondations sont carolingiens. Au 11e s., on édifia une église et un cloître roman, puis les travaux, interrompus par la croisade contre les albigeois, reprirent au 13e s. dans le nouveau style gothique. La variété de styles peut s'apprécier en observant, depuis la place du cloître Saint-Salvi, le clocher massif qui s'élève sur le côté nord de l'édifice. La tour romane en pierre, à bandes lombardes, surmontée d'un étage gothique (12e s.) est terminée par une construction en brique du 15e s. La tourelle crénelée qui la flanque, « la Gacholle » (c'est-à-dire l'endroit d'où on *agache*, on regarde, on surveille), où l'on discerne le blason de la ville d'Albi à côté de celui du chapitre, servait de tour de guet.

Pénétrez dans l'église par le flanc nord. Du portail roman, défiguré par une adjonction de style classique, il ne reste que l'archivolte, les voussures et deux chapiteaux. Les quatre premières travées sont romanes et ont conservé leurs chapiteaux du 12e s. D'une première campagne de construction subsistent deux absidioles du chœur, non alignées dans l'axe des bas-côtés. Le chœur, de même que les autres travées, est de style gothique flamboyant. Au bout de la nef, sous les orgues, on peut voir un Christ entouré de six statues (bois polychrome du 16e s.) représentant les prêtres, scribes et anciens du Sanhédrin (tribunal siégeant à Jérusalem), qui tiennent en main le rouleau de la Thora. Dans la première chapelle latérale droite, remarquer une Mise au tombeau, beau tableau primitif hollandais sur bois. Une copie d'une statue en bois de saint Salvi, du 12e s., est placée au-dessus du baldaquin, dans le chœur.

Le **cloître** *(accès par une porte percée dans le flanc sud)* a été reconstruit au 13e s. par Vidal de Malvesi. Il n'en subsiste que la galerie orientale, qui présente des chapiteaux romans historiés et des chapiteaux gothiques à feuillages. L'artiste et son frère reposent dans un mausolée avec enfeu adossé à l'église. Le cloître est embelli par des compositions florales évoluant au gré des saisons, dans un parti pris monochrome.

Revenir à la place Ste-Cécile.

BERGES DU TARN★★

Suivre le circuit Azur qui part de l'office de tourisme.

Les berges du Tarn, aménagées, nous font découvrir de superbes **vues★★** sur la ville et les anciennes fortifications. La promenade est un moment de tranquillité, un peu en retrait des rumeurs de la ville.

Les moulins albigeois

Sur la rive droite du Tarn, les bâtiments d'anciens moulins en brique, joliment restaurés, abritent un hôtel, ainsi que le Comité départemental de tourisme, des logements et le musée La Pérouse *(voir « Visiter »)*. Ces moulins bordent le square Botany-Bay, d'où l'on a une **vue★** imprenable sur le Tarn, le **pont Vieux★** et la vieille ville.

Au sud de la ville *(accès par l'avenue Gambetta)*, le **parc Rochegude** offre une belle possibilité de promenade ; on y voit la fontaine du Griffoul, vaste cuve en plomb (13e s.) ornée de bas-reliefs et d'un motif central en bronze (16e s.).

Antonin Thuillier / MICHELIN

Gabarre sur le Tarn.

Visiter

Musée La Pérouse

Sq. Botany-Bay, accès par la rue Porta n° 41 - ✆ 05 63 46 01 87 - www.mairie-albi.fr - juil.-août : 9h-12h, 14h-18h, w.-end 10h-12h, 14h-19h ; mars-juin et sept.-oct. : tlj sf lun. 9h-12h, 14h-18h ; nov.-fév. : tlj sf lun. 10h-12h, 14h-17h - fermé 1er janv., 1er Mai, 1er nov. et 25 déc. - 2,50 € (-12 ans gratuit).

Aménagé dans de belles salles voûtées, il évoque les expéditions de l'amiral Jean-François de Galaup de La Pérouse, né en 1741 dans les environs d'Albi. Marin talentueux, apprécié de Louis XVI, La Pérouse entreprit une expédition scientifique en 1785 à bord des frégates *La Boussole* et *L'Astrolabe*. C'est au cours du naufrage de cette dernière, devant l'île de Vanikoro, au nord des Nouvelles-Hébrides, qu'il périt. Sa dernière escale fut Botany Bay en Australie au début de 1788.

Des instruments de navigation, des cartes et des modèles réduits de bateaux nous en apprennent beaucoup sur la navigation au 18e s. Un film vidéo retrace quatre siècles d'aventures à travers le Pacifique ; de nouvelles investigations menées en 1999 puis en 2003 au large de Vanikoro, sont venues récemment enrichir les collections du musée.

Pour les admirateurs, une **statue** du navigateur se trouve place La Pérouse.

Aux alentours

Église Saint-Michel de Lescure★

5 km au nord-est direction Carmaux-Rodez, puis tourner à droite au panneau Lescure - ✆ 05 63 60 76 73 - tlj sf w.-end 14h30-18h.

Située dans le cimetière de Lescure, cette ancienne église prieurale fut édifiée au 11e s. par les moines bénédictins de l'abbaye de Gaillac. Son portail roman, du début du 12e s., est digne d'intérêt. Quatre de ses chapiteaux sont historiés et représentent, à gauche, la tentation d'Adam et Ève et le sacrifice d'Abraham ; à droite, le premier retrace la damnation de l'usurier, tandis que le suivant figure le mauvais riche, châtié, et Lazare, le pauvre, récompensé. Par ses chapiteaux, Saint-Michel s'apparente à la basilique Saint-Sernin de Toulouse et à l'église Saint-Pierre de Moissac.

Notre-Dame-de-la-Drèche

5 km au nord direction Carmaux-Rodez, puis à gauche vers Cagnac-les-Mines - ✆ 05 63 53 75 00 - ♿ - visite guidée (1h) tlj sf sam. apr.-midi 10h-12h, 14h-18h, dim. 16h-18h - gratuit, participation recommandée.

Juché sur un petit plateau dans la campagne tarnaise, le sanctuaire aux tons chauds de briques roses frappe par ses dimensions imposantes. Bâti au 19e s. à l'emplacement d'une église du 13e s., l'édifice est dédié à la Vierge d'Or de Clermont, qui inspira de nombreuses répliques. Son vocable veut dire « Notre-Dame du coteau ensoleillé » (le mot *adrech*, dans la région, désigne une pente exposée au soleil). À l'intérieur, la rotonde octogonale est décorée dans sa partie supérieure par des peintures murales de Bernard Bénézet relatant l'histoire de la vie de la Vierge et exécutées par le père Léon Valette. Dans le petit **musée-sacristie**, la pièce la plus remarquable est un devant d'autel en brocart d'or réalisé par les clarisses de Mazamet sur le thème des peintures murales de l'église.

Castelnau-de-Lévis

7 km à l'ouest par la route de Cordes, puis, dans un virage, prendre à gauche la D 1 vers Castelnau-de-Lévis. De la forteresse du 13e s., il ne reste que l'étroite tour carrée et quelques ruines. La vue s'étend amplement sur Albi, que domine sa cathédrale, et sur la vallée du Tarn.

Le village d'Ambialet, dans un méandre du Tarn.

Ambialet

20 km à l'est par la D 100 jusqu'à Saint-Juéry où l'on empruntera en bordure du Tarn la très jolie D 172 qui suit le cours capricieux de la rivière.

Ambialet est l'un des rares villages méridionaux à avoir conservé une trace du passage des Celtes dans son nom. Celui-ci vient en effet du mot *ambe* qui, dans le gaulois le plus pur, signifie « rivière »... C'est ici que le Tarn décrit le méandre le plus étroit de son cours, créant une presqu'île où s'est installé le village. Depuis les ruines du château fort, on peut apprécier pleinement le **site★**. La rivière décrit une boucle de 4 km, enserrant un promontoire coiffé d'un prieuré, tandis que le village s'agrippe sur l'arête rocheuse qui s'étire sur toute la longueur de l'isthme. Le cours paresseux des eaux n'est coupé que par un barrage qui alimenta naguère un moulin avant de desservir une usine hydroélectrique. On peut se rendre au **prieuré**, occupé par des frères de la congrégation Saint-Jean, en empruntant la route qui longe le Tarn et atteint le sommet de la colline. On passe d'abord devant la chapelle **Notre-Dame-de-l'Auder** (ainsi baptisée du nom occitan d'un arbuste à feuilles persistantes, le phyllaire, dont un croisé aurait rapporté la tige de Terre sainte). Cette chapelle romane, fondée au 11e s. par les moines de Saint-Victor de Marseille, possède un portail aux chapiteaux finement sculptés. L'intérieur, très austère et faiblement éclairé par quelques fenêtres (véritables meurtrières), abrite la statue en bois polychrome de Notre-Dame de l'Auder (17e s.).

Saint-Juéry

6 km à l'est direction Millau, puis à St-Juéry suivre les petits panneaux marron « Site du Saut du Tarn » - ✆ 05 63 45 91 01 - visite guidée (1h30) de déb. mai à mi-nov. : tlj sf sam. 14h-19h ; mars-avr. : merc. et dim. 14h-18h - fermé de mi-nov. à fin fév., 1er nov. - 4,50 € (enf. 2 €).

Une ancienne centrale hydroélectrique sert de cadre à l'**Espace culturel du Saut du Tarn**, où des salariés font partager ce qui fut leur univers pendant de nombreuses années : une usine fabriquant de l'acier et le transformant en limes, râpes et autres outils... Les guides font découvrir, notamment grâce à de nombreuses maquettes, pour la plupart animées, ce lieu où ont travaillé jusqu'à 2 000 employés.

Réalmont

18 km au sud par la N 112. Dérivée de *regius mons* (« la montagne du roi »), cette bastide fut fondée en 1272 sur l'ordre du roi Philippe le Hardi au pied du Puech du Caylou. Dotée d'une vaste place à arcades, de rues pittoresques bordées de maisons à encorbellement, d'un puits central (19e s.), elle conserve ses charmes d'antan. Remarquez, sur l'un des murs de l'église Notre-Dame du Taur, un superbe cadran solaire avec l'inscription « la vie passe comme cette ombre ». À l'intérieur, remarquable retable baroque. Du 17e s., la fontaine de la Féjaire est pourvue d'un grand bassin alimenté par trois têtes de lions.

Albi pratique

Adresses utiles

Office du tourisme d'Albi – *Palais de la Berbie - pl. Ste-Cécile - 81000 Albi - 05 63 49 48 80 - www.albi-tourisme.fr - juil.-août : 9h-19h, dim. et j. fériés 10h-12h30, 14h30-18h30 ; reste de l'année : 9h-12h30, 14h-18h, dim. et j. fériés 10h-12h30, 14h-17h.*

Syndicat d'initiative d'Ambialet – *Mairie d'Ambialet - 81430 Villefranche d'Albi - 05 63 55 39 14 - juil.-août : 10h-12h30, 15h30-18h.*

Visites

Visites guidées – L'office de tourisme organise des visites guidées de la vieille ville *(juil.-août et vac. de printemps : 45mn tlj sf dim. et j. fériés à 12h ou 12h15 suivant la saison - 4 €, -14 ans gratuit)*, de la cathédrale *(tlj à 10h et 14h15 ou 14h30 suivant la saison, hors offices religieux - 5 €, -14 ans gratuit)* et du musée Toulouse-Lautrec *(tlj à 10h30, ou 11h suivant la saison, et 15h30 - 9 €, enf. 6,50 €)*. Réservation conseillée.

Circuits pédestres – Six circuits permettent de découvrir Alby : le circuit Pourpre pénètre au cœur du vieil Albi et présente les sites, personnages et monuments historiques ; le circuit Or s'intéresse au développement d'Albi à travers 20 siècles d'histoire ; le circuit Azur est conçu pour flâner sur les berges du Tarn en passant par le pont Vieux et le pont Neuf et pour admirer les superbes panoramas d'Albi (circuits balisés par des panneaux explicatifs traduits en 3 langues) ; le circuit du patrimoine religieux ; le circuit des artisans d'art ; le circuits des jardins cachés. Dép. devant l'office de tourisme.

Carte « Albi Pass » – Cette carte nominative, valable un an, offre de nombreuses réductions sur les principaux sites et monuments, les commerces, les loisirs, recensés dans un guide pratique. En vente à l'office de tourisme (5,50 €).

Bon séjour à Albi – Formule à tarif préférentiel valable toute l'année, 7j/7, englobant nuitée(s) et petit(s)-déjeuner(s), la carte Albi Pass et un cadeau de bienvenue… Informations et réservations à l'office de tourisme.

Se loger

Hôtel George V – *29 av. du Mar.-Joffre - 05 63 54 24 16 - www.hotelgeorgesv.com - 9 ch. 39/44 € - 6 €.* À deux pas de la gare, cette avenante maison de maître abrite des chambres de bonne ampleur, parfois dotées d'une cheminée. Aux beaux jours, profitez de l'agréable cour-terrasse pour prendre votre petit-déjeuner, à l'ombre et au calme.

Chambre d'hôte à la Ferme « Naussens » – *81150 Castanet - 05 63 55 22 56 - fermé déc.-mars - 5 ch. 40 € - repas 14 €.* Attendez-vous à un accueil convivial et chaleureux dans cette exploitation agricole située au beau milieu des vignes. Un ensemble très simple, dans l'esprit des chambres d'hôte traditionnelles. Une cuisine familiale, qui, bien sûr, fait la part belle aux produits de la ferme, arrosée du bon vin de la propriété.

Chambre d'hôte Au Bouquet de Roose – *Jussens - 81150 Castelnau-de-Lévis - 5 km d'Albi par D 1 - 05 63 45 59 75 - www.chambre-hote-tarn.com - fermé 15 déc.-15 janv. - 3 ch. 52 € - repas 15 €.* À la fois proche de la ville (on aperçoit la cathédrale d'Albi de certaines chambres) et en pleine campagne, cette ancienne exploitation vinicole vous offre détente et tranquillité. La table d'hôte prend des accents méditerranéens quand arrivent les beaux jours. Accueil souriant et prix d'ami.

Hôtel Cantepau – *9 r. Cantepau - 05 63 60 75 80 - www.hotel-cantepau.accueilweb.com - fermé 25 déc.-11 janv. - P - 33 ch. 52/54 € - 9 €.* Meubles en osier et rotin, tons crème et tabac, ventilateurs, etc. : la rénovation complète - et réussie - de ce petit hôtel familial, situé un peu à l'écart du centre-ville, s'inspire du style colonial. Accueil aimable. Bon et copieux petit-déjeuner.

Hôtel Mercure – *41 bis r. Porta - 05 63 47 66 66 - h1211-gm@accor.com - P - 56 ch. 80/95 € - 10 € - rest. 18/35 €.* Le cadre de cet hôtel moderne est plutôt original. C'est un ancien moulin de briques rouges du 18e s. au bord du Tarn, classé monument historique. Ses chambres fonctionnelles jouissent d'une vue imprenable sur la rivière et la cathédrale. Une vue dont vous profiterez aussi du plaisant restaurant d'esprit contemporain.

Se restaurer

Le Poisson d'Avril – *17 r. d'Engueysse - 05 63 38 30 13 - fermé lun. midi et dim. d'oct. à avr. - formule déj. 11,50 € - 11,50/30 €.* Dans une vieille maison albigeoise à 200 m de la cathédrale, ce restaurant est original, conçu comme un intérieur de tonneau, avec ses voûtes de bois. Les prix se font très doux et la cuisine légère.

La Table du Sommelier – *20 r. Porta - 05 63 46 20 10 - fermé dim. et lun. - 10 € déj. - 12,50/30 €.* Le propriétaire de la Table du Sommelier n'a pas son pareil pour vous mettre en condition : caisses de vin empilées à l'entrée du restaurant, salle à manger rustique dotée d'une mezzanine. Au-delà de cette jolie mise en scène, un vrai bistrot à vins comme on les aime et qui sert une cuisine élaborée exclusivement à partir de produits frais.

Le Robinson – *142 r. Édouard-Branly - 05 63 46 15 69 - fermé nov.-fév.,* *mar. midi et lun. - 17/42 €.* Accédez par les berges ou depuis le pont Neuf à cet îlot de verdure insolite au bord du Tarn. Cette ancienne guinguette des années 1920 à l'architecture exubérante propose une cuisine traditionnelle et exotique. L'accueil est chaleureux. Un lieu idéal pour les rêveurs !

⊜⊜ Jardin des Quatre Saisons – *19 bd de Strasbourg - ✆ 05 63 60 77 76 - www.lejardindes4saisons.fr.st - fermé dim. soir et lun. - 19/33 €.* Accueil sympathique des propriétaires, salle à manger aménagée à la façon d'un jardin d'hiver, belle sélection de vins et d'alcools, cuisine traditionnelle : assurément, vous avez fait le bon choix en quittant le centre-ville d'Albi pour vous attabler dans ce restaurant.

⊜⊜ L'Esprit du Vin – *11 quai Choiseul - ✆ 05 63 54 60 44 - fermé dim. et lun. - 21 €.* Ce bâtiment de vieilles briques rouges est une ancienne dépendance du palais de la Berbie, en contrebas de la cathédrale. Les deux salles à manger sont chaleureuses et pleines de cachet, en particulier celle logée sous des voûtes anciennes. Cave vitrée visible de la salle. Cuisine créative.

⊜⊜ La Taverne – *R. Aubijoux - 81150 Castelnau-de-Levis - ✆ 05 63 60 90 16 - www.tavernebesson.com - fermé vac. de fév., vac. de Toussaint, lun. et mar. - 23/60 €.* Ancienne coopérative boulangère du début du 20e s., dont les fours en briques agrémentent une des deux confortables salles à manger. Cuisine classique.

Faire une pause

La Berbie – *17 pl. Ste-Cécile - ✆ 05 63 54 13 86 - juil.-août : tlj 9h30-23h ; sept.-juin : tlj sf lun. 9h30-20h.* Ce salon de thé bénéficie d'un emplacement de choix face à la cathédrale Sainte-Cécile. Intérieur joliment décoré où l'on sert un large choix de thés, de cafés, de pâtisseries maison, de coupes glacées et de crêpes. Formule déjeuner.

En soirée

Bon à savoir – Cette ville estudiantine dispose de plusieurs établissements vraiment agréables pour passer une soirée comme Le Connemara, L'Estabar ou Le Shamrock.

Que rapporter

Bon à savoir – Dans les rues du vieil Alby, on trouve antiquaires et boutiques chic (rues Mariès, Ste-Cécile et Verdrusse). Commerces en tout genre dans la ville. Outre les foies gras et les confits, il faut goûter les pâtisseries : les jeannots, délicieux biscuits à l'anis, les gimblettes au cédrat, les navettes, les croutades aux pommes, Tarnès aux raisins de Gaillac et aux noix et les bonbons : les briques albigeoises au pralin ou le chocolat pastel.

Marché biologique – *Pl. F.-Pelloutier - mar. 17h-19h.* Produits alimentaires biologiques et locaux.

Marché – Un grand marché a lieu le samedi sur la place Ste-Cécile : on y trouve fruits et légumes, volailles, foies gras (en saison), cèpes, ail rose de Lautrec, charcuterie de Lacaune et vins de Gaillac.

L'Artisan Pastellier – *5 r. Puech-Bérenguier - ✆ 05 63 38 59 18 - tlj sf dim. et lun. 10h-12h, 14h-19h - fermé vac. de Toussaint.* Venez voir la vie en bleu dans cette jolie boutique située à deux pas de la Maison du Vieil Alby, proposant objets artisanaux et textiles (vêtements, linge de maison, etc.) colorés de ce bleu inimitable, extrait des feuilles de pastel. Les calligraphes et autres artistes trouveront aussi leur bonheur parmi les gammes d'encres, aquarelles et pastels préparés avec des pigments naturels.

Les Pigeons du Mont Royal – *81120 Lombers - ✆ 05 63 45 52 33 - juil.-août : tlj 14h-18h ; de déb. mars au 15 juin et sept.-oct. : dim. 14h-18h.* Une belle idée de visite que cet écomusée dédié au pigeon. Vous y découvrirez le pigeonnier traditionnel, tout en bois, et des volières occupés par quelque 4 200 couples de volatiles et assisterez à une démonstration de pigeons de vol. En vente, pigeonneau à rôtir, confit…

Sports & Loisirs

Promenade en gabarre sur le Tarn – *Berges du Tarn - ✆ 05 63 43 59 63 - www.albi-tourisme.fr - de mi-juin à mi-sept. : 11h45, 14h, 14h40, 15h20, 16h, 16h40, 17h15, 18h - 5 € (pour 30mn, -12 ans 3 €) ; 15 € (pour 2h, -12 ans 10 €).* La gabarre est un bateau à fond plat utilisé pour le transport des marchandises jusqu'au 19e s. et que l'on destine aujourd'hui à la promenade. Après avoir quitté l'ancien port situé au pied des remparts du palais de la Berbie, vous découvrirez au fil du Tarn les moulins albigeois, l'écluse des moulins de Gardès et de la Mothe.

L'échappée verte d'Albi – Trois sentiers de randonnée « nature » (1 km chacun) sont accessibles depuis la ville. Plus ou moins praticables selon les saisons, présentant différents degrés de difficultés, ils permettent de découvrir des coins insolites, rafraîchissants et verdoyants. Brochure disponible à l'office de tourisme.

Événements

Concerts d'orgue gratuits dans la cathédrale mercredi et dimanche après-midi en juillet et août. Le **carnaval** se déroule en février et le **Salon des collectionneurs** en mars. Le **Grand Prix automobile** d'Albi prend le départ en septembre.

Son et lumière - À Ambialet, tous les jeudis soir de juillet et d'août, ce spectacle retrace le passé de la ville. *5 €.*

Principauté d'Andorre★

78 550 ANDORRANS
CARTE GÉNÉRALE C4 – CARTE MICHELIN LOCAL 343 G9

Ce petit État attire comme un aimant les skieurs pour ses pentes enneigées et les consommateurs à l'affût de produits détaxés. Longtemps calée sur le paisible rythme agro-pastoral, la vie andorrane se voit aujourd'hui bouleversée par une circulation trépidante en ville et une expansion immobilière des plus anarchiques aux abords des routes. Mais, sur la majeure partie de son territoire, la principauté réserve de magnifiques paysages à ceux qui quittent villes et voitures pour oser quelques pas en montagne.

Se repérer – Depuis la France, il n'y a qu'une route, la N 22 qui passe par le poste-frontière du Pas de la Casa. La principauté s'étend sur 468 km^2.

À ne pas manquer – Le panorama depuis le port d'Envalira, les églises romanes (particulièrement Sant Miquel d'Engolasters) et, pour les amateurs, le musée national de l'Automobile. Détente assurée au centre Caldea *(voir l'encadré pratique)*.

Organiser son temps – Quel que soit votre programme, il vous faudra compter avec les embouteillages, particulièrement inextriquables pendant l'été. Si vous le pouvez, pour ne pas repartir trop déçu, prévoyez une petite randonnée en montagne.

Avec les enfants – Le musée de la Microminiature.

Pour poursuivre la visite – Voir aussi Ax-les-Thermes.

Le saviez-vous ?

Les armes des Vallées (apposées sur la Casa de la Vall – *voir la description plus loin*) illustrent le régime de coprincipauté : à gauche, la mitre et la crosse d'Urgel et les quatre « pals » (bandes) de gueules de la Catalogne ; à droite, les trois « pals » du comté de Foix et les deux « vaches passantes » du Béarn. Les armes ornent aujourd'hui les plaques d'immatriculation.

Les Andorrans sont répartis dans sept « paroisses » ou communes : Canillo, Encamp, Ordino, La Massana, Andorra la Vella, Sant Julià de Lòria et Escaldes-Engordany.

Comprendre

Du paréage à la pleine souveraineté – La coprincipauté d'Andorre a vécu jusqu'en 1993 sous le régime du paréage hérité du monde féodal. Dans un tel contrat, deux seigneurs voisins délimitaient leurs pouvoirs et leurs droits sur un territoire qu'ils tenaient en fief en commun. L'acte de paréage, signé en 1278 par l'évêque d'Urgel et Roger-Bernard III, comte de Foix, instituait ceux-ci comme coprinces. Les évêques d'Urgel restent toujours coprinces, mais la suzeraineté des comtes de Foix, par l'intermédiaire d'Henri IV, a été transmise au chef de l'État français.

La route, onduleuse et sinueuse, atteint le village-frontière du Pas de la Casa.

Hymne – « Le grand Charlemagne, mon père, des Arabes me délivra. » C'est par ces mots que débute l'hymne andorran qui, fièrement, poursuit : « Seule, je reste l'unique fille de l'empereur Charlemagne. Croyante et libre, onze siècles, croyante et libre je veux être entre mes deux vaillants tuteurs et mes deux princes protecteurs. »

Le goût de la liberté – En 1993, les Andorrans se sont dotés, par référendum, d'une nouvelle Constitution conférant à la principauté sa pleine souveraineté. La langue officielle est le catalan, mais le français et l'espagnol sont également utilisés. La principauté est devenue pays membre de l'ONU. Les Andorrans sont avant tout « avides, fiers, jaloux » de leur liberté et de leur indépendance. Le conseil général tient ses sessions à la Casa de la Vall. Il assure la représentation mixte et paritaire de la population nationale et des sept paroisses. Les Andorrans ne sont soumis ni aux impôts directs ni au service militaire ; ils bénéficient de la franchise postale en régime intérieur.

Les travaux et les jours – La vie, toute patriarcale, était naguère consacrée en grande partie à l'élevage et à la culture. Entre les hauts pâturages d'été et les hameaux, on trouve encore les *cortals* formés de granges ou bordes. Sur les soulanes subsistent des cultures en terrasses. Les plantations de tabac constituent la culture dominante dans la vallée de Sant Julià de Lòria, à 1 600 m d'altitude. Les premières voies carrossables ouvrant l'Andorre au monde extérieur ne furent créées qu'en 1913 côté espagnol et en 1931, côté français.

Circuits de découverte

VALLÉE DU VALIRA D'ORIENT 1

Du Pas de la Casa à Andorre-la-Vieille – 30 km – environ 1h30.

Pas de la Casa

Alt. 2 085 m. Simple poste-frontière, ce village, le plus élevé de la principauté, est devenu un centre important de ski. L'agglomération est principalement composée de grands complexes hôteliers et de boutiques hors taxes : il y règne tout au long de l'année une intense animation, accompagnée, en particulier l'été, d'embouteillages impressionnants.

Onduleuse et sinueuse, la route serpente à travers les montagnes avant d'atteindre le port d'Envalira. La montée offre de très belles vues sur l'étang et le **cirque de Font-Nègre**.

Le port d'Envalira peut être obstrué par la neige, mais sa réouverture est assurée dans les 24h. Un tunnel permet d'éviter ce col.

Port d'Envalira

Alt. 2 408 m. C'est le plus haut col pyrénéen franchi par une bonne route. Plusieurs stations-service s'y disputent la vente d'essence, à des prix défiant toute concurrence. Le port d'Envalira marque la ligne de partage des eaux entre la Méditerranée (Valira) et l'Océan (Ariège) et offre un **panorama★★** sur les montagnes de l'Andorre, atteignant 2 942 m, dans le lointain à l'ouest, à la Comapedrosa.

Au cours de la descente, on découvre, s'épanouissant au sud, le cirque des Pessons.

Sant Joan de Caselles

℘ (00-376) 85 14 34 - juil.-août : tlj sf dim. apr.-midi 10h-13h, 16h-19h ; sur demande le reste de l'année.

L'église, isolée, est l'un des types les plus accomplis d'édifice roman d'Andorre, avec son clocher à trois étages de baies. À l'intérieur, derrière la pittoresque grille de fer forgé et découpé du chœur, apparaît un retable peint, œuvre du maître de Canillo (1525), *Vie et visions apocalyptiques de saint Jean*. Lors de la dernière restauration (1963), on a pu rétablir une **Crucifixion★** romane : les morceaux épars d'un Christ en stuc ont été recollés sur le mur, à leur emplacement d'origine, après dégagement de la fresque complétant la scène du Calvaire.

Canillo

L'église collée au rocher est surmontée du plus haut clocher d'Andorre. À côté se détache, en blanc, l'ossuaire (dont les cellules abritent les caveaux funéraires), construction fréquente dans les pays de civilisation ibérique.

À gauche s'élève la chapelle **Notre-Dame-de-Meritxell**, sanctuaire national de la principauté, reconstruit en 1976. *℘ (00-376) 85 12 53 - ♿ - tlj sf mar. 9h-13h, 10h-14h ; possibilité de visite guidée mai-sept. - fermé j. fériés sf le 8 sept., jour de la fête nationale (voir l'encadré pratique) - gratuit.*

Avant Encamp, par un raidillon, on surmonte le verrou des **Bons, site★** d'un hameau groupé sous les ruines du château qui défendait le passage et la chapelle Sant Roma.

Musée national de l'Automobile (Museu Nacional de l'Automòbil)

Encamp, av. Coprincep-Episcopal, 64 - ℘ (00-376) 832 266 - ♿ - juil.-août : 9h-21h (de fin juil. à fin août 0h), dim. 10h-14h ; reste de l'année : tlj sf lun. 9h30-13h30, 15h-18h, dim. et j. fériés 10h-14h - fermé Mardi gras, 16 et 17 août - 2,40 € (+10 ans 1,20 €).

Répartie sur les cinq étages d'un ancien garage, la collection offre un voyage sur plus d'un siècle d'histoire de l'automobile, avec 88 voitures, 105 vélos et 68 motos. Au rez-de-chaussée, la *Pinette*, machine à vapeur, est la plus ancienne pièce du musée (1885). Elle est entourée de modèles pimpants aux carrosseries brillantes, aux cuirs patinés, aux bois dorés ou vernis : Tipus de 1898 (premier modèle des frères Lumière), Mercedes Simplex (1904), De Dion-Bouton (1906), Delahaye quatre cylindres (1909) ou encore Hispano-Suiza (1927). Aux 1er et 2e étages sont stationnées des voitures de course (Soriano-Pedroso, 1922 ; Bugatti, 1923 ; Selex, 1971), d'autres automobiles de ville, des vélos (fin 19e s.) de une à quatre roues et des motocyclettes anciennes. Au sous-sol, voyez la Rolls-Royce (Phantom II, 1926), la Hotchkiss (1951), la Cadillac (1933) et, plus récentes, la Triumph TR 6 (1968), la Chevrolet (1976), la Ferrari 328 GTS (1986) ou l'étonnante Jaguar décapotable E.E (1962), fabriquée en quatre exemplaires.

Après Encamp, on peut apercevoir le bâtiment des machines de l'ancienne Radio Andorre, flanqué d'un clocher néoroman inattendu. À partir d'Escaldes, la route s'enfonce dans l'agglomération d'Andorre-la-Vieille, qui regroupe sur quelques kilomètres carrés la majorité de la population andorrane.

Musée des Maquettes (Museu de Maquetas) à Escaldes-Engordany

Av. Carlemany, 30 - ℘ (00-376) 802 255 - www.e-e.ad - ♿ - juil.-août : tlj sf dim. 9h30-13h30, 16h-20h ; reste de l'année : tlj sf dim. 9h30-13h30, 15h-19h, lun. 15h-19h, sam. 10h-13h, 16h-19h - gratuit.

Au 3e étage du Centre d'art d'Escaldes-Engordany, dans un bâtiment des années 1930, une grande salle abrite une trentaine de maquettes réalisées par Josep Colomé, représentatives de l'architecture romane en Andorre : pont de la Tosca et place Sainte-Anne à Escaldes, Casa de la Vall à Andorra la Vella, église Sant Andrea del Prat à La Massana, Casa d'Areny-Plandolit à Ordino…

Andorre-la-Vieille (Andorra la Vella)

Capitale des vallées d'Andorre, la ville est une métropole du négoce, bruyante et touchée par une circulation dense. À l'écart des voies fréquentées par les visiteurs venus faire leurs emplettes, le noyau d'Andorre-la-Vieille garde ses ruelles et sa Casa de la Vall, où se discutent toujours les intérêts du pays.

Maison des Vallées (Casa de la Vall) – *Visite obligatoirement guidée (30mn) sur demande 1 j. à l'avance - 9h30-13h, 15h-18h30, j. fériés 10h-14h, fermé dim.; mai-oct. : fermé lun. matin ; nov.-avr. : fermé sam. après-midi - gratuit.*
C'est à la fois le Parlement et le palais de justice des Vallées. Le « Très Illustre Conseil général » y tient ses séances. Cette construction massive doit son allure d'ensemble à des aménagements du 16e s., mais a été fortement restaurée en 1963, son appareil défensif ayant alors été complété par une deuxième échauguette d'angle, au midi. Le portail s'ouvre sous de longs et lourds claveaux caractéristiques des constructions nobles aragonaises. L'intérieur doit sa noblesse à ses plafonds et à ses lambris. Au 1er étage, la salle de réception, jadis réfectoire, est ornée de peintures murales du 16e s. La salle du Conseil conserve la fameuse « armoire aux sept clés » munie de sept serrures différentes (chacune des paroisses détient une clé), qui abrite les précieuses archives.

VALLÉE DU VALIRA DEL NORD★ 2

D'Andorre-la-Vieille à La Cortinada – 9 km – 30mn. Quitter Andorre-la-Vieille au nord-est par la route CS 314. Préférez au tunnel la route qui remonte la vallée sur la rive gauche du Valira (accès depuis l'Avinguda del Pessebre).

Gorges de Sant Antoni

Depuis un pont sur le Valira del Nord, on aperçoit à droite le vieux pont en dos d'âne qu'utilisait l'ancien chemin muletier de la vallée.

Avant La Massana, tourner à gauche vers Sispony.

Maison Rull de Sispony (Casa Rull de Sispony)

Carrer Major - ✆ (00-376) 836 919 - tlj sf lun. 9h30-13h30, 15h-18h30 (de mi-juil. à mi-août 9h-0h), dim. et j. fériés 10h-14h - 2,40 € (+10 ans 1,20 €).
Distribuée sur quatre étages et seize pièces sobrement aménagées dont sept chambres, la Casa Rull figure parmi les maisons les plus riches de la paroisse de La Massana. Dans le cellier ou la cuisine, le salon ou le grenier, on découvre outils des champs, garde-manger, tonneau à vin, bât, pétrin, lessiveuse...

Par la vallée d'Arinsal, belle vue sur les sommets du groupe de la Coma Pedrosa.

Par La Massana, gagner Ordino.

Ordino

Laisser la voiture dans le village haut, sur la place près de l'église. Bourg pittoresque dont on parcourra les ruelles en contrebas de l'église. Cette dernière a gardé de belles grilles en fer forgé et découpé, que l'on découvre encore dans plusieurs sanctuaires proches des anciennes « forges catalanes », et un étonnant retable. Centre culturel de la principauté, la ville compte plusieurs musée.
La **maison-musée Areny-Plandolit**, typiquement catalane (1676) avec son balcon en fer forgé long de 18 m, fut la demeure de la famille Areny i Plandolit dont faisait partie le baron Guillem, riche maître de forges catalanes. Au rez-de-chaussée, on trouve les celliers, au 1er étage la salle principale (« salle d'armes »), la cuisine (beaux carreaux de céramique bleue et jaune au-dessus de l'évier), la chambre à coucher en alcôve attenante à une petite chapelle privée, la bibliothèque et la salle à manger au décor de style Art nouveau. *✆ (00-376) 83 69 08 - visite obligatoirement guidée (45mn, réserv. conseillée) 9h30-13h30, 15h-18h30, dim. 10h-14h, fermé lun. et j. fériés - 2,40 €.*
La Forge Rossell (Farga Rossell) – Après un spectacle son et lumière dans la charbonnière, retraçant l'histoire du fer et l'évolution des techniques, la visite se poursuit au cœur de la forge. Construite sur les bords du Valira del Nord, la forge a utilisé sa force motrice à partir de 1846 et fut l'une des dernières à fermer ses portes en 1876. Ne ratez pas pour finir la démonstration du martinet, marteau employé pour les finitions particulières. *Av. del Travès, s/n - Carretera general la Massana - ✆ (00-376) 835 852 - www.fargarossell.ad - juil.-août : tlj sf lun. 9h-20h (de mi-juil. à mi-août 0h), dim. 10h-14h ; reste de l'année : tlj sf lun. 9h30-13h30, 15h-18h30, dim. et j. fériés 10h-14h - 2,40 € (+10 ans 1,20 €), 3,60 € (démonstrations).*
Musée postal d'Andorre (Museu Postal d'Andorra) – Un diaporama trace de façon chronologique l'histoire postale en Andorre : l'acheminement du courrier à dos de mulet, à cheval, à pied, le déploiement des chemins carrossables et le développement des transports. Au même étage, l'exposition de lettres, de cartes, de sacoches de facteurs et de sacs postaux s'articule autour d'un guichet reconstitué. Au sous-sol, collection de timbres andorrans (1928-2004) et outils divers pour la fabrication de timbres. *Carrer Major, Borda del Raser - ✆ (00-376) 832 908 - ♿ - juil.-août : tlj sf lun. 9h-21h, dim. 10h-14h ; reste de l'année : tlj sf lun. 9h30-13h30, 15h-18h30, dim. 10h-14h - 2,40 € (-18 ans gratuit, 18-25 ans 1,20 €).*

Musée de la Microminiature (Museu de la Microminiatura) – Dans un petit espace, au diapason de son sujet, le musée abrite des miniatures de Nikolai Siadristy (artiste originaire d'Ukraine) à contempler au microscope : la caravane (dans le chas d'une aiguille), la paix dans l'univers (composition en or, dans un pépin de raisin), la fleur... Une vidéo présente la démarche de l'artiste, inscrit contre les grands travaux architecturaux. *Edifici Maragda - (00-376) 838 338 - - 9h30-19h (dim. et j. fériés 13h30) - 4 € (6-12 ans 3 €), 7 € (6-12 ans 3,50 €) billet combiné avec le musée iconographique et du Christianisme.*

Musée iconographique et du Christianisme (Museu Iconogràfic i del Christianisme) – Il renferme quelque 80 icônes religieuses orthodoxes (17e - 19e s.) provenant essentiellement de Russie, d'Ukraine, de Bulgarie et de Grèce : Vierge à l'Enfant, scènes évangéliques, saint Georges terrassant le dragon, sainte Élisabeth, saint Nicolas. Sculptures de Christ en bois polychromés (14e -19e s.). *Possibilité de visite guidée (1h). Même adresse et mêmes conditions de visite que le précédent.*

Antonin Thuillier / MICHELIN
L'église Sant Miquel d'Engolasters.

La Cortinada

Site agréable. En contrebas de l'église et du cimetière à ossuaires, remarquez une ancienne maison de notable à galeries extérieures et à pigeonnier. À l'intérieur de l'**église Sant Marti**, admirez les fresques romanes et les retables baroques.
(00-376) 84 41 41 - juil.-août : 10h-13h, 15h-19h.
La route se poursuit vers le nord.

LAC D'ENGOLASTERS (ESTANY D'ENGOLASTERS) 3

Excursion au départ d'Escaldes – 9 km puis 30mn à pied AR. Sortir d'Escaldes, à l'est d'Andorre, par la route de France ; à la sortie de l'agglomération, prendre à droite en arrière la route de montagne d'Engolasters.

Sur le plateau de pâturages d'Engolasters, annexe sportive d'Andorre-la-Vieille, se dresse la fine tour romane de l'**église Sant Miquel**.

Du terminus de la route, franchir la crête, sous les pins, pour redescendre aussitôt (à pied) au barrage. L'ouvrage a élevé de 10 m le niveau du lac (alt. 1 616 m), où se reflète la forêt sombre. À l'extrémité opposée se dressent les antennes de Radio Andorre, dont les émissions ont cessé depuis 1981.

Principauté d'Andorre pratique

Bon à savoir – Les formalités d'entrée sont les mêmes que pour entrer en France : voir p. 18.

Adresses utiles

Office du tourisme d'Andorre – *R. Dr-Vilanova, 13 Local C - AD 500 Andorra la Vella - (00-376) 82 02 14 - juin-sept. : 9h-13h, 15h-19h, dim. 10h-13h - oct.-mai : 10h-13h30, 15h-19h, sam. 9h-13h, 15h-19h, dim. fermé.*

Office du tourisme de la principauté d'Andorre – *26 av. de l'Opéra - 75001 Paris - 01 42 61 50 55 - www.andorre.fr - tlj sf w.-end 9h-17h30 - fermé j. fériés.*

Vie quotidienne

Horaires – Ils sont assez différents de ceux pratiqués en France. À titre indicatif : déjeuner 13h30-15h30, dîner 21h-23h. Pour les magasins, voir la rubrique « Que rapporter » ci-dessous.

Jours fériés – 1er janv., 14 mars (jour de la Constitution andorrane, 24 juin (pour la paroisse d'Andorra la Vella), 8 sept. (fête nationale), 25-26 déc.

Courrier – Les bureaux de poste sont généralement ouverts de 9h à 14h, sauf dans les grandes villes. La poste française et la poste espagnole coexistent. Pour la poste française, il existe un bureau de plein exercice à Andorra la Vella et 6 agences postales (Canillo, Encamp, Pas de la Casa, Ordino, La Massana et Sant Julià de Lòria). Pour les relations postales avec la France, utiliser les boîtes aux lettres jaunes de type français. Attention, les timbres français ne sont pas valables : utiliser les timbres-poste andorrans.

Argent – En Andorre, certaines opérations financières (carte bleue Visa, carte 24h/24) sont possibles à la Caisse d'Épargne de la poste d'Andorra la Vella. N'ayant jamais eu de monnaie propre, la principauté d'Andorre a adopté l'euro en 2002 comme ses voisins français et espagnols. Elle n'appartient cependant par à l'Union européenne.

Indicatif téléphonique d'Andorre – 00 376.

Se loger

Hôtel Florida – *R. Llacuna 15 - Andorre-la-Vieille - ✆ (00-376) 82 01 05 - www.hotelflorida.aol - 48 ch. 34/84 €* ☕. Dans une rue tranquille, établissement central dont la façade est égayée de plantes vertes. Chambres parquetées, bien équipées. Petit gymnase et sauna.

Hôtel Univers – *R. René-Baulard - Encamp - ✆ (00-376) 73 11 05 - www.hoteluniversandorra.com - fermé nov. - 31 ch. 34/64 €* ☕ *- restaurant 12 €.* Situé sur les berges du Valira d'Orient et tout près du futuriste hôtel de ville, sympathique établissement aux chambres de bon confort. Dans la petite salle à manger, correctement dressée, vous dégusterez une cuisine traditionnelle bien mitonnée.

Hôtel Coray – *C/dels caballers, 38 - Encamp - ✆ (00-376) 83 15 13 - fermé nov. - 85 ch. 48/57 €* ☕ *- restaurant 10,50 €.* Chambres d'ampleur satisfaisante, avec balcon. Salon de jeux et TV. Restaurant de grande capacité où cuisine et service se font en famille. Menu unique.

Hôtel Coma Bella – *Sant Julià de Lòria - 7 km au SO d'Andorre-la-Vieille - ✆ (00-376) 84 12 20 - fermé 5-23 nov. -* P *- 30 ch. 50/86 €* ☕ *- restaurant 12 €.* Dans la forêt de La Rabassa, cet hôtel bénéficie d'une situation particulièrement calme. Certaines chambres sont décorées de meubles actuels inspirés du style andorran, les autres sont plus fonctionnelles…

Hôtel Espel – *Pl. Creu-Blanca 1 - Escaldes-Engordany - ✆ (00-376) 82 08 55 - fermé 2 mai-2 juin - 85 ch. 58/88 €* ☕ *- restaurant 14 €.* L'eau thermale puisée dans les lacs souterrains d'Andorre alimente les salles de bains de cet établissement. Sympathique ambiance de quartier. Restauration simple pour échapper, le temps d'un repas, à l'effervescence de l'avenue Carlemany.

Se restaurer

La Borda Pairal 1630 – *R. Dr-Vilanova 7 - Andorre-la-Vieille - ✆ (00-376) 86 99 99 - fermé dim. soir et lun. - 18,50 € déj. - 24/39 €.* Cette ex-ferme reconvertie en restaurant a conservé un cadre typique où dominent la pierre et le bois. Exposition de vieilles photos de la ville et cuisine traditionnelle.

Can Benet – *Antic carrer Major 9 - Andorre-la-Vieille - ✆ (00-376) 82 89 22 - www.restaurant-canbenet.com - fermé lun. sf j. fériés - 25/32 €.* Au rez-de-chaussée, un petit espace pour se sustenter dans une ambiance familiale. À l'étage, la salle à manger au décor typiquement andorran. Cuisine traditionnelle.

Borda Estevet – *Rte de La Comella 2 - Andorre-la-Vieille - ✆ (00-376) 86 40 26 - 30/44 €.* Légèrement excentrée, cette maison ancienne aux murs de pierres apparentes accueille ses convives dans plusieurs salles au cadre rustique. Dans l'assiette, cuisine pyrénéenne et nombreuses gourmandises à choisir sur le chariot des desserts.

Taberna Angel Belmonte – *R. Ciutat-de-Consuegra 3 - Andorre-la-Vieille - ✆ (00-376) 82 24 60 - 30/48 €.* Un lieu agréable que ce restaurant aux airs de taverne. Beau décor où domine le bois et mise en place impeccable. Produits du terroir, poissons et fruits de mer.

El Rusc – *À La Massena - Rte d'Arinsal : 1,5 km - ✆ (00-376) 83 82 00 - fermé dim. soir et lun. - 35/56 €.* Dans un environnement verdoyant, belle salle à manger rustique dans laquelle dominent la pierre et le bois. Plats de saison, spécialités basques et bon choix de vins.

En soirée

Topic – *Carretera Général - Ordino-Andorre - ✆ (00-376) 73 61 02 - www.hotelcoma.com - 8h-2h.* Venez déguster en plein air tapas, cocktails, salades, crêpes, sandwichs, bières belges à la terrasse de ce restaurant. À l'intérieur, salle climatisée où est servi un menu gastronomique.

Que rapporter

Bon à savoir – Les boutiques et grands magasins offrent un large choix de produits (alimentation, produits de luxe, vêtements, électronique, etc.) à des prix compétitifs. Horaires habituels d'ouverture : 9h30-13h30, 16h-20h (vac. scol. : 21h, dim. : 19h). Au retour en France, la douane contrôle la quantité et la valeur des produits achetés en Andorre non soumis aux droits et taxes : par exemple, par personne, 1,5 l d'alcool titrant plus de 22° ou 3 l d'alcool titrant moins de 22°, 300 cigarettes, 75 g de parfum, 375 ml d'eau de toilette, etc.

Sports & Loisirs

Domaine skiable de Soldeu El Tarter – Alt. 1 710-2 560 m. Les 52 pistes réparties sur 1 150 ha conviennent aux skieurs de tous niveaux. 241 canons assurent un enneigement permanent sur 32 km.

Domaine skiable du Pas de la Casa-Grau Roig – Alt. 2 050-2 640 m. Ces deux stations reliées entre elles accueillent, sur 626 ha, plus de la moitié des skieurs d'Andorre. Hormis les deux petites zones des Abelletes et de Pessons, réservées aux débutants, les 100 km de pistes de ski alpin s'adressent aux skieurs de niveau moyen à confirmé. Les surfeurs disposent d'une piste spécialement aménagée (« Coma III ») et le ski de nuit se pratique deux fois par semaine.

Caldea – *Août et vac. scol. Pâques : 9h-minuit ; reste de l'année : 9h30-23h (samedi minuit) - fermé 1 sem. en mai et 1 sem. en nov. - 29,50 € (3h), 78 € (3 j.), 118 € (5 j.).* À 1 000 m d'altitude, puisant l'eau thermale d'Escaldes-Engordany à 68 °C, Caldea est un grand centre aquatique conçu pour le bien-être et le plaisir. L'ensemble architectural, du Français Jean-Michel Ruols, se présente sous la forme d'une gigantesque cathédrale de verre à l'allure futuriste. L'éventail des possibilités est très large : bains indo-romains, hammam, jacuzzis, lits à bulles, marbres chauds, fontaines de brumisation, etc. Restaurant gastronomique, galerie commerciale, bar panoramique à 80 m.

Événement

Le 8 sept., jour où l'on fête la Vierge de Meritxell, a été choisi comme fête nationale, témoignant de l'enracinement de la foi dans le cœur des Andorrans. La messe se déroule en présence du clergé du pays et des autorités. Comme tout *aplec* (pèlerinage) catalan, elle est suivie de repas champêtres sur les prairies des alentours.

Argelès-Gazost

3 241 ARGELÉSIENS
CARTE GÉNÉRALE A4 – CARTE MICHELIN LOCAL 342 L4 – HAUTES-PYRÉNÉES (65)

Cette petite cité thermale et résidentielle s'est développée au 19e s. dans un bassin réputé pour la douceur de son climat. Elle se partage entre la ville haute, aux ruelles pentues, dominant la vallée du gave de Pau, et la ville basse où sont installés les commerces. Fleurs, fontaines, palmiers, vieilles demeures et escaliers pittoresques, Argelès possède ses charmes et il est agréable d'y séjourner pour partir à la découverte des vallées alentour.

Se repérer – 13 km au sud de Lourdes. La ville est posée sur le gave d'Azun et se situe au carrefour des principales vallées du Lavedan.

À ne pas manquer – Le panorama depuis la ville haute ; le pic de Pibeste ; le lac d'Estaing ; l'abbatiale de Saint-Savin.

Organiser son temps – La petite ville se parcourt en 1h. Parmi les circuits de découverte, le plus court *(1h AR)* est celui de la route du Hautacam.

Avec les enfants – Le parc animalier des Pyrénées ; les lamas du val d'Azun à Estaing ; le donjon des Aigles à Beaucens ; l'aquarium tropical du Haut-Lavedan à Pierrefitte-Nestalas.

Pour poursuivre la visite – Voir aussi Lourdes, Cauterets, Luz-Saint-Sauveur, le Parc national des Pyrénées.

Le saviez-vous ?

La racine *ar-*, présente dans Ariège, Arize ou val d'Aran, indique la présence d'eau courante (les gaves). La suite proviendrait d'un propriétaire local, Gillius ou Gelus. Et Gazost signifierait que des maisons *(ost)* ont été édifiées sur une hauteur *(gas)*.

Les Gazostais sont appelés les *Trucapelhots* : les « coureurs de jupons » !

Jacques Chancel, l'homme de radio *(Radioscopie)* et de télévision *(Le Grand Échiquier)*, est né à Ayzac-Ost en 1928.

Se promener

La ville haute

C'est le quartier le plus ancien et le plus animé d'Argelès. Il domine légèrement la vallée du gave de Pau et la cité thermale, face à un **panorama** rehaussé par les dentelures du Viscos, entre les vallées de Cauterets et de Luz, et les premières cimes du Néouvielle. De la table d'orientation située sur la terrasse des Étrangers, place de la République, très belle **vue** sur la vallée du gave d'Azun et les montagnes qui l'entourent.

Visiter

Parc animalier des Pyrénées

À l'entrée de la ville, en venant de Lourdes par la N 21 - ✆ 05 62 97 91 07 - www.parc-animalier-pyrenees.com - juin-août : 9h-18h ; avr.-mai et sept. : 9h-12h, 14h-18h ; oct. : 13h-18h - possibilité de visite guidée (2h) - fermé nov.-mars - 10 € (enf. 6 €).

Une promenade d'1h30 à la découverte de dix espèces pyrénéennes : isards, ours, marmottes, mouflons, chevreuils, écureuils, renards, loutres, lynx, loups. On peut aussi faire le tour du monde de la faune dans trois salles. Décors en staff, jeux de lumières et bruitages mettent en scène environ 150 animaux empaillés représentatifs du Grand Nord américain (ours, lynx, castors), d'Europe (sangliers, cerfs, faune des Pyrénées) et d'Afrique (antilopes, léopards, impalas).

Antonin Thuillier / MICHELIN

Le pic de Pibeste.

Randonnée

Pic de Pibeste★★★

À 4,5 km au nord par la N 21, puis la D 102 sur la gauche jusqu'au village d'Ouzous. Laisser la voiture sur le parking à proximité de l'église. Compter 4h1/2 de marche à pied AR. Ne pas oublier de prendre de bonnes chaussures, des vêtements chauds… et du ravitaillement pour éviter la fringale !

Bien que d'altitude relativement modeste (1 349 m), le pic de Pibeste constitue l'un des meilleurs belvédères sur les Pyrénées centrales. Le sentier, balisé de traits jaunes, s'élève doucement jusqu'au balconnet à proximité duquel se trouve une plantation d'essai (pins d'essences variées). La section suivante en lacet, plus rude, mène au col des Portes (alt. 1 229 m). Le sentier se divise ensuite en deux branches (celle de droite, juste après une légère descente, laisse sur la droite une cabane-abri) qui se réunissent un peu plus loin pour aboutir, à travers buis et hêtres, à la gare supérieure de l'ancien téléphérique. Montez les escaliers et gagnez le sommet (relais de télévision). De là, magnifique **panorama** au sud sur le pic du Midi de Bigorre *(à gauche)*, la pointe aiguë du Viscos séparant les montagnes de Luz et de Cauterets *(au centre)* et, tout au fond, les sommets de plus de 3 000 m (mont Perdu, Vignemale, Balaïtous). Au nord, Lourdes apparaît au premier plan, Pau et Tarbes s'étalent plus loin dans la plaine.

Aux alentours

Donjon des Aigles à Beaucens

6,5 km au sud-est. Par la D 100 puis la D 13, gagner Beaucens ; traverser le village dans sa longueur et poursuivre jusqu'au château - ✆ 05 62 97 19 59 - www.donjon-des-aigles.com - ♿ - avr.-sept. : 10h-12h, 14h30-18h30 - 10 € (enf. 6 €).

Les ruines du château de Beaucens se prêtent à la présentation de rapaces indigènes (vautours, aigles, faucons, milans, buses, chouettes, etc.) ou exotiques (condors des Andes, vautours d'Afrique, aigles d'Amérique, perroquets). Le clou de la visite ? La **démonstration en vol des rapaces★**, qui permet une approche originale de ces volatiles évoluant au milieu du public.

Les lamas du val d'Azun à Estaing

11 km au sud-ouest par la D 918 jusqu'à Arras-en-Lavedan, puis la D 103 jusqu'à la sortie d'Estaing en direction du lac - ✆ 05 62 97 44 48 ou 06 89 48 71 86 - www.lamas-pyrenees.com - ♿ - visite guidée (1h15) vac. scol. : 10h30 et 16h30 ; reste de l'année sur RV - 4 € (+6 ans 3,50 €).

Vous y apprendrez que les lamas, importés d'Amérique du Sud au 18e s., font partie des animaux les plus anciennement domestiqués, à l'instar des moutons ou des vaches. Appréciés pour leur toison oscillant entre poil et laine selon les races, ils sont de formidables débroussailleurs, bâteurs et gardiens de troupeaux. Outre une visite de la propriété sont proposées des balades, des randonnées avec un accompagnateur en montagne, des séances de zoothérapie pour les personnes handicapées…

Circuits de découverte

ROUTE DU HAUTACAM★

20 km à l'est. Sortir d'Argelès par la D 100 qui franchit le gave d'Azun puis s'élève, après Ayros, sur le versant est du bassin d'Argelès.

Artalens

À 800 m au-delà du village, faire une halte lors de la traversée d'un vallon. On peut voir de part et d'autre de la route, échelonnés le long du ruisseau, cinq anciens petits moulins familiaux comme il en existait plusieurs centaines en Bigorre, au siècle dernier. Descendez au dernier moulin en aval, qui a conservé sa turbine.

Après Artalens, la route dessert des pâturages d'été très fréquentés et prend un caractère panoramique. Les **vues★** lointaines sont constantes : au sud-ouest, le Vignemale, par la vallée de Cauterets, et surtout le Balaïtous dominant les montagnes de la vallée d'Arrens. Laissant derrière elle le centre de ski du Hautacam *(voir l'encadré pratique)*, la route atteint la crête : vue sur les contreforts du pic du Midi de Bigorre et le cirque pastoral qui ferme, en contrebas, la vallée de Gazost.

HAUTE VALLÉE D'ARRENS

24 km – compter 4h. Quitter Argelès à l'ouest par la D 918. C'est l'une des vallées formant le val d'Azun avec les vallées d'Ouzom à l'ouest et d'Estaing à l'est.

Monument des Géodésiens

À la sortie d'Argelès, sur la gauche de la route, cette tourelle, fac-similé du signal des géodésiens, a été érigée en 1925 pour célébrer le centenaire de la « première » du Balaïtous *(voir l'encadré)*.

Quand la cartographie était une aventure

La crête du Balaïtous a été escaladée pour la première fois le 3 août 1825 par des officiers géodésiens chargés d'établir la triangulation des Pyrénées. L'ascension répondait alors à un travail préliminaire à « la carte d'état-major » au 1/80 000 (1833-1880) confié, pour la moitié ouest de la chaîne, aux lieutenants Peytier et Hossard. Les opérations débutent, étalées sur deux étés en raison du mauvais temps. Elles dureront 26 jours dont 14 en haute montagne (9 nuits de campement au sommet). Outre le tranport d'un appareil de visée (17 kg), il a fallu la construction d'une tourelle-signal de pierre, le croquis coté de ce signal, le dessin du tour d'horizon, avec le seul concours des montagnards expérimentés de la région. Fiches et rapports ont été compilés dans les cartons des Archives de la guerre. Ils n'ont été exhumés qu'en 1898 par Henri Beraldi, grand historien des Pyrénées, qui communiqua son enthousiasme au cercle des pyrénéistes.

Arrens-Marsous

À la porte du Parc national des Pyrénées *(voir ce nom)*, Arrens, la station de la vallée d'Azun est à la fois un lieu de vacances paisibles, en montagne bocagère, et une base de courses en haute montagne dans le massif du Balaïtous.

Se diriger vers le barrage du Tech. 2 km après la sortie du village, tourner à droite.

Chapelle de Pouey-Laün

Le sanctuaire, édifié à même le rocher, contient un ensemble mobilier du 18e s. rehaussé par la pompe naïve de la voûte bleu étoilé qui lui vaut le surnom de « chapelle dorée ». L'édifice, doré à l'or fin, possède de vastes tribunes à balustres où les pèlerins se pressaient en nombre. Les boiseries latérales à motifs rocaille forment, avec les quatre confessionnaux, un ensemble décoratif.

Haute vallée d'Arrens

Dépassant le monticule de Pouey-Laün, la route s'enfonce dans la rude vallée du gave d'Arrens. Aux abords du barrage du Tech, la vue s'étend jusqu'au Balaïtous.

Porte d'Arrens

Aires de pique-nique. On y trouve la **maison du Parc national et du val d'Azun** *(voir l'encadré pratique)*. C'est également le point de départ de sentiers balisés pénétrant le massif du Balaïtous.

De la porte d'Arrens, on peut atteindre à pied le lac de Suyen *(3/4h)*.

Revenir à la chapelle de Pouey-Laün et prendre la première route à droite pour franchir le col des Bordères. À Estaing, tourner à droite dans la vallée glaciaire de Labat de Bun.

Lac d'Estaing★

Parmi la quarantaine de lacs de haute montagne que compte le val d'Azun, celui d'Estaing (l'un des plus grands) demeure le plus facilement accessible. Retenu par une moraine dans l'évasement terminal de la vallée, à 1 161 m d'altitude, il est encadré de versants boisés qui se reflètent dans ses eaux. Le vent, fréquent, permet la pratique du cerf-volant et l'organisation du festival Eolo Tempo (*voir l'encadré pratique*).

1h AR pour faire le tour du lac, sur 10 m de dénivelé. Le chemin longe la rive gauche avant de s'élever au-dessus de la route, à travers la forêt, jusqu'au chemin d'Arriousec.

GORGE DE LUZ

18 km, d'Argelès-Gazost à Luz-St-Sauveur – 1h. Quitter Argelès au sud par la D 101.

Sur cet itinéraire se greffent, à Pierrefitte-Nestalas, les superbes excursions dans les vallées de Cauterets : Pont d'Espagne, lac de Gaube, Marcadau *(voir Cauterets)*.

Saint-Savin

La **terrasse** qui borde la place principale offre une belle vue sur l'ample vallée d'Argelès, fermée en amont par le pic de Viscos (alt. 2 141 m). À l'arrière-plan, à gauche, se profile le pic Long (alt. 3 192 m). L'**église** (11e-12e s.), abbatiale ayant appartenu jusqu'à la Révolution à un monastère bénédictin, détruite par les Arabes puis par les Normands, a été fortifiée au 14e s. ; un chemin de ronde intérieur, encore intact, abritait les défenseurs. Le clocher-lanterne recouvre une tour du 14e s. Un beau portail roman orne la façade ; sur le tympan, le Christ, entouré des évangélistes, est revêtu d'ornements sacerdotaux, représentation extrêmement rare. À l'intérieur, on voit un petit bénitier roman à cariatides (12e s.) dit « des cagots ». Un buffet d'orgues (16e s.) porte des masques dont les yeux et la bouche s'animaient lorsque les orgues jouaient. À côté, beau Christ en bois, œuvre espagnole des 13e et 14e s.

Dans le **trésor** de l'église, chapiteaux provenant de l'ancien cloître, vierges romanes et une châsse en cuivre argenté du 14e s. *05 62 97 02 23 - juil.-août : 10h30-12h30, 14h30-18h30 ; avr.-juin et sept.-oct. : 14h30-18h - fermé nov.-mars - 2 € (-16 ans gratuit).*

Dès la sortie de Saint-Savin apparaît, sur un piton, la chapelle de Piétat.

Chapelle de Piétat

Stationnement possible seulement avant la courbe de la route, autour de l'éperon. **Site★** poétique du sanctuaire perché. De la terrasse ombragée de tilleuls, au bord de l'escarpement bref mais raide plongeant vers le fond du bassin d'Argelès, vue sur l'abbatiale de Saint-Savin émergeant des châtaigniers et, en face, sur les ruines roussâtres de Beaucens. Le pic de Viscos domine la rencontre, à Pierrefitte-Nestalas, des vallées de Cauterets et de Barèges.

Pierrefitte-Nestalas

À l'entrée nord de la localité, l'**aquarium tropical du Haut-Lavedan** invite à contempler des spécimens de faune marine tropicale du monde entier, répartis sur 700 m² et 40 bassins. Remarquer la densité d'un récif corallien. *05 62 92 79 56 - - tlj sf lun. (hors vac. scol.) 9h30-12h, 14h-18h30 - 8,50 € (-12 ans 5,50 €).*

L'abbatiale de Saint-Savin.

À la sortie de Pierrefitte-Nestalas, la route s'engage dans la sombre gorge de Luz. Jusqu'à la construction de la chaussée, au milieu du 18e s., il fallait emprunter le sentier muletier quelque peu escarpé des **« Échelles de Barèges »**… On comprend pourquoi les visiteurs de marque préféraient faire le détour par le Tourmalet !
Premier jalon du souvenir napoléonien, dans la vallée de Barèges, le **pont de la Reine** marque la fin du passage encaissé. Le pays Toy (bassin de Luz) présente alors ses villages nichés dans la verdure. La vue se développe sur les premiers contreforts découpés de Néouvielle, à gauche du pic de Bergons.

Argelès-Gazost pratique

Adresses utiles

Office du tourisme de la vallée d'Argelès-Gazost – *15 pl. de la République - 65400 Argelès-Gazost - ✆ 05 62 97 00 25 - www.argeles-gazost.com - tlj sf dim. 9h-12h, 14h-18h.*

Office du tourisme de Pierrefitte-Nestalas – *45 av. Jean-Moulin - 65260 Pierrefitte-Nestalas - ✆ 05 62 92 71 31 - www.pierrefitte-nestalas.com - de déb. juil. à mi-sept. : tlj sf dim. 10h-12h, 14h30-18h30 ; reste de l'année : tlj sf dim. 10h-12h - fermé 1 sem. vac. de Pâques, sem. de la Toussaint.*

Maison du Parc national et du val d'Azun – *Pl. du Val-d'Azun - 65400 Arrens-Marsous - ✆ 05 62 97 43 13/49 49 - www.valdazun.com - ♿ Label tourisme et handicap - juin-sept. : 9h-12h30, 14h-19h, dim. 9h-12h, 15h-18h ; reste de l'année : tlj sf dim. 9h-12h, 14h-17h - gratuit.* Au 1er étage, une exposition permanente présente une documentation cartographique et photographique sur le Parc, sa faune et sa flore. Au rez-de-chaussée, expositions ponctuelles de peintures, photographies…

Se loger

⊖ **Hôtel Soleil Levant** – *17 av. des Pyrénées - ✆ 05 62 97 08 68 - www.soleillevant.com - fermé 2 janv.-2 fév., 9-16 mai et 20 nov.-23 déc. - P - 35 ch. 43/46 € - ☕ 6,50 € - restaurant 12/40 €.* Engageant hôtel de la ville basse où vous logerez dans des chambres pratiques bien tenues. Certaines ont vue sur les sommets alentour. Bar, salon, terrasse et jardin régulièrement primé pour son fleurissement. Salles à manger communicantes affichant un petit air de pension de famille. Repas traditionnel.

⊖ **Hôtel Picors** – *Rte d'Aubisque - 65400 Aucun - 10 km à l'O par rte du col de l'Aubisque - ✆ 05 62 97 40 90 - www.hotel-picors.com - fermé 3 janv.-2 fév., 5 mars-29 avr. et 1er oct.-26 déc. - P - 48 ch. 43/49 € - ☕ 6,50 € - restaurant 13 €.* Cette bâtisse à la façade immaculée possède de précieux atouts. Ses chambres fonctionnelles offrent une jolie vue sur les Pyrénées. Son salon, garni de moelleux canapés, est confortable. Bel équipement de loisirs : piscine couverte, sauna, tennis et minigolf.

⊖ **Chambre d'hôte Mme Vermeil** – *3 r. du Château - 65400 Arcizans-Avant - 5 km au S d'Argelès-Gazost par D 101, puis D 13 - ✆ 05 62 97 55 96 - 🚭 - 3 ch. 30/43 € ☕.* Ravissante demeure bigourdane du 19e s. offrant une belle vue sur la vallée. Chambres simples sous les toits (planchers, lambris) et cuisine équipée gracieusement mise à la disposition des hôtes. Randonneurs, n'hésitez pas à demander conseil au propriétaire, accompagnateur en montagne.

⊖ **Chambre d'hôte M. et Mme Domec** – *65400 Gez - 2,5 km au NO d'Argelès-Gazost par D 918, puis rte secondaire - ✆ 05 62 97 28 61 - fermé nov.-avr. - 🚭 - 5 ch. 38/45 € ☕.* Cette ancienne grange en pierre, typique des Pyrénées, a été aménagée en chambres d'hôte fonctionnelles donnant sur les montagnes. Joli jardin fleuri, barbecue. L'hiver (1er oct.-30 avr.), la maison se transforme en gîte.

⊖ **Chambre d'hôte Eth Béryè Petit** – *15 rte Vielle - 65400 Beaucens - 4,5 km au SE d'Argelès-Gazost par D 100 et rte secondaire - ✆ 05 62 97 90 02 - www.beryepetit.com - 🚭 P - réserv. conseillée le w.-end - 3 ch. 53/62 € ☕.* L'enseigne de cette belle maison de maître bigourdane (1790) soigneusement restaurée signifie « le petit verger ». Les chambres, très calmes et cosy, offrent une vue splendide sur la vallée. Table d'hôte et petit-déjeuner dans un joli salon doté d'une cheminée ou en terrasse. Accueil d'une grande gentillesse.

⊖ **Camping Les Trois Vallées** – *Sortie nord - ✆ 05 62 90 35 47 - ouv. 10 mars-oct. - réserv. indispensable - 383 empl. 30 € - restauration.* Ce camping a bien des atouts : un complexe aquatique ludique, un petit centre commercial et une décoration florale fournie. Un bel ensemble qui nous a conquis…

⊖⊖ **Hôtel Les Cimes** – *Pl. Ourout - ✆ 05 62 97 00 10 - fermé 3 nov.-20 déc. - P - 20 ch. 66/74 € - ☕ 9 € - restaurant 19/42 €.* Bâtisse des années 1950 et son extension moderne en verre et bois. Quelques balcons donnent sur un jardin paisible. Agréable patio-véranda fleuri pour le petit-déjeuner. Restaurant clair ; carte traditionnelle.

⊖⊖ **Chambre d'hôte Le Belvédère** – *6 r. de l'Église - 65400 Salles-Argelès - 4 km au N d'Argelès-Gazost par D 102 - ✆ 05 62 97 23 68 - www.argeles-pyrenees.com - fermé nov. - 🚭 - 3 ch. + 1 gîte 60 € ☕ - repas 15 €.*

Cette grande maison traditionnelle bigourdane n'a pas usurpé son nom : la vue des chambres et de la terrasse s'étend sur toute la vallée jusqu'aux Pyrénées. L'été, prenez votre petit-déjeuner sous la tonnelle à l'orée du parc.

Se restaurer

Auberge de l'Arrioutou – *Rte du Hautacam - 65400 Beaucens - 14,5 km au SE d'Argelès-Gazost par D 100 - ✆ 05 62 97 11 32 - ouv. pdt les vac. scol. et j. fériés - formule déj. 12 € - 15/22 €.* À 1 350 m d'altitude, cette ancienne étable d'estive reconvertie en restaurant a gardé ses box d'origine. L'été, sa terrasse se déploie avec ses tables en roues de charrette pour accueillir les randonneurs. Crêpes l'après-midi avec confitures maison.

Lac d'Estaing – *Au lac - 65400 Estaing - ✆ 05 62 97 06 25 - fermé 16 oct.-30 avr. - 16/40 € - 8 ch., demi-pension 49 €.* Proche du lac, voilà une petite auberge toute simple à la façade fleurie, avec une vue superbe sur les montagnes. Cuisine classique. Quelques chambres modestes en dépannage.

La Châtaigneraie – *Chemin Perey - 65400 Salles-Argelès - 4 km au N d'Argelès-Gazost par D 102 - ✆ 05 62 97 17 84 - fermé janv. et lun. - réserv. obligatoire - 25/49 €.* Cette grange, agréablement restaurée avec ses meubles anciens et ses chandeliers, distille une atmosphère chaleureuse. L'hiver, les grillades sont préparées devant vous, dans la cheminée. L'été, optez pour l'ombre de la pergola.

Que rapporter

Nyffénegger Dominique – *8 r. Bousquet - 65400 Agos-Vidalos - ✆ 05 62 90 37 72 - tlj sf dim. 10h-12h, 14h-18h30 (fermé le lun. hors juil.-août) - fermé de mi-déc. à fin-fév.* Dans l'atelier de ce souffleur et sculpteur sur verre, lampes et vases aux formes originales, art de la table, objets de décoration, etc. : les idées de cadeaux ne manquent pas. Admirez le travail de l'artiste et vous serez vite conquis…

Sports & Loisirs

Base de loisirs du Lac-Vert – *6 km au SO d'Argelès-Gazost par la N 21 - 65400 Agos-Vidalos - ✆ 05 62 97 99 99 - de mi-juin à mi-sept. : tlj 10h-18h - 6 € (5-11 ans 4 €).* Ancienne gravière aménagée en parc aquatique arboré. Pédalo, canoë, pêche, baignade avec toboggans. Aires de pique-nique, bar et snack.

Les Gaves Sauvages – *2 av. des Pyrénées - ✆ 05 62 97 06 06 ou 06 13 79 09 58 - juil.-sept. : 9h-13h, 15h-19h ; reste de l'année sur réserv. - fermé avr. et nov.* Descentes le long des gaves pyrénéens à bord d'un canoë, d'un mini-raft ou d'un raft, le tout accompagné d'un guide diplômé d'état.

Domaine skiable de Hautacam-ski – Alt. 1 550-1 860 m. 9 remontées mécaniques. 16 pistes de ski alpin (débutants et confirmés) sont tracées dans un environnement préservé de forêts. 15 km de pistes de ski de fond d'où l'on a un panorama unique sur la vallée d'Argelès et la chaîne pyrénéenne. La station est également un fief du parapente !

Événement

Eolo Tempo – 4 jours autour du 2e w.-end de juin. Ce festival international rassemble plusieurs milliers de cerfs volants et des passionnés de tous les pays (Espagne, Indonésie, Afghanistan, Italie…).

Arreau

823 AUROIS

CARTE GÉNÉRALE A4 – CARTE MICHELIN LOCAL 342 O5 – HAUTES-PYRÉNÉES (65)

Joli bourg aux toits d'ardoise, au confluent des Nestes (rivières) d'Aure et du Louron, sur le seuil séparant les cols de Peyresourde et d'Aspin, Arreau est l'ancienne capitale du pays des Quatre-Vallées. Avec ses deux églises, ses halles, ses agréables berges, ses maisons à encorbellements, ses châteaux et son marché, la petite ville possède un charme tout pyrénéen. Un bon point de départ pour découvrir les vallées d'Aure et du Louron, parmi les plus préservées des Hautes-Pyrénées.

- **Se repérer** – La ville se trouve à 61 km au sud-est de Tarbes.
- **À ne pas manquer** – La maison des Lys ; le gouffre d'Esparros ; les églises peintes de la vallée du Louron.
- **Organiser son temps** – Sur deux jours, commencez par une promenade dans la ville, puis partez explorer la vallée d'Aure. Le lendemain, parcourez la vallée du Louron avec ses villages, ses églises et son lac, lieu propice aux pique-niques.
- **Avec les enfants** – Les Aigles d'Aure ; les musées de la Vallée d'Aure et de la Cidrerie à Ancizan ; le lac de Génos-Loudenvielle pour les sports nautiques.
- **Pour poursuivre la visite** – Voir aussi Saint-Lary-Soulan, le massif de Néouvielle, Bagnères-de-Bigorre, le pic du Midi de Bigorre, Bagnères-de-Luchon.

Halles et hôtel de ville d'Arreau

Se promener

Bon à savoir – Un circuit fléché depuis l'office de tourisme (château des Nestes) permet de découvrir les principaux monuments de la ville, pancartes à l'appui.

Place de la mairie

On y remarque la **maison des Lys★**, demeure du 16e s. qui élève ses colombages en encorbellement sur un rez-de-chaussée de pierre aux encadrements et aux linteaux sculptés. Les lys qui décorent sa façade commémorent l'allégeance prêtée par les Quatre-Vallées à la couronne de France en 1475.
Bâties à l'orée des années 1930, sur un ancien édifice du 16e s., les **halles** avec leurs couverts (refaits en ciment) en anse de panier sont surmontées d'un clocheton abritant une horloge à trois faces. Si les bureaux de la mairie occupent le 1er étage, le rez-de-chaussée accueille chaque jeudi un marché gorgé de saveurs.

Chapelle Saint-Exupère

Sur la rive droite, la chapelle, qui possède un portail roman à colonnettes en marbre des Pyrénées et à chapiteaux historiés, est vouée à l'enfant du pays, saint Exupère, évêque de Toulouse qui fit édifier la basilique Saint-Sernin. Né à Arreau au 4e s., ce dernier, déçu par la conduite de ses ouailles, avait regagné sa ville natale quand les Toulousains, effrayés par l'approche des Vandales, le supplièrent de revenir. Exupère y posa une condition : voir fleurir son bâton, ce qui se produisit séance tenante. Sur le chapiteau gauche du portail, on distingue (avec peine) le saint et son bâton fleuri. La chapelle est surmontée d'un clocher octogonal du 16e s.

Château des Nestes

En aval, près du confluent des Nestes, cette vaste demeure ancienne abrite l'office de tourisme. Son architecture militaire s'explique par son passé ; le château se devait, au Moyen Âge, de protéger la chapelle Saint-Exupère. Un clocheton en bois s'ajouta au-dessus de sa tour centrale au 19e s., avant de servir d'observatoire astronomique familial. Au bord de la Neste, une scierie hydraulique du 19e s.

Château de Ségure

Au cœur du bourg, au-dessus du Neste du Louron, cette habitation est dominée par une tour carrée du 16e s.

Église Notre-Dame

L'église paroissiale, de style roman, est surmontée d'un clocher en forme de tour carrée. Elle doit sa décoration intérieure à un enfant du pays, Pierre Menvielle, doreur et sculpteur de Bagnères-de-Bigorre. À voir : le retable représentant l'Assomption et, dans la nef latérale gauche, la pietà à quatre personnages du 16e s.

Visiter

Les Aigles d'Aure

✆ 05 62 40 10 35 - de déb. avr. à mi-sept. : 14h30-17h ; spectacle à 15h30 et 17h (juil.-août) - 6 € (6-12 ans 4 €).

Le saviez-vous ?

Célèbre pour son fameux gâteau à la broche, la cité s'enorgueillit d'utiliser 612 oeufs pour pouvoir réaliser une pièce de 1,80 m de hauteur.
Le pays des Quatre-Vallées regroupa, à partir du 14e s., les vallées d'Aure, de Magnoac, de Neste et de Barousse. En 1398, il échut à la maison d'Armagnac, puis fut rattaché, en 1475, à la couronne de France. Il fallut attendre la Révolution française pour que ce pays soit joint à la Bigorre pour former le département des Hautes-Pyrénées.
Contraction de *gaasgothes* (« chiens de goths », en béarnais), le mot **cagot** s'employait dans les Pyrénées pour désigner les ouvriers du bois. Si leur habileté manuelle les rendait indispensables à la société, ils furent toujours considérés comme des lépreux (à cause de nombreuses mutilations et troubles cutanés) et exclus. Un morceau d'étoffe rouge en forme de patte d'oie, sur leur habit, permettait de les identifier.

Chaussez vos baskets pour gravir les marches menant à la volerie. Sur cette lande haut perchée (758 m d'altitude) plantée de genêts, distribuée sur les deux versants d'une crête rocheuse, vous pourrez assister à un spectacle commenté de vols de rapaces en liberté. Une liberté limitée pour ces superbes oiseaux (faucons, vautours, aigles, etc.), enchaînés le long d'un chemin en attendant de battre des ailes. Ils s'amusent alors à vous frôler la tête !

Aux alentours

Sarrancolin

7 km au nord d'Arreau par la D 929. Célèbre pour son marbre et pour sa filature artisanale de laine *(voir l'encadré pratique)*, le petit village conserve quelques maisons des 16e et 17e s. En bordure de la route principale se dresse l'**église Saint-Ébons**. Ce remarquable sanctuaire roman du 12e s. présente un plan en forme de croix grecque (unique dans la région) et un clocher formé par une tour carrée surmontée d'une flèche en ardoise et cantonnée de clochetons. À l'intérieur, grille en fer forgé du 15e s., statues en bois doré et surtout châsse de saint Ébons (13e s.), coffret recouvert de cuivre doré et émaillé.

Gouffre d'Esparros★★

Depuis Sarrancolin, continuer vers le nord. Passé Hèches, quitter la D 929 pour tourner à gauche sur la D 26 - ✆ 05 62 39 11 80 - www.gouffre-esparros.com - visite guidée (1h) juin-sept. : 10h-12h, 13h30-18h ; vac. scol. : 10h-12h, 13h30-17h30 ; janv. : w.-end 14h-17h ; reste de l'année : w.-end et j. fériés 10h-12h, 13h30-17h, merc. 13h30-17h - fermé de la fin des vac. de Toussaint au déb. des vac. de Noël, 1er janv. et 25 déc. - 7 € (enf. 5,50 €) ; 11 € (enf. 7,50 €) billet combiné avec les grottes de Labastide. Réservation conseillée.
Ce site est exceptionnel par la profusion et la qualité de ses **concrétions d'aragonite** qui rappellent, par leur blancheur et leurs formes, des cristaux de neige. Dans la partie humide, la **salle du Lac** avec ses concrétions est superbe. Ouvert depuis 1997, ce gouffre est strictement protégé et le nombre d'accès quotidien est limité.

Grottes de Labastide

✆ 05 62 49 14 03 - visite guidée (1h - dont 30mn de spectacle) - juin-sept. : 10h-12h, 14h-18h ; de mi-avr. à fin mai : w.-end 10h-12h, 14h-18h ; fermé de déb. oct. à mi-avr. - 5,50 € (enf. 3 €) ; 11 € (enf. 7,50 €) billet combiné avec le gouffre d'Esparros. Prévoir un pull.
Le spectacle projeté sur les parois calcaires de la grotte blanche présente la découverte et les richesses archéologiques de la grotte aux Chevaux *(ne se visite pas)*. Les plaques, silex et peintures – dont le remarquable cheval polychrome – que l'on y a retrouvés témoignent de la vie des Magdaléniens. Un sentier (jeu d'empreintes) mène à la Perte de Laspugue, le mot « Perte » désignant l'endroit où la rivière disparaît.
Deux ateliers introduisent aux sons « préhistoriques » et à la peinture sur paroi.

Circuits de découverte

VALLÉE D'AURE★

16 km – 20mn. D'Arreau à Saint-Lary-Soulan.

Cette région formait autrefois la vicomté d'Aure, sous la suzeraineté des rois d'Aragon. Elle fut réunie, au 14e s., aux vallées de Magnoac, de Neste et de Barousse, pour former ainsi le **pays des Quatre-Vallées**.

Quitter Arreau au sud par la D 929. Elle remonte la vallée de la Neste d'Aure, large et harmonieusement dessinée.

Ancizan

Un ensemble de maisons du 16e s. rappelle la prospérité passée du bourg. Sous l'Ancien Régime, ce secteur de la vallée faisait vivre un millier de tisserands qui travaillaient les cadis (tissus grossiers en laine non teinte). C'est aussi le pays de la pomme, à cidre ou à couteau, fêtée chaque année en automne (*voir l'encadré pratique*). Sa culture a été relancée dans les années 1970.

Le **musée de la Vallée d'Aure** nous plonge dans la vie des habitants de la vallée au siècle dernier. Du lavoir de Guchan et ses lavandières au contrebandier ou au pèle-porc, vous découvrirez le passé de cette région. *05 62 39 97 75 - ♿ - 14h-18h30 - fermé 1er Mai et de déb. nov. à mi-déc. - 5 € (enf. 3 €) ; 6,50 € (enf. 5 €) billet combiné avec le musée de la cidrerie d'Ancizan.*

Le **musée de la Cidrerie d'Ancizan**, convivial et coloré, est aménagé dans un ancien corps de ferme du 19e s. et s'organise tout autour d'un restaurant. Panneaux, affiches et objets anciens, écrans de télévision, maquettes et jeux pour les enfants évoquent l'histoire et la culture du pommier, les variétés, les contes et légendes articulés autour du fruit, les différentes étapes de la fabrication du produit fini (jus, liqueur, cidre, etc.). Une dégustation au tonneau clôt agréablement la visite. *Mêmes coordonnées et mêmes conditions de visite que le musée de la Vallée d'Aure.*

À la sortie d'Ancizan, le fond de la vallée est occupé par des buttes morainiques dénommées *pouys* dans la région. La route franchit la Neste d'Aure avant Guchan. Très beau point de vue sur un horizon montagneux d'où se détache, au sud, la pyramide aiguë du pic de Lustou.

Reprendre la D 929 vers le sud. Après 5 km, tourner à droite vers Vielle-Aure.

Mines de Vielle-Aure

05 62 39 46 19 - 1h de visite - juil.-août : 10h-12h, 14h-19h ; vac. scol. : 10h-12h, 14h-17h ; reste de l'année : sur demande 24h à l'avance tlj sf lun. 10h-12h, 14h-17h, w.-end 14h-17h - fermé nov.-déc. et j. fériés (hors vac. scol.) - 6,50 € (-6 ans gratuit, -12 ans 4 €).

Dans une ancienne mine de manganèse entièrement réhabilitée par un particulier, un parcours en son et lumière, agrémenté de mannequins, met en scène l'exploitation de ce filon et la vie des mineurs. Un petit musée regroupe quelques outils et documents d'époque.

Saint-Lary-Soulan *(voir ce nom)*

VALLÉE DU LOURON★

46 km – environ 1h. Quitter Arreau à l'est par la D 112.

Jézeau

L'église renferme un beau **retable** Renaissance en bois sculpté doré et peint. La voûte en bois de la nef unique est couverte de peintures représentant le Jugement dernier, thème majeur de l'iconographie chrétienne. *Sur demande préalable à Mme Duchan 05 62 98 61 79 ou à M. Balagna 06 71 62 60 39.*

Revenir à Arreau et prendre la D 618 au sud-est. À la fourche avant Avajan, prendre à droite la D 25.

La route remonte la vallée de la Neste de Louron, d'abord resserrée entre des versants boisés puis épanouie, au sud d'Avajan, en un bassin aux nombreux villages, mais aux fonds humides à peu près abandonnés. Fermé au sud, ce bassin est dominé à gauche par le groupe du pic d'Hourgade (alt. 2 964 m), d'où se détachent de fines arêtes encadrant des combes neigeuses.

Vielle-Louron

L'église Saint-Mercurial est une des plus belles églises peintes de la vallée du Louron. On peut voir, sur sa voûte en bois, le Christ entouré des quatre évangélistes ainsi que l'Arbre de Jessé (père du roi David, Jessé est l'ascendant direct du Christ, selon Isaïe repris par Luc et Matthieu : « Un rejeton sortira de la souche de Jessé, un surgeon poussera de ses racines. Sur lui reposera l'Esprit du Seigneur… » *Isaïe 11, 1-2*). Les **peintures** de la sacristie (16e s.) sont aussi admirables que terrifiantes : des démons aux expressions sardoniques font subir mille tourments aux damnés… cuits dans une marmite ou dévorés par un monstre !

Poursuivre sur la D 25.

Génos

1/4h à pied AR. Au sommet d'une montée, juste avant le panneau d'entrée, gagnez l'église par la rampe, à gauche. Poursuivez, à pied, en contournant le cimetière par la gauche, jusqu'à la ruine du château (14e s.), bien située sur un « verrou » dominant

Le lac de Génos-Loudenvielle.

un plan d'eau aménagé pour les distractions nautiques. **Vue** sur le fond montagneux de la vallée.

Continuer jusqu'à Loudenvielle, à l'autre extrémité du plan d'eau.

Loudenvielle

L'espace muséographique **l'Arixo** permet de découvrir et de mieux connaître la vallée du Louron, sa vie, son habitat et son art religieux. Film, théâtre italien, maquette interactive sur les églises peintes... *05 62 99 68 02/97 70 - - mar. 10h-12h, 14h-18h, merc., dim. et j. fériés 14h-18h - possibilité de visite guidée (1h30) - fermé mai et oct.-nov. - 4,50 € (enf. 2,30 €).*

Poursuivre la vallée du Louron par la D 725, petite et sinueuse, jusqu'au Pont du Prat.

4h AR. Au niveau du **Pont du Prat** (usine hydroélectrique et téléphérique construit par les allemands en réparation des dommages causés pendant la Seconde Guerre mondiale) s'amorcent les hauts sentiers de la vallée du Louron. En suivant les flèches jaunes jusqu'au refuge de La Soula, par les gorges de Clarabide, vous pourrez vous informer sur la géologie, la faune, la flore, l'histoire de la région grâce aux panneaux de bois qui parsèment l'itinéraire.

Revenir à Loudenvielle et poursuivre sur la D 25, mais sur la rive est du lac de Génos pour rejoindre Estarvielle par Armenteule. Dans l'**église d'Estarvielle**, des peintures évoquent le partage de la tunique de Jésus. *Prendre la D 618 à droite, puis la D 130 à gauche vers Mont.*

Mont

L'église romane possède un clocher carré percé de fenêtres à colonnettes. Au-dessus du porche, la façade est peinte à fresque. On peut également voir à l'intérieur d'admirables **peintures** datant de 1574. Elles sont attribuées à Melchior Rodigis : *Passion du Christ, Prophète Isaïe annonçant la venue du Sauveur, Les Évangélistes.*

Reprendre la D 618 vers la gauche. Peu avant le col de Peyresourde, la D 117 permet d'atteindre la station de Peyragudes.

Églises peintes de la vallée du Louron

Plusieurs églises romanes de la vallée du Louron portent, sur leur voûte de bois, d'étonnantes peintures réalisées au 16e s. par des artistes français ou espagnols. Un thème récurrent, celui du Jugement dernier que l'on trouve à Vielle-Louron, Mont et Jézeau. La représentation, parfois naïve, du diable et des créatures monstrueuses y est particulièrement évocatrice. L'enfer tient une place prépondérante dans les préoccupations de l'époque ! Il faut dire que le catholicisme, sous l'influence du concile de Trente (qui répondait au développement de la Réforme) et à la veille des guerres de Religion, se chargeait, aussi, de cultiver ce mythe...

Les églises de Vielle-Louron, Estarvielle et Mont ne sont pas toujours ouvertes. Pour les découvrir, contactez l'office du tourisme de Bordères-Louron (05 62 99 92 00), de Loudenvielle (05 62 99 95 35) ou Mémoires des vallées (05 62 99 97 70).

Peyragudes

Ce centre de ski, développé de part et d'autre de la crête qui sépare le département des Hautes-Pyrénées de la Haute-Garonne, résulte de la fusion des deux stations de Peyresourde et des Agudes. Élevez-vous un peu sur la croupe dominant l'altiport pour apprécier le **panorama★** : on découvre pour la dernière fois, en venant de l'ouest, le massif de Néouvielle finement dentelé et ponctué de neige. La descente du col sur le versant de Luchon révèle une nature riante.

On atteint le **col de Peyresourde** (alt. 1 569 m) par une combe, dont le versant opposé est bruni par la sapinière de Balestas.

Arreau pratique

Adresses utiles

Office du tourisme d'Arreau – *Château des Nestes - 65240 Arreau - ✆ 05 62 98 63 15 - www.vallee-aure.com - juil.-août : 9h-13h, 15h-17h ; reste de l'année : tlj sf w.-end 9h30-12h, 14h-18h - fermé 1er janv., 1er et 8 Mai, Ascension, 25 déc.*

Office du tourisme de la vallée du Louron – *65590 Bordères-Louron - ✆ 05 62 99 92 00 - www.lelouron.com - juil.-août : 9h-12h, 14h-18h, dim. 10h-13h ; reste de l'année : fermé dim. et j. fériés.*

Office du tourisme de Vielle-Aure – *65170 Vielle-Aure - ✆ 05 62 39 50 00 - www.vielle-aure.com - juil.-août : 10h-12h30, 14h30-19h ; reste de l'année : tlj sf dim. (hors vac. scol.) 10h-12h30, 14h-18h30 - fermé 1er janv., lun. Pâques, 1er et 8 Mai, Ascension, 25 déc.*

Visites

Carte Pass'Aure – Elle offre des réductions sur certains lieux de visite (Les Aigles d'Aure, mines de Vielle-Aure, Maison de l'ours à Saint-Lary-Soulan).

Se loger

⊖ Chambre d'hôte Domaine Véga – *65250 St-Arroman - 11 km au N de Sarrancolin par D 929 puis D 26 - ✆ 05 62 98 96 77 - fermé oct.-mai - ⊄ - 5 ch. 45/58 € - ☕ - repas 25 €.* Beau manoir du 16e s. au milieu d'un parc planté de cèdres, thuyas géants, tilleuls... Les chambres, simples et confortables, donnent sur la piscine paysagée et la campagne environnante. Le dimanche soir, pigeons du domaine au menu de la table d'hôte. Cuisine de jardin à disposition.

⊖⊖ Chez Annie et Loïc – *Au village - 65170 Guchan - ✆ 05 62 39 92 68 - http://annieetloic.free.fr - fermé mi-avr.-mi-mai et mi-oct.-mi-nov. - ⊄ - 4 ch. 57/62 € ☕ - repas 18 €.* Cet ancien corps de ferme (datant de 1781) au centre du petit bourg a été entièrement restauré. Les 4 chambres, à l'étage, garnies de lambris ou aux pierres apparentes, associent confort et caractère. On apprécie, en hiver, une bonne flambée dans la cheminée de salon. Table d'hôte familiale et traditionnelle.

⊖⊖ Hôtel d' Angleterre – *Rte de Luchon - ✆ 05 62 98 63 30 - www.hotel-angleterre-arreau.com - ouv. 14 mai-30 sept., 26-31 déc., w.-end et vac. scol. du 1er janv. au 31 mars et fermé lun. en mai-juin et sept. - P - 20 ch. 62/99 € - ☕ 8,50 € - restaurant 18/38 €.* Ancien relais de poste transformé au fil des ans en hôtel de caractère. Un bel escalier dessert les chambres coquettement rénovées. Cuisine traditionnelle et cadre campagnard « revu et corrigé » au restaurant. Salon-bar cosy.

Se restaurer

⊖⊖ Les Cimes – *Rte du Col-de-Peyresourde - 65240 Estarvielle - ✆ 05 62 99 67 21 - www.hotel-les-cimes.net - fermé 2 sem. au printemps et 1er oct.-20 déc. - formule déj. 15 € - 18/30 € - 8 ch. 35/42 € - ☕ 5 €.* La garbure, la vraie, est la spécialité de ce petit restaurant aux murs jaune pâle, décoré de photos représentant les cinq continents et offrant une vue panoramique sur la vallée. D'autres généreuses recettes du terroir (cou de canard farci, truite de montagne poêlée au beurre...) figurent aussi à la carte.

Que rapporter

Filature artisanale de laine – *9 r. Ste-Quitterie - 65410 Sarrancolin - ✆ 05 62 98 77 21 - visite tlj sf w.-end 14h-18h (juil.-août : tlj sf w.-end 10h-12h, 14h-18h) - sur RV pour les groupes.* C'est la dernière filature artisanale des Pyrénées. On y fabrique encore aujourd'hui, avec des machines datant de 1900, des nappes, des édredons et des écheveaux de laine à tricoter. Vente sur place ou par correspondance de vêtements (pulls, vestes, manteaux, etc.).

Sports & Loisirs

👁 Bon à savoir – Six grandes stations de ski entourent Arreau. Pour le ski alpin, rendez-vous à Saint-Lary-Soulan et Piau-Engaly en vallée d'Aure, Peyragudes *(voir ci-après)* et Val Louron dans la vallée du Louron. Au nord, Nistos Cap Neste et Payolle déploient 90 km de pistes réservées au ski de fond.

Domaine skiable de Peyragudes – *65240 Peyragudes.* Alt. 1 600-2 400 m. 17 remontées mécaniques. Parmi les 43 pistes de tous niveaux, celle de la vallée Blanche, encaissée dans un vaste cirque pastoral, se distingue par sa longueur impressionnante. 110 canons à neige garantissent l'enneigement du bas du domaine. Le forfait est valable dans les autres stations de Haute-Garonne. 20 km de pistes de ski de fond sont balisés en 4 boucles. En janvier s'y déroule une compétition de surf des neiges, la Peyragudes Rider's Cup…

Balnéa – *65590 Génos-Loudenvielle - ✆ 05 62 49 19 19 - www.balnea2000.com.* Bénéficiant d'une source d'eau chaude sulfurée, ce complexe thermoludique se répartit en trois espaces et trois ambiances. Abelium propice à la relaxation et à la détente dans un grand bassin lagon ouvert sur les Pyrénées, traversé de jets, de cascades… ; Héliantis, décoré à la manière des huttes indiennes, entre totems, geysers et banquette hydromassante ; enfin, l'espace tibétain réservé aux soins du corps.

Événements

Fête du gâteau à la broche – Organisée à Arreau par la confrérie du gâteau à la broche, l'avant-dernier samedi de juillet. Fabrication et dégustation de gâteaux de différentes tailles.

Fête de la pomme – Dans les rues d'Arreau, le dernier dimanche d'octobre.

Aubrac★

7 AUBRACOIS
CARTE GÉNÉRALE D1 – CARTE MICHELIN LOCAL 338 J3 – AVEYRON (12)

Des hameaux esseulés, des villages retirés, des paysages propices aux impressions de bout du monde… À 1 300 m d'altitude, sur le vaste plateau basaltique qui porte son nom, Aubrac est une petite station estivale ensoleillée et aérée. Plantée au cœur d'une région de pâturages, elle est envahie, l'été, de troupeaux de bovins. En hiver, les skieurs de fond se régalent des pentes douces !

- **Se repérer** – Aubrac se trouve au carrefour de trois grandes voies menant à Nasbinals et Espalion (D 987) ou à Laguiole (D 15). Bien que situé en Aveyron, le bourg est très proche de la Lozère et du Cantal.
- **Organiser son temps** – Comptez une journée pour le circuit, surtout si vous visitez les villes traversées.
- **Pour poursuivre la visite** – Voir aussi Laguiole, Espalion, Saint-Geniez-d'Olt.

Se promener

Une grosse tour carrée, une église romane et un bâtiment du 16e s., transformé en maison forestière, c'est tout ce qui reste de l'ancienne « dômerie » des frères hospitaliers d'Aubrac, ces moines-chevaliers qui, du 12e s. au 17e s., protégeaient les pèlerins qui se rendaient à Rocamadour ou à Saint-Jacques-de-Compostelle. Sur la place du village, le personnage en bois sculpté de Lou Cantalès représente les anciens maîtres de buron, petite maison de pierre où ils fabriquaient le fromage. En guise de mise en bouche avant la découverte de la région, faites halte à la maison de l'Aubrac *(voir l'encadré pratique)*.

Le saviez-vous ?

Aubrac, ou Albrac, tire son nom de la racine *alb-* désignant une hauteur ou une montagne… et l'a donné au plateau occupant la partie la plus méridionale des massifs volcaniques d'Auvergne.

Aubrac et sa région ont donné leur nom à une race de vaches à la robe couleur fauve, que vous aurez sans doute l'occasion de rencontrer le long du circuit ou lors de la fête de la transhumance, au moment où les troupeaux montent aux pâturages.

Jardin botanique d'Aubrac

✆ 05 65 44 28 42/06 71 02 62 90 - de mi-mai à fin oct. : 8h-20h – 2 €, 3 € visite commentée (consulter le calendrier des visites).

Zone de tourbières où s'épanouissent la linaigrette, la grassette et la drosère, ce jardin abrite plus de 500 plantes et 2 000 espèces. À côté des plantes carnivores fleurissent d'autres essences rares, aromatiques, toxiques, alimentaires ou symboliques : cistre, thé d'Aubrac, ail des ours, achillée, absinthe…

Circuit de découverte

L'AUBRAC ROUERGAT★

117 km – 4h. Quitter Aubrac au sud par la D 533 qui descend dans la riante vallée de la Boralde de Saint-Chély.

À l'entrée de Saint-Chély *(expositions permanentes à l'office de tourisme - voir l'encadré pratique)*, prendre à gauche la D 19 vers **Bonnefon**, hameau que domine une tour carrée du 15e s., dite tour-grenier, construite par les moines d'Aubrac. *3,5 km après Bonnefon, prendre à gauche la D 211.* La route pénètre dans la forêt domaniale d'Aubrac, haute futaie de hêtres agrémentée de sapins.

Brameloup

Brameloup doit son nom à l'occitan *loba*, « montagne ». Cette petite station de sports d'hiver, à caractère familial, possède des pistes largement ouvertes dans la forêt. Ski de fond, ski alpin, luge et raquettes sont autant d'activités proposées.

Faire demi-tour et prendre à gauche la D 19.

Prades-d'Aubrac

L'église du 16e s. est surmontée d'un puissant clocher octogonal. De l'extrémité du village, belle échappée sur la vallée du Lot.

Outre des vues très étendues sur les causses et les ségalas du Rouergue, la descente vers le Lot offre l'attrait d'une transformation rapide du paysage. Aux immenses pâturages qui couvrent les plateaux, où ne croissent çà et là que des hêtres rabougris, succèdent d'abord des landes, puis quelques prairies et de maigres cultures. À droite, la vallée de la Boralde commence à se creuser. Les champs se font alors plus nombreux ; on traverse des bois de châtaigniers et des vergers.

Saint-Côme-d'Olt★ *(voir Saint-Geniez-d'Olt)*

Espalion★ *(voir ce nom)*

Quitter Espalion par la D 921 au nord.

La route s'élève en direction de Laguiole, révélant de très jolies vues à droite sur les monts d'Aubrac, à gauche sur le plateau de la Viadène.

Laguiole *(voir ce nom)*

Prendre sur la gauche la D 15 à l'entrée de Laguiole.

À l'est de Laguiole, la route, une des plus élevées de l'Aubrac, traverse de vastes pâturages et quelques bois de hêtres. La vue s'étend sur le plateau de la Viadène et le Rouergue, puis sur la Margeride.

Aubrac pratique

Adresse utile

Office du tourisme de Condom et Saint-Chély-d'Aubrac – *R. de la Tour - 12470 Saint-Chély-d'Aubrac - ✆ 05 65 44 21 15 - www.stchelydaubrac.com.* Expositions sur l'élevage traditionnel de la race Aubrac et les pèlerinages à Saint-Jacques-de-Compostelle à travers les siècles. Reconstitution d'un buron miniature avec divers personnages sculptés dans le bois.

Se loger

⊖ **Chambre d'hôte Les Mazes** – *Col de Verlac - 12130 Aurelle-Verlac - ✆ 05 65 47 57 85 - www.hebergaubrac.com - ⊠ - 4 ch. 47 € ☕ - repas 15 €.* Perchée à 1 063 m d'altitude, cette charmante maison vous accueille au cœur d'un petit lieu-dit. Aménagées dans l'ancienne grange attenante, les 4 chambres au style très original semblent dédiées à la gloire du bois. Sauna à disposition. Joli patio fleuri. Randonnées balisées autour du col de Verlac.

⊖ **Chambre d'hôte Chez Ginette** – *Lieu-dit Puech-des-Fonds - 12500 Le Cayrol - ✆ 05 65 44 12 04 ou 06 80 06 19 09 - ⊠ - 3 ch. 48 € ☕ - repas 18 €.* Aménagées au rez-de-chaussée d'une villa de style moderne entourée de verdure, ces 3 belles chambres allient bonne tenue et confort douillet. Un joli mobilier réalisé par un artisan ébéniste orne chacune des pièces. Table d'hôte riche en spécialités locales (aligot et truffade), le week-end et pendant les vacances.

⊖⊖ **Hôtel La Dômerie** – *✆ 05 65 44 28 42 - david.mc@wanadoo.fr - fermé 26 oct.-31 mars - P - 27 ch. 58/80 € - ☕ 9 € - restaurant 20/39 €.* Les chambres sont classiques et confortables dans cette hostellerie de 1870. Madame est aux fourneaux et vous mitonne des recettes du pays. Monsieur est à l'accueil et vous reçoit dans une salle à manger boisée. Il conseille aussi balades et excursions dans la région.

⊖⊖ **Hôtel Le Jardin d'Éliane** – *3 av. d'Aubrac - 12500 St-Côme-d'Olt - ✆ 05 65 48 28 06 - lejardindeliane@club-internet.fr - ⊠ - 12 ch. 48/58 € - restaurant 15 €.* De par son nombre important de chambres, cette ancienne maison de maître au centre du village aurait presque des faux airs d'hôtel. On y fait aussi restaurant, midi et soir. Néanmoins, vous y bénéficierez de tout le confort et du charme d'une maison d'hôte, des petits studios à la grande suite familiale.

Se restaurer

⊖⊖ **Chez Germaine** – *Place des Fêtes - ✆ 05 65 54 44 28 47 - ouv. le midi seul. - formule déj. 24 € - 18,50 €.* Une véritable institution dans la région. Naguère, certains venaient de Paris pour déguster les spécialités de Germaine ! Aujourd'hui, sa fille a repris le flambeau, mais la saveur des plats demeure intacte. Viendrez-vous à bout de la formule, avec son confit de canard, son aligot et sa tarte maison ?

Que rapporter

La Maison de l'Aubrac – *✆ 05 65 44 67 90 - www.stchelydaubrac.com - juil.-août : tlj ; mai-juin et sept. : tlj sf lun. 10h-18h30.* En plein cœur du village, cette structure propose une présentation de la région, de son artisanat et de sa gastronomie, à partir d'expositions et de documents audiovisuels. Vente de produits de qualité, provenant essentiellement des environs. Visites patrimoine et randonnées accompagnées.

Sports & Loisirs

Bon à savoir – Créé en 1985 et orienté vers la pratique du **ski de fond**, l'Espace nordique des monts Aubrac se compose de sept stations : Aubrac, Brameloup, Lacalm, Laguiole (Aveyron), Nasbinals, Bonnecombe (Lozère) et St-Urcize (Cantal).

Golfun – Au cœur de la station de Brameloup, en pleine forêt, parcours de golf originaux sur 3 à 5 km. Ouvert en été. *Renseignements à l'office de tourisme ✆ 05 65 44 21 15.*

Pêche à la truite – *Fédération de l'Aveyron pour la pêche et la protection du milieu alieutique ✆ 05 65 68 41 52 - www.pecheaveyron.com* - Au lac des Picades, sur la route de Brameloup. Possibilité de pique-niquer sur place.

Événement

Fête de la transhumance et de la vache Aubrac – *Dernier w.-end de mai.* Montée des troupeaux dans les pâturages depuis Aubrac. À cette occasion, les vaches sont décorées de fleurs et de cloches. Diverses animations sont proposées ; déjeuner montagnard avec les produits du terroir. *✆ 05 65 44 21 15 - www.traditionsenaubrac.com*

Auch★

21 838 AUSCITAINS
CARTE GÉNÉRALE B3 – CARTE MICHELIN LOCAL 336 F8 – GERS (32)

La capitale administrative de la Gascogne présente un attrait particulier pour les touristes à la recherche d'odeurs et de saveurs. Très animée dans la semaine, la ville se farde de multiples couleurs le samedi, jour de marché. Au-dessous de cette cité dynamique et active, le quartier épiscopal est une invitation à des flâneries silencieuses. Les secrets d'Auch se dévoilent à travers le labyrinthe de ses ruelles médiévales, typiques et fleuries où, dans le fond, il est bien agréable de se perdre…

- **Se repérer** – On accède à Auch par la N 124 depuis Toulouse ou Mont-de-Marsan et par la N 21 depuis Agen ou Tarbes.
- **Se garer** – Pour aborder Auch et l'explorer à pied, on laissera la voiture de préférence en bordure du Gers (parking aménagé sur la N 21) avant de partir à l'assaut du grand escalier.
- **À ne pas manquer** – Les stalles et les vitraux de la cathédrale Sainte-Marie.
- **Organiser son temps** – Si vous disposez d'un week-end, consacrez la première journée aux déambulations dans la ville et aux visites. Le lendemain, sillonnez les villages alentour.
- **Avec les enfants** – Le jardin carnivore à Peyrusse-Massas.
- **Pour poursuivre la visite** – Voir aussi Mirande, Gimont (voir L'Isle-Jourdain), Lectoure.

Se promener

LE VIEIL AUCH

Escalier monumental

Ses 232 marches relient les quais à la place Salinis qui forme une terrasse au-dessus de la vallée du Gers. En montant vers la place Salinis, on découvre une jolie vue sur la **tour d'Armagnac** (14e s.), haute de 40 m, ancienne tour des prisons de l'Officialité.

C'est sur la place Salinis que s'élève la cathédrale *(voir description dans « Visiter »)* dont on remarque l'ordonnance des contreforts et des arcs-boutants à double volée.

Par la place de la République, on débouche sur la place de la Libération, véritable centre nerveux de la cité auscitaine.

Naissance d'un héros

Antonin Thuillier / MICHELIN

Honoré par une statue auscitaine, au pied de l'escalier d'Auch, le véritable d'Artagnan n'a sans doute pas eu une vie (tout à fait) aussi romanesque que celle que lui prêta Alexandre Dumas. Mais tout de même… Né vers 1615 au château de Castelmore, Charles de Batz, **comte d'Artagnan** (titre repris de la lignée maternelle des Montesquiou), en bon militaire, trompait l'ennui entre deux campagnes en courant les tripots de la capitale. Rien d'original à cela sinon que, déjà distingué par Mazarin, il fut investi de la confiance de Louis XIV qui le chargea de quelques missions délicates, comme les arrestations de Lauzun et de Fouquet, dont il s'acquitta avec délicatesse et discrétion. Devenu capitaine-lieutenant de la première compagnie des mousquetaires du roi, il trouva la mort lors du siège de Maastricht (1673). Ancêtre de la presse *people*, les *Mémoires de Monsieur d'Artagnan*, œuvre apocryphe publiée en 1700, répondaient aux goûts d'un public avide de ragots… et avaient sombré depuis belle lurette dans l'oubli lorsque l'ouvrage tomba entre les mains d'Alexandre Dumas. On connaît la suite…

Place de la Libération

Elle est le carrefour d'animation de la ville haute. La place est fermée au nord-ouest par l'hôtel de ville et par le terre-plein des allées d'Étigny, deux réalisations de l'intendant d'Étigny, entre 1751 et 1767. La statue du bienfaisant administrateur se dresse au sommet des escaliers. Intendant avisé de Gascogne, Antoine Mégret, baron d'Étigny, s'est rendu célèbre en lançant la station thermale de Bagnères-de-Luchon. Mais son action ne s'arrêta pas là, car c'est à lui qu'Auch doit son embellissement au 18e s.

À l'angle de la **maison Fedel** (fin 15e s.) à colombages (office de tourisme), prenez la rue Dessoles, qui fut l'artère principale de la ville haute avant l'ouverture, par d'Étigny, de rampes de contournement.

Le saviez-vous ?

L'ancienne Elimberrum (« ville neuve » en ibère) était nommée Civitas Auscius en 333, du nom des gens qui la peuplaient, les Auscii. Ceux-ci avaient établi leur capitale à Elusa, l'actuelle Eauze. Quant à savoir d'où ils venaient… On suppose que le nom a la même origine que le basque Euskarra qui, justement, signifie « basque »…

Né à Auch, **Louis Villaret de Joyeuse** (1747-1812), devint amiral, ce qui n'est guère banal pour un Gersois, et termina sa carrière comme gouverneur de Venise. **Jean Laborde** (1806-1878), lui, fut vendu comme esclave à Madagascar après un naufrage et devint conseiller de la reine Ranavalona.

Tourner à droite dans la rue Salleneuve en escalier.

De la place occupée par la halle aux herbes (légumes), remontez vers la cathédrale qui présente ici son flanc nord. À gauche, la préfecture occupe l'**ancien palais archiépiscopal** (1742-1775), dont la façade classique est rythmée par de hauts pilastres cannelés.

Passer à nouveau devant la cathédrale et retraverser la place de la République pour prendre, en face, la rue d'Espagne. Dans le bas de la rue, deux vieilles maisons (nos 20 et 22) forment un ensemble pittoresque. *Prendre à gauche la rue de la Convention.*

Les Pousterles

Bordée de vieilles demeures, la rue de la Convention permet de découvrir les Pousterles, étroites ruelles en escalier. Au Moyen Âge, ce nom désignait les poternes de l'enceinte fortifiée de la ville haute.

Au bout de la rue, tournez à gauche, montez les marches et franchissez la **porte d'Arton** à gauche, ancienne porte de la ville. La rue Fabre-d'Églantine, après avoir longé les vieux bâtiments du lycée (ancien collège de jésuites fondé en 1545), ramène à la place Salinis, d'où l'on redescendra vers le quai, non sans saluer au passage le héros de tant de lectures adolescentes, d'Artagnan *(voir l'encadré, page précédente)*.

SE LOGER

- Camping Les Mousquetaires 1
- Chambre d'hôte Le Castagné 4
- Chambre d'hôte Le Houresté 7
- Chambre d'hôte Mme Mengelle 10
- Hôtel France 13
- Hôtel Le Robinson 16

SE RESTAURER

- La Table d'Hostes 2
- Le Café Gascon 5
- Papillon 8

- Escalier monumental .... E
- Musée des Jacobins .... M
- Porte d'Arton .... N
- Ancien palais archiépiscopal .... P
- Tour d'Armagnac .... R

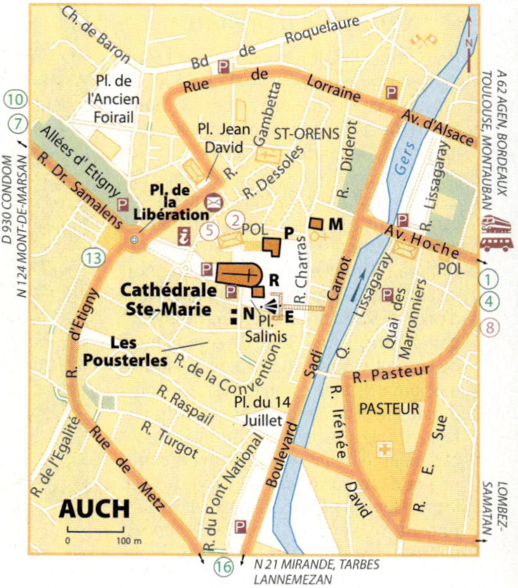

Visiter

Cathédrale Sainte-Marie★★

Fermée à l'heure du déjeuner (sf de mi-juil. à fin août).

Sa construction, commencée en 1489 par le chevet, n'a été achevée que deux siècles plus tard. Des 16ᵉ et 17ᵉ s., la **façade** présente un aspect tassé avec ses étages en retrait ; le jeu des colonnes, pilastres, corniches, balustrades et niches est très réussi. Les portails ouvrent sur un vaste porche offrant à l'intérieur une belle perspective transversale avec des arcs de séparation traités en arcs de triomphe à l'antique.

Pour une description en image, reportez-vous à l'ABC d'architecture p. 76.

Passé le porche, remarquez le grand orgue du 17ᵉ s., de style baroque, œuvre de Jean de Joyeuse. Les voûtes, construites sur croisées d'ogives en plein 17ᵉ s., confèrent au bâtiment une certaine unité intérieure. L'ensemble marque l'emprise du gothique « français » : collatéraux moins hauts que la nef, triforium entre les grandes arcades et les fenêtres hautes. La chapelle axiale est flanquée à droite par la chapelle du Saint-Sépulcre qui abrite une monumentale Mise au tombeau du début du 16ᵉ s., et à gauche par la chapelle Sainte-Catherine ornée d'un retable en pierre du 16ᵉ s.

Le chœur, aussi vaste que la nef, conserve deux ensembles artistiques de premier ordre, les vitraux et les stalles. *Commencer le tour du déambulatoire par la gauche.*

Vitraux★★ – Les chapelles du déambulatoire ont été dotées de 18 verrières dues au verrier gascon Arnaud de Moles (1460-1520). Remarquez les figures d'hommes, presque caricaturales, et les scènes familières représentées à la base des vitraux. Les grandes figures très expressives, la palette de couleurs, les lames de verre de grande dimension, la décoration combinant les médaillons et accolades à l'antique avec les dais du gothique flamboyant font des vitraux de Sainte-Marie un chef-d'œuvre de l'art du vitrail du début du 16ᵉ s. La répartition des sujets tient compte, suivant les thèses des théologiens de l'époque, de la concordance entre l'Ancien Testament, le Nouveau Testament et le monde païen, comme en témoigne la représentation des sibylles.

Stalles★★★ – *✆ 05 62 05 04 64 - de mi-juil. à fin août : 8h30-18h30 ; de déb. avr. à mi-juil. et sept.-oct. : 8h30-12h, 14h-18h ; nov.-mars : 9h30-12h, 14h-17h - 2 € (-13 ans gratuit).*

Ce gigantesque chef-d'œuvre demanda cinquante années de travail (vers 1500-1552). Les 113 stalles de chêne, dont 69 stalles hautes abritées par un baldaquin flamboyant, sont peuplées de plus de 1 500 personnages ! Le thème d'ensemble manifeste le même souci de parallélisme que les vitraux. La Bible, l'histoire profane, la mythologie et la légende y mêlent leurs motifs.

Les statues qui décoraient le jubé démoli au 19ᵉ s., en particulier la scène représentant les quatre évangélistes à table, ont trouvé place au couronnement du retable (1609) clôturant le chœur, du côté de l'abside.

Musée des Jacobins

✆ 05 62 05 74 79 - avr.-oct. : 10h-12h, 14h-18h ; fév.-mars et nov.-déc. : 14h-17h - fermé janv., 1ᵉʳ et 11 Nov., 25 déc. - 3 € (6-18 ans 1,50 €).

Installé dans l'ancien couvent des Jacobins, il a profondément renouvelé la présentation de ses collections, exposées sur trois niveaux. Au sous-sol, on voit parmi les collections gallo-romaines un exceptionnel ensemble de fresques datant du début de l'ère chrétienne. L'art médiéval est représenté par l'impressionnant gisant du cardinal Jean d'Armagnac ainsi que par des chapiteaux et colonnes provenant de l'ancien couvent des Cordeliers d'Auch. Au rez-de-chaussée, une très riche collection de poteries précolombiennes et une soixantaine de sculptures polychromes, vêtues d'habits brodés, illustrent l'art sacré péruvien, chilien et mexicain. Peintures et objets d'art parent les salles du 18ᵉ s. : salon recouvert de tapisseries d'Aubusson illustrant les fables de La Fontaine, clavecin en bois polychrome. Au 1ᵉʳ étage, après une belle collection d'antiquités égyptiennes, puis les magnifiques sculptures d'Antonin Carlès (artiste local), un aperçu des arts et traditions populaires (mobilier, faïences, statuettes d'art religieux, costumes gascons).

Aux alentours

Pavie

5 km au sud par la N 21. Cette bastide fut créée en 1281 sur le site d'une villa gallo-romaine. Il reste quelques vestiges de son enceinte irrégulière dont une tour de guet du 14ᵉ s. englobée dans une maison. Les rues à angle droit formant des carrés sont parfois bordées de belles maisons anciennes à colombages (rues d'Étigny et de la Guérite). L'église du 13ᵉ s., restaurée au 19ᵉ s., a gardé son clocher carré du 14ᵉ s. Un vieux pont gothique à trois arches enjambe mélancoliquement le Gers.

Montaut-les-Créneaux

10 km au nord-est par la N 21 et la D 272. Bâti autour de son château, ce castelnau possède de belles maisons à encorbellements et à colombages. À voir : l'église bénédictine du 12e s. dédiée à saint Michel et la tour-porte que l'on emprunte par un passage voûté doté d'une herse.

Circuits de découverte

ROUTE DES BASTIDES ET DES CASTELNAUX

Vous pourrez la suivre sur une centaine de kilomètres. Pour la rejoindre, quittez Auch à l'ouest par la N 124 en direction de Mont-de-Marsan ; à 5 km, prenez à gauche la D 943, puis suivez la signalisation « Route des bastides et des castelnaux ».

AU CŒUR DE LA GASCOGNE

75 km – environ 1h30. Quitter Auch au nord par la N 21 en direction d'Agen ; à 8,5 km, à la sortie de Preignan, prendre sur la gauche la D 272. Au-delà de Roquelaure, qu'on laisse sur la gauche, poursuivre par les crêtes le long de la D 148. Tourner à gauche vers Peyrusse-Massas.

Le jardin carnivore à Peyrusse-Massas

05 62 65 52 48 - www.natureetpaysages.fr - juil.-août : tlj sf mar. 10h-12h, 14h-19h ; mai-juin et sept. : tlj sf mar. et merc. 14h-18h ; fermé oct.-avr. - visites guidées à 11h, 15h, 16h et 17h - 3 € (+7 ans 2 €) visite jardin, 5 € visite jardin et pépinière (+7 ans 3 €).

Avec 550 espèces de plantes carnivores, cette collection compte parmi les plus grandes du monde. Après un film documentaire (10mn), une balade audioguidée dans le jardin botanique, autour des marécages aux noms évocateurs, vous mènera à la rencontre des hôtes de ces lieux dont la dionée ou « gobe-mouche de Vénus » aux longs cils, friande de l'insecte qu'elle englue de ses polis visqueux. Poursuivez la visite dans la pépinière (lieu de vente) et terminez par la collection nationale où vous pourrez observer ce que deviennent les plantes carnivores en vieillissant.

Revenir sur la D 148 et, à la sortie de Mérens, prendre à gauche la D 518 puis la D 103.

La route parcourant un doux paysage vallonné offre une belle vue sur Lavardens dominé par son château.

Lavardens

Ce pittoresque bourg médiéval est massé au pied de l'éperon du château, imposante bâtisse découronnée que semble coiffer le clocher de l'église. Une flânerie dans les étroits « carrelots » (ruelles) permettra de découvrir les vestiges des remparts et les tours quadrangulaires de l'enceinte. C'est l'ancienne résidence des comtes d'Armagnac, rasée sur l'ordre de Charles VII, qui a servi de base au **château** élevé par les Roquelaure au 17e s. Maintes fois interrompue, la reconstruction ne fut jamais achevée. Cet ensemble imposant, percé de fenêtres à double croisée de pierre, fut hardiment lancé vers l'ouest, où la façade est cantonnée de tourelles carrées établies sur des trompes d'angle, en surplomb au-dessus du sentier d'accès. Un escalier taillé

Antonin Thuillier / MICHELIN

Le village médiéval de Lavardens.

dans le roc mène aux grandes salles voûtées, dont quelques-unes présentent un beau **pavement** mozarabe de brique rose et de pierre aux motifs géométriques variés. De l'étage supérieur, **vue** imprenable sur les collines avoisinantes. *✆ 05 62 58 10 61 - www.chateaulavardens.com - juil.-août : 10h-19h ; avr.-juin : 10h30-12h30, 14h-18h (dim. et j. fériés 17h) ; de mi-fév. à fin mars et de déb. sept. à mi-janv. : 10h30-12h30, 14h-17h - fermé de mi-janv. à mi-fév. - 7 € (enf. 4 €).*
Le village est chaque année le théâtre d'une rencontre internationale d'épouvantails à moineaux *(voir l'encadré pratique).*

Poursuivre sur la D 103 à l'ouest et couper la D 930.

Jegun

Ce village, étiré sur une arête rocheuse, est un ancien bourg ecclésial intégré dans une bastide dont il a gardé le plan en îlots parallèles. La rue principale est bordée par l'ancienne halle et de vieilles demeures, dont une belle maison à colombages. À l'est, l'ancienne collégiale Sainte-Candide, étayée par de puissants contreforts, a été élevée à la fin du 13e s. sur une terrasse dominant la vallée de la Loustère.

Poursuivre encore à l'ouest sur la D 103.

Vic-Fezensac

Cette localité du bas Armagnac connaît une animation intense lors des marchés, des ferias et de son festival Tempo Latino *(voir l'encadré pratique)*. Devant les arènes, une statue a été érigée en hommage au matador de Cadix, Francisco Ruiz Miguel. L'église Saint-Pierre, au clocher octogonal surmonté d'un lanternon, conserve de l'époque romane une abside en cul-de-four et l'absidiole sud décorée de fresques du 15e s. (vestiges). À gauche de l'entrée, remarquez les fonts baptismaux en marbre blanc, gracieuse sculpture du 18e s. représentant trois enfants soutenant une vasque.

Quitter Vic-Fezensac au sud-est par la N 124, route d'Auch. À St-Jean-Poutge, prendre la direction de L'Isle-de-Noé par la D 939. Avant de bifurquer à gauche dans la D 374, l'attention est attirée par un curieux édicule creusé d'une niche : il s'agit d'une **pile gallo-romaine**, qui a gardé, à ce jour, tout son mystère.

Biran

Dans cet ancien castelnau établi sur un éperon, l'unique rue relie la porte fortifiée aux vestiges du donjon. L'**église Notre-Dame-de-Pitié** abrite un retable monumental en pierre sculptée sur les thèmes de la Pietà, de la Descente de Croix et de la Mise au tombeau. *✆ 05 62 64 68 96 (Charlotte Vaisse) ou ✆ 05 62 64 60 83 (Jean-Paul Cassou) - sur demande 10h-12h, 14h-18h.*

Poursuivre sur la D 374 qui rejoint la N 124. Peu après, emprunter la deuxième route à droite vers Ordan-Larroque.

Ordan-Larroque

Ce petit village fleuri perché sur une éminence rocheuse s'enorgueillit de posséder, derrière l'église, un érable vieux de deux siècles. De la place de la mairie, beau point de vue sur la vallée. Des témoignages des époques passées sont présentés au **conservatoire municipal d'archéologie et d'histoire** - *✆ 05 62 64 60 09 (mairie) - visite guidée juil.-août : merc.-dim. 9h-13h, 15h-19h ; reste de l'année : sur demande - gratuit.*

Regagner Auch par la N 124. La route gagnant le bassin du Gers s'incline vers Auch dans un cadre de collines mouvementées.

ENTRE ARÇON ET GIMONE

65 km – environ 1h30. Quitter Auch au nord-est par la N 124, route de Toulouse.

On passe devant le **château de Saint-Cricq** (1574), qui sert aujourd'hui de centre d'accueil et de congrès à la ville d'Auch. À 7,5 km apparaît sur la gauche, précédée d'une prairie, la longue façade sud du **château de Marsan** (18e-19e s.), propriété de la famille de Montesquiou.

Au premier rond-point en entrant dans Gimont, tourner à droite sur la D 12 en direction de Saramon. Vous entrez dans Gimontois, formé de petites routes qui ondulent à travers les champs, dans un paysage digne de la Toscane. *La chapelle est immédiatement à droite.*

Chapelle Notre-Dame-de-Cahuzac

Cette chapelle a été élevée au 16e s. en brique et pierre, en l'honneur d'une apparition de la Vierge à un jeune berger. Bien que de dimension plus modeste, elle suit le plan de l'église de Gimont. Remarquez le portail gothique et ses portes sculptées avec les douze apôtres, ainsi que les 400 plaques de marbre, médaillons et ex-voto.

Gimont *(voir L'Isle-Jourdain)*

Revenir sur la D 12 vers Saramon. L'abbaye se trouve sur la gauche.

Abbaye de Planselve

✆ 05 62 67 77 87 - quelques visite guidées sont organisées en été par le syndicat d'initiative de Gimont - on pénètre seulement dans le hall d'entrée et les pigeonniers - 2 €.
Cette abbaye cistercienne du 12e s., occupée jusqu'en 1789, date à laquelle elle fut pratiquement détruite, a récemment fait l'objet d'une restauration partielle. Elle est entourée d'un important mur d'enceinte en brique longeant la route. La porterie est une œuvre gothique à deux travées couvertes de voûtes d'ogives. De l'ensemble du site, il ne reste que le bâtiment des convers, avec ses dix travées romanes du 12e s., ainsi que deux pigeonniers, l'un conservant une glacière en sa partie inférieure, l'autre (celui du nord) décoré d'une clé de voûte représentant un abbé avec sa crosse.

Toujours sur la D 12, 2,5 km avant Saramon prendre à droite vers Boulaur.

Abbaye Sainte-Marie de Boulaur

✆ 05 62 65 40 07 - www.boulaur.org - visite guidée (20mn) à horaires précis - gratuit.
Dans le petit village de Boulaur, perché au-dessus de la vallée de la Gimone, l'abbaye a été fondée au 12e s. par l'ordre de Fontevraud. Elle est actuellement habitée par des moniales d'obédience cistercienne. Remarquez le haut chevet en brique et pierre de l'église abbatiale, les peintures murales du 15e s. ainsi que la série d'arcatures en plein cintre qui court sous le toit du mur sud. Si vous appréciez le chant grégorien, n'hésitez pas à pousser la porte de l'église pour assister à un office. Production et vente en boutique de confitures, pâtés et fromage de vache « Saint-Germier ».

Reprendre la D 12 sur la gauche (direction Gimont) et tourner encore à gauche dans la D 626, route sinueuse où l'on voit se profiler le village de Castelnau-Barbarens.

Castelnau-Barbarens

Cet ancien bourg castral, créé au 12e s., enroule ses maisons en arcs concentriques autour de la colline portant l'église. Du château des comtes d'Astarac ne subsiste plus que la tour qui sert de clocher. La terrasse offre une **vue** panoramique sur la vallée de l'Arrats et les collines avoisinantes.

Reprendre la D 626 en direction d'Auch. Sur 2 km, en atteignant le plateau, la D 626 offre le plus beau **panorama★** du circuit en direction des Pyrénées. La route traverse **Pessan**, ancienne sauveté établie autour d'une abbaye fondée au 9e s.

Auch pratique

Adresses utiles

Office du tourisme d'Auch – *Maison Fedel - 1 r. Dessoles - 32000 Auch - ✆ 05 62 05 22 89 - www.auch-tourisme.com - juil.-août : 9h30-18h30, dim. 10h-12h15, 15h-18h ; mai-juin et sept. 9h15-12h, 14h-18h30, dim. 10h-12h15 ; oct.-avr. : 9h15-12h, 14h-18h.*

Office du tourisme de Vic-Fezensac – *22 pl. Julie-Saint-Avit - 32190 Vic-Fezensac - ✆ 05 62 06 34 90 - www.vic-fezensac.com - 9h-12h, 14h-18h, sam. 10h-12h, 15h-17h.*

Visite

Visite guidée de la ville – Le centre historique (l'escalier monumental avec la statue de d'Artagnan, les Pousterles) est au programme de cette visite d'1h qui a lieu du mardi au samedi (juil.-août à 11h). *Renseignements à l'office de tourisme.*

Se loger

⊖ **Camping Les Mousquetaires** – *32390 Mirepoix - ✆ 05 62 64 33 66 - www.chalets-mousquetaires.com - ⊭ - réserv. obligatoire - 11 chalets 250/450 €/sem. pour 4 à 6 pers.* Reconvertie en location exclusive de chalets, cette structure propose des formules d'hébergement tout confort avec service petit-déjeuner, très intéressantes pour les familles. En juillet et août, animations-découvertes pour les enfants et randonnées pour les plus grands. Location à la nuitée hors saison.

⊖ **Hôtel Le Robinson** – *Rte de Tarbes - ✆ 05 62 05 02 83 - www.hotelrobinson.net - fermé vac. de fév. et 24 déc.-7 janv. - P - 23 ch. 45/47 € - ☕ 6 €.* Dans un parc en retrait de la route, cet hôtel des années 1960 a l'allure d'un grand chalet. Chambres fonctionnelles qui s'ouvrent sur les arbres. Choisissez celles avec balcon.

⊖ **Chambre d'hôte Le Castagné** – *Rte de Toulouse - ✆ 05 62 63 32 56/06 07 97 40 37 - www.domainelecastagne.com - ⊭ - 4 ch. 46 € ☕.* Une véritable entreprise de loisirs que cette maison du 19e s. restaurée. Piscine, minigolf, pêche et pédalos sur le lac, les activités ne manquent pas. Les chambres, nanties de meubles de famille, ouvrent sur la campagne gersoise. Accueil exemplaire.

Chambre d'hôte Le Houresté – *32360 Jégun - 3 km à l'O de Jégun par D 103 rte de Vic-Fézensac - ✆ 05 62 64 51 96 - ⌿ - 4 ch. 50 €* ☕. Sur une exploitation agricole, accueillante maison du 19ᵉ s. agrémentée d'une belle glycine et de rosiers. Chambres d'hôte pas très grandes mais bien aménagées ; l'une d'elles occupe un minichalet tandis que l'ancien pigeonnier abrite un gîte. Jardin fleuri, verger et basse-cour participent au charme de cette adresse où les propriétaires panachent avec bonheur convivialité et simplicité.

Chambre d'hôte Mme Mengelle – *Au village - 32360 Jégun - ✆ 05 62 64 55 03 - fermé nov.-mars - ⌿ - 5 ch. 53 € ☕ - repas 25 €.* Meubles anciens, tapisseries et tissus muraux de couleurs sourdes, et çà et là quelques notes africaines signent l'ambiance de cette ancienne maison de maître restaurée. L'une des chambres possède un lit à baldaquin. Accueil d'une grande discrétion.

Hôtel France – *Pl. de la Libération - ✆ 05 62 61 71 71 - www.hoteldefrance.auch.com - 29 ch. 81/310 € - ☕ 15 € - restaurant 27/52 €.* Ancien relais de poste abritant de spacieuses chambres personnalisées. L'une d'elle, de style rococo, servit de décor lors du tournage du film *Le Bonheur est dans le pré*. Avec ses moulures, boiseries et vitraux, le restaurant conserve sa belle âme d'antan.

Se restaurer

Papillon – *Le Petit Guilhem, RN 21 - 32810 Montaux-les-Crénaux - ✆ 05 62 65 51 29 - www.restaurant-le-papillon.com - 13,50 € déj. - 16/41 €.* La réputation de ce restaurant aménagé dans un pavillon récent situé en retrait de la route nationale n'est plus à faire dans la région. Sa carte substantielle et variée propose une goûteuse cuisine régionale faisant la part belle aux spécialités du terroir gascon.

La Table d'Hostes – *7 r. Lamartine - ✆ 05 62 05 55 62 - réserv. obligatoire - 16/23 €.* Dans une rue étroite de la vieille ville, face aux halles et proche de la cathédrale, ce modeste restaurant rustique est bien agréable avec sa terrasse adossée au marché couvert. Cuisine du terroir, d'un bon rapport qualité/prix.

Le Café Gascon – *5 r. Lamartine - ✆ 05 62 61 88 08 - cafe.gascon@wanadoo.fr - fermé janv.-mars et merc. - réserv. obligatoire - 20/45 €.* Les deux salles à manger de ce petit restaurant sont séparées par un vieil escalier en bois. Soyez patient car la cuisine du terroir est réalisée à la minute. À la fin du repas, le café gascon est préparé sous vos yeux.

Que rapporter

Boutique Claude-Laffitte SARL – *34 r. Dessoles - ✆ 05 62 05 04 80 - tlj sf lun. 9h30-12h30, 13h30-19h, dim. 9h30-12h30 - fermé j. fériés apr.-midi.* Dans cette boutique de produits régionaux, vous pourrez acheter vins de pays, armagnac, foie gras, confit, rillons et autres bonnes choses du pays d'Auch…

Maison de Gascogne – *R. Gambetta - ✆ 05 62 05 12 08 - juil.-août : 10h-13h, 14h30-19h, dim. 14h30-19h.* Chaque été, les commerçants se réunissent à cet endroit pour exposer et vendre les produits de la région : foie gras, armagnac, croustade, artisanat d'art et ébénisterie.

Groupement agricole de la Gouardère – *Chemin d'Esparebent - suivre le canard jaune - 32810 Roquelaure - ✆ 05 62 65 56 51 - www.ferme-lagouardere.com - 9h-18h.* Ici, le canard est roi ! Élevé à la ferme, vous pouvez le déguster sur place pendant l'été (jolie salle à manger campagnarde) ou, toute l'année, faire provision de foies gras, magrets, rillettes, pâtés et confits en passant à la boutique. Visite des ateliers de gavage et de la conserverie.

Sports & Loisirs

Aéro-club Gascon – *Aérodrome d'Auch-Lamothe - ✆ 05 62 63 37 23 - acgascon@wanadoo.fr - permanence : tlj sf dim. 9h-12h, 14h-18h - fermé j. fériés.* Cet aéro-club organise des vols d'initiation en avion. D'autres associations installées sur le même aérodrome proposent des vols en montgolfière et en planeur.

Événements

Concerts d'orgue – Claviers d'été (juil.-août le dimanche à 18h, concerts d'orgue en la cathédrale Sainte-Marie). Gratuit.

Festival Tempo Latino - Fin juil. à Vic-Fezensac, 4 jours de rencontres musicales. *✆ 05 62 06 56 66 - www.tempo-latino.com*

Manifestations taurines - À Vic-Fezensac, la tradition taurine est restée très vivante. Trois manifestations rythment l'année : la **Feria del toro**, à la Pentecôte, la **Semana Grande**, en août et la **Fiesta Campera** en septembre.

Foire aux plantes rares – Chaque 2ᵉ dim. d'oct. à Ordan-Larroque.

Antonin Thuillier / MICHELIN

Statue du matador Ruiz Miguel à l'entrée des arènes de Vic-Fezensac.

Aurignac

980 AURIGNACIENS
CARTE GÉNÉRALE B3 – CARTE MICHELIN LOCAL 343 D5 – HAUTE-GARONNE (31)

C'est l'ancienne ville forte des comtes de Comminges, qui s'étire sur l'une des dernières rides des Pyrénées, à l'ouest de la Garonne. Elle possède de nombreuses maisons médiévales et Renaissance ainsi qu'une église dotée d'un porche remarquable. Site préhistorique important, Aurignac est par ailleurs une étape incontournable si vous vous passionnez pour les hommes de Cro-Magnon.

- **Se repérer** – 22 km au nord-est de Saint-Gaudens. La petite cité comtale se trouve à hauteur du confluent du Salat et de la Garonne.
- **À ne pas manquer** – Les abords de l'abri préhistorique ; les panoramas depuis le donjon et les carrières de Belbèze ; la « vache d'Alan ».
- **Organiser son temps** – Si la ville se parcourt rapidement, les alentours méritent un temps de découverte plus important. Comptez une demi-journée, haltes et flâneries comprises.
- **Pour poursuivre la visite** – Voir aussi Saint-Gaudens, Montmaurin, Rieux, Saint-Lizier, Saint-Girons.

Comprendre

Bonne pioche – Tout commence en 1852 par le coup de pioche d'un terrassier local qui, affairé près de la route de Boulogne-sur-Gesse, met au jour, sous une roche, un abri funéraire. Sur le coup, la découverte n'émeut pas grand monde : les guerres religieuses sont passées par là et les nécropoles abondent en pays gascon. Alors, une de plus, une de moins… Les squelettes sont ensevelis au cimetière communal et plus personne à Aurignac ne repense à l'affaire… jusqu'en 1860, lorsque l'attention d'Édouard Lartet est attirée par le gisement. Il entreprend aussitôt des fouilles et sa récolte de silex et d'os taillés est assez fructueuse pour lui permettre d'ébaucher une première chronologie du paléolithique. C'est une grande aventure scientifique qui commence, du vivant de Lartet, par la découverte, aux Eyzies-de-Tayac, des squelettes de Cro-Magnon, type humain témoin de la période aurignacienne.

Le saviez-vous ?

Probablement dérivé de celui d'un colon gallo-romain, Aurius, le nom de la ville sert désormais à désigner la civilisation aurignacienne. Un paléontologue averti vous dira que cette civilisation était contemporaine de celle de Cro-Magnon qui, au paléolithique supérieur, a succédé au moustérien…

Les travaux du préhistorien gersois **Édouard Lartet** (1801-1871) ont contribué à la renommée de la petite cité dans le milieu scientifique.

L'abri préhistorique est situé à la sortie d'Aurignac, sur la route de Boulogne-sur-Gesse (D 635).

Visiter

Musée de Préhistoire

Fermé et prochainement remplacé par un musée-Forum, en cours de construction à l'entrée sud de la ville. Réouverture prévue en 2008 ; se renseigner au 05 61 98 90 08.
Fouilles d'Aurignac : outillage (dont les typiques grattoirs « carénés » aurignaciens), ossements d'animaux (ours, hyène, rhinocéros, lion) recueillis par F. Lacorre en 1938-1939 aux abords de la grotte. Hommage à Édouard Lartet.

Église Saint-Pierre

Tout à votre intérêt pour la vie de ces lointains ancêtres, il ne faut pas en négliger pour autant le **porche** et le portail (de style gothique flamboyant) du clocher fortifié élevé au 16e s., seule partie de l'église à présenter quelque intérêt. Provenant d'une église détruite (l'église Saint-Michel), le porche présente quatre colonnes torses (très rares en France). Les chapiteaux historiés, dégrossis en quartiers d'hexagone lorsqu'on les regarde depuis la rue, présentent, vus de l'intérieur du porche, la forme d'un dé. Au trumeau et au tympan du portail, deux statues superposées : une Vierge à l'Enfant, du 17e s., et *Le Christ attendant la mort*, du 15e s.

Donjon

Le **panorama★** se départage de part et d'autre du sommet du Cagire, lourde montagne boisée caractéristique du second plan. À gauche, les Pyrénées ariégeoises et le massif de la Maladetta avec le pic d'Aneto ; à droite, le massif glaciaire de Luchon, l'Arbizon et le pic du Midi de Bigorre.

Circuit de découverte

ENTRE GARONNE ET SALAT

70 km – environ 1h30. Quitter Aurignac au nord-est par la D 8, puis continuer sur la D 10 vers Alan.

Alan

Cette bastide, fondée en 1270 par le sénéchal Eustache de Beaumarchés, devint une des résidences préférées des évêques de Comminges. Elle garde ses douves encore en eau, quelques vestiges de remparts et une porte gothique. Sur la place se dresse l'église, reconstruite au 18e s., mais portant encore un clocher-mur à trois étages, du 14e s. À gauche de la Grand-Place, un portail en fer forgé surmonté d'une mitre donne accès au **palais des Évêques,** dont les bâtiments s'ordonnent autour d'une cour intérieure. Une tourelle d'escalier, percée d'une porte de style gothique flamboyant (15e s.), est surmontée d'un tympan sculpté en haut relief représentant la « **vache d'Alan** »★ qui porte au cou les armes de l'évêque Jean-Baptiste de Foix-Grailly (1466-1501), auteur de ces embellissements. Au linteau, devise latine : *Diligentes pacem quiescite nobiscum* soit : « Vous qui recherchez la paix, venez vous reposer avec nous. » La sculpture manqua d'être exilée par deux fois et ne dut sa sauvegarde qu'à l'opposition farouche de la population, puis au sauvetage, à partir de 1969, du palais des Évêques, alors en ruine. *✆ 05 61 98 90 72 - visite guidée (25mn) de fin juin à déb. oct. : w.-end sf sam. matin 10h-12h, 15h-18h - 3 € (-12 ans gratuit).*

Poursuivre sur la D 10.

Martres-Tolosane

La cité s'ordonne autour d'un anneau de boulevards cernant le quartier d'où pointe le clocher gothique de l'église. Elle s'élève sur le territoire de l'ancien domaine gallo-romain de Chiragan dont la villa a livré près de 300 statues et bustes, déposés au musée Saint-Raymond de Toulouse.

L'**église Saint-Vidian**, qui remonte au 14e s., s'élève à l'emplacement d'une basilique funéraire, elle-même fondée sur une nécropole paléochrétienne (d'où sans doute le nom de Martres, désignant en occitan, d'après le latin *martiri*, un cimetière). Outre les sarcophages, on remarque dans la nef, à gauche, la chapelle Saint-Vidian qui s'ouvre sous l'ancien portail de l'église romane. Les reliques du martyr sont disposées dans un monument de pierre de style flamboyant.

La D 10 longe maintenant la Garonne.

Cazères

Cette ancienne étape de pèlerins et de marchands, sur la route qui mène de Toulouse aux Pyrénées, est un important centre de batellerie sur la Garonne. Il tire un agrément nouveau de sa position sur le léger abrupt d'une rive concave du fleuve, depuis qu'un barrage EDF en a rehaussé le niveau, créant ainsi un plan d'eau propice aux activités nautiques. L'**église**, des 14e et 15e s., conserve un **trésor** présentant des bustes-reliquaires (sainte Quitterie), des vêtements sacerdotaux et des documents ayant trait à

Stéphane Sauvignier / MICHELIN

Les faïences colorées de Martres-Tolosane.

Faïence d'apothicaires

Martres-Tolosane est célèbre depuis le 18e s. pour sa faïencerie *(voir l'encadré pratique p. 314)* qui utilise encore des techniques ancestrales. Après avoir été entreposée neuf mois pour le « pourrissement », l'argile calcaire est pétrie et façonnée en « croûtes », qui sont estampées sur des moules en plâtre reproduisant des œuvres anciennes ou des créations. Après le démoulage, l'ébarbage (nettoyage) et le séchage, la pièce est cuite une première fois. L'émaillage se fait ensuite par trempage, puis les décors sont appliqués sur émail cru, selon la technique de la faïence au grand feu. La pièce subit alors une seconde cuisson au four à 940 °C. Les décors ? Ce sont souvent des motifs traditionnels : décors de Moustiers, ibis, rose de Samadet et de Montpellier, grotesques, vieux Martres, fleur mauve ou bleue sur émail jaune. Autrefois, la faïencerie de Martres-Tolosane fournissait aux apothicaires des pots à onguents, des vases divers, des pots-canons portant des inscriptions décrivant leur contenu.

l'histoire locale (confréries, pèlerinages). Sur les fonts baptismaux à cuve décagonale, remarquez l'agneau et la croix du diocèse de Rieux sculptés.

Traverser la Garonne en direction de Couladère. Au niveau de Mauran, prendre la D 83 à gauche. Celle-ci offre des vues très dégagées sur les Petites Pyrénées, particulièrement avant Ausseing.

Panorama des carrières de Belbèze★

1/4h à pied. Laisser la route de Belbèze-en-Comminges et prendre à gauche l'itinéraire signalé « Table d'orientation ». Du parking, on monte à vue vers la table d'orientation érigée sur un versant pierreux de la montagne : panorama sur la dépression du Salat et les Pyrénées ariégeoises ; sur la droite, le pic du Midi de Bigorre, le pic de Montaigu et les derniers contreforts pyrénéens vers le Pays basque. La pierre extraite des carrières de Belbèze a souvent été utilisée à Toulouse.

Emprunter la D 26 puis la D 52 sur la gauche pour rejoindre Mazères-sur-Salat. Tourner à gauche dans la D 13.

Salies-du-Salat

Station thermale et climatique possédant l'eau la plus minéralisée d'Europe (322 g de sels par litre), Salies-du-Salat occupe un site agréable et verdoyant dans les premiers contreforts des Pyrénées, au bord du Salat. De vieilles maisons restaurées (autour de la rue de la République où l'on pourra voir une halle aux grains du 18e s.), des parcs ombragés et des rues piétonnes agrémentent la visite. Juchées sur un promontoire, les ruines du château (12e s.) et de l'église au clocher-fronton offrent une belle vue sur la vallée et, par temps clair, sur la chaîne des Pyrénées.

Prendre la D 117 vers le nord.

Saint-Martory

Le nom de la ville évoque le martyre de chrétiens sous les coups des Sarrasins. Serrée entre la Garonne et la paroi abrupte de l'Escalère, la localité possède un **pont** à trois arches, de 1727, qui s'inscrit dans une perspective monumentale. À l'arc triomphal de la rive droite répond sur la rive gauche, au-delà du carrefour central, une porte de ville traitée dans le même style. Le **barrage** élevé à hauteur de l'église dévie une partie des eaux de la Garonne dans le canal de Saint-Martory, long de 70 km, creusé de 1846 à 1877 pour l'irrigation des hautes terrasses sèches de la Garonne, jusqu'aux abords de Toulouse. Saint-Martory a vu naître en 1897 le spéléologue Norbert Casteret, explorateur de nombreux gouffres et grottes, et qui a dissipé en 1931 le mystère des sources de la Garonne.

Suivre au nord-est la N 117 sur 3 km.

Menhirs de Mancioux

Ils sont situés au bord de la route, dans la cluse de Boussens. Cette coupure de la Garonne à travers les Petites Pyrénées, grande voie de passage et d'invasion, consiste en chaînons calcaires habités dès la préhistoire. Les menhirs furent conservés par les Romains comme balises, à une bifurcation de la voie romaine menant de Toulouse à Saint-Bertrand-de-Comminges.

Poursuivre sur la N 117, puis emprunter à gauche la D 635 pour regagner Aurignac.

Aurignac pratique

Adresses utiles

Office du tourisme d'Aurignac – *R. des Nobles - 31420 Aurignac - ✆ 05 61 98 70 06 - www.aurignac.fr - juil.-août : 9h30-12h30, 14h-18h ; reste de l'année : mar., ven. et sam. 9h-12h30, 14h-18h.*

Office du tourisme de Cazères-sur-Garonne – *31220 Cazères-sur-Garonne - ✆ 05 61 90 06 81 - www.tourisme.fr - juil.-août : 9h-12h30, 15h-18h30, dim. 10h-12h30 ; reste de l'année : tlj sf dim. 9h-12h, 14h-17h.*

Office du tourisme de Martres-Tolosane – *Pl. Henri-Dulion - 31220 Martres-Tolosane - ✆ 05 61 98 66 41 - www.mairie-martres-tolosane.fr - juin-sept. : 10h-18h ; reste de l'année : tlj sf dim. 9h-12h30, 13h30-17h30.*

Office du tourisme de Saint-Martory – *17 r. des Écoles - 31360 Saint-Martory - ✆ 05 61 97 40 48 - www.petitespyrenees.com - juil.-août : 10h-12h, 15h-19h.*

Office du tourisme de Salies-du-Salat – *Bd Jean-Jaurès - 31260 Salies-du-Salat - ✆ 05 61 90 53 93 - http://salinea.free.fr/salies-salat - juil.-août : tlj sf dim. 10h-12h30, 14h-18h (sam. 17h) ; reste de l'année : tlj sf sam. (hors mai-sept.) et dim. 10h-12h, 14h-18h - fermé 3 sem. en déc.*

Se loger

Chambre d'hôte Le Poupat – *Rte de Bachas - 31420 Alan - ✆ 05 61 98 98 14 - 3 ch. 55 € - repas 17 €.* Cette grande bâtisse du 16e s., nichée dans un vaste parc isolé en pleine campagne, abrite des chambres sobrement décorées où poutres apparentes, mobilier rustique, murs colorés et bibelots créent une plaisante atmosphère. Salon et salle à manger sont dotés de cheminées d'époque. Piscine et chevaux.

Ax-les-Thermes

1 441 AXÉENS
CARTE GÉNÉRALE C4 – CARTE MICHELIN LOCAL 343 J8 – ARIÈGE (09)

Ax-les-Thermes est une cité de villégiature estivale ainsi qu'une station thermale et de sports d'hiver gaie et pimpante. De plus, on peut laisser sa voiture sur des parkings aménagés et ombragés (route du Chioula) pour se promener dans les rues piétonnes du village. Bref, un lieu idéal pour découvrir la région…

Se repérer – La ville se trouve dans la vallée de l'Ariège, au débouché de l'Oriège et de la Lauze, au carrefour de trois vallées verdoyantes.

À ne pas manquer – Le bassin d'eau chaude des Ladres ; la vue depuis le plateau de Bonascre ; le panorama depuis la carrière de Trimouns.

Avec les enfants – La maison des Loups ; le circuit à travers la ville, jalonné de panneaux placés à hauteur des enfants, sous les panneaux destinés aux « grands ».

Pour poursuivre la visite – Voir aussi la principauté d'Andorre, les grottes de Lombrives et de Niaux, Tarascon-sur-Ariège.

Séjourner

LA STATION THERMALE

Ses 80 sources, aux températures variant de 18 à 78 °C, alimentent trois établissements : le Couloubret, le Modèle et le Teich. On y soigne surtout les rhumatismes, les affections des muqueuses respiratoires et certaines dermatoses. Le centre de la station est la promenade du Couloubret.

La vieille ville

45mn. En partant du casino, bâti en 1903, gagnez l'église Saint-Vincent, au style composite étendu (12e-19e s.). Sur la place du Breilh, qui marque l'entrée dans la vieille cité, un dégagement de

Antonin Thuillier / MICHELIN

L'Ariège traversant Ax.

vapeur signale le **bassin des Ladres** (1250), empli d'eau chaude. C'est Saint Louis qui, dit-on, le fit établir pour les soldats lépreux qui revenaient des croisades. Il connut ensuite différents usages, servant tantôt à laver la laine ou à ébouillanter le cochon. Fondé en 1260, l'hôpital Saint-Louis fut agrandi en 1846 : son clocheton est un honorable témoin du style « thermal » en vogue au 19e s. Contigus, les thermes du Breilh (1813), sont aujourd'hui fermés. Dans le dédale des petites rues du Coustou, Constant Alibert, des Escaliers, du Moulinas et de la Boucarie se succèdent fontaines, maisons à colombages du Moyen Âge et ancienne chapelle Saint-Jérôme.

Le saviez-vous ?

Ax dérive du latin *aquae*, les « eaux ». Mais pourquoi donc enfoncer le clou en y ajoutant « les thermes » ? Aucune allusion aux sources chaudes ! En fait, c'est le latin *termen*, « tertre », qui a donné en occitan le mot *terme*, avec le même sens. Quant au *h* intermédiaire, il s'est glissé mutinement dans le mot, sans doute à l'initiative de quelque scribe peu familier avec la langue du pays…

C'est grâce à Gaston Febus *(voir Foix)* que la cité d'Ax, au 14e s., devint ville franche et se dota d'une enceinte (aujourd'hui détruite) défendue par huit tours.

Abondante autour d'Ax, la gentiane, plante médicinale ingrédient de base de bien des apéritifs traditionnels.

LES DOMAINES SKIABLES

Ax-Bonascre-Le Saquet (Ax 3 Domaines)

8 km au sud-ouest d'Ax-les-Thermes par la D 820. Alt. 1 400-2 400 m. Étendu et varié, le domaine skiable propose 75 km de pistes de ski alpin de tous niveaux (5 pistes vertes, 6 bleues, 10 rouges et 2 noires). Elles ondulent à travers des paysages de haute montagne, de grandes combes et de paisibles forêts, sur des pentes parfois très raides. Et en été ? Pas de problème… on skie sur l'herbe ! La **télécabine** conduisant au plateau du Saquet (secteur pour débutants à 2 040 m d'altitude) en constitue l'équipement de base. *05 61 64 20 06 - www.ax-ski.com - liaison Ax-Bonascre - de mi-juil. à mi-août : 9h30-12h30, 13h45-19h ; 1re quinz. de juil. et de mi-août à déb. sept. : 9h30-12h30, 13h45-18h ; de déb. déc. à mi-avr. : 9h-18h, dim. et vac. scol. 9h-20h - liaison Bonascre-Saquet - de déb. juil. à déb. sept. : 10h-12h30, 13h45-17h30 ; de déb. déc. à mi-avr. : 9h-17h - fermé oct.-nov. et de mi-avr. à fin juin - 6,50 € (6-15 ans 2,50 €) ; 10 € (6-15 ans 4 €) billet combiné pour les 2 télécabines.*

Ascou-Pailhères

12 km à l'est par la D 25. Alt. 1 500-2 030 m. Cette station familiale propose 15 pistes de ski alpin de tous niveaux : pentes douces pour les tout-petits, pentes variées pour les débutants ou les skieurs confirmés. Bref, idéal pour skier en famille !

Mijanès-Donezan

28 km à l'est par la D 25. Alt. 1 530-2 000 m. Appelé le « Québec ariégeois », le plateau du Donezan propose 10 pistes de ski alpin et 25 km de pistes de ski de fond avec deux départs. Station à vocation familiale, Mijanès-Donezan possède par ailleurs de nombreux équipements réservés aux enfants (garderie, espace d'initiation, luge).

Le Chioula

À 1/4h par la D 613, au nord. Alt. 1 240-1 650 m. Ses 65 km de pistes de ski de fond sillonnent un espace en pleine nature. 6 km de pistes (circuit gratuit) permettent aux néophytes de s'initier. Hébergement au pied des pistes.

Plateau de Beille

16 km à l'ouest par la N 20. Rouler jusqu'aux Cabannes, puis prendre à gauche la D 522. Alt. 1 800-2 000 m. Premier site de ski de fond des Pyrénées, le plateau de Beille offre aux vacanciers 12 pistes sur 70 km ainsi que des sentiers de découverte et deux pistes piétons (15 km).

Randonnées

Réserve nationale d'Orlu

Pour rejoindre le sentier de départ, à 8,5 km, sortir d'Ax par la route d'Andorre ; la quitter aussitôt avant le pont sur l'Oriège direction Orlu ; rester sur la rive droite du torrent. La route suit la **vallée d'Orlu★**. Elle longe la retenue du barrage d'Orgeix où se reflète le manoir d'Orgeix. Les anciennes forges d'Orlu sont entourées d'escarpements rocheux où ruissellent des eaux vives. Elles abritent aujourd'hui la maison des Loups *(voir « Aux alentours »)*. Avant les forges, continuez sur la route à gauche. Laissez la voiture au parking du pont de Caralp et suivez à pied la piste interdite à la circulation motorisée.

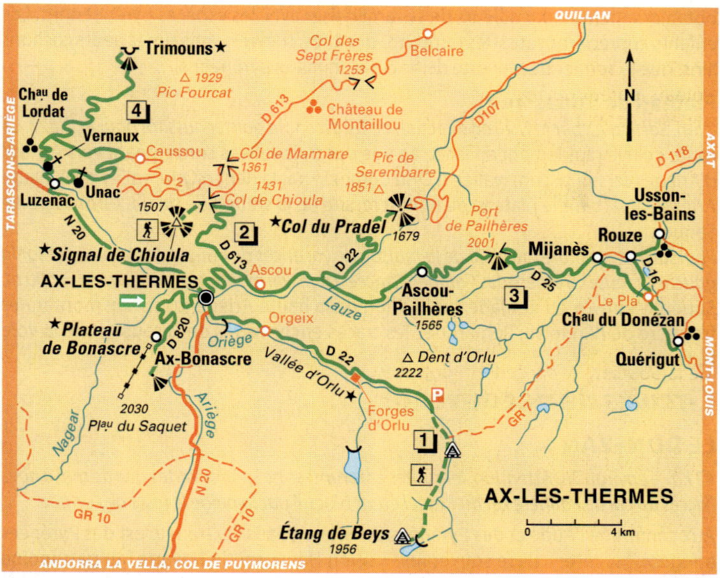

Randonnée de 3h à pied AR. Le sentier remonte la rive gauche de l'Oriège jusqu'à l'abri d'en Gaudu, réservé aux bergers et situé en aval de la « jasse » (espace clos où l'on garde le bétail) d'en Gaudu. À cet endroit, vous pourrez observer marmottes et isards, de préférence tôt le matin ou en fin de journée. Si vous avez de la chance, vous verrez peut-être le couple d'aigles royaux et/ou celui de gypaètes (grands rapaces charognards de plus de 2,50 m d'envergure) qui occupent la vallée.
Pour les plus courageux *(2h de plus AR)*, le sentier s'élève sous les hêtres puis traverse un ruisseau. Au pas de Balussière, le sentier passe sur la rive droite de l'Oriège. Plus haut, on découvre l'**étang de Beys** vers lequel on se dirige en passant par le refuge de Beys.

Signal de Chioula★

3/4h à pied AR. Sortir d'Ax au nord par la D 613 tracée en lacet au-dessus du val d'Ariège. Au col de Chioula, une large piste conduit au signal (alt. 1 507 m). Belvédère sur les sommets de la haute Ariège.

Aux alentours

Maison des Loups

8,5 km. Sortir d'Ax par la route d'Andorre ; la quitter aussitôt avant le pont sur l'Oriège direction Orlu. Aller jusqu'au bout de la vallée, au lieu-dit les Forges - ✆ 05 61 64 02 66 - www.maisondesloups.com - juil.-août : 10h-19h ; avr.-juin : 10h-17h30 ; sept.-oct. : tlj sf lun. et mar. 11h-17h - fermé nov.-mars - 6,20 € (4-12 ans 4 €).

Des plates-formes d'observation disséminées dans un **site★** magnifique de sous-bois et de torrents vous permettent d'observer différentes espèces de loups (Europe et Amérique du Nord) vivant dans de vastes enclos. Ne ratez pas le nourrissage commenté qui vous fait découvrir la vie et le comportement de cet animal mythique. Un sentier

Vous avez dit isard ?

Il y a une quarantaine d'années, l'isard a bien failli disparaître sous le fusil des chasseurs. Aujourd'hui, c'est une espèce protégée, et la vallée d'Orlu en abrite plus d'un millier, ce qui lui a valu d'être classée réserve nationale en 1981. L'isard vit habituellement entre 1 600 et 2 500 m d'altitude, mais il n'est pas rare qu'il s'aventure en dessous de 900 m : il conquiert peu à peu les terres abandonnées par l'homme. La robe de cette variété pyrénéenne du chamois change de teinte suivant les saisons : du blond roux en été, elle passe au brun foncé tacheté de blanc l'hiver et sa fourrure s'épaissit pour affronter le froid. Peu farouches, les isards se laissent facilement observer, en particulier au printemps et en automne, car la chaleur estivale et la neige hivernale les obligent à se retrancher dans les sous-bois. Parfaitement adapté à son milieu, l'isard escalade ou descend les parois, parfois abruptes, avec une agilité impressionnante.

botanique permet par ailleurs de se familiariser avec les espèces pyrénéennes. Les enfants apprécieront aussi les territoires des ânes, chèvres, agneaux et petits cochons ainsi que le sentier découverte de traces d'animaux pyrénéens.

Plateau de Bonascre★

8 km. Sortir d'Ax par la N 20 en direction de Tarascon ; la quitter aussitôt pour la D 820. La route s'élève rapidement en lacet, en vue des trois vallées convergeant vers Ax : val d'Ariège (vers Tarascon), vallée d'Orlu dominée par la dent d'Orlu, vallée de la haute Ariège. On atteint le plateau de Bonascre, site de la station de ski d'Ax-Bonascre-Le Saquet.

Poursuivre en voiture, au-delà de la maison de vacances de « Sup-Aéro » ; prendre sur la gauche la route forestière des Campels, tracée à flanc de montagne ; la suivre sur 1 500 m. Superbe **vue★★** en enfilade sur le sillon de la haute Ariège jusqu'aux montagnes frontière de l'Andorre. Remarquez les tracés enchevêtrés de la route et de la voie ferrée.

Circuits de découverte

LE DONEZAN

42 km – environ 3h. Attention, les routes empruntées ne sont ouvertes que de mai à nov., l'accès au col de Pailhères et du Pradel étant bloqué par la neige le reste de l'année.

Aux confins de l'Aude et des Pyrénées Orientales, dans l'extrémité est des Pyrénées ariégeoises, cette « terre souveraine » selon Henri, roi de Navarre, au patrimoine historique chargé, fut jadis rattachée au comté de Foix. Le Donezan, ou canton de Quérigut, offre un paysage de moyenne montagne (alt. autour de 1 200 m) encore sauvage, composé de forêts, de lacs, de hameaux et de petits villages tournés vers l'activité agro-pastorale. C'est aussi un lieu idéal de séjour, été comme hiver, des chemins de randonnées à la station de ski.

Quitter Ax-les-Thermes à l'est par la D 613 en direction de Chioula et Quérigut. La route est sinueuse et grimpante. Emprunter la D 25 à droite, en direction d'Ascou et de Quérigut. Au hameau de Lavail, prendre à gauche la D 22.

Col du Pradel★

La **dent d'Orlu**, (alt. 2 222 m), sommet pointu caractéristique de la haute Ariège, se dessine au sud-est. Par maints lacets serrés à travers les prés, on atteint le col (alt. 1 679 m) d'où l'on découvre une belle vue sur les montagnes qui encadrent le bassin supérieur de l'Ariège.

Revenir sur la D 25 que l'on prend à gauche. On dépasse la station de ski d'Ascou-Pailhères sur la droite et le col de Pailhères (alt. 2 001 m). En traversant le village de Mijanès, on aperçoit de petites maisons adossées les unes contre les autres.

Poursuivre sur la D 25 puis la D 16, avant de gagner Quérigut.

Château de Quérigut

En haut du village, il ne subsiste du château de Quérigut dit le « château du Donezan », édifié au Moyen Âge, que les ruines de la tour Carle.

Revenir à Le Pla. Prendre à droite la D 16 en direction de Rouze.

Ponts Vauban

30mn. Au cœur du Donezan, le petit village de Rouze peut s'enorgueillir de posséder encore deux ponts édifiés sous Louis XIV par Vauban après la signature du traité des Pyrénées, en 1659, mettant fin aux guerres avec l'Espagne. On accède au petit puis au grand pont, distants de quelques dizaines de mètres, par un sentier indiqué dans le village depuis la place de la Mairie, sur la gauche.

Quitter Rouze par la D 16, en direction d'Usson-les-Bains et du château d'Usson.

Château d'Usson

15mn depuis le parking aménagé au bas du château. ✆ 04 68 20 43 92 - juil.-août : 10h-13h, 15h-19h ; vac. scol. fév., printemps et 3res sem. sept. : 14h-18h ; mai-juin et oct. : w.-end et j. fériés 14h-18h - visite guidée sur RV (1h30) - fermé 14, 25 et 31 déc. - 3,50 € (5-12 ans 2,10 €).

L'époustouflante verticalité architecturale de cette forteresse cathare, édifiée entre les 11e et 12e s. pour mieux contrôler la vallée de l'Aude, est au diapason du paysage montagnard. Les anciennes écuries abritent la **Maison du patrimoine du Donezan**. Le rez-de-chaussée est consacré à la forêt, à l'architecture religieuse et industrielle. Au 1er étage, à côté d'une maquette en relief du pays du Donezan, a été recréée une pièce d'habitation montagnarde traditionnelle. Au 2e étage, diaporama sur la région et pièces archéologiques (vers 2300 av. J.-C.) découvertes dans la grotte d'Usson. Au 3e étage demeurent les vestiges d'un four à pain (18e s.) et des boulets de catapulte. Parmi d'autres pièces exposées (céramiques, carreau d'arbalète), la plus belle est sans doute la Dame d'Usson, élégante sculpture taillée dans un os. Accès direct au château, doté d'une vue imprenable sur toute la vallée. De l'édifice originel restent les oubliettes, les réserves avec leur plafond voûté, des dalles de marbre, quelques créneaux, un chemin dérobé, les vestiges de la cuisine et d'une chapelle.

MONTÉE À TRIMOUNS★★

Circuit de 39 km – environ 3h. Quitter Ax au nord-ouest par la N 20 en direction de Tarascon.

Luzenac

L'office de tourisme du village (6 rue de la Mairie) propose une documentation abondante sur la région et ses principaux points d'intérêt. Depuis la fin du 19e s., Luzenac doit son renom à son gisement de talc. Celui-ci, extrait à l'état brut de la carrière de Trimouns, qui s'ouvre en pleine montagne dans le massif du Saint-Barthélemy entre 1 700 et 1 850 m d'altitude, est descendu par bennes jusqu'à l'imposante usine de la vallée où l'on procède au séchage, au broyage et au conditionnement.

Quitter Luzenac par le pont sur l'Ariège et la D 2, route de Caussou.

Unac

Ce village possède une très jolie église romane fièrement campée au-dessus de la vallée. À l'intérieur, les deux gros chapiteaux flanquant l'entrée du chœur sont d'un travail particulièrement soigné.

Continuer sur la D 2, route des Corniches (vues plongeantes sur la vallée de l'Ariège), puis tourner à gauche, vers Lordat.

Château de Lordat *(voir Foix)*

Revenir au carrefour de la **route des Corniches** et prendre, tout droit, la route de Trimouns, traversée au gré des lacets par les bennes descendant la production à l'usine.

Antonin Thuillier / MICHELIN

La carrière de talc de Trimouns.

Carrière de Trimouns★

Laisser la voiture au parking « Visiteurs » - ✆ 05 61 64 68 06 - visite guidée (1h) juil.-août. : tlj sf w.-end 10h, 11h, 14h, 15h et 16h ; mai-juin et de déb. sept. à mi-oct. : tlj sf w.-end 16h - fermé 25 mai, 14 Juil., 15 août et de mi-oct. à déb. mai - 7 € (-12 ans 2,50 €). Visites soumises aux conditions météo, tél. le jour même, 1h av. dép.

Ce gisement de talc, vaste cirque surplombant la vallée de l'Ariège (1 800 m), est l'un des plus importants exploités dans le monde. On y découvre des **vues★** étonnantes sur le large filon blanc. Les hommes sont, pour la plupart, affectés au tri manuel des diverses qualités de talc.

Le **panorama**★★ sur les montagnes de la haute Ariège est saisissant.

Redescendre à Lordat d'où l'on regagne directement Luzenac par Vernaux.

Vernaux

En contrebas du village, la route contourne l'église isolée, édifice roman menu, mais très soigneusement construit en tuf.

Retour à Ax par la N 20.

Ax-les-Thermes pratique

Adresses utiles

Office du tourisme des vallées d'Ax – *« La Résidence » - 6 av. Théophile-Delcassé - 09110 Ax-les-Thermes - ✆ 05 61 64 60 60 - www.vallees-ax.com - de mi-juin à mi-sept. : 9h-13h, 14h-19h ; reste de l'année : 9h-12h, 14h-18h.*

Office du tourisme du Donezan – *09460 Le Pla - ✆ 04 68 20 41 37 - www.donezan.com - juil.-août : 8h30-12h30, 14h-18h (vend. 16h), sam. 15h-18h, dim. et j. fériés 10h-12h ; reste de l'année : tlj sf w.-end 8h30-12h30, 13h30-17h30 (vend. 16h30) - fermé j. fériés sf 14 Juil. et 15 août - point info à la station de ski de Mijanès - ✆ 04 68 20 40 44 - de mi-déc. à mi-mars : 9h-17h.*

Visite

En été, à 21h, **visite nocturne** guidée (3h) du château d'Usson. 4,70 €.
Renseignements à l'office du tourisme du Donezan.

Se loger

⊖ **Chambre d'hôte Adret** – *Les Bazerques - 4 km au S d'Ax-les-Thermes par N 20 puis D 222 - ✆ 05 61 64 05 70 - fermé nov. - ⊭ - 5 ch. 50 €* ☕. Échappez-vous du centre d'Ax-les-Thermes pour découvrir cette ancienne grange de la fin du 19ᵉ s. Chambres rustiques dont deux s'ouvrent sur la vallée. Jardin fleuri en terrasse avec barbecue.

⊖ **Résidences et Chalets Isatis** – *5 km au NE d'Ax-les-Thermes par D 613, rte de Quillan et à gauche, à Ignaux - ✆ 05 34 09 20 05 - ⊭ - 27 appart. et 21 chalets 301/448 € par sem. pour 3 pers.* Confort et équipements complets caractérisent les appartements (pour 3 à 4 personnes) et les chalets de cette résidence, idéalement située face au magnifique panorama sur les Pyrénées ariégeoises. Belle terrasse pour profiter du grand air et lézarder au soleil.

Se restaurer

⊖⊖ **L'Orry Le Saquet** – *Rte d'Andorre - ✆ 05 61 64 31 30 - fermé janv., vac. de Toussaint, mar. soir, merc. - 22/72 €.* Auberge composée de deux bâtisses aux allures de chalet en bordure de la route d'Andorre. L'une abrite une salle à manger agréablement rafraîchie dont on a conservé l'esprit rustique et où l'on sert une cuisine au goût du jour. L'autre dispose de chambres rénovées et colorées.

Que rapporter

La Boutique de la Ferme – *3 pl. des Platanes - 09310 Les Cabannes - ✆ 05 61 64 91 36 - www.giteduquie.com - tlj sf lun. 9h30-12h15, 15h30-19h, dim. 9h30-12h - fermé j. fériés.* Comme l'indique l'enseigne, les produits de cette avenante boutique rustique proviennent exclusivement de la ferme : viandes, foie gras, confits, charcuterie du pays, miels de l'Ariège, fromages, vins, liqueurs et quelques cadeaux typiques du monde montagnard.

Bagnères-de-Bigorre

8 048 BAGNÉRAIS
CARTE GÉNÉRALE A3 – CARTE MICHELIN LOCAL 342 M4 – HAUTES-PYRÉNÉES (65)

Première station thermale des Hautes-Pyrénées, Bagnères-de-Bigorre est située à 550 m d'altitude dans un environnement pastoral annonçant la vallée de Campan. Ville d'eaux depuis l'Antiquité, elle a conservé quelques témoignages de son passé, de son cloître du 12e s. aux Grands Thermes du 19e s., âge d'or de la station, en passant par les vertes promenades de la Renaissance. Fidèle à son histoire, la ville se lance aujourd'hui dans le thermoludisme.

- **Se repérer** – À 21 km de Tarbes et 22 km de Lourdes. Du Bédat s'ouvre un large panorama sur la ville.
- **Se garer** – Parkings place des Vignaux ou rue Gambetta.
- **À ne pas manquer** – Le parc thermal de Salut ; le col d'Aspin ; le lac Bleu.
- **Organiser son temps** – Comptez 2h pour parcourir la ville. Terminez par une promenade rafraîchissante dans le parc thermal de Salut, qui vous mènera au Muséum d'histoire naturelle.
- **Avec les enfants** – Les grottes de Médous.
- **Pour poursuivre la visite** – Voir aussi Lourdes, Tarbes, le pic du Midi de Bigorre, Barèges, Arreau.

Le saviez-vous ?

La ville a connu des appellations variées au fil des âges : Bourg d'Aghon sous la haute antiquité, puis Vicus Aquensis lors de la période gallo-romaine. Le nom actuel dérive de Banheras (les bains en occitan), appellation qui s'est imposée au Moyen Âge.

Passionné d'aviation, l'ingénieur **Pierre Latécoère** est né en 1883 à Bagnères *(voir le chapitre « Histoire »)*.

Se promener

Station thermale

Elle comprend **les Grands Thermes** d'une part et **les Thermes de la Reine** d'autre part (*voir l'encadré pratique*). Exploitées depuis l'antiquité romaine, ses eaux sulfatées calciques sont issues de treize forages. Elles soignent les affections rhumatismales, psychosomatiques et les troubles des voies respiratoires supérieures.

Parc thermal de Salut★

3/4h à pied AR. Par l'avenue P.-Noguès au sud, gagner le portique d'entrée du parc.
Cette agréable promenade ombragée permettra de marcher sur les traces de célèbres curistes du temps passé. Montaigne, George Sand, Rossini et, naturellement, l'impératrice Eugénie ont en effet pris les eaux à Bagnères. Une belle allée centrale traverse ce parc de 100 ha et longe le vallon conduisant à l'ancien établissement thermal de Salut, qui abrite le Muséum d'histoire naturelle *(voir « Visiter »)*.

Le vieux Bagnères

Bordé à l'est par les allées des Coustous, où se concentre l'animation de la ville, il a conservé l'**église Saint-Vincent** du 14e s. avec son clocher-mur percé de trois étages d'arcatures, la **tour des Jacobins** du 15e s., vestige d'un couvent détruit à la Révolution, et les **ruines du cloître Saint-Jean**, à l'angle des rues Saint-Jean et des Thermes. À l'angle des rues du Vieux-Moulin et Victor-Hugo, belle **maison à colombages** du 15e s.

Visiter

Musée Salies

Pl. des Thermes - 05 62 91 07 26 - mai-oct. : tlj sf lun. et mar. 15h-18h (19h en juil.-août) ; fermé nov.-avr. - visite guidée (1h30) - 4 € (enf. gratuit) ; 5,50 € billet combiné avec le Muséum d'histoire naturelle.

À côté des faïences des 17e et 18e s. (Marseille, Moustiers), le musée fait la part belle au 19e s. à travers deux mouvements, représentés par des œuvres issues des grands Salons parisiens. Parmi les orientalistes, sensibles aux lumières ardentes, aux couleurs du désert et aux formes galbées de la gent féminine, on retrouve Jules Laurens, Théodore Frère, Alfred Dehodencq et Théodore Chassériau. L'école de Barbizon, forte de ses paysages d'après nature, est illustrée par Diaz de la Pena (*Ciel d'orage*), Jules Dupré (*Le Pin*) et Charles-François Daubigny (*La Mare au clair*). Expositions temporaires.

SE LOGER

Chambre d'hôte Maison Burret 1

Hostellerie d'Asté 4

Hôtel Catala 7

Chambre d'hôte Les Petites Vosges............ 8

SE RESTAURER

Le Bigourdan 6

Maison à colombages............ K

Ruines du cloître St-Jean .... R

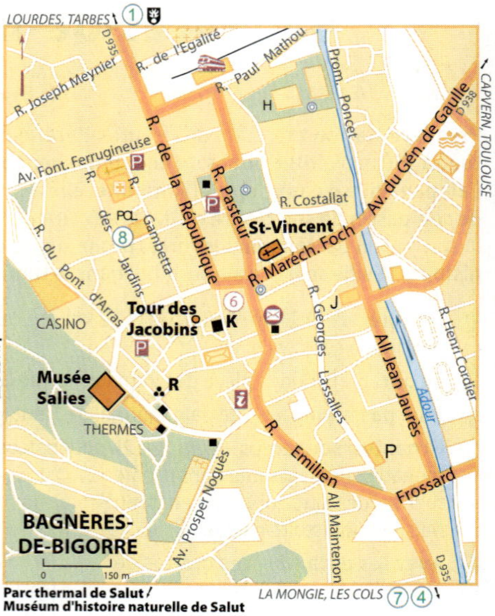

Muséum d'histoire naturelle de Salut

05 62 91 07 26 - juil.-sept. : merc.-dim. 15h-18h ; mai-juin et oct. : merc.-sam. 15h-18h ; nov.-avr. : merc. et dim. 15h-18h - 3 €, 5,50 € billet combiné avec le musée Salies.

Installé dans les anciens thermes, il présente une grande variété de **marbres** puisés dans des carrières de France, d'Europe et du Moyen-Orient : rouge de Vitrolles, orange varois, bleu belge, rose de Norvège, griotte rouge, jaune larmartine, gris des Ardennes… À cette palette s'ajoutent un atelier de marbrier d'art funéraire, une galerie de photographies, les marbres blancs de la villa gallo-romaine de Pouzac et, dans la galerie thermale, des cabines, baignoires, bustes et ex-voto. À l'étage supérieur, un espace est consacré aux chauves-souris (dont certaines nichant dans les combles sont visibles par caméra infrarouge) ; on peut aussi voir des herbiers de Ramond de Carbonnières, prêtés par le Conservatoire botanique pyrénéen, des clichés de la flore pyrénéenne, une maquette géante des Pyrénées…

Randonnées

Le Bédat★

1h1/2 à pied AR. À la fourche des trois chemins située au-dessus du parc du Casino, prenez le sentier de gauche qui atteint la fontaine des Fées, puis la statue de la Vierge du Bédat. Le sentier de crête, derrière celle-ci, conduit à la table d'orientation (alt. 881 m). À l'est, la **vue** porte sur les Baronnies et le plateau de Lannemezan, au sud sur la vallée de Campan et les sommets des Pyrénées centrales.

Lac Bleu★★

Compter 4h à pied AR. Alt. 1 944 m. Quitter Bagnères par la D 935 au sud, puis, après Beaudéan, 1 km avant Campan, prendre à droite la D 29.

On parcourt, sur 10 km, la charmante **vallée de Lesponne★**, d'où les belles faces rocheuses du pic du Midi de Bigorre et du pic de Montaigu apparaissent, altières, surtout sous les neiges de printemps et d'automne. Les auberges de Chiroulet sont le point de départ de l'excursion pédestre au lac Bleu, utilisé comme lac-réservoir. Une longue montée (dénivellation de 850 m) par un bon chemin, ombragé le matin, conduit à ce site grandiose et désolé.

Pyrénéistes bagnérais

Nombreux sont les pyrénéistes qui combinent la passion de la découverte et celle de l'écrit (leurs œuvres sont rassemblées à la bibliothèque municipale) grâce à la société Ramond, créée en 1865, doyenne des sociétés montagnardes de France. Il y a aussi des chanteurs, comme ceux du groupe des 40 « Chanteurs montagnards » qui, sous la direction d'Alfred Rolland, entonnèrent les mâles accents de *Montagnes Pyrénées* aux quatre coins du monde, entre 1837 et 1855. Hélas, la belle aventure s'acheva par des déconvenues financières qui obligèrent le groupe à abandonner un hôtel à la cloche de bois… ce qui, à 40, ne doit pas passer inaperçu !

Circuits de découverte

LES BARONNIES★

53 km - 1h. Milieu rural authentique, au pied des Pyrénées, les Baronnies plongent le visiteur dans un cadre au relief accidenté, source d'un grand dépaysement. Ici histoire et légende tendent à se confondre.

Quitter Bagnères-de-Bigorre au nord-est par la D 938, direction Tournay.

Tournay

À prononcer « Tournaille » pour se faire comprendre des autochtones. C'est une bastide, au plan régulier en damier, fondée en 1307. À l'entrée du village se trouve l'abbaye Notre-Dame, construite en 1952 et appartenant à l'ordre de saint Benoît. On peut visiter l'église ainsi que le cloître. Les moines exposent et vendent leurs produits (en particulier de fameuses pâtes de fruits). Le poète d'inspiration religieuse **Francis Jammes**, auteur des *Géorgiques chrétiennes,* est né ici en 1868.

Étendu sur 9 ha d'une ancienne lande à fougères, l'**arboretum** de Tournay abrite plus de 200 espèces d'ici et d'ailleurs : épicéa de Serbie, séquoia géant, palmier de Chine, cèdre de l'Atlas… Le sentier pédagogique est jalonné de neuf pauses thématiques (« les forestiers », « les résineux », « le coin des géants », etc.). Un guide, disponible sur simple demande, présente l'origine et les caractéristiques de chaque espèce. *✆ 05 62 35 79 67 (office de tourisme) - gratuit.*

Prendre la N 117, puis la D 14 à droite, dans Ozon. À Gourgue, tourner à gauche dans la D 81, en direction de Capvern-les-Bains.

Capvern-les-Bains

La ville possède deux établissements thermaux (*voir l'encadré pratique*). Le quartier résidentiel du Laca se développe sur un promontoire en vue des avant-monts des Pyrénées – Baronnies (collines du haut Arros), Arbizon, pic du Midi de Bigorre, Montaigu. De la table d'orientation, belle vue sur les Pyrénées et, au premier plan, sur le château de Mauvezin juché sur une butte.

Quitter Capvern au sud par la D 80. À Mauvezin, prendre la direction du château.

Château de Mauvezin

✆ 05 62 39 10 27 - www.chateaudemauvezin.com - de mi-avr. à mi-oct. : 10h-19h ; reste de l'année : 13h30-17h30 - possibilité de visite guidée (1h30) - 5 € (enf. 3 €).

Le **donjon** carré, qui s'élève à 36 m de hauteur sur un promontoire des Baronnies, fit partie des défenses du comté de Bigorre. Mais la grande période du château se situe à l'époque de Gaston Fébus, lorsque le vicomte de Béarn s'assura de cette position stratégique (1379), fermant les issues des vallées de Bigorre vers la plaine et surveillant la route de Toulouse à l'Océan (Toulouse-Bayonne).

Les six salles ont été aménagées en **Musée historique et folklorique** par les soins de l'Escòla Gaston-Fébus, société des félibres du Béarn et de la Bigorre fondée par le poète Miquèu de Camelat et l'écrivain Simin Palay. Dans la cour intérieure, des machines de guerre médiévales ont été reconstituées.

Du chemin de ronde et de la terrasse supérieure du donjon, **panorama★** sur le pays des Baronnies et les sommets des contreforts des Pyrénées : Arbizon, pic du Midi de Bigorre et Montaigu.

En sortant du château de Mauvezin, admirez, au-dessus de la porte, une dalle de marbre, chef-d'œuvre de sculpture héraldique aux armes de Jean de Foix-Béarn (1412-1436), également nommé Jean de Grailly : elle porte les trois pals de Foix et de Bigorre ainsi que les deux vaches « clarinées » du Béarn. L'énigmatique devise « Jay belle dame » est peut-être dédiée à Jeanne d'Arc…

Poursuivre sur la D 938.

Ancienne abbaye de l'Escaladieu

✆ 05 62 39 16 97 - mai-sept. : 9h30-12h30, 13h30-18h30 ; oct.-avr. : tlj sf mar. 9h30-

Ludovic Cazenave / MICHELIN

Le château de Mauvezin.

12h30, 13h30-17h - possibilité de visite guidée (1h) - fermé 1er janv., 1er Mai et 25 déc. - 1,50 € (-12 ans gratuit).

Signalée par son dôme du 18e s. coiffant un clocher octogonal, l'ancienne abbaye cistercienne de l'Escaladieu fut fondée au 12e s. par les moines de l'abbaye de Morimond (Haute-Marne), elle-même fille de Cîteaux. Très endommagée au cours des guerres de Religion, l'abbaye ne conserve plus que son église amputée de son chevet plat, ainsi qu'une partie des bâtiments conventuels : une belle salle capitulaire aux voûtes d'ogives en brique et pierre, reposant sur des colonnes en marbre rouge de Campan, l'armarium, le chauffoir et le parloir. Le dortoir des moines fut transformé au 17e s. en cellules individuelles. Animations estivales *(voir l'encadré pratique)*.

Revenir à Bagnères par la D 938.

HAUTE VALLÉE DE L'ADOUR★★★

38 km, de Bagnères-de-Bigorre à Arreau – environ 1h. Quitter Bagnères au sud par la D 935, le long de l'Adour.

Grotte de Médous★★

✆ 05 62 91 78 46 - www.grottes-medous.com - visite obligatoirement guidée (1h) - juil.-août : 9h-12h, 14h-18h ; avr.-juin et sept.-mi-oct. : 9h-11h30, 14h-17h - fermé de mi-oct. à fin mars - 7 € (-10 ans 3,50 €).

Un beau jour de 1948, trois spéléologues exploraient une galerie, proche d'une source vauclusienne alimentant les bassins du parc du château de Médous. Soudain, un « trou souffleur » leur révéla l'existence d'une caverne. Intrigués, les trois hommes creusèrent la paroi rocheuse, se faufilèrent dans la « chatière » et débouchèrent, émerveillés, dans des galeries aux magnifiques concrétions.

Sur un parcours de 1 km, la grotte présente maintes stalactites et stalagmites ainsi que de larges coulées de calcite (carbonate de chaux) aux formes capricieuses évoquant des cascades, des grandes orgues ou des draperies (salles du Cervin, des Grandes Orgues, Temple hindou, galerie des Merveilles). La visite comprend un parcours de 250 m en barque sur la rivière souterraine formée par des eaux de l'Adour perdues dans une « goule » sur la rive droite de la rivière à Campan et ressortant à l'air libre dans le parc du château de Médous.

Reprendre la D 935 sur 1 km, puis traverser l'Adour vers Asté (D 408).

Maison des Ferrère et du baroque pyrénéen à Asté

Rte de l'Église - ✆ 05 62 91 61 28 - de mi-juil. à mi-août : merc.-dim. 14h-18h ; de déb. juin. à mi-juil. et de mi-août à fin sept. : merc., sam. et dim. 14h-18h - oct.-mai : sam. et dim. 14h30-17h30 - visite guidée des églises sur RV - gratuit (sf visites avec déplacements).

Une exposition photographique présente le travail des frères Ferrère (Jean I, Marc, Jean II et Dominique), dynastie locale de menuisiers sculpteurs (1620-1795). Leurs œuvres, essentiellement des objets liturgiques (retables et tabernacles), sont conservées dans une soixantaine d'églises de la région (Asté, Beaudéan, Campan, Pouzac…)

Poursuivre vers le sud par D 935.

Maison natale de Dominique Larrey à Beaudéan

11 r. Dominique-Larrey - ✆ 05 62 91 68 96 - de mi-juil. à mi-août : tlj sf mar. 14h-18h ; reste de l'année : jeu., vend. et sam. 13h-18h.

La visite débute au rez-de-chaussée par une immersion dans le quotidien rural de Larrey (1766-1842), de sa jeunesse pyrénéenne à ses débuts dans la chirurgie marine à Brest. Elle s'anime au 1er étage avec un diaporama présentant, de façon ludique et pédagogique, l'engagement du chirurgien (qui sera plus tard promu baron d'Empire) aux côtés de Napoléon. Sont tour à tour localisées sur une maquette les 25 campagnes et les 60 batailles auxquelles il a participé, soignant toujours les blessés des deux camps avec intelligence, rapidité et dextérité. Précurseur de la chirurgie d'urgence et des expertises médico-légales, inventeur des ambulances volantes (au milieu des combats), Larrey a également œuvré pour la médecine humanitaire. Photos, fac-similés, livres et autres objets ou documents d'époque viennent agrémenter le fonds de ce remarquable petit musée.

Le long de la D 935, les échappées sur le pic du Midi de Bigorre révèlent un sommet massif, reconnaissable à l'antenne de son émetteur de télévision.

Campan

Les halles (16e s.), la fontaine (18e s.) et l'église (16e s.) de ce village composent un tableau harmonieux. Pour accéder à l'**église**, franchissez la grille d'un porche qui donne accès à l'ancien cimetière (galeries aux colonnes de marbre). À gauche de ce

Marie-Hélène Carcanague / MICHELIN

Le col d'Aspin, rendez-vous des moutons à l'heure de la transhumance.

porche, Christ du 14e s. provenant de l'ancienne abbaye de l'Escaladieu *(voir le circuit « Les Baronnies »)*. À l'intérieur, belles boiseries du 18e s.

Continuer sur la D 935. Au niveau de Sainte-Marie-de-Campan, prendre à gauche la D 918 en direction du col d'Aspin.

Au-delà de Sainte-Marie-de-Campan, le parcours de la vallée de l'Adour de Payolle rappelle la vallée de Campan avec une touche montagnarde un peu plus rude. En avant et à droite, les vues restent presque constantes sur l'Arbizon (alt. 2 831 m). Le pic du Midi réapparaît, en arrière et à droite, lors de la traversée du bassin de Payolle (centre de ski de fond - *voir p. 37*).

Espiadet

Hameau situé au pied de la célèbre carrière de Campan. Les colonnes du Grand Trianon à Versailles et, en partie, celles de l'Opéra de Paris ont été faites avec le marbre vert, veiné de rouge et de blanc, de cette carrière.

Après Espiadet, la D 918, en montée ininterrompue jusqu'au col d'Aspin, serpente parmi de splendides sapinières et offre des échappées sur le massif de l'Arbizon. Puis la forêt s'éclaircit et l'on passe dans la zone des pâturages.

Col d'Aspin★★★

De décembre à avril, le col peut être fermé à la circulation pendant 12 à 48h (déneigement effectué de façon discontinue). Alt. 1 489 m. En dépit de son altitude plus faible que celle des trois autres grands cols (Aubisque, Tourmalet, Peyresourde) franchis par la route des Pyrénées, entre Eaux-Bonnes et Bagnères-de-Luchon, le col d'Aspin offre un **panorama** des plus étendus. La disposition des massifs, le contraste entre les cimes neigeuses et les forêts bleutées produisent une profonde émotion.

La descente commence aussitôt, très régulière mais rapide : en 12,5 km, la route passe d'une altitude de 1 489 m à 704 m.
La vue plonge, à droite, sur le vallon où se blottit le village d'Aspin. À droite aussi, le massif de l'Arbizon se dégage. Les nombreux lacets de la route permettent de voir le bassin d'Arreau.

Arreau *(voir ce nom)*

Bagnères-de-Bigorre pratique

Adresses utiles

Office du tourisme de Bagnères-de-Bigorre – *3 allée Tournefort - 65200 Bagnères-de-Bigorre - ✆ 05 62 95 50 71 - www.bagneresdebigorre-lamongie.com - juil.-août : 9h-12h, 14h-18h ; reste de l'année : fermé le dim.*

Office du tourisme de Campan – *Haut Adour - 65710 Campan - ✆ 05 62 91 70 36 - www.campan-pyrenees.com - vac. scol. : 9h-12h15, 14h-18h15, dim. 9h-12h ; reste de l'année : tlj sf dim. 9h-12h, 14h-18h.*

Office du tourisme de Capvern-les-Bains – *300 rte des Thermes - 65130 Capvern-les-Bains - ✆ 05 62 39 00 46 -*

www.capvern-tourisme.com - de mi-avr. à mi-oct. : 9h-12h30, 15h-18h30, dim. et j. fériés (juil.-sept.) 9h-12h30 ; reste de l'année : tlj sf w.-end 9h-12h, 14h-18h.

Office du tourisme de Tournay – *8 pl. d'Estarac - 65190 Tournay - ✆ 05 62 35 79 67 - www.ot-tournay.fr - juil.-août : tlj sf dim. apr.-midi et lun. 10h-12h30, 15h-19h ; reste de l'année : lun., merc. et jeu. 14h-17h30, mar. 9h-12h, 14h-17h30, vend. 14h-17h.*

Se loger

⊖ Chambre d'hôte Maison Burret – *67 Le Cap-de-la-Vielle - 65200 Montgaillard - 6 km au N de Pouzac par D 935 - ✆ 05 62 91 54 29 - www.maisonburret.com - fermé 1 sem. déb. juin et 1 sem. fin oct. - ⊭ - 3 ch. 45/55 € ☕ - repas 18 €.* Cette belle ferme bigourdane de 1791 (musée paysan) a conservé son caractère d'origine, des chambres au mobilier ancien à la salle à manger avec sa grande cheminée, en passant par l'escalier sculpté, le pigeonnier, les écuries… Accueil chaleureux et bon rapport qualité/prix.

⊖⊖ Hostellerie d'Asté – *Rte de Campan - 3,5 km au S de Bagnères-de-Bigorre par D 935 - ✆ 05 62 91 74 27 - www.hotel-aste.com - fermé 12 nov.-12 déc. - P - 19 ch. 49/60 € - ☕ 6,50 € - restaurant 14/34 €.* L'accueil est fort sympathique, dans cet hôtel situé en léger retrait de la route. Les lève-tôt pourront s'adonner à la pêche dans la rivière qui passe au fond du grand jardin ou bien faire quelques parties de tennis à la fraîche. Petites chambres bien tenues, parfois dotées d'un balcon.

⊖⊖ Chambre d'hôte Les Petites Vosges – *17 bd Carnot - ✆ 05 62 91 55 30 - lespetitesvosges@laposte.net - fermé 13-20 nov. - ⊭ - 4 ch. 70/85 € ☕.* À côté des thermes et du casino, cette charmante maison renferme un fragment des remparts de la vieille ville. Décor contemporain cosy, chambres douillettes et salon de thé raffiné. La propriétaire saura vous conseiller de belles randonnées dans les environs.

⊖⊖ Hôtel Catala – *12 r. Larrey - 65710 Beaudéan - 4,5 km au S de Bagnères-de-Bigorre par D 935 - ✆ 05 62 91 75 20 - www.le-catala.hotel.pyrennees.com - fermé 1er-15 août et dim. soir sf vac. scol. - P - 19 ch. 50/65 € - ☕ 7,50 €.* Dans cet hôtel au calme, des fresques originales (art, sport ou histoire) ornent les portes d'une partie des chambres fonctionnelles. Terrasse avec vue sur l'église.

Se restaurer

⊖ Le Bigourdan – *14 r. Victor-Hugo - ✆ 05 62 95 20 20 - fermé dim. soir et lun. - formule déj. 10,50 € - 19/25 €.* Dans ce petit restaurant, voisin de la tour des Jacobins, le décor est de bon goût, le service efficace et la cuisine du terroir.

Que rapporter

Les Halles – *R. des Thermes - du mar. au vend. 7h-13h, 16h-19h, sam. 6h-19h, dim., lun. et j. fériés 7h-13h.* Édifice Baltard caractéristique de l'architecture industrielle du 19e s. où prend place, chaque samedi, le traditionnel marché bigourdan. Connu pour la qualité et la fraîcheur de ses produits, il rassemble en semaine une vingtaine de commerçants.

Sports & Loisirs

Les Grands Thermes – *Pl. des Thermes - ✆ 05 62 95 00 23 - www.thermes-bagneres.com - ouvert de mars à nov.* Possibilités de soins en complément des cures (ateliers de relaxation, école du sommeil…)

Les Thermes de la Reine – *6 all. Fernand-Cardaillac - ✆ 05 62 91 09 09 - www.thermesdelareine.com - ouvert de mi-mars à mi-nov.* Séjour de remise en forme à la carte (de 3 à 12 jours) avec chambre studio dans l'établissement.

Aquensis – *R. du Pont-d'Arras - ✆ 05 62 95 86 95 - www.aquensis-bagneres.com - 10h30-20h, dim. 13h-20h.* Installée au cœur de la ville, cette nef de bois et de verre abrite 3 espaces dans lesquels l'eau thermale joue un rôle prépondérant. Un espace détente avec bassins animés, saunas et jacuzzis, un espace forme proposant cours collectifs et séances de musculation, et un espace bien-être, pour prendre soin de soi.

Établissements thermaux de Capvern – *65130 Capvern - ✆ 05 62 39 00 02 - www.eurothermes.com - de fin avr. à oct. : 7h-12h15, 14h30-17h30, dim. 9h30-12h30.* Deux établissements thermaux, Hount-Caoute et Bouridé, spécialisés dans le traitement des affections rénales, hépatiques et rhumatologiques, maladies métaboliques, forfait minceur.

Pêche Sportive Pyrénées – *65710 Campan - ✆ 05 62 91 83 38 - pechesportivepyrenees@wanadoo.fr.* Stages d'initiation à la pêche à la truite en rivière et lac de montagne, toutes techniques, dans les Pyrénées françaises et espagnoles.

Événements

Abbaye de l'Escaladieu – Concerts, expositions, conférences, théâtre en été.

Un jour au château – Chaque dimanche de juillet et d'août, au château de Mauvezin, l'Escòla Gaston-Fébus organise des manifestations autour des traditions médiévales de Bigorre et d'autres lieux : chants et musiques traditionnels suivis d'un spectacle médiéval (1h). *✆ 05 62 39 10 27 - www.chateaudemauvezin.com*

Fête des marioles – À Campan, le 2e dim. de juil. Diverses animations, danses, groupes folkloriques et exposition de Mounaques, ces grandes poupées de chiffon habillées en costume traditionnel. Fête en l'honneur de Gaye Mariole, soldat de Napoléon natif de la vallée.

Bagnères-de-Luchon★

2 900 LUCHONNAIS
CARTE GÉNÉRALE B4 – CARTE MICHELIN LOCAL 343 B8 – HAUTE-GARONNE (31)

C'est la ville de cure la plus animée des Pyrénées. Elle se trouve dans un site épanoui, à mi-parcours de la route des Pyrénées, et surplombe des vallées où se cachent d'anciennes carrières de marbre. Les visiteurs y découvriront une large gamme de distractions, mais aussi un vaste choix de promenades, d'excursions et d'ascensions. Il ne faut pas oublier ses skis en hiver, car les pistes de Superbagnères, de Peyragude ou du Mourtis ne sont pas loin…

Se repérer – À l'extrême sud du département de la Haute-Garonne, Bagnères-de-Luchon, dans la vallée de la Pique, attire une foule de curistes et de skieurs.

Se garer – Attention, mieux vaut circuler à Luchon à pied, après avoir laissé la voiture au parking qui borde la D 618 (route d'Arreau), à l'entrée de la ville, ou, mieux, près des télécabines montant à Superbagnères. Un autre parking gratuit situé place du Marché, près des halles, est accessible tous les jours sauf les mercredis et samedis.

À ne pas manquer – Le lac d'Ôo ; la vallée de la Pique ; la fête des fleurs *(voir l'encadré pratique)*.

Organiser son temps – Si vous partez en randonnée, emportez un pique-nique. Les bords du lac d'Ôo s'y prêtent ! Profitez des thermes et du vaporarium en fin de journée.

Avec les enfants – Une ascension vers Superbagnères à bord des œufs.

Pour poursuivre la visite – Voir aussi Saint-Bertrand-de-Comminges, Arreau.

Le saviez-vous ?

Le nom officiel est Bagnères-de-Luchon… Mais on dit Luchon tout court. Pour ce qui est de « Bagnères », évidemment, c'est une allusion aux bains. Et « Luchon » ? C'est l'ancienne Ilixone, la ville d'Ilixo, dieu tutélaire des bains.

On ne compte plus les curistes célèbres, attirés par les eaux sulfureuses ou par la vie mondaine : Lamartine, Flaubert, Daudet, Bismarck ou encore Mata Hari et Edmond Rostand… Ce dernier y trouva-t-il l'inspiration pour son fameux *Aiglon* ? Toujours est-il que son illustre modèle avait, lui aussi, fréquenté les thermes quelques décennies auparavant !

Comprendre

Toile de fond – Les Pyrénées luchonnaises enrobées de quelques glaciers se dressent en barrière, suivant une ligne de crête jalonnée d'ouest en est par les sommets granitiques, tous d'altitude supérieure à 3 000 m, fermant la vallée d'Oô (Spijoles, Gourgs Blancs, Perdiguère) et la vallée du Lys (Crabioules, Maupas). L'échancrure la plus marquée, le port de Vénasque, s'élève encore à 2 448 m.

Marie-Hélène Carcanague / MICHELIN

Les thermes de Luchon.

Les bains d'Ilixo – À l'époque gallo-romaine, la vallée de l'One, pays des Onesii, est déjà célèbre pour ses bains, si magnifiques qu'ils sont considérés comme « les premiers après ceux de Naples » si l'on en croit une inscription en latin sur l'établissement thermal. Une voie romaine relie les thermes à l'importante cité de Lugdunum Convenarum (Saint-Bertrand-de-Comminges). Des fouilles ont permis de retrouver la trace de trois vastes piscines, revêtues de marbre, avec circulation d'air chaud et de vapeur.

La « Reine des Pyrénées » – En 1759, l'intendant de la généralité de Gascogne, Béarn et Navarre, Antoine Mégret, baron d'Étigny, qui réside à Auch, découvre Luchon et décide de redonner à la ville thermale son lustre d'antan. Dès 1762, une route carrossable relie la ville à Montréjeau : la belle avenue qui porte aujourd'hui son nom est ouverte et plantée de tilleuls. Le baron remplace la piscine commune rudimentaire par neuf auges de bois à deux places, recouvertes d'un couvercle mobile comportant un trou pour la tête, mais le déshabillage se fait encore en plein air à l'abri d'une planche. Il a, le premier, l'idée d'attacher un médecin à la station. Cela fait, il s'agit alors de la lancer. D'Étigny persuade le gouverneur de la province, le maréchal de Richelieu, de faire une cure. Le duc se montre enchanté, les fouilles romaines le ravissent. Il vante les charmes de Bagnères à Versailles et revient pour une seconde cure. La fortune de Luchon est faite ! À l'époque, les Luchonnais tenaient à leur tranquillité et les innovations du baron d'Étigny ne pouvaient que troubler celle-ci ; aussi s'attaquèrent-ils aux tilleuls plantés par l'intendant ; celui-ci n'eut d'autre ressource que d'envoyer la troupe avec pour mission de protéger les arbres des attaques de la population !

Séjourner

LA STATION

Les **allées d'Étigny**, avenue d'accès aux thermes, constituent le grand axe d'animation. Au n° 18, l'hôtel du 18e s. où fut reçu le duc de Richelieu fut construit en 1773 par le baron Bertrand de Lassus-Nestier, également à l'origine du château de Valmirande à Montréjeau (*voir Saint-Bertrand-de-Comminges*). Il abrite le syndicat d'initiative et le musée du Pays de Luchon *(voir « Visiter »)*. En face, à côté de la mairie (1840), le Castel ou Hôtel Boy date de la fin du 18e s. Plus loin, au n° 56, vous pourrez apercevoir l'imposant chalet Spont *(ne se visite pas)*, construit entre 1848 et 1855 dans le style Suisse.

Installations thermales

Construits en 1848 par l'architecte Edmond Chambert sur l'emplacement des anciens thermes romains, les **thermes Chambert** s'ouvrent sur un hall remarquablement décoré de vitraux et de fresques. *✆ 05 61 94 52 53 - ♿ - visite guidée (1h) juin-sept. : mar. et jeu. 14h-15h ; avr.-mai et oct. : mar. 14h-15h - fermé nov.-mars - 3,50 € (-14 ans gratuit, 14-18 ans 1,60 €) billet à retirer à la caisse le matin de la visite.*

Près de 80 sources sont captées dans la montagne de Superbagnères. Leurs eaux hyperthermales sulfurées-sodiques jaillissent à 74 °C et permettent de conjuguer les effets du soufre et de la radioactivité pour le traitement des affections des voies respiratoires. Aussi, pendant longtemps, d'illustres curistes ont été recrutés parmi les chanteurs, les comédiens, les avocats et les prédicateurs. D'un essor plus récent, le traitement des affections rhumatologiques et la rééducation fonctionnelle associent les applications de boues maturées avec de la barégine (colonies d'algues et de bactéries vivant dans les eaux hyperthermales) aux émanations sulfurées, au cœur d'une grotte spécialement aménagée, le **radio-vaporarium**. Il y règne une température de 38 à 42 °C… La dernière-née des cures propose une aide au sevrage tabagique.

Villas et quartier thermal

Parmi les plus remarquables villas du 19e s., signalons, boulevard Edmond-Rostand, la **Villa Édouard** *(n° 2)*, avec ses échauguettes d'angle, construite par Chambert, l'architecte des thermes. Non loin, la **Villa Julia**, coiffée d'une tourelle hexagonale, fut la résidence d'Edmond Rostand lors de ses séjours luchonnais. Allée des Bains, la **Villa Pyrène** *(n° 13)* surprend par ses vérandas métalliques. Dans le boulevard Henry-de-Gorsse, la villa Bertin et les chalets russes et persans se distinguent à peine derrière la végétation. Édifié en 1880 dans un style classique, le **casino** fut agrandit en 1929 avec une touche Art déco. Côté parc, il voisine avec le **pavillon normand**, construit pour l'Exposition universelle de 1900.

Vieux Luchon

Le quartier du Courtat s'étend entre l'**église**, imposant édifice du 19e s. surmonté d'une tour carrée et crénelée, et la place du marché, dotée d'une **halle** colorée de 1897.

La récompense du randonneur : l'apparition soudaine du lac d'Oô, dans son décor majestueux.

Visiter

Musée du Pays de Luchon

✆ 05 61 79 29 87 - 9h-12h, 14h-18h - fermé j. fériés - 1,60 € (6-15 ans 0,80 €) billet combiné avec le musée aéronautique Léon-Élissalde.

Il propose un panorama de la région à travers différentes thématiques. L'espace consacré aux montagnes évoque les hôtes illustres, les grands pyrénéistes et les sports d'hiver sur les massifs de la Maladetta, du Lys, d'Oô et d'Aran. Le « plan Lézat » (1854) présente les montagnes de Luchon en relief au 1/10 000. Des vestiges de l'âge du fer, des statues et autels votifs gallo-romains attestent l'ancienneté du site. La salle du vieux Luchon expose des gravures et photographies sur l'histoire de la ville, le thermalisme, le casino. Les arts et traditions populaires des vallées de Larboust, Oueil, Louron, Aran et Luchon sont illustrés par une riche collection d'objets : métiers à tisser, ustensiles du berger, objets religieux, outils aratoires. Des animaux naturalisés illustrent la faune locale : aigle des Pyrénées, chocard, chouette, coq de bruyère, etc.

Musée aéronautique Léon-Élissalde

R. Albert-Camus - ✆ 05 61 79 29 87 - avr.-oct. : mar., jeu. et sam. 15h-18h - 1,60 € (6-15 ans 0,80 €) billet combiné avec le musée du Pays de Luchon.

Les expéditions menées par Léon Élissalde (fondateur de l'aéroclub luchonnais), entre 1983 et 1988, ont permis de retrouver des épaves d'avions tombés pendant la Seconde Guerre mondiale : moteurs (BMW 801 M, Bristol Hercule 100)... Sont également exposés un uniforme de la Royal Air Force, des turbomoteurs, des turbopropulseurs, un entraîneur de vol LMT type 141, etc.

Randonnées

LAC D'OÔ★★ 1

Environ 2h1/2 à pied AR par le sentier balisé GR 10. Sortir de Luchon par la D 618, route du col de Peyresourde. À Castillon, prendre à gauche la D 76, route de la vallée d'Oô, qui longe la base de la vaste moraine sur laquelle sont juchés les villages de Cazeaux et Garin. Alt. 1 504 m. Le lac d'Oô est situé dans un cadre magnifique : au fond, le torrent issu du lac d'Espingo forme une cascade haute de 275 m. Le nom d'Oô vient tout simplement du gascon *iu* ou *eu*, signifiant « lac de haute montagne ». Le lac (38 ha pour 67 m de profondeur maximum) alimente la centrale hydroélectrique d'Oô. Les prélèvements peuvent provoquer une baisse sensible du plan d'eau.

VALLÉE DE LA PIQUE★★ 2

Sortir de Luchon au sud par la D 125. Laisser à droite la route de la vallée du Lys et poursuivre la montée à travers de beaux bois de hêtres. Après la maison forestière de Jouéu, laisser la voiture et continuer à pied.

On atteint l'Hospice de France (alt. 1 385 m). La majesté du site pastoral, la forêt, les cascades voisines sont autant d'invites à la promenade. Les marcheurs entraînés

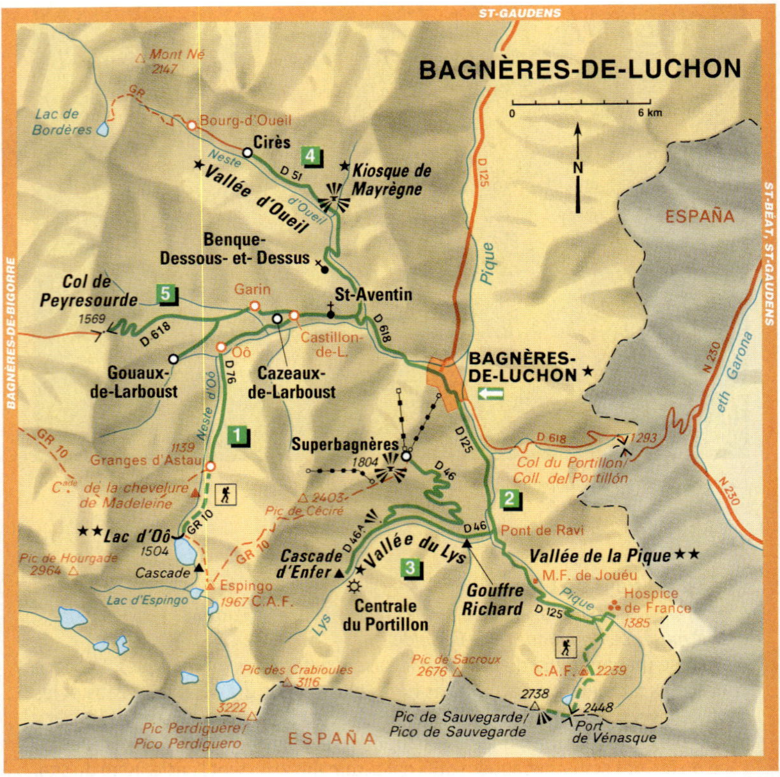

monteront au **port de Vénasque** (alt. 2 448 m) par le chemin muletier, en quittant l'Hospice de France de très bonne heure. Des premières pentes du versant espagnol *(4h1/2 à pied AR)* ou mieux encore du **pic de Sauvegarde** (alt. 2 738 m – *6h à pied AR*), vue superbe sur tout le massif de la Maladetta.

Circuits de découverte

VALLÉE DU LYS★ 3

32 km, de Luchon à Superbagnères – environ 2h1/2. Quitter Luchon au sud par la D 125, puis prendre sur la droite la D 46. Quitter la voiture 2 km après le 2e pont de Ravi.

Gouffre Richard

À partir du pied d'un pylône de transport de force, à gauche, vue superbe sur une puissante chute du Lys qui se jette dans une cuve rocheuse.

Au-delà de la bifurcation de Superbagnères, la route s'infléchit vers le sud. Un beau **panorama★** se dégage sur les plus hauts sommets du cirque supérieur de la vallée.

Laisser la voiture au parking gratuit du restaurant Les Délices du Lys.

Centrale du Portillon

Ses deux groupes travaillent sous une hauteur de chute maximale de 1 419 m, dénivellation qui fit sensation à l'époque (1941).

Cascade d'Enfer

C'est le dernier bond du ruisseau d'Enfer.

Faire demi-tour et prendre la route de Superbagnères tracée sous les hêtres.

Superbagnères

Au-dessus de la limite de la forêt, le centre de ski de Superbagnères (alt. 1 804 m) peut aussi être rejoint par télécabine depuis Bagnères-de-Luchon *(voir l'encadré pratique)*. Le Grand Hôtel, bâtiment monumental construit en 1922, puis racheté par le Club Méditerranée, constitue le centre de la station. De la table d'orientation du TCF, érigée au sud de l'hôtel, **panorama★★** sur les Pyrénées luchonnaises. À l'arrière-plan se déploient les glaciers de la Maladetta.

VALLÉE D'OUEIL★ 4

15 km au nord-ouest, de Luchon à Cirès – environ 1/2h. Sortir de Luchon au nord-ouest par la D 618.

On quitte cette route après la chapelle commémorative du martyre de saint Aventin pour prendre la D 51 sur la droite. À 2 km de cette bifurcation se détache, à gauche, la route menant à l'église supérieure de **Benque-Dessous-et-Dessus** qui renferme des peintures murales du 15e s.
La **basse vallée d'Oueil★** ravit par son charme pastoral et ses villages groupés.

Kiosque de Mayrègne★

Accès libre à la terrasse du café (table d'orientation du TCF). **Panorama** sur la haute chaîne frontière, du massif sombre de Vénasque aux crêtes enrobées de glaciers du cirque supérieur du Portillon d'Oô. Au dernier plan, entre le pic de Sacroux et le pic de Sauvegarde, apparaît le massif de la Maladetta, avec le pic d'Aneto, point culminant des Pyrénées (alt. 3 404 m).

Cirès

Village pittoresque, avec ses maisons tassées en amphithéâtre au pied de l'église isolée sur son promontoire. Les maisons présentent, comme dans toute la vallée, des pignons en lattis fermant de hauts greniers à foin.

VERS LE COL DE PEYRESOURDE★ 5

20 km – environ 3/4h. Quitter Luchon à l'ouest par la D 618. La route, ombragée, s'élève au-dessus du bassin de Luchon.

Saint-Aventin

Laisser la voiture 100 m avant le départ de la rampe de l'église. Cette petite localité aux toits d'ardoise possède une majestueuse **église** romane, parmi les plus belles de la vallée de Larboust. Ses deux tours méritent un examen attentif particulier des fragments sculptés pris dans les maçonneries : au pilier droit du portail, imposante **Vierge à l'Enfant★** du 12e s. ; plus à droite, sur un contrefort, bas-relief représentant un épisode légendaire lié à saint Aventin : un taureau dégage le corps du martyr (il fut assassiné par les Sarrasins en 732) enveloppé d'un suaire ; à la jointure du mur de la nef et de l'absidiole sud, petits monuments funéraires gallo-romains. À l'intérieur, on remarque un bénitier préroman sculpté d'animaux symboliques : agneaux, poissons, colombes. La grille en fer forgé fermant le chœur est un grand travail de ferronnerie, d'un type plus fréquent en Roussillon que dans les vallées des Pyrénées centrales. Parmi les peintures murales du 12e s., on reconnaît les effigies de saint Saturnin (ou Sernin) et de saint Aventin, de part et d'autre de la fenêtre centrale de l'abside. *✆ 05 61 79 21 72 - visite sur demande à la mairie tlj sf vend. apr.-midi et w.-end 9h-11h30, 13h30-17h.*

Chapelle Saint-Pé (ou Saint-Pierre-de-la-Moraine)

Très agréable halte. Les murs de l'édifice, et surtout les contreforts, incorporent des fragments de monuments funéraires antiques, très frustes.

Poursuivre sur la D 618. À gauche, belle vue sur les maisons et l'église de Castilon-de-Larboust précédant Cazeaux-de-Larboust.

Cazeaux-de-Larboust

L'église est décorée de **peintures** murales du 15e s., très retouchées. Face à la porte d'entrée trône un curieux Jugement dernier, thème omniprésent dans les églises de la vallée du Louron (*voir Arreau*). La Vierge presse son sein pour adoucir les douleurs du Christ et calmer sa colère : le glaive tombe des mains du divin Justicier.

Quittez la D 618 pour la route de corniche menant à Gouaux-de-Larboust (village où l'on fera demi-tour) afin d'apprécier des **vues★★** sur la vallée d'Oô et les toits d'ardoise du village d'Oô. La fraîcheur de cette vallée, où foisonnent les frênes et les noyers, s'allie avec bonheur au paysage de haute montagne caractéristique du massif luchonnais : roches sombres (Spijoles, Gourgs Blancs, pic du Portillon d'Oô) enrobées de petits glaciers.

Revenir à l'embranchement avec la D 618 et prendre à gauche.

Col de Peyresourde

À 1 569 m, il offre une vue dégagée sur la chaîne des Pyrénées. Porte d'accès à la station de Peyragudes distribuée sur les deux versants de la montagne, le col marque la frontière entre la Haute-Garonne et les Hautes-Pyrénées. Sur l'autre versant court la vallée du Louron *(voir Arreau)*.

Bagnères-de-Luchon pratique

Adresse utile

Office du tourisme de Luchon – *18 allées d'Étigny - 31110 Bagnères-de-Luchon - ✆ 05 61 79 21 21 - www.luchon.com - juil.-août : 9h-19h ; avr.-juin et sept.-mi-déc. : 9h-12h30, 13h30-19h, dim. et j. fériés 9h-12h30, 14h-18h ; de mi-déc. à fin mars : 8h30-19h, dim. et j. fériés 8h30-12h30, 14h30-18h.*

Se loger

⊖ **La Petite Auberge** – *15 r. Lamartine - ✆ 05 61 79 02 88 - fermé de fin oct. au 26 déc. - P - 30 ch. 25/38,50 € - ☕ 5,50 € - restaurant 13,50/17 €.* À mi-chemin entre les thermes et la télécabine de Superbagnères, cette maison de maître est un hôtel depuis les années 1960. Les chambres ne sont pas très grandes, mais bien équipées. Jolie terrasse.

⊖ **Hôtel Rencluse** – *À St-Mamet - ✆ 05 61 79 02 81 - resa@hotel-larencluse.com - fermé 5 mars-30 avr. et 7 oct.-2 fév. - P - 24 ch. 42/49 € - ☕ 6,50 € - restaurant 14/23 €.* Étape sympathique où règne une ambiance « maison de campagne familiale ». Chambres de bon confort, plus calmes à l'annexe. Plaisante atmosphère rustique dans la salle à manger ; cuisine traditionnelle simple.

⊖ **Chambre d'hôte Le Poujastou** – *R. du Sabotier - 31110 Juzet-de-Luchon - ✆ 05 61 94 32 88 - www.lepoujastou.com - fermé nov. - 💳 - 5 ch. 48 € ☕ - repas 17 €.* Cette bâtisse, exposée plein sud, face aux sommets du Luchonnais, abritait au 18e s. le café du village. Elle propose aujourd'hui des chambres flambant neuves, aux murs ocre. Goûteuse cuisine du pays servie dans une salle à manger de style pyrénéen.

⊖ **Chambre d'hôte « Papilio »** – *Rte de Superbagnères - 31110 Montauban-de-Luchon - ✆ 05 61 89 29 82 - www.papilio-luchon.com - 💳 - 3 ch. 48 € ☕ - repas 18 €.* Dans cette maison de village aux volets bleus, on est accueilli comme si on faisait partie de la famille. 3 chambres à l'étage, joliment décorées et toutes équipées de salle de bains et WC, dont une plus spacieuse, parfaite pour une famille.

⊖ **Chambre d'hôte Suberbielo** – 👪 - *Au bourg - 31110 Antignac - ✆ 05 61 94 37 03 - www.suberbielo.com - fermé nov. - 💳 - 4 ch. 53 € ☕ - repas 12 €.* Dans une maison du bourg, ces 4 chambres familiales ont été conçues pour recevoir des enfants. Une salle pleine de jeux les attend au rez-de-chaussée, ainsi qu'une piscine et un bac à sable dehors. Les parents apprécieront la table d'hôte qui honore les produits de la ferme.

⊖⊖ **Hôtel des Deux Nations** – *5 r. Victor-Hugo - ✆ 05 61 79 01 71 - www.hotel-des2nations.com - 28 ch. 48/55 € - ☕ 6 € - restaurant 14/30 €.* C'est la même famille qui, depuis 1917, vous reçoit dans cet établissement aux chambres sobres et nettes. Le restaurant dispose d'une entrée indépendante et ouvre sur une plaisante terrasse dressée dans un joli patio fleuri.

⊖⊖ **Camping Pène Blanche** – *65510 Loudenvielle - ✆ 05 62 99 68 85 - www.peneblanche.com - fermé 6 nov.-2 déc. - réserv. conseillée - 18 mobiles homes 549 €/sem. pour 4 à 6 pers.* Les adeptes du camping trouveront entière satisfaction dans cette vallée protégée. Un espace campable, aménagé en terrasses, verdoyant et parfaitement entretenu, complété par une partie locative comptant 18 mobile homes de qualité. Piscine avec toboggan.

Se restaurer

⊖ **Les Hauts Pâturages** – *31110 Artigue - 7 km au N de Bagnères-de-Luchon - ✆ 05 61 79 10 47 - ouv. avr.-sept., fermé lun. - réserv. conseillée le w.-end - 9/28 €.* Cette affaire familiale, réputée pour son site et surtout pour sa cuisine, propose de savoureuses spécialités régionales. Jambon de pays, confit de poule gratiné ou côtelettes d'agneau grillées.

⊖⊖ **Auberge de Castel Vielh** – *Rte de Bagnères - 4 km au S de Bagnères-de-Luchon par D 125 - ✆ 05 61 79 36 79 - fermé nov.-janv. sf vac. de Noël et w.-end ; fermé le merc. sf juil.-août - 20/38 € - 3 ch. 39/46 € - ☕ 6 €.* Repas copieux dans la salle à manger campagnarde. Le parc entourant ce petit chalet est le point de départ de belles promenades. 3 petites chambres.

Sports & Loisirs

Base rafting canoë-kayak – *Chemin de Poy - 31110 Antignac - ✆ 05 61 79 19 20 - www.antignac-rafting.com - juil.-août : tlj 9h-19h30 ; avr.-juin et sept.-nov. : tlj sf dim. et lun. 9h30-12h30, 14h-18h - fermé 1er janv. et 25 déc.* Canoë, kayak, rafting, air-boat, hot-dog, hydrospeed. Plusieurs parcours et ambiances au choix. Encadrement par des moniteurs diplômés.

Domaine skiable de Luchon-Superbagnères – Alt. 1 440-2 260 m. 14 remontées mécaniques. Les 28 pistes de ski alpin couvrent un vaste domaine très ensoleillé dont l'enneigement est assuré par des canons à neige. Au pied de la station, le secteur de Coumes présente des pistes faciles, idéales pour les débutants. Dans le secteur du Lac, agréables pistes en forêt de niveau intermédiaire. Pour trouver des pistes noires très techniques, on se rendra dans le secteur d'Arbesquens. Le secteur du Céciré, à l'extrême ouest du domaine, allie des pistes de niveau moyen à confirmé, dans un beau décor de haute montagne.

Événement

Fête des fleurs – Défilé de chars décorés de fleurs naturelles. *En août.*

Barèges

258 BARÉGEOIS
CARTE GÉNÉRALE A4 – CARTE MICHELIN LOCAL 342 M5 – HAUTES-PYRÉNÉES (65)

Doyenne des stations de ski des Pyrénées, Barèges a commencé sa carrière dès le 17e s. comme station thermale. Cette vieille dame dispose aujourd'hui d'un complexe de sports d'hiver de première importance, la station du Tourmalet, avec, de part et d'autre du col légendaire, La Mongie et Super-Barèges.

- **Se repérer** – Les principales aires de promenade se trouvent au sud, sur le plateau du Lienz, porte d'accès possible pour le massif de Néouvielle.
- **À ne pas manquer** – Le col du Tourmalet.
- **Organiser son temps** – La route du Tourmalet est très sinueuse entre le pont de la Gaubie et la Mongie : comptez 2h pour parcourir le circuit proposé. Notez que le col du Tourmalet reste souvent obstrué par la neige de novembre à juin.
- **Avec les enfants** – Le jardin botanique du Tourmalet.
- **Pour poursuivre la visite** – Voir aussi le pic du Midi de Bigorre, Luz-Saint-Sauveur, le massif de Néouvielle.

Comprendre

Thermalisme royal – Le duc du Maine (1675-1681), fils légitimé de Louis XIV et de Madame de Montespan, effectua trois séjours à Barèges, assurant ainsi la fortune thermale de la station. C'est de là que Madame de Maintenon, gouvernante du jeune prince infirme, s'insinua dans les bonnes grâces du roi par la qualité de sa correspondance.

Première station de ski des Pyrénées – Au début du 19e s. encore, les Barégeois, redoutant les avalanches, ne construisaient qu'en bois aux endroits menacés. Les travaux de reboisement et la pose de « râteliers à neige » sur le versant nord ont permis le développement d'une activité touristique hivernale. Barèges a joué un rôle de pionnier en devenant, en 1922, la première station de sports d'hiver des Pyrénées ! Elle s'est dotée d'un funiculaire dès 1939.

Séjourner

La station thermale

Autrefois fréquentée par Michelet, elle accueille traditionnellement les blessés ou accidentés. Les « eaux d'arquebusades » sont dispensées dans l'établissement thermal, d'où émanent les effluves sulfurés caractéristiques. On distingue deux établissements. D'une part les grands thermes de Barèges *(voir l'encadré pratique)*, indiqués pour la reconstruction osseuse et les rhumatismes, et d'autre part les thermes de Barzun, spécialisés dans les affections des voies respiratoires.

Marie-Hélène Carcanague / MICHELIN

Entre Barèges et le col du Tourmalet, la vallée du Bastan.

Le domaine skiable du Tourmalet

Alt. 1 250-2 500 m. **Barèges** et **La Mongie** forment aujourd'hui un important complexe de sports d'hiver. Avec 43 remontées mécaniques et plus de 100 km de pistes, c'est le plus grand domaine skiable des Pyrénées françaises. La proximité du massif de Néouvielle favorise le ski de randonnée hors des pistes (liaison Saint-Lary-La Mongie, ascensions guidées, etc.).
À Barèges, le secteur du **Lienz-Ayré**, qui se perd dans une magnifique forêt, est désormais réservé au ski de fond et aux raquettes : pistes de tous niveaux, parmi les plus belles des Pyrénées, dans un cadre paisible de sous-bois enneigés.
L'aménagement du col du Tourmalet a entraîné la création d'une annexe d'altitude, **Super-Barèges**, dans le cirque terminal de la vallée du Bastan.

Circuit de découverte

ROUTE DU TOURMALET★★

30 km sur la D 918, de Barèges à Ste-Marie-de-Campan – 1h.

Sujets au vertige et âmes sensibles, songez que la route du Tourmalet peut paraître particulièrement impressionnante sur le versant de Barèges.

La route s'engage dans le vallon désolé d'Escoubous, où le ruisseau serpente à travers des pâturages pierreux. Après 4 km, on parvient au pont de la Gaubie.

Jardin botanique du Tourmalet

Pont de la Gaubie - ✆ 05 62 92 18 06 ou 05 62 42 09 85 - de mi-mai à mi-sept. : 10h-19h - 4 € (4-12 ans 3,10 €).
Niché au cœur de la montagne, cet agréable jardin de 2 hectares rafraîchi par l'Escoubous présente un panorama très complet de la flore pyrénéenne classée par milieux (rochers, forêts, tourbières…). Parmi les 2 500 espèces sauvages présentées, vous apprendrez, entre autres, à reconnaître la ramonde des Pyrénées, la gentiane occidentale ou l'arnica des montagnes. Et pour élargir la découverte, un petit espace est réservé aux plantes montagnardes du monde entier. Un livret de visite, agrémenté de devinettes et de légendes, répondra à toutes vos questions naturalistes.
À l'entrée, quelques jeux introduisent la visite pour les enfants.

Après le pont de la Gaubie apparaît, en arrière, dans l'enfilade du vallon, le pic de Néouvielle dont la pyramide rocheuse est flanquée d'un glacier. Bientôt se profilent les crêtes aux formes hardies du pic du Midi de Bigorre, surmonté de son observatoire et de son relais de télévision.

Col du Tourmalet★★

Alt. 2 115 m. Du col, le **panorama** est remarquable par l'âpreté des sommets qu'il fait découvrir, surtout sur le versant de Barèges : au-delà du chaînon de l'Ardiden se détache au dernier plan le Balaïtous, avec son glacier. Une stèle honore la mémoire de « Monsieur Paul », promoteur du tourisme pyrénéen et constructeur de la route du pic du Midi.
La route qui relie le col à l'observatoire des Laquets, au pied du pic du Midi de Bigorre, est aujourd'hui interdite à la circulation automobile mais aussi aux piétons, pour des raisons de sécurité.

Les forçats de la route

Depuis 1910, tous les ans, les cyclistes du Tour de France affrontent la terrible épreuve des cols pyrénéens, qui ont fait la gloire de quelques-uns et le malheur de nombreux autres. Aubisque, Tourmalet, Aspin et Soulor évoquent les violents orages d'été, les pentes raides, les routes trop étroites sur lesquelles s'envolent les grimpeurs ailés, tandis que d'autres abandonnent leurs espoirs de victoire en connaissant de terribles défaillances dans l'étroit couloir laissé par une foule déchaînée. Ce lieu a vécu des gestes légendaires, comme celle de Christophe, dit « le Vieux Gaulois » qui, en 1913, franchit le Tourmalet avec 18 minutes d'avance sur le second. Hélas, dans la descente, la fourche de sa bicyclette casse et le règlement de l'époque interdit toute aide extérieure. Christophe doit parcourir 14 km à pied avant de trouver la forge de Campan, où il répare lui-même son vélo sous l'œil impassible des commissaires. Ces derniers vont jusqu'à lui interdire d'emprunter une paire de tenailles au forgeron, sous peine d'être mis hors course… Bilan de l'opération : quatre heures perdues… plus une minute de pénalité ! « Le Vieux Gaulois » ne gagnera jamais le Tour de France dont il portera cependant, en 1919, le premier maillot jaune.

La descente du col du Tourmalet s'effectue d'abord parmi les pelouses qui contrastent avec les sites ravinés de la montée. Dans une série de lacets, on aperçoit à gauche, au-dessus de la route, le tracé de l'ancien chemin que suivirent les chaises à porteurs du duc du Maine et de Mme de Maintenon pour gagner, depuis Bagnères-de-Bigorre, les eaux de Barèges. Les pyramides de l'ensemble résidentiel de La Mongie-Tourmalet annoncent la station de La Mongie, d'où part le téléphérique pour le pic du Midi.

Pic du Midi de Bigorre★★★ *(voir ce nom)*

Après la traversée de La Mongie, la pente s'accentue au passage d'un gradin boisé. La route rattrape le vallon affluent du Garet, puis traverse successivement le ruisseau du Tourmalet et l'Arises coulant en cascade.

Le sentier qui se profile sur votre gauche permet de rejoindre le pic du Midi de Bigorre, après 4h30 de marche. Attention, cette randonnée nécessite un équipement adapté, une bonne condition physique et n'est accessible qu'en été *(voir pic du Midi de Bigorre)*.

Le plateau d'Artigues, joli cirque pastoral noyé en partie par un lac de retenue, s'ouvre à droite, en contrebas.

Cascade du Garet★

Laisser la voiture près de l'Hôtel des Pyrénées, à Artigues. Traverser le hameau. Au-delà d'une maison familiale de vacances, franchir un petit pont sur le ruisseau du Tourmalet, en amont de la centrale hydroélectrique. Le chemin continue à s'élever régulièrement en passant dans le vallon affluent du Garet. On entre dans un bois de sapins. Descendre quelques pas taillés dans le roc pour atteindre le belvédère d'où l'on découvre la cascade.

La route suit maintenant la fraîche **vallée de Campan★** aux prairies d'un vert intense. Plusieurs maisons ou granges, au toit de chaume et au pignon à redans, apparaissent encore çà et là jusqu'à Sainte-Marie-de-Campan.

Barèges pratique

Adresse utile

Office du tourisme de Barèges – *Pl. Urbain-Cazaux - 65120 Barèges - ✆ 05 62 92 16 00 - www.bareges.com - juil.-août et déc. : 9h-12h30, 14h-18h30, dim. 9h-12h, 16h-18h - reste de l'année : fermé le dim.*

Se restaurer

⊖ **Chambre d'hôte Le Cueyla** – *65120 Betpouey - 4 km au SO de Barèges par D 918, puis rte secondaire - ✆ 05 62 92 88 50 - ⊭ - réserv. obligatoire - 4 ch. 34/44 €* ☕. Cette grange joliment restaurée domine toute la vallée. Ses chambres confortables, ouvertes sur la montagne, ont été aménagées avec soin sous les combles. En hiver, petit-déjeuner au coin du feu. Également, deux gîtes.

⊖⊖ **Auberge du Lienz Chez Louisette** – *4 km à l'E de Barèges par D 918, puis rte forestière du Lienz - ✆ 05 62 92 67 17 - fermé de fin avr. à déb. mai et nov. - formule déj. 24 € - 20/60 €.* Crèmerie à l'origine (1905), puis buvette, cette auberge située à 1 600 m d'altitude sert aujourd'hui une appétissante cuisine aux accents du terroir, mettant en valeur l'agneau AOC de Barèges agrémenté du parfum des plantes d'altitude (serpolet, génépi, réglisse, menthe, angélique) sous la houlette d'un chef renommé. Intérieur chaleureux, ambiance conviviale et vue exceptionnelle sur les sommets alentour.

Sports & Loisirs

Air Aventures Pyrénées – *Au pied de la station de ski de Super-Barèges - parking Tournaboup - ✆ 06 08 93 62 02 ou 05 62 92 28 19 - www.ecole-parapente-pyrenees.com - ouv. tte l'année.* Vols biplace, parapente et stages.

Thermes de Barèges-Barzun – *R. Ramond - ✆ 05 62 92 68 02 - www.thermesbareges.com.* Outre ses deux établissements thermaux, la station s'est dotée d'un espace de remise en forme ouvert à tous. Piscine, douche au jet, sauna, massage sous l'eau, enveloppement à l'argile… Les prestations sont multiples et variées, choisies à la carte, combinées dans un forfait journalier, un séjour ou une semaine.

Bassoues

376 BASSOUAIS
CARTE GÉNÉRALE A3 – CARTE MICHELIN LOCAL 336 D8 –SCHÉMA P. 285 – GERS (32)

Au cœur du pays gascon, sur l'antique chemin de la Ténarèze, le donjon de Bassoues domine avec fierté la petite bastide. Aussi belliqueux d'apparence que raffiné lorsqu'on s'approche de lui, il résume un peu l'esprit de cette terre attachante où l'on savait se battre… mais aussi bien vivre !

- **Se repérer** – Si la route (la D 932) contourne aujourd'hui fort heureusement Bassoues, la voie qui y conduit traverse le village en passant sous la vieille **halle en bois** bordée de maisons pittoresques.
- **À ne pas manquer** – L'exposition sur les villages gascons et la vue depuis le donjon.
- **Pour poursuivre la visite** – Voir aussi Marciac, Mirande, Lupiac *(voir Nogaro)*.

Comprendre

La légende de la vache qui lèche – Selon la tradition, **Fris**, neveu de Charles Martel, aurait été mortellement transpercé par une flèche lors du combat qu'il engagea, au lieu dit « de l'Étendard », contre les troupes d'Abd al-Rahman qui refluaient vers le sud après leur défaite à Poitiers (732). Au cours du 10e s., un paysan, qui avait l'habitude de faire paître son troupeau sur les lieux de la bataille, fut très étonné de voir que l'une de ses vaches léchait avec ferveur une pierre au lieu de brouter allègrement l'herbe du champ comme le faisaient ses congénères. Curieux, le vacher souleva la pierre, gratta le sol et découvrit, dans un sarcophage, le corps intact du guerrier Fris en tenue de combat. Peu après, une fontaine miraculeuse jaillit sur les lieux… Il n'en fallait pas plus pour que l'on décidât d'élever une église et d'y inhumer Fris en grande pompe, dans un sarcophage tiré par un attelage ! La vache miraculeuse fut naturellement de la partie et, seule de toutes les têtes de bétail rassemblées ce jour-là, elle parvint au but, le lieu dit « de la Tapia », où avait été édifié le sanctuaire. Incendié pendant les guerres de Religion, saccagé lors de la Révolution, l'édifice fut à nouveau consacré à la fin du 19e s. et fait toujours l'objet d'un pèlerinage local.

Bassoues pratique

Adresse utile

Syndicat d'initiative de Bassoues – *Grande Rue - 32320 Bassoues - www.bassoues.net - ✆ 05 62 70 97 34 - juil.-août : 10h-19h ; avr.-juin et sept.-oct. : 10h-12h, 14h-18h ; mi-fév.-fin mars : tlj sf mar. 14h-17h, w.-end 10h-12h, 14h-17h.*

Que rapporter

Domaine de Bilé - Famille Della-Vedove – *✆ 05 62 70 93 59 ou 06 12 86 01 97 - www.domaine-de-bile.com - 8h-20h.* Cette jolie ferme du haut Armagnac vous fait découvrir ses chais de vieillissement et de vinification, et vous propose des dégustations : floc de Gascogne (blanc : médaillé d'or, rosé : médaillé de bronze au Salon de l'agriculture 2006), armagnacs millésimés, vins de pays des côtes-de-gascogne. Soirées à thème (repas inclus), expositions d'artistes, sentier de randonnée dans le vignoble.

Se promener

Donjon★

✆ 05 62 70 97 34 - dernière entreé 30mn av. fermeture - juil.-août : 10h-19h ; avr.-juin et sept.-oct. : tlj sf mar. et dim. 10h-12h, 14h-18h ; de déb. nov. à mi-déc. et de mi-fév. à fin mars : tlj sf mar. 14h-17h, w.-end 10h-12h, 14h-17h - fermé 15 déc.-15 fév. - 4 € (8-18 ans 2 €).

La petite bastide de Bassoues est annoncée au loin par son donjon du 14e s. (43 m), magnifique exemple d'architecture militaire. Les raffinements de la construction et des aménagements intérieurs, dus à Arnaud Aubert, archevêque d'Auch et neveu du pape Innocent VI, contrastent avec le logis fortifié, très remanié, que flanque l'ouvrage au sud-est. Le rez-de-chaussée servait de resserre et chaque étage était équipé de latrines situées dans les contreforts sud-est et nord-est. Par l'escalier à vis, montez à la salle du 1er étage, voûtée d'ogives, portant à la clé les armes d'Arnaud Aubert. La salle du 2e étage (ici, c'est l'effigie de l'évêque qui est à la clé de voûte) allie l'élégance décorative au confort : cheminée frappée d'écussons, évier aménagé dans le mur sous une arcature, niches pouvant servir d'armoires. Il ne subsiste que les poutres du plancher qui séparait les 3e et 4e étages. De la plate-forme supérieure, où des échauguettes rondes sont disposées entre la terrasse et le sommet des contreforts, **vue★** au nord-est sur la basilique Saint-Fris et son cimetière, au sud sur les Pyrénées.

La Ténarèze

Ce nom, connu par l'appellation d'une région délimitée des eaux-de-vie d'Armagnac, s'applique à une antique voie de passage suivant la ligne de partage des eaux entre l'Adour et la Garonne. Si l'on en croit l'adage gascon, cet itinéraire aurait permis d'aller « des Pyrénées jusqu'à Bordeaux, sans passer de pont ni prendre bateaux… » Il est possible de cheminer entre Eauze, au nord, et Miélan, au sud, sans quitter la ligne de faîte des coteaux où tournaient jadis des moulins à vent. Les panoramas sur la chaîne des Pyrénées alternent avec les vues sur les collines de l'Astarac, piquetées de châteaux d'eau d'un blanc cru.

Église

Elle se compose d'une nef unique prolongée d'un chœur voûté d'ogives. La belle chaire en pierre date du 15e s.

Basilique Saint-Fris

Elle est située dans le cimetière. La clef peut être obtenue au donjon. Édifiée au 15e s. pour recevoir le corps du neveu de Charles Martel, la basilique Saint-Fris fut en grande partie reconstruite au 19e s. Elle possède notamment deux jolis portails Renaissance.

Aux alentours

Peyrusse-Grande

10 km au nord. L'**église**, du 11e s., constitue l'un des plus anciens témoins de l'époque romane.

Beaumont-de-Lomagne

3 690 BEAUMONTOIS
CARTE GÉNÉRALE B2 – CARTE MICHELIN LOCAL 337 B8 –
SCHÉMA P. 248 – TARN-ET-GARONNE (82)

À l'instar des autres bastides, Beaumont révèle une organisation géométrique de l'espace centrée sur une grande place où se dresse une immense halle couverte. Avec son imposante église de briques, ses maisons à pans de bois, ses hôtels particuliers et ses ruelles, la ville ne manque pas de cachet. Issue de l'ancienne Gascogne, capitale de l'ail blanc, elle conserve dans son nom son appartenance à la Lomagne, pays de saveurs et d'histoire.

- **Se repérer** – On accède à Beaumont par la D 928 depuis Auch ou Montauban, mais c'est par la D 3, en descendant des hauteurs de Lavit, que l'on appréciera le mieux l'ampleur lumineuse de la vallée de la Gimone.
- **À ne pas manquer** – La vue sur l'église depuis la tour de l'hôtel de Fermat ; le trésor de Bouillac ; la bastide de Cologne.
- **Avec les enfants** – La petite exposition dans l'hôtel Pierre de Fermat ; le moulin à vent de Brignemont.
- **Pour poursuivre la visite** – Voir aussi Montauban, Moissac, Lectoure et Grenade *(voir Toulouse)*.

L'élegant clocher toulousain de Beaumont.

Se promener

Cette bastide royale, de plan carré, a été fondée au 13e s. à la suite d'un acte de paréage entre l'abbaye cistercienne de Grandselve et le sénéchal Eustache de Beaumarchés, représentant le roi de France Philippe III le Hardi.

Le saviez-vous ?

Le Beaumontois **Pierre de Fermat** (1601-1665), né Pierre Fermat, fut un précurseur du calcul différentiel et de la géométrie analytique. Annotant un texte du mathématicien grec Diophante, Fermat démontre que pour $a > 2$, il n'existe pas d'entiers x, y, z non nuls tels que : $x^a + y^a = z^a$. Pendant plus de quatre siècles, des mathématiciens ont cherché à démontrer ce théorème. Jusqu'au succès de l'Anglais Andrew Wiles en 1994, sollicitant les derniers outils mis au point par la recherche mathématique. Difficile dans ces conditions d'imaginer que Fermat ait détenu la solution complète…

Outre ses compétences en mathématiques, Fermat, fin lettré, jouissait d'une solide formation de juriste. Propriétaire d'un office de conseiller du roi au Parlement de Toulouse, il lui a été permis d'ajouter la particule de noblesse à son patronyme.

Halle

Place Gambetta. Élément central de la bastide, construite au 14e s. pour accueillir foires et marchés *(le samedi matin)*, elle est supportée par 38 piliers de bois et couverte d'une toiture en tuiles creuses au-dessus de laquelle se dresse un clocheton. Au nord de la place, l'**hôtel Toureilh** (ou Toureil), du 17e s., abrite la mairie depuis 1850. En face, une statue rend hommage au mathématicien Pierre de Fermat.

Église Notre-Dame de l'Assomption

Cette impressionnante église fortifiée de brique rouge fut édifiée aux 13e et 15e s. dans le style gothique méridional. Remarquez les arcs de décharge formant mâchicoulis au sud, les baies en plein cintre du chemin de ronde, les échauguettes d'angle, le portail de pierre triangulaire et la galerie sur consoles de la façade, le clocher toulousain aux arcs en mitre et en tiers-point, et la galerie ajourée. L'intérieur est garni d'un intéressant mobilier (retables, stalles) et d'un orgue datant du 19e s.

Derrière l'église, la maison à colombages du 16e s. abrite le presbytère.

Hôtel Pierre de Fermat

Rue Pierre-de-Fermat. C'est dans cet hôtel particulier doté d'une tour carrée du 15e s. que Fermat naquit en 1601. Du haut de la tour, dont l'un des étages abrite une petite exposition sur le mathématicien (biographie, contexte historique et, pour les enfants, jeux de logique), très belle vue sur la ville, l'église et la vallée de la Gimone. *Pour y accéder, demander la clé à l'office de tourisme, installé dans l'hôtel.*

Aux alentours

Bouillac

16 km au sud-est par la D 3, puis la D 55. L'église du village a recueilli le **trésor★** de l'abbaye de Grandselve, à 3 km au nord-est, détruite sous la Révolution (seule la porterie est encore visible). Magnifique travail d'orfèvrerie, les châsses, du 13e s., sont en forme d'églises surmontées à la croisée d'un clocher octogonal à l'instar des clochers gothiques toulousains. Des gemmes et des filigranes décorent les arcatures abritant les personnages. Le reliquaire de la Sainte Épine prend la forme d'une tour à trois étages, abritée sous un dais, dont les fenêtres de cristal protègent des miniatures sur parchemin. Il aurait été offert à l'abbaye par Alphonse de Poitiers.

Larrazet

10 km au nord-est par la D 928. Première bastide fondée par l'abbaye cistercienne de Belleperche en 1253-1254, c'est un village planté de maisons à colombages et à couverts (signe de l'influence de la Gascogne toute proche), le long de ruelles étroites. L'**église Sainte-Madeleine** du 16e s. arbore une œuvre remaquable : un retable baroque en chêne massif de 60 m^2, réalisé sans moulages, décoré de scènes à personnages expressifs. Le panneau central représente Marie-Madeleine oignant Jésus de parfum pendant son repas chez Simon le Pharisien.

À l'ouest du village, le **château de Larrazet** est l'ancien palais abbatial de Belleperche *(8 km au nord-est, près de Cordes-Tolosannes)*. Il fut construit en 1500 par Jean III de Cardaillac, à l'emplacement d'un château du 12e s. rasé durant la guerre de Cent Ans. La façade de style gothique flamboyant possède un porche carré à voussures torsadées, au-dessus duquel s'ouvre une grande fenêtre à meneaux. Il donne sur un remarquable escalier à rampe droite, premier exemple en France de ce type de construction importé d'Italie : la main courante est taillée dans le mur et le plafond est voûté d'ogives. Les pièces contiennent des cheminées monumentales de style

Renaissance. *☏ 05 63 20 76 50 - visite guidée (1h) juil.-août : lun., vend. et w.-end 14h-18h ; sept. : w.-end 14h-18h - 5 € (-8 ans gratuit, 8-18 ans 3,50 €).*

Antonin Thuillier / MICHELIN

La halle de Cologne, surmontée d'un clocheton.

Circuit de découverte

BASTIDES DE LOMAGNE

74 km - environ 1h30. Quitter Beaumont au sud par la D 928. Rouler une dizaine de kilomètres et, avant Solomiac, tourner à gauche sur la D 113.

Maubec

Cette ancienne cité fortifiée, sillonnée de ruelles escarpées et de maisons à pans de bois, est perchée sur un éperon rocheux au-dessus de la Gimone. Elle possède deux sites classés monuments historiques : les remparts médiévaux (belle vue depuis la place Clément-Laborde qui jouxte l'église) et l'église Saint-Orens (15e s.) s'ouvrant par un portail de style Renaissance que précède un porche monumental, dont il ne subsiste que la base. De massifs contreforts soutiennent le chevet pentagonal.

Poursuivre sur la D 113 vers le sud, puis tourner à gauche dans la D 165.

Sarrant

Cet ancien village fortifié, auquel on accède par une porte fortifiée du 14e s., a gardé une partie de son enceinte polygonale.

Quitter Sarrant à l'est pour emprunter la D 526. On rejoint la D 89 qui mène à Brignemont.

Moulin à vent de Brignemont

☏ 05 62 65 02 75 - www.moulindebrignemont.com - visite guidée (1h) de mi-juil. à fin août : 15h-19h ; de déb. juin à mi-juil. et sept. : dim. et j. fériés 15h-19h - fermé oct.-mai - 2 € (-5 ans gratuit, 5-12 ans 1 €).

Le meunier, agriculteur tombé amoureux de son moulin (18e s.), fait revivre ce géant très bien restauré. Le vent qui fait craquer le bois, l'odeur de la farine, le mouvement des ailes, tout y est ! Belle vue dégagée au pied du moulin.

Depuis la D 89, bifurquer sur la D 89A à gauche, puis tout de suite à droite sur la D 1.

Cox

Un petit détour par les premiers coteaux gascons permet de découvrir ce village, centre de production de terres vernissées depuis le 15e s. Installée dans une ancienne poterie, la **Maison du potier** retrace les quatre siècles d'histoire de cette fabrication locale.Son four, parfaitement conservé, est impressionnant *- ☏ 05 62 13 70 31 - www.museecox.com - ♿ - juil.-août : 10h30-12h30, 14h30-18h30 ; mai-juin et sept.-oct. : w.-end et j. fériés 14h30-18h30 ; nov.-avr. : sur demande - possibilité de visite guidée (1h) - 2 € (-12 ans gratuit).*

Emprunter la D 41 vers le sud. Elle se prolonge par la D 21 menant à Cologne.

Cologne★

Coquette petite bastide du 13e s. située à la limite de la Lomagne (pays de pierres) et de la Gascogne toulousaine (pays de briques). Elle est bordée de maisons à couverts ou à colombages alternant avec les deux matériaux. Sa place centrale et sa halle à piliers de bois surmontée d'un clocheton ont belle allure. Remarquez à l'un des angles de rares mesures à grain du 15e s.

Suivre la D 654 vers l'ouest.

Mauvezin

Important fief protestant à l'époque de la Réforme, Mauvezin est un ancien castelnau construit au 12e s. sur un site dominant la vallée de l'Arrats et portant la forteresse des vicomtes de Fézensaguet. Curieusement, les faubourgs qui se sont ensuite formés à mi-pente et dans la ville basse suivent le plan régulier d'une bastide.

La Lomagne

La Lomagne, pays de l'ancienne Gascogne, domine au nord la vallée de la Garonne. Elle est traversée par le Gers, l'Arrats et la Gimone. En creusant leurs vallées, ces rivières ont laissé à nu des coteaux calcaires sur lesquels se sont établis des castelnaux, et plus tard, le long des axes de communication, des bastides. D'abord vicomté dans la mouvance du roi d'Angleterre au 10e s., avec Lavit comme capitale, la Lomagne a été rattachée au comté d'Armagnac en 1325 et la capitale transférée à Lectoure. Depuis 1808, le pays est partagé entre les départements du Gers et du Tarn-et-Garonne. Constitué de doux vallonnements piquetés de pigeonniers bâtis sur plan circulaire, carré ou polygonal, le pays à l'habitat rural dispersé se consacre à la culture du melon *(voir Lectoure)*, de l'ail blanc ainsi qu'à l'élevage d'oies.

La très spacieuse **place de la Libération** est entourée de maisons à arcades et couverts, tel le bureau de poste installé dans la maison dite « Henri IV ». Au nord-est se dresse une imposante **halle** du 14e s. dont les piliers de pierre ronds supportent une forte charpente protégée par des tuiles. L'**église** est surtout intéressante pour son clocher de plan octogonal caractéristique du style toulousain. À l'emplacement du château vicomtal démantelé au 17e s. en même temps que l'enceinte médiévale, une terrasse ombragée offre une vue dégagée sur le clocher de l'église surplombant les toits de tuile et le plan d'eau en contrebas.

Continuer sur la D 654 qui remonte vers le nord.

Monfort

Les maisons de cette bastide, fondée par le comte d'Armagnac, sont disposées de part et d'autre de la rue principale. Elles épousent la ligne de crête d'un promontoire surplombant la vallée de la Gimone. Un clocher de style toulousain coiffe l'église et rappelle son passé de ville-étape sur la route de Saint-Jacques. Remarquez, dans la Grande-Rue, la maison natale du poète Salluste du Bartas (1544-1590) dotée de fenêtres à meneaux aux croisillons joliment ouvragés.

La D 151, à l'est, permet d'atteindre Solomiac via Homps.

Solomiac

Bastide bâtie sur un plan octogonal, elle a subi d'importantes destructions pendant les guerres de Religion. Au centre, la place à couverts et la halle du 14e s. posée sur des piliers en pierre forment un bel ensemble.

Regagner Beaumont-de-Lomagne par la D 928.

Beaumont-de-Lomagne pratique

Adresse utile

Office du tourisme de Beaumont-de-Lomagne – *Dans l'hôtel Pierre-de-Fermat, 3 r. Pierre-de-Fermat - 82500 Beaumont-de-Lomagne - ✆ 05 63 02 42 32 - www.tourisme-en-lomagne.com - juil.-août : 9h-12h, 14h-18h, dim. 10h-12h ; mai-juin et sept. : tlj sf dim. 9h-12h, 14h-17h ; oct.-avr. : tlj sf dim. 14h-17h, sam. 9h-12h - fermé du 25 déc. au 1er janv.*

Se loger

⊖ **Chambre d'hôte L'Arbre d'Or** – *16 r. Despeyrous, face à la Poste - ✆ 05 63 65 32 34 - www.larbredor-hotel.com - 5 ch. 57/68 € ☕ - repas 25 €.* Cette demeure bourgeoise du 17e s. située en plein cœur du bourg s'ouvre sur un joli jardin arboré. Un très bel escalier conduit aux chambres, plutôt spacieuses et souvent agrémentées de meubles anciens. Dès que le temps le permet, les petits-déjeuners et les repas sont servis à l'extérieur.

Se restaurer

⊖⊖ **Le Commerce** – *58 r. du Mar.-Foch - ✆ 05 63 02 31 02 - www.hotellecommerce.com - fermé 19 fév.-5 mars, 17-31 oct., 26 déc.-9 janv., dim. soir et lun. - 17/33 €.* Maison de pays bordant la traversée du village. Cuisine traditionnelle proposée dans une salle de restaurant au charme campagnard préservé. L'hébergement, rajeuni, est soigneusement entretenu.

Sports & Loisirs

Village de loisirs « Le Lomagnol » – *✆ 05 63 26 12 00 - www.villagelelomagnol.com - juil.-août : baignade 10h-19h - 3 € (enf. 2 €).* Au nord-est de la ville, près de l'hippodrome, un plan d'eau permet de pratiquer différents sports nautiques (voile, canotage) et la pêche à la ligne.

Événements

Autour de l'ail – En juillet, **Fête de l'ail** ; en septembre, **concours de l'ail**.

Belcastel★

251 BELCASTELOIS
CARTE GÉNÉRALE D1 – CARTE MICHELIN LOCAL 338 G4 – AVEYRON (12)

Un village paisible qui grimpe en étages sur la rive droite de l'Aveyron. Niché dans la verdure, le village est dominé par son fier château fort. Le décor est champêtre, très agréable… et solitaire. Les touristes aiment à emprunter les rues couvertes de pavés ou de galets, les calades escarpées qui se concentrent au pied du château.

Se repérer – 8 km au sud-est de Rignac, à mi-chemin entre Rodez et Villefranche. Jolie vue sur le village depuis la D 285 en direction de Mayran.

Se garer – Attention, le stationnement est interdit dans le village. Pour découvrir Belcastel à pied, on laisse la voiture au grand parking, à l'entrée est lorsqu'on vient de Rignac.

Pour poursuivre la visite – Voir aussi Rodez, Sauveterre-de-Rouergue, Peyrusse-le-Roc, Decazeville, Villefranche-de-Rouergue.

Jean Malburet / MICHELIN

Belcastel, un village dominé par son château.

Se promener

Château

05 65 64 42 16 - www.chateaubelcastel.com - juin-sept. : 10h-19h ; avr.-mai et oct.-déc. : tlj sf lun. et mar. 10h-19h - fermé janv.-mars - possibilité de visite guidée (45mn) - 7,50 € (3-12 ans 3 €).

Construit au 12e s. sur un éperon rocheux, il fut restauré par Fernand Pouillon (1912-1986), le premier à entreprendre la réhabilitation du village. Le château se présente sous la forme d'une enceinte polygonale flanquée de cinq tours rondes. Un donjon carré se dresse à l'intérieur de l'enceinte. Remarquez les deux chapelles préromanes superposées.

Exposition d'illustrations du monde de la bande dessinée (Snoopy, Dr Seuss).

Vieux pont

Fort étroit et en dos d'âne, ce petit pont du 15e s. enjambe la rivière de ses cinq arches en arc brisé.

Église

Elle renferme le gisant d'Alzias de Saunhac (vers 1373-1448) en armure. Les bizarreries du destin firent de ce baron de Belcastel le chambellan du roi de Hongrie !

Aux alentours

Château de Bournazel

15 km. Quitter Belcastel par la D 285, puis prendre à droite la D 997 jusqu'à Rignac et poursuivre par la D 53. Seule la visite extérieure est autorisée. Possibilité de visite guidée de la cour et du village (1h) de mi-juin à mi-sept. : tlj sf jeu. 14h-19h auprès du syndicat d'initiative 05 65 64 16 60 - www.chateau-bournazel.com - 3 € (-12 ans gratuit).

Construit à l'emplacement d'un édifice médiéval dont subsistent quelques tours, ce château inachevé présente deux ailes d'époque Renaissance. L'aile nord, de 1545, est coiffée d'un beau toit d'ardoise ; remarquez la finesse des décorations de la frise qui sépare les deux étages. L'aile orientale n'offre plus au visiteur que sa façade de 1554, d'aspect plus classique et ajourée de grandes baies, où courent deux frises ornées de riches motifs.

Commanderie des Hospitaliers de Lugan

Depuis Bournazel, emprunter la D 53 vers le nord. Tourner à gauche après la Vaysse, à droite dans la D 525 puis à gauche vers Lugan. 05 65 80 46 59 - visite guidée (1h) juil.-août : tlj sf lun. 15h-19h ; reste de l'année sur RV - 3 € (-12 ans gratuit).

Cette commanderie du 12e s. est constituée d'un corps de logis carré, initialement flanqué de quatre tours rondes dont une seule est encore entière. Les bâtiments abritent aujourd'hui une résidence pour personnes âgées. Seules se visitent la cuisine, dite « salle des ancêtres », l'église insérée dans les bâtiments et une salle d'exposition consacrée à l'histoire de Lugan, aux hospitaliers et aux croisades. Film sur les activités actuelles des chevaliers de l'ordre de Malte.

Belcastel pratique

Adresse utile

Office du tourisme de Belcastel – *12390 Belcastel - ✆ 05 65 64 46 11 - www.mairie-belcastel.fr - juil.-août : 10h30-12h30, 14h30-18h30 ; juin et sept.-oct. : 11h-12h, 14h30-17h30 ; nov.-mai : 14h30-17h.*

Bozouls★

2 329 BOZOULAIS
CARTE GÉNÉRALE D1 – CARTE MICHELIN LOCAL 338 I4 – AVEYRON (12)

Si Bozouls est célèbre, c'est surtout pour son petit canyon, appelé communément « trou ». Profond de plus de 100 m, ce cirque naturel sur lequel s'est établi le bourg constitue un site grandiose offrant des vues à couper le souffle.

Se repérer – Bozouls est situé à une vingtaine de kilomètres au nord-est de Rodez (accès par la D 988) et à 10 km au sud d'Espalion (par la D 920).

À ne pas manquer – Le fameux « trou » de Bozouls.

Avec les enfants – Terra Memoria.

Pour poursuivre la visite – Voir aussi Espalion, Estaing, Rodez, St-Geniez-d'Olt.

Se promener

Trou de Bozouls★

C'est de la place de la Mairie que la vue sur l'ensemble du site est la plus saisissante. De la terrasse, tout près du monument aux morts, œuvre de Denys Puech, on a une vue imprenable sur ce canyon (800 m) creusé par le Dourdou dans le causse du Comtal. Des grottes trouent la paroi verticale. Sur le promontoire encerclé par la rivière s'élèvent, au bord même du précipice, une église romane et les bâtiments du couvent Sainte-Catherine.

Ancienne église Sainte-Fauste

Elle est située sur le promontoire. Accès par la rue de l'Hospitalet. Dépourvu de transept, son intérieur surprend par l'étroitesse des bas-côtés. Sa nef du 12e s., élevée et voûtée en berceau plein cintre, était couverte, à l'origine, par des plaques de calcaire (lauzes),

Jacass / MICHELIN

Le « trou » de Bozouls. Un village posé au bord du vide.

qu'alourdissait encore un épais lit de terre. Cette couverture fut, au début du 17e s., remplacée par une charpente en bois. L'église possède quelques chapiteaux à la décoration étrange (ainsi, sur le chapiteau du clocher-porche, cette femme dont la poitrine est mordue par des crapauds et qui illustre probablement le péché de luxure). La partie haute du clocher date du 14e s.

De la terrasse ombragée, à gauche de l'église, jolie vue sur le canyon.

Le saviez-vous ?

Le nom de Bozouls vient sûrement de l'occitan *bosola* qui signifie « monticule de terre », et, par extension, « borne » ou « limite ».

Raoul Cabrol (1895-1956) vit le jour à Bozouls. On se souvient de ce grand caricaturiste de presse qui collabora, entre autres, au *Canard enchaîné*, à *L'Humanité* et au *New York Times*, et eut maille à partir avec la Gestapo pour avoir ridiculisé Hitler.

Visiter

Terra Memoria

All. Paul-Causse - ✆ 05 65 44 69 27 - www.terramemoria.fr - ♿ - de mi-juin à mi-sept. : 10h-18h30, dim. 14h-18h30 ; reste de l'année : tlj sf dim. et lun. 10h-12h, 14h-18h ; fermé de mi-nov. à mi-fév. - 5,90 € (5-10 ans 1 €, 10-17 ans 3 €).

Un parcours ludique et pédagogique rend compte des évolutions géologiques depuis l'émergence de la planète jusqu'à nos jours au moyen d'une vaste frise murale, de films, d'un jeu de maquettes et de manivelles, d'expositions de minerais et de fossiles à observer à la loupe ou au microscope, de panneaux explicatifs et interactifs : la formation de la Terre, les forces telluriques, les grands types de roche, l'éruption des volcans, la formation des grottes et des continents… La visite s'oriente progressivement vers le paysage de l'Aveyron actuel, avec ses vallées, ses lacs, ses habitations traditionnelles, et débouche spectaculairement sur un belvédère plongeant sur le canyon de Bozouls.

Aux alentours

Montrozier

10 km. Sortir de Bozouls au sud par la D 988. À 3,5 km, prendre à gauche la D 126. En bordure de l'Aveyron, qu'un vieux pont gothique couronné d'un calvaire enjambe, Montrozier est un vieux village qui a su préserver un cachet pittoresque. Très bien conservé, le château fut élevé aux 15e et 16e s. *(Ne se visite pas)*. Remarquez ses bâtiments rectangulaires couronnés de beaux mâchicoulis et sa forte tour cylindrique à cinq étages. Au **Musée archéologique de Rouergue**, des expositions temporaires et thématiques, souvent remarquables, présentent le patrimoine archéologique du département. Renouvelées tous les deux à trois ans, elles sont accompagnées de conférences et de documents audiovisuels. *✆ 05 65 70 71 45 - www.aspaa.fr - ♿ - juil.-août : 10h-12h30, 14h-19h ; juin et sept. : 14h-18h - possibilité de visite guidée (1h) - fermé oct.-mai - 3 € (enf. 2 €).*

Bozouls pratique

Adresse utile

Office du tourisme de Bozouls – *2 bis pl. de la Mairie - 12340 Bozouls - ✆ 05 65 48 50 52 - www.bozouls.com - juil.-août : 10h-12h30, 13h30-18h30, dim. 14h-18h30 ; reste de l'année : tlj sf dim. 9h-12h, 13h30-17h30.*

Se loger

Hôtel À la Route d'Argent – *Sur D 988 - ✆ 05 65 44 92 27 - fermé janv., fév., lun. sf le soir en sais. et dim. soir - P - 21 ch. 40/56 € - 6 € - restaurant 17/38 €.* Vaste bâtisse de pays entièrement rénovée. Les chambres, de bon confort, sont joliment colorées. Cadre contemporain épuré, bel éclairage tamisé et tableaux modernes dans la salle à manger ; cuisine traditionnelle variant au gré du marché.

Se restaurer

Le Belvédère – *11 rte du Maquis-Jean-Pierre - ✆ 05 65 44 92 66 - www.belvedere-bozouls.com - 12 € déj. - 18/32 € - 12 ch. 39/59 € - 6 €.* Surplombant le « trou » de Bozouls, cet hôtel tout en pierre et en ardoise ajoute à sa situation privilégiée le confort de récents travaux de rafraîchissement. Côté restauration, on appréciera, entre autres, les grillades au feu de bois préparées sous la houlette d'un chef attentionné. Jolie terrasse dans la cour intérieure.

Bruniquel★

561 BRUNIQUELAIS
CARTE GÉNÉRALE C2 – CARTE MICHELIN LOCAL 337 F7 – TARN-ET-GARONNE (82)

Bruniquel est un village couronné d'un château perché sur une falaise, dans un site magique, au débouché des gorges de l'Aveyron. Les touristes aiment explorer ses ruelles pentues et paisibles, bordées de vieilles demeures coiffées de tuiles rondes. De jolies balades en perspective, car les gorges de l'Aveyron ne sont pas loin !

- **Se repérer** – Au carrefour des vallées de l'Aveyron et de la Vère, Bruniquel est à 28 km à l'est de Montauban, par la D 115.
- **À ne pas manquer** – Le vieux bourg ; les peintures murales dans la maison Payrol.
- **Pour poursuivre la visite** – Voir aussi Saint-Antonin-Noble-Val, Montauban, Gaillac, Cordes-sur-Ciel.

Comprendre

Reines rivales – Si l'on en croit Grégoire de Tours, la construction du château primitif, au 6e s., est à attribuer à la malheureuse reine mérovingienne **Brunehaut**. C'est elle qui donna son nom au village, dont la forme occitane est Borniquel. Elle était la fille du roi des Wisigoths et l'épouse du roi d'Austrasie Sigebert. Sa rivalité avec la cruelle Frédégonde ensanglanta l'Austrasie et la Neustrie, c'est-à-dire les trois quarts de la France d'aujourd'hui ! Frédégonde, était, dit la chronique, d'une grande beauté… et d'une grande cruauté. Servante à la cour du roi des Francs Chilpéric Ier, elle fit successivement assassiner deux reines avant de pouvoir épouser le roi. Puis elle se débarrassa de son époux afin de gouverner au nom de son fils, Clotaire II. La rivalité qui opposait les deux reines ne pouvait que mal finir : vaincue en 613 et faite prisonnière, Brunehaut fut attachée par les cheveux, un bras et une jambe à la queue d'un cheval indompté qui la mit en pièces.

Se promener

Vieux bourg★

Dédale de ruelles en pente, vieilles demeures de pierres sèches, vestiges de fortifications, tout ici invite à la flânerie et à la rêverie. Pour prolonger l'illusion, il faut parcourir les rues Mazel, Droite-du-Trauc (« celle qui conduit directement au trou » !) et Droite-de-la Peyre.

Château

✆ 05 63 67 27 67 - www.bruniquel.org - juil.-août : 10h-19h (dernière entrée 30mn av. fermeture) ; avr.-juin et sept. : 10h-12h30, 14h-18h - fermé oct.-mars - possibilité de visite guidée (1h) - 2,50 € (enf. 1,50 €), 3,50 € (enf. 2 €) visite guidée.

Bâti en belle pierre jaune sur des assises qui pourraient remonter au 6e s., il comporte diverses parties allant du 12e au 18e s. Sur l'esplanade précédant les principaux corps de bâtiment s'élève la barbacane qui défendait les approches du château côté village. La grosse tour carrée du 12e s. porte le nom de la reine Brunehaut.

À l'intérieur, quelques objets préhistoriques. La salle des Chevaliers, des 12e et 13e s., est décorée de fenêtres géminées, de colonnettes et de chapiteaux. Au 1er étage, salle des gardes ornée d'une belle cheminée au décor baroque. Dans le château seigneurial, une galerie Renaissance surplombe la falaise creusée d'abris-sous-roche et offre une vue★ étendue sur un méandre de l'Aveyron.

Le château accueille en outre deux expositions permanentes ; une consacrée au tournage du film *Le Vieux Fusil*, l'autre à la préhistoire.

Maison Payrol

✆ 05 63 67 26 42 - juil.-août : 10h-19h30 ; avr.-juin et sept. : 10h-18h ; oct. : w.-end 10h-17h - fermé nov.-mars - 3 € (-14 ans gratuit).

Ancien hôtel de marchands du 13e s. remanié à la Renaissance, cette demeure fut la propriété de riches familles anoblies. L'endroit, qui n'est pas sans rappeler les hôtels nobles de Toscane, a fait l'objet d'un remarquable travail de restauration. Les **peintures murales**★ du 13e s. sont un rare témoignage de l'univers décoratif médiéval. Notez aussi le beau plafond blasonné d'époque Renaissance au 1er étage. Les collections d'origine régionale (faïences, poteries, objets insolites, chapiteaux romans et gothiques…) sont dignes d'intérêt. Des œuvres d'**Ossip Zadkine** et de

Valentine Prax évoquent leur mariage à Bruniquel, le 14 août 1920 (exposition temporaire ayant lieu chaque année).

Aux alentours

Puycelci★

À l'ouest de la forêt, une plate-forme rocheuse, qui domine la verdoyante vallée de la Vère, porte le vieux village fortifié de Puycelci (du latin *podium celsum* signifiant « tertre plat élevé »). Cette ancienne place forte a conservé une partie de ses remparts dont deux tours des 14e et 15e s. Un chemin de ronde permet d'embrasser un vaste panorama qui s'étend des hauteurs de Montoulieu en Grésigne aux cimes des Pyrénées.

Le château de Bruniquel, sur son éperon rocheux.

Au hasard des rues, on découvre nombre de demeures et d'édifices intéressants : le château du Petit Saint-Roch, flanqué de deux tours, était la résidence des capitaines-gouverneurs, en charge de la gestion de la forêt. La maison Féral, dont la façade remonte aux 15e et 16e s., est percée de portes en ogive. L'église paroissiale Sainte-Corneille possède une nef gothique et un clocher-porche du 18e s.

Forêt de Grésigne

Sinueuse, la D 87 traverse ce massif forestier, planté de chênes rouvres et de charmes, offrant d'agréables sous-bois. Sur la rive gauche de l'Aveyron, aux confins du département du Tarn, la forêt de Grésigne s'étend dans un site vallonné de 4000 ha. Elle est bordée côtés sud et est par la vallée de la Vère. Aux 17e et 18e s., elle était propriété des rois de France, qui puisèrent dans ses hautes futaies le bois nécessaire à la construction et à l'équipement des navires : d'où les routes que Colbert ordonna d'ouvrir dans cette forêt protégée. Elle était aussi une source d'approvisionnement pour les maîtres verriers protestants qui y trouvaient le bois, l'eau, les minéraux et les végétaux dont ils avaient besoin pour façonner et colorer le verre. Leurs activités cessèrent après la révocation de l'édit de Nantes, en 1685.

Bruniquel pratique

Adresse utile

Office du tourisme de Bruniquel – *Prom. du Ravelin - 82800 Bruniquel - ✆ 05 63 67 29 84 - juil.-août : 10h-19h ; reste de l'année : 10h-13h, 14h-18h - fermé 1er Mai et du 25 déc. au 1er janv.*

Se loger

⊖ Chambre d'hôte Les Brunis – *4965 rte de Montricoux - 82800 Nègrepelisse - 7 km à l'O de Bruniquel par D 115, puis D 958 - ✆ 05 63 67 24 08 - www.chambres-aveyron.com - ⊭ - 5 ch. 54/58 € ☕ - repas 21 €.* Derrière la façade rénovée de cette ferme du 19e s., une oasis de verdure sert d'écrin à une belle piscine. Prendre le petit-déjeuner là, tranquillement installé à l'ombre du paulownia, après ou avant un bain matinal, est un délice ! Chambres campagnardes et table d'hôte (nombreuses spécialités de canard).

Se restaurer

⊖⊖ Ferme-auberge de Belle-Chasse – *82800 Vaissac - 17 km à l'O de Bruniquel par D 115 puis D 35 - ✆ 05 63 30 86 58 - ⊭ - réserv. obligatoire la veille - 20/32 €.* Venez découvrir le foie gras, le veau et les autres produits de la ferme en vous attablant dans cette belle demeure du 18e s. érigée au milieu des champs. Dès que le temps le permet, optez pour la terrasse tournée vers le domaine, ses pâturages et ses bois.

Carmaux

10 231 CARMAUSINS
CARTE GÉNÉRALE C2 – CARTE MICHELIN LOCAL 338 E6 – TARN (81)

À la limite des plaines d'Aquitaine et du Massif central, la ville de Carmaux doit sa notoriété à son gisement houiller, qui s'étend au sud-ouest de la localité sur environ 10 km de longueur et 1 à 3 km de largeur. L'épaisseur des couches de charbon varie de 30 cm à 28 m… À Carmaux, c'est l'histoire de l'exploitation des mines à travers les siècles qui nous est contée !

Se repérer – À 16 km au nord d'Albi et à 23 km à l'est de Cordes, qui s'imaginerait trouver un bassin houiller, témoin de luttes sociales dignes d'un roman de Zola ? Tel est pourtant le cas de Carmaux, cette petite ville du Tarn qui tente aujourd'hui courageusement de mettre en valeur son patrimoine, certes différent, mais aussi représentatif de l'histoire de la région que celui de ses prestigieuses voisines.

Organiser son temps – Si vous incluez Cap'Découverte *(voir l'encadré pratique)* dans votre programme de visite, prévoyez d'y passer une journée.

Avec les enfants – Cap'Découverte ; le parc des Titans.

Pour poursuivre la visite – Voir aussi Albi, Cordes-sur-Ciel, Sauveterre-de-Rouergue.

Le saviez-vous ?

Carmaux est le nom d'un honorable citoyen romain, Caramantius, qui possédait probablement quelques terres dans la région. Le nom donna en occitan Caramaus, francisé par la suite en Carmaux. Rien à voir avec le charbon…

C'est à Carmaux que le fameux tribun socialiste **Jean Jaurès** (1859-1914) fut triomphalement élu en 1892 comme député. L'orateur philosophe mit sa fougue et son talent au service des mineurs du Carmausin. Sur la place qui porte son nom se dresse une statue du député de Carmaux, entouré de personnages représentant différents métiers de la région (paysan, verrier, métallurgiste et mineur).

L'exploitation industrielle du bassin ne débuta vraiment qu'au milieu du 18e s. lorsque Gabriel de Solages, propriétaire des terres, reçut du roi une concession pour y extraire le charbon et aménager une verrerie destinée à réemployer la « charbonille » (mauvais charbon).

Comprendre

Carmaux fait grise mine… – Tel est le cas depuis la fermeture en 1997 du site de la « découverte » de Sainte-Marie, dernier gisement exploité à Carmaux. Cette fermeture a mis un terme à une longue histoire, puisque l'extraction de la houille a commencé ici au milieu du 13e s. Au 16e s., certains puits atteignaient déjà une profondeur de 100 m. Le gisement houiller de Cagnac, plus au sud, fut découvert en 1881 et exploité par la Société des mines d'Albi. La fin du 19e s. fut marquée par des conflits entre la famille de Solages et les mineurs, auxquels Jean Jaurès apporta un soutien énergique. C'est entre 1912 et 1950 que les gisements connurent leur période de plus forte productivité. Mais, ici comme ailleurs, la roue tourne ; l'arrêt de l'exploitation par le fond a eu lieu en 1987 au puits de la Tronquié, et dix ans plus tard, c'était au tour des mines à ciel ouvert d'être abandonnées…

Circuit de découverte

LE PATRIMOINE INDUSTRIEL DU CARMAUSIN

Quitter Carmaux à l'ouest par la D 90.

Musée du Verre

05 63 80 52 90 - ♿ - mai-sept. : tlj sf mar. 10h30-12h, 14h-17h - fermé 1er Mai - 4 € (enf. 2,50 €).

Le château de la Verrerie fut édifié par la famille de Solages qui conserva la concession des mines de Carmaux de 1752 à 1946, année de leur nationalisation. Il fut détruit lors d'un incendie en 1895. Aujourd'hui, on peut visiter le bâtiment dit « l'Orangerie », première verrerie à bouteilles du Carmausin. Il abrite trois salles d'exposition respectivement consacrées à l'histoire de la verrerie de Carmaux, aux personnages

Étienne Larribère / MICHELIN

Une monumentale excavatrice du parc des Titans.

illustres du Carmausin tels Jaurès et Gambetta, et aux entreprises dont l'activité fut liée à l'extraction du charbon, comme, par exemple, la cokerie de Carmaux.

Prendre la direction de Blaye-les-Mines, puis tourner à droite dans le village pour prendre la D 73.

Jardins du Carbonifère

Appartient au pôle mémoire de Cap'Découverte. Accès libre. Parcours à travers l'évolution des espèces végétales, de l'ère du carbonifère à nos jours. C'est aussi l'occasion de se pencher sur le charbon, la façon dont il se forme.

Revenir à Blaye-les-Mines. À la sortie, après Capalou, tourner à gauche.

Parc des Titans

Appartient au pôle mémoire de Cap'Découverte. Accès libre. De gigantesques machines (roue-pelle, sauterelle, pelleteuse géante...) sont replacées dans leur environnement. On retrouve un peu l'ambiance de la mine à ciel ouvert.

Prendre la direction de Cagnac-les-Mines par la D 90.

Cité des Homps

Cette cité ouvrière, composée de petites maisons bien alignées, a été créée par la Société des mines d'Albi pour accueillir les mineurs, venant en majorité de Pologne.

Musée de la Mine à Cagnac-les-Mines

Appartient au pôle mémoire de Cap'Découverte. ✆ 05 63 53 91 70 - www.capdecouverte.com - ♿ - visite guidée (1h) juil.-août : 10h-19h ; mai-juin et sept.-oct. : 10h-12h, 14h-18h ; nov.-avr. : tlj sf lun. 10h-12h, 14h-17h (dim. 18h) - fermé 1er janv., 1er Mai, 25 déc. - 7 € (enf. 4 €).

C'est la partie la plus intéressante du circuit et qui fait le mieux comprendre le difficile et périlleux travail du mineur de fond. Sur le site de Camp-Grand, le chevalement du puits n° 2 et ses bâtiments annexes, datant de 1891, ont été sauvés de justesse de la destruction. Ces vestiges uniques de l'exploitation minière par le fond forment un carreau de mine quasi complet. Une salle retrace la vie des mineurs hors de la mine, avec notamment la question de l'immigration, grâce à des automates et des hologrammes. Un spectacle de 10mn permet de comprendre la place d'un village de mineurs en 1914, tandis qu'une dernière salle est consacrée à Jean Jaurès et à la grève. Des galeries souterraines reconstituées sur 350 m de longueur plongent au cœur de l'activité quotidienne minière et des différentes méthodes d'extraction du charbon du 19e s. à nos jours. Une restitution sonorisée des bruits de marteaux-piqueurs et de ventilateurs ne fait qu'ajouter au réalisme de cette évocation de la vie des « gueules noires ».

Pour parfaire votre connaissance du monde industriel, ne ratez pas la visite du site du Saut du Tarn à Saint-Juéry *(voir Albi, « Aux alentours »)*.

Carmaux pratique

Adresse utile

Office du tourisme de Carmaux – *Pl. Gambetta - 81400 Carmaux - ✆ 05 63 76 76 67 - tlj sf dim. 10h-12h, 14h-18h - fermé j. fériés.*

Se loger

⊖⊖ Chambre d'hôte Le Peyrugal – *81190 Ste-Gemme - 5 km au NE de Carmaux par N 88, puis rte à droite dir. Vers - ✆ 05 63 76 59 86 - lepeyrugal@wanadoo.fr - ⌧ - 3 ch. 58 € ☕ - repas 20 €.* Entre champs et espaces boisés, cet ancien mas de vigneron du 18e s. a retrouvé sa jeunesse d'antan. Les 3 chambres très spacieuses ont chacune un accès direct sur l'extérieur. La propriétaire étant une passionnée de cuisine, on prend place avec plaisir dans la salle à manger campagnarde. Bonne humeur contagieuse.

Se restaurer

⊖ Hostellerie des Voyageurs – *Pl. du Foirail - 81190 Mirandol-Bourgnounac - 13 km au N de Carmaux par N 88 et D 905 - ✆ 05 63 76 90 10 - fermé vac. de printemps, 21 août-7 sept. et le soir du 1er oct. au 15 avr. - 12,50/29 €. - 8 ch. 41/48 € - ☕ 6 €.* Au cœur du village, c'est une maison toute simple qui abrite aussi le café du coin. Au restaurant, le confort est modeste et la cuisine familiale. Chambres un peu démodées, mais proprettes. Les prix sont bien sages.

⊖⊖ Au Chapon Tarnais – *3 bd Augustin-Malroux (N 88) - ✆ 05 63 36 60 10 - www.auchapontarnais.com - fermé 3-14 janv., sam. midi, dim. soir, mar. soir et lun. - 24/45 €.* Le restaurant s'ordonne autour d'une salle à manger simple et fraîche au milieu de laquelle trône une belle cheminée. Vous y dégusterez de savoureuses recettes au goût du jour déclinées sous la forme d'un menu-carte attractif, le choix du plat principal déterminant le prix de votre repas. Accueil familial charmant.

Faire une pause

Céline et Jean-Pierre Lefèbvre – *Le Figuier - Lespinassole - 12800 Crespin - ✆ 05 65 69 20 51 - juin-août : tlj 14h30-18h ; reste de l'année sur RV.* Cette fabrique d'échaudés, biscuits anisés typiques de la région, se visite avec gourmandise. Les méthodes d'élaboration suivent toujours la tradition ancestrale (pliage et scellage faits à la main). Dégustation et vente directe.

Sports & Loisirs

Cap'Découverte – *✆ 0 825 08 12 34 (0,15 €/mn) - www.capdecouverte.com - juil.-août et vac. de printemps : 10h-20h ; avr.-juin et sept. : w.-end 10h-19h ; fermé oct.-mars - 18 € (jusqu'à 1,35 m 12 €) entrée découverte, 29 € entrée frissons, activités à la carte 3/90 €. La participation à certaines activités (roller, tyrolienne, mini-golf, etc.) nécessite une pièce d'identité, un chèque de caution, une autorisation parentale et/ou un questionnaire médical.* Dans un site naturel préservé de 650 ha entourant le cratère de la **découverte de Ste-Marie**, ancienne mine à ciel ouvert fermée en 1997, Cap'Découverte est un immense parc de loisirs consacré aux sports, aux spectacles et à la culture. Chantier pharaonique, ce projet a exigé le recours à des excavatrices de belle taille. Le parc tire parti du cratère pour offrir des activités de « glisse » (piste de ski synthétique, téléski nautique, piste de luge, aquagliss, etc.), mais on peut aussi pratiquer des sports dits de « roule » (vélo, roller, skatepark…). Le pôle spectacle, en plus de salles de concerts, dispose d'un espace « grands festivals ».

Événement

Nationale de Pétanque – Les amateurs de pétanque ne manqueront pas le « National » de Carmaux en août. Organisé au parc du Candou, il compte parmi les tournois les plus importants de la discipline en France.

Castres★

43 300 CASTRAIS
CARTE GÉNÉRALE C3 – CARTE MICHELIN LOCAL 338 F9 – TARN (81)

Le textile a longtemps assuré la prospérité de Castres. En témoignent les nombreuses demeures de tisserands, teinturiers, tanneurs et apprêteurs qui se dressent sur les rives de l'Agout. La ville abrite aujourd'hui un remarquable musée consacré à l'art hispanique. Elle constitue un excellent point de départ pour des excursions dans le Sidobre, les monts de Lacaune et la Montagne noire. Paysages à couper le souffle garantis aux alentours de la ville, où gorges, rivières et rochers se côtoient dans une nature sauvage !

Se repérer – À 40 km au sud d'Albi et à 70 km à l'est de Toulouse, Castres est la deuxième ville du Tarn.

Se garer – Pour visiter le vieux Castres, il est conseillé de se garer sur la rive gauche de l'Agout, au parking de la place Ste-Claire. Avantage annexe : l'office de tourisme n'est qu'à quelques pas !

À ne pas manquer – Le musée Goya.

Organiser son temps – Débutez la journée par une promenade dans le vieux Castres avant de vous plonger dans la peinture espagnole (attention, hors saison, le musée est fermé le lundi).

Avec les enfants – Le planétarium-observatoire de Montredon-Labessonnié.

Pour poursuivre la visite – Voir aussi le Sidobre, Lautrec, Mazamet, Revel *(voir la Montagne noire)*.

Le saviez-vous ?

Les Romains avaient-ils établi un fortin sur le lieu ? C'est ce que laisse supposer le nom, dérivé du latin *castra*, qui se traduit par « camp militaire ».

Si Castres est la patrie de Jean Jaurès, elle est aussi celle de l'écrivain et diplomate **Roger Peyrefitte**, devenu célèbre avec le scandale de son premier roman, *Les Amitiés particulières* (1944).

La tradition des « peyrats » que Castres partage avec Labastide et Mazamet est née au 14e s. Il s'agit de tisserands qui, également paysans, utilisaient la laine de leurs moutons et la teintaient à l'aide de la garance et du pastel cultivés dans les plaines voisines.

Comprendre

Des capitouls bien avisés – Castres se développa d'abord sur la rive droite de l'Agout, autour d'un monastère bénédictin fondé vers 810. À la fin du 9e s., la vénération des reliques de saint Vincent, l'un des évangélisateurs de l'Espagne, fit de Castres une étape sur le chemin de Saint-Jacques-de-Compostelle (par la voie d'Arles). Après être passée sous la domination des vicomtes d'Albi et de Lautrec, la ville reçut dès le 11e s. le privilège d'assurer son propre gouvernement, selon la formule toulousaine,

Hervé Champollion / MICHELIN

Les anciennes maisons des tanneurs, depuis le quai des Jacobins.

L'affaire Sirven

Né à Castres en 1709, Pierre-Paul Sirven était un homme de loi connu pour sa foi protestante. Une de ses filles entra au couvent des Dames-Noires avec l'intention de se convertir au catholicisme. Souffrante, elle dut revenir dans sa famille. Quelques mois plus tard, on trouva son cadavre au fond d'un puits. Le mobile était tout trouvé, et le tribunal de Mazamet accusa les Sirven d'avoir tué leur fille pour empêcher sa conversion. Menacés, ils s'enfuirent en Suisse et furent condamnés à mort par contumace. Voltaire, qui avait déjà obtenu la réhabilitation de Calas en 1765, employa tout son talent à démontrer l'erreur judiciaire. L'innocence des époux Sirven fut finalement reconnue en 1777 par le parlement de Toulouse.

par l'intermédiaire d'une assemblée de « consuls » ou « capitouls ». Sous leur sage administration, elle eut la bonne idée de se maintenir à l'écart de la croisade albigeoise, en se soumettant sans discuter à Simon de Montfort !

Une cité réformée – Cependant, dès 1563, la Réforme y rallia de nombreux adeptes. Lorsque les consuls eurent abjuré le catholicisme, Castres devint une des places fortes du calvinisme dans le Languedoc. Elle connut alors les guerres de Religion auxquelles la paix d'Alès, l'arrivée sur le trône d'Henri IV et la promulgation de l'édit de Nantes apportèrent quelque répit. Au 17e s., la cité reçut l'une des quatre chambres créées par l'édit de Nantes pour régler les différends entre protestants et catholiques. Durant cette période faste, magistrats et marchands érigèrent de riches hôtels particuliers, tandis que l'évêque faisait construire un magnifique palais épiscopal…
Les affrontements entre protestants et catholiques reprirent après la révocation de l'édit de Nantes et ne cessèrent qu'à la Révolution, contraignant de nombreux huguenots à l'exil.

Le tribun de Castres – Personnalité brillante, **Jean Jaurès** naît à Castres le 3 septembre 1859 et passe une partie de son enfance à Saïx, petit village du bord de l'Agout, au sud-ouest de la ville. Élève au lycée qui aujourd'hui porte son nom, puis normalien à Paris, il devient professeur de philosophie au lycée d'Albi et enseigne à l'université de Toulouse. Attiré par la politique, il est élu député républicain du Tarn en 1885, puis député socialiste de Carmaux, après s'être engagé au côté des mineurs en lutte en 1893. Sa prise de position en faveur de Dreyfus lui coûtera son siège. Il prend cependant la tête du parti socialiste unifié SFIO, peu après sa création en 1905. À l'approche de la guerre, Jaurès mit sa voix puissante au service de la paix, et œuvra à la fraternisation des peuples par-delà les frontières. Mais il fut assassiné au café du Croissant à Paris, le 31 juillet 1914. Deux jours plus tard, l'Allemagne déclarait la guerre à la France…

Se promener

LE VIEUX CASTRES

Compter 1h1/2. Partir du théâtre. Il fait face aux beaux **jardins** à la française (jardins de l'Évêché) dessinés par Le Nôtre en 1676.

Hôtel de ville

Installé dans l'**ancien palais épiscopal** (Castres fut le siège d'un évêché de 1317 à 1790), il fut construit en 1669 d'après les plans de Mansart. Le 1er étage abrite le musée Goya *(voir « Visiter »)*. À droite, dans la cour, la **tour Saint-Benoît**, massive construction romane à l'élégant portail, est l'unique vestige de l'abbaye Saint-Benoît.

Cathédrale Saint-Benoît

Elle a été bâtie à l'emplacement de l'abbatiale fondée au 9e s. par les bénédictins. La construction fut confiée en 1677 à l'architecte Caillau qui réalisa le chœur, puis Eustache Lagon reprit les travaux en 1710. De style baroque, elle est impressionnante par ses vastes proportions. Le maître-autel à baldaquin, soutenu par des colonnes en marbre de Caunes, est surmonté d'un tableau représentant la résurrection du Christ par Gabriel Briard (1725-1777).
Le chœur est entouré de quatre statues de marbre de la fin du 17e s. Les chapelles latérales renferment un riche ensemble de tableaux provenant de la chartreuse de Saïx. La plupart sont des œuvres de Jean-Pierre Rivalz le Jeune (1718-1785), peintre toulousain du 18e s. Ce dernier était surnommé « le Chevalier » bien qu'il n'eût aucun titre de noblesse. Il était issu d'une dynastie de peintres toulousains dont le plus remarquable fut son père, Antoine Rivalz (1667-1735), peintre officiel du Capitole, à Toulouse, de 1703 à sa mort.

Quai des Jacobins

Jolie **vue★**, du pont Neuf et du quai, sur les anciennes demeures de tisserands, de teinturiers et de tanneurs du bord de l'Agout. Construites sur de vastes caves de pierre, elles s'ouvrent directement sur la rivière. Leurs couleurs vives qui se reflètent sur l'eau forment un ensemble harmonieux, que l'on apprécie particulièrement à bord du coche d'eau *(voir l'encadré pratique)*.

Place Jean-Jaurès

Ses façades classiques taillées dans le grès forment un bel ensemble. La statue de Jean Jaurès, signée Gaston Pech, domine la place. La fontaine qui lui fait face est une reproduction à échelle réduite d'une de celles qui se trouvent place de la Concorde.

Traverser la place Jean-Jaurès, prendre à droite la rue Henri-IV, puis à gauche la rue du Consulat qui débouche sur le musée Jean-Jaurès (voir « Visiter »).

Hôtel de Nayrac★

12 r. Frédéric-Thomas. Ne se visite pas. Bel hôtel (1620) en brique et pierre représentatif du style d'architecture civile toulousaine du 16e s. Trois façades avec des fenêtres à meneaux, encadrant une cour, sont réunies par deux tours d'angle sur trompes.

Suivre les rues Émile-Zola et Victor-Hugo.

Église N.-D.-de-la-Platé

L'édifice fut rebâti dans le style baroque de 1743 à 1755. Au centre du maître-autel, très belle Assomption de la Vierge, en marbre de Carrare, due aux artistes italiens Isidore

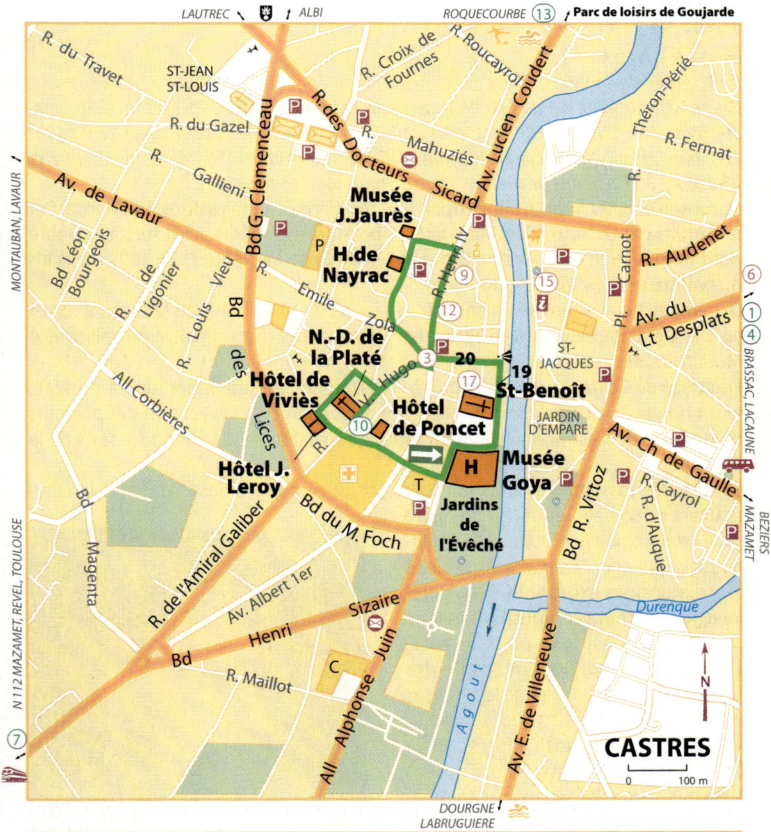

SE LOGER

- Camping Le Plô ... 1
- Chambre d'hôte Auberge de Crémaussel ... 4
- Chambre d'hôte Le Pasteillé ... 7
- Hôtel La Renaissance ... 10
- Hôtel Le Castel de Burlats ... 13

SE RESTAURER

- Brasserie de l' Europe ... 3
- Café de Paris ... 6
- La Mandragore ... 9
- Le Pescadou ... 12
- Le Relais du Vieux Pont ... 15
- Le Victoria ... 17

Quai des Jacobins ... **19**

Place Jean Jaurès ... **20**

et Antoine Baratta (école du Bernin). Dans la salle des fonts baptismaux, Baptême du Christ. Face à l'autel, admirez l'orgue du 18e s.

Revenir sur ses pas et prendre à gauche la rue de l'Hôtel-de-Ville. Au n° 31, on admire une porte en plein cintre à colonnes cannelées surmontées d'un fronton sculpté représentant des armes (pistolet, sabre, canon, etc.).

Prendre à gauche la rue de la Platé qui aboutit rue Chambre-de-l'Édit.

Hôtel de Viviès

Au n° 35 - ✆ 05 63 59 30 20 - tlj sf lun. 14h-19h - 2 € (enf. gratuit) ; 3 € billet combiné avec le centre d'Art d'Albi.
Un portail monumental donne accès à une cour qu'encadre un édifice du 16e s. comportant une tour d'angle carrée. L'hôtel abrite le **centre d'Art contemporain** créé en 1986.

Hôtel Jean-Leroy

Au n° 31. Cet hôtel du 16e s., assez délabré, présente des fenêtres à meneaux et une tour d'angle sur la rue.

Hôtel de Poncet

R. Gabriel-Guy. Élégant hôtel du 17e s. avec une façade pourvue de curieuses cariatides soutenant une terrasse à balustres. À l'intérieur se déploie un escalier monumental.
La rue Chambre-de-l'Édit ramène au théâtre.

Visiter

Musée Goya★

Au 1er étage de l'hôtel de ville, dans l'ancien palais épiscopal - ✆ 05 63 71 59 28 - www.ville-castres.fr - juil.-août : 10h-18h ; avr.-juin et sept. : tlj sf lun. 9h-12h, 14h-18h, dim. et j. fériés 10h-12h, 14h-18h ; oct.-mars : tlj sf lun. 9h-12h, 14h-17h, dim. et j. fériés 10h-12h, 14h-17h - possibilité de visite guidée (1h) - fermé 1er janv., 1er Mai, 14 Juil., 1er nov. et 25 déc. - 2,30 € (-18 ans gratuit), 1er dim. du mois (oct.-mai) gratuit.
Le musée occupe le palais épiscopal dont les plans ont été réalisés par Mansart et les jardins par Le Nôtre. Spécialisé dans la peinture espagnole, il est surtout célèbre pour sa collection exceptionnelle d'**œuvres de Goya★★**, léguées en 1893 par le fils du peintre castrais Marcel Briguiboul.
On remarquera des œuvres de primitifs espagnols du 14e s., puis trois salles consacrées au « siècle d'or » espagnol, le 17e s., représenté par Pacheco (maître de Vélasquez) Murillo, Valdés Leal et Ribera.
Francisco de Goya y Lucientes naquit à Fuendetodos, au sud de Saragosse, en 1746, et fut nommé peintre du roi en 1786. Il fut alors chargé de l'exécution des portraits de nombreux personnages de haut rang, qu'il réalisa sans le moindre sens de la flatterie.
Ses œuvres, rassemblées dans trois salles, correspondent à des moments bien particuliers de son évolution. La première salle est dominée par *La Junte des Philippines présidée par Ferdinand VII,* tableau aux dimensions exceptionnelles, peint vers 1814, dont la composition baigne dans une atmosphère poussiéreuse. Le peintre, en soulignant l'ovale des dossiers des fauteuils, a figé le roi et ses conseillers dans des attitudes dépourvues d'humanité ; cette impression de lourde immobilité est encore accentuée par de grands espaces froidement géométriques, tandis que l'assemblée montre tout son intérêt en somnolant, bâillant d'ennui et se donnant des airs d'importance.
Son *Autoportrait aux lunettes* et le *Portrait de Francisco del Mazo* illustrent l'art de Goya pour rendre les expressions, sans la moindre concession.
Deux petites salles conservent l'exceptionnel œuvre gravé du maître de Fuen-

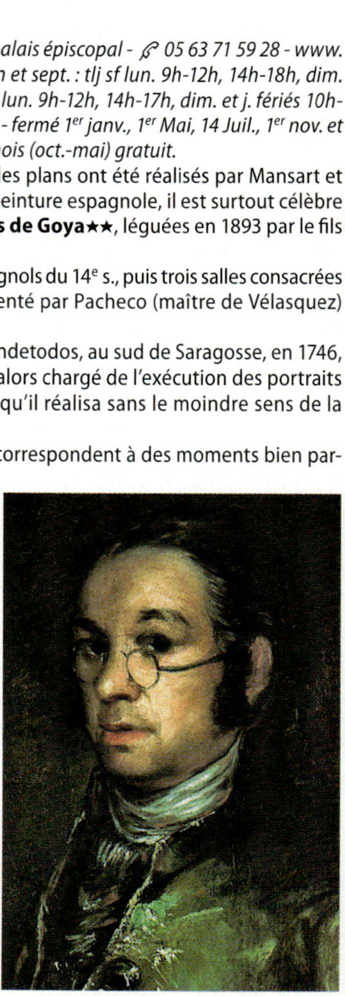
Pascal Bru / Musée Goya, Castres

Autoportrait aux lunettes, Goya (1800).

detodos. On sera saisi par *Les Désastres de la guerre*, ensemble que lui avait inspiré la guerre d'indépendance (1808-1814) contre la soldatesque napoléonienne. Sur les murs, *Les Caprices*, deuxième tirage du recueil de 80 gravures à l'eau-forte publié en 1799, expriment la solitude et l'amertume dans lesquelles la surdité avait plongé Goya à partir de 1792. Fugacité de la jeunesse et de la beauté, vanité de la coquetterie féminine, injustice de la société, aliénation des hommes alors encore traqués par une Inquisition hors d'âge et enchaînés à toutes sortes de superstitions, tels sont les thèmes qu'a traduits Goya dans des images peuplées de sorcières et de monstres. Autant d'audace ne pouvait qu'attirer des ennuis au peintre du roi ; aussi fit-il don des cuivres des *Caprices* à Charles IV et en arrêta-t-il ainsi la vente.
Deux autres séries gravées sont également visibles dans ces deux salles, *La Tauromachie* et *Les Proverbes*.

Un siècle d'or…

C'était l'or des Amériques, bien sûr. Et tandis que l'Espagne se ruinait en guerres inutiles, confiante en la pérennité de cette manne, les mécènes permirent l'éclosion d'une exceptionnelle génération d'artistes : dramaturges (Calderón, Lope de Vega), poètes (Quevedo), écrivains (Cervantès), peintres (Vélasquez, Zurbarán, Murillo) et architectes (Herrera, Berruguete) écrivirent une des plus belles pages de la culture hispanique.

Centre national et musée Jean-Jaurès

05 63 62 41 83 - www.ville-castres.fr - - juil.-août : 10h-12h, 14h-18h ; avr.-juin et sept.-oct. : tlj sf lun. 10h-12h, 14h-18h (oct. 17h) ; nov.-mars : tlj sf lun. et dim. 10h-12h, 14h-17h - possibilité de visite guidée (1h30) - fermé 1er janv., 1er Mai, 1er nov. et 25 déc. - 1,50 € (enf. gratuit), 1er dim. du mois (nov.-mai) gratuit.
Il est consacré à la vie et à l'œuvre du fondateur de *L'Humanité* ainsi qu'aux thèmes qui agitaient la société de la fin du 19e s. et du début du 20e s. Il dispose d'un centre de documentation sur l'histoire du socialisme. Des colloques, soirées thématiques et expositions temporaires y sont organisés.

Aux alentours

Montredon-Labessionné

21 km au nord-est de Castres par la D 89 ; 5 km après Roquecourbe, tourner à gauche.
Planétarium-observatoire – *05 63 75 63 12 - http://assoc.wanadoo.fr/planetarn - - juil.-août : tlj sf lun. 16h spectacle du planétarium, merc. et vend. 15h30 ateliers fusées à eau (4-14 ans), 20h30 visites guidées du ciel sur réserv., mar. et jeu. 21h30 soirée d'observation sur réserv. ; vac scol. : merc. et dim. 14h ateliers fusées à eau sur réserv., 16h spectacle du planétarium, merc. et vend. 20h30 soirée d'observation sur réserv. - fermé 25 déc.-1er janv. - 6,50/13 € (enf. 4,50/12,50 €).*
Outre les activités classiques d'un observatoire, ce centre possède un espace d'observation nocturne et propose deux **spectacles** : « Le Théâtre des étoiles », sur le système solaire, les constellations et les légendes qui s'y rattachent (à partir de 4 ans) ; « La Planète aux mille regards », sur les satellites et les découvertes qui leur sont liées tels les tremblements de terre, la météo… À partir de 8 ans.

Brassac

24 km à l'est de Castres par la D 622. À la limite du Sidobre et des monts de Lacaune, Brassac est une agréable station climatique, entourée de collines boisées, où se maintient une industrie textile. Son vieux **pont gothique**, qui résiste aux crues de l'Agout depuis le 12e s., présente d'énormes crochets de fer auxquels les teinturiers suspendaient les perches de bois servant à faire sécher les toiles. Vu du pont Neuf, il compose un ensemble harmonieux avec les tours du **château** plongeant dans l'Agout.

Ferrières

31 km à l'est par la D 622 jusqu'à Brassac, puis la D 53 vers Vabre. À la limite nord-est du Sidobre, ce village est le centre d'animation culturelle du Parc naturel régional du Haut-Languedoc. Si son histoire est étroitement liée à celle de la Réforme, c'est tout simplement parce que le seigneur local, Guillaume de Guilhot, qui fit reconstruire le château au 16e s., fut le chef du parti réformé.
Installé dans la maison du Luthier (16e s.), le **musée du Protestantisme** possède une importante collection de documents liés à l'histoire du protestantisme et aux événements qui ensanglantèrent la région. L'édit de Nantes, l'édit de Castres, la révocation de l'édit de Nantes, la période du Désert et du Refuge sont évoqués par

des gravures, des écrits et des objets. Ainsi les lanternes sourdes, qui permettaient de ne pas être repéré de loin, et les capuches, utilisées pendant la période du Désert. Une place toute particulière est faite à l'affaire Calas, illustrée par un fonds important de gravures - *05 63 73 45 01/05 63 74 05 49 - www.mpehl.org - de déb. juil. à mi-sept. : 10h-12h, 15h-19h, mar. et dim. 14h-18h ; de mi-avr. à fin juin et de mi-sept. à fin oct. : dim. et j. fériés 14h-18h - possibilité de visite guidée (1h30) - fermé de déb. nov. à mi-avr. - 3 € (+12 ans 1 €).*

Histoire d'édits

Le premier, celui de Nantes, promulgué par Henri IV en 1598, accordait aux protestants la liberté de culte, sauf à Paris et à la Cour. En 1685, il fut révoqué par Louis XIV. Résultat : émigration massive (une ruine pour le royaume), répression (les « dragonnades »), soulèvement (la guerre des Camisards) et le Désert, clandestinité dans laquelle se réfugièrent les adeptes du protestantisme afin de pratiquer leur culte tout en échappant aux galères ou au bûcher.

Le Militarial de Boissezon

15 km au sud-est par la N 112, puis la D 93 - La Bastide du Fort - 05 63 50 86 30 - www.lemilitarial.com - de mi-juin à mi-sept. : tlj sf mar. 10h-12h, 14h-18h ; reste de l'année : dim. et j. fériés 14h-18h - fermé de mi-déc. à mi-fév. - 4 € (-12 ans gratuit).

Ce petit musée rassemble une vaste collection d'objets de guerre : armes (pistolets, revolvers, fusils, bazooka, mitrailleuses…), uniformes, photos, livres, carnets, etc. De la Première à la Seconde Guerre mondiale, de la guerre d'Indochine à celle d'Algérie, transparaît l'évolution des techniques et de l'équipement.

Castres pratique

Voir aussi l'encadré pratique du Sidobre.

Adresses utiles

Office du tourisme de Castres – *3 r. Milhau-Ducommun - 81100 Castres - 05 63 62 63 62 - www.tourisme-castres.fr - juil.-août : 9h30-12h30, 13h30-18h30, dim. et j. fériés 10h30-12h, 14h30-17h ; reste de l'année : se renseigner.*

Point info tourisme à Ferrières – *05 63 73 45 01/74 05 49 - www.mpehl.org - de déb. juil. à mi-sept. : 10h-12h, 15h-19h, mar. et dim. 14h-18h ; de mi-avr. à fin juin et de mi-sept. à fin oct. : dim. et j. fériés 14h-18h - fermé de déb. nov. à mi-avr.*

Visite

Visite guidée de la ville – Différents thèmes de visite (1h30) sont proposés par l'office de tourisme en juil.-août tlj sf w.-end et j. fériés à 10h30 - 3,50 €. Toujours en juil.-août, jeu. soir (21h30), « Histoires d'un soir », une visite théâtrale du patrimoine castrais - gratuit - renseignements à l'office de tourisme.

Se loger

Camping Le Plô – *81260 Le Bez - 5 km au SO de Brassac par D 53, puis D 30 - 05 63 74 00 82 - info@leplo.com - ouv. 20 mai-sept. - réserv. conseillée - 60 empl. 16 €.* Isolé dans la Montagne noire, en lisière d'une forêt, ce terrain se distingue du lot par son emplacement, bien sûr, mais aussi par la qualité de son entretien et sa propreté. Tout ici est simple mais nickel.

Chambre d'hôte de L'Auberge de Crémaussel – *81210 Lacrouzette - 12 km au NE de Castres par D 58 - 05 63 50 61 33 - 5 ch. 42 €.* Installée sur un site classé du Sidobre, cette « auberge d'hôte » associe son charme rustique à la quiétude ambiante. Les chambres lumineuses ouvrent sur la campagne et ses chemins de randonnée. Côté cuisine, les amateurs n'hésiteront pas à réserver la soupe au fromage, à savourer près de la cheminée.

Chambre d'hôte Le Pasteillé – *La Ferme - 81290 Viviers-les-Montagnes - 10 km au SO de Castres par D 85, puis D 621 - 05 63 72 15 64 ou 06 08 85 34 89 - j.limes@wanadoo.fr - 4 ch. 48 €.* Cette ancienne ferme, au cœur d'une propriété de 5 ha, placera votre séjour sous le signe de la tranquillité. La pièce à vivre vous incitera à prolonger les moments de détente au coin de la cheminée, tandis que les chambres aux couleurs pastel donneront une douce saveur aux grasses matinées. Accueil charmant.

Hôtel La Renaissance – *17 r. Victor-Hugo - 05 63 59 30 42 - www.hotel-renaissance.fr - 22 ch. 60/95 € - 8 €.* Typique avec ses briques et ses colombages, cette maison du 17e s. bénéficie du calme d'une ruelle piétonnière de la vieille ville. Les chambres sont originales avec leur décoration et leurs meubles de différents styles.

Hôtel Le Castel de Burlats – *8 pl. du 8-Mai-1945 - 81100 Burlats - 7 km au NE de Castres par D 89, puis D 58 - 05 63 35 29 20 - www.lecasteldeburlats.fr.st - fermé 8-22 fév. et 25-31 août - P - 10 ch. 61/100 € - 10 €.* Il règne une ambiance de maison d'hôte dans ce château des 14e et 16e s. entouré d'un parc arboré, face à l'abbaye de Burlats. Chambres spacieuses et personnalisées (meubles anciens, tomettes) ouvrant sur la colline. Le salon Renaissance a beaucoup de caractère.

Se restaurer

⊖ **Brasserie de l'Europe** – *1 pl. Jean-Jaurès - ✆ 05 63 59 01 44 - fermé dim. - formule déj. 6,50 € - 10/20 €.* Cette brasserie - la plus réputée de Castres - jouit d'une situation agréable sur la place, à deux pas de l'Agout. Décor typique du genre, ambiance conviviale et animée et carte proposant un bon choix de viandes, pizzas, salades, gratins, etc.

⊖ **Le Relais du Vieux Pont** – *3 pl. Roger-Salengro - ✆ 05 63 35 56 14 - bienvenue@hotel-miredames.com - réserv. conseillée - formule déj. 12 € - 15,90/33 € - 14 ch. 62 € - ☕ 7,50 €.* L'adresse jouit d'une certaine notoriété à Castres car elle hébergea le premier « resto philo » de France. Discussions, débats et colloques ont régulièrement lieu dans ces murs où l'on peut également se réunir et s'attabler autour de petits plats traditionnels.

⊖ **La Mandragore** – *1 r. Malpas - ✆ 05 63 59 51 27 - fermé 16-31 janv., 19 sept.-4 oct., dim. et lun. - 12 € déj. - 16/32 €.* Petit restaurant de cuisine traditionnelle dans le vieux Castres. Le décor contemporain de la salle à manger, volontairement dépouillé, est plaisant. Menus à prix raisonnables et accueil familial.

⊖ **Le Victoria** – *24 pl. du 8-Mai-1945 - ✆ 05 63 59 14 68 - fermé sam. midi et dim. - 11,50 € déj. - 21/46 €.* Si vous appréciez les pierres anciennes, poussez la porte de ce restaurant situé dans la vieille ville. On raconte que les trois caves voûtées auraient autrefois fait partie d'un monastère. Aujourd'hui, on y sert une cuisine surfant au gré des saisons.

⊖ **Café de Paris** – *8 pl. de l'Hôtel-de-Ville - 81260 Brassac - ✆ 05 63 74 00 31 - fermé w.-end de mi-oct. au 1er mars - formule déj. 8 € - 12/30 € - 10 ch. 42/45 € - ☕ 7 €.* Une petite halte sympathique et sans prétention que cet ancien relais de poste situé à proximité du pont du 12e s. Intérieur un brin désuet (papier peint à fleurs, cheminée massive, cuivres rutilants) où déguster une cuisine simple, à la fois traditionnelle et régionale.

⊖⊖ **Le Pescadou** – *18-20 r. des 3-Rois - ✆ 05 63 72 32 22 - fermé 2 sem. en janv. et 2 sem. en août - réserv. conseillée - 18,50 € déj. - 15/36 €.* La poissonnerie d'origine s'est dotée d'un restaurant et vous invite à y découvrir sa courte carte de produits de la mer : poissons, coquillages, crustacés, bouillabaisse, suggestions du jour (selon les arrivages) inscrites sur tableau noir… Décor simple à thème marin et terrasse d'été.

Faire une pause

Signovert – *5 r. Émile-Zola - ✆ 05 63 59 21 77 - tlj sf lun. 8h15-12h15, 14h15-19h15.* La famille Signovert perpétue depuis trois générations l'élaboration de délices maison : la nougatine castraise, nougat aux amandes enrobé de glace royale, la Valencienne, un entremets chocolat-vanille aux écorces d'orange amère et petits choux à arroser de chocolat, etc. Le choix de pâtisseries, à déguster dans le salon de thé attenant, est impressionnant. Quant à la qualité, la maison l'assure en fabriquant elle-même l'intégralité des produits.

Que rapporter

Marché – *Pl. Jean-Jaurès - mar., jeu.-sam. 7h-12h.* Le joyeux rendez-vous des producteurs du pays le samedi.

Marché Couvert – *Pl. de l'Albinque - tlj sf lun. 7h-12h.* À signaler la tenue, dans le local attenant, du marché biologique « Noctambio » chaque jeudi de 16h à 20h et du marché au gras les samedis matin de fin-novembre à Pâques.

Sports & Loisirs

Parc de loisirs de Gourjade – *Av. de Roquecourbe.* Au nord de la ville, le parc de loisirs de Gourjade, avec son golf, ses promenades, ses aires de pique-nique, son parcours d'orientation, ses rails miniatures (sam. 14h30-18h) et ses jeux pour enfants est conçu pour la détente.

Marie-Hélène Carcanague / MICHELIN

Parc de loisirs de Gourjade.

Le Coche d'eau – *R. Milhau-Ducommun - ✆ 05 63 62 41 76 - dép. centre-ville : juil.-août : 10h30, 12h, 14h, 15h20, 16h40 ; juin : 12h, 14h, 15h20, 16h40 ; mai : 12h, 14h, 15h20 ; sept. : 14h, 15h20, 16h40 ; oct. : 14h, 15h20 - fermé nov.-avr. - 4 € (-5 ans gratuit).* Pour une promenade sur l'Agout, embarquez sur le *Miredames*, un superbe bateau en bois dont la construction s'est inspirée des anciennes diligences fluviales jadis halées par les chevaux. L'occasion de découvrir une autre facette de Castres et du parc de Gourjade.

Cauterets★

1 305 CAUTERÉSIENS
CARTE GÉNÉRALE A4 – CARTE MICHELIN LOCAL 342 L5 –
SCHÉMA P. 329 – HAUTES-PYRÉNÉES (65)

Enserrée par de hautes montagnes boisées, au confluent de deux gaves, c'est l'une des grandes stations thermales et climatiques pyrénéennes. D'ailleurs, on vous le dira : « A Cautarès, tout que garech. » Ce qui veut dire : « À Cauterets, on guérit de tout. » Cauterets est aussi une villégiature estivale très animée, un grand centre d'excursions et d'ascensions (Vignemale), en même temps qu'une importante station de sports d'hiver. En un mot, on ne peut pas s'y ennuyer !

Se repérer – La ville se trouve à proximité des vallées de Cambasque, Jéret, Marcadau, Gaube et Lutour, au cœur du Parc national des Pyrénées.

Se garer – Attention, il y a parfois beaucoup de monde ! Il est donc préférable de laisser la voiture dans les parkings aménagés, notamment avenue du Dr-Domer.

À ne pas manquer – L'ancienne gare ; le Pont d'Espagne (et les cascades, le long de la route) ; le cirque du Lys (accessible en télécabine).

Organiser son temps – Si vous souhaitez randonner jusqu'au lac de Gaube *(1h30 AR)* ou dans la Vallée du Marcadau *(5h AR)*, depuis le Pont d'Espagne, partez plutôt le matin, avec un pique-nique. Réservez le parcours dans la station *(1h)* pour la fin de l'après-midi.

Avec les enfants – Le carroussel, sur l'esplanade des œufs ; le Pavillon des abeilles *(voir l'encadré pratique)*.

Pour poursuivre la visite – Voir aussi Argelès-Gazost.

Le saviez-vous ?

Le nom de la station pourrait venir d'une racine prélatine *kal* signifiant « rocher », « montagne »... À moins qu'il ne s'agisse de *caud*, allusion aux sources thermales ?

Le populaire comédien et amuseur Simon Berryer, plus connu sous le nom de **Sim**, est né à Cauterets.

Comprendre

Les deux Cauterets – On ne connaît pas de documents antérieurs au 10e s. au sujet de Cauterets, même si l'on a découvert à Pauze une piscine thermale datée du 4e s. Au 10e s., Raymond, comte de Bigorre, fait don de la vallée de Cauterets à l'abbaye de Saint-Savin, à condition d'y élever une église à saint Martin et de « conserver toujours en ce même lieu des habitations propres à la balnéation ». C'est au 11e s. que l'abbé de Saint-Savin prend possession de la vallée dans les conditions prescrites. Cauterets-Dessus se forge sur les pentes du pic des Bains, au niveau de Pauze. Au 14e s., la bourgade est à l'étroit ; les moines donnent l'autorisation de fonder Cauterets-Debat et de descendre église, maisons et bains sur le plateau qui domine le gave. C'est l'emplacement de la ville actuelle.

Des eaux... et des bas – Les sources restent encore aujourd'hui la propriété d'un syndicat de communes limitrophes, reliquat de la très ancienne organisation communautaire de la « vallée de Saint-Savin » *(voir Argelès-Gazost)*. Le 17e s. enregistre une forte baisse de l'activité, en dépit de la découverte de la source de la Raillère. Mais en 1763, l'inauguration de la route Pierrefitte-Cauterets permet l'essor de la station, dont l'apogée se situe dans la seconde moitié du 19e s. Les frères Labbat, tous deux médecins, contribuèrent à la fortune de Cauterets. L'aîné, Joseph, à Paris, où il traitait au début du 19e s. une clientèle pour le moins mondaine... et plutôt sujette aux rhumatismes ! Le cadet, Clément, exerçait à Cauterets en été. Celui-ci s'enrichit suffisamment pour racheter l'abbaye de Saint-Savin, ancien propriétaire des thermes. À partir de 1860 débutent la construction d'hôtels de prestige et l'urbanisation de la rive gauche. La mise en service en 1897-1898 de deux lignes de chemin de fer électrifiées, aujourd'hui supprimées, permet aux curistes de venir en plus grand nombre.

L'activité thermale a aujourd'hui quelque peu décliné et les grands hôtels du 19e s. ont été transformés en appartements. Mais les établissements de cure ont été rénovés (certains, comme les Thermes de César, sont ouverts toute l'année) et proposent aux adeptes du ski des activités de détente. Les 10 sources, dont les eaux sulfurées sodiques jaillissent entre 36 °C et 53 °C, sont toujours réputées dans les traitements des maladies respiratoires et rhumatismales.

Des malades de qualité – Au 16e s., Marguerite de Navarre compose à Cauterets une partie de l'*Heptaméron* en soignant ses rhumatismes. En 1765, sur le site de la source de la Raillère, un petit bâtiment thermal est édifié pour accueillir le maréchal de Richelieu. À l'époque de l'Empire et de la Restauration, c'est un nouvel afflux de célébrités. Les plus vivants souvenirs restent attachés au séjour de la reine Hortense de Beauharnais, au passage de la pétulante duchesse de Berry... George Sand, Vigny, Chateaubriand et Victor Hugo trouvèrent là un cadre approprié à quelques épisodes romanesques de leur vie tourmentée.

Se promener

LA STATION★

Départ de la place du Maréchal-Foch. Lorsque l'on est face à l'office de tourisme, tourner à droite, en direction des thermes (on emprunte l'allée du Parc).

Quartier thermal

Le quartier thermal proprement dit, aux rues étroites, concentre ses hautes maisons sur la rive droite du gave au pied des **Thermes de César** construits sur le modèle antique (fronton triangulaire et colonnes de marbre). Deux autres établissements, les Thermes du Rocher (pour les enfants) et les Thermes des Griffons forment le complexe thermal spécialisé dans les cures ORL, les voies respiratoires et la rhumatologie. *Renseignements aux Thermes de César – av. du Dr-Domer - ✆ 05 62 92 51 60 - www.thermesdecauterets.com - tlj sf dim. : 8h30-12h30, 14h-18h.*

Tourner à droite devant les thermes (rue du Maréchal-Joffre).

En face de l'église, belle façade d'immeuble avec balcon en ferronnerie et fenêtres encadrées de marbre gris.

On emprunte la rue du Général-Castelnau, devant l'église, puis on traverse le gave de Cauterets pour rejoindre l'esplanade des Œufs.

Avant le pont, remarquez au passage les belles façades de la **rue de la Raillère**.

Esplanade des Œufs

Elle est agréablement ombragée et tire son nom de la source des Œufs, qui était exploitée dans l'ancien établissement thermal (actuel casino). Il ne s'agit pas ici d'œufs de poule, mais simplement de la déformation du mot gascon *eu* signifiant « lac de haute montagne ». On retrouve ce terme dans le nom du lac d'Ilhéou, proche de la station. Le long du gave, l'esplanade est bordée d'une galerie de boutiques aménagées dans une architecture métallique provenant de l'Exposition universelle de 1889. Là se trouve également la gare des Œufs : un service de navette en bus, qui a remplacé les petits trains d'autrefois, amène les curistes jusqu'aux thermes des Griffons.

Traverser l'esplanade et rejoindre l'avenue du Mamelon-Vert que l'on prend à gauche, jusqu'à l'endroit où l'avenue tourne à droite.

On aperçoit alors l'étonnante **villa russe**, construite en 1840 pour la princesse Galitzine. La coupole en bulbe que l'on aperçoit surmonte une chapelle orthodoxe.

On peut éventuellement prolonger le détour dans l'avenue du Mamelon-Vert par un passage au Pavillon des abeilles, plus loin sur la droite (voir l'encadré pratique). Faire demi-tour et prendre, à gauche, le boulevard Latapie-Flurin.

Boulevard Latapie-Flurin

Sur la rive gauche, bordé de palaces, il rappelle la grande époque de Cauterets. L'hôtel Continental et l'hôtel d'Angleterre, fondés par Alphonse Meillon (l'un de ces « hôteliers-gentilshommes » inséparables de l'époque du pyrénéisme), présentent des façades monumentales néoclassiques abondamment décorées de corniches, de pilastres, de cariatides et de balcons en fer forgé. L'Hôtel d'Angleterre abrite aujourd'hui le musée 1900 *(voir « Visiter »)*.

L'ancienne gare de Cauterets.

Au bout du boulevard, prendre à droite la rue de la Feria, prolongée par la rue du Pont-Neuf. Tourner à gauche après la traversée du gave. On passe devant la maison du Parc national des Pyrénées (voir l'encadré pratique).

Ancienne gare

C'est une étonnante construction en bois d'un style indéfinissable. On dit qu'elle aurait fait partie du pavillon norvégien lors de l'Exposition universelle de 1889. Elle a été reconvertie en gare routière après la fermeture de la ligne ferroviaire.

Retour à la place du Maréchal-Foch par la rue Richelieu, qui présente de belles façades.

Visiter

Musée 1900

✆ 05 62 92 02 02 - vac. scol. : tlj sf dim. et j. fériés 10h-12h, 15h-18h30 - 6 € (5-14 ans 3 €).

Installé dans une partie de l'hôtel d'Angleterre, il évoque les grandes heures du Cauterets de la fin du 19e s. et du début du 20e s. Dans l'ancienne salle de restaurant décorée de stucs et de grands miroirs, une belle collection de costumes rappelle le faste et l'élégance des curistes de la Belle Époque. Les autres salles sont consacrées à la vie montagnarde : costumes pyrénéens, outils (reconstitution d'un atelier de sabotier), skis et accessoires permettant la pratique des premiers sports d'hiver.

Aux alentours

CIRQUE DU LYS★★

Environ 2h – accès par la **télécabine du Lys** *- juil.-août et de déb. déc. à fin avr. : 9h-11h30, 13h45-17h15 - fermé reste de l'année - 7,50 € AR (6-15 ans 5 €) ; 9,50 € AR (6-15 ans 6,50 €) billet combiné avec le télésiège du Grand Barbat.*
Puis, par le **télésiège du Grand Barbat** *- juil.-août et de déb. déc. à fin avr. : 9h-17h - fermé le reste de l'année - 9,50 € AR (6-15 ans 6,50 €) billet combiné avec la télécabine du Lys.*
Cette excursion franchit le plateau de Cambasque et permet de découvrir, depuis les crêtes du Lys (2 303 m), un superbe **panorama** où se découpent les plus beaux sommets pyrénéens : le pic du Midi de Bigorre, le Vignemale et le Balaïtous (table d'orientation).

Il est possible d'emporter son VTT pour redescendre ensuite vers Cauterets, depuis la station du télésiège du Grand Barbat. La descente est très agréable.

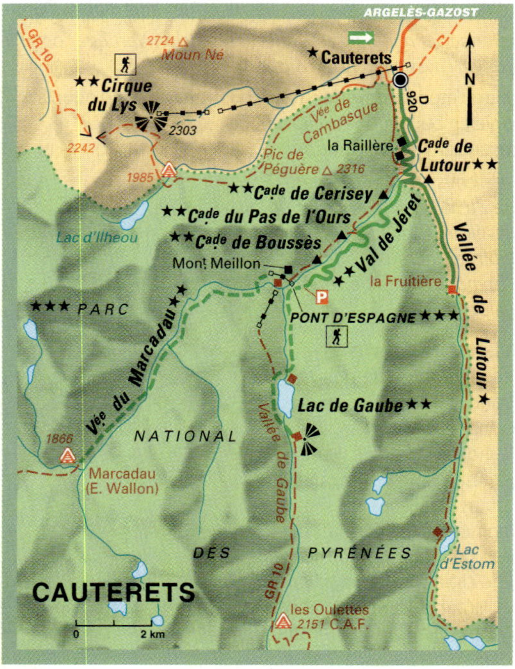

En empruntant le sentier balisé, on atteint en 1h à pied le lac d'Ilhéou.

Circuit de découverte

VALLÉES DE CAUTERETS★★

12 km – environ 30mn. Sortir de Cauterets par la D 920, derrière le casino. Dépasser la Raillère et laisser la voiture sur les parkings aménagés après le pont de Benquès.

Cascade de Lutour★★

Gagnez la passerelle jetée au pied de la chute à quatre jets, derniers rebonds du gave de Lutour.

Reprendre la D 920. Au terme d'une série de lacets, aussitôt avant l'établissement de bains du Bois, prendre à gauche en arrière la route forestière de la Fruitière, étroite et en forte rampe.

Cascades du Pont d'Espagne.

Vallée de Lutour★

Après avoir laissé apercevoir, à travers les arbres, les chutes supérieures de Lutour, la route sort de la forêt et dévoile un paisible paysage pastoral, peuplé de troupeaux et drapé de nappes d'éboulis, mais conservant sa parure de pins jusqu'à environ 2 000 m d'altitude.

Faire demi-tour pour revenir sur la D 920, que l'on prend à gauche.

La route remonte le **val de Jéret★★**, très encaissé et boisé, encombré d'énormes rochers, mais embelli par les chutes du gave.

Cascades★★ de Cerisey, du Pas-de-l'Ours et de Boussès

On admire successivement leurs effets variés. Au-delà de la cascade de Boussès, le torrent forme l'île Sarah-Bernhardt *(stationnement possible dans la clairière)*.

Pont d'Espagne★★★

Laisser sa voiture au **parking du Puntas** *-15mn gratuit, 1h 3 €, 1h-6h 4 €, 6 à 12h 4,50 €, + 12h 6 €.*

Prendre la **télécabine du Puntas** *jusqu'au plateau du Clot (centre d'activités avec pistes de ski de fond et sentiers de randonnée) ou prendre son courage à deux mains et monter à pied jusqu'au Pont (15mn) - ✆ 05 62 92 52 19 - (trajet 5mn) juil.-août : 9h-18h ; mai-juin et sept. : 9h45-17h15 - 2,50 € (-6 ans gratuit).*

Non, vous n'êtes pas sur la frontière espagnole ! Ce pont doit son nom au fait qu'il se trouvait, il y a quelques siècles, sur le passage d'un chemin muletier vers l'Espagne. C'est un site d'une très grande beauté, au confluent du gave de Gaube et du gave de Marcadau. Du haut des passerelles et des belvédères, aménagés en amont et en aval du pont, on voit les eaux tumultueuses des gaves se rejoindre en cascades écumantes. Les proches abords sont plantés de sapins et de pins sylvestres parmi lesquels serpente le petit sentier d'accès au Pont d'Espagne depuis le parking du Puntas. Plus loin s'étend la prairie avec ses fleurs montagnardes, fraîches et colorées. En hiver, ces étendues sont sillonnées par les amateurs de ski de fond.

Empruntez, à droite derrière l'hôtel du Pont d'Espagne, un chemin caillouteux *(1/4h à pied AR)* sur lequel s'embranche, encore à droite, le sentier du **monument Meillon** (poteau du Parc national des Pyrénées). Chemin faisant, on découvre une belle échappée à travers les sapins sur la chute principale du Pont d'Espagne et sur le Vignemale. Hiver comme été, c'est le point de départ de possibles randonnées *(voir ci-après, le lac de Gaube et la vallée du Marcadau)*.

Randonnées

Chemin des Cascades★

5h AR au départ de Cauterets ou 4h AR à partir de l'aire de stationnement du pont de la Raillère, près des thermes des Griffons (service de navettes entre le parking de la gare des Œufs, au centre-ville, et la Raillère). Cette belle promenade forestière, qui permet de découvrir les cascades de Cerisey, du Pas-de-l'Ours et de Boussès, ravira les botanistes au moment de la floraison.

Le lac de Gaube.

Lac de Gaube ★★

1h1/2 AR par le GR 10 ; départ immédiatement en aval du Pont d'Espagne. Accès possible par le **télésiège de Gaube** *depuis le plateau de Clot, puis 15mn à pied - ✆ 05 62 92 52 19 - (trajet 12mn) juil.-août : 9h15-17h45 ; mai-juin et sept. : 9h45-17h30 - 6,20 € AR (-6 ans gratuit) ; 6,70 € billet combiné avec la télécabine du Puntas.*

À la station supérieure du télésiège, six tables d'interprétation expliquent la forêt montagnarde, l'habitat de l'isard, etc. Le lac, but d'une excursion rituelle depuis un siècle et demi de tourisme pyrénéen, occupe un site d'une harmonie sévère, d'où l'on peut voir les parois lointaines du massif du Vignemale où se maintiennent des glaciers suspendus.

Pour découvrir la Pique longue du Vignemale, point culminant (3 298 m) de la chaîne frontière entre Atlantique et Méditerranée, ou pour avoir un beau point de vue sur la vallée, suivez la rive gauche, après l'hôtellerie (sentier de la Haute Route des Pyrénées).

Vallée du Marcadau★★

5h AR depuis le parking du Pont d'Espagne. Le parcours facile de cette vallée, jadis très fréquentée comme voie de transit vers l'Espagne, fait alterner les replats de prairies, où le gave limpide divague sur les cailloutis et les « verrous ». Au passage de ceux-ci, le chemin se fait plus raide à travers les rocs et les bouquets de vieux pins de montagne souvent mutilés. Le refuge Wallon (alt. 1 866 m), but de l'excursion, s'élève à l'entrée d'un cirque pastoral, dont les combes supérieures sont constellées de lacs (promenades d'une journée).

Cauterets pratique

Adresses utiles

Office du tourisme de Cauterets – *1 pl. du Mar.-Foch - 65110 Cauterets - ✆ 05 62 92 50 50 - www.cauterets.com - vac. scol. : 9h-12h30, 14h-19h, dim. 9h-12h, 15h-18h (j. fériés 10h-12h, 15h-18h) ; reste de l'année : 9h-12h, 14h-18h, dim. (sf mai et oct.-nov.) 9h-12h.*

Maison du Parc national des Pyrénées – *65110 Cauterets - ✆ 05 62 92 52 56 - www.parc-pyrenees.com - juin-sept. : 9h30-12h, 15h-19h ; reste de l'année : fermé w.-end et j. fériés, 20 avr.-20 mai, 15 oct.-20 nov. et 1 sem. autour de Noël - gratuit.* Située à l'entrée de la ville, elle invite à une découverte du milieu naturel préservé au sein du Parc national des Pyrénées tout proche. Présentation des différents étages de la montagne, de la vie pastorale, de la faune et de la flore pyrénéennes. *Pour en savoir plus, reportez-vous au chapitre consacré au Parc national, p. 327.*

Se loger

⊖ **Chambre d'hôte les Ruisseaux** – *Rte de Pierrefitte - 7 km au N de Cauterets - ✆ 05 62 92 28 02 - www.lesruisseaux.com - ⊭ - 4 ch. 39/49 € ☕ - repas 18 €.* Un accueil simple et agréable vous attend dans cette maison des années 1920-1930 tenue par un couple d'Anglais. Les chambres, spacieuses, sont neuves et impeccablement tenues. Le grand jardin, entouré d'une nature verdoyante, est charmant.

⊖⊖ **Hôtel du Lion d'Or** – *12 r. Richelieu - ✆ 05 62 92 52 87 - www.hotel-lion-dor.net - fermé 30 sept.-20 déc. - 22 ch. 49/95 € - ☕ 10 € - restaurant 19/25 €.* Au cœur de Cauterets, à 100 m du téléphérique du Lys, aimable hôtel tenu par la même famille depuis 4 générations et repérable à sa belle façade (19e s.) dont les portes-fenêtres s'agrémentent de balconnets en fer forgé. Chambres douillettes personnalisées par des objets chinés. Petit patio bien fleuri en saison.

Se restaurer

⊖ **L'Aragon** – *R. de Belfort - ✆ 05 62 92 54 94 - dim.-jeu. 7h30-2h ; vend.-sam. 7h30-3h - 2/13 €.* Il règne une ambiance chaleureuse en ce sympathique snack agencé sur trois niveaux. Les salades, assiettes garnies, soupes et omelettes sont à prix tout doux. Idéal pour une petite pause ou un repas sur le pouce.

⊖⊖ **Le Sacca** – *11 bd Latapie-Flurin - ✆ 05 62 92 50 02 - fermé 10 oct.-10 déc. - 17/28 €. - 56 ch. 44/68 € - ☕ 7 €.* Accueillante salle à manger avec boiseries claires, mobilier actuel et tons chaleureux ; recettes traditionnelles. Les chambres, dotées de balcons, sont aménagées dans un esprit contemporain et fonctionnel. Hall habillé de bois blond.

Que rapporter

Aux Délices – *Pl. Georges-Clemenceau - ✆ 05 62 92 07 08 - www.berlingots.com - 9h-12h30, 14h30-19h30 - fermé nov.* Vous êtes invités à découvrir les ateliers de cette confiserie artisanale spécialisée dans la fabrication des berlingots. Les curistes, ravis d'oublier le goût amer des eaux thermales riches en soufre, connaissent l'adresse depuis bien longtemps. Boutique.

Pavillon des abeilles – *23 bis av. du Mamelon-Vert - ✆ 05 62 92 50 66 - www.apiculteurs.fr - tlj sf dim. 10h30-12h30, 14h30-19h - fermé 7 nov.-18 déc. et j. fériés sf en été.* Aussi actif que ses ruches, cette apicultrice propose miels biologiques des Hautes-Pyrénées (rhododendron, tilleul, marjolaine, myrtillier, bruyère…), produits d'hygiène et de soins à base de miel, confiseries, stages de découverte de l'apiculture et un atelier « pain d'épices ».

Sports & Loisirs

POUR SKIER À CAUTERETS

Le domaine skiable de Cauterets – Alt. 1 450 m-1 630 m. Il est réparti sur deux sites. Le **cirque du Lys**, le plus important, bénéficie d'un enneigement constant de décembre à mai et présente une grande variété de pistes, 24 au total, convenant aux débutants comme aux skieurs confirmés. Il est desservi par deux télécabines et 11 remontées mécaniques. Quand les conditions s'y prêtent, il est possible de descendre jusqu'au Cambasque (station intermédiaire du téléphérique).

Cauterets est une Station Kid.

Au **Pont d'Espagne**, 4 remontées mécaniques, dont le télésiège de Gaube, permettent de faire du ski alpin dans une atmosphère détendue loin des foules, au cœur du Parc national des Pyrénées. Les pistes de fond (36 km), de tous niveaux, sont balisées en 5 boucles dans la vallée du Marcadau.

Forfaits – Les forfaits de remontées mécaniques peuvent être achetés au départ des télécabines du Lys et du Courbet. De nombreux hôtels en délivrent également. Le monoski, le snowboard, le ski de bosses, etc. sont autorisés.

POUR SE REMETTRE EN FORME

Thermes de César – *Av. du Dr-Domer - ✆ 05 62 92 14 20/51 60 - www.thermesdecauterets.com.* Situés en plein centre-ville, ils dispensent cures et séances de remise en forme, en eau thermale, à la carte ou au forfait : bains bouillonnants en cabine individuelle, douches au jet, applications de boue, massages sous l'eau, bains en piscine.

Condom★

7 251 CONDOMOIS
CARTE GÉNÉRALE A2 – CARTE MICHELIN LOCAL 336 E6 – GERS (32)

Au sein d'une contrée parsemée de gentilhommières et d'églises rurales, la capitale de l'Armagnac est entourée de bastides souvent très pittoresques. Avouons-le, Condom, avec sa magnifique cathédrale et ses vieux hôtels, est une cité on ne peut plus gasconne, et qui fleure bon l'odeur des chais…

Se repérer – La ville est située à 45 km au nord d'Auch. Elle borde la limite nord du département du Gers.

Se garer – L'idéal est de pouvoir garer la voiture au parking de la place Saint-Pierre, devant la cathédrale… mais à défaut, on la laissera sur l'avenue du Général-de-Gaulle.

À ne pas manquer – La cathédrale Saint-Pierre ; Fourcès ; Larresingle.

Organiser son temps – Si vous disposez d'une journée, visitez la ville le matin et parcourez la campagne, jalonnée de châteaux, l'après-midi.

Avec les enfants – La Halte du pèlerin et la cité des machines du Moyen Âge à Larresingle.

Pour poursuivre la visite – Voir aussi l'abbaye de Flaran, La Romieu, Lectoure, Eauze.

Le saviez-vous ?

Les plus cancres souriront sans doute… Les autres, les vrais étymologistes, leur rappelleront alors que Condatomagos évoque un marché *(magos)* établi au confluent *(condate)* de la Gèle et de la Baïse.

Yves Navarre, dont le roman *Le Jardin d'acclimatation* a obtenu le prix Goncourt en 1980, est né à Condom.

Bossuet fut évêque de Condom de 1669 à 1670, mais n'y mit jamais les pieds. Pas rancuniers, les Condomois ont toutefois donné son nom à une place de leur bonne ville.

Se promener

LE CENTRE-VILLE

Compter 1h1/2. Partir de la place St-Pierre, dominée par le chevet de la cathédrale.

Cathédrale Saint-Pierre★

Dominée par la majestueuse tour quadrangulaire de son clocher, la cathédrale de Condom, rebâtie entre 1507 et 1531, est l'un des derniers grands édifices du Gers construits suivant les traditions gothiques du Sud-Ouest.

Au portail sud, de style gothique flamboyant, les niches des voussures abritent encore 24 statuettes, dont l'agneau de saint Jean-Baptiste, blason de Jean Marre, le grand évêque bâtisseur de Condom (1496-1521) que l'on reconnaît sur le socle de la niche vide du trumeau.

L'ample vaisseau est illuminé par des verrières à remplage flamboyant dues à un atelier condomois (1858) pour le chœur, et à l'Atelier du vitrail de Limoges (1969) pour les fenêtres de la nef. Les nervures des voûtes s'articulent autour de clés historiées.

La clôture néogothique du chœur est peuplée de grandes statues d'anges et de saints exécutées en terre cuite moulée en 1844. En faisant le tour du chœur par la gauche, on voit, au-dessus de la porte de la sacristie, une très belle plaque de marbre commémorant la consécration de la cathédrale en 1531. La chapelle axiale, gothique, dédiée à la Vierge, appartenait à l'ancienne cathédrale.

Le système des voûtes apparente étroitement le **cloître★**, en grande partie refait au 19e s., à la cathédrale. Il abrite aujourd'hui l'hôtel de ville. Sur la galerie est se greffe la chapelle Sainte-Catherine, transformée en passage public et ornée de jolies clés de voûte polychromes.

Pénétrer dans le vestibule du palais de justice, ancienne chapelle des Évêques.

Chapelle des Évêques

Tlj sf w.-end 9h-12h, 14h-16h.

Postérieure à la cathédrale, elle est encore de structure gothique. Observez, depuis le jardin de la sous-préfecture (ancien évêché du 18e s.), son portail Renaissance surmonté d'une fenêtre décorée de baldaquins et de médaillons.

Par la place Lannelongue, gagner la rue Jules-Ferry.

À droite, remarquez les bâtiments mansardés des écuries de l'Évêque, ancienne gendarmerie abritant aujourd'hui le musée de l'Armagnac *(voir « Visiter »)*.

Poursuivre dans la rue Jules-Ferry.

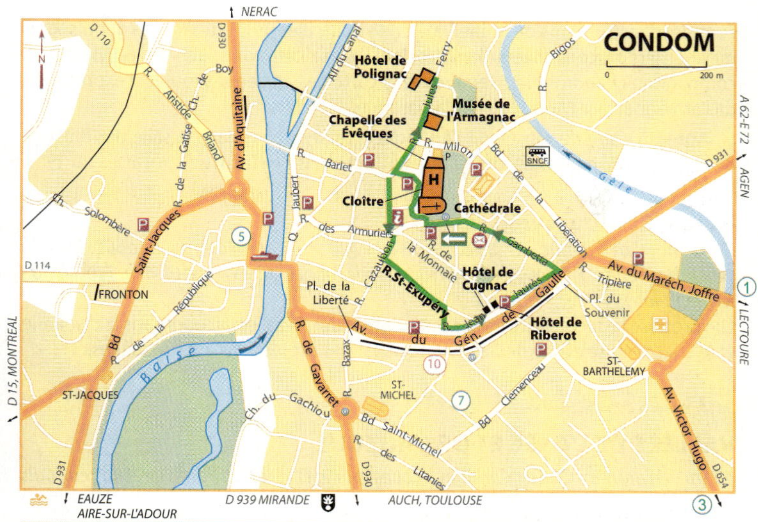

SE LOGER

- Chambre d'hôte Au Vieux Pressoir ..... (1)
- Chambre d'hôte Le Hour ..... (3)
- Hôtel Continental ..... (5)
- Hôtel Le Logis des Cordeliers ..... (7)

SE RESTAURER

- La Table des Cordeliers ..... (10)

Hôtel de Polignac

Cet édifice du 18e s. abrite une école. Côté rue, la façade classique, rythmée par des colonnes, de hautes fenêtres et des balustres, est précédée par une colonnade et de belles grilles en fer forgé. À l'ouest, l'imposant bâtiment, souligné par un balcon de pierre, domine la vallée de la Baïse.

Faire demi-tour et prendre la rue Gaichies. Sur la place du Lion-d'Or, emprunter la rue Honoré-Cazaubon. Quelques beaux hôtels particuliers : Empire, au n° 11, d'époque Louis XV comme l'hôtel de Galard, au n° 10. Dans la **rue Saint-Exupéry**, n'hésitez pas à pénétrer dans la cour du collège Salvandy, ancien collège d'oratoriens (1724), pour apercevoir la tour d'escalier gothique.

À l'extrémité de la rue Saint-Exupéry, tourner à droite pour gagner le « Cours » (avenue du Gén.-de-Gaulle que prolonge la rue Jean-Jaurès). Après le noble **hôtel de Cugnac**, l'**hôtel de Riberot** (aujourd'hui école Jean-Jaurès), également du 18e s., possède un curieux petit balcon en étrave.

Poursuivre jusqu'à la place Voltaire et prendre à gauche la rue Léon-Gambetta qui ramène à la cathédrale. En débouchant sur la place, belle vue sur le chevet de la cathédrale et le cloître attenant.

Avancez-vous jusqu'à l'entrée de la rue Charron, côté ouest de la place, pour observer la façade de l'**hôtel de Bourran** (17e s.), parée d'un balcon sur trompe.

Visiter

Musée de l'Armagnac

2 r. Jules-Ferry - ✆ 05 62 28 47 17 - www.gers-gascogne.com - avr.-oct. : tlj sf lun. et mar. 10h-12h, 15h-18h ; nov.-mars : tlj sf lun. et mar. 14h-17h - fermé j. fériés - 2,20 € (enf. 1,10 €).

Il présente une rare collection d'outillages utilisés jadis par les vignerons de la région (pressoir pesant 18 t, rouleau à fouler le raisin), un échantillonnage

Antonin Thuillier / MICHELIN

L'hôtel de ville a investi l'ancien cloître.

complet d'instruments de tonnellerie et de bouteilles produites par les gentilshommes-verriers gascons, divers alambics dont l'un exécuté comme chef-d'œuvre par un compagnon chaudronnier. Remarquez la carte des anciennes routes d'exportation de l'armagnac par l'Adour ou par la Garonne.

Après la visite du musée de l'Armagnac, rendez-vous dans la salle des Illustres de l'hôtel de ville pour découvrir une **collection de peintures** françaises du 19e s. *Visite libre.*

Maison Ryst-Dupeyron

Dans l'hôtel de Cugnac - 05 62 28 08 08 - - visite guidée (1h) juil.-août : 9h-12h, 14h-18h, w.-end et j. fériés 14h30-18h30 ; reste de l'année : tlj sf w.-end 9h-12h, 14h-17h30 - fermé 1er janv., 25 déc. - gratuit.
Elle propose la découverte de ses chais datant du 18e s. Le parcours dans la distillerie et le chai de mise en bouteilles est étayé par des projections audiovisuelles.

Circuits de découverte

VALLÉES DE L'OSSE ET DE L'AUZOUE

40 km - environ 1h. Quitter Condom à l'ouest par la D 15, en direction de Montréal, puis tourner à gauche sur la D 507.

Larressingle★

C'est un tout petit village du 13e s., ceint de remparts, lieu de résidence des évêques de Condom jusqu'au 16e s. De l'époque subsistent un donjon, une église et quelques maisons (restaurées). Sa taille lui vaut le titre de « plus petite cité fortifiée de France ». Un pont enjambant les douves et une porte fortifiée permettent d'accéder au centre et à la seule rue du village bordée de quelques boutiques. Un escalier à vis conduit aux trois étages du donjon en ruine. L'église romane fortifiée, dédiée au roi des Burgondes, Sigismond, se réduit à deux chœurs emboîtés.
Le musée « **La Halte du pèlerin** » propose une promenade commentée (magnétophone) à la rencontre de cinquante personnages en costumes d'époque, illustrant dix scènes de la vie quotidienne à Larresingle, pendant la guerre de Cent Ans : l'organisation de la maison, les différents métiers, les activités… *05 62 28 08 08/16 42 - juin-sept. : 10h30-12h30, 14h-19h ; avr.-mai : 14h-18h ; oct.-mars : w.-end et vac. scol. 14h-18h - fermé 1er janv., 25 déc. - 3 € (+6 ans 2,50 €), 9 € forfait famille.*
Une idée de promenade ? Faites le tour des fortifications en empruntant le chemin à l'extérieur de l'enceinte. Cette petite balade vous permettra de découvrir la **cité des machines du Moyen Âge**, véritable camp de siège du 13e s. reconstitué au pied des fortifications. On y voit fonctionner des engins d'attaque et de défense comme le trébuchet qui, avec son mât de 12 m, envoyait des boulets de 100 à 120 kg à près de 220 m de distance (il est ici présenté au tiers de sa grandeur réelle) - *05 62 68 33 88 - http://larressingle.free.fr - - visite guidée (1h à 2h) 10h-19h - fermé déc.-fév. - 6 € (enf. 4,50 €).*

Reprendre la D 15 vers la gauche.

Antonin Thuillier / MICHELIN

Larressingle, la « plus petite cité fortifiée de France ».

Montréal

Cette bastide, établie en 1256, est l'une des plus anciennes de Gascogne. Elle occupe un site pittoresque au-dessus de la vallée de l'Auzoue. Sévèrement endommagée pendant les guerres de Religion, elle a toutefois conservé une église gothique fortifiée et une place carrée bordée de maisons à couverts, dont l'une abrite un petit **Musée archéologique** *(accès par le syndicat d'initiative)* qui expose quelques pièces (poteries, objets en fer, boucles mérovingiennes) découvertes sur le site de Séviac, comme la « mosaïque aux arbres », composition végétale mêlant harmonieusement des motifs d'arbres fruitiers et de lys. *℘ 05 62 29 42 85 - ♿ - juil.-août : tlj sf dim. et lun. 10h-12h30, 14h-19h ; mars-juin et sept.-nov. : tlj sf dim. et lun. 10h-12h30, 14h-18h ; déc.-fév. : tlj sf dim. et lun. 10h-12h30, 14h-17h30 - fermé j. fériés sf 14 Juil. et 15 août - gratuit.*

À 2,5 km au sud, serties dans un bois de chênes, s'élèvent les ruines de l'**église Saint-Pierre-de-Genens**, dont le portail roman est surmonté d'un chrisme en marbre blanc des 7e et 8e s.

Gagner le site de Séviac en suivant la signalisation, à l'ouest de Montréal.

Villa gallo-romaine de Séviac

℘ 05 62 29 48 57 - www.seviac-villa.fr.st - ♿ - juil.-août : 10h-19h ; mars-juin et sept.-nov. : 10h-12h, 14h-18h - possibilité de visite guidée (1h) - fermé déc.-fév. - 4 € (-12 ans gratuit).
Les fouilles menées sur le site depuis un siècle ont mis au jour les fondations d'une luxueuse villa gallo-romaine du 4e s., imbriquée avec un ensemble paléochrétien et des vestiges mérovingiens, témoins d'une occupation permanente du 2e au 7e s.
Établi sur un plateau calcaire peu élevé, le logis résidentiel s'ordonne autour d'une cour carrée, entourée de galeries aux sols couverts de mosaïques et ouvrant sur la cour par une colonnade de marbre.
Au sud-ouest, une cour sépare la demeure du maître d'un vaste ensemble thermal, le plus grand que l'on connaisse au sein d'une habitation privée. Il comporte des salles chauffées par hypocauste (système de circulation d'air chaud sous le sol, l'ancêtre de notre chauffage central), une piscine et des bassins plaqués de marbre et décorés de mosaïques, exceptionnelles par leur nombre, leur richesse et leur état de conservation.

La D 29, à la sortie nord de Montréal, remonte le cours de l'Auzoue.

Fourcès★

Par un petit pont franchissant l'Auzoue qui borde un château des 15e et 16e s., on arrive au cœur de cette adorable bastide anglaise fondée au 13e s. Son originalité ? Le plan circulaire de la petite cité dont les maisons à colombages, sur arches de pierre et de bois, abritent des ateliers d'artisans et des galeries d'art. Elles sont groupées autour d'une vaste place ronde ombragée, composant un ensemble charmant. De l'enceinte subsistent quelques vestiges ainsi que la tour de l'Horloge. Mais par quelle soudaine fantaisie les fondateurs de Fourcès ont-ils décidé d'édifier une bastide circulaire ? En fait, l'actuelle place était occupée par un château, démantelé en 1488. Donc Fourcès est, stricto sensu, un castelnau, ce qui n'enlève rien au charme inouï du village ! La petite cité se pare de couleurs, le dernier week-end d'avril, lors du marché aux fleurs de printemps !

Le retour à Condom s'effectue par la D 114.

LE VIGNOBLE

48 km – environ 1h15.
Ce circuit, recommandé en automne lorsque la vigne se pare de teintes mordorées, donne un aperçu du vignoble d'Armagnac et de quelques châteaux qui proposent aux touristes de passage dégustation et vente.

Quitter Condom au sud-ouest par la D 931.

Mouchan

Ce village possède une jolie petite **église** romane, dont la partie la plus ancienne remonte au 10e s. (base du clocher actuel). Remarquez quelques éléments d'architecture : à l'extérieur, le chevet avec ses trois baies encadrées de colonnettes, elles-mêmes surmontées d'une corniche à modillons sculptés, le portail nord, muré, avec sa voussure supérieure à damier ; à l'intérieur, l'archaïque voûte d'ogives à la croisée du transept, le cordon de billettes et la corniche à boules, qui courent en partie autour de l'édifice. Dans le chœur en cul-de-four, on peut observer la série d'arcatures avec ses chapiteaux à feuilles lisses, ou plus rarement historiés. *℘ 05 62 28 00 80 - de mi-mai à mi-sept. : tlj sf lun. et mar. 10h-12h, 15h-19h ; reste de l'année sur demande à l'office de tourisme.*

L'armagnac

On distingue trois grandes classes d'âge : les « 3 Étoiles » ou « 3 couronnes » ont passé au moins 18 mois en fût ; les « VO » (Very Old) et « VSOP » (Very Superior Old Pale) y sont restés au moins 4 ans 1/2 ; quant aux « XO », « Hors d'âge », « Napoléon », « Extra », ils ont au moins 5 ans 1/2 d'âge. Bien entendu, plus longtemps l'armagnac reste en fût, meilleur il est... L'armagnac est servi comme digestif, à température ambiante, dans des verres à fond large et à bords rétrécis. Chauffer le verre entre ses mains permet d'en faire « monter » les arômes.

Stéphane Sauvignier / MICHELIN

Par la D 208, gagner le château de Cassaigne.

Château de Cassaigne

✆ 05 62 28 04 02 - www.chateaudecassaigne.com - juil.-août : 9h-12h, 14h-19h ; reste de l'année : tlj sf lun. et dim. mat. 9h-12h, 14h-18h - fermé 25 déc. - gratuit.
L'ancienne résidence de campagne des évêques de Condom (16e-18e s.), dont l'origine remonte au 13e s., a subi au cours des siècles de nombreuses transformations. La façade actuelle se pare de lignes classiques harmonieuses (18e s.). La visite permet, après avoir parcouru le chai, d'assister à un diaporama sur l'histoire du château, le travail de la vigne et la genèse de l'armagnac. Remarquez la cuisine du 16e s., couverte d'une coupole aplatie en brique à la façon d'un four de boulanger, son mobilier massif et sa vaisselle d'étain, de cuivre et de faïence. Ne manquez pas de déguster la production du lieu après avoir admiré le vignoble, depuis le perron nord... Un grand moment pour le palais !

Prendre la D 229 en direction de Lagardère ; après 4,5 km, tourner à droite.

Château du Busca-Maniban

✆ 05 62 28 40 38 - www.buscamaniban.com - visite guidée (45mn) avr.-oct. : tlj sf dim. 14h-18h (dernière entrée 17h)- fermé j. fériés - 5 € (enf. 3 €).
Il se compose d'un corps principal de deux étages, précédé d'une vaste cour d'honneur. Le vestibule (remarquez deux armoires en chêne de l'école de Morlaàs) surprend par sa majesté : un escalier monumental s'élève vers une galerie soutenue par des colonnes – mi-pierre, mi-bois peint – à chapiteaux doriques. Au 1er étage, la salle dite « italienne » conserve quelques belles pièces de mobilier. Au rez-de-chaussée, on découvre deux anciennes cuisines avec leurs ustensiles et leur mobilier ainsi qu'une chapelle du 15e s. décorée de peintures italiennes du 17e s.

Revenir à Cassaigne. Dans la descente, la route ménage de belles vues sur les coteaux couverts de vigne que surplombent les ruines du château de Mansencôme.

Prendre, au sud-est, la D 142 sur la droite.

Abbaye de Flaran★ *(voir ce nom)*

Valence-sur-Baïse

Bastide issue d'un contrat de paréage conclu en 1274 entre l'abbé de Flaran et le comte Géraud V d'Armagnac, Valence est située au confluent de la Baïse et de l'Auzoue. Elle adopte un plan orthogonal de part et d'autre d'un axe principal. La place à couverts est bordée d'une église du 14e s. remaniée au 19e s.

Quitter Valence au nord par la D 930, tourner à droite dans la D 232 pour gagner, par une petite route à gauche, les ruines du château de Tauzia.

Château de Tauzia

Cet édifice en ruine dans une prairie était, aux environs de 1300, une petite forteresse munie de deux tours d'angle. Les fenêtres à meneaux ont été percées au 16e s.

Par Maignaut-Tauzia, regagner la D 142. Tourner à gauche dans la D 42 pour rejoindre Saint-Puy.

Château Monluc

✆ 05 62 28 94 00 - www.monluc.fr - visite guidée (1h) tlj sf dim. et lun. (hors juin-sept.) 10h-12h, 15h-19h, dim. 15h-19h - fermé janv., 1er Mai, 25 déc. - gratuit. Ancienne forteresse

médiévale, longtemps disputée entre les rois de France et d'Angleterre, le château de Saint-Puy eut comme illustre seigneur Blaise de Monluc, maréchal de France et homme de lettres. Né au château en 1499, celui-ci commença sa carrière en Italie, aux ordres du chevalier Bayard. Mais c'est lors des guerres de Religion qu'il s'illustra par un fanatisme qui n'avait d'égal que sa cruauté, revendiquée comme seul moyen de venir à bout de l'ennemi. Ce spadassin a laissé toutefois des *Commentaires*, remarquables documents d'histoire.
Rien de plus naturel, donc, si le populaire apéritif élaboré dans les caves du château a pris le nom de **pousse-rapière** (la rapière désignant une épée). Les caves voûtées servent de cadre à l'explication de la fabrication du précieux breuvage. On remarque une grande pièce meublée, ancienne salle à manger chauffée par le sol selon le principe de l'hypocauste romain, un pressoir ancien, de vieilles machines de chai (doseuse, boucheuse) et une exposition sur Blaise de Monluc et le domaine.

Prendre la D 654 en direction de Condom, puis à droite vers St-Orens par la D 232.

Saint-Orens-Pouy-Petit

Village fortifié en hauteur. Par la porte percée dans le rempart, on accède à l'extrémité du promontoire où se dresse le château aux fenêtres à meneaux.

Rejoindre la D 654, direction Condom, et faire halte à Béraut.

Musée d'Art naïf à Béraut

Dans le château d'Ensoulès est exposée une vaste collection de tableaux d'art naïf puisés dans les œuvres d'artistes français, polonais, brésiliens, cubains, canadiens, italiens, allemands, espagnols…
✆ 05 62 68 49 87 - www.museeartnaif.com - ♿ - mai-oct. : tlj sf lun. et mar. 10h-19h ; nov.-avr. : 10h-17h - 5 € (-15 ans 2 €).

Condom pratique

Adresses utiles

Office du tourisme de la Ténarèze – *Pl. Bossuet - 32100 Condom - ✆ 05 62 28 00 80 - www.tourisme-tenareze.com - juil.-août : 9h-19h, dim. 10h30-12h30 ; reste de l'année : tlj sf dim. 9h-12h, 14h-18h30 (oct.-avr. 17h30) - fermé j. fériés sf 14 Juil. et 15 août.* Il est situé au rez-de-chaussée de la tour d'Auger d'Andiran (13e s.).

Antenne de Larresingle - *✆ 05 62 68 22 49 - mai-sept. : tlj sf lun. 10h-12h, 15h-19h (fermé le dim. en mai-juin et sept.).*

Syndicat d'initiative de Valence-sur-Baïse – *R. Jules-Ferry - 32310 Valence-sur-Baïse - ✆ 05 62 28 59 19 - juin-sept. : 10h-12h, 14h-19h ; 2e quinz. de mai et déc. : tlj sf w.-end 10h-12h, 14h-18h - fermé de déb. janv. à mi-mai et oct.-nov.*

Office du tourisme de Montréal-du-Gers – *Pl. de l'Hôtel-de-Ville - 32250 Montréal-du-Gers - ✆ 05 62 29 42 85 - tlj sf dim. et lun. 10h-12h30, 14h-19h (mars-juin et sept.-nov. 18h, déc.-fév. 17h30) - fermé j. fériés.*

Se loger

Hôtel Continental – *20 r. du Mar.-Foch - ✆ 05 62 68 37 00 - www.lecontinental.net - fermé 2-17 janv. et 19-26 déc. - 25 ch. 40/65 € - 10 € - restaurant 20/32 €.* Cet établissement du début du 20e s., situé à deux pas de la Baïse, a été entièrement rénové. Les chambres sont actuelles, climatisées et insonorisées ; la suite dispose d'une terrasse privative. Agréable cour-jardin intérieure.

Hôtel Le Logis des Cordeliers – *R. de la Paix - ✆ 05 62 28 03 68 - www.logisdescordeliers.com - fermé 3 janv.-5 fév. - P - 21 ch. 45/64 € - 7 €.* Ce bâtiment récent, situé dans un quartier tranquille à l'écart du centre-ville, abrite des chambres fonctionnelles. Préférez celles dotées d'un balcon fleuri surplombant la piscine : ce sont les plus agréables. Accueil aimable.

Chambre d'hôte Le Hour – *32100 Bérant - ✆ 05 62 68 48 33 - - 5 ch. 49 € - repas 18 €.* Cette ancienne ferme compte 5 chambres décorées suivant un astucieux assemblage de « vieilleries ». Un ensemble plutôt réussi et, de surcroît, très confortable. Table d'hôte sur réservation et repas à thème en saison. Agréables randonnées en compagnie des ânes de la propriété. Piscine et jeux pour enfants.

Chambre d'hôte Au Vieux Pressoir – *St-Fort - 32100 Caussens - 8 km à l'E de Condom par D 7 et chemin à droite - ✆ 05 62 68 21 32 - http://perso.wanadoo.fr/vieuxpressoir - fermé vac. de fév. - réserv. obligatoire - 4 ch. 51 € - repas 17/24 €.* Cette grande demeure du 17e s. jouit d'une vue exceptionnelle sur la campagne et les vignes. Les chambres, meublées d'ancien, sont confortables et bien tenues. La table honore les produits fermiers ; vous pourrez notamment déguster les canards élevés sur place.

Se restaurer

⊜⊜ **La Table des Cordeliers** – *1 r. des Cordeliers - ✆ 05 62 68 43 82 - www.latabledescordeliers.fr - fermé 15 janv.-5 fév., lun. sf le soir de juil. à sept., merc. midi l'été et dim. soir - 20 € déj. - 35/50 €.* Proche du Logis des Cordeliers, ce restaurant est installé dans une chapelle du 14e s. Sous les voûtes de pierres gothiques majestueuses, éclairée de vitraux, une salle à manger pour l'été. Une seconde, rustique avec ses colombages. Cuisine du marché.

Sports & Loisirs

Gascogne Navigation – *Quai de la Bouquerie - ✆ 05 62 28 46 46 - avr.-oct. - réserv. obligatoire.* Promenades en bateau sur la Baïse pour découvrir le moulin de Barlet, puis les rives verdoyantes du quartier de la Bouquerie et l'écluse de Teste. La Baïse est navigable jusqu'à Valence-sur-Baïse, par le passage de trois écluses en amont et jusqu'à Buzet en aval.

Thermes de Castéra-Verduzan – *2 r. des Fontaines - 32410 Castéra-Verduzan - ✆ 05 62 68 00 00.* Partagés entre thermalisme et thermoludisme, soins médicalisés et espace aquadétente, les thermes utilisent une eau minérale sulfatée calcique et magnésienne. Elle agit aussi bien sur les affections digestives que sur les muqueuses bucco-lingales, et les maladies métaboliques. Jacuzzi, sauna et hammam, soins du corps. Hébergement en résidence.

Comment choisir son foie gras ?

Le meilleur est le foie gras d'oie entier. S'il se conserve plus longtemps en bocal de verre, on peut également l'acheter « à la coupe » chez le traiteur. Dans ce cas, il faut le consommer rapidement… Ce qui n'est pas du tout un problème ! On peut bien sûr acheter son foie gras frais et le préparer soi-même. Il faut alors le choisir sans trace de sang ni de fiel, d'une belle couleur uniforme. La manière la plus simple de l'apprécier est de le manger froid (ne le sortir du réfrigérateur qu'au dernier moment) accompagné de toasts et d'un vin blanc moelleux, type sauternes, jurançon ou encore pacherenc (ou, pourquoi pas, d'armagnac !). On peut également le poêler : il perd de sa douceur, mais gagne en arôme…

Considéré comme un fleuron de la gastronomie française, le Gers doit son renom au savoir-faire de ses producteurs. On trouve ces spécialités sur le marché de Condom, mais aussi directement sur les lieux de production, parmi lesquels la Ferme du Martin Neuf - *✆ 05 62 28 27 26*, le Domaine de Cachelardit, à Cassaigne - *✆ 05 62 28 04 04* ou la Ferme de la Terre Blanche, à St-Puy - *✆ 05 62 28 92 54.*

Événements

Festival européen de Bandas y Penas - Dans les rues de Condom, grand rassemblement de cuivres et de percussions, le 2e week-end de mai (du vend. 19h au dim.). 10 €/j, forfait 3 jours 24 € (-12 ans gratuit). *✆ 05 62 68 31 38 - www.festival-de-bandas.com*

Marché aux fleurs – À Fourcès, le dernier week-end d'avril, les fleurs envahissent la grand'place de la « bastide ronde ».

Conques★★★

302 CONQUOIS
CARTE GÉNÉRALE D1 – CARTE MICHELIN LOCAL 338 G3 – AVEYRON (12)

Dans un site★★ remarquable, une petite bourgade tranquille s'accroche aux pentes escarpées des gorges de l'Ouche. Ce village aux ruelles pentues sert d'écrin à une magnifique église romane aux prodigieux trésors, vestige d'une abbaye qui hébergea longtemps l'interminable file des pèlerins se rendant à Saint-Jacques-de-Compostelle. Calme et repos assurés au sein d'une nature sauvage !

Se repérer – Deux points de vue sur Conques : le **site du Bancarel★**, à 3 km (quittez Conques par la D 901 vers Rodez, le long du Dourdou) ; et un autre le long de la D 232, en direction de Noailhac et de la chapelle Saint-Roch, que l'on rejoint depuis Conques après avoir traversé le pont romain dit des pèlerins.

Se garer – Les voitures sont interdites dans le village : il existe de grands parkings (payants) au-dessus du village *(suivre les panneaux)*.

À ne pas manquer – Le tympan du portail occidental et le trésor de l'abbatiale Sainte-Foy.

Pour poursuivre la visite – Voir aussi Decazeville, Entraygues-sur-Truyère, Estaing.

Le saviez-vous ?

Conca en occitan signifie « vallée » ; le mot vient du latin *concha* (la « coquille »). S'agit-il d'une allusion à la configuration du site, en forme de coquille échancrée par le torrent de l'Ouche, ou à l'emblème du pèlerinage de Saint-Jacques-de-Compostelle ?

C'est en visitant l'abbatiale qu'un jeune Ruthénois, **Pierre Soulages**, éprouva un choc décisif. Les lignes dépouillées de la nef, la matière brute des pierres, les jeux de l'ombre et de la lumière allaient faire naître une vocation : l'art devint alors pour lui « la seule chose qui vaille la peine qu'on y consacre sa vie ». Il a créé les vitraux de l'abbatiale.

Comprendre

La fin justifie les moyens – Un moine de Conques tenait en particulière vénération les reliques de sainte Foy, jeune chrétienne qui, vers 303, avait été martyrisée à Agen à l'âge de 13 ans. Depuis lors, les saintes reliques en question étaient jalousement gardées à Agen au grand dam de notre moine qui décida de passer à l'action, en mettant en œuvre un plan machiavélique. Se faisant passer pour un pèlerin, il se rend à Agen, s'introduit dans la communauté de Sainte-Foy ; sa piété et son dévouement inspirent tant de confiance qu'au bout de dix ans les naïfs Agenais le chargent de la garde des précieuses reliques. Bien entendu, le moine disparaît aussitôt, le précieux coffret sous le bras, et l'emporte à Conques. Pas vraiment rancunière, la sainte, inspirée par l'air du Rouergue ou simplement facétieuse, multiplie alors les miracles au point que l'on a parlé des « jeux et badinages de sainte Foy ». La renommée de l'abbaye était faite !

Jacass / MICHELIN

Le village de Conques dans son site des gorges de l'Ouche.

Stéphane Sauvignier / MICHELIN

Un détail du portail occidental de l'abbatiale Sainte-Foy.

Une étape recommandée – C'est au 11e s. que l'on commence à élever l'église actuelle, qui s'apparente par l'architecture à d'illustres sanctuaires contemporains : Saint-Jacques-de-Compostelle, Saint-Sernin de Toulouse, Saint-Martin de Tours ou Saint-Martial de Limoges (ces deux derniers ont été détruits). Entre Le Puy et Moissac, Conques était l'étape conseillée par le guide rédigé à l'usage des pèlerins de Saint-Jacques. Du 11e au 13e s., c'est la grande époque de Conques, où les pèlerins affluent. Après les guerres de Religion, puis un incendie, l'abbatiale, oubliée et abandonnée, menaçait de s'effondrer dans l'indifférence générale. C'est alors que Prosper Mérimée, en tournée d'inspection pour les Monuments historiques, la découvrit et rédigea un rapport si émouvant qu'il fut décidé de la sauver.

Visiter

ABBATIALE SAINTE-FOY★★

Compter une 1/2 journée. Ce magnifique édifice roman fut commencé au milieu du 11e s., mais la majeure partie date du 12e s. Il est surmonté de deux tours de façade refaites au 19e s. et, sur la croisée du transept, d'un clocher-lanterne octogonal.

Tympan du portail occidental★★★

Dans un état de conservation remarquable, ce tympan (à voir, de préférence, au soleil couchant) est un chef-d'œuvre de la sculpture romane du 12e s. Remarquez son originalité et ses dimensions : arrivé sur le parvis de l'église, tout pèlerin ne pouvait manquer d'être impressionné par cette représentation du Jugement dernier regroupant 124 personnages pour témoigner du drame qui scelle la paix ou le tourment des âmes, évoqué dans l'évangile de saint Matthieu. Sculpté dans le calcaire jaune, cet ensemble ordonné autour de la figure du Christ était jadis rehaussé de couleurs vives dont il reste quelques traces.

Des bandeaux réservés aux inscriptions définissent trois registres superposés, divisés en compartiments. À la gauche du Christ, l'Enfer, à sa droite, le Paradis ; une répartition clairement indiquée par sa main gauche abaissée vers les réprouvés, tandis que sa main droite est levée vers les élus. Le Christ trône dans une mandorle environnée de cinq rangées de nuées. Au registre supérieur, deux anges sculptés dans les écoinçons

Tourisme médiéval

On a du mal aujourd'hui à imaginer la vogue des pèlerinages, pénibles et dangereux, version médiévale du tourisme. À l'époque, on part à Saint-Jacques pour se laver, parfois à titre préventif, de quelque péché, ou par dévotion pure. Jongleurs et bateleurs hantent les routes suivies par les pèlerins. Le soir, dans l'hôtellerie d'un couvent, ils distraient les marcheurs harassés. De petits trafics naissent : c'est ainsi que contre une rémunération raisonnable, certains monastères délivrent des attestations dispensant d'aller jusqu'au terme de la route ! Parvenu, non sans périls, au terme de son voyage, le pèlerin se charge de ces coquilles qu'on trouve en abondance sur les côtes de Galice et qui ont gardé le nom de Saint-Jacques. Il revient absous et riche d'expériences de toutes sortes.

sonnent du cor pour annoncer le Jugement tandis que deux autres portent la Croix de la Passion. Au registre médian, le cortège des élus est en marche vers le Seigneur ; de droite à gauche, on reconnaît la Vierge suivie de saint Pierre et de personnages ayant marqué l'histoire de Conques, dont Charlemagne, bienfaiteur légendaire de l'abbaye. De l'autre côté, deux anges chevaliers contiennent à grand peine la foule des damnés soucieuse d'échapper aux supplices infernaux ; on distingue, entre autres, des moines capturés dans un filet, et un ivrogne pendu par les pieds. La partie centrale et supérieure du registre inférieur est consacrée à la pesée des âmes : l'archange saint Michel a fort à faire avec un démon qui tente d'influencer la balance. À gauche, des anges ouvrent des sarcophages dont les occupants ressuscitent, et, plus à gauche, de petites arcades évoquent l'église de Conques près de laquelle sainte Foy se prosterne pour la bénédiction. Sous elle s'étend le paradis où Abraham, encadré de Vierges sages, de martyrs et de prophètes, accueille à bras ouverts les saints Innocents. L'entrée de cette Jérusalem céleste est indiquée par un ange qui tend ses mains aux élus alors que, dans l'antichambre de l'Enfer, un démon pousse sans ménagement les damnés dans la gueule du Léviathan. Enfin, Satan préside le chaos de l'enfer où sont châtiés les principaux péchés : l'Orgueil désarçonné d'un cheval, l'Avarice pendue haut et court, ou encore la Médisance dont un démon arrache la langue.
On imagine l'effet qu'une telle scène pouvait produire sur le pèlerin en route vers Saint-Jacques. Au calme du paradis (alors peint en bleu), renforcé par un alignement qui veut en traduire l'ordre et la sérénité, répondent la violence et la confusion d'un enfer (alors peint en rouge) traité très différemment. Les sculpteurs ont ici fait preuve d'une maîtrise exceptionnelle qui témoigne du génie roman.
Longez à droite la façade sud de l'église contre laquelle sont placés des enfeus (12e s.), dont l'un conserve l'épitaphe de l'abbé Bégon (1087-1107), et entrez dans l'église par la porte ménagée dans le bras droit du transept.

Intérieur

Très élevé (22 m sous la nef), sobre et austère, il produit un grand effet. Le chœur, de vastes proportions, est entouré, comme dans toutes les églises de pèlerinage, d'un déambulatoire qui permettait aux fidèles de défiler autour des reliques de sainte Foy. Sur les murs de la sacristie, des restes de fresques (15e s.) retracent le martyre de sainte Foy. Les superbes grilles du 12e s. formant clôture remplacent celles qui auraient été forgées avec les fers des prisonniers délivrés par la sainte. Au-dessous du passage qui met en communication les tribunes, dans la travée centrale du croisillon nord, un bel ensemble sculpté représente l'Annonciation.
Soyez attentif aux **vitraux** contemporains si respectueux de la sobriété romane du site. Réalisés avec un type de verre tout à fait nouveau, ils permettent une diffusion de la lumière d'une rare qualité. Ils sont l'œuvre de Pierre Soulages.

Pour une description en image de la coupole, voir l'ABC d'architecture p. 72.

Cloître

Depuis 1975, son plan est restitué au sol par un chemin dallé. Il n'en subsiste plus qu'une série d'arcades ouvrant sur l'ancien réfectoire et surtout un très beau bassin de serpentine, ancienne fontaine du monastère.
Six baies géminées ouvrent sur l'ancien réfectoire des moines où sont exposés quelques beaux chapiteaux provenant des arcades disparues.

Trésor de Conques★★★

Entrée sous les arcades du cloître - ✆ 05 65 72 85 00 - ♿ - avr.-sept. : 9h30-12h30, 14h-18h30 ; reste de l'année : 10h-12h, 14h-18h - 6 € (-7 ans gratuit, 7-16 ans 2 €).
Le trésor de Conques renferme d'extraordinaires pièces d'orfèvrerie présentées selon un ordre chronologique et thématique. Il s'agit de la plus complète expression de l'histoire de l'orfèvrerie religieuse en France, du 9e au 16e s. Le trésor comprend, en particulier, une série de reliquaires, œuvres d'un atelier local du 11e s.
Un interrupteur placé sous certaines des pièces permet de les faire pivoter.
Du 9e s., on remarque le reliquaire de Pépin, fait de plaques d'or repoussé sur âme de bois. Considérée comme un don de Pépin, cette pièce est sertie de nombreuses pierres précieuses, dont une intaille antique représentant le dieu Apollon.
La **statue-reliquaire de sainte Foy★★★**, du 9e s., faite de plaques d'or et d'argent doré sur âme de bois, est la pièce maîtresse du trésor. Au cours des âges, cette statue a reçu de nombreux bijoux, mais aussi, au 14e s., la monstrance permettant d'apercevoir la relique (le sommet du crâne de la sainte). Cette pièce unique comporte également des camées et des intailles antiques ; quant aux petits tubes que la sainte tient entre les doigts, ils sont destinés à recevoir des fleurs !

Du 11e s., on admire un autel portatif en albâtre, dit « de sainte Foy », argent repoussé et émaux ; le reliquaire « du pape Pascal II », argent sur âme de bois ; ou encore le « A de Charlemagne », argent doré sur âme de bois. La tradition veut que l'empereur, désirant doter toutes les abbayes de la Gaule d'une lettre de l'alphabet, par ordre d'importance, aurait attribué à Conques la lettre « A » en signe d'excellence.

Stéphane Sauvignier / MICHELIN

L'extraordinaire reliquaire de sainte Foy.

Un coffre-reliquaire en cuir, orné de 31 médaillons en émail renfermant les restes de sainte Foy, date du 12e s. Du même siècle, l'autel portatif de Bégon, composé d'une plaque de porphyre rouge et enchâssé dans une monture d'argent gravé et niellé ; le reliquaire dit « lanterne de Bégon III » ou « de saint Vincent », argent sur âme de bois ; les reliquaires à cinq et six pans, argent, vermeil et émaux montés au 12e s. avec d'anciens fragments.
Pour le 13e s., bras-reliquaire « de saint Georges », argent sur âme de bois avec la main bénissante, triptyque en argent repoussé et doré et Vierge à l'Enfant, argent sur âme de bois, type de statues-reliquaires fort à la mode au temps de Saint Louis.
Les chefs-reliquaires de sainte Liberate et sainte Marse, argent et toile peinte, et une petite châsse de sainte Foy en argent représentent le 14e s.
Enfin, le 16e s. est illustré par une reliure d'évangéliaire en vermeil, une croix de procession, lames d'argent repoussé sur âme de bois, où, sous le Christ, a été placée une relique de la Vraie Croix.

Trésor II (musée Joseph-Fau)

Près de l'abbatiale. Cette maison ancienne, située face à la fontaine des pèlerins, abrite du mobilier, des statues et des tapisseries de Felletin du 17e s. provenant de l'abbaye *(rez-de-chaussée et 1er étage)*. Dans le sous-sol, un musée lapidaire propose une belle réunion de chapiteaux et de tailloirs romans, vestiges de l'ancien cloître.

Se promener

Le village★

Ses ruelles escarpées sont bordées de maisons anciennes dont les pierres rousses s'allient harmonieusement aux couvertures de lauzes. Au-dessous de l'abbatiale, le village s'étire à flanc de coteau le long de la rue Charlemagne, chemin que gravissaient les pèlerins pour se rendre à l'abbaye. De cette rue, un chemin rocailleux permet d'atteindre une butte où s'élèvent la chapelle Saint-Roch et un calvaire. Une très belle vue s'offre alors sur Conques, groupée autour de son église. Au-dessus de Sainte-Foy, d'autres rues mènent aux vestiges d'anciennes fortifications.
Au monument aux morts, tourner à gauche pour atteindre la place du Château. On peut y admirer le château d'Humières (15e et 16e s.) avec ses consoles sculptées et sa haute tour d'escalier. Remarquez la fenêtre à meneaux curieusement située à l'angle du mur. Plus loin se dresse la porte de La Vinzelle, bâtie au 12e s. Les pèlerins l'empruntaient en quittant Conques pour rejoindre le village de La Vinzelle, dans la vallée du Lot. Du cimetière, dont un angle est occupé par la chapelle funéraire des abbés de Conques, jolie vue sur la vallée de l'Ouche.

Aux alentours

Château de Pruines

15 km au sud-est par la D 901 puis, à partir de St-Cyprien-sur-Dourdou, la D 502 - ✆ 05 65 72 91 64 - juil.-août : 10h-18h30 ; sept. : 14h30-18h30 ; avr.-juin et oct. : dim. et j. fériés 14h30-18h30 - possibilité de visite guidée (1h) - fermé nov.-mars - 6 € (10-18 ans 4 €).
Ce manoir du 17e s. construit en grès rose vaut surtout pour son insolite **collection de poteries★** en terre cuite vernissée du Grand Sud-Ouest (du 18e au 20e s.), essentiellement à usage domestique. Elle est présentée avec goût dans de belles pièces meublées. On verra par exemple des « mêlards » (grosses cruches ventrues qui

servaient à conserver le lard) et des pots à confit dans les cuisines et la souillarde, des « consciences » (cruches à 6 anses pour l'huile) et des cruches de barque (à l'usage des pêcheurs) dans la salle à manger. Remarquez, dans l'oratoire, le plafond polychrome (1655) orné de nombreux personnages (Adam et Ève, empereurs, jeunes filles) et le confessionnal baroque. Par l'escalier d'honneur, on accède aux appartements du 1er étage, décorés façon 18e s. à la manière d'une bonbonnière ; ils étaient réservés à la baronne. Boiseries, meubles et tentures sont peints de couleurs pastel (bouquets champêtres, nœuds, guirlandes de fleurs, arabesques). Le 2e étage, au décor épuré et contemporain, était le domaine du baron.

Château de la Servayrie à Mouret

3 km au sud de Pruines par la D 228, puis la D 548. ✆ 05 65 72 82 97 - www.chateau-servayrie.fr - visite guidée (1h30) juil.-août : 10h30-19h ; de Pâques à fin juin et de déb. sept. à la Toussaint : dim. et j. fériés 14h30-18h, mar.-jeu. 14h30-17h - fermé de la Toussaint à Pâques - 6 € (10-16 ans 4 €).

Édifié au 12e s., remodelé jusqu'au 17e s., ce château est exemplaire des évolutions architecturales au fil des siècles. Prélude à la visite, la cour d'Honneur conduit au verger, aux jardins des simples puis au potager médiéval, où sont cultivés fruits et légumes oubliés servant à la préparation des goûters historiques *(voir ci-dessous)*. Le donjon, doté d'une porte romane, renferme la salle de Justice (avec ses 3 m d'épaisseur), au-dessus des cachots. Des escaliers (de plus en plus étroits) mènent aux salles du Seigneur et des Gardes, avant de parvenir au chemin de ronde, offrant un somptueux panorama sur le paysage alentour. Le corps de logis se partage entre différentes pièces (16e-17e s.) pourvues d'un mobilier d'époque, dont une armoire en noyer sculptée par Hugues Sambin, architecte et ornementaliste, et un lit à baldaquin ouvragé.
En été, un **goûter historique**, dégustation de petites bouchées (Moyen Âge, Renaissance ou Grand Siècle), peut clore la visite. *3 € en plus du billet d'entrée.*

Conques pratique

Adresse utile

Office du tourisme de Conques – *R. du Chanoine-Benazech - 12320 Conques - ✆ 05 65 72 85 00 - www.conques.fr - avr.-sept. : 9h30-12h30, 14h-18h30 ; reste de l'année : 10h-12h, 14h-18h.*

Visite

Centre européen d'art et de civilisation médiévale – *✆ 05 65 71 24 00 - www.ceacm.com - ♿ - juil.-août : 9h-12h, 14h-18h, w.-end et j. fériés 10h-12h, 14h-18h ; reste de l'année : tlj sf w.-end 9h-12h, 14h-18h - gratuit.*

Se loger

Accueil et hébergement des pèlerins – *S'adresser à la librairie St-Norbert ou au gîte d'étape communal - ✆ 0 820 820 803.*

⊖ Chambre d'hôte Chez Charles et Alice – *R. du Chanoine-André-Bénazech - ✆ 05 65 72 82 10 - fermé de mi-nov. au 24 mars - ⊭ - 4 ch. 52/64 € ☕.* Cette petite maison au toit de lauze offre, de ses 4 chambres indépendantes, une vue imprenable sur la magnifique abbatiale Ste-Foy. Mobilier d'ébéniste et confort simple. Petits-déjeuners servis dans l'adorable salle voûtée tout en pierre.

⊖⊖ Auberge Saint-Jacques – *Au bourg - ✆ 05 65 72 86 36 - www.aubergestjacques.fr - fermé 2 janv.-2 fév. - 🅿 - 13 ch. 49/57 € - ☕ 7,50 € - restaurant 17/55 €.* Maison plusieurs fois centenaire où vous dormirez au calme dans des chambres rustiques de bon confort. Cuisine régionale soignée servie à l'étage dans une salle à manger au cadre champêtre ; brasserie plus simple au rez-de-chaussée.

⊖⊖ Camping Grand-Vabre Aventures et Nature – *12320 Grand-Vabre - ✆ 05 65 72 85 67 - www.grand-vabre.com - ouv. avr.-oct. - ⊭ - 20 bungalows 630 €/sem. pour 4 pers.* Dans un cadre arboré, ce petit village de bungalows tout équipés propose un hébergement fort convenable de 4 à 6 personnes. Sur place, piscine, aire de jeux et salle d'animation. En saison, canoë-kayak, aquagym, VTT, courses d'orientation. Soirées à thèmes.

Se restaurer

⊖⊖ Ferme-auberge Domaine des Costes Rouges – *Combret - 12330 Nauviale - 13 km au S de Conques par D 901 puis rte secondaire - ✆ 05 65 72 83 85 - www.gites-de-france-aveyron.com - ⊭ - réserv. obligatoire - 20 € - 4 ch. 29 € - ☕ 5 €.* Une auberge rustique tenue par un couple qui vous mitonnera une cuisine de grand-mère. Saucisse à l'huile, pascadous, canards à la broche, pâtisseries maison… le tout arrosé des vins du domaine (AOC Marcillac). Gîtes aménagés dans deux maisons du village, piscine.

Événement

Conques, lumière du roman – Festival de musique. Stages, expositions, concerts (mi-juillet, mi-août) - www.festival-conques.com

Cordes-sur-Ciel★★★

996 CORDAIS
CARTE GÉNÉRALE C2 – CARTE MICHELIN LOCAL 338 D6 – TARN (81)

Perchée au sommet du puech de Mordagne, dans un site★★ splendide, cette ville médiévale domine la vallée du Cérou. Celle que l'on appelle aussi la « ville aux cent ogives » est une cité hors du temps, échouée, selon Camus, « à la frontière d'un autre univers », où la lumière vient jouer sur les tons rose et gris des façades en grès. Comment profiter pleinement de la nuit cordaise et de sa magie ? Tout simplement en dormant dans la ville haute !

Se repérer – Au nord-ouest du Tarn, la cité se trouve à 27 km d'Albi.

Se garer – Le stationnement est interdit (en été) dans la ville haute. Il est donc préférable de garer son véhicule près de la porte de la Jane, d'où la montée à la vieille ville est plus aisée, ou encore en bas de la grand-rue de l'Horloge. Ceux qui auront retenu une chambre dans un hôtel de la ville haute pourront cependant y accéder en voiture, le temps de décharger leurs bagages… En outre, une **navette** permet d'accéder à la vieille cité *(voir l'encadré pratique)*.

À ne pas manquer – Une balade dans la ville haute et, si vous le pouvez, une nuit sur place, pour profiter pleinement de la magie cordaise.

Organiser son temps – Impensable de visiter Cordes au pas de course. Prévoyez d'y passer au moins une journée, partagée entre promenade et visites.

Avec les enfants – L'Historama ; le musée de l'Art du sucre ; les jeux du jardin des Paradis.

Pour poursuivre la visite – Voir aussi Albi, Gaillac, Carmaux, Saint-Antonin-Noble-Val, Najac, Bruniquel.

Le saviez-vous ?

La cité fut baptisée Cordoas en hommage à la cité d'Al-Andalus, Cordoue, sans doute parce qu'elle s'adonnait aux industries des étoffes et du cuir, comme sa prestigieuse aînée… Hors saison, elle semble parfois posée sur les nuages ; ainsi devint-elle « Cordes-sur-Ciel » en 1993, après consultation de sa population et malgré un avis défavorable du Conseil d'État…

Le peintre **Yves Brayer**, démobilisé en 1940 à Montauban, vécut à Cordes de 1940 à 1942, entraînant avec lui une colonie d'artistes. On lui doit la décoration de la chapelle de l'ancien hôpital Saint-Jacques…

Comprendre

Née de la guerre – En 1222, en pleine guerre des albigeois, Raimond VII de Toulouse décide la création de la bastide de Cordes pour répondre à la destruction de la place forte de Saint-Marcel par les troupes de Simon de Montfort. Une charte de coutumes et privilèges prévoyant, parmi d'autres avantages, l'exemption d'impôts et de péage attire les habitants, d'autant que la situation de cette véritable cité-forteresse en fait un asile de choix pour les adeptes du catharisme. Aussi l'Inquisition y mènera-t-elle activement sa besogne.

Cordes, à la fin du 12e s., compte plus de 5 500 habitants. La fin des troubles cathares entraîne une première période de prospérité. Au 14e s., le commerce des cuirs et des draps y est florissant, les artisans tissent le lin et le chanvre cultivés dans la plaine, tandis que les teinturiers, établis sur les rives du Cérou, utilisent le pastel et le safran, abondants dans la région. Les belles demeures gothiques qui ont été construites à cette époque témoignent de la richesse des habitants.

Le réveil de la belle endormie – Les querelles des évêques d'Albi, qui rejaillissent sur toute la contrée, la résistance cordaise aux huguenots durant les guerres de Religion, ainsi que deux épidémies de peste mettent fin à ce bel âge d'or dès le 15e s. La construction du canal du Midi, au 17e s., contribue à éloigner un peu plus Cordes des grands axes commerciaux. Après un ultime sursaut à la fin du 19e s., dû à l'introduction de métiers à broder mécaniques, la cité isolée entre en sommeil. Par bonheur, les menaces pesant sur ses maisons gothiques suscitent l'émotion, et certaines mesures de classement, au titre des Monuments historiques, sont prises à partir de 1923. Mais le charme de Cordes opère surtout sur les artistes et artisans d'art qui participent activement à sa sauvegarde et contribuent au réveil de la cité. Aujourd'hui, dans les ruelles pavées, tortueuses et escarpées, ferronniers, émailleurs, imagiers, tisserands, potiers, graveurs, sculpteurs et peintres ont installé leurs ateliers dans les maisons anciennes auxquelles ils ont su restituer leur noble allure.

Se promener

LA VILLE HAUTE★★

Visiter Cordes ? C'est surtout humer l'air de cette vieille cité, flâner au hasard des ruelles empierrées, parmi un exceptionnel ensemble de **maisons gothiques★★** (13e-14e s.), en admirant le décor sculpté de leurs façades et en léchant les vitrines des artisans dont certains font preuve de beaucoup d'originalité ! Il faut essayer de capter l'essence de cette ville où l'on se rapproche de ce que fut la civilisation occitane à l'époque des comtes Raimond. Si c'est une question de sensibilité, avant tout, c'est aussi une question d'ouverture à mille détails impalpables, à une ambiance inimitable, à l'âme de la ville… Et c'est là que le charme opère !

Les maisons, surtout… Les plus importantes et les mieux conservées bordent la grand-rue Raymond-VII (dite rue Droite). Leurs façades en grès de Salles, aux tons roses à reflets gris, s'ouvrent sur la rue par de grandes arcades surmontées de deux étages de fenêtres en arc brisé, parfois malheureusement transformées en simples ouvertures rectangulaires. En levant les yeux, on remarque souvent, au niveau du 2e étage, des barres de fer terminées par un anneau et scellées dans le mur. Certains pensent qu'une tige de bois ou de fer, passée horizontalement dans chacun des anneaux, permettait de tendre un *velum*, selon l'usage médiéval répandu en Italie ou en Provence, pour protéger les habitants des ardeurs du soleil… D'autres affirment qu'elles servaient à suspendre des bannières les jours de fête…

Porte de la Jane

Pointe occidentale de la ville haute. En 1222, la cité, construite sur plan en losange, fut entourée de deux enceintes fortifiées, renforcées à l'est et à l'ouest, points d'accès relativement faciles pour les éventuels assaillants. La porte de la Jane, vestige de la seconde enceinte, doublait la porte des Ormeaux.

Porte des Ormeaux

Persuadés, après avoir franchi la porte de la Jane, d'avoir pénétré dans la ville, les assaillants avaient alors la désagréable surprise de se heurter à ses grosses tours ! Elle donne accès à la cité haute.

Chemin de ronde

Les lices (remparts) du sud ou Planol procurent de jolis points de vue sur la campagne environnante.

Porte du Planol (ou porte du Vainqueur)

Constituant le pendant oriental de la porte de la Jane, elle s'ouvre parallèlement au mur de la seconde enceinte.

Barbacane

À la fin du 13e s., la cité s'étant étendue hors de ses remparts, on décida de construire une troisième enceinte dont subsiste la barbacane (tour percée de meurtrières), en contrebas de la porte du Planol.

Stéphane Sauvignier / MICHELIN

Cordes, une cité à l'assaut du ciel, miraculeusement préservée des outrages du temps.

Maison Gorsse

De belles fenêtres à meneaux Renaissance ornent sa façade.

Portail peint (ou portail de Rous)

C'est, à l'est, le pendant de la porte des Ormeaux. Son nom lui vient probablement de la Vierge peinte qui l'ornait. Il abrite le **musée Charles-Portal** *(voir « Visiter »)*.

La Grand-Rue, très escarpée, conduit au cœur de la ville fortifiée. On y rencontre la **maison Prunet** qui abrite le musée de l'Art du sucre *(voir « Visiter »)*, paradis (ou enfer) des gourmands.

Maison du Grand Fauconnier★

Témoignage de l'harmonie médiévale d'une cité échappée de son temps, cette belle maison ancienne est actuellement occupée par la mairie et par le musée Brayer. L'encorbellement du toit était autrefois orné de faucons, d'où son nom. La façade, restaurée au 19e s., est remarquable par son élégance et la régularité de son appareil.

Halle et puits

Vingt-quatre piliers octogonaux (plusieurs fois restaurés) soutiennent la toiture (refaite au 19e s.) de la halle qui, autrefois affectée au commerce des étoffes, est aujourd'hui le grand lieu d'animation de la cité. Adossée à l'un des piliers de la halle et derrière une belle croix en fer forgé du 16e s., une plaque de marbre mentionne le massacre de trois inquisiteurs. Légende ou réalité ? À proximité, on découvre un puits de 113,47 m de profondeur.

Place de la Bride

Ce lieu de repos très apprécié offre une vue apaisante et étendue sur la vallée du Cérou au nord-est, sur la silhouette élancée du clocher de Bournazel au nord.

Église Saint-Michel

Maintes fois remaniée, elle a conservé le chœur et le transept du 13e s. et une très belle rosace enchâssée dans la muraille (14e s). Les contreforts intérieurs séparant les chapelles latérales rappellent ceux de Sainte-Cécile d'Albi qui a par ailleurs servi de modèle aux peintures (19e s.) de la voûte. L'orgue (1830) provient de N.-D. de Paris. Du sommet de la tour de guet accolée au clocher, vaste panorama.

Maison Fonpeyrouse d'Alayrac

Il faut aller voir la cour intérieure de cette maison du 13e s., dont les étages sont desservis par deux galeries en bois.

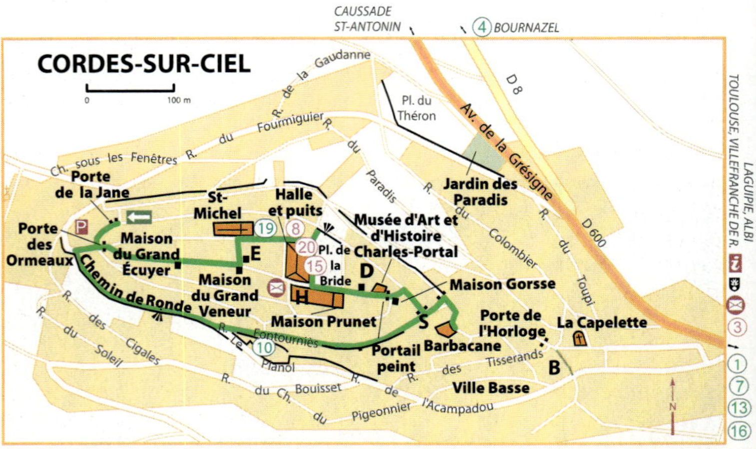

SE LOGER

- Camping Moulin de Julien 1
- Chambre d'hôte Aurifat 4
- Chambre d'hôte L'Envolée Sauvage 7
- Chambre d'hôte La Maison Bakea 10
- Chambre d'hôte Le Cayrols 13
- Chambre d'hôte Le Manoir de Raynaudes 16
- Hôtel La Cité 19

SE RESTAURER

- Auberge de la Bouriette 3
- Hostellerie du Vieux Cordes 8
- Les Arcades 15
- Les Terrasses sur Ciel 20

- Escalier du Pater Noster ...... B
- Historama ...... D
- Maison Fonpeyrouse d'Alayrac ...... E
- Maison du Grand Fauconnier (Hôtel de ville et Musée) ...... H
- Porte du Planol ...... S

Maison du Grand Veneur★

La haute façade (trois étages) de cette maison du 14e s. est ornée, au niveau du 2e étage, d'une frise de sculptures en haut relief représentant des scènes de chasse. On peut distinguer un piqueur près de transpercer un sanglier poussé hors de la forêt par un chien ; puis un lièvre qui, poursuivi par un chien, va être frappé par la flèche du chasseur *(entre les fenêtres de gauche)* ; un autre chasseur sonne de la trompe *(entre les fenêtres de droite)* tandis que deux animaux s'enfuient vers la forêt. Remarquez les anneaux de fer, particulièrement bien conservés.

Maison du Grand Écuyer

Sa façade élégante se distingue par la qualité de son appareil en grès fin de Salles et par la fantaisie décorative des sculptures en ronde bosse, alliée à un style exceptionnel.

Revenir à la porte des Ormeaux.

LA VILLE BASSE

Au 14e s., une quatrième puis une cinquième enceinte furent bâties afin d'enserrer les faubourgs qui proliféraient. À l'est de la ville, la porte de l'Horloge, probablement reconstruite au 16e s., est un vestige pittoresque de la quatrième muraille.

Un escalier qui en dit long

Pour accéder à la porte de l'Horloge, il faut emprunter un escalier sur la place de Lacampadou. On l'appelle l'**escalier du Pater Noster**, ainsi nommé parce qu'il est composé d'autant de marches que la prière compte de mots !

La Capelette

Dans la Grand-Rue. Pour la visite, voir les indications affichées sur la porte.
Cette ancienne chapelle, construite en 1511, a été décorée par Yves Brayer.

Visiter

Musée d'Art et d'Histoire Charles-Portal★

☏ 05 63 56 06 11 - juil.-août : tlj sf sam. 10h30-13h30, 16h-19h ; reste de l'année : dim. et j. fériés 15h-18h - 2,30 € (enf. 1,10 €).
Il honore Charles Portal, archiviste du Tarn, grand historien de Cordes. Au rez-de-chaussée, d'anciennes mesures à grain, un très curieux sarcophage provenant de la nécropole mérovingienne (6e s.) de Vindrac, la belle porte cloutée de la maison du Grand Fauconnier et les faucons qui lui valurent son nom. Au 1er étage, une salle est consacrée à l'architecture cordaise (militaire, religieuse et civile).
Au 2e étage, d'intéressantes collections évoquant la préhistoire locale, dont une série de poteries typiques de la fin de l'âge du bronze, ainsi qu'un riche mobilier gallo-romain qui appartenait au temple de Loubers.
Dans la salle du Vieux Cordes est exposé le *libre ferrat* (livre ferré), ainsi nommé parce qu'il était rivé par une chaîne en fer. Ce recueil contient les règlements locaux de la fin du 13e s. au 17e s. Les consuls entrant en fonction prêtaient serment sur les extraits d'Évangiles qu'il contient.
Le 3e étage abrite le produit des fouilles de la nécropole de Vindrac : bijoux, boucles, ainsi qu'un ensemble d'antéfixes et de poteries gallo-romaines.

Musée de l'Art du sucre

Dans la maison Prunet - ☏ 05 63 56 02 40 - juil.-août : 10h-18h30 ; reste de l'année : 10h-12h30, 14h30-18h - 3 € (6-12 ans 2 €). Boutique (voir l'encadré pratique).
Conservés pour la plupart dans des vitrines, les chefs-d'œuvre présentés sont réalisés à 100 % avec du sucre. Ils sont dus à l'équipe de pâtissiers du musée et traitent de thèmes variés (Moyen Âge, contes et légendes, fleurs…)
Dans la 2e salle, la tonnelle « aux cent roses », haute de 2,60 m, accueille le visiteur. Divers tableaux, reproductions de voitures, trains ou avions, évocations variées (album de timbres, marché de Provence, instruments de musique…) jalonnent la visite.

Musée d'Art moderne et contemporain Yves-Brayer

Dans la maison du Grand Fauconnier - ☏ 05 63 56 14 79 - 11h-12h30, 14h-19h - fermé janv. - 3 € (-12 ans 1,50 €).
Salle Yves-Brayer – On y accède par un escalier à vis du 15e s. Il contient dessins, lithographies, estampes et aquarelles du peintre.
Salle de la Broderie cordaise – Elle permet d'assister à des démonstrations sur un des premiers métiers à broder « à bras », provenant de Saint-Gall en Suisse, qui firent la prospérité de Cordes à la fin du 19e s. et au début du 20e s.

La maison du Grand Fauconnier.

Espace André-Verdet – La donation de ce poète qui aimait séjourner à Cordes est présentée dans la Salle de la Fresque, ainsi appelée en raison des peintures murales du 14e s. qui ornent une partie des murs. On peut y découvrir des œuvres modernes et contemporaines (peintures, vitraux, céramiques…) de Picasso, Léger, Prévert, Klee, Miró, Arman, Magnelli…

Historama

20 Grande-Rue-Raymond VII - ✆ 05 63 56 25 33 - juin-sept. : 10h30-12h30, 14h-19h ; mai et oct. : 14h-19h ; vac. de fév., de printemps, de la Toussaint et de Noël : 14h-18h - fermé nov.-fév. - 4 € (- 18 ans 2,50 €)

Le musée évoque la vie cordaise au Moyen Âge grâce à de remarquables reconstitutions historiques, riches de 80 personnages en cire. Dans la cuisine (cheminée, table, vaisselle et pétrin chargé de mets), un commentaire retrace l'histoire de la cité. Au 1er étage, habillée de tapisseries, est située la chambre d'une femme noble, accompagnée de ses servantes. Au 2e étage, scène de banquet, gorgé de volailles, de tourtes, de pâtés en croûte et de gibiers, avec serveurs, troubadours et gardes à l'occasion de la réception du Dauphin, en 1439. Dans la salle opposée sont réunis les quatre consuls de Cordes. Au 3e étage a été reconstitué un marché médiéval, animé d'artisans et de commerçants. La visite se clôt au sous-sol, dans la reconstitution d'une taverne où cohabitent amoureux, ivrognes et joueurs.

Jardin des Paradis

Pl. du Théron - ✆ 05 63 56 29 77 - juil.-août : 10h-19h ; mai et sept. : 14h-18h, dim. et j. fériés 11h-18h ; juin : 11h-18h - fermé oct.-avr. - 5 € (-8 ans gratuit, 8-17 ans 2,50 €).

Insolite et rafraîchissant, ce jardin d'été est aménagé sur les anciennes terrasses de la ville basse. À la fois contemporain, oriental et médiéval, il se compose d'une succession d'enclos (ou de paradis) aux atmosphères différentes : pavillon persan doté de hamacs, bassin aux nymphéas, bananeraie, potager, fontaines, mur végétal, cloître… Ses compositions fleuries et odorantes, parfois comestibles (patchouli, rose, monarde, armoise, lotus, cardamome), évoluent au gré des saisons et de l'inspiration de ses créateurs. Un espace muséographique accueille des expositions sur la nature.

Des jeux permettent d'identifier des odeurs à partir de flacons disposés çà et là et de reconnaître les oiseaux fréquentant le jardin (d'après leur photo).

Aux alentours

Le Cayla

11 km au sud-ouest par la D 922 en direction de Gaillac. À 8 km, suivre la signalisation.

Cette gentilhommière languedocienne fut la demeure familiale d'**Eugénie de Guérin** (1805-1848) et de son frère **Maurice** (1810-1839), écrivains et poètes romantiques auxquels le **musée Maurice-et-Eugénie-de-Guérin** est consacré. L'œuvre de Maurice survit surtout par son poème en prose, Le *Centaure*, que George Sand fit publier en 1840, et par son *Journal* édité par Barbey d'Aurevilly, son condisciple. Le *Journal* et les *Lettres d'Eugénie*, également édités par Barbey d'Aurevilly en 1855 sous le titre *Reliquiae*, évoquent le souvenir des paysages du Cayla et de ce château où Maurice

et Eugénie naquirent et trouvèrent refuge, après un séjour décevant dans les milieux littéraires parisiens.
Le site paisible et les pièces d'habitation fidèlement reconstituées évoquent de façon émouvante leur mémoire, belle revanche sur l'ingratitude de la postérité - *✆ 05 63 45 67 36 - www.litterature-lieux.com - mai-sept. : tlj sf mar. 10h-12h, 14h-18h ; oct.-avr. : tlj sf lun. et mar. 14h-18h - fermé 1er janv., 1er Mai, 1er et 11 Nov., 25 déc. - possibilité de visite guidée (1h) - 2 € (-12 ans gratuit), gratuit 1er dim. du mois (oct.-avr.).*

Monestiés

15 km à l'est. Quitter Cordes par la D 922 en direction de Villefranche, puis prendre à droite la D 91 vers Carmaux. Dans un site agréable, sur la rive droite du Cérou, Monestiés, classé parmi les plus beaux villages de France, mérite une visite pour les magnifiques statues de la **chapelle Saint-Jacques** (dite aussi de l'Hôpital) : une Mise au tombeau, une Pietà du 15e s., un Christ en Croix (15e s.) et un Christ à la colonne, transportés en 1774 du château épiscopal de Combefa (au sud de Monestiés, aujourd'hui en ruine).
La **Mise au tombeau★★** (1490) constitue un ensemble d'une remarquable élégance représentant, sur trois niveaux, les derniers épisodes de la Passion. Les personnages ont été sculptés dans du calcaire de la région par un artiste qui demeure inconnu à ce jour. Le centre de la scène est occupé par le Christ dans son linceul, soutenu par Louis Ier d'Amboise, évêque d'Albi. Admirez l'expression des visages et les détails des costumes des personnages disposés en cortège et non plus statiques comme ils étaient représentés avant la fin du 15e s. - *✆ 05 63 76 19 17 - juil.-août : 10h-12h30, 14h-18h30 ; de mi-mars à fin juin et sept.- oct. : 10h-12h, 14h-18h ; de déb. nov. à mi-mars : 10h-12h, 14h-17h - fermé 1er janv. et 25 déc.*
Le **centre contemporain Bajén-Vega** rassemble plus d'une centaine de toiles des peintres albigeois Martine Vega et Francisco Bajén, couple de réfugiés politiques espagnols. Les œuvres de Bajén sont exposées au 1er étage, celles de Vega au 2e. *Juil.-août : 10h-12h30, 14h-18h30 ; de mi-mars à fin juin et sept.-oct. : 10h-12h, 14h-18h ; de déb. nov. à mi-mars : tlj sf w.-end 14h-17h - fermé 1er janv., 25 déc. - 3 € (-12 ans gratuit).*

Circuit de découverte

PAYS DE VAOUR

18 km - environ 45mn de Cordes à Roussayrolles. Quitter Cordes par la D 600, en direction des Cabannes. À 5 km, prendre sur la gauche la D 91, direction Vindrac.

La route traverse le village de **Vindrac** possédant quelques maisons de briques rouges à colombages et une petite église ornée d'un cadran solaire, surmontée d'un clocher octogonal.

Très sinueuse, la route traverse la forêt. Après 9 km, tourner à gauche sur la D 33, vers Vaour (2,5 km).

Commanderie de Vaour

Vaour fut le siège important de l'une des premières commanderies des Templiers, au mitan du 12e s. Située à l'entrée du hameau, à 500 m sur la gauche, au bout d'une petite route encore très sinueuse, la Commanderie n'est plus représentée que par les vestiges d'un porche, d'une tour carrée et d'un bâtiment composé de trois salles aux plafonds voûtés, avec un four à pain et une cheminée. Aux côtés de Commanderie, une métairie a été aménagée en salle de spectacles.

Du village de Vaour, prendre la direction de Saint-Antonin-Noble-Val (D 15).

Dolmen Peyro-Lebado

Daté de 2000 ans av. J.-C., long de 4 m et large de 2,90 m, le dolmen est orienté dans le sens du lever au coucher du soleil. Il est le plus grand dolmen du Tarn.

Au niveau du dolmen qui marque une intersection, tourner à droite, direction Cordes, puis aussitôt à gauche vers Roussayrolles.

Église de Roussayrolles

Pour l'ouverture, se renseigner à l'office du tourisme de Penne. ✆ 05 63 56 36 68.
Bâtie au 13e s., l'église gothique possède une chapelle seigneuriale à clé de voûte armoiriée, une crédence de style flamboyant du 16e s. et des fresques (1952) réalisées par Nicolaï Greschny, maître de l'icône, influencé par la tradition orientale pour l'art sacré.

Cordes-sur-Ciel pratique

Adresses utiles

Office du tourisme de Cordes – *Pl. Jeanne-Ramel-Cals - 81170 Cordes-sur-Ciel - ☏ 05 63 56 00 52 - www.cordes-sur-ciel.org - juil.-août : 10h-13h, 14h-18h30 ; avr.-juin et sept.-oct. : 10h30-12h30, 14h-18h, lun. et w.-end 14h-18h ; nov.-déc. et fév.-mars : tlj sf lun. et sam. 14h-17h ; janv. : dim. 14h-17h.*

Office du tourisme de Monestiès – *Pl. de la Mairie - 81640 Monestiès - ☏ 05 63 76 19 17 - www.monesties.com - juil.-août : tlj sf lun. 10h-12h, 14h-18h ; reste de l'année : tlj sf lun. 14h-17h - fermé 1er janv., 25 déc.*

Visites

Visite de la ville – L'office de tourisme propose plusieurs circuits thématiques au cœur de la ville, à suivre avec un livret explicatif (en vente à l'office de tourisme). En saison, visites guidées quotidiennes et thématiques, visites aux flambeaux.

CORDAE (Centre occitan de recherche, de documentation et d'animation ethnographique) – *23 Grand-Rue-de-l'Horloge - Cordae/La Talvera - ☏ 05 63 56 19 17 - 9h-13h, 14h-18h.* Cette médiathèque propose des enregistrements de contes occitans, des revues, des livres, des photos anciennes, ainsi que différents produits (disques, ouvrages, etc.) en vente dans la partie boutique… De quoi parfaire sa connaissance de l'Occitanie. Également prêt de disques de musique du monde.

Petit train – *De déb. avr. à fin oct. : 9h30-12h50, 14h-17h50 (dép. ttes les 20mn).*

Se loger

⊖ **Chambre d'hôte Le Cayrols** – *Livers-Cazelles - ☏ 05 63 56 22 46 - www.lecayrols.com - fermé nov.-mars - 5 ch. 50/58 € - repas 16/19 €.* Cette vieille ferme restaurée abrite des chambres simples mais plaisantes (pierres, poutres, mobilier en bois et rotin) et une salle à manger aménagé dans l'ancienne grange. Les nombreux équipements de loisirs (piscines chauffées, toboggan nautique, minigolf, etc.) séduiront petits et grands.

⊖ **Chambre d'hôte La Maison Bakea** – *26/28 le Planol - ☏ 05 63 56 29 54 - www.maisonbakea.chez-alice.fr - ouv. 1er nov.-Pâques - 5 ch. 55/78 €.* Cette maison du 13e s. nichée dans la pittoresque cité médiévale abrite une ravissante cour intérieure et des chambres confortables et très joliment personnalisées. Sa terrasse panoramique et son atmosphère de demeure d'artiste ajoutent au charme de l'adresse.

⊖ **Camping Moulin de Julien** – *1,5 km au SE de Cordes-sur-Ciel par D 922, rte de Gaillac - ☏ 05 63 56 11 10 - ouv. mai-sept. - réserv. conseillée - 130 empl. 23 €.* Venez planter votre tente au pied de la cité médiévale. Ce camping est dans le style du pays avec son toboggan aquatique sortant d'un ancien pigeonnier pour plonger dans la piscine. Aire de jeux pour les petits. Chalets à louer.

⊖⊖ **Hôtel La Cité** – *21 r. St-Michel - ☏ 05 63 56 03 53 - www.thuries.fr - fermé 1er nov.-30 avr. - 8 ch. 59/68 € - 7,50 € - restaurant 18/36 €.* Cette belle demeure du 13e s., intégrée aux remparts et bâtie sur les hauteurs du village, est l'annexe de l'Hostellerie du Vieux Cordes. Les chambres (dont une avec cheminée), plus ou moins grandes, sont décorées à l'ancienne ; certaines jouissent d'une belle vue sur la vallée.

⊖⊖ **Chambre d'hôte L'Envolée sauvage** – *La Borie - Livers-Cazelles Village - ☏ 05 63 56 88 52 - www.lenvolee-sauvage.com - fermé 9 oct.-31 mars - 4 ch. 60/88 €.* Les chambres de cette belle ferme du 18e s., où l'on élève aussi des oies, sont personnalisées et décorées avec goût (meubles anciens et actuels, couleurs chaleureuses). Bibliothèque-salon de musique et agréable jardin. Salle à manger aménagée dans l'ancienne grange et repas concoctés avec les produits de la maison et du marché.

⊖⊖ **Chambre d'hôte Aurifat** – *Au lieu-dit Aurifat, sud de la ville - ☏ 05 63 56 07 03 - www.aurifat.com - fermé de mi-déc. à mi-fév. - 4 ch. 66/74 €.* Un lieu enchanteur : cette ancienne tour de garde du 13e s. en briques et colombages, flanquée d'un pigeonnier, a été joliment restaurée. Les chambres (non-fumeurs) sont coquettes et le jardin en terrasse ouvre sur les champs. Belle piscine. Pour visiter Cordes, allez-y à pied !

⊖⊖⊖⊖ **Chambre d'hôte Le Manoir de Raynaudes** – *81640 Monesties - 15 km à l'E de Cordes-sur-Ciel sur D 9 - ☏ 05 63 36 91 90 - www.raynaudes.com - 4 ch. 110/170 € - 15 € - repas 10/50 €.* Quatre chambres personnalisées aménagées dans les murs d'un manoir du 19e s. entouré d'un agréable jardin (potager, verger, piscine, jeu de boules) et retiré en pleine campagne. L'intérieur est plaisant avec son décor mariant l'ancien et le contemporain. Quatre gîtes et table d'hôte ; enfants non souhaités.

Se restaurer

⊖ **Les Arcades** – *3 pl. de la Halle - ☏ 05 63 56 93 96 - fermé de Noël à déb. fév. - 9/28 €.* Une adresse sympathique pour se restaurer sans se ruiner. Le patron propose des petits plats tout simples (viandes, salades, omelettes, etc.) ou inspirés de la gastronomie régionale, mais choisit la plupart de ses produits chez des producteurs locaux. La salle, peu spacieuse, s'agrandit en été d'une terrasse sous les arcades de la halle médiévale.

⊖ **Les Terrasses sur Ciel** – *5 pl. de la Halle - ☏ 05 63 56 27 12 - lesterrassessurciel*

@online.fr - ouv. avr.-mai pdt les vac. scol. et w.-end ; juin-sept. : tlj ; le reste de l'année dim. soir - 8 € déj. - 12/22 €. Comme son nom le laisse deviner, l'atout majeur de cet établissement installé sur les hauteurs de Cordes est sa terrasse ménageant une vue panoramique sur la vallée. Intérieur simple aux tons ensoleillés. Au menu : pizzas, crêpes, galettes et salades à prix tout doux.

Auberge de la Bouriette – *Campes - 4 km au NE de Cordes-sur-Ciel par D 922 puis D 98 - 05 63 56 07 32 - www.cordes-sur-ciel.org - fermé 15 déc.-15 fév. - 16/23 € - 5 ch. 52/58 €.* Cette ferme céréalière est toujours en activité. La salle à manger, aménagée dans l'ancienne grange, ouvre sur la belle campagne environnante. Cuisine simple de produits régionaux. Possibilité d'hébergement en chambre d'hôte. Terrasse et piscine.

Hostellerie du Vieux Cordes – *Haut de la Cité - 05 63 53 79 20 - www.thuries.fr - fermé janv. - 18/36 € - 18 ch. 49/81 € - 8,50 €.* Un vieux monastère au cœur de la splendide cité médiévale couronnant le puech de Mordagne : l'étape ne manque pas de caractère. Attablez-vous sur la terrasse ou dans le séduisant patio pour vous régaler d'une cuisine du terroir faisant la part belle au saumon et au canard. Certaines chambres viennent d'être rénovées.

Faire une pause

Maison Moulin – *1 av. du 8-Mai-1945 - 05 63 56 00 41 - avr.-sept. : 7h30-20h ; nov.-mars : tlj sf mar. 7h30-19h30 - fermé fév.* Entremets, tartes aux fruits, spécialités locales (croquant et pavé de Cordes), glaces maison (parfums traditionnels ou plus originaux) et autres gourmandises vous attendent dans cette pâtisserie qui fait également salon de thé et propose une petite restauration à l'heure du déjeuner (tartes salées, tourtes, pizzas, etc.).

Que rapporter

L'Art du Sucre – *33 Grand-Rue-Raimond-VII - 05 63 56 02 40 - tlj 10h-12h30, 14h-18h30 ; juil.-août : 10h-19h - fermé janv.* La boutique occupe le rez-de-chaussée de la maison Prunet, qui héberge également le musée de l'Art du sucre *(voir « Visiter »)*. À découvrir : le Croquant de Cordes (gâteau sec aux amandes) ou les Pierres de Cordes (caramel mou aux amandes enrobées de chocolat).

Sculpture en sucre.

La Cave du Hameau des Saveurs – *1 pl. de la Halle - 05 63 56 92 09 - 10h-19h - fermé janv.-mars.* La boutique de Michel Monteil regorge de bons produits du terroir : les Conserves d'Yvonne (foies gras), les Eaux de vie du Papé (hypocras, vin de noix, vin de châtaigne), les Cueillettes de l'Ermite (pâtés de légumes, gelée d'ortie, de pissenlits, etc.) ou les Vendanges d'Émile (vins d'appellation Gaillac).

Art'Cord – *Maison du Grand Fauconnier - 05 63 56 14 79 - www.cordes-sur-ciel.org - ouv. tlj - fermé janv.* L'association Art'Cord regroupe une vingtaine d'artistes et d'artisans de la région. Installée dans la maison du Grand Fauconnier, elle vous invite à découvrir leur travail (peinture, céramique, sculpture, horlogerie, tapisserie, décoration, etc.).

Événements

Fête médiévale du Grand Fauconnier – Voyagez dans le temps, lors de cette fête (autour du 14 Juillet, en journée et soirée) : défilés en costumes médiévaux, spectacles professionnels (fauconniers, troubadours, jongleurs, bateleurs), jeux, animations artisanales et banquet (sur réservation). *05 63 56 49 13 - www.grandfauconnier.com - 8 € (6-12 ans 3 €), forfait 2 jours 10 € (6-12 ans 5 €), gratuit pour les personnes entièrement vêtues d'un costume médiéval (possibilité de location sur place - 05 63 56 34 63).*

Musique sur Ciel – Festival de musique classique. Rencontres de jeunes solistes, luthiers et archetiers. Compositeur en résidence. Dernière quinzaine de juillet. *Acadoc - 05 63 56 00 75 - www.festivalmusiquesurciel.com*

Pause Guitare – En juillet, à Monestiés, ce festival mêle chanson française, bossa nova, jazz…

Decazeville

6 805 DECAZEVILLOIS
CARTE GÉNÉRALE C1 – CARTE MICHELIN LOCAL 338 F3 – AVEYRON (12)

Pour qui s'intéresse aux sciences de la terre et à leur mise en valeur, Decazeville est une étape obligée… Précisons que la ville dispose d'affleurements géologiques de houille, exploités depuis 1965 uniquement en « découverte », c'est-à-dire à ciel ouvert.

- **Se repérer** – Le bassin houiller de Decazeville s'étend entre la ville et Aubin, à 4 km au sud.
- **À ne pas manquer** – Le Chemin de croix de Gustave Moreau dans l'église Notre-Dame.
- **Pour poursuivre la visite** – Voir aussi Peyrusse-le-Roc, Conques, Belcastel, Rodez.

Le saviez-vous ?

La cité est née de l'essor du bassin houiller de l'Aveyron. En 1828, le duc Decazes (1780-1860) fonde les premières forges dans la vallée du Riou Mort. L'industrie métallurgique et l'exploitation de la houille et du fer se développant rapidement, une ville est bientôt créée au lieu-dit Lassalle (nom rappelant l'existence d'un château fort). Le duc Decazes tiendra à lui donner son nom, en toute simplicité !

La légendaire cantatrice **Emma Calvé** (1858-1942), native de Decazeville, devint populaire dans le monde entier grâce à son interprétation de Carmen.

Visiter

Église Notre-Dame

Consacrée en 1861, elle recèle un trésor inestimable : le **Chemin de croix★**, par Gustave Moreau. Il répond à une commande d'Élie Cabrol (fils de François Cabrol, directeur des Houillères et chargé de la construction de l'église), qui rencontra Moreau dans l'atelier de Fromentin. L'artiste accepta la proposition, en exigeant de conserver l'anonymat, et s'exécuta en vingt jours. Fixé en mars 1863, et tombé dans l'oubli (parce qu'accroché à 3 m du sol, et non signé), le Chemin de croix a été redécouvert en 1964, et classé monument historique en 1965. Il s'agit de l'unique œuvre symboliste consacrée au sujet. Les 14 tableaux se répartissent de part et d'autre de la nef. Autant de stations, de scènes baignées d'une lumière crépusculaire, aux teintes pourprées, feu orangé et bleuté qui ne sont pas sans rappeler l'influence coloriste de Delacroix ou du maniérisme vénitien sur Gustave Moreau.

Découvrir

LE BASSIN HOUILLER

Musée régional de Géologie Pierre-Vetter

Av. Paul-Ramadier - ☎ 05 65 43 30 08 - ♿ - tlj sf dim. et lun. 10h-12h, 14h-18h - fermé j. fériés - possibilité de visite guidée (1h) - 3 € (enf. 1 €).

Présentées avec clarté dans un bâtiment moderne, les collections montrent la richesse géologique qui fit naguère celle de cette région, surtout en ce qui concerne les gisements de la période carbonifère (nombreuses variétés de houilles et de fossiles). Voyez l'énorme souche d'arbre de l'époque permienne, dans laquelle le grès s'est lentement substitué à la texture ligneuse du bois.

La « découverte » de Lassalle

1 km à gauche à la sortie de Decazeville par la route d'Aubin (D 221) - ☎ 05 65 43 18 36 - www.decazeville-tourisme.com - visite guidée (2h) juil.-août : sur demande à l'office de tourisme - se renseigner pour les tarifs.

Un belvédère permet d'avoir une vue d'ensemble de cette ancienne mine de charbon à ciel ouvert aux dimensions exceptionnelles (3,7 km de long, 2,5 km de large, 250 m de profondeur). L'exploitation en découverte consistait à araser les couches stériles, puis à les abattre en descendant de gradin en gradin pour dégager le gisement de charbon et en permettre l'extraction à l'air libre, comme on le fait pour les pierres d'une carrière. L'exploitation, commencée en 1892, s'est perpétuée jusqu'en 2001. Ce procédé était plus rentable et moins dangereux que l'exploitation par puits et galeries. À proximité, le chevalement de mine est le témoin de l'importante activité minière du bassin de Decazeville, qui possédait aussi des galeries de charbon souterraines.

Aubin

Statue du mineur à Aubin.

Situé à 4 km au sud de Decazeville (par la D 221), ce village est dominé par un **fort** bâti à la fin du 2e s. par le général romain Claudius Albinus. De style gothique pour l'essentiel, l'église Notre-Dame laisse paraître quelques traces de l'édifice roman primitif. Elle abrite une cuve baptismale en plomb du 13e s. ainsi qu'un Christ en bois polychrome, intéressante sculpture romane du 12e s.

Musée de la Mine Lucien-Mazars – *✆ 05 65 43 58 00 - www.museedelamine-lucienmazars.com - ♿ - juil.-août : tlj sf lun. 10h-12h, 14h-18h, sam. 10h-12h, 15h-18h ; avr.-mai et oct.-nov. : mar. et jeu. 14h-17h30, sam. 15h-17h30 ; juin et sept. : tlj sf dim. 14h-18h, sam. 15h-18h - possibilité de visite guidée (1h30) - fermé déc.-mars, 1er Mai - gratuit.*

Cette antenne du musée du Rouergue est installée en plein cœur du bassin houiller d'Aubin-Decazeville, dont les dernières mines souterraines fermèrent en 1965. Dans une grande salle sont exposés des archives, des photographies, des maquettes, des vêtements, des outils évoquant le travail des mineurs (hommes, femmes – pour le tirage du charbon – et même enfants jusqu'en 1874). On y découvre également leurs fêtes, défilés (très riche collection de bannières et de drapeaux), rassemblements, bals, etc. On visite également une galerie à soutènements de bois, reconstituée par d'anciens mineurs. Pour frémir, allez assister à la simulation réaliste d'un coup de grisou ! La visite se termine dans la salle audiovisuelle, où des films au choix présentent l'histoire du « Pays noir » (15mn).

Cransac : musée « La Mémoire de Cransac »

7 km de Decazeville. Depuis Aubin, prendre la D 11. Sur la place de l'office de tourisme - ✆ 05 65 63 95 02 - visite guidée (1h) avr.-oct. : lun.-merc. et vend. 15h-18h - fermé j. fériés - 3 € (enf. gratuit).

De nombreux documents (cartes postales, avis officiels, coupures de journaux) et objets ont été patiemment rassemblés par les anciens mineurs de Cransac pour que la mine (fermée en 1962), qui fut l'activité principale de la ville pendant cent vingt ans, ne soit pas oubliée. Il n'en reste aujourd'hui plus aucune trace ; heureusement, trois maquettes permettent de reconstituer l'évolution de l'exploitation minière au cours des années (1850, 1900 et 1950).

Combes : église N.-D.-des-Mines

4 km au sud de Decazeville par la D 221, puis la D 513 à gauche. Cette église des années 1950 renferme en son chœur d'étonnantes fresques représentant le travail des mineurs.

Decazeville pratique

Adresses utiles

Office du tourisme de Decazeville – *Sq. Jean-Ségalat - 12300 Decazeville - ✆ 05 65 43 18 36 - www.decazeville-tourisme.com - juil.-août : tlj sf dim. 9h30-12h30, 14h-18h ; reste de l'année : tlj sf dim. 10h-12h30, 14h-18h, sam. 10h-12h - fermé j. fériés.*

Syndicat d'initiative d'Aubin – *Pl. Jean-Jaurès - 12110 Aubin - ✆ 05 65 63 19 16 - www.aubin12.com - avr.-oct : tlj sf dim. et lun. 9h-12h, 14h-18h ; nov.-mars : tlj sf w.-end 9h-12h, 14h-18h - fermé j. fériés.*

Office du tourisme de Cransac-les-Thermes – *1 pl. Jean-Jaurès - 12110 Cransac-les-Thermes - ✆ 05 65 63 06 80 - de déb. mars à mi-nov. : tlj sf dim. 10h-12h, 15h-18h, sam. 10h-12h, 14h-16h ; de mi-nov. à fin fév. : mêmes horaires, fermé sam. matin.*

Se loger

⊖⊖ Hôtel Moderne et Malpel – *16 av. Alexandre-Bos (face à la Poste) - ✆ 05 65 43 04 33 - 24 ch. 49/62 € - ☕ 6,50 € - restaurant 13/27 €.* Ambiance familiale et chambres sobrement aménagées. Lumineuse salle à manger mi-moderne, mi-rustique ; dans l'assiette, solide cuisine régionale.

Se restaurer

Restaurant Ferrières – *12300 Almont-les-Junies - 05 65 64 04 65 - fermé lun. et vend. et le soir - - réserv. obligatoire - 15,50/16,50 €.* Sous ses airs de petit restaurant d'antan tout simple se cache un lieu très réputé pour son *estofinado (voir « Que rapporter »).* Mieux vaut donc penser à réserver.

Le Millefeuille – *15 av. Cabrol - 05 65 43 57 25 - fermé sam. midi, dim. soir et lun. - 16,50 € déj. - 35 €.* Ouvrez bien les yeux car vous pourriez passer à côté de ce restaurant sans vous en rendre compte. Et pourtant, derrière cette façade discrète se cache un établissement réputé malgré son jeune âge. Une cuisine de qualité, fleurant bon les produits frais, et à un prix dérisoire pour le déjeuner.

Que rapporter

Estofinado – Par un de ces paradoxes dont la gastronomie a le secret, Decazeville, cité terrienne s'il en fut, est le haut lieu d'une spécialité culinaire à base de morue séchée (stockfisch) et de pommes de terre, qui offre la particularité de ne se déguster qu'à la mauvaise saison.

Sports & Loisirs

Chaîne Thermale du Soleil – *Les Combes - 12110 Cransac - 05 65 63 09 83 - www.cransac-les-thermes.com - soins : tlj sf dim. 7h-13h ; administratif : tlj sf dim. 7h-18h, sam. mat. 7h-13h - fermé 21 nov.-1er avr.*
La « montagne qui brûle » exhale des gaz naturels chauds, appropriés au traitement des rhumatismes, athrose, maladies ostéo-articumaires, séquelles de traumatismes. Diverses techniques de soins sont proposées : étuve de gaz naturels chauds, sudation en cabine individuelle, application locale de douches de gaz, étuve locale mains ou pieds... Possibilité de forfaits court séjour avec ou sans hébergement.

Eauze

3 881 ÉLUSATES
CARTE GÉNÉRALE A2 – CARTE MICHELIN LOCAL 336 C6 – GERS (32)

Qui dit Armagnac sous-entend bonne chère et ambiance conviviale... Pourquoi ne pas faire une incursion dans la capitale historique de cette région, l'antique Elusa ? De préférence, prévoir ce petit tour à l'Ascension, pour la foire aux eaux-de-vie, en juillet pour les fêtes d'Eauze ou entre novembre et mars, période de la distillation !

- **Se repérer** – En plein cœur de l'Armagnac, entre Condom et Aire-sur-Adour, Eauze se blottit derrière une ronde de boulevards.
- **À ne pas manquer** – La place d'Armagnac ; le trésor d'Eauze au Musée archéologique.
- **Organiser son temps** – Une paire d'heures suffira à apprécier la ville.
- **Pour poursuivre la visite** – Voir aussi Nogaro, l'abbaye de Flaran, Condom.

Se promener

C'est indéniable, la **place d'Armagnac** est le point névralgique et l'âme de la petite cité gersoise ! Elle est aussi très pittoresque avec ses maisons à arcades, parmi lesquelles on remarque en particulier la belle **maison dite « de Jeanne d'Albret »**, sur piliers de bois. Henri IV et la reine Margot en furent les hôtes le 19 juin 1579...

Le saviez-vous ?

L'antique Elusa, capitale de la Novempopulanie au 3e s., est devenue en occitan Èusa, puis a été francisée en Eauze... Prendre bien soin de prononcer « Éauze » si l'on souhaite être compris dans le pays...

En 261, la famille Libo, notables gallo-romains sans doute d'origine étrusque, inquiète de l'insécurité régnant alors dans la région, enfouit (dans des sacs de cuir) un véritable trésor composé de bijoux et de monnaies d'argent, de bronze et d'or. Que sont devenus les Libo ? Ont-ils été victimes du mauvais sort ou ont-ils tout simplement oublié l'endroit exact où ils avaient dissimulé leurs richesses ? Toujours est-il que le trésor n'a été exhumé qu'en 1985 et qu'il est aujourd'hui le fleuron du Musée archéologique de la ville.

Marie-Hélène Carcanague / MICHELIN

La maison dite « de Jeanne d'Albret » sur la place d'Armagnac.

Cathédrale Saint-Luperc

Son plan, un long vaisseau unique flanqué de chapelles aménagées entre les contreforts et soulignées par des colonnes en pierre semi-encastrées, fait de cet édifice de la fin du 15e s. un exemple type du gothique méridional. Remarquez le bel appareil de briques et moellons romains récupérés des ruines d'Elusa. Quatre fenêtres hautes ont conservé leurs vitraux du 17e s.

Visiter

Musée archéologique

Pl. de la République - ✆ 05 62 09 71 38 - ♿ - juin-sept. : 10h-12h30, 14h-18h ; fév.-mai et oct.-déc. : 14h-17h (sur demande le matin) - fermé janv., 1er w.-end de juil. et j. fériés - 4 € (-18 ans gratuit), gratuit 1er dim. du mois (nov.-mars).

Le musée dresse un panorama de l'occupation humaine de la proche région et vous fera pénétrer dans l'intimité de la vie sociale et économique de ses habitants. Le **trésor d'Eauze** est l'incontestable point fort de la visite. Il est présenté tel qu'il a été découvert, dans une fosse circulaire creusée dans le sous-sol : des présentoirs en jaillissent, permettant d'admirer l'ensemble des bijoux. On remarque, en particulier, les colliers en or rehaussés de pierres précieuses (émeraudes, grenats et saphirs) et de perles de nacre, des bracelets et des bagues superbes, ainsi qu'un admirable couteau dont le manche d'ivoire sculpté représente Bacchus. Tout autour, sur les murs, les pièces de monnaie sont alignées verticalement, rendant compte de leur diversité et de leur incroyable quantité : songez que le trésor en comptait 120 kg…

La visite se complète par des collections préhistoriques *(rez-de-chaussée)* et quelques objets provenant de fouilles archéologiques réalisées sur le site d'Elusa, dont la vie quotidienne nous est présentée dans la grande salle, à travers des fresques colorées.

Aux alentours

Barbotan-les-Thermes

23 km au nord-ouest d'Eauze par la D 626. Cette station thermale est dotée du label famille plus *(voir p. 42)*. Un climat particulièrement doux et la présence de sources chaudes souterraines ont favorisé, dans le **parc thermal**, la croissance d'espèces exotiques. On y trouve des palmiers, des magnolias et surtout des lotus, qui font l'orgueil de la station. On prend plaisir à s'y promener avant de découvrir l'**église**, du 12e s., dont le clocher-porche était à l'origine une porte fortifiée des remparts. Ce clocher est percé d'une voûte qui livre passage à l'avenue des Thermes : connaissez-vous d'autres églises sous lesquelles passe une rue ?

Situé au sud de la ville, dans un cadre verdoyant, le **lac d'Uby** a été constitué par la retenue de l'Uby que barre une digue longue de 440 m, large de 8 m et haute de 7 m. Ses rives sont aménagées en centre de loisirs : base nautique, école de voile, plage de sable fin, terrain de camping, etc. Idéal pour ceux qui souhaitent faire trempette sans ordonnance !

Eauze pratique

Adresses utiles

Office du tourisme d'Eauze – *2 r. Félix-Soules - 32800 Eauze - ✆ 05 62 09 85 62 - www.mairie-eauze.fr - de fin juin. à déb. sept. : 9h-12h30, 14h-18h30, dim. et j. fériés 10h-12h ; reste de l'année : tlj sf dim. 9h-12h, 14h-18h - fermé j. fériés sf 14 Juil. et 15 août.*

Office du tourisme de Barbotan-les-Thermes – *Place Armagnac - 32150 Barbotan - ✆ 05 62 69 52 13 - www.barbotan-cazaubon.com - mars-nov. : tlj sf dim. mat. 9h-12h, 14h-18h ; déc.-fév. : tlj sf w.-end 9h-12h, 13h30-17h30 (vend. 16h30) - fermé 1er janv. et 25 déc.*

Se loger

⊖ Auberge de Guinlet – *Au golf - ✆ 05 62 09 80 84 - www.guinlet.fr - fermé déc.-fév. - 7 ch. 42 € - ☕ 6 € - repas 13/26 €.* Implanté sur un golf 18 trous, ce complexe touristique avec piscine, jacuzzi, tennis et plan d'eau poissonneux plaira aux sportifs. Les chambres, tout juste rénovées, sont réparties dans deux petits pavillons.

⊖ Chambre d'hôte Hourcazet – *Hourcazet - 7 km à l'O d'Eauze, rte de Cazaubon, par D 626 puis N 524, rte à droite chemin « Espujos », puis 500 m à droite - ✆ 05 62 09 99 53 - site.voila.fr/hourcazet - ⊭ - réserv. nov.-Pâques - 4 ch. 50/65 € ☕.* Au milieu des vignes d'Armagnac, deux maisons de pays entourées d'un parc de 1 ha. Les plus grandes chambres sont aménagées sous les poutres du grenier, les autres se trouvent en rez-de-jardin ; toutes sont coquettes. Petits-déjeuners servis dans une salle au cadre régional ou sur la terrasse.

⊖ Camping Les Lacs de Courtès – *32240 Estang - ✆ 05 62 09 61 98 - www.lacs-de-courtes.com - ouv. Pâques-sept. - réserv. conseillée - 136 empl. 26 €.* De spacieux emplacements pour votre tente ou votre caravane, des chalets et pavillons confortables à louer : cette résidence de loisirs laisse augurer d'un agréable séjour. Diverses activités et animations pour petits et grands y sont proposées : équitation, tir à l'arc, canoë et espace pêche sur le lac de la propriété.

⊖⊖ Hôtel Beauséjour – *6 av. des Thermes - 32150 Barbotan-les-Thermes - ✆ 05 62 08 30 30 - www.hotelgers.com - fermé 28 nov.-16 mars - P - 27 ch. 46/64 € - ☕ 7 € - restaurant 17/35 €.* Cette imposante maison des années 1930, recouverte l'été de vigne vierge, a fière allure. Les chambres sont proprettes, la plupart avec cabinet de toilette. Salle à manger aux tons pastel lumineux. Terrasse au-dessus de la piscine.

Se restaurer

⊖ Restaurant Henri IV – *1 pl. St-Taurin - ✆ 05 62 08 45 40 - fermé sam. midi, dim. soir et lun. d'oct. à mai - formule déj. 12 € - 15,50/17,50 €.* Petit restaurant sympathique, au pied de l'église, qui bénéficie d'une bonne tenue et d'un service efficace. Quel que soit le menu commandé, on vous proposera le fameux potage de légumes. Une cuisine locale, très simple, préparée à partir de produits frais, et qui reste à la portée de toutes les bourses.

Que rapporter

Domaine de Ouardère – *Cacarens Ouardere - 32190 Lannepax - ✆ 05 62 06 41 42 - tlj sf dim. 8h-19h.* Depuis plus de 20 ans, ce couple d'exploitants, désormais assisté de leur fille, mène ce domaine de 100 ha dont 60 de vignes qui produisent vins blancs, rosés et rouges, armagnacs vieillis en fûts de chêne et l'apéritif local, le floc de Gascogne, à base d'armagnac et de jus de raisin. Visite gratuite des chais et dégustation.

Événements

Foire des eaux-de-vie – Tout savoir sur le produit qui symbolise la région ? Ne manquez pas la Foire des eaux-de-vie, organisée chaque année, depuis plus de 50 ans, pendant la semaine de l'Ascension. *✆ 05 62 08 11 00.*

La Flamme de l'armagnac – La distillation de l'armagnac débute chaque année en novembre et se poursuit jusqu'en mars ; à cette occasion ont lieu diverses animations et festivités dans la région. *✆ 05 62 08 11 00 - www.armagnac.fr.* Programme disponible à l'office de tourisme.

Fêtes d'Eauze – Rien de tel, après avoir dégusté un bon armagnac à l'issue d'un repas qui ne peut être que copieux, que de prendre le chemin des arènes, en traversant la ville qu'animent les cuivres des bandas pour assister à une corrida, point d'orgue des fêtes d'Eauze, le premier dim. de juillet.

Entraygues-sur-Truyère★

1 267 ENTRAYOLS OU ENTRIGOTS
CARTE GÉNÉRALE D1 – CARTE MICHELIN LOCAL 338 H3 – AVEYRON (12)

Une petite ville fondée au 13e s. par le comte de Rodez, située au confluent du Lot et de la Truyère. Autour, des coteaux couverts de prairies, des vergers odorants et des vignes qui produisent un excellent vin… Une petite cité de caractère, fort appréciée, qui est aussi un centre d'activités sportives et de loisirs. Amateurs de canoë-kayak et de randonnées, Entraygues-sur-Truyère vous est ouverte !

- **Se repérer** – Depuis le belvédère de Condat, sur la route d'Aurillac, au nord-ouest de la ville, belle vue sur le site du village et sur la vallée de la Truyère.
- **À ne pas manquer** – La vieille ville avec son pont gothique, ses passages couverts, ses maisons à encorbellements ; les gorges de la Truyère.
- **Organiser son temps** – Si la ville se laisse rapidement découvrir, l'exploration des gorges peut s'étaler sur une journée, haltes et visites incluses. Prévoyez un pique-nique.
- **Avec les enfants** – Une visite contée au château de Valon.
- **Pour poursuivre la visite** – Voir aussi Estaing, Conques, Mur-de-Barrez.

Le saviez-vous ?

Le latin *inter aquas*, « entre deux eaux » (la ville se situe au confluent du Lot et de la Truyère), a donné l'occitan Entre Aigas, bientôt contracté en Entraigas. Prononcez « Entrailles » !

Victimes du phylloxera et de l'exode rural, les vignobles de la région ont pour la plupart disparu. Il subsiste néanmoins à Entraygues un vin parfumé et fort agréable, l'*entraygues-le-fel*. Se déclinant en rouge, blanc et rosé, il a été classé en VDQS en 1963. La surface des vignobles, étagés en terrasses, ne dépasse pas 20 hectares.

Se promener

Pont gothique★

Sens unique en été. Il date de la fin du 13e s. et permet de traverser la Truyère.

Vieux quartier

Pour le visiter et voir ses **passages couverts** appelés *cantous*, ainsi que ses maisons pittoresques avec leurs étages en encorbellement et leurs fenêtres fleuries, partez de la petite place Albert-Castanié, dite place de la Croix. À l'angle de la vieille maison Sabathier, des marques indiquent le niveau atteint par les principales crues du Lot et de la Truyère. Prenez à pied la rue Droite. Remarquez à droite un beau portail du 16e s., dont le heurtoir est situé au-dessus de la porte (ainsi, les cavaliers n'avaient pas à mettre pied à terre), et poursuivez sur la gauche, par la rue du Collège qui débouche sur la place de l'Église. Continuez par la **rue Basse★** qui est la mieux conservée d'Entraygues. Suivez le quai des Gabares, sous le château, jusqu'au confluent du Lot et de la Truyère : belle vue sur le château dont seules les deux tours remontent au 13e s., la partie centrale ayant été reconstruite au 17e s. *(ne se visite pas).*

Hervé Champollion / MICHELIN

Le pont gothique, jeté sur la Truyère.

Aux alentours

Puy de Montabès★

11 km à l'est par la D 34, puis à droite la D 652. *15mn à pied AR.* Très beau **panorama★** sur les monts du Cantal, l'Aubrac, le Rouergue (la cathédrale de Rodez est visible par temps clair !), la vallée du Lot, que la vue prend en enfilade en aval d'Entraygues, et le plateau de la Châtaigneraie. Une table d'orientation permet de se repérer.

Circuits de découverte

VALLÉE DU LOT★★ *(voir Espalion)*

GORGES DE LA TRUYÈRE★★

80 km – compter 3h. Quitter Entraygues au nord par la D 34.

Mutine et obstinée, la Truyère a creusé, dans les plateaux granitiques de la haute Auvergne, des gorges étroites, profondes, sinueuses, souvent boisées et sauvages. Bien que peu connues, elles méritent d'être classées parmi les plus belles curiosités naturelles de la France centrale. Les barrages créés pour l'industrie de la houille blanche ont transformé les gorges en lac, sur une grande longueur. Si cette intervention a modifié leur aspect, elle a aussi ajouté à ce paysage une touche nouvelle qui ne manque pas de charme… Sauf, peut-être, en période de basses eaux ! Aucune route ne permet de suivre longtemps la vallée, mais beaucoup la coupent et offrent, sur ses sites, de très beaux points de vue.

Barrage de Cambeyrac

Haut de 14,5 m, il constitue le dernier ouvrage de l'ensemble hydroélectrique de la vallée de la Truyère, avant sa jonction avec la vallée du Lot. Un peu en amont, après un coude de la rivière, on aperçoit sur l'autre rive l'usine hydroélectrique de Lardit.

Dans le hameau de Banhars, continuer à gauche sur la D 34. Après le pont sur la Selves, suivre la route à droite. La route serpente dans la pittoresque vallée de la Selves pour atteindre ensuite le petit plateau de Volonzac. *À Volonzac, prendre à droite une petite route menant à Bez-Bedène.*

Bez-Bedène

Dans un site sauvage et solitaire, ce village typiquement rouergat aligne ses quelques maisons sur une arête rocheuse que contourne un méandre de la Selves. On remarque une petite église du 12e s. au clocher à peigne, et un pont du 14e s. à une seule arche.

Poursuivre la route jusqu'à sa jonction avec la D 34 que l'on prend à droite vers St-Amans-des-Cots. La D 97 mène au barrage de Maury.

Barrage de Maury

Il a été construit en 1948 au confluent de la Selves et du Selvet. Sa retenue de 166 ha s'inscrit dans un paysage très coloré.

Remonter vers St-Amans-des-Cots par la D 97.

Réservoir de Montézic

Situé sur le plateau granitique de la Viadène, il est formé par deux barrages sur le ruisseau de la Plane. Cette retenue de 245 ha fait office de réservoir supérieur par rapport à la retenue de Couesque *(accès interdit)*.

Revenir sur la D 97 et franchir la retenue de Couesque sur le pont suspendu de Phalip.

Château de Valon

✆ 05 65 66 22 36 - www.carladez.fr - juil.-août : 10h-13h, 15h-19h, sam. 15h-19h ; 3 dernières sem. avr., 2e quinz. juin, 3 premières sem. sept., 1re sem. nov. : tlj sf lun. 14h-18h ; mai et 1re quinz. juin : w.-end 14h-18h - 2 € (enf. 1 €), 3 € (enf. 2 €) visite guidée.

On visite la chapelle et le donjon de ce château perché sur un éperon rocheux. Le mobilier, comme au 12e s., est rudimentaire : table sur tréteaux, bancs et chaise dans la salle d'apparat, coffre et lit dans la chambre du seigneur. Dans les recoins sont aussi dispersées des figurines, héros de contes pour enfants *(voir ci-dessous)*. De la terrasse, superbe vue sur les gorges de la Truyère et les toits du village.

Diverses activités sont proposées aux enfants : après-midi jeu et ripaille *(mar. et jeu. dès 16h)*, visites contées *(mar., merc. et ven. 10h30-12h)*. 3 €.

Le hameau de **Valon** a conservé ses maisons aux toits de lauze, construites avec les pierres du château. On y accède exclusivement à pied, en garant sa voiture au parking à l'entrée. Un belvédère aménagé en contrebas du village offre de beaux points de vue sur la Truyère et le lac de Couesque.

Poursuivre sur la D 97. Au centre du village de **Lacroix-Barrez**, un monument a été élevé à la mémoire du cardinal Verdier, illustre enfant du pays. Surnommé le « cardinal des chantiers », Jean Verdier, archevêque de Paris, fit construire autour de la capitale, de 1930 à 1940, plus de cent églises ou chapelles.

Prendre au sud la D 904. On atteint le hameau de **Rouens**, à gauche de la route. En contrebas de l'église, vue pittoresque sur le lac de Couesque et le pont de Phalip. La route plonge alors dans le fond de la vallée, offrant de belles vues sur les gorges très profondes de la Truyère, le barrage de Couesque et son lac de retenue.

Avant le pont de Couesque, sur le Goul, prendre à gauche une route qui conduit à l'usine et au barrage de Couesque.

Barrage de Couesque★

Ce barrage du type voûte mince, en surplomb vers l'aval, est haut de 60 m. Sa retenue s'étend jusqu'au confluent de la Bromme et de la Truyère, où débouche le canal de fuite de l'usine souterraine de Brommat *(voir Mur-de-Barrez)*.

En descendant vers le sud, la vallée se couvre peu à peu de prés, de vignes et d'arbres fruitiers.

Usine hydroélectrique de Lardit

Cet ouvrage utilise les eaux de la Selves et de son affluent, le Selvet, retenues par le barrage de Maury sur la Selves, au sud de St-Amans-des-Cots. Les eaux sont amenées à l'usine par un tunnel de 6 km auquel fait suite depuis 1985 une conduite forcée.

Retour à Entraygues par le barrage de Cambeyrac.

Entraygues-sur-Truyère pratique

Adresse utile

Office du tourisme d'Entraygues-sur-Truyère – *Pl. de la République - 12140 Entraygues-sur-Truyère - ✆ 05 65 44 56 10 - juil.-août : 9h-12h, 15h-19h, dim. et j. fériés 10h-12h30 ; avr.-juin et sept. : tlj sf dim. 10h-12h15, 14h-18h, j. fériés 10h-12h ; oct.-mars : 10h-12h15, 14h-18h (sam. 17h), lun. 14h-18h.*

Se loger

Les Deux Vallées – *7 av. du Pont-Truyère - ✆ 05 65 44 52 15 - hotel.2vallees@wanadoo.fr - fermé fév., dim. soir, vend. soir et sam. de nov. à Pâques - P - 17 ch. 38/45 € - ☕ 6,50 € - restaurant 16/35 €.* À Entraygues confluent les vallées du Lot et de la Truyère. Toutes les chambres, pratiques et insonorisées, sont rénovées ; celles de l'arrière ouvrent sur la campagne. Atmosphère de « pension de famille » au restaurant.

Camping Les Tours – *12460 St-Amans-des-Cots - 6 km au SE de St-Amans par D 97 et D 599 - ✆ 05 65 44 88 10 - camping-les-tours@wanadoo.fr - 20 mai-7 sept. - réserv. conseillée - 250 empl. 35 € - restauration.* Les amateurs de sport nautique et de nature apprécieront la situation de ce terrain de camping au bord du lac de la Selves : pour en profiter, des planches à voile, des canoës ou des pédalos sont en location. Une piscine et un club enfants.

Auberge du Fel – *Enguiales - 12140 Le Fel - ✆ 05 65 44 52 30 - www.auberge-du-fel.com - fermé 6 nov.-7 avr. - P - 10 ch. 51/61 € - 7 € - restaurant 18/35 €.* Bâtisse en pierre tapissée de vigne vierge dans un pittoresque hameau surplombant le Lot. Chambres joliment refaites : murs colorés, parquet et mobilier en bois peint. Pounti, truffade et cabécou arrosés du vin du Fel vous attendent au restaurant.

Se restaurer

Ferme-auberge de Mejanassère – *4 km à l'E d'Entraygues par D 42 - ✆ 05 65 44 54 76 - fermé de déb. oct. à fin mars, lun. en juil.-août - réserv. obligatoire - 23/26 € - 2 ch. + 1 gîte 55 €* . L'origine de cette ferme remonterait à l'époque gallo-romaine. De nos jours, sa bonne cuisine du pays, son pain cuit au feu de bois, sa terrasse qui surplombe les vignes face à la vallée, ses belles chambres d'hôte et son gîte unissent leurs pouvoirs d'attraction respectifs pour en faire une adresse pleine de charme.

Événement

Son et lumière – Spectacle organisé dans l'enceinte du château de Valon, fin juillet et début août, à partir de 20h30.

Espalion★

4 360 ESPALIONNAIS
CARTE GÉNÉRALE D1 – CARTE MICHELIN LOCAL 338 I3 –
SCHÉMA P. 121 – AVEYRON (12)

Aux portes du plateau de l'Aubrac, Espalion occupe un site agréable dans un bassin fertile arrosé par le Lot et dominé par les ruines féodales de Calmont-d'Olt. Une charmante ville où les eaux du Lot reflètent de vieilles tanneries aux balcons de bois et un petit pont du 11e s.

Se repérer – Au bord du Lot, la ville est située dans la partie nord de l'Aveyron, presque à mi-distance entre Rodez (30 km) et Laguiole (24 km).

Se garer – Il est souhaitable de laisser son véhicule en bordure du Lot, sur le parking aménagé au bout de la rue Camille-Violand, ou, si l'on arrive de Saint-Geniez, en bordure du boulevard de Guizard.

À ne pas manquer – Le portail de l'église de Perse.

Organiser son temps – Comptez une journée pour parcourir la vallée du Lot.

Avec les enfants – Le château de Calmont-d'Olt.

Pour poursuivre la visite – Voir aussi Estaing, Bozouls, Laguiole, Saint-Geniez-d'Olt, Aubrac.

Se promener

Pont Vieux

Vu du foirail (ancien champ de foire aux bestiaux), ce pont du 11e s. forme un ensemble pittoresque avec le Vieux Palais et les anciennes tanneries à balcons de bois qui bordent la rivière. Le Pont Vieux reste aujourd'hui le lieu de passage des troupeaux transhumant vers l'Aubrac (fin mai).

Vieux Palais

Construit au 16e s., ce fut la demeure des gouverneurs d'Espalion. C'est aujourd'hui un lieu d'accueil pour artistes comprenant appartements et salles d'exposition.

Église de Perse★

1 km au sud-est en suivant l'avenue de la Gare. Ce bel édifice roman (11e s.) en grès rose évoque l'abbatiale de Conques dont

Le saviez-vous ?

Point n'est besoin d'être né au bord de la mer pour s'intéresser à la plongée sous-marine. La preuve, deux Espalionnais inventèrent, en 1860, le scaphandre autonome et le détendeur (régulateur à gaz) rendant possible l'exploration du « monde du silence ». *Pour en savoir plus, rendez-vous au musée du Scaphandre.*

Pont Vieux et anciennes tanneries sur le Lot.

il dépendait. Il est dédié à saint Hilarian, le confesseur de Charlemagne. Selon une pieuse légende, le saint, s'étant retiré à Espalion, y fut décapité par les Sarrasins. Au sud s'ouvre un **portail★** dont le tympan représente la Pentecôte ; au linteau, l'Apocalypse et le Jugement dernier ; au-dessus à gauche, trois personnages naïfs représentent l'adoration des Rois mages. À l'intérieur, on remarquera les chapiteaux historiés, entre autres la chasse au lion et le Christ en majesté, de part et d'autre de l'abside. Restes de fresques sur les voûtes des bras du transept.

Visiter

Musée Joseph-Vaylet et musée du Scaphandre

38 r. Droite - juil.-août : lun. et jeu. 14h-18h, mar.-merc. et ven.-sam. 10h-12h, 14h-18h, dim. 10h-12h ; juin et sept. : se renseigner à l'office de tourisme - fermé oct.-mai - 4 € (-14 ans gratuit).

Installé dans l'ancienne église Saint Jean-Baptiste et les bâtiments annexes, il possède de nombreuses collections d'arts et traditions populaires : armes, meubles, verrerie, objets religieux, poteries, etc. Le musée possède 450 bénitiers de chevet, accessoire indispensable pour se signer avant de se lever. Le **musée du Scaphandre** occupe le même édifice. Il est consacré à la plongée sous-marine et s'ordonne autour des inventions de Rouquayrol et Denayrouze, deux Espalionnais à qui l'on doit l'invention du scaphandre autonome (1864).

Musée du Rouergue

Pl. Frontin - ✆ 05 65 73 80 68 - www.aveyron-culture.com - juil.-août : tlj sf sam. mat. 10h-12h30, 14h-19h - possibilité de visite guidée (45mn) - fermé sept.-juin - 3 € (enf. 2 €).

Des collections sur les mœurs et coutumes espalionnaises, dont une importante collection de vêtements d'époque, sont présentées dans les cellules de l'ancienne maison d'arrêt construite en 1838.

Aux alentours

Château de Calmont-d'Olt

Sortir d'Espalion au sud par la D 920 et suivre les panneaux jusqu'au parking - ✆ 05 65 44 15 89 - www.chateaucalmont.org - juil.-août : 9h-19h ; mai-juin et sept.-oct. : 10h-12h, 14h-18h ; vac. scol. sf vac. de Noël : 14h-18h - fermé de Toussaint à Pâques - saison (juil.-août) 7 € (5-12 ans 5 €), hors saison 5 € (5-12 ans 3,50 €).

Juchée sur un piton basaltique qui offre une belle **vue★** sur la vallée du Lot, l'Aubrac et le causse du Comtal, cette forteresse médiévale est désaffectée depuis le 17e s. Elle se visite en suivant un circuit historique étayé par une animation audiovisuelle. On y apprend tout sur le château, son intérêt stratégique et les machines de siège en usage au 15e s.

Des ateliers pédagogiques permettent de fabriquer une cotte de mailles, actionner les machines de guerre et voir les chevaliers manier l'arbalète ou l'épée.

Retour sur Espalion par la D 920.

Circuit de découverte

La petite chapelle romane de Bessuéjouls.

VALLÉE DU LOT★★

54 km – compter une journée. Quitter Espalion à l'ouest par la D 556 (av. de St-Pierre) qui longe la rive gauche du Lot. Au lieu-dit St-Pierre, traverser le pont qui se trouve à gauche. Là, prendre le chemin à gauche.

Saint-Pierre de Bessuéjouls

Cette modeste église qui surgit en pleine nature, dans un site verdoyant, recèle sous son clocher une **chapelle romane★** exceptionnelle (on y accède par un escalier aux marches usées qui s'ouvre dans le mur gauche de la nef). Datée du 11e s., cette minuscule chapelle de 6 m de côté est décorée de motifs archaïques (entrelacs, palmettes, croix de Malte) et de chapiteaux historiés inspirés de ceux de Conques. L'autel est orné sur le côté gauche d'un saint Michel combattant le démon, et sur le côté droit d'un saint Gabriel portant un phylactère.

Estaing★ *(voir ce nom)*

En quittant Estaing, la route offre une jolie vue sur le Lot, le vieux pont et le château.

Gorges du Lot★★

Après s'être élargie sur quelques kilomètres, la vallée, d'abord noyée par la retenue du barrage de Golinhac, se resserre en gorges sauvages très pittoresques, dont la profondeur est d'environ 300 m et dont la largeur au sommet des versants ne dépasse guère 1 500 m. Des crêtes ou des pointes rocheuses, aux silhouettes déchiquetées ou massives, se dressent au milieu des bois qui couvrent les pentes. À quelques kilomètres d'Estaing apparaît le **barrage de Golinhac** qui alimente l'usine hydroélectrique, à l'architecture de métal et de verre, située un peu plus loin sur la rive gauche.

Entraygues-sur-Truyère★ *(voir ce nom)*

Suivre la D 107. La route offre une vue d'ensemble sur Entraygues et son château, au confluent de la Truyère et du Lot.

La vallée du Lot perd dès lors son caractère âpre et sauvage. Elle est d'abord assez large et riante. Sur les coteaux bien exposés s'étagent des vignes en terrasses qui produisent un très bon vin (vins VDQS entraygues-le-fel). Des maisons de viticulteurs sont disséminées çà et là. Plus loin, les vignes deviennent plus rares, des buis s'intercalent entre les rochers plus rapprochés, des bois s'étendent sur les versants... Mais la vallée s'élargit plusieurs fois en de petits bassins cultivés où de pittoresques villages viennent se nicher parmi les arbres fruitiers.

Vieillevie

Beau petit château Renaissance qui peut se visiter en été. Se renseigner.

Continuer sur la D 42 en direction de Decazeville. À droite, une petite route à forte montée mène à **La Vinzelle**, petit village suspendu au flanc de la montagne et offrant une vue particulièrement dégagée sur la vallée du Lot. *Faire demi-tour pour rejoindre la D 42, toujours en direction de Decazeville.*

Saint-Parthem

Vous qui longez depuis un certain nombre de kilomètres le Lot, vous avez certainement envie d'en savoir plus sur cette rivière que l'on appelle également « Olt ». Pour cela, rendez-vous à la **Maison de la rivière Olt**, un musée très didactique (spectacle audiovisuel, maquette, reconstitutions) sur la vie du Lot qui, né en Lozère, parcourt plus de 480 km avant de se jeter dans la Garonne - ✆ *05 65 64 13 22 - www.maison-riviere.com - ♿ - juil.-août : tlj sf ven. 11h-13h, 14h-18h ; mai-juin et sept. : merc., dim. et j. fériés 14h-18h (dernière entrée 17h) ; fév.-avr. et oct.-nov. : se renseigner - fermé déc.-janv. - 5 € (+7 ans 2,50 €).*

Continuer sur la D 42, puis sur la D 963 jusqu'à Decazeville (voir ce nom).

Espalion pratique

Adresse utile

Office du tourisme d'Espalion – *2 r. St-Antoine - 12500 Espalion - ✆ 05 65 44 10 63 - www.ot-espalion.fr - juil.-août : 10h-13h, 14h-19h (sam. 18h), dim. 10h-12h30 ; reste de l'année : tlj sf dim. et lun. 10h-12h, 14h-18h (sam. 17h).*

Visite

Visite guidée de la ville – L'office de tourisme propose un circuit découverte de la vieille ville d'Espalion (1h30) en juil.-août, merc. 17h.

Se loger

⊖ **Hôtel Moderne et restaurant L'Eau Vive** – *Bd Guizard - ✆ 05 65 44 05 11 - hotelmoderne12@aol.com - fermé 2-17 janv. et 5 nov.-10 déc. - 28 ch. 42/56 € - ☕ 7 € - restaurant 22/45 €.* Maison à pans de bois où la tradition d'accueil des pèlerins en route pour St-Jacques-de-Compostelle est restée vivace. Préférez une chambre rajeunie. Le chef, passionné de pêche, propose des spécialités de poissons d'eau douce dans un cadre lumineux.

⊖ **Hôtel de France** – *Bd Joseph-Poulenc - ✆ 05 65 44 06 13 - P - 9 ch. 44/45 € - ☕ 6,50 €.* Central et voisin des musées, petit hôtel disposant de chambres crêpies, fraîches et dotées de meubles en bois clair. Insonorisation efficace, tenue rigoureuse et prix doux.

⊖ **Chambre d'hôte La Bastide d'Olt** – *12140 Golinhac - ✆ 05 65 44 58 44 - www.lehameau-st-jacques.fr - fermé janv. - 5 ch. 39/61 € ☕ - repas 17 €.* Une auberge sympathique sur la route de St-Jacques-de-Compostelle. Cet ancien presbytère abrite des chambres récentes, simples et de bon confort ; elles sont toutes agrandies d'une mezzanine, pratique pour les séjours en famille. Cuisine à l'accent du terroir servie en terrasse aux beaux jours.

Se restaurer

⊖⊖ **Le Méjane** – *R. Méjane - ✆ 05 65 48 22 37 - fermé vac. de fév., 28 juin-3 juil., lun. sf le soir hors sais., merc. sf en juil.-août et dim. soir - 23/53 €.* De nombreux habitués s'attablent assidûment dans la petite salle à manger habillée de boiseries claires et de miroirs, pour se délecter des préparations soignées concoctées par le chef. Son savoir-faire culinaire lui permet de mettre au goût du jour les recettes traditionnelles.

Spectacle

Son et lumière à Flagnac – Le village de Flagnac, entre Conques et Decazeville, sur la D 963, présente une grande fresque vivante sur le pays rouergat. Le spectacle a lieu fin juillet et début août. *✆ 05 65 64 09 92 - www.hierunvillage.com*

Estaing★

612 ESTAGNOLS
CARTE GÉNÉRALE D1 – CARTE MICHELIN LOCAL 338 I3 – AVEYRON (12)

Une harmonie de bleus et de verts : tel apparaît Estaing avec ses vieilles maisons aux toits de lauze, regroupées au pied du château éclectique, berceau d'une glorieuse famille, en bordure du Lot. Cet agréable centre de villégiature peut être le point de départ d'excursions décrites à Entraygues et à Espalion.

- **Se repérer** – Entre Espalion et Entraygues. De la route d'Entraygues, l'ensemble formé par le Lot, le vieux pont et le château dominant la ville est très pittoresque. De la route de Laguiole, joli coup d'œil, surtout le matin, sur l'autre face du château, le chevet de l'église et les vieilles maisons…
- **Organiser son temps** – Faites une halte d'une heure.
- **Pour poursuivre la visite** – Voir aussi Espalion, Entraygues-sur-Truyère, Bozouls.

Se promener

Château

✆ 05 65 44 72 24 - visite guidée (1h30) de mi-juin à mi-sept. : 9h30-12h30, 14h30-19h ; reste de l'année : tlj sf dim. et lun. 9h-12h, 14h-18h - fermé 1er Mai - 5 € (enf. 3,50 €). Bâti à différentes époques (15e-16e s.) avec des matériaux variés, ce châ-

Le saviez-vous ?

👁 Le nom d'Estaing provient du latin Stagno qui a donné en occitan Estanh ou « étang ».

👁 Bien que n'étant pas estagnole, la famille **Giscard** obtint en 1922 l'autorisation de « relever » le nom de l'illustre famille locale. Olivier Giscard d'Estaing, frère du président Valéry, fut d'ailleurs maire de la ville entre 1965 et 1977.

Le village d'Estaing, dominé par son château.

teau, habité aujourd'hui par une communauté religieuse, forme un curieux assemblage dominé par son donjon. De sa terrasse ouest, belle vue sur la vieille ville et le Lot.

Église

En face du château, l'église du 15e s. abrite les reliques de saint Fleuret. Devant l'église, belles croix gothiques.

Pont gothique

Il porte une statue de François d'Estaing, évêque et comte de Rodez (1460-1529), qui fit construire le superbe clocher de la cathédrale de cette ville.

Maison Cayron

Située dans la vieille ville, elle conserve des fenêtres Renaissance. Elle abrite aujourd'hui la mairie et l'office de tourisme.

Estaing pratique

Adresse utile

Syndicat d'initiative d'Estaing – *24 r. François-d'Estaing - 12190 Estaing - ✆ 05 65 44 03 22 - tlj sf dim. et lun. 9h-12h, 14h-18h - fermé j. fériés.*

Se loger

Hôtel Saint-Fleuret – *R. François-d'Estaing - ✆ 05 65 44 01 44 - auberge.st.fleuret@wanadoo.fr - fermé 15 nov.-15 mars, dim. soir et lun. hors sais. - 14 ch. 44/51 € - 7 € - restaurant 24/55 €.* Cet ancien relais de poste (19e s.) abrite des chambres actuelles, donnant sur le jardin ou sur la vieille ville dominée par son pittoresque château. Vaste salle à manger campagnarde réchauffée d'une cheminée, où les hôtes sont conviés à la découverte de spécialités régionales dont le fameux aligot.

Chambre d'hôte Cervel – *Rte de Vinnac - ✆ 05 65 44 09 89 - fermé 15 nov.-30 mars - - 4 ch. 51 € - repas 16 €.* Cette ferme à flanc de colline appartient à un couple accueillant, amoureux de sa région. Les chambres affichent tout confort et la table propose une cuisine du terroir imaginative. Ne manquez pas les chevreaux et le très parfumé thé d'Aubrac.

Se restaurer

Aux Armes d'Estaing – *1 quai du Lot - ✆ 05 65 44 70 02 - www.estaing.net - fermé 16 nov.-14 mars, dim. soir et lun. - 15/45 € - 32 ch. 49/60 € - 7,50 €.* Accueil familial devant le pont gothique franchissant le Lot, au pied du château, berceau de la famille d'Estaing. La carte du restaurant opte pour la cuisine du pays ; intérieur champêtre agrémenté d'une cheminée. Chambres refaites, de taille variable.

Abbaye de Flaran ★

CARTE GÉNÉRALE A2 – CARTE MICHELIN LOCAL 336 E6 – GERS (32)

Fondée par les moines de l'Escaladieu (Hautes-Pyrénées), cette abbaye s'inscrit dans le cadre de l'expansion de l'ordre cistercien en Gascogne. On appréciera la simplicité et l'austérité d'une décoration qui, incitant au recueillement ou à la méditation, ne manque pas de grandeur…

Se repérer – L'abbaye de Flaran est située sur le territoire de la commune de Valence-sur-Baïse, à proximité de la D 930 qui conduit à Condom. À la sortie nord de Valence, on prend à gauche la D 142 en direction de Cassaigne ; l'abbaye se trouve sur la droite, immédiatement après le carrefour.

À ne pas manquer – La collection Simonow.

Organiser son temps – Comptez 1h pour la visite de l'abbaye, 1/2h de plus avec l'exposition Simonow

Pour poursuivre la visite – Voir aussi Condom, La Romieu, Lectoure, Eauze.

Le saviez-vous ?

En occitan, un *flar*, c'est un rayon ou une flamme. Peut-être une allusion à la flamme de la foi qui animait les cisterciens, infatigables bâtisseurs…

Comprendre

Grandeur et déclin – Après sa fondation en 1151, l'abbaye connut une prospérité rapide grâce aux libéralités des seigneurs de la région. Après être passée sous domination anglaise, puis française, elle eut à souffrir des guerres de Religion, et plus tard de l'anticléricalisme de l'époque révolutionnaire. Cependant, le pire était à venir : un incendie en 1970 fut presque fatal à l'édifice. Fort heureusement rachetée par le conseil général du Gers qui décida d'y établir un centre culturel, l'abbaye a pu être restaurée et retrouver vie.

Visiter

05 62 28 50 19 - www.gers-gascogne.com - juil.-août : 9h30-19h ; reste de l'année : 9h30-12h30, 14h-18h - possibilité de visite guidée (1h) - fermé 1er janv., 2 sem. fin janv., 1er Mai et 25 déc. - 4 € (-18 ans gratuit), gratuit 1er dim. du mois (nov.-mars).

On pénètre dans l'abbaye par la **cour d'honneur**, bordée à l'ouest par l'écurie et ses dépendances, à l'est par la façade de l'église abbatiale. Celle-ci est percée dans sa partie supérieure d'une rose cernée d'un cordon en damier. Au-dessous, curieusement, le portail en plein cintre est dépourvu de tympan. Au fond de la cour, le **quartier d'hôtes**, élevé au 18e s. à l'usage du prieur et de ses hôtes, a des allures de petit manoir gascon. Les pièces réservées à l'accueil des touristes, ainsi que le salon de compagnie, sont décorées de gypseries.

Construite entre 1180 et 1210, l'**église** comporte une nef flanquée de collatéraux simples et couverte d'une voûte en berceau brisé. Conformément à la tradition cistercienne, toute d'austérité, la décoration des chapiteaux doubles est d'une extrême simplicité : feuilles lisses ou entrelacs et volutes très stylisés. Sur le transept, plus long que la nef, s'ouvrent à l'est le chœur qui se termine en cul-de-four et quatre absidioles. Le chevet en hémicycle de l'église et le feston d'arcatures cernant les absidioles sont un pur exemple du premier art roman méridional.

On accède au **cloître**, depuis l'église, par une porte surmontée d'un beau chrisme. Ce symbole, très présent en Gascogne à l'époque romane, est le monogramme du Christ composé des lettres grecques X et P. L'empereur Constantin l'avait fait placer sur l'étendard romain, accompagné de la mention : *In hoc signo vinces* (« Par ce signe tu vaincras »). Seule la galerie située à l'ouest, couverte d'une charpente suivant l'usage toulousain, est d'origine (fin 14e s.). Les arcades brisées reposent sur des colonnes jumelées à chapiteaux ornés de feuillages, de masques humains et d'animaux.

Les bâtiments conventuels prolongent le croisillon nord du transept. On trouve l'*armarium* ou bibliothèque, puis la **salle capitulaire**, donnant sur le cloître par trois baies à voussures s'appuyant sur des colonnettes : à l'intérieur, les voûtes sur croisées d'ogives reposent sur de belles colonnes en marbre des Pyrénées de différentes couleurs. Au-delà du couloir d'accès au jardin, l'ancienne **salle des moines** et le **cellier** abritent une exposition sur le chemin de Saint-Jacques-de-Compostelle en Gascogne : cartes, sculptures, croix tombales de pèlerins ornées de la coquille emblématique, etc. Au nord, le **réfectoire**, flanqué de la cuisine et du chauffoir,

L'abbaye de Flaran.

présente un élégant décor de stuc, notamment au-dessus de la cheminée, avec le motif du phénix renaissant de ses cendres.
On accède à l'étage par l'annexe de la cuisine (chauffoir) ou la **sacristie**, située dans le croisillon nord de l'église. Sa caractéristique ? Ses voûtes ogivales reposant sur une colonne centrale. Un escalier en pierre mène au dortoir des moines, divisé en chambres au 17e s. L'appartement du prieur se trouve à l'angle nord-ouest de la galerie supérieure du cloître, d'où l'on découvre une belle vue d'ensemble sur l'abbaye.
Le **jardin** comprend deux parties : l'une aménagée à la française et, vers l'ancien moulin, le jardin des plantes aromatiques et médicinales qui offre une vue très intéressante sur l'aile orientale du bâtiment des moines et sur le chevet de l'église.

Exposition Simonow « Maîtres de l'art européen, 14e-20e s. » – Elle rassemble, dans le corps du logis abbatial, une quarantaine d'œuvres d'importances diverses : un *Buste* de Victor Hugo par Auguste Rodin, le *Portrait de Claude Monet* par Pierre-Auguste Renoir, une *Nature morte au panier de fruits* par Suzanne Valadon… Autant d'œuvres prêtées jusqu'en 2011 par Michaël Simonow, philanthrope anglais, collectionneur installé en Afrique du Sud et séduit par l'abbaye.

Ferme de la Magdeleine

En se dirigeant vers les bâtiments de la ferme (logement, étable, grange) qui s'appuient de part et d'autre de la tour carrée, vestige des fortifications du 14e s., on aperçoit une mosaïque romaine du 5e s., dégagée d'une villa située sur les terres du Mian.

Abbaye de Flaran pratique

Visite

Centre patrimonial départemental – *☎ 05 62 28 50 19 - juil.-août : 9h30-19h ; fév.-juin et sept.-déc. : 9h30-12h30, 14h-18h - fermé 1er janv., 2 sem. fin janv., 1er Mai et 25 déc.* Expositions, colloques et manifestations animent toute l'année l'abbaye de Flaran, devenue aujourd'hui le siège de la Conservation départementale du patrimoine.

Se loger et se restaurer

⊖⊖ Ferme de Flaran – *Rte de Condom - 32310 Valence-sur-Baïse - 1 km au SE de l'abbaye de Flaran par D 142 - ☎ 05 62 28 58 22 - www.fermedeflaran.com - fermé janv. et 15 nov.-15 déc. - P - 15 ch. 55/65 € - ☕ 8 € - restaurant 20/38 €.* Une ancienne ferme gasconne à l'atmosphère campagnarde toujours présente. Les petites chambres, avec leurs poutres apparentes, sont simples. Au bord de la piscine, une terrasse au calme où vous pourrez prolonger votre dîner à la belle étoile.

Événements

Concerts – Toute l'année, et plus particulièrement en été dans le cadre des Nuits musicales en Armagnac, des concerts sont organisés dans le cloître ou dans l'église abbatiale : musique et architecture se mêlent alors pour servir de support à la rêverie. Indispensable !
Renseignements à l'office du tourisme de la Ténarèze à Condom.

Foix★

9 109 FUXÉENS
CARTE GÉNÉRALE C4 – CARTE MICHELIN LOCAL 343 H7 – ARIÈGE (09)

Au débouché de l'ancienne vallée glaciaire de l'Ariège, Foix apparaît soudain dans un site★ tourmenté hérissé de sommets aigus. Les trois tours de son château semblent surveiller, de leur roc austère, le dernier défilé de la rivière à travers les plis du Plantaurel. Préfecture la moins peuplée de France, la petite ville est accueillante et tranquille.

Se repérer – La ville ancienne, aux rues étroites, a pour centre, à l'angle des rues de Labistour et des Marchands, le carrefour où coule la petite fontaine de l'Oie, en bronze. Elle contraste avec le quartier administratif, bâti au 19e s. autour de vastes esplanades sans grâce, les allées de la Villote et le Champ-de-Mars.

À ne pas manquer – Aux alentours, la route Verte et la route de la Crouzette.

Organiser son temps – La ville de Foix, peu étendue, se parcourt rapidement. Pour bien profiter des forges de Pyrène, prévoyez d'y passer une demi-journée, voire plus.

Avec les enfants – Les forges de Pyrène, la rivière souterraine de Labouiche, la Ferme des reptiles.

Pour poursuivre la visite – Voir aussi Tarascon-sur-Ariège, la grotte de Niaux, la grotte de Lombrives, le château de Montségur.

Comprendre

Il était une fois… – À l'époque carolingienne, la cité s'appelait Fuxum. Mais ce nom, sans doute d'origine préceltique, a gardé tout son mystère tout en devenant en occitan Foish. Le pays de Foix, devenu le département de l'Ariège, a pour axe la vallée pyrénéenne de ce grand affluent montagnard de la Garonne. Partie du duché d'Aquitaine, puis du comté de Carcassonne, il fut érigé en comté au 11e s. Lors du traité de Paris (1229) qui met un terme politique à la guerre contre les albigeois, particulièrement cruelle ici, le comte de Foix doit se reconnaître vassal du roi de France. En 1290, la famille de Foix hérite, par alliance, du Béarn et se fixe dans cet État, préférant être maîtresse chez elle plutôt que de subir la domination royale. Sous la houlette de Gaston Fébus, elle réunit un territoire, indépendant à des degrés divers, allant de Foix à la Soule. Il faudra le « destin national » de celui qui, par suite d'alliances, hérita du comté, le futur Henri IV, pour que le comté soit, en 1607, rattaché à la couronne.

Une glorieuse famille – Le plus célèbre des comtes de Foix est sans conteste **Gaston III** (1331-1391), surnommé **Fébus** (le brillant, le chasseur). Ce politique avisé, personnage cultivé, lettré et poète, qui aimait s'entourer d'écrivains et de troubadours, n'était cependant pas un tendre ! Après avoir fait assassiner son frère, il tua son fils unique. Passionné de chasse, auteur d'un traité sur l'art de la vénerie, il entretenait 600 chiens et, à l'âge de 60 ans, en découseit encore avec l'ours… C'est au retour d'une de ces rudes expéditions qu'il tomba foudroyé par une hémorragie cérébrale… Mais Gaston Fébus ne fut pas le seul représentant de l'illustre lignée des comtes de Foix. Neveu de Louis XII, Gaston de Foix avait, à 22 ans, le commandement de l'armée royale en Italie. Surnommé « le foudre d'Italie », il gagna la bataille de Ravenne en 1512. Amère victoire, car, percé de quinze coups de lance, il succomba à ses blessures. Son cousin Odet, blessé à Ravenne, contribua puissamment à la conquête du Milanais (1515).

Une rivière qui roule sur l'or – L'Ariège roule de l'or dans ses eaux et, du Moyen Âge à la fin du 19e s., les orpailleurs étaient nombreux à laver les sables à la recherche des précieuses paillettes. C'est en aval de Foix que l'Ariège devient aurifère ; les plus grosses paillettes (dont certaines pesaient jusqu'à 15 g) ont été trouvées entre Varilhes et Pamiers… Alors, à vos tamis !

Mineurs et forgerons – Les minerais de fer des Pyrénées, fort appréciés pour leur richesse, furent très tôt activement exploités. La mine du Rancié, fermée définitivement en 1931, était encore exploitée au 19e s. suivant une formule coopérative archaïque : les habitants de la vallée, inscrits à l'Office des mineurs, étaient des associés plus que des salariés. Ils n'avaient le droit d'abattre par jour qu'une quantité déterminée de minerai. Souvent, le mineur travaillait isolé à l'abattage. Une fois sa hotte remplie, il remontait le minerai sur son dos jusqu'à l'entrée des galeries et le vendait comptant aux muletiers qui assuraient le transport jusqu'à Vicdessos, où s'approvisionnaient les maîtres de forges.

La formidable forteresse de Foix que le terrible Simon de Montfort assiégea sans succès.

En 1833, 74 forges « à la catalane » s'alimentaient à cette mine. Ces forges traitaient directement le minerai par simple réaction avec du charbon de bois... au grand dam des forêts qui s'en trouvèrent dévastées.

Visiter

Château

✆ 05 34 09 83 83 - juil.-août : 9h45-18h30 ; juin et sept. : 9h45-12h, 14h-18h ; mai et oct. : 10h30-12h, 14h-17h30 ; nov.-déc. et fév.-avr. : tlj sf lun. et mar. (hors j. fériés et vac. scol.) 10h30-12h, 14h-17h30 ; janv. : w.-end 10h30-12h, 14h-17h30 - possibilité de visite guidée (45mn) - fermé 1er vend. de sept., 1er janv. et 25 déc. - 4,20 € (5-12 ans 2,10 €, 13-17 ans 3 €). Questionnaire pédagogique offert aux enfants.

C'est du **pont de Vernajoul**, qui enjambe l'Arget au bout de la rue de la Préfecture, que l'on aura la vue la plus saisissante sur le château.

En 1002, le comte de Carcassonne, Roger le Vieux, lègue des terres et le château de Foix à son fils Roger-Bernard qui prend le titre de comte de Foix.

Le château, dont les premières bases datent du 10e s., est une solide place forte que Simon de Montfort assiégea en vain en 1211 et 1212, lors de la croisade contre les albigeois. Mais en 1272, le comte de Foix refusant de reconnaître la souveraineté du roi de France, Philippe le Hardi prend en personne la direction d'une expédition contre la ville. À bout de vivres et devant l'attaque du rocher à pic, le comte capitule. Après la réunion du Béarn et du comté de Foix en 1290, la ville est pratiquement abandonnée par les comtes. Gaston Fébus (14e s.) est le dernier à avoir vécu au château qui devint siège du gouverneur du pays de Foix, puis siège de garnison jusqu'à la Révolution. Il fut ensuite utilisé comme prison, et ce jusqu'en 1862. Aujourd'hui, il abrite un musée *(voir ci-dessous)*.

L'intérêt du château tient avant tout à son site, en aplomb au-dessus de la ville. Des trois tours qui subsistent (le quart des bâtiments d'origine), deux sont ouvertes à la visite (expositions temporaires) : la tour carrée, centrale, dite la tour d'Arget, et la tour ronde, qui ont conservé des salles voûtées des 14e et 15e s. Ces tours étaient entourées de deux enceintes qui rendaient la position du château fort redoutable. De la terrasse entre les tours, ou mieux, du sommet de la tour ronde, **panorama★** sur le site de Foix, la vallée de l'Ariège et le Pain de Sucre de Montgaillard.

Musée départemental de l'Ariège – *Dans le château. Mêmes conditions de visite.* Dans la grande salle basse, des collections d'armes de guerre et de chasse rappellent la destination première de la forteresse. Des éléments de préhistoire témoignent de l'activité humaine dans les grottes de l'Ariège (on en a répertorié 300 et fouillé 60), du paléolithique à l'âge du bronze. Importants débris de faune (ours des cavernes), moulages d'empreintes de pas humains. On voit aussi des chapiteaux du 12e s. provenant du cloître de Saint-Volusien, aujourd'hui disparu.

Église Saint-Volusien

Visite guidée juil.-août : 11h-12h30, 16h-18h ; reste de l'année : tlj sf dim. apr.-midi 11h-12h30, 16h-18h - gratuit. Évêque de Tours vivant au 5e s, saint Volusien endura les

persécutions des Wisigoths qui entreprirent de l'exiler vers l'Espagne. Il mourut sur le chemin, dans la vallée de l'Ariège, aux portes de Foix qui accueillit ses reliques.
L'église qui lui est consacrée revêt aujourd'hui l'aspect d'un bel édifice gothique très simple. La nef date du 14e s., et le chœur, surélevé, du début du 15e s.
Remarquez les stalles (17e s.) qui proviennent de l'église Saint-Sernin de Toulouse, les grandes fenêtres, très étroites, et l'autel Renaissance (scènes de la Visitation et de la Cène).
En face de l'église, au n° 1 de la rue de la Préfecture, admirez la façade, curieuse et harmonieuse, d'une noble maison à cariatides.

Circuits de découverte

ROUTE VERTE ET ROUTE DE LA CROUZETTE★★ 1

93 km – environ 5h. Quitter Foix à l'ouest par la D 17.

Attention ! La route reste généralement obstruée par la neige, de mi-décembre à mi-juin, entre les cols des Marrous et de la Crouzette, ainsi qu'au col des Caougnous.

Route Verte★★

La route, en rampe légère, remonte la **vallée de l'Arget** ou Barguillère, région autrefois connue pour sa métallurgie (clouterie), et serpente au milieu des bois. Après la Mouline, la montée s'accentue et, à Burret, la route s'écarte de l'Arget qui prend sa source dans une conque boisée. Le paysage devient pastoral.

Col des Marrous

Alt. 990 m. Vues étendues, au sud, sur la vallée de l'Arget et la forêt de l'Arize.

La montée se poursuit à travers une forêt où dominent les hêtres. Au départ de la route forestière (à droite), dans le premier lacet, belles échappées sur la montagne du Plantaurel et La Bastide-de-Sérou. Après le col de Jouels, la route, tracée en corniche sur les pentes supérieures du cirque boisé de Caplong, où naît l'Arize, prend un caractère panoramique. Au second plan surgit la pyramide tronquée du mont Valier (alt. 2 838 m).

Au **col de Péguère** (alt. 1 375 m), le panorama se dégage complètement.

Tour Laffon

1/4h à pied AR par le chemin à droite, derrière le refuge. Magnifique **panorama★** sur les Pyrénées centrales et ariégeoises, depuis le pic de Fontfrède (1 617 m) jusqu'au pic de Cagire (1 912 m), au-delà du col de Portet-d'Aspet.

Route de la Crouzette★★

Parcours de crête sur les croupes du massif de l'Arize couvertes de fougères. La route domine les cirques forestiers des ruisseaux tributaires de l'Arize, au nord, et la fraîche vallée de Massat, doucement évidée, au sud.

Sommet de Portel★★

1/4h à pied AR. À 3,5 km du col de Péguère, laisser la voiture au passage d'un col où la route décrit une large boucle. Alt. 1 485 m. Montez, au nord-ouest, sur cette bosse herbeuse, jusqu'aux fondations d'un ancien signal. Panorama sur les sommets du haut Couserans, jusqu'à la chaîne frontière.
Du sommet de Portel, le vieux chemin prenant à l'intérieur de la boucle, sur la route, descend en quelques minutes à la fontaine du Coulat, joli coin agréablement situé pour une halte ou un pique-nique.

Après le col de la Crouzette, dans la forte descente vers Massat, par Biert et la D 618 à gauche, vue sur le haut Couserans et tout le massif supérieur en bas du col de Pause, Aulus et la vallée du Garbet.

Massat

Cette petite capitale montagnarde possède une **église** dont la façade, au pignon en accolade, est flanquée d'un élégant clocher haut de 58 m. Au dernier étage, des gueules de canons, fort heureusement décoratives, pointent à travers les baies en losange.

Poursuivre par la D 618. À l'est de Massat, le bassin supérieur de l'Arac s'épanouit et la route, très sinueuse, en offrant de jolies vues sur le verdoyant pays de Massat, puis sur le majestueux massif du mont Valier, s'élève vers le col des Caougnous.
En avant s'échancre le col de Port. À droite, derrière un premier plan mamelonné, apparaît la cime déchiquetée du pic des Trois-Seigneurs.

Des hameaux se succèdent et la vue sur le mont Valier devient superbe. On atteint bientôt les dernières habitations, puis la limite supérieure des prairies et des forêts pour pénétrer dans le domaine des landes de fougères et de genêts. À droite, belle forêt de sapins.

Col de Port

Alt. 1 250 m. Ici semble passer la frontière naturelle entre les « Pyrénées vertes », soumises à l'influence atlantique, et les « Pyrénées du soleil », méditerranéennes, aux paysages plus contrastés.

La descente s'effectue par la vallée de Saurat, ensoleillée et fertile. À la sortie de Saurat se dresse la tour Montorgueil, dans l'axe de la route. On passe ensuite entre les deux énormes rochers de Soudour et de Calamès, ce dernier couronné de ruines.

Grotte de Bédeilhac

À 800 m du bourg de Bédeilhac. Voir Tarascon-sur-Ariège.

Tarascon-sur-Ariège *(voir ce nom)*

Sortir de Tarascon par la route de Mercus-Garrabet, sur la rive droite de l'Ariège.

Après le pic de Soudour (alt. 1 070 m) que l'on aperçoit sur la gauche, dans un paysage accidenté et parsemé de pitons, apparaît l'église romane de **Mercus-Garrabet**, isolée dans son cimetière.

Pont du Diable

Accès par la route longeant la rive droite de l'Ariège. Laisser la voiture peu après le passage à niveau. Ce pont pittoresque, jeté sur l'Ariège, possède encore des traces de fortifications (côté rive gauche : porte et chambre inférieure). Selon la légende, on

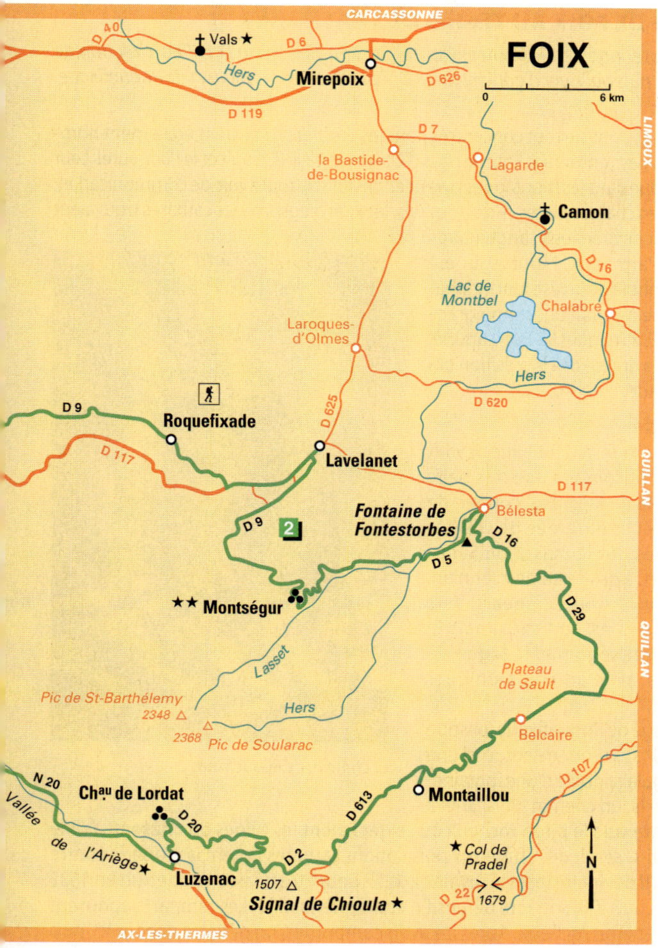

a dû recommencer les travaux une dizaine de fois ; à chaque fois, les travaux effectués le jour s'effondraient à la nuit venue. D'où une réputation sulfureuse dans les alentours ! Résultat, on ne l'empruntait que contraint et forcé et seulement après s'être signé. Mais le diable a fini par se lasser, par s'en aller au diable vauvert… et le pont est toujours là !

Après l'embranchement de Lavelanet apparaît le **Pain de Sucre**, un piton dominant le village de Montgaillard. *Entrer dans Montgaillard et suivre la signalisation « Les Forges de Pyrène ».*

Les Forges de Pyrène★

À Montgaillard - ✆ 05 34 09 30 60 - ♿ - juil.-août : 10h-19h ; juin, sept. et 1re quinz de nov. : tlj sf lun. (hors juin) 10h-12h, 13h30-18h, dim. et j. fériés 10h-12h30, 13h30-18h30 ; fév.-mars : w.-end 10h-12h30, 13h30-18h30 ; avr.-mai, oct. et de mi-déc. à mi-janv. : tlj sf lun. (hors vac. scol. et j. fériés) 13h30-18h, dim. et j. fériés 10h-12h30, 13h30-18h30 - fermé de mi-janv. à déb. fév., de mi-nov. à mi-déc., 25 déc. et 1er janv. - 7 € (6-11 ans 3,50 €, 12-18 ans 5,50 €).

Le passé rendu vivant. Telle pourrait être la devise des Forges de Pyrène. Sur 5 ha, vous pourrez découvrir un musée regroupant 125 métiers d'autrefois : de la laitière avec son attelage de chiens au cirier, en passant par le fabricant des premières boules de pétanque, le colporteur, l'arracheur de dents, le bouchonnier, l'ardoisier et la perleuse brodeuse… Les granges abritent des ateliers où des artisans (forgeron, boulanger, sculpteur) font des démonstrations, ainsi que le musée du Fer. Ne ratez pas la démonstration de la forge à martinet, outil classé monument historique. Pour agrémenter la visite, une aire de pique-nique est aménagée au bord d'un plan d'eau et, pour les enfants, un espace de jeux.

LE COMTÉ DE FOIX AU TEMPS DES CATHARES 2

55 km – compter une demi-journée. Quitter Foix au sud par la D 117 en direction de Montgaillard, puis obliquer à gauche sur la D 9 en direction de Soula et de Roquefixade. Route sineuse.

Si les cathares se sont surtout concentrés dans les Corbières, ils furent également nombreux dans les pays entourant Foix : le pays d'Olmes, le pays de Sault et le Plantaurel. Leur situation, perdue dans les montagnes pyrénéennes loin de toute voie de communication, fit des quelques châteaux cités ci-dessous des lieux privilégiés où les cathares trouvaient asile lors des chevauchées sanguinaires des croisés. Parmi eux, Montségur est devenu le symbole de la résistance cathares, tandis que Montaillou, connu grâce à l'ouvrage d'Emmanuel Le Roy Ladurie, témoigne de la dureté de l'Inquisition qui suivit la croisade.

Hervé Champollion / MICHELIN

Le château de Roquefixade.

Roquefixade

À l'entrée du village, faisant halte devant une croix, on découvrira une très belle **vue★**, au-delà de la vallée, coupée de rideaux de frênes et semée de villages aux toits roses, sur le massif du Saint-Barthélemy et, à droite au dernier plan, sur le massif des Trois-Seigneurs. Vers l'amont, au sud-est, on reconnaît le rocher de Montségur, avec lequel le château local pouvait communiquer par des feux.

Le calme village de Roquefixade, bastide de la fin du 13e s., s'ordonne autour d'une place rectangulaire dotée d'une fontaine-abreuvoir. De là, un chemin *(3/4h à pied AR)* monte vers le piton rocheux où se détachent les ruines du **château**. Édifié au 11e s., celui-ci servit de refuge aux populations cathares durant la croisade contre les albigeois. Il devint forteresse royale en 1272 pour être finalement détruit en 1632 sur ordre de Louis XIII, son rôle défensif n'étant plus justifié. Les remparts épousent la forme de l'éperon rocheux. Après les avoir contournés, on pénètre dans la 1re, puis dans la 2e enceinte : celle-ci abrite ce qui reste de l'habitat seigneurial.

On poursuit la D 9 jusqu'à la D 117 que l'on prend à gauche vers Lavelanet.

Musée du Textile et du Peigne en corne à Lavelanet

65 r. Jean-Jaurès - ☏ 05 61 03 01 34 - visite guidée (1h) de mi-juin à mi-sept. : tlj sf dim. 14h-18h - fermé 14 Juil., 15 août - 4 € (7-10 ans 2,50 €).

Installé dans une ancienne manufacture de draps, le musée rassemble une belle collection de machines (17e-19e s.) : navette volante, premiers métiers à tisser mécaniques puis automatiques... La visite, agrémentée de démonstrations, suit le processus de fabrication de la laine, matière autrefois la plus utilisée à Lavelanet. Autre matériau mis à l'honneur : la corne servant à fabriquer des peignes depuis les 12e-13e s.

Revenir à l'entrée ouest de Lavelanet et bifurquer à gauche dans la D 109. Celle-ci rejoint la D 9 qui mène à Montségur.

Montségur★★ *(voir ce nom)*

Poursuivre sur la D 9 en direction de Bélesta. Passer Fougax-et-Barrineuf.

Fontaine intermittente de Fontestorbes

Débouchant d'une voûte rocheuse dans la vallée de l'Hers, Fontestorbes est une résurgence des eaux infiltrées dans les terrains calcaires du plateau de Sault. À l'époque des basses eaux (de mi-juillet à fin novembre), le phénomène d'intermittence durant lequel le débit oscille entre 100 et 1 800 litres/seconde peut être observé.

À Bélesta, on emprunte sur la droite la D 16 (signalée avec une remarquable discrétion) pour traverser la sombre et belle forêt de Bélesta. La D 16 se prolonge par la D 29. Sinueuse, la route s'élève sur le plateau de Sault (voir Le Guide Vert Languedoc-Roussillon*) jusqu'au croisement avec la D 613 que l'on prend sur la droite en direction d'Ax-les-Thermes. Au village de Camurac, la D 20, sur la droite, mène au GR 107 longeant les gorges de la Frau (voir* Le Guide Vert Languedoc-Roussillon*). Poursuivre sur la D 613.*

Montaillou

Ce village a acquis une soudaine célébrité lors de la publication d'un livre qui fit grand bruit, *Montaillou, village occitan de 1294 à 1324*, d'Emmanuel Le Roy Ladurie, établi à partir du registre d'Inquisition de Jacques Fournier, évêque de Pamiers. Il s'agit là d'un inestimable témoignage, tant sur la vie quotidienne dans un village ariégeois au 14e s. que sur la dureté de la répression qui s'abattit sur les habitants de la région après la fin de la croisade contre les albigeois, lorsqu'il s'agissait d'éradiquer l'hérésie.

Continuer en direction d'Ax.

Signal du Chioula★ *(voir Ax-les-Thermes)*

Prendre à droite la petite D 2, fort tourmentée, en direction de Lordat.

Château de Lordat

Parking (gratuit) en haut du village (prendre garde aux éventuels croisements). Attention, les accès au château et aux tables d'orientation ne sont pas libres. La visite comprend également la découverte d'une volerie (35 oiseaux de proie) - ✆ 05 61 01 34 22 - spectacle (45mn) juil.-août : 10h30-12h30, 14h30-18h (spectacle à 11h30, 15h et 16h30) ; de Pâques à fin juin et sept.-oct. : tlj sf mar. 14h-16h30 (spectacle à 15h) - 6 € (enf. 4,50 €).

Les ruines de ce château, qui servit de refuge à quelques cathares après le siège de Montségur, surplombent la vallée de l'Ariège. Il ne reste aujourd'hui de cette forteresse démantelée par Richelieu (jadis la plus grande du comté de Foix) que les vestiges des trois enceintes, des pans de mur du donjon et la herse de la porte d'entrée. Sa position, bien détachée sur un piton calcaire, en fait un **belvédère★** sur le Sabarthès, le sillon de l'Ariège vers Ax et la chaîne frontière, du côté de l'Andorre.

Rejoindre la N 20 à Luzenac et prendre à droite vers Tarascon-sur-Ariège et Foix.

Pour compléter votre découverte des châteaux cathares, consultez *Le Guide Vert Languedoc-Roussillon*.

LE PLANTAUREL★ 3

58 km de Foix à Montbrun-Bocage – compter une demi-journée. Quitter Foix au nord en suivant la rive gauche de l'Ariège jusqu'à Vernajoul où l'on prend à gauche la D 1.

Plantaurel, tel est le nom de ces crêtes qui s'allongent d'est en ouest sur la bordure septentrionale des Pyrénées. Ces avant-monts pyrénéens, culminant à 830 m, sont traversés de rivières (Touyre, Douctouyre, Ariège, Arize) qui ont formé des cluses, parties les plus animées du massif avec celles situées sur les contreforts des chaînons.

Rivière souterraine de Labouiche★

✆ 05 61 65 04 11 - visite guidée (1h15) - juil.-août : 9h30-17h15 ; avr.-juin et sept. : 10h-11h15, 14h-17h15 ; de déb. oct. à mi-nov. : 10h-11h15, 14h-16h30 - 8 € (enf. 6 €).

Ce réseau de galeries souterraines, exploré en 1908 par le Dr Dunac, puis par Norbert Casteret, est dû au creusement de la roche calcaire par les ruisseaux de Labouiche et du Fajal. De petits barrages, aménagés afin de surélever le niveau de l'eau, permettent d'effectuer une navigation souterraine sur cette « rivière mystérieuse » qui ne pourra qu'enchanter les visiteurs. Grâce à un parcours d'1,5 km en barque, à 70 m sous terre, dans des galeries hautes ou surbaissées, éclairées ou laissées à dessein dans l'obscurité, on peut admirer les stalactites et stalagmites, mises en valeur par la couleur noirâtre du calcaire sur lequel elles se détachent. Au gré de l'imagination, elles se transforment en bêtes chimériques, en fleurs étranges ou en décor fantasmagorique... Bref, c'est grandiose !

Poursuivre sur la D 1 jusqu'au croisement avec la D 11 que l'on prend sur la gauche avant de rejoindre la D 117.

La Bastide-de-Sérou

Dans le noyau ancien du bourg, l'église abrite un pathétique Christ rhénan en bois du 15e s. *(à gauche en entrant)* et une Pietà de la fin du 15e s. *(dans une chapelle à gauche du chœur)*. Sur la place de la Halle (mesures à grain, en pierre) et dans les petites rues du quartier au sud de l'église subsistent plusieurs maisons aux portails datés du 18e s. La Bastide-de-Sérou abrite le Centre national du cheval de Mérens *(voir encadré page suivante)*.

Poursuivre sur la D 117 puis prendre à droite la D 49 vers Brouzenac.

La Ferme des reptiles

✆ 05 61 65 82 13 - www.lafermedesreptiles.com - de mi-juin à mi-sept. : 10h-12h, 14h-19h ; de déb. fév. à mi-juin et de mi-sept. à mi-nov. : w.-end et j. fériés 14h-18h - possibilité de visite guidée (1h15) - fermé de mi-nov. à fin janv. - 7 € (enf. 5 €).

Les petits chevaux de La Bastide

La Bastide-de-Sérou abrite le Centre national du cheval de Mérens. Ce cheval de petite taille, noir et d'une hauteur d'1,50 m au garrot, est issu d'une très ancienne race locale puisqu'il fut dessiné sur les parois de la grotte de Niaux, voilà plus de dix mille ans ! Doux et endurant, il était naguère utilisé pour les travaux des champs… avant de réussir sa reconversion dans le domaine du tourisme, son caractère docile en faisant un compagnon idéal de randonnée, activité largement répandue dans la région. On le voit, de mai à octobre, paître en liberté sur les prairies de la haute vallée de l'Ariège.

Jean Malburet / MICHELIN

Grâce à une visite commentée, venez découvrir et toucher iguanes, tortues et autres serpents : du grand python à la couleuvre locale. Frissons garantis !

Reprendre à droite la D 117.

Les amateurs d'art roman pourront poursuivre la D 117 jusqu'à Rimont pour se rendre ensuite par la D 518 à l'**abbaye de Combelongue** (1138) : la visite guidée du monument (45mn) peut se prolonger par une flânerie dans les jardins - *05 61 96 37 33 ou 06 07 99 35 82 - - juil.-août : 15h-18h ; reste de l'année sur demande - 2,50 € (7-15 ans 1,50 €).*

Revenir sur la D 117 puis prendre à gauche la D 15, au niveau de Ségalas. Sur la D 15, au-delà de Durban, on quitte la dépression du Sérou pour suivre, après un angle droit, le défilé agréablement ombragé de l'Arize. En remontant la vallée en direction du Mas-d'Azil, on remarque les chapelles du chemin de croix de Raynaude qui sont accrochées à la pente, comme des nids dans la broussaille…

Grotte du Mas-d'Azil★★ *(voir ce nom)*

Poursuivre le long de l'Arize, qui coule dans un étroit défilé, jusqu'à Sabarat où l'on emprunte à gauche la D 628 vers Daumazan-sur-Arize. Dans le village, prendre à gauche la D 19.

Montbrun-Bocage *(voir Rieux)*

Foix pratique

Adresses utiles

Office du tourisme de Foix – *29 r. Delcassé - 09000 Foix - 05 61 65 12 12 - www.ot-foix.fr - juil.-août : 9h-19h, dim. 9h30-12h30, 14h-18h ; reste de l'année : tlj sf dim. 9h-12h, 14h-18h.*

Agence intercommunale du tourisme du Pays d'Olmes – *1 pl. Henri-Dunant - 09300 Lavelanet - 05 61 01 22 20 - www.paysdolmes.org - juil.-août : 9h-12h, 14h-19h, dim. et j. fériés 9h-12h30 ; reste de l'année : tlj sf dim. 9h-12h, 14h-18h.*

Office du tourisme de Massat – *1 rte du Col-de-Port - 09320 Massat - 05 61 96 92 76 - www.ariege.com/massat - juil.-août : 10h-13h, 14h-18h ; janv.-juin : tlj sf dim. et lun. 10h-13h, 14h-18h, sam. 10h-13h.*

Office du tourisme du Séronais – *Côte - 09234 La-Bastide-de-Sérou - 05 61 64 53 53 - www.seronais.com - juil.-août : tlj sf sam. 9h30-12h30, 15h-19h ; sept.-juin : tlj sf dim. 9h-12h, 14h-18h, sam. 9h-12h, 13h-17h.*

Se loger

Hôtel du Lac – *Au bord du lac - 05 61 65 17 17 - 25 ch. 55/70 € - 7,50 € - restaurant 19/30 €.* Établissement agréablement situé au bord du lac et jouissant d'un environnement calme. Les chambres sont confortables. Possibilité de louer un bungalow climatisé.

Chambre d'hôte Château de Benac – *09000 Benac - 7 km à l'O de Foix par D 17 - 05 61 02 65 20 - www.haute-ariege.com - - 6 ch. 60 € - repas 20 €.* Entourée d'une propriété de 11 ha de forêt et de prairies, cette belle demeure du 17e s. compte 6 chambres, à l'étage, baptisées suivant leur thème de décoration. Les 2 salons très chic donnent sur le parc fleuri. Table d'hôte végétarienne, mais accompagnée parfois de volaille ou de poisson. Glaces maison au dessert.

Se restaurer

Au Grilladou – *7 r. La Faurie - ✆ 05 61 64 00 74 - fermé merc. soir, sam. midi et dim. de fin sept. à fin juin - formule déj. 8,50 € - 7/20 €.* Ce petit restaurant, situé dans une rue piétonne au pied du château, propose pizzas, grillades (viandes et poissons), salades et pâtes fraîches maison, à prix tout doux. Décor simple - tons jaune et orange -, service efficace et accueil souriant.

Les Sapins – *Hameau du Conte - 09300 Nalzen - ✆ 05 61 03 03 85 - fermé 2-22 janv., 13-27 nov., dim. soir, merc. soir et lun. - 14 € déj. - 24/43 €.* Le restaurant occupe une maison aux allures de chalet et aux aménagements intérieurs de style montagnard, dotée d'une terrasse ouverte sur la forêt de sapins. Le chef, originaire de Foix, connaît les produits de la région et les cuisine avec maîtrise. Un bon rapport qualité-prix et un service attentionné font de cette table une adresse ariégeoise qui compte.

Le Sainte-Marthe – *21 r. Noël-Peyrevidal - ✆ 05 61 02 87 87 - www.le-saintemarthe.fr - fermé 16-31 janv., mar. soir et merc. hors vac. scol. et sais. - 22/50 €.* Des détails qui font la différence : salle actuelle agrémentée de tableaux, menus consultables par serveur vocal ou Internet, cigares en fin de repas et boutique gourmande.

Le Phœbus – *3 cours Irénée-Cros - ✆ 05 61 65 10 42 - fermé 18 juil.-18 août, sam. midi et lun. - 25/48 €.* Le patron de ce restaurant met à la disposition des non-voyants une carte entièrement rédigée en braille : une bonne idée qui devrait faire école... La salle de restaurant rénovée, confortable et lumineuse, domine l'Ariège face au château de Gaston Fébus, l'illustre comte de Foix. On s'y régale d'une cuisine traditionnelle mitonnée avec soin.

Ferme-auberge de Mailhac – *Mailhac - 09000 Loubières - ✆ 05 61 05 29 51 - info@mailhac.com - - réserv. obligatoire - 20 €.* Pierres et poutres apparentes, vieux poêle en fonte, meubles anciens, ustensiles paysans : cette ferme du 18e s., située en pleine campagne, a été joliment rénovée et aménagée. Cuisine familiale d'inspiration traditionnelle, également servie en terrasse à la belle saison.

Ferme-auberge de Caussou – *09000 Cos - 2,5 km au NO de Foix par D 117 - ✆ 05 61 65 34 42 - www.ariege.com/fermedecaussou - fermé 15 déc.-15 mars - - réserv. obligatoire - 23 € - 6 ch. 55/60 € - 6 €.* Cette ferme de la fin du 18e s. se consacre à l'élevage de brebis et d'animaux de basse-cour. Dans la grande salle à manger aux murs de pierres et colombages, goûtez aux bons petits plats préparés avec les produits maison (viandes, légumes du jardin). Chambres, gîtes et jardin avec vue sur la vallée.

Que rapporter

Azema Bigou – *Camp Redon - 09300 Lesparrou - ✆ 05 61 01 11 09 - tlj sf w.-end et j. fériés 10h-12h, 14h-17h.* Cette fabrique de peignes en corne, fondée en 1820 et toujours tenue par la même famille, perpétue le savoir-faire traditionnel. Elle est aujourd'hui la seule entreprise de ce type en Europe. La visite, fort intéressante, se termine par un passage à la boutique.

Sports & Loisirs

Sentier cathare – Foix, Roquefixade, Montségur... Autant de sites empruntés par ce sentier qui relie en 12 étapes Foix à la Méditerranée, la montagne à la mer, à travers une foule de paysages (forêts de l'Escale et de Picaussel, Quillan et le canyon d'Agly, Port-la-Nouvelle). Il existe une variante du sentier cathare sur le GR 107, dit le chemin des bonshommes. Le parcours est commun avec le précédent jusqu'au village de Comus avant de descendre sur Berga, en Espagne, en passant par le refuge de Chioula, la Forge, Merens-les-Vals, L'Hospitalet-près-l'Andorre, le col de Puymorens et le Parc naturel de Cadi Moixero.

Centre équestre de Cantegril – *7 km à l'O de Foix par D 117 - 09000 St-Martin-de-Caralp - ✆ 05 61 65 15 43 - http://perso-wanadoo.fr/cantegril-equitation - été : 9h-20h, hiver : tlj sf lun. sf pdt vac. scol. 9h-19h30 - fermé 1er au 7 sept. - 17 € l'heure.* Centre à l'atmosphère familiale qui propose des séjours d'initiation et de perfectionnement à la voltige, au dressage, à l'obstacle ainsi que des randonnées de 1 à 3 jours. Les plus sportifs pourront pratiquer le horse-ball et préparer des compétitions.

Club de Voile des Rives de Léran – *Rte du Lac - 09600 Léran - ✆ 05 61 01 93 68.* Pour la pratique des sports de voile sur le lac de Montbel.

Visite technique

Azema Bigou – *Campredon - 09300 Lespenou - ✆ 05 61 01 11 09 - tlj sf dim. 10h-12h, 14h-17h.* Cette fabrique de peignes en corne, fondée en 1820 et toujours tenue par la même famille, perpétue le savoir-faire traditionnel. Elle est aujourd'hui la seule entreprise de ce type en Europe. La visite, fort intéressante, se termine par un passage à la boutique.

Événement

Résistances – C'est le thème du Festival de cinéma qui accueille depuis 1997, pendant 10 jours autour de la 2e semaine de juillet, un nombre grandissant de spectateurs dans quatre salles, dont une en plein air. Cinéma européen avec des films de réalisateurs prestigieux (Angelopoulos, Tarkovski, Godard) regroupés dans des thématiques telles que les migrations ou le travail ; débats, rencontres et ateliers. *✆ 05 61 05 13 30 - www.cine-resistances.fr*

Gaillac

11 073 GAILLACOIS
CARTE GÉNÉRALE C2 – CARTE MICHELIN LOCAL 338 D7 – TARN (81)

C'est une ville que l'on découvre à travers le dédale de ses ruelles étroites bordées de maisons anciennes, où la brique et le bois se mêlent avec harmonie. Au gré des promenades, on y rencontre de charmantes petites places ornées de fontaines, et on y fait de très agréables découvertes. En fait, c'est une petite cité, dont la prospérité fut longtemps liée aux activités batelières, où il fait bon vivre aujourd'hui et s'abandonner à la flânerie.

- **Se repérer** – Posée sur le Tarn, la ville se trouve sur les voies de communication fluviale, routière et ferroviaire reliant Montauban et Albi.
- **À ne pas manquer** – Une dégustation de vin ; l'herbier du château de Mauriac.
- **Organiser son temps** – Prévoyez une journée pour visiter la ville et ses alentours.
- **Avec les enfants** – Le musée'art du Chocolat à Lisle-sur-Tarn.
- **Pour poursuivre la visite** – Voir aussi Albi, Cordes-sur-Ciel, Bruniquel.

Le saviez-vous ?

Gaillac, dont le nom viendrait de Gallius, propriétaire du domaine, suivi du fameux suffixe gaulois –ac, est l'un des plus anciens vignobles de France, puisque les premières vignes furent cultivées au 6e s. av. J.-C. Mais ce sont les moines bénédictins de l'abbaye Saint-Michel qui, à partir du 10e s., donnèrent leur réputation aux **vins de Gaillac**. S'étendant sur les deux rives du Tarn, sur 2 800 ha, le vignoble de Gaillac produit des vins rosés, rouges, blancs et mousseux. Il faut savoir que les excellents rouges placent l'AOC gaillac parmi les meilleurs vins du Sud-Ouest ! Produits à base de cépages tels que le mauzac, le loin-de-l'œil et le duras, et élaborés selon les méthodes traditionnelles, ils accompagnent parfaitement bien les viandes en sauce et les fromages…

Se promener

Abbatiale Saint-Michel

Au 7e s., des moines bénédictins fondèrent à Gaillac une abbaye qu'ils placèrent sous l'invocation de saint Michel. Les travaux d'édification de l'abbatiale débutèrent au 11e s. et, maintes fois interrompus, s'échelonnèrent jusqu'au 14e s. À l'intérieur de l'église, belle statue en bois polychrome de la Vierge à l'Enfant (14e s.).

À côté, les anciens bâtiments abbatiaux abritent la **Maison des vins de Gaillac** *(voir l'encadré pratique)* ainsi que le **musée de l'Abbaye Saint-Michel** : collections archéologiques, outils et chefs-d'œuvre illustrant le travail des compagnons, objets folkloriques et présentation des activités liées à la vigne. *05 63 57 14 65 - ♿ - 10h-12h, 14h-18h (nov.-mars hors w.-end et vac. scol. 17h) - 2,50 € (12-18 ans 1,50 €).*

Tour Pierre-de-Brens

Cette charmante construction de brique, remontant aux 14e et 15e s. et remaniée à la Renaissance, conserve encore quelques gargouilles, des fenêtres à meneaux et une ravissante échauguette.

Parc de Foucaud

Ses agréables jardins en terrasses au-dessus du Tarn sont l'œuvre de Le Nôtre. Dans le château, le **musée des Beaux-Arts** expose des œuvres de peintres et sculpteurs régionaux. *05 63 57 18 25 - juil.-août : tlj sf mar. 10h-12h, 14h30-16h30 ; avr.-juin et sept.-oct. : tlj sf mar. 10h-12h, 14h-18h ; nov.-déc. et fév.-mars : vend., w.-end et j. fériés 10h-12h, 14h-18h - fermé janv. - 2,50 € (12-18 ans 1,50 €).*

Musée d'Histoire naturelle Philadelphe-Thomas

Pl. Philadelphe-Thomas - 05 63 57 56 83 - juil.-août : tlj sf mar. 10h-12h, 14h30-16h30 ; avr.-juin et sept.-oct. : tlj sf mar. 10h-12h, 14h-18h ; nov.-déc. et fév.-mars : vend., w.-end et j. fériés 10h-12h, 14h-18h - fermé janv. - 2,50 € (12-18 ans 1,50 €).

Le Dr Philadelphe Thomas a fait don de son extraordinaire patrimoine à la ville de Gaillac en 1912. On découvrira notamment d'importantes collections de minéralogie et de paléontologie… mais aussi des collections d'oiseaux, d'insectes, de reptiles… L'ensemble est présenté dans une remarquable muséographie du 19e s.

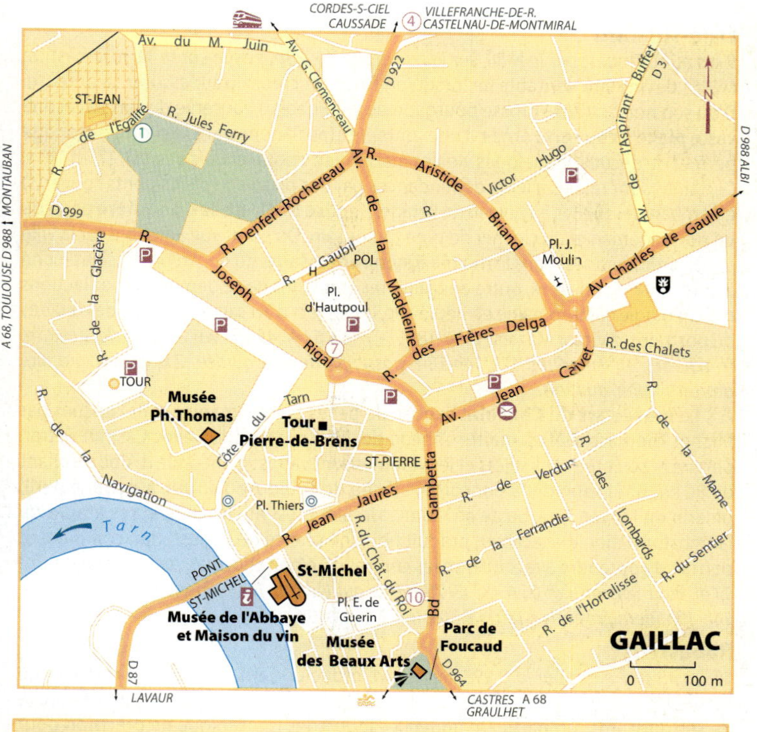

SE LOGER		SE RESTAURER	
Hôtel Verrerie	1	La Falaise	4
		La Table du Sommelier	7
		Les Sarments	10

Aux alentours

Castelnau-de-Montmiral

13 km au nord-ouest par la D 964. Pittoresque village juché sur un éperon rocheux dominant la vallée de la Vère et la forêt de Grésigne *(voir Bruniquel)*, Castelnau-de-Montmiral est une ancienne bastide, fondée au 13e s. par Raimond VII, comte de Toulouse, pour remplacer la place forte ruinée lors de la croisade contre les albigeois. Le nom Montmirail signifie le lieu d'où l'on voit (*mirer* veut dire « voir » en occitan). De son riche passé, la bastide conserve quelques demeures anciennes, bien mises en valeur par une restauration réussie. Sur la **place des Arcades**, ornée de couverts portant des étages en encorbellement et à pans de bois, remarquez à l'ouest et au sud deux maisons du 17e s. Dans l'**église** paroissiale (du 15e s.), admirer un Christ aux liens, statue en pierre polychrome du 15e s., le retable baroque et surtout, à gauche du chœur, la **croix-reliquaire gemmée★** des comtes d'Armagnac, dite « croix de Montmiral », bel exemple d'orfèvrerie religieuse du 13e s.

Château de Mauriac★

11 km au nord par la D 922, tourner à droite peu avant Cahuzac - ✆ 05 63 41 71 18, s'adresser à Emmanuel Bistes - www.bistes.com - visite guidée (1h) mai-oct. : 15h-18h ; nov.-avr. : dim. et j. fériés 15h-18h - 6 € (enf. 4 €).

Ce château, dont certaines parties datent du 14e s., présente une belle et harmonieuse façade. Deux grosses tours d'angle protègent un corps de logis dont le portail d'entrée, au centre, est lui-même encadré par deux tours plus petites. Au rez-de-chaussée, on visite diverses salles où sont exposées les œuvres de Bernard Bistes, peintre et propriétaire du château. Au 1er étage, les pièces sont toutes restaurées et meublées dans des tons et un style différents. Les meubles se marient fort bien avec les murs tendus de tissus et les plafonds à la française repeints par Bernard Bistes et ses élèves. La chambre à la polonaise possède un plafond à la française, dont les 360 caissons reproduisent un **herbier★** d'une très grande fraîcheur, œuvre de Bernard Bistes.

Lisle-sur-Tarn

9 km au sud-ouest par la N 88, sur la rive droite du Tarn. Posée sur le Tarn, la bastide (1248) devint une véritable île lorsqu'un fossé fut creusé pour assurer sa défense. D'où son nom… Cette grosse bourgade de l'Albigeois a conservé de son passé une vaste **place à couverts** ornée d'une fontaine. Une flânerie dans le centre historique permet de découvrir quelques vieilles maisons en brique et bois des 16e, 17e et 18e s. Certaines sont reliées à leurs dépendances par des *pountets* (petits ponts couverts) enjambant les ruelles au niveau de l'étage. L'**église N.-D.-de-la-Jonquière** possède un portail roman et un clocher de type toulousain. Du pont, vue agréable sur la ville et ses jardins étagés. Dans le **musée Raymond-Lafage**, du nom d'un dessinateur né à Lisle au 17e s., on verra, outre des gravures et dessins de ce dernier, des collections d'archéologie gallo-romaine et médiévale, des objets d'art sacré, ainsi que des œuvres du portraitiste Victor Maziès (1836-1895) - *05 63 40 45 45 - www.ville-lisle-sur-tarn.fr - avr.-oct. : tlj sf mar. 10h-12h, 14h-18h - possibilité de visite guidée - 2 € (-12 ans gratuit), gratuit 1er dim. du mois.*

Le **musée'art du Chocolat** expose de belles pièces imaginées et conçues par Michel Thomaso-Défos, maître chocolatier, en collaboration avec Casimir Ferrer, peintre et sculpteur. Les sujets et les volumes sont variés : cathédrale d'Albi, éléphant de 80 kg, obélisque de la Concorde, affiche de Toulouse-Lautrec avec Jane Avril, pèlerin du Moyen Âge, buste africain… Un film présente les différentes étapes de la transformation du cacao en produit fini. Une séance de dégustation commentée permet d'apprendre à reconnaître les critères d'un bon chocolat. Avis aux amateurs ! *13 pl. Paul-Saissac - 05 63 33 69 79 - visite guidée 10h-12h30 (dernière entrée 11h45), 14h-19h (dernière entrée 18h) - 3,30 € (6-12 ans 2,50 €)*

Rabastens

17 km au sud-ouest par la D 998. Sur la rive droite du Tarn, couverte de céréales, de vignes, de primeurs et d'arbres fruitiers, la ville active de Rabastens domine le fleuve de ses puissants remparts. De nouvelles industries (mécanique de précision pour l'aviation, fabrication de cellules et charpentes métalliques) s'ajoutent à celle des compteurs électriques et à celle du meuble, qui perpétue la tradition des ateliers d'ébénisterie et de sculpture sur bois du 17e s. Du pont, jolies vues sur les maisons anciennes qui dominent la rivière.

Fondée au 12e s. par les bénédictins de Moissac dans la ville basse (le bourg), l'**église Notre-Dame-du-Bourg** se présente comme une forteresse dont la puissante façade est percée d'un portail aux beaux **chapiteaux★** romans. Richement décorés de rinceaux, de feuilles d'acanthe et de personnages, ils représentent des scènes de la vie du Christ et de la Vierge. À l'intérieur, les peintures de la nef, découvertes et restaurées au 19e s., sont du 13e s., comme celles du chœur, remarquable pour son élégant triforium.

Dans l'hôtel de La Fite (fin 17e s.), le **musée du Pays rabastinois** rassemble diverses œuvres d'art de la région : superbe mosaïque de la fin du 4e s. provenant d'une villa gallo-romaine, terres vernissées de Giroussens, broderies haute couture du brodeur Rébé… *05 63 40 65 65 - tlj sf lun. 10h-12h, 14h-18h, w.-end et j. fériés 15h-18h - possibilité de visite guidée (1h) sur demande - fermé déc. - 2,50 € (-12 ans gratuit).*

Gaillac pratique

Adresses utiles

Office du tourisme de Gaillac – *Abbaye St-Michel - 81600 Gaillac - 05 63 57 14 65 - www.ville-gaillac.fr - juil.-août : 9h30-13h, 14h-19h ; avr.-juin et sept.-oct. : 10h-12h, 14h-18h (17h en sem. nov.-mars.)*

Office du tourisme du Pays Lislois – *Pl. Paul-Saissac - 81310 Lisle-sur-Tarn - 05 63 40 31 85 - www.ville-lisle-sur-tarn.fr - vac. scol. : 10h-13h, 14h-18h ; hors vac. scol. : 10h-12h30, 14h-17h30.*

Office du tourisme de Castelnau-de-Montmiral – *Pl. des Arcades - 81140 Castelnau-de-Montmiral - 05 63 33 15 11 - juil.-août : tlj sf lun. mat. 10h-12h30, 15h-19h ; fév.-juin et sept.-nov. : tlj sf lun. 10h-12h, 14h-18h.*

Office du tourisme du Pays Rabastinois – *12 r. du Pont-del-Pâ - 81800 Rabastens - 05 63 33 56 90 - www.cc-paysrabastinois.fr - juil.-mi-sept. : 9h30-13h, 14h-18h30 ; de mi-avr. à fin juin et de mi-sept. à mi-oct. : tlj sf dim. 10h-12h, 14h-18h ; de mi-oct. à mi-avr. : tlj sf dim. et lun. 10h-12h, 14h-17h30.*

Visites

Visites commentées – L'office du tourisme de Gaillac propose, durant l'été, un programme de visites commentées de la vieille ville ou des différents musées.

Se loger

Hôtel Verrerie – *R. de l'Égalité - 05 63 57 32 77 - www.la-verrerie.com -*

P - *14 ch. 53/68 € - ☕ 9 € - restaurant 21/35 €.* Un minimusée évoque le passé de cette bâtisse bicentenaire, jadis verrerie puis fabrique de pâtes, qui abrite aujourd'hui des chambres modernes et pratiques, à choisir de préférence côté parc (ce dernier s'agrémente d'une belle bambouseraie). Lumineuse salle à manger prolongée d'une agréable terrasse.

Se restaurer

⊖ La Table du Sommelier – *34 pl. du Griffoul - ✆ 05 63 81 20 10 - fermé dim. sf juil.-août et lun. - 10 € déj. - 12,50/30 €.* La Table du Sommelier, nantie d'un chaleureux décor associant tables rustiques, caisses en bois et outils viticoles, a définitivement fait craquer les aficionados de la dive bouteille et les inconditionnels du bien manger. Les clés du succès ? Des petits plats canailles et une carte des vins éminemment sympathique.

⊖⊖ Les Sarments – *27 r. Cabrol (derrière l'abbaye St-Michel) - ✆ 05 63 57 62 61 - fermé 21 fév.-7 mars, 25 avr.-3 mai, 19 déc.-10 janv., dim. soir, merc. soir et lun. - 23/46 €.* Cet ancien chai, dont les voûtes en briques rouges datent des 14e et 16e s., se niche au cœur de la vieille ville, à deux pas de la Maison des vins. Décor raffiné, agrémenté de tableaux peints par les propriétaires. La cuisine au goût du jour s'accompagne d'une carte des vins faisant la part belle aux gaillacs.

⊖⊖ La Falaise – *Rte de Cordes - 81140 Cahuzac-sur-Vère - 11 km au N de Gaillac par D 922 - ✆ 05 63 33 96 31 - www.lafalaiserestaurant.com - fermé 3-31 janv., dim. soir, merc. midi et lun. - 21 € déj. - 31/43 €.* Cette petite façade anodine située à la sortie du village, en direction de Cordes, dissimule deux salles à manger particulièrement plaisantes, complétées par une charmante terrasse ombragée de saules. Vous y dégusterez d'alléchantes recettes au goût du jour sous l'escorte généreuse de gaillacs à la robe rubis.

Que rapporter

Maison des vins de Gaillac - Caveau Saint-Michel – *Abbaye St-Michel - ✆ 05 63 57 15 40 - www.vins-gaillac.com - juil.-août : 10h-13h, 14h-19h ; reste de l'année : 10h-12h, 14h-18h - fermé 1er janv., 1er Mai, 1er nov. et 25 déc.* Cette Maison des vins bordée par le Tarn présente la production de 90 domaines viticoles et 3 caves coopératives appartenant à l'appellation Gaillac. Au programme : dégustations et vente directe, présentation du vignoble et stages d'initiation à la dégustation.

Domaine du Moulin – *Chemin de Bastié - ✆ 05 63 57 20 52 - tlj sf dim. (sf en sais.) 9h-12h, 14h-19h.* La Famille Hirissou exploite ce domaine viticole depuis cinq générations. Le vigneron vous invite à découvrir, entre autres, sa cuvée Vieilles Vignes Rouge - récompensée au Concours des Vins de Gaillac - dans son beau caveau de dégustation situé à flanc de coteau, en plein cœur du vignoble gaillacois. Accueil chaleureux d'un passionné par son métier et sa région.

Les vins de Robert et Bernard Plageoles – *Domaine des Tres Cantous - 6 km au N de Gaillac par D 988 - 81140 Cahuzac-sur-Vère - ✆ 05 63 33 90 40 - juin-août : 8h-12h, 15h-19h ; sept.-mai : 8h-12h, 14h-18h, w.-end sur RV.* Ce domaine élabore une grande variété de blancs dont le « vin de voile », vieilli en fût à ciel ouvert pendant 7 ans et le mauzac nature, un vin pétillant. Les rouges, moins nombreux, sont issus des cépages duras et syrah. Érudits et passionnés, Robert et Bernard Plageoles nous content leur métier avec beaucoup de poésie.

Cave de Labastide de Lévis – *Lieu-dit La Barthe - 81150 Marssac-sur-Tarn - ✆ 05 63 53 73 73 - www.cave-labastide.com - de mi-juin à mi-sept. : tlj sf dim. 9h-12h30, 14h-19h ; reste de l'année : tlj sf dim. 9h-12h, 14h-18h - fermé j. fériés.* Quelques chiffres ? Plus de 260 vignerons, 1 400 ha de vignes, 6 millions de bouteilles produites par an, 10 cépages, dont le très ancien len de l'el (loin-de-l'œil), création du blanc perlé (légèrement pétillant) en 1957 et du rosé perlé en 2004. Amateurs de rugby : la cave élabore des cuvées en partenariat avec Yannick Jauzion. Dégustation et visite gratuites.

Château de Mayragues – *12 km au NE de Gaillac par la D 964, puis la D 15 - 81140 Castelnau-de-Montmiral - ✆ 05 63 33 94 08 - www.chateau-de-mayragues.com - tlj sf dim. 9h-19h - fermé 25 déc.* Moult raisons incitent à visiter ce château : son architecture fortifiée des 14e et 16e s., son environnement vallonné, ses vignobles (culture bio-dynamique) et sa production de gaillac : rouge, blanc sec, blanc doux, mousseux et pétillant. Possibilité d'hébergement (deux chambres d'hôte originales et un gîte).

Sports & Loisirs

Plan d'eau d'Aiguelèze – *Les Chalets du Lac - 8 km au NE de Gaillac par la D 988 - 81600 Rivières - ✆ 05 63 81 29 09 ou 06 68 18 04 56 - avr.-sept. : tlj - fermé hors sais.* Petit port de plaisance où l'on peut louer un pédalo ou un kayak pour partir à la découverte de la vallée du Tarn. Sur le plan d'eau, vous pourrez également profiter des canoës, pédalos et planches à voile.

Événement

Fête des vins de Gaillac – Elle se déroule le 1er w.-end d'août et accueille chaque année environ 15 000 visiteurs. Des dégustations sont proposées tout au long du w.-end. Repas gastronomiques dans le parc de Foucaud. *✆ 05 63 57 15 40 (Maison des vins) ou 05 63 57 70 60 (Commission Interprofessionnelle des vins de Gaillac).*

Cirque de Gavarnie★★★

CARTE GÉNÉRALE A4 – CARTE MICHELIN LOCAL 342 L6 – SCHÉMA P. 265 – HAUTES-PYRÉNÉES (65)

« C'est une montagne et une muraille tout à la fois, c'est l'édifice le plus mystérieux du plus mystérieux des architectes, c'est le colosseum de la nature, c'est Gavarnie » s'exclamait Victor Hugo. Inscrit au patrimoine mondial de l'humanité par l'Unesco avec la vallée du même nom, le cirque de Gavarnie attire chaque année une foule nombreuse venue contempler ses paysages grandioses. Formidable vivier d'émotions, ce théâtre naturel ne compte pas moins de dix-sept sommets culminant à plus de 3 000 m et abrite la plus haute cascade d'Europe (422 m).

Se repérer – Tout au bout de la vallée qui débouche à Luz-Saint-Sauveur, le cirque de Gavarnie est accessible depuis le village du même nom.

Se garer – Le cirque se découvre à pied. Il est donc conseillé de garer son véhicule à l'entrée ou au bout du village de Gavarnie. Municipaux ou privés, les nombreux parkings aménagés pratiquent tous le même tarif : environ 4 € la journée.

À ne pas manquer – En vous rendant au cirque, poursuivez la marche au-delà de l'hôtel du Cirque, jusqu'au pied de la grande cascade.

Organiser son temps – Il faut compter 2h de marche aller-retour, du village au cirque (3h30 si l'on pousse jusqu'à la grande cascade). Pour éviter la foule estivale, choisissez de partir tôt le matin (avant 8h) ou en fin d'après-midi (après 18h).

Avec les enfants – On peut aussi gagner le cirque à cheval, tel que cela se pratiquait autrefois *(voir l'encadré pratique)*.

Pour poursuivre la visite – Voir aussi Luz-Saint-Sauveur, le Parc national des Pyrénées.

Se promener

Le petit village de Gavarnie est le point de départ obligé de la randonnée vers le cirque.

Gavarnie

Berceau du pyrénéisme, patrie des plus illustres guides pyrénéens (dont Henri et Célestin Passet), Gavarnie est situé à 1 375 m d'altitude. Terminus de la route carrossable depuis 1864, le village sert de relais à l'imposante et disparate cavalerie mobilisée pour l'excursion au cirque. S'il connaît, en été, un afflux massif de visiteurs, il redevient en hiver une station de montagne et d'escalade. Comme le prouve l'essentiel de ses infrastructures (parking, hébergement, restauration, boutiques de souvenirs), le petit village vit surtout du tourisme. L'**église** du 12e s., ancienne dépendance d'un prieuré des hospitaliers de Saint-Jean-de-Jérusalem, se situe sur le vieux chemin de pèlerinage du port de Boucharo (alt. 2 270 m). Remarquez, à l'entrée, trois statues en bois doré du 17e s. représentant saint Jean-Baptiste, la Vierge et saint Joseph. La

Marie-Hélène Carcanague / MICHELIN

En chemin vers le cirque de Gavarnie.

chapelle du Bon-Port, à gauche du maître-autel, renferme une statue polychrome de saint Jacques de Compostelle et deux statuettes de pèlerins de Compostelle autour de Notre-Dame du Bon-Port (14e s.) : la Vierge tient une gourde de pélerin. Les visiteurs la priaient pour que le passage de la montagne leur réussisse. Devant l'église, le **cimetière** abrite, dans son enclos supérieur, les tombes de quelques pyrénéistes. En vous promenant dans le village, vous apercevrez également une statue de Russell, un médaillon de Béraldi, une plaque en hommage aux pyrénéistes morts pour la France au bord de la route en redescendant vers Luz et, non loin de l'entrée du cirque, la tombe du géographe Schrader.

Randonnées

Cirque de Gavarnie★★★

2h à pied AR. À l'extrémité du village, prendre le chemin de terre, puis suivre la rive gauche du gave. Après un vieux pont de pierre que l'on emprunte, le chemin monte dans les sous-bois, laissant la rivière à droite. En redescendant vers celle-ci, le paysage s'éclaircit et le cirque se rapproche dans un cadre de sapins. À gauche, on aperçoit quelques cascades. La dernière portion de trajet se fait en montée, à travers une végétation d'arbres et d'arbustes (églantiers en juin-juillet), pour atteindre les premiers plissements rocheux annonciateurs du cirque. Peu avant l'arrivée à l'hôtel du Cirque, la rivière s'engouffre dans d'étroites gorges.

Le cirque apparaît tout à coup. D'abord trois gradins superposés qui correspondent aux assises résistantes des plis couchés empilés ici, que séparent des taches lumineuses de neige qui tranchent sur la couleur ocrée des calcaires. Et puis, surtout, cette beauté grandiose qui, dépassant l'imagination, coupe littéralement le souffle ! Le cirque a 3,5 km de développement à sa base et 14 km suivant la ligne de faîte (de l'Astazou, à l'est, au pic des Sarradets, à l'ouest). Le niveau moyen du fond est de 1 676 m. L'altitude des sommets dépasse 3 000 m. Le cirque doit son origine à un « bout du monde » creusé, dès avant la glaciation, dans les assises calcaires de la couverture sédimentaire secondaire. Comme dans les « reculées » du Jura, une résurgence évacuait ici les eaux enfouies dans le massif du Mont-Perdu et faisait reculer la tête de la vallée, en sapant son couronnement de falaises. Le glacier de Gavarnie, dont il ne reste plus que des lambeaux sur les corniches supérieures, a achevé de dégager le cirque et assuré l'évacuation des débris.

De l'hôtel du Cirque, la vue est superbe, ouverte sur l'ensemble du cirque avec ses trois paliers de neige, ses majestueuses murailles à pic, et son flot de cascades argentées. La plus importante, la Grande Cascade, alimentée par une résurgence des eaux de l'étang Glacé du mont Perdu (alt. 2 592 m) sur le versant espagnol, fait un bond de 422 m dans le vide… Les mules ne montant pas plus haut que l'hôtel, il faut y aller à pied *(1h AR)*.

Brèche de Roland

4h à pied AR pour randonneurs entraînés et non sujets au vertige ; attention à la présence de névés de septembre à début juillet. Suivre le sentier balisé partant à l'est du port de Boucharo. Le sentier suit le tracé de la Haute Route des Pyrénées. Il traverse, au pied du glacier du Taillon, une cascade à gué *(bien suivre le fléchage*

> **Le saviez-vous ?**
>
> Le nom de Gavarnie provient du mot *gava*, « torrent », d'où découlent les nombreux « gaves » des Pyrénées.
>
> Les 164 habitants du village, les Gavarniens, sont surnommés les Templiers.
>
> Sulpice Guillaume Chevalier (1804-1866), jeune dessinateur parisien affecté au cadastre de Tarbes, prit pour nom d'artiste **Gavarni** en hommage à la beauté des lieux. Il a signé de ce pseudonyme les illustrations mordantes de la vie quotidienne au temps de Louis-Philippe, parues dans *Le Charivari*, et qui connurent un grand succès, tant en France qu'en Angleterre.

rouge apposé sur les rochers ; des plaques de névés peuvent augmenter la difficulté de traversée). Du col précédant le refuge des Sarradets, **vue** sur la Grande Cascade du cirque de Gavarnie. La montée à la brèche, après le refuge, est plus longue et difficile en raison de la neige et des névés. On atteint alors la brèche. La légende voudrait que ce soit Roland qui ait fendu en deux la montagne avec son épée Durandal. De la brèche, vue sur le versant espagnol, à l'aspect désertique, et sur le mont Perdu.

La brèche de Roland (cirque de Gavarnie).

Aux alentours

Pic des Tentes★★

11 km, par la route du port de Boucharo. À la sortie de Gavarnie, vers Luz, prendre à gauche, avant le pont, la route qui, contournant la statue de N.-D.-des-Neiges, quitte la vallée d'Ossoue pour s'engager dans la vallée des Espécières. Laissez la voiture au col des Tentes, et gravissez la croupe, au nord-est, jusqu'au sommet arrondi du pic (2 322 m). Le **panorama★★** est impressionnant sur les sommets, tout proches, qui couronnent le cirque de Gavarnie (dont le fond est invisible). On admire surtout le pic du Marboré, avec la combe du glacier de la Grande Cascade. Plus à l'ouest, la crête des Sarradets, au premier plan, masque quelque peu le secteur de la brèche de Roland, avant la réapparition de la crête frontière au Taillon et aux pics des Gabiétous. Plus lointains se détachent, au nord-ouest, le Vignemale avec son glacier d'Ossoue, immaculé, et au nord-est, le massif de Néouvielle précédant le pic du Midi de Bigorre, dont on aperçoit l'antenne.

Cirque de Gavarnie pratique

Adresses utiles

Office du tourisme de Gavarnie – *65120 Gavarnie - ✆ 05 62 92 49 10 - www.gavarnie.com - juil.-août : 9h-12h30, 14h-19h ; vac. scol. d'hiver : 8h30-12h30, 14h30-18h30 ; reste de l'année : tlj sf dim. 9h-12h, 14h-17h.*

Office de tourisme de Gèdre – *65120 Gèdre - ✆ 05 62 92 48 05 - juil.-août : 9h-12h30, 14h-19h ; vac. scol. d'hiver : 8h30-13h, 14h30-18h ; reste de l'année : tlj sf dim. 9h-12h, 14h-17h.*

Maison du Parc national des Pyrénées – *65120 Gavarnie - ✆ 05 62 92 42 48 - www.parc-pyrenees.com - juil.-août : 9h-12h, 13h30-18h30 - vac. scol. : tlj sf dim. et lun. 9h-12h, 13h30-17h30 ; hors vac. scol. : tlj sf w.-end 9h-12h, 13h30-17h30 - fermé 1er janv., 1er et 11 Nov., 25 déc.* Exposition permanente sur le Parc national d'Ordesa et du Mont-Perdu, les cirques de Gavarnie, d'Estaubé et de Troumouse *(voir Luz-Saint-Sauveur)*, introduction au pyrénéisme. Films sur la faune et la flore pyrénéenne. *Pour en savoir plus, reportez-vous au chapitre consacré au Parc national, p. 327.*

Transports

Montures – La montée au cirque peut se faire, depuis le village de Gavarnie, à dos d'âne ou de cheval. Les loueurs sont réunis sur le parking situé à proximité du chemin d'accès au cirque - 22 € AR (durée 2h).

Se loger

⊖ **Tipis indiens** – *- 65120 Saussa - 3 km au SO de Gèdre par petite rte à droite, sortie Gèdre en dir. de Gavarnie - ✆ 06 15 41 33 29 - www.tipis-indiens.com - 15 juin-15 sept. - - 4 tipis 350 €/sem. pour 5 pers.* Venez découvrir les joies d'un séjour indien, au pays de l'ours, dans l'un des 4 tipis de 5 places. Le site exceptionnel, au cœur des Pyrénées, offre une vue sur le cirque de Gavarnie et les montagnes des alentours. Les enfants adorent, et les plus grands ne résistent pas au charme d'une halte insolite.

⊖⊖ **Hôtel Marboré** – *Au village - ✆ 05 62 92 40 40 - www.lemarbore.com - fermé 15 nov.-20 déc. - P - 24 ch. 66 € - 13,50 €.* À l'entrée du cirque, jolie bâtisse du 19e s. coiffée de combles à la Mansart. Bar « british », ambiance cordiale et chambres nettes offrant parfois une vue montagnarde. Repas traditionnel dans une salle rustique au mobilier de bistrot, sous la véranda dotée de sièges en rotin ou à l'extérieur.

Sports & Loisirs

Domaine skiable de Gavarnie-Gèdre – *32 km au SO de Barèges par D 918 (Luz), D 921 (Gavarnie) et D 923 - www.gavarnie.com.* Alt. 1 350-2 400 m. 11 remontées mécaniques. Les 21 pistes de ski alpin sont accessibles aux skieurs de tous niveaux, de la piste verte la plus longue des Pyrénées aux pistes noires pour skieurs avertis. Au pied du cirque de Gavarnie débutent 7,5 km de pistes de ski de fond. En janvier ou mars a lieu le Derby Gavarnie 3000, grande épreuve de ski de randonnée, entre le village de Gavarnie et la brèche de Roland.

Gavarnie-Gèdre est une Station Kid.

Événement

Gavarnie, Terre de Festival – En juillet. Représentation théâtrale tous les soirs à 21h, à 1 450 m d'altitude, sur la prairie de la Courade (à mi-distance entre le village et le cirque). Compter 30mn de marche pour atteindre le site. Retour aux flambeaux vers 23h. *05 62 56 71 20 (de mars à juil.) - tarifs : se renseigner.*

Graulhet

12 663 GRAULHÉTOIS
CARTE GÉNÉRALE C2 – CARTE MICHELIN LOCAL 338 D8 – TARN (81)

Graulhet est la capitale française de la mégisserie, activité qui s'est véritablement développée au 17e s. Elle possède un savoir-faire unique en France auquel font appel les grands noms de la maroquinerie.

Se repérer – 20 km au sud de Gaillac. Entre plaines et collines, Graulhet est la troisième ville du Tarn. Le Dadou qui la traverse fut pour beaucoup dans l'implantation de la mégisserie.

Pour poursuivre la visite – Voir aussi Lautrec, Lavaur, Gaillac, Albi, Castres.

Comprendre

La capitale de la mégisserie – Par tradition, à Graulhet, on travaille les « cuirots » provenant de Mazamet. Sa production, d'abord spécialisée dans les peaux pour doublure de chaussures, trouve depuis quelques années un nouveau débouché dans la fabrication de peaux pour vêtements et dans la maroquinerie. Le tanneur commence à travailler sur le « cuir brut », peaux simplement traitées par salage pour assurer leur conservation. Ensuite, soigneusement épilées, trempées, écharnées, elles sont prêtes pour le tannage qui s'effectue suivant divers procédés : tannage à l'alun, déjà pratiqué sous les Romains, utilisé pour la ganterie ; ou bien tannage végétal ou encore au sel de chrome. Enfin, le corroyage et le finissage assouplissent les peaux et en font des « cuirs marchands ». Cette ultime phase de la fabrication acquiert une importance grandissante, car les pays fournisseurs de peaux à l'état brut (Inde, Pakistan, pays d'Afrique du Nord, etc.) assurent souvent eux-mêmes une partie des premiers travaux de tannage et livrent des peaux semi-finies. L'industrie chapelière fut également florissante à Graulhet, pendant la Restauration. En effet, on eut l'idée de récupérer les poils et laines des peaux pour en faire du feutre : mou pour les selles de chevaux et pressé pour les chapeaux.

Visiter

Maison des métiers du cuir

R. St-Jean - 05 63 42 16 04 - - visite guidée (1h) juin-sept. : 10h-12h, 14h-18h - 5 € (6-12 ans 2,50 €). Installé dans une ancienne usine, c'est l'endroit idéal pour découvrir les différentes phases de transformation de la peau en cuir, ainsi que les métiers de la mégisserie et de la maroquinerie. On y apprend à distinguer la tannerie, qui traite les peaux de bovins et d'équidés, de la mégisserie, qui s'occupe, elle, des peaux de moutons, de chèvres et de porcs. Reconstitutions, atelier d'initiation et expositions temporaires donnent vie à cette activité ancestrale.

Le saviez-vous ?

Depuis le Moyen Âge, Graulhet (en bon occitan, on prononcera *Grauillet*) est une cité « tannante », activité dont son nom tirerait origine (*grolha* en langue d'oc signifie « savate »).

On raconte qu'au 17e s. les lépreux de la maladrerie de l'hôtel-Dieu de Toulouse seraient venus à Graulhet pour demander, comme rémunération de leur travail, du jus de tanin qui, appliqué sur les plaies, était réputé arrêter la progression de la maladie.

Graulhet pratique

Adresse utile

Office du tourisme de Graulhet – *1 sq. du Mar.-Foch - 81300 Graulhet - ☎ 05 63 34 75 09 - www.ville-graulhet.fr - 9h-12h, 14h-18h, dim. 10h-12h (sf dim. en basse saison).*

Sports & Loisirs

À 3 km au sud de Graulhet par la D 84, en direction de St-Paul-Cap-de-Joux, le **lac de Miquelou**, apprécié des pêcheurs, offre une aire de pique-nique, un parcours de santé et un chemin de randonnée, le sentier des Cabanes (13,5 km) qui conduit au plus haut sommet du canton, d'où vous profiterez d'un joli point de vue sur le bassin de Graulhet et ses coteaux.

À 2 km au sud-ouest de Graulhet par la D 631 en direction de Briatexte, le **lac de Nabeillou** est un havre de verdure, où il est également possible de pêcher. Mur d'escalade, piste de VTT, terrain de tir à l'arc. De là, vous pourrez emprunter deux chemins de randonnée, les 3 Lacs (10 km) et le Soubirou (20 km) qui permet de découvrir Notre-Dame-des-Vignes, une petite église romane.

L'Isle-Jourdain

5 560 LISLOIS OU JORDANILOIS
CARTE GÉNÉRALE B3 – CARTE MICHELIN LOCAL 336 I8 – GERS (32)

À une trentaine de kilomètres de Toulouse, L'Isle-Jourdain mérite une halte. Halte dépaysante et sportive dans un vallon de verdure, en bord de Save ou sur l'un des sentiers de randonnée menant à Saint-Jacques-de-Compostelle. Halte culturelle dans une cité médiévale baignée d'histoire et dont la terre regorge de trésors gourmands.

- **Se repérer** – Au carrefour du Gers et de la Haute-Garonne, cette ancienne étape sur la route de Compostelle (comme l'atteste la statue de saint Jacques à la halte Saint-Jacques, avenue de Lombez) est posée entre Toulouse et Auch sur la N 28.
- **À ne pas manquer** – Le musée d'Art campanaire.
- **Avec les enfants** – La Bisonnerie de Borde Basse.
- **Pour poursuivre la visite** – Voir aussi Toulouse, Lombez, Auch.

Visiter

Centre-ville

Sur la **place de l'Hôtel-de-Ville** (l'édifice communal s'inspire sans complexe du Capitole de Toulouse) s'élève la **maison de Claude Augé** (début 20e s.), fondateur du Petit Larousse illustré. Remarquez sa verrière, ses sculptures en façade et surtout ses vitraux de style Art nouveau, dont celui représentant la célèbre *Semeuse* de Larousse, d'après le dessin d'Eugène Grasset.

L'élégante halle de brique du 19e s. possède une belle charpente reposant sur des piliers octogonaux. La collégiale Saint-Martin du 18e s. *(accès par le côté est de la place)*, dont l'intérieur est peint à fresque, surprend par son style néoclassique.

Musée d'Art campanaire★

Pl. de l'Hôtel-de-Ville - ☎ 05 62 07 30 01 - www.gers-gascogne.com - ♿ - de mi-juin à mi-sept. : tlj sf mar. 10h-12h, 14h-18h30 ; reste de l'année : tlj sf mar. 10h-12h, 14h30-17h30 - fermé 1re quinz. janv., j. fériés - 4 € (enf. 2 €), gratuit 1er dim. du mois (nov.-mars).

Aménagé dans l'ancienne halle aux grains (dotée d'une belle charpente de bois), il propose sur deux étages un panorama de l'art campanaire autour de plus de mille cloches, de toutes les époques et parvenues des cinq continents. Au rez-de-chaussée, l'espace « fonderie » présente les techniques de fabrication des cloches. Une salle abrite l'horloge

Le saviez-vous ?

L'Ila de Baish, c'est-à-dire l'« île d'en bas » est devenu L'Isle-Jourdain en l'honneur d'Alphonse Jourdain. Comte de Toulouse de 1112 à 1148, il devait ce patronyme au fait d'être né à Tripoli et d'avoir été baptisé dans les eaux du Jourdain.

Bertrand de L'Isle, nommé évêque de Toulouse, fondateur de Saint-Bertrand-de-Comminges *(voir ce nom)*, était le cousin de Raimond VII.

monumentale de la Bastille (classée monument historique), dont on voit le mécanisme et une autre horloge provenant de Meung-sur-Loire (milieu du 19e s.), animée de quatre jacquemarts. À l'étage sont exposés des carillons et leur clavier, dont le visiteur peut jouer (une pastille verte indique les instruments que l'on peut faire sonner). Une magnifique collection de cloches de table (dont une en cristal de roche ciselée du Second Empire) et des jeux jouxtent l'espace « cloches du monde » (Europe, Amérique, Océanie, Asie, Afrique). Il faut s'attarder sur les petites cloches nigérianes surmontées de personnages sculptés en bois, ou encore sur une cloche de jade chinoise d'époque Qing (18e s.). L'espace « sonnailles » rassemble diverses cloches de bétail. Enfin, la décoration polychrome des « subrejougs » (carillons d'attelage de la vallée de la Save) est également intéressante.

Alain Cassaigne / MICHELIN

Le château de Caumont.

Aux alentours

Château de Caumont

Quitter L'Isle-Jourdain au sud-ouest par la D 634 et prendre sur la droite, à 7 km, la D 243 qui franchit la Save puis, à gauche, la D 39 - Cazaux-Savès - ✆ 05 62 07 94 20 - www.caumont.org - visite guidée (1h) juil.-août : 15h-18h (dernière entrée 17h15), sam. sur RV ; mai-juin et sep.-oct. : dim. et j. fériés 15h-18h (dernière entrée 17h15), sam. sur demande - fermé nov.-avr. - 5 € (enf. 2,50 €).

Érigé au 16e s. par Pierre de Nogaret de La Valette sur les ruines d'un ancien château fort (ayant appartenu à Gaston Fébus), dominant la vallée de la Save, ce « château de la Loire en Gascogne » s'insère dans un cadre remarquable. Né au château en 1554, le petit-fils de Pierre, Jean-Louis de Nogaret de la Valette a commencé sa carrière comme mignon d'Henri III. Sous son règne, il atteint les plus hautes charges : duc d'Épernon, gouverneur de Provence, de Metz, de Guyenne, colonel-général de l'infanterie, amiral…

Flanqué de quatre tours en losange, le château se compose de trois corps de bâtiment dressés en forme de fer à cheval. L'alternance de briques et de pierres contribue à son originalité. L'aile sud a été reconstruite en 1665 après un incendie ; l'aile nord où court une galerie extérieure (et sous laquelle un bas-relief en marbre porte les armes du père du futur duc d'Épernon) est plus ancienne. Au rez-de-chaussée, la salle rouge contient quelques tableaux intéressants (dont un portrait du duc d'Épernon et un autre de La Rochefoucauld par Gros) ainsi qu'une cheminée en marbre des Pyrénées. Dans le Salon blanc, remarquez le beau plafond à caissons de style pompéien décoré en 1840. L'escalier, l'un des premiers escaliers droits, a conservé ses travées voûtées. La visite se poursuit par la chapelle, puis par la chambre du roi qu'a occupée Henri de Navarre de passage à Caumont. Par le balcon et un escalier à vis, on gagne le sous-sol où s'étalent les anciennes cuisines, le chai et la salle de garde.

La Bisonnerie de Borde Basse à Mérenvielle

9,5 km au nord-est de L'Isle-Jourdain par la D 9, puis la D 42^{B} sur la droite - ✆ 05 61 06 54 47 - http://perso.wanadoo.fr/bisonnerie - ♿ - juil.-août : tlj sf sam. 10h-18h, camp Far West lun.-vend. sur réserv. au moins la veille ; reste de l'année : tlj sf sam. 14h-18h - visite guidée (1h30) dim. et j. fériés - fermé du 25 déc. au 1er janv. - 6 € (5-18 ans 4 €), suppl. camp Far West (juil.-août) 4 €.

Outre un élevage de bisons, yacks, biches, cerfs et aurochs, la bisonnerie abrite le **musée de la Ferme** où sont exposés plus de 3 000 objets rassemblés dans la région entre 1850 et 1950, répartis par catégorie de métier : bicayeur (travail de la corne), sabotier, bourrelier (cuir), tonnelier, menuisier, charron (roues), vigneron… Dans le même bâtiment, on visite aussi la chambre (collection de fers à repasser, de ciseaux et de boutons, premier meccano), la cuisine, le coin salle de bains.

Tous les ans en juin, la bisonnerie organise une grande fête western. En juillet-août, divers ateliers sont proposés aux enfants : chercheur d'or, tir au revolver, indiens, cow-boys, etc.

Champs du Gimontois, près de Fezensaguet-Sainte-Marie.

Gimont

18 km à l'ouest par la N 124. Cette bastide fondée en 1266 présente un plan caractéristique, étroitement adapté au relief d'une colline fuselée. La rue principale, qui en marque l'arête, passe en droite ligne sous la vieille halle municipale.

Église – Exemple de gothique méridional à nef unique, elle est surmontée d'une tour de brique de style toulousain. À l'intérieur, dans la première chapelle de gauche, un triptyque Renaissance représente la Crucifixion. De chaque côté du maître-autel, remarquez deux sacraires, tours Renaissance à lanternon, destinés à recevoir les saintes espèces et les reliques.

Musée cantonal – Les collections gimontoises se répartissent en deux pièces. La première, à dominante gallo-romaine, abrite aussi quelques objets médiévaux. Dans la seconde, consacrée à la paléontologie et à Édouard Lartet (avocat gersois fondateur de la science de la préhistoire), sont exposés des fossiles et des restes de mastodontes. *✆ 05 62 67 71 66 - de mi-juil. à mi-août : tlj sf lun. 10h30-12h30, 17h30-19h30, dim. 10h30-12h30 ; reste de l'année sur demande auprès de M. Lajoux (même numéro) - gratuit.*

Petit musée de l'Oie et du Canard – *Dans le même bâtiment que le restaurant et la boutique des Ducs de Gascogne.* Les deux palmipèdes sont mis à l'honneur à travers des textes, dessins et photos évoquant l'histoire de leur élevage, les variétés, la production et la consommation de foie gras. *Rond-point de Cahuzac - ✆ 05 62 67 84 75 - www.ducsdegascogne.com - tlj sf lun. 10h-11h30, 15h-18h - gratuit.*

Conservatoire de la vie agricole et rurale d'autrefois – 900 objets et outils sont rassemblés dans une maison du 19e s. Cinq pièces se visitent au rez-de-chaussée : une grande salle, une autre centrée autour de la cheminée, un atelier d'ébéniste, une serre et une cave. *R. Pierre-Marcassus - Quartier St-Éloi - ✆ 05 62 67 82 79 - visite guidée (45mn) uniquement sur RV 3-4 j à l'avance 10h-12h, 14h-18h - 4 € (-12 ans 1,50 €, 12-18 ans 2,50 €).*

L'Isle-Jourdain pratique

Adresses utiles

Office du tourisme de L'Isle-Jourdain – *Au bord du lac - 32600 L'Isle-Jourdain - ✆ 05 62 07 25 57 - www.mairie-islejourdain.com - de mi-juin à mi-sept. : 9h30-12h30, 13h30-18h30, dim. 10h-12h, 14h-18h ; reste de l'année : tlj sf dim. 9h30-12h30, 13h30-17h30.*

Syndicat d'initiative Arrats-Gimone – *83 r. Nationale - 32200 Gimont - ✆ 05 62 67 77 87 - www.ot-gimont.com - juil.-août : 10h-13h, 15h-19h, dim. 10h-12h30 ; reste de l'année : tlj sf dim. 10h-12h30, 15h-19h, sam. 10h-13h - stand sur le marché du gras nov.-mars : dim. 10h-12h.*

Se loger

⊖⊖ Chambre d'hôte Le Meillon – *32490 Monferran-Savès - 8 km à l'O de L'Isle-Jourdain par D 161, puis D 253 - ✆ 05 62 07 83 34 - 4 ch. 70 € ☕ - repas 30 €.* Alliant avec bonheur confort actuel et cachet authentique, cette demeure de caractère du 18e s. bénéficie d'une situation privilégiée au cœur d'une propriété de 150 ha. Chambres joliment décorées, salle de fitness, piscine et jacuzzi offrent l'occasion de se ressourcer.

Se restaurer

Le Relais de la Diligence – *32490 Monferran-Savès - 6 km à l'O de L'Isle-Jourdain dir. Auch par N 124 - ✆ 05 62 07 80 14 - fermé le soir - réserv. le w.-end - 11/26 €.* Bien restauré, cet ancien corps de ferme est proche d'un des chemins de Saint-Jacques. Salle rustique (climatisée), en sous-pente, où le bois et la pierre se marient agréablement. Cuisine traditionnelle. Collection de chevaux miniatures.

Que rapporter

Marchés – Le dimanche matin, de novembre à avril, à l'occasion de « la grasse matinée », les éleveurs fermiers de la région proposent canards, oies et foie gras de qualité. Un marché au gras se tient par ailleurs tous les mercredis matin, tout au long de l'année.

Événement

Festival « Escuta e Minja » – Le 1er sam. de juil., festival rock gascon (concert, banda) et gastronomie organisé pour toute la famille.

Lacaune

2 914 LACAUNAIS
CARTE GÉNÉRALE D2 – CARTE MICHELIN LOCAL 338 I8 – TARN (81)

Les amateurs de « tourisme vert » apprécieront les paysages bucoliques de Lacaune et des monts du même nom. De cette station climatique, dotée de sources thermales, qui accueille principalement des enfants, on peut partir pour des randonnées à travers les monts environnants ou dans la fraîche vallée du Gijou. Vertes prairies, parsemées d'une multitude de fleurs colorées, petits bois et bonnes odeurs de campagne sont au rendez-vous !

- **Se repérer** – Située dans le paysage accidenté des monts de Lacaune, à la limite du Parc naturel régional du Haut-Languedoc, la ville est reliée par la D 622 à Castres, à l'ouest, et à Bédarieux, à l'est.
- **À ne pas manquer** – Le lac de Laouzas.
- **Pour poursuivre la visite** – Voir aussi Castres, Albi.

Visiter

Font dels Pissaïres (fontaine des Pisseurs)

Au centre de la ville, sur la place du Griffoul, se dresse une fontaine affirmant haut et fort les vertus diurétiques des eaux de Lacaune. Un groupe de quatre jeunes gens en acier noirci surmonte deux belles vasques de pierre du 14e s.

Musée-filature Ramond

R. Rhin-et-Danube - ✆ 05 63 37 04 98 - www.lacaune.com - visite guidée (1h) juin-sept. : 15h - 2 € (-12 ans gratuit).

Dans cet établissement construit en 1841 dans le quartier de Peyruc, vous pourrez vous initier aux techniques traditionnelles du cardage et du filage de la laine.

Circuit de découverte

MONTS DE LACAUNE

46 km – 2h. Quitter Lacaune à l'est par la route des Vidals et suivre le panneau « Route touristique des Vidals à Nages ».

Roc de Montalet

Laisser la voiture sur un terre-plein au pied du roc et emprunter le chemin qui monte jusqu'au sommet. Compter 1/2h à pied AR. Après le Montgrand à l'ouest (1 267 m), le roc du Montalet (1 259 m) est le sommet le plus élevé des monts de Lacaune. On sera récompensé de l'ascension en découvrant depuis la butte, qui porte une statue de la Vierge, une **vue** intéressante au sud sur les formes

Le saviez-vous ?

La cauna, en deux mots (c'est du reste ainsi que s'écrivait traditionnellement le nom de la ville), signifie en occitan « la grotte ». Et elles sont nombreuses dans les monts de Lacaune !

Les Lacaunais exploitent les ardoisières et fabriquent des salaisons.

Lacaune a donné son nom à une race de brebis qui compte parmi les meilleures races laitières de France. Elle comprend 650 000 individus répartis entre le Tarn, l'Aveyron, l'Aude et la Lozère. La production laitière locale est acheminée vers Roquefort. Quant aux agneaux, une fois engraissés, ils font d'excellentes côtelettes et de savoureux gigots.

adoucies des monts de Lacaune, moins accidentés que les monts de l'Espinouse au sud-est (table d'orientation). Au premier plan, le barrage de Laouzas.

La route redescend jusqu'à Nages où l'on prend sur la droite la D 62 qui conduit au lac.

Lac de Laouzas

Une route construite en retrait des berges permet de faire le tour de ce lac, d'une superficie de 320 ha, et de découvrir de très agréables paysages où se succèdent bois, prés et collines se reflétant dans l'eau. À l'automne, les tapis de fougères les colorent d'une belle teinte rousse.

À **Rieu-Montagné**, une ferme a été aménagée en base de plein air par le Parc naturel régional du Haut-Languedoc. De l'autre côté du lac, le barrage-voûte sur la Vèbre, haut de 50 m, retient l'eau destinée à alimenter l'usine souterraine de Montahut, après un parcours souterrain de plus de 15 km.

Stéphane Sauvignier / MICHELIN

Une brebis de Lacaune.

Le retour vers Lacaune pourra s'effectuer par Nages où l'on poursuivra sur la D 62 jusqu'à La Trivalle. Prendre alors à gauche la D 622 vers Lacaune.

La Pierre plantée

Il s'agit d'une des nombreuses statues-menhirs qui parsèment la région de Lacaune. Haute de 4,50 m, elle indique le lieu où le prédicant protestant Corbière de La Sicarié fut tué, en 1689, quatre jours après le massacre de Saint-Jean-del-Frech. Tous les ans, le quatrième dimanche du mois d'août, des protestants se réunissent ici afin de commémorer cet événement survenu quatre ans après la révocation de l'édit de Nantes.

Lacaune pratique

Adresses utiles

Office du tourisme de Lacaune – *Pl. du Gén.-de-Gaulle - 81230 Lacaune - ✆ 05 63 37 04 98 - www.lacaune.com - de mi-juin à mi-sept. : 9h-12h30, 13h30-18h30, sam. 10h-12h, 14h-18h30 (dim. 16h30) ; reste de l'année : tlj sf dim. 9h-12h, 14h-17h, lun. 14h-17h, sam. 10h-12h, 14h-17h.*

Syndicat d'initiative du lac du Laouzas – *Plage de Rieumontagné - 81320 Nages - ✆ 05 63 37 06 01 - www.laouzas.com - juil.-août : 9h-19h30, sam. 10h-19h ; reste de l'année : tlj sf w.-end (hors mai-juin et sept.) 10h-12h, 14h-17h.*

Se loger

⊖ **Chambre d'hôte La Tranquille** – *81260 Lamontélarié - 17 km au S de Lacaune par D 607, puis D 52 - ✆ 05 63 74 56 54 - www.la-tranquille.com - ⊭ - 3 ch. 43 € ☕ - repas 15 €.* Un nom bien trouvé pour cette maisonnette, bercée par le chant des oiseaux et le murmure du ruisseau. Confortables et bien tenues, les chambres sont décorées de tableaux du propriétaire, véritable passionné. En table d'hôte, truites ou saumons de fontaine frais viennent égayer les repas en terrasse.

Se restaurer

⊖⊖ **Calas** – *4 pl. de la Vierge - ✆ 05 63 37 03 28 - fermé 15 déc.-15 janv., vend. soir, sam. midi et dim. soir d'oct. à Pâques - 15/34 € - 16 ch. 40/42 € - ☕ 6 €.* Adresse familiale menée par la famille Calas depuis quatre générations. Cuisine du terroir servie dans une confortable salle à manger : grand miroir, fresque colorée et tables bien dressées. Chambres rajeunies. Pour la détente, piscine et jardin.

Que rapporter

Maison de la Charcuterie – *3 r. Biarnès - ✆ 05 63 37 04 98 - www.lacaune.com - 15 juin-15 sept. : 10h-12h, 14h30-18h.* Découvrez l'histoire de Lacaune ainsi que l'origine et l'évolution des traditions locales en matière de charcuterie (audioguides en français, anglais et espagnol pour la visite de l'exposition). Dégustations en fin de parcours et vente de produits dans la partie boutique.

Laguiole

1 248 LAGUIOLAIS
CARTE GÉNÉRALE D1 – CARTE MICHELIN LOCAL 338 J2 – AVEYRON (12)

Bien sûr, tout le monde connaît les laguioles. Vous savez, ces très beaux couteaux à cran forcé, connus pour leurs manches de corne, de bois, d'aluminium et, plus rarement, d'ivoire... Ce sont eux qui ont fait le renom de cette petite cité aveyronnaise, qu'autrefois seules ses foires aux bestiaux animaient. Depuis, elle est entrée dans le club très fermé des villes dont le nom est passé dans le langage courant. On a beau dire, un laguiole... c'est un laguiole ! Et Laguiole alors ? Un petit village tranquille où on fabrique aussi du fromage.

- **Se repérer** – À 24 km au nord d'Espalion sur la D 921, les toits d'ardoise de la petite cité recouvrent une colline de l'Aubrac, dans un paysage particulièrement verdoyant... et reposant.
- **À ne pas manquer** – Une visite d'atelier *(voir l'encadré pratique)* pour connaître les secrets de fabrication de l'authentique laguiole.
- **Organiser son temps** – Prévoyez une halte d'au moins une demi-journée, partagée entre visites récréatives et gourmandes.
- **Avec les enfants** – Le grenier de Capou.
- **Pour poursuivre la visite** – Voir aussi Aubrac, Espalion, Mur-de-Barrez.

Le saviez-vous ?

C'est l'occitan *glèisa*, « église », qui a donné La Gleizolle (la petite église) puis, par altérations successives, La Glaiole, et enfin Laguiole... Important : pour montrer que l'on sait ce qu'est un laguiole, prononcer « layole ». C'est tout de suite mieux !

Comprendre

Le couteau – Créé en 1829 par l'artisan Pierre Calmels, le couteau de Laguiole était à l'origine un *capuchadou*, c'est-à-dire un outil à tout faire, qui fut progressivement doté d'un poinçon puis d'un tire-bouchon. Après une période de lent déclin, sa production a été relancée au début des années 1980 pour devenir aujourd'hui la première industrie du bourg. Ces dernières années ont vu se multiplier les couteliers locaux, dont les ateliers bordent aujourd'hui la presque totalité de la rue principale. Afin de clarifier une situation devenue confuse, un label « Laguiole Origine Garantie » a vu le jour.

Le fromage – Bénéficiant d'une appellation d'origine protégée (AOP), le fromage de Laguiole, à pâte pressée non cuite et à base de lait de vache cru et entier, est reconnaissable à la marque du taureau sur la croûte. Il obéit à des procédés de fabrication très précis : la phase d'affinage, en particulier, doit durer au minimum quatre mois. Ce descendant de la fourme des burons et proche parent du cantal est aujourd'hui produit par la coopérative fromagère Jeune Montagne *(voir l'encadré pratique)*.

Visiter

Musée du haut Rouergue

Se renseigner à l'office de tourisme pour les horaires et tarifs - ✆ 05 65 44 35 94.
Aménagé sur trois niveaux, il présente des outils d'artisans utilisés autrefois dans l'Aubrac ainsi qu'un **buron** reconstitué. Bâti en basalte et en granit au milieu des pâturages, le buron est le plus souvent implanté sur un terrain en pente à proximité de sources. Il est utilisé comme habitation temporaire par le *cantalès* lorsque les vaches sont à l'estive, de mai à octobre. Sous le toit de lauze, une salle fait office à la fois de pièce à vivre et de fromagerie, attenante à une cave d'affinage. Quelques burons sont encore utilisés aujourd'hui, en particulier dans les environs de Laguiole.

Aux alentours

Château du Bousquet

5 km au sud-ouest par la D 42 - ✆ 05 65 48 41 13 - visite guidée (1h30) vac. scol. : tlj sf mar. 14h30-18h30 - 5 € (8-15 ans 3 €).
Situé sur le chemin de Saint-Jacques reliant Le Puy-en-Velay à Conques, ce château du 14e s. a été édifié avec une pierre de basalte provenant d'une coulée de lave adjacente. Cette construction austère mais de fière allure, au plan très régulier (quadrilatère flanqué de six tours), a probablement été édifiée par un ordre hospitalier (peut-être les templiers, qui étaient présents à Laguiole). L'intérieur abrite un mobilier

intéressant. Remarquez la chambre du parquet, la grande salle et la cuisine gothique (classée).

Le grenier de Capou à Soulages-Bonneval

5 km à l'ouest par la D 541 ; tourner à droite avant de sortir du village - ✆ 05 65 44 31 63 - mar., jeu. et w.-end : 14h30-18h - 4,50 € (6-12 ans 2,50 €). De préférence téléphoner ; ne pas hésiter à sonner à la maison des propriétaires située en contrebas du grenier.

Ce parcours insolite vous entraîne à la rencontre des objets qui ont fait le tissu rural de l'Aubrac et convoque la mémoire des anciens : roues, pressoirs, charrettes, jougs, batteuses, intérieur d'une maison ou d'un buron, travail du sol et du grain, nids d'oiseaux... Patinés par le temps et l'usage, ces objets en bois (entre 4 000 et 5 000) sont amoureusement conservés dans le grenier de la famille Capoulade. Certains, tel le chariot du père Noël, sortent à la saison ou, pour les voitures, à l'occasion de mariages. D'autres, comme la presse à écraser la maîtresse, donnent lieu à une démonstration. Visite guidée en costume traditionnel d'auvergnat, à la fois pédagogique et ludique, interactive, pétrie d'humour et d'anecdotes. Un régal pour petits et grands.

Antonin Thuillier / MICHELIN

Le château du Bousquet.

Laguiole pratique

Adresse utile

Office du tourisme de Laguiole – *Pl. de la Mairie - 12210 Laguiole - ✆ 05 65 44 35 94 - www.laguiole-online.com - juil.-août : 10h-12h30, 14h-19h (dim. 17h) ; sept.-juin : tlj sf dim. 10h-12h30, 14h-17h - fermé 1er janv., 1er Mai, 1er nov., 25 déc.*

Visites

Visite guidée – En juillet et en août, l'office de tourisme organise des visites guidées du village (2h).

Se loger

⊖ **Hôtel Régis** – *✆ 05 65 44 30 05 - fermé 6 nov.-9 fév. - P - 24 ch. 43/75 € - ☕ 6 € - restaurant 23 €.* Ce relais de diligences du 19e s., niché au cœur de la petite cité aveyronnaise, abrite des chambres au décor actuel et une agréable piscine sur l'arrière. Salle à manger agrémentée d'un beau plafond peint datant du début du 20e s. ; carte régionale.

⊖ **Auberge du Moulin** – *12210 Soulages-Bonneval - ✆ 05 65 44 32 36 - fermé vend. soir d'oct. à juin sf vac. scol. - P - 12 ch. 25/31 € - ☕ 4,50 €.* Champêtre et d'un confort modeste, l'adresse occupe un vieux moulin haut perché. Petite chambres sobres ; certaines donnent sur une cascade. Baignade aménagée à proximité. Une simplicité de bon aloi anime le restaurant où l'on propose les plats du pays.

Se restaurer

⊖ **Hôtel-restaurant L'Aubrac** – *17 allée de l'Amicale - ✆ 05 65 44 32 13 - www.hotel-aubrac.fr - 31 ch. 41/78 € - restaurant 10,50/27 €.* Maison familiale dotée de chambres confortables et bien équipées. Terrasse couverte et bien ombragée. La carte du restaurant célèbre les produits du cru : pièce de bœuf, aligot, etc.

⊖⊖⊖⊖ **Michel Bras** – *6 km à l'E de Laguiole par D 15 - ✆ 05 65 51 18 20 - www.michel-bras.fr - fermé mar. midi et merc. midi sf juil.-août et lun. - 103/162 €.* Cette abbaye de Thélème futuriste semble égarée parmi les rudes paysages de l'Aubrac. Face à la nature, grandes chambres au décor contemporain épuré. Cuisine du terroir hautement inspirée servie dans une salle de restaurant design et panoramique.

Que rapporter

Jean Bringuier – *11 r. de la Violette - ✆ 05 65 44 31 15 - tlj sf dim. apr.-midi et lun. apr.-midi 7h30-18h30, dim. et lun. 7h30-12h30.* On se transmet les rênes de cette maison de père en fils depuis le début du 20e s. Vous y trouverez, côté boucherie, des viandes issues d'élevages régionaux et, côté charcuterie, des jambons de pays, saucisses, saucissons et autres spécialités locales comme le Fricandeau ou le Pastre. Un choix de fromages, de conserves artisanales et de condiments complètent l'offre.

Coopérative fromagère Jeune Montagne – *✆ 05 65 44 35 54 - juil.-août : 8h-19h, dim. et j. fériés 9h-13h, 14h-18h ; sept.-juin : 8h-12h, 14h-18h, dim. et j. fériés 9h-12h.* Une adresse incontournable que cette coopérative fromagère, où l'on produit le fromage de Laguiole AOC, l'aligot et la tomme fraîche de l'Aubrac. Visites gratuites : projection vidéo, galerie vitrée avec vue sur l'atelier de fabrication et la cave d'affinage. Dégustation et vente sur place.

Forge de Laguiole – *Rte de l'Aubrac - ✆ 05 65 48 43 34 - www.forge-de-laguiole.com - juil.-août : 9h-19h ; avr.-juin, sept.-oct. : tlj sf dim. 9h-12h, 13h30-18h30 ; reste de l'année : tlj sf dim. 9h-12h, 13h30-18h, sam. 9h-12h.* Cette société, créée en 1987, associe tradition et modernité. On y retrouve tout le savoir-faire d'origine appliqué à des produits actuels, tandis que la coutellerie d'art bénéficie de l'attention particulière d'un Meilleur Ouvrier de France. Visite libre des ateliers aux heures d'ouverture de la boutique.

La coutellerie de Laguiole – *Zone artisanale La Poujade - ✆ 05 65 51 23 47 - www.layole.com - ♿ - tlj sf dim. (hors juil.-août) 9h-12h, 14h-19h, ateliers à 11h, 11h30, 15h45 et 17h - gratuit, 3,50 € (-12 ans gratuit) musée.* Si l'on vient y faire des emplettes, on peut aussi visiter les ateliers de cette coutellerie artisanale. Pour tout comprendre du processus de fabrication, apprendre à reconnaître le vrai du faux, et assister à une démonstration par un coutelier. Dans le musée attenant sont exposés les outils de différents corps de métier : sabotier, relieur, charron, tonnelier, tailleur de pierre, couvreur, cordonnier… et une collection de Laguiole anciens. Installé dans un coin du musée, un forgeron fabrique devant vous l'acier damas utilisé pour les couteaux de collection.

Le Couteau de Laguiole – *8 r. de la Vergne - pl. du Nouveau-Foirail - ✆ 05 65 48 45 47 - tlj sf dim. 8h-12h, 13h30-19h, sam. sur RV d'avr. à nov.* Créée en 1985, cette fabrique artisanale a relancé la coutellerie à Laguiole. Entièrement fait à la main, le laguiole se caractérise par un manche en corne ou en bois, une lame en acier et une forme qui évoque celle de l'espadon. Visite des ateliers et vente en magasin.

Sports & Loisirs

Ski de fond – Située à plus de 1 000 m d'altitude, Laguiole, la « capitale de la montagne », est aussi une station de sports d'hiver, rattachée à l'espace nordique des monts d'Aubrac, fort appréciée des adeptes du ski de fond.

Henri Mouret - guide de pêche – *Le Quié - 12210 La Terrisse - ✆ 05 65 48 40 43 ou 06 89 58 61 38.* Stages et cours (diverses techniques de pêche).

Libert'ânes – 👪 - *Camplo - 12210 Montpeyroux - ✆ 05 65 44 69 78 - libertanes@wanadoo.fr.* Partez en randonnée les mains dans les poches et laissez les ânes porter vos bagages. Pour une balade de 2h à plusieurs jours, vous découvrirez les charmes de la région en compagnie d'un animal serviable et sympathique. Les enfants adorent ! Haltes possibles en gîte ou en camping.

Lautrec

1 554 LAUTRECOIS
CARTE GÉNÉRALE C2/3 – CARTE MICHELIN LOCAL 338 E8 – TARN (81)

Ce petit village médiéval perché sur une colline, qui fut autrefois une ancienne place forte, est aussi réputé pour sa production d'ail rose… Cette bastide, qui sut s'enrichir à la grande époque de la production du pastel, est également le berceau de la famille du peintre Henri de Toulouse-Lautrec.

- **Se repérer** – Village perché, Lautrec est situé sur la D 83 à 15 km au nord-ouest de Castres et à 15 km au sud de Graulhet. C'est en arrivant de Graulhet que l'on découvre la plus belle vue d'ensemble sur le village (parking et panorama en bordure de la route).
- **À ne pas manquer** – La vue sur le village depuis le calvaire de la Salette.
- **Organiser son temps** – En été, calez votre passage sur les fêtes gourmandes du mois d'août.
- **Pour poursuivre la visite** – Voir aussi Graulhet, Castres.

Le saviez-vous ?

On trouve en occitan *l'autreg* qui signifie « l'octroi » : est-ce à dire qu'une dîme était perçue à Lautrec ? Cela n'aurait rien d'étonnant pour une cité qui se trouvait jadis à la limite des possessions du comte de Toulouse et de celles de Trencavel !

L'ail rose, remarquable tant pour son goût que pour ses qualités de conservation, a permis aux Lautrecois de recevoir le « label rouge » de qualité pour leur production annuelle de 4 000 tonnes !

Henri de Toulouse-Lautrec, s'il n'a jamais mis les pieds à Lautrec (né à Albi, il est mort au château de Malromé, en Gironde), n'en est pas moins un descendant direct des vicomtes de Lautrec, dont il a d'ailleurs gardé le nom.

Se promener

Lautrec étage ses maisons à colombages et à encorbellement sur un éperon rocheux qui émerge, verdoyant, au cœur du village, avec la petite colline de la Salette. Les fortifications (13e s.) qui protégeaient en totalité la bastide conservent de beaux vestiges, dont la **porte de la Caussade**.

On accède à l'intérieur des remparts par la rue du Mercadial. Immédiatement à gauche, un ancien couvent de bénédictines abrite l'office de tourisme et le **Musée archéologique** où on peut voir des objets trouvés lors de fouilles effectuées dans la région, ainsi que quelques documents historiques locaux. *05 63 75 95 14 - de mi-juin à mi-sept. : 15h-18h - 2 € (-14 ans gratuit).*

Au delà de la jolie place des Halles (15e-17e s.), la **collégiale Saint-Rémy** est ornée d'un retable en marbre au maître-autel. Derrière son chevet, l'**Atelier du sabotier** permet de découvrir cet ancien métier grâce à l'outillage alors en usage - *05 63 75 31 40 - se renseigner à l'office de tourisme - gratuit.*

Une rue à gradins monte jusqu'au **moulin à vent**, qui fonctionne toujours (démons-

Antonin Thuillier / MICHELIN

Aux environs de Lautrec, un paysage vallonné, aussi harmonieux que paisible.

trations) - *☏ 05 63 75 31 40 - se renseigner à l'office de tourisme - 2 € (-8 ans gratuit).*
De là, un **sentier botanique** mène au **calvaire de la Salette** qui, sur le site du château aujourd'hui disparu, domine le village et offre une vue étendue à l'est sur les monts de Lacaune, au sud sur la Montagne noire et à l'ouest sur la plaine que traverse l'Agout.

Lautrec pratique

Adresse utile

Office du tourisme de Lautrec – *R. du Mercadial - 81440 Lautrec - ☏ 05 63 75 31 40 - http://ot.lautrec.free.fr - de mi-juin à mi-sept. : tlj sf dim. mat. 10h-12h30, 14h30-18h30 ; de mi-sept. à mi-juin : tlj sf dim. mat. et lun. mat. 10h-12h, 14h-17h - fermé janv., 1er Mai et 25 déc.*

Visite

Circuit des cartes postales – L'office de tourisme a mis en place un parcours jalonné d'agrandissements de cartes postales anciennes : la comparaison entre le Lautrec d'hier et celui d'aujourd'hui est passionnante !

Se loger

⊖⊖ Chambre d'hôte La Terrasse de Lautrec – *R. de l'Église - ☏ 05 63 75 84 22 - www.laterrassedelautrec.com - avr.-oct. - ⊭ - 3 ch. 60/90 € ☕ - repas 20 €.* La façade côté rue passerait presque inaperçue ! En revanche, les surprises abondent en entrant dans cette demeure du 17e s. Une superbe salle à manger avec rosaces et fresque au plafond, un salon paré de papiers peints de 1810, et un jardin à la française avec vue imprenable sur les coteaux. Grandes chambres.

Se restaurer

⊖ Le Moulin Gourmand – *Rte de Castres - ☏ 05 63 75 30 13 - 11 € déj. - 17/35 €.* Le restaurant, construction contemporaine circulaire située sur la route de Castres, emprunte son nom à un proche moulin à vent toujours en activité. L'adjectif gourmand qui complète l'enseigne n'est pas usurpé : le chef mitonne une goûteuse cuisine traditionnelle, portant une attention toute particulière à la fraîcheur et à la qualité de ses produits.

Que rapporter

Ail rose de Lautrec - Carayol et fils – *GAEC des Blanquières - ☏ 05 63 75 95 65 - contact@ailrose.com - accueil à la ferme possible tlj sf jeu. sur RV.* Cette exploitation familiale cultive, depuis 1930, 4 ha d'ail rose, qu'elle vend au détail ou sous forme de « manouille » (hampes d'ail tressées entre elles). Par ailleurs, la famille tient un stand sur les marchés de Lautrec et de Castres. Accueil très sympathique.

Sports & Loisirs

Base de loisirs Aquaval – *Rte de Vielmur - ☏ 05 63 70 51 74 - cdcdulautrecois@wanadoo.fr - juil.-août : 10h-20h ; juin : 10h-17h, w.-end 10h-20h - fermé de déb. sept. à mi-juin - 3,50 € (enf. 2,50 €).* Aquaval, c'est avant tout un parc aquatique avec des plages, un grand toboggan, une cascade, un bassin de natation… Mais c'est aussi un espace de jeux avec boulodrome, minigolf, beach-volley et jeux pour enfants.

Événements

Fête de l'ail – Dans la capitale de l'ail rose, rien d'étonnant qu'une fête soit consacrée à ce prestigieux produit le premier vendredi d'août : marché à l'ail et aux produits du terroir, concours de sculpture sur ail et dégustation de soupe à l'ail animent la cité qui se réunit, le soir venu, autour d'un cassoulet géant au confit de canard…

Fête du pain – Le 15 août, on pourra visiter une mini-ferme, assister à la fabrication de la farine au moulin, au pétrissage de la pâte et enfin participer à la dégustation. Vente de pains spéciaux et de pâtisseries locales. Danses folkloriques et animations pour les enfants.

Lavaur

8 537 VAURÉENS
CARTE GÉNÉRALE C2/3 – CARTE MICHELIN LOCAL 338 C8 – TARN (81)

Lavaur conserve, dans ses quartiers anciens, le charme des petites villes languedociennes écrasées de soleil où le temps semble s'être figé. Autrefois défendue par le château de Plo, dont quelques pans de murs subsistent, elle a protégé les cathares…

- **Se repérer** – Sur la rive gauche de l'Agout, entre Lauragais et Albigeois, Lavaur se situe à un carrefour de routes qui la relient à Toulouse, Castres et Montauban.
- **À ne pas manquer** – Le jacquemart de la cathédrale Saint-Alain.
- **Organiser son temps** – Prévoyez une demi-journée de balade.
- **Avec les enfants** – Les jardins de Martel à Giroussens ; le chemin de fer touristique à Saint-Lieux-lès-Lavaur.
- **Pour poursuivre la visite** – Voir aussi Graulhet, Gaillac, Toulouse.

Se promener

Cathédrale Saint-Alain★

Elle succède à un premier édifice roman qui, détruit en 1211, fut reconstruit en brique en 1254.

Sur la façade sud, au sommet d'une tour romane au soubassement de pierre, un **jacquemart** en bois peint frappe les heures et les demies. Le mécanisme et la cloche datent de 1523. Une terrasse permet de faire le tour de l'édifice et d'admirer le chevet qui domine l'Agout.

L'intérieur, avec son imposante nef unique (13e et 14e s.) et son abside (15e s.-16e s.) à sept pans, plus basse et plus étroite que la nef, est de style gothique méridional.

La porte romane par laquelle on accède à la première chapelle de droite est un vestige de l'édifice primitif : remarquez les chapiteaux des colonnettes, décorés de scènes de l'enfance du Christ. Dans la troisième chapelle, un enfeu flamboyant abrite une Pietà en bois du 18e s. et un lutrin de la même époque. Dans le chœur, la table d'autel en marbre blanc du 11e s. (école de Moissac) provient de Sainte-Foy, la plus ancienne église de Lavaur. L'orgue du 16e s. a été restauré au 19e s. par Cavaillé-Coll. Par le côté ouest de la nef, pénétrez sous le porche situé sous le clocher octogonal : un portail flamboyant, endommagé lors des guerres de Religion, puis pendant la Révolution, porte au trumeau la statue de saint Alain et, au linteau, l'Adoration des Mages.

> **Le saviez-vous ?**
>
> Le nom de Lavaur est un indice du passage des Gaulois dans la région : le terme *vabero* (« ruisseau ») a donné en occitan *vaur* qui a pris le sens de « ravin ».
>
> En mars 1211, la cité qui protégeait les cathares fut assiégée par les troupes de Simon de Montfort. Une habitante du nom de **dame Guiraude**, aidée de 80 chevaliers, organisa la résistance de la cité qui ne se rendit qu'après deux mois de siège, le 3 Mai 1211. Ce fut alors le massacre : les chevaliers furent pendus et les hérétiques brûlés. Quant à dame Guiraude, elle fut précipitée dans un puits que l'on combla de pierres.

Jardin de l'Évêché

Dessiné à l'emplacement de l'ancien évêché sur une terrasse dominant l'Agout, ce jardin ombragé de cèdres séculaires est un lieu de promenade très apprécié des Vauréens comme des visiteurs. Au 19e s., on y érigea une statue d'**Emmanuel de Las Cases** (1766-1842). Né à Blan près de Lavaur, il doit sa célébrité au fait d'avoir été un des compagnons de Napoléon Ier à Sainte-Hélène. C'est lui qui recueillit sous la dictée de l'empereur déchu le *Mémorial de Sainte-Hélène*, qui fut l'un des « best-sellers » du 19e s. Jolie vue sur l'Agout et, à gauche, sur le pont Saint-Roch (1786).

Église Saint-François

Située dans la rue principale, cette église, édifiée en 1328, et qui ne manque pas d'élégance, était, avant la Révolution, la chapelle du couvent des cordeliers, installés à Lavaur en 1220 par Sicard VI de Lautrec, baron d'Ambres. À droite de l'entrée, remarquez une belle maison de brique et de bois.

Aux alentours

Saint-Lieux-lès-Lavaur

10 km au nord-ouest par la D 87 et la D 631 à gauche. Cette charmante localité de la vallée de l'Agout est le point de départ de la ligne du **chemin de fer touristique du Tarn** qui propose des promenades en train à vapeur jusqu'à Giroussens. *✆ 05 61 47 44 52 - www.cftt.org - de déb. août à mi-août : tlj - dép. de Saint-Lieux : 14h30, 15h30, 16h30 et 17h30 (w.-end et lun.) ; de mi-juil. à fin juil. et de mi-août à fin août : w.-end, lun. et mar. ; de Pâques à mi-juil. et sept.-oct. : dim. et j. fériés ; - 5 € (enf. 4 €).*

Lavaur pratique

Adresses utiles

Office du tourisme de Lavaur – *Quai de la Tour-des-Rondes - 81500 Lavaur - ✆ 05 63 58 02 00 - www.ville-lavaur.fr - tlj sf dim. et lun. 9h-12h, 14h-18h - Point accueil à la cathédrale en juil.-août : tlj sf lun. 10h-12h30, 15h-18h30, dim. 15h-18h.*

Office du tourisme de Saint-Sulpice-la-Pointe – *Parc Georges-Spénale - 81370 St-Sulpice - ✆ 05 63 41 89 50 - www.ville-saint-sulpice-81.fr - 15h-19h.*

Jardin des Martels★ à Giroussens

9 km au nord-ouest par les D 87 et D 631. ✆ 05 63 41 61 42 - www.jardinsdesmartels.com - ♿ - mai-août : 10h-18h (dim. et j. fériés 19h) ; de mi-mars à fin avr. et sept.-oct. : 13h-18h, dim. et j. fériés 11h-18h - fermé de déb. nov. à mi-mars - 6,50 € (enf. 4 €).

Ce joli jardin à l'anglaise mêle pièces d'eau couvertes de nymphéas, massifs fleuris, sous-bois… Une miniferme ravira les enfants.

Nénuphars et iris au jardin des Martels.

Saint-Sulpice-la-Pointe

11 km au nord-ouest par la D 630. Cette bastide est dominée par les ruines du château du Castela. Sous ces vestiges, on peut visiter les 142 m du **souterrain du Castela** et ses quatre salles où est retracée l'histoire de ceux qui l'utilisèrent au cours des siècles, des faux-monnayeurs aux fileurs de laine. *✆ 05 63 41 89 50 - www.ville-saint-sulpice-81.fr - ♿ - visite guidée (40mn) juil.-sept. : 15h-19h ; reste de l'année : sur demande - 3 € (-10 ans 1,50 €).*

À proximité, allez jeter un coup d'œil à l'église du 14e s. que fit bâtir Gaston Fébus, comte de Foix-Béarn. Imposant clocher-mur de 40 m de haut.

Lectoure★

3 933 LECTOUROIS
CARTE GÉNÉRALE B2 – CARTE MICHELIN LOCAL 336 F6 – GERS (32)

Ancien oppidum des Lectorates, capitale des Armagnacs puis de la Lomagne, Lectoure occupe un site★ remarquable dominant la vallée du Gers et les coteaux lomagnois. Ce petit bourg perché sur un promontoire calcaire recèle, au gré de ses ruelles, de belles maisons de pierre, des terrasses, des jardins avec fontaines et palmiers. On y cultive à nouveau le pastel, dont le bleu a fait la renommée et la richesse du pays du Cocagne. Voilà un très bon port d'attache pour explorer la terre gasconne !

Se repérer – À 24 km au nord d'Auch, la capitale de la Lomagne s'étire sur un promontoire gardant la vallée du Gers, entre la tour de la cathédrale et les vestiges de l'ancien château des comtes d'Armagnac (englobés dans un hôpital), à l'extrémité de l'éperon.

À ne pas manquer – La vue depuis la promenade du Bastion ; les autels tauroboliques du Musée lapidaire.

Organiser son temps – La région de Lectoure regorge de châteaux et d'églises à visiter, de villages ou de hameaux à traverser... Prévoir d'y passer un week-end.

Avec les enfants – La Ferme des étoiles à Fleurance. Lectoure a obtenu le label Famille plus *(voir p. 42)*.

Pour poursuivre la visite – Voir aussi Condom, La Romieu, l'abbaye de Flaran, Beaumont-de-Lomagne.

Se promener

Promenade du Bastion

Accès par la rue Nationale ; la promenade se situe entre l'avenue André-Magne et le chemin de Saint-Clair. Sous ses ombrages se dresse la statue en marbre blanc du maréchal Lannes. De la terrasse, la **vue★** se dégage sur la vallée du Gers en direction d'Auch et, par temps clair, sur les Pyrénées.

Cathédrale Saint-Gervais-Saint-Protais

Édifiée au 13e s., elle fut mutilée lors du siège de la ville par Louis XI en 1473, puis pendant les guerres de Religion. De style composite, elle garde dans son aspect actuel les traces de plusieurs remaniements. Pour l'anecdote, sa flèche élevée en 1500 à 90 m de haut, fut démolie en 1782 par un évêque lassé de la charge de son entretien. À l'intérieur, les maîtres d'œuvres qui se succédèrent jusqu'au 18e s. ont respecté, dans l'ensemble, la structure et le décor gothiques. La nef unique, séparée du chœur par un arc triomphal et flanquée d'étroites chapelles, reste dans la tradition du gothique du Sud-Ouest, malgré l'ajout au 17e s. de tribunes à balustres. Elle contraste avec le chœur, dont le déambulatoire rappelle les cathédrales du Nord ; les trois chapelles du chevet, éclairées de baies jumelées à remplages flamboyants, en sont les parties les plus anciennes (16e s.).

Ancien palais épiscopal

La résidence des évêques de Lectoure date du 17e s. Devenue propriété du maréchal Lannes, elle fut cédée à la ville après sa mort en 1809. Un temps siège de la sous-préfecture, c'est aujourd'hui l'hôtel de ville. À voir au rez-de-chaussée : la reconstitution d'une **pharmacie** du 19e s., les **salles Lannes et Boué de Lapeyrère** (belle cheminée Renaissance) consacrées respectivement au souvenir du maréchal d'Empire et de l'amiral castourois commandant de la flotte anglo-

Le saviez-vous ?

La Lactora du 14e s. a donné en occitan Leitora et en français Lectoure. Le tout venant d'un préfixe lac- (ou lec-) désignant un plateau découpé.

Il n'est pas rare qu'un coup de pioche ou de bulldozer fasse surgir quelque tesson ou monnaie, héritage de la cité romaine de la vallée ou de l'oppidum gaulois du promontoire. Refusant à la christianisation, Lectoure resta jusqu'au 6e s. un haut lieu du paganisme où se pratiquait le culte de Cybèle, la « Grande Mère ». En témoignent les fameux autels tauroboliques *(voir le Musée lapidaire)*. Le néophyte y était aspergé du sang d'un taureau ou d'un bélier, immolé au-dessus de lui. Les vestiges de ce culte païen furent découverts sous le chœur de la cathédrale.

Lectoure domine les doux vallonnements de la Lomagne.

française en Méditerranée en 1914 *(mêmes conditions de visite que le Musée lapidaire situé dans les caves)*. Un escalier de pierre pourvu d'une jolie rampe en fer forgé du 18e s. mène à la salle des Illustres où sont suspendus les portraits de Lectourois célèbres, dont celui de Lannes.

En quittant le bâtiment par l'ancien jardin de l'évêché, on découvre, de la terrasse, dominant un bastion occupé par une piscine magnifiquement située, une belle vue sur la vallée et les Pyrénées.

Fontaine Diane

La vieille rue Fontélie, bordée de maisons dans les tons ocre, descend jusqu'à la fontaine Diane du 13e s., fermée par une grille en fer forgé du 15e s.

Visiter

Musée lapidaire★

Pl. du Gén.-de-Gaulle - ✆ 05 62 68 70 22 - www.gers-gascogne.com - tlj sf mar. 10h-12h, 14h-18h - fermé janv. et j. fériés - 3 € (enf. gratuit), gratuit 1er dim. du mois (nov.-mars).
Dans les caves de l'ancien palais épiscopal, il abrite des collections de préhistoire et d'archéologie. On ne manquera pas l'unique ensemble de 20 **autels tauroboliques** (sur les 40 identifiés en France). Témoins des cultes voués à Jupiter et à Cybèle, ces tauroboles portent sur la face principale une inscription commémorative et, sur les côtés, une tête de taureau ou de bélier ainsi que divers objets cultuels. On suivra au cours de la visite l'évolution des traditions funéraires : puits à incinération gaulois du 1er s., sarcophages chrétiens de brique, puis, à partir du 5e s., de pierre ou de marbre, tel celui en marbre des Pyrénées à décor de pampres de vigne et de chevrons, caractéristique de l'école de sculpture d'Aquitaine, nécropoles mérovingiennes contenant un mobilier funéraire, dont de belles plaques-boucles de ceinturon en bronze argenté ou émaillé. Dans la salle des mosaïques sont exposés des fragments polychromes à décor géométrique ou floral, dont un, provenant de Montréal, représente le dieu Oceanus. Enfin, la vie quotidienne à l'époque romaine est évoquée par un four de potier, des céramiques sigillées ou à parois minces, des vases carénés, des verres, des bronzes et des monnaies.

Aux alentours

Fleurance

10 km au sud par la N 21. Bastide du 13e s. qui doit son prestige et son nom à Florence, la cité toscane. Elle a conservé son plan géométrique (en triangle) ainsi que le quadrillage régulier de ses rues, signes de sa vocation au commerce. Au centre, la halle voûtée (abritant les services municipaux) fait corps avec une majestueuse construction en pierre. L'**église Saint-Laurent**, édifiée en pierre de taille et en brique, est un bel exemple de gothique méridional avec son imposante façade dominée par un clocher octogonal sur trois niveaux (apparenté au style toulousain), et percée par un portail à voussures flanqué d'enfeus à gâbles et crochets. Une série d'arcades brisées en pierre

Le maréchal Lannes

Sous les ombrages de la promenade du Bastion se dresse la statue du maréchal Lannes, né à Lectoure en 1769. Cet apprenti teinturier s'était engagé comme simple soldat en 1792. Son courage (on le surnommait « le Roland de l'armée ») et son autorité le firent remarquer au point qu'il ne lui fallut que trois ans pour devenir général. Après avoir participé aux campagnes d'Italie et d'Égypte et soutenu Bonaparte lors du coup d'État du 18 brumaire, il fut nommé maréchal en 1804, se distingua à Austerlitz, Iéna, Eylau et Friedland et reçut le titre de duc de Montebello, peu avant d'être mortellement blessé lors de la bataille d'Essling en 1809. Une belle carrière pour celui dont Napoléon dira, en guise d'oraison funèbre : « Je l'ai pris pygmée, je l'ai perdu géant. »

et en brique fait le tour de l'édifice (sauf à l'ouest). À l'intérieur, de plan basilical et dépourvu de transept, on remarque les trois vitraux Renaissance de l'abside, œuvre d'Arnaud de Moles, l'auteur des vitraux de la cathédrale d'Auch. Le chœur au chevet polygonal date de 1300. Dans la chapelle Saint-Jean *(collatéral gauche)*, remarquez la Vierge de Fleurance, Vierge à l'Enfant en pierre du 15e s.

Depuis plusieurs années, Fleurance s'affirme comme un grand pôle d'astronomie de loisirs grâce à la **Ferme des étoiles**, son jardin astronomique et son dôme d'observation. *Soirées, week-ends et séjours de découverte du ciel - ✆ 05 62 06 09 76 - www.fermedesetoiles.com*

Château de Latour

Depuis Fleurance, emprunter la D 654 vers l'est et tourner rapidement à droite dans la D 105. Laisser Céran sur la gauche et continuer tout droit sur la D 241 jusqu'à Miramont-Latour - ✆ 05 62 62 27 99 - visite guidée (1h30) juil.-août : jeu.-dim. 15h-19h ; juin et sept. : dim. 15h-19h - 4 € (-12 ans gratuit).

Dans cette seigneurie du 13e s., berceau de mousquetaires, le propriétaire vous mène à la rencontre de la vie rurale, à travers les dépendances où sont regroupés divers objets. Admirez aussi le pigeonnier et, dans le village, le retable en pierre du 17e s.

Terraube

8 km au sud-ouest de Lectoure par la D 7, puis la D 42. Un charmant petit village de pierre blonde, perché avec son église et son château du 13e s., jadis propriété d'Hector de Galard *(voir p. 65)*. Les deux monuments ne se visitent pas, mais une belle balade est possible autour des remparts.

Circuit de découverte

CHÂTEAUX ET VILLAGES DE LOMAGNE

121 km - environ 3h30. Quitter Lectoure au nord par la N 21 puis prendre à gauche la D 219.

Castéra-Lectourois

L'unique rue du village s'étire sur un promontoire au-dessus de la vallée du Gers. Elle mène à une terrasse panoramique où s'élève, à droite, une église du 15e s. au beau portail surmonté d'un arc à fleurons.

Prendre le chemin en sens inverse pour regagner la N 21, que l'on prend à gauche. Tourner dans la première route à gauche.

Château de la Cassagne

✆ 05 62 68 83 24 - visite guidée (3h à 4h) sur demande 1 j. av. 15h-18h - fermé dim. Pâques, 1er nov. et de mi-nov. à fin mars - 4 € (enf. 3 €).

Bâti dans un parc à l'anglaise, ce château conserve, au 1er étage du corps de logis du 17e s., une curiosité. Il s'agit de la grande salle des chevaliers de Malte dont le décor peint par Matteo d'Aleccio, grand admirateur de Michel-Ange, est la réplique de celui de la salle du Grand Conseil des chevaliers de Saint-Jean-de-Jérusalem à La Valette. Les tableaux relatent le Grand Siège de 1565, lorsque les chevaliers de l'ordre réussirent à contrer la flotte ottomane de Soliman le Magnifique.

Prendre de nouveau la N 21 vers la gauche.

Sainte-Mère

Résidence des évêques de Lectoure jusqu'à la Révolution, le château gascon du 13e s. faisait partie de la défense de la ville, ainsi que la tour (actuel clocher de l'église), vestige de l'ancienne enceinte.

Poursuivre au nord la N 21, avant de prendre à droite une petite route vers Gimbrède.

Gimbrède

Une belle rangée de maisons à colombages en encorbellement borde la place de l'église de ce petit village créé au 13e s.

Redescendre sur la D 19 que l'on prend à gauche.

Miradoux

Miradoux tient à la fois du castelnau et de la bastide. Édifié sur la crête de la colline (d'où le nom de la cité, *mirador*, le lieu d'où l'on voit), la ville s'est développée au 13e s. à la manière des bastides. Une flânerie dans le village sera l'occasion de découvrir de belles maisons en calcaire, la halle du 16e s., adossée à l'hôtel de ville et recouverte d'une jolie charpente en bois, l'**église** Saint-Orens, aux proportions massives, construite à la fin du 15e s. à l'emplacement du château.

À l'entrée de Miradoux, la D 953, sur la gauche, rejoint Flamarens.

Flamarens

Ce petit village, dont le nom témoigne de l'implantation wisigothique dans la région toulousaine, possède un **château** gascon longtemps laissé à l'abandon avant d'être restauré. Le donjon flanquant le corps de logis, les mâchicoulis et le chemin de ronde qui cerne les parties hautes confèrent à l'ensemble un aspect martial. *Visite guidée (45mn) juil.-août : tlj sf mar. 10h-12h, 15h-19h - 5 € (-13 ans gratuit).*
En face, l'église du 15e s. dresse son clocher-mur que flanque une tourelle.

Poursuivre sur la D 953, puis prendre la D 88 à droite. Elle rejoint la D 11 que l'on emprunte à gauche.

Auvillar

Cette ville close au charme intemporel fut jadis animée par trois industries : la batellerie, la fabrication de plumes d'oie (ancêtres de nos stylos) et la faïence, comme en attestent quelques pièces exposées au **musée de la Faïence**. *✆ 05 63 39 89 82 (office de tourisme) - www.auvillar.com - mai-oct. : tlj sf mar. 14h30-18h30 ; nov.-avr. : w.-end et j. fériés 14h30-17h30 - 2 € billet combiné avec le musée de la Batellerie.*
La tour de l'Horloge donne accès à la vieille ville et à son adorable **place de la Halle★**, triangulaire et bordée de maisons de brique. Au centre se dresse la halle en rotonde reposant sur des colonnes toscanes. L'esplanade dégagée à l'emplacement de l'ancien château offre une vue agréable sur les villages, églises et châteaux de la vallée de la Garonne, entre les coteaux d'Agen et de Montech (table d'orientation). Ancien prieuré bénédictin dépendant de l'abbaye de Moissac, l'église Saint-Pierre fut restaurée au 19e s. mais laisse paraître une partie de l'édifice roman d'origine.

Redescendre vers le sud par la D 11.

Lachapelle

Posé au sommet d'une colline dominant la vallée de l'Arrats, Lachapelle concentre ses habitations autour du château du 11e s., dans lequel s'insère l'église Saint-Pierre. L'intérieur de celle-ci offre une surprenante décoration baroque, aux allures de théâtre italien, dont l'élément le plus marquant est une triple rangée de tribunes. Due à Maraignon Champaigne, menuisier ébéniste de Lectoure (18e s.), cette déco-

La halle ronde d'Auvillar.

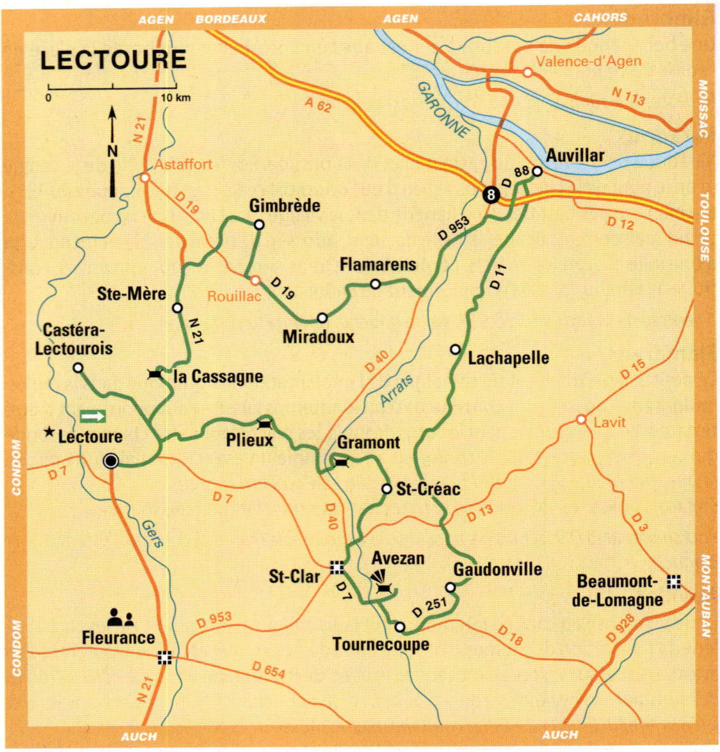

ration comprend notamment des boiseries sculptées et peintes, des moulures, des pilastres… Remarquez, dans le mobilier, la statue de sainte Quiterie (16e s.) ainsi qu'une Vierge à l'Enfant du 18e s. *✆ 05 63 94 12 28 (Robert Bourges) - juil.-août : 10h-12h30, 14h-18h30 ; mai-juin et sept.-oct. : 14h-18h ; nov.-avr. : sur demande 14h-17h.*

Continuer sur la D 11, passer Marsac et bifurquer à gauche vers Saint-Martin-de-las-Oumettes (on rejoint la D 13). Traverser Saint-Martin et emprunter la D 170 vers Castéron, puis la D 251.

Gaudonville

Village d'origine gallo-romaine qui n'a conservé de ses fortifications que la porte surmontée d'une tour construite au 13e s. Presque en face se dresse l'église Saint-Michel reconstruite au 15e s. Elle présente un clocher-mur de cinq arcades dont seulement deux sont garnies de cloches. À la sortie de Gaudonville, le chemin sur la droite en direction de Saint-Clar conduit à Notre-Dame de Tudet, le plus ancien lieu de pèlerinage gascon, célèbre depuis le 12e s.

Gagner Tournecoupe par la D 251, puis la D 7.

Tournecoupe

Une anecdote retrace l'origine du nom. Louis XI, en visite chez le seigneur de Pressac, aurait retourné sa coupe, vexé par la réponse arrogante à ses compliments sur le vin : « Sire, j'en ai de meilleurs, répondit le seigneur, mais je les réserve à mes vrais amis. » Juché sur un promontoire rocheux dominant la vallée de l'Arrats, le village s'est construit au 13e s. autour d'un château dont il ne reste que les remparts et la chapelle. Celle-ci fut transformée en église paroissiale au 19e s. Elle possède un clocher octogonal à base carrée, une nef unique sans transept, un chœur pentagonal et des stalles du 17e s.

Traverser la D 7 pour rejoindre la petite route qui relie Tournecoupe à Avezan.

Château d'Avezan

✆ 01 43 25 80 80 - visite guidée (30mn) avr.-oct. : 11h-17h - 3 € (enf. 1,50 €).
Édifiée au 13e s. sur un site de hauteur, cette forteresse gasconne a conservé son donjon d'origine, le corps de logis ajouté au 14e s. et les constructions du 17e s. Du chemin de ronde, admirez la vue sur la vallée de l'Arrats et le village de Saint-Clar.

Gagner la D 7 vers Saint-Clar.

Saint-Clar

C'est l'apôtre saint Clair, martyrisé à Lectoure, qui est à l'origine du nom de cette bastide, créée en 1274 par acte de paréage entre le roi d'Angleterre et l'évêque de Lectoure. Sa particularité est de posséder deux places à couverts : la place de la République, où se dresse l'église néogothique, et la place de la Mairie, ornée en son centre d'une belle halle à piliers de bois, surmontée d'un clocheton. Capitale de l'ail gersois *(voir l'encadré pratique)*, Saint-Clar tient également une place importante dans l'économie du département (melons, fraises, tournesols et volailles). Si l'école, fermée en 1950, est aujourd'hui devenue le **musée de l'École publique**, elle conserve son charme d'antan avec ses pupitres, ses cahiers, ses encriers, ses tabliers, ses dessins… Vaste collection d'objets rassemblant tout le nécessaire du petit écolier. *✆ 05 62 66 32 78 - juin-sept. : 15h-19h ; oct.-mai : 14h-18h - fermé 1er janv., 1er Mai, une semaine en déc. et 25 déc. - 3 € (6-15 ans 1 €).*

Quitter St-Clar au nord-est par la D 13, puis tourner à gauche dans la D 553 tout de suite après le pont sur l'Arrats. Une route s'engage à droite vers Saint-Créac.

Saint-Créac

Village d'une centaine d'habitants (un millier au Moyen Âge) fondé au 6e s. par Saint-Créatus, évêque de Lectoure et martyr. L'église, du 12e s., dotée d'un clocher-mur, fut construite sur une église du 6e s. dont on a conservé l'abside. Deux éléments sont à remarquer : les peintures de style gréco-byzantin (15e s.) apposées au plafond du chœur et la pierre tombale de Roger de Verduzan, seigneur de Mauroux et de Saint-Créac, Chevalier de l'Ordre de Saint-Jean de Jérusalem.

Prendre à l'ouest la direction de Gramont.

Château de Gramont

✆ 05 63 94 05 26 - www.monum.fr - visite guidée (1h) mai-sept. : tlj sf lun. (hors juil.-août) 10h-12h, 14h-18h30 ; fév.-avr. et oct.-nov. : tlj sf lun. 14h-17h - fermé déc.-janv., 1er Mai, 1er et 11 Nov. - 5 € (-18 ans gratuit).

Ce château d'époque Renaissance s'ouvre par une porte d'honneur géminée donnant sur la cour, au sud. La façade nord *(côté jardin)* est animée par l'alternance de baies étroites et de fenêtres à croisée, ainsi que par le jeu des pilastres et des fines colonnettes cannelées. Du même côté, les deux fenêtres du pavillon en avancée marquent plus de fantaisie, surtout dans le motif de la fenêtre du 2e étage surmontée d'un buste d'homme barbu. À l'intérieur, le charmant oratoire conserve une Vierge romane auvergnate.

Quittant Gramont, prendre la D 178 puis la D 40 à droite. Après 1 km, tourner à gauche.

Plieux

Ce petit hameau, aux maisons en vieilles pierres, conserve un **château** gascon du 14e s., caractéristique avec son plan rectangulaire et ses deux tours carrées (celle du sud-est étant en partie détruite). Il présente un système de défense avec consoles de mâchicoulis sur tout le pourtour du couronnement. L'intérieur du château accueille des expositions d'artistes contemporains et des colloques. *✆ 05 62 28 60 86 - www.chateaudeplieux.org - visite guidée (30mn) de fin juin à fin sept. : tlj sf mar. 14h-20h ; reste de l'année : sur demande - 5 € (enf. 3 €).*

Le retour à Lectoure s'effectue par la D 269, la D 23 et la N 21.

Lectoure pratique

Adresses utiles

Office du tourisme de Lectoure – *Pl. du Gén.-de-Gaulle - 32700 Lectoure - ✆ 05 62 68 76 98 - www.lectoure.fr - de mi-juin à mi-sept. : 10h-13h, 15h-19h ; reste de l'année : tlj sf lun. et dim. apr.-midi 10h-12h, 15h-18h.*

Office du tourisme de Fleurance – *112 bis r. de la République - 32500 Fleurance - ✆ 05 62 64 00 00 - 9h-12h30, 14h-17h30, dim. 9h-12h30 (fermé dim. hors juil. et août) - fermé j. fériés.*

Office du tourisme de Saint-Clar – *Pl. de la Mairie - 32380 St-Clar - ✆ 05 62 66 34 45 - www.ot-st-clar.com - de mi-juin à mi-sept. : 9h-12h30, 15h-18h30 ; de mi-sept. à mi-juin : tlj sf dim. et lun. 9h-12h30, 14h-17h30 - fermé j. fériés sf 14 Juil. et 15 août.*

Office du tourisme d'Auvillar – *Pl. de la Halle - 82340 Auvillar - ✆ 05 63 39 89 82 - www.auvillar.com - de mi-juin à mi-oct. : 10h-12h30, 14h-19h ; de déb. avr. à mi-juin : 10h-12h30, 14h-17h30 ; de mi-oct. à fin mars : tlj sf lun. 14h-17h30.*

Visites guidées

L'office du tourisme de Lectoure propose des visites commentées à thème (1h à 1h30) - 3 €.

Se loger

Camping Yelloh-Village Le Lac des 3 Vallées – *05 62 68 82 33 - lac-des-3-vallees.com - 20 mai-10 sept. - réserv. obligatoire - 500 empl. 39 € - restauration.* Cette très belle structure, en évolution constante, s'étend maintenant sur 11 ha, totalisant 438 emplacements et 77 mobile-homes. Un superbe espace aquatique et ludique, fleuri et remarquablement agencé. Animations et spectacles à gogo en été, avec un tout nouveau podium. Parc de loisirs pour enfants et adolescents.

Chambre d'hôte Le Sabathé – *Au Sabathé - 32700 St-Mézard - 15 km au N de Lectoure par D 36 - 05 62 28 84 26 - http://perso.wanadoo.fr/barreteau.sabathe - - 4 ch. 44 € - repas 11/16 €.* Aux portes du bourg, cette ancienne ferme abrite quatre chambres totalement indépendantes. Le décor est sans artifice, en parfait accord avec l'ambiance zen qui règne ici. Petits-déjeuners servis dehors en saison. Séances de taï chi tous les matins et centre d'accueil équestre.

Chambre d'hôte La Garlande – *Pl. de la Mairie - 32380 St-Clar - 05 62 66 47 31 - www.lagarlande.com - fermé 15 nov.-15 mars - - 3 ch. 47/65 €* . Cette belle et immense demeure aux tons ocre se dresse au cœur du village, face à la halle du 13e s. Ses chambres, nanties de tapisseries et meubles anciens, ont gardé leur sol d'origine. Le salon de lecture et le jardin de curé sont très calmes.

Chambre d'hôte Château de Séguenville – *Séguenville - 31480 Cabanac-Séguenville - 05 62 13 42 67 - www.chateau-de-seguenville.com - fermé 15 déc.-15 janv. - - réserv. obligatoire - 5 ch. 95/115 € - repas 25/55 €.* Ce château gascon du 19e s. et sa jolie cour en briques s'élèvent au milieu d'un parc aux arbres centenaires offrant une vue sur les Pyrénées. Ses chambres, spacieuses et raffinées, sont desservies par un bel escalier. Agréable salon avec cheminée en bois.

Se restaurer

Hôtel de Bastard – *R. Lagrange - 05 62 68 82 44 - www.hotel-de-bastard.com - fermé 20 déc.-1er fév. - 26 ch. 55/60 € - restaurant 28/60 €.* En plein centre de la cité gersoise, élégant hôtel particulier du 18e s. abritant un restaurant aménagé dans plusieurs salons bourgeois meublés en style Louis XVI. Cuisine soignée.

Que rapporter

SARL Bleus de Pastel – *Pont de Pile - RN de Condom - 05 62 68 78 30 - www.bleu-de-lectoure.com - 9h30-12h30, 14h-18h30, dim. 14h-18h - fermé 1er-15 janv.* Atelier, magasin et galerie d'art, les anciens ateliers d'une tannerie du 18e s. font revivre le bleu de Lectoure. Découvrez l'histoire du pastel, crucifère dont les feuilles produisent un bleu exceptionnel, considéré comme le meilleur d'Europe à la Renaissance et utilisé en cosmétique, peinture et teinture. Visite des cuves et démonstration de peinture au pastel.

La Maison de l'ail – *« Barban » - 32380 Saint-Clar - 05 62 66 40 57 - www.maison-de-lail.com - visite guidée de mi-juin à mi-oct. : 14h30, 16h et 17h30 ; reste de l'année et dimanche sur RV.* Dans cette boutique garnie d'ail tressé, fleurant bon le canard, vous apprendrez le processus de production et de commercialisation du bulbe à travers une expo photo commentée.

Marché – Il se tient tous les jeudis matin à Saint-Clar autour de la halle. Un autre marché, celui de l'ail, est organisé le jeudi dès 10h, de juil. à sept., sur la place de l'Ail.

Sports & Loisirs

Centre thermal de Lectoure – *125 rte Nationale - 05 62 68 56 00 - 9h-12h, 14h-18h30, dim. 15h-17h.* Rhumatologie et troubles ostéo-articulaires sont les deux spécialités de ces thermes installés dans un hôtel particulier du 18e s. Outre la partie réservée aux curistes, ils comprennent un espace aquadétente avec spa, hammam et piscine thermale de 95 m² dotée de postes d'hydromassages, d'une cascade et de bains bouillonnants…

Baignade – Grâce au lac des Trois-Vallées (3 km au sud-est), situé dans un agréable cadre de verdure et aménagé pour les loisirs, Lectoure est, sinon une station balnéaire, du moins un centre de villégiature de choix !

Club de voile Thoux-Saint-Cricq - École française de voile – *32430 Thoux - 05 62 65 75 45 - http://stcricq.multimania.com - juil.août : tlj ; avr.-juin et sept.-nov. : w.-end.* Stages de voile, dériveur, catamaran, planche à voile sur le lac de Thoux-St-Cricq ; location de matériel.

Événements

Été photographique – De fin juillet à fin août, expositions de photos dans différents lieux emblématiques de la ville. *05 62 68 83 72.*

Fête du melon – En août. Concours, dégustations, groupes musicaux, bandas, repas de rue, bal.

Autour de l'ail à Saint-Clar – Le premier jeudi d'août, place de la Mairie, se tient la fête de l'ail et, le 3e jeudi, le concours de l'ail.

Festival de Gramont – En juillet-août, festival de musique classique au château de Gramont. *05 63 94 05 26.*

Festival d'astronomie de Fleurance – Tous les ans, une semaine au mois d'août (1re quinz.). Entre autres animations proposées : conférences, ateliers, cycles de formation, soirées d'observation et festival enfants. *05 62 06 62 76.*

Lombez

1 401 LOMBÉZIENS
CARTE GÉNÉRALE B3 – CARTE MICHELIN LOCAL 336 H9 – GERS (32)

De vieilles maisons où la brique, la chaux et les pans de bois s'allient pour composer un ensemble chaleureux et charmant. Le tout dominé par le clocher d'une cathédrale fortifiée. Bref, une jolie petite cité calme et reposante, parfaite pour conjurer le stress !

Se repérer – En bordure de la Save, pas très loin de Samatan, la capitale du foie gras ! Lombez, qui se trouve sur la route (D 632/D 634) reliant L'Isle-Jourdain à Lannemezan, s'aperçoit de loin grâce à la haute tour de brique de sa cathédrale.

À ne pas manquer – Le clocher de la cathédrale depuis la chapelle St-Majan.

Pour poursuivre la visite – Voir aussi L'Isle-Jourdain, Auch.

Se promener

Les rues sinueuses du vieux Lombez, avec ses maisons de brique à pans de bois qui dégagent un charme intemporel, nous conduisent à une placette occupée par une halle. Celle-ci, flanquée par l'ancien évêché, fait face à la haute tour de la cathédrale.

Cathédrale

Le clocher en est la partie la plus ancienne. Il s'agit d'une tour octogonale de brique, caractéristique du gothique toulousain avec ses cinq étages en retrait les uns des autres et percés de baies géminées en mitre. Côté nord, une imposante disposition de contreforts, reliés par des arcs supportant le chemin de ronde, rappelle les églises fortifiées du Sud-Ouest. À l'intérieur, le trésor est installé dans la chambre inférieure de la tour, au centre de laquelle trône une cuve baptismale en plomb, décorée de deux bandeaux. Au bas de la nef latérale, magnifique Christ gisant du 15e s., fragment de Saint Sépulcre.

À droite du portail, une plaque commémore le passage du poète italien Pétrarque venu d'Avignon, durant l'été 1330. Il accompagnait son ami le prélat romain Jacques Colonna (italien par son père et gascon par sa mère), nommé évêque de Lombez.

Vue sur la cathédrale

Dans le village, prenez une petite rue en direction de l'hôpital et du cimetière où vous vous garerez. Un chemin assez raide monte en 10mn à la chapelle Saint-Majan d'où l'on a une vue dégagée sur Lombez et sa cathédrale.

Antonin Thuillier / MICHELIN

La cathédrale depuis la chapelle St-Majan.

Aux alentours

Samatan

2 km au nord-est par la D 39. N'hésitez pas, courez à Samatan, en particulier un lundi matin d'hiver : vous ne saurez où donner de la tête parmi les milliers de foies gras qui sont proposés sur les étals. Filez ensuite au **musée du Foie gras et des Traditions populaires** *(dans l'office de tourisme)* qui achèvera de vous faire venir l'eau à la bouche. *05 62 62 55 40 - www.samatan-porte-du-gers.com - - juil.-août : 10h-12h, 16h-18h, dim. 10h-12h ; reste de l'année : tlj sf dim. et mar. 10h-12h, 15h-17h - possibilité de visite guidée (30mn) - fermé j. fériés sf lun. de Pâques - gratuit.*

Simorre

18 km au sud-ouest par la D 632 en direction de Lannemezan, puis à droite par la D 234. Ce bourg du haut Astarac peut s'enorgueillir de posséder une église de brique plus féodale que nature : il faut dire que Viollet-le-Duc est passé par là ! Le village ne manque pas de charme avec ses rues paisibles bordées de vieilles maisons à pans de bois. On remarque quelques « mirandes », ces larges ouvertures ou galeries sous

L'église de Simorre, après le passage de Viollet-le-Duc.

comble, typiques de l'architecture du Toulousain, d'où il est possible d'observer tranquillement le passage.

L'**église★** est d'une belle unité. Bâtie au début du 14e s., elle fut remaniée au 16e s. par Jean Marre, évêque de Condom. Une tour octogonale percée de baies en mitre est construite à l'intérieur d'une couronne de clochetons, que relient des murs crénelés. Viollet-le-Duc a-t-il rendu au monument sa pureté en abaissant les toitures, en arasant le couronnement du clocher et de la tour-lanterne, en crénelant les murs disponibles, ou a-t-il au contraire cédé au « style troubadour » en vogue à l'époque ? Les avis sont fortement partagés ! À l'intérieur, admirez les verrières des 14e *(baies supérieures)* et 15e s. *(baies inférieures)* qui illuminent le chœur. Certaines sont dues à l'école du verrier toulousain **Arnaud de Moles**. Au passage, vous pourrez reconnaître l'évangélisateur de la région, **saint Cérats**, qui est représenté en verre dans le croisillon droit du transept, et en pierre à l'entrée du croisillon gauche. Détaillez les intéressantes stalles du chœur, en particulier les accoudoirs où les sculpteurs ont laissé libre cours à leur imagination (caricatures grimaçantes, têtes d'animaux). Dans la **sacristie**, peintures murales du 14e s., une Pietà en bois polychrome du début du 15e s. et l'olifant de saint Cérats, cor d'ivoire de 50 cm datant du 11e s.

Lombez pratique

Adresses utiles

Syndicat d'initiative de Lombez – *Hôtel de ville - 32220 Lombez - ✆ 05 62 62 37 58 - tlj sf sam. apr.-midi et dim. 10h-12h, 15h-16h30 - fermé j. fériés.*

Office du tourisme de Samatan – *31130 Samatan - ✆ 05 62 62 55 40 - www.samatan-porte-du-gers.com - juil.-août : tlj sf dim. apr.-midi 10h-12h, 16h-18h ; reste de l'année : tlj sf dim. et mar. 10h-12h, 15h-17h.*

Syndicat d'initiative de Simorre – *Pl. de la Mairie - 32420 Simorre - ✆ 05 62 65 36 34 - de mi-mai à mi-sept. : tlj sf sam. (hors juil.-août) et dim. 15h-17h30 ; reste de l'année : lun., merc. et vend. 15h-17h30.*

Se loger

Chambre d'hôte Le Parc de Pétrarque – *11 r. Notre-Dame - ✆ 05 62 62 32 70 ou 06 20 51 45 20 - www.leparcdepetrarque.new.fr - - 4 ch. 58 €* . Laissez-vous séduire par l'ambiance intime et feutrée qui règne dans cette maison de maître gasconne du 18e s. Authentiques meubles d'origine familiale et livres rares garnissent les 5 chambres et le vaste salon, aux murs ornés de portraits d'ancêtres, de cartes de voyages anciennes et d'affiches des années 1900. Pour le repos et la détente, jardin d'été sous les tilleuls, tonnelle près du canal du moulin et magnifique parc arboré.

Chambre d'hôte La Ferme de Marie Barrailh – *- Le Peydousset - 32420 Simorre - ✆ 05 62 65 36 48 - www.lafermedemariebarrailh.com - - 5 ch. 70 € - repas 20 €.* Cette ancienne ferme, aux murs de terre crue, séduit par ses grands espaces et ses vastes chambres. On appréciera aussi l'accueil chaleureux des propriétaires. Une générosité que l'on retrouve jusque dans la table d'hôte, véritable florilège de la gastronomie gersoise. Stages d'arts plastiques.

Grotte de Lombrives★

CARTE GÉNÉRALE C4 – CARTE MICHELIN LOCAL 343 H8 – ARIÈGE (09)

La grotte de Lombrives retient l'attention par l'immensité de ses salles. Son réseau souterrain est le plus vaste d'Europe par le volume évidé et se développe sur sept niveaux distincts. L'histoire rejoint la légende dans cet endroit féerique. Les dieux l'ont dotée de spectaculaires concrétions, véritables sculptures naturelles, et lui ont légué de merveilleuses légendes.

- **Se repérer** – À Ussat-les-Bains, 3 km au sud de Tarascon-sur-Ariège.
- **Se garer** – Parking en bordure de la N 20 à l'entrée nord d'Ussat-les-Bains.
- **À ne pas manquer** – La concrétion du « mammouth blanc ».
- **Organiser son temps** – Du circuit George Sand (1h15), sur un seul niveau, au circuit Édouard-Alfred Martel (3 à 5h), réservé aux bons marcheurs, chacun trouvera la visite adaptée. Prévoyez de bonnes chaussures et une petite laine, même en été, car il fait 13 °C dans la grotte.
- **Avec les enfants** – Des spectacles, ateliers et visites thématiques sont organisés pour eux pendant les vacances scolaires.
- **Pour poursuivre la visite** – Voir aussi Tarascon-sur-Ariège, la grotte de Niaux, Ax-les-Thermes.

Lombrives pratique

Conditions de visite – *✆ 05 61 05 98 40 ou 06 70 74 32 80 - juil.-août : 9h-19h ; juin, sept., vac. scol. Pâques, w.-end et j. fériés des Rameaux au 11 Nov. : 10h-17h ; lun.-vend. en mai et oct. : 14h-17h ; autres vac. scol. : 14h-17h ; reste de l'année : sur demande - tarifs différents selon les circuits (de 7,50 € à 18 €). La visite de l'ensemble forme la grande randonnée de 7h - 42 € (enf. 32 €).*

Événements – Des visites conférences et excursions scientifiques permettent d'aborder la préhistoire, l'histoire et la géologie. En saison, de nombreux dîners, spectacles et concerts sont donnés avec des artistes reconnus.

Visiter

De la table d'orientation, à 200 m du porche d'entrée, belle vue sur la haute vallée de l'Ariège. En été, un petit train permet d'accéder à la grotte (route panoramique). L'*ombriva* : c'est ainsi qu'on désigne un lieu ombragé, voire franchement sombre. Depuis des millénaires, la grotte sert d'abri aux humains, comme l'attestent les nombreuses inscriptions tracées sur les parois. Si les premiers Ariégeois cherchaient à s'y protéger des intempéries et des bêtes sauvages, plus tard s'y réfugièrent brigands et hors-la-loi, cathares pourchassés par l'Inquisition (on a beaucoup glosé sur le trésor qu'ils y auraient dissimulé après la chute de Montségur), catholiques et protestants - alternativement - pendant les guerres de Religion, prêtres réfractaires, proscrits politiques, francs-maçons… La signature d'Henri IV, longtemps jugée inauthentique, laisse aujourd'hui penser à une visite du roi lui-même, d'autres sources étant venues étayer cette hypothèse. À l'époque romantique, ce sont des écrivains qui vinrent ici chercher l'inspiration (200 écrits antérieurs à 1900 évoquent ou décrivent Lombrives), comme ceux dont les circuits portent les noms.

Le 13e travail d'Hercule

Conte à raconter les soirs d'hiver en roulant sous la langue autant de « rrr » que l'Ariège compte de galets. En ce temps-là, Bébryx, le roi des Bekrydes, avait installé son palais dans la grotte de Lombrives. Il avait une fille belle comme le jour, Pyrène, qui se refusait à tous les jeunes hommes du pays. Mais voilà qu'arrive un *belastruc*, un *estranger* en vacances dans le coin… Hercule on l'appelait. À peine Pyrène le voit-elle qu'elle en tombe amoureuse. *Alavetz*, ce qui devait arriver arriva, et les tourtereaux étaient bienheureux. Hélas, tout a une fin ! On rappelle Hercule pour achever ses travaux dans son pays, loin là-haut, du côté de Paris. Et, *òc segur*, la Pyrène se met à pleurer, sans parler du père qui la traite de tous les noms et la chasse. Dans la montagne, voilà qu'un ours attaque la jeune fille, en la serrant avec ses pattes. Elle crie, pardi, et Hercule l'entend. Il accourt pour tuer l'ours et délivrer Pyrène. Mais c'est trop tard. *A defuntat*. Hercule, fou de douleur, prend Pyrène dans ses bras et l'enterre dans la grotte de Lombrives. Il dit enfin : « *Macarèl*, puisque c'est comme ça, les montagnes, elles porteront ton nom ! » Et c'est ainsi que les Pyrénées s'appellent les Pyrénées. À cause de Pyrène qui avait fauté avec Hercule. *Et tric trac, mon conte es acabat.*

Circuit George Sand

1h15 - 0,7 km - 7,50 € (enf. 4,50 €). Passé le porche Perpère, la galerie basse (niveau 5) est surmontée d'une diaclase donnant au site la forme d'une carène de bateau renversée. On accède à la « cathédrale », cavité d'une centaine de mètres de hauteur sous voûte, aussi vaste que N.-D. de Paris, où ont lieu les concerts.

Circuit Alphonse de Lamartine

2h -1, 7 km - 10 € (enf. 6 €). Suite du précédent, il permet de monter au niveau 4, où l'on remarque de spectaculaires concrétions, tels le « mammouth blanc », la « sorcière » ou le « tombeau de Pyrène ». Ce circuit s'achève au lac Porte-Bonheur dans lequel les visiteurs lancent des pièces depuis l'Antiquité.

Circuit Alexandre Dumas

2h30 - 12 € (enf. 7 €) - sur réservation. Greffé sur le circuit Alphonse de Lamartine, ce circuit donne l'opportunité de visiter la salle des Fées (nombreuses fistuleuses) et la galerie du Puits 32.

Une recherche scientifique vivante

De récentes études ont montré que la grotte de Lombrives, avec ses 19 km de galeries, ne constitue qu'une partie d'un réseau bien plus vaste (39 km), qui, en raison d'une explosion survenue il y a environ 1 million d'années, laissa la place à l'actuelle vallée de l'Ariège. 200 entrées de cavités, de part et d'autre de la rivière, s'ouvrent sur un réseau unique constitué de galeries pour la plupart parallèles à l'Ariège. La grotte de Niaux fait partie du même système de drain.
Les scientifiques sont également parvenus à expliquer l'absence d'inscriptions pariétales sur les murs de la grotte de Lombrives : durant la glaciation Würm (40 000-8 500 ans av. J.-C.), un glacier obstruait totalement les porches permettant l'accès au niveau 5 de la grotte, tandis que, pour les entrées exposées à l'ouest, plus ensoleillées, le glacier était nettement plus bas, livrant un passage aux hommes préhistoriques.

Circuit Édouard-Alfred Martel

3 ou 5h (avec le repas) - 4 km - sur réserv. (+8 ans) - 15 personnes maximum - 18 € (enf. 11 €). On emprunte le parcours des deux premiers circuits avant de pénétrer, passé le lac Porte Bonheur, dans un environnement faiblement aménagé pour les visiteurs. Le cheminement à travers les galeries, aux parois tapissées de marbres rouge, bleu ou noir, fait découvrir des gours, l'immense salle du Grand Chaos et diverses concrétions qui stimulent l'imagination. Les plus remarquables sont le « solitaire », les « cascades » (des coulées stalagmitiques), le « tombeau d'Hercule » et la « Vierge ». On admire aussi des formations plus fines : des excentriques, des cristaux d'aragonite et de gypse ainsi que des perles des cavernes. Remarquez, au passage, l'appareil de descente utilisé par Martel en 1937 et l'audacieuse passerelle en acier, jetée au-dessus du vide au cœur d'un immense chaos par l'ingénieur Perpère en 1927.

À ces quatre circuits peuvent être ajoutées des options supplémentaires *(+ 1,50 € galerie blanche ou porches, + 4 € Églises ou Bouan)* : la **galerie Blanche**, avec ses salles des 1 000 stalactites et des 1 000 colonnes (remarquez la curieuse femme pendue) ; le circuit des **cinq porches**, qui permet de comprendre la formation de la vallée ; la **grotte des Églises**, gouffre géant vu du bas ; l'**habitat troglodytique fortifié de Bouan**. Pour ces deux dernières options, un déplacement en voiture est à prévoir.

Les concrétions du « mammouth blanc ».

Lourdes★

15 203 LOURDAIS
CARTE GÉNÉRALE A3 – CARTE MICHELIN LOCAL 342 L4 – HAUTES-PYRÉNÉES (65)

Deuxième ville de pèlerinage catholique au monde après Rome, Lourdes accueille chaque année 6 millions de personnes venues de 170 pays. Un véritable phénomène, pour cette petite cité pyrénéenne qui comptait moins de 4 000 habitants au milieu du 19e s. La foule commença à s'y presser dès l'époque des apparitions de la Vierge à la jeune Bernadette Soubirous, en 1858. On ne s'étonnera donc pas de la conséquente densité d'hôtels et de boutiques de bibelots religieux. Mais la ville, dominée par son château fort, n'en jouit pas moins d'un emplacement géographique privilégié : au pied des Pyrénées, arrosée par le gave de Pau, Lourdes constitue un bon point de départ pour de superbes randonnées.

Se repérer – Desservie par l'aéroport de Tarbes-Lourdes-Pyrénées (10 km), la ville se trouve également sur le trajet du TGV Atlantique. Elle est accessible en voiture par l'autoroute A 64 Toulouse-Bayonne (sortie n° 11 Soumoulou en venant de Pau ou n° 12 Tarbes-ouest depuis Toulouse). Une rocade reliée aux D 940 et D 937 (Pau-Lourdes) et à la N 21 (Tarbes-Argelès-Gazost) désengorge le centre-ville.

Se garer – Il est délicat de circuler en centre-ville : les voies menant aux sanctuaires (notamment la rue et le boulevard de la Grotte) sont soumises à un sens de circulation modifié tous les 15 jours. Optez pour l'un ou l'autre des parkings publics (payants) : parking municipal couvert, Peyramale ou quai Saint-Jean…

À ne pas manquer – La grotte ; le château fort ; le musée de Cire de Lourdes.

Organiser son temps – Si vous vous rendez à Lourdes entre Pâques et la Toussaint et surtout autour du 15 août (pèlerinage national), il vous sera difficile d'échapper à la foule. Notez toutefois que certains sites touristiques sont ouverts toute la journée en saison et désemplissent parfois légèrement à l'heure du déjeuner.

Avec les enfants – L'Aquarium, le musée du Petit Lourdes, les grottes du Loup.

Pour poursuivre la visite – Voir aussi le pic de Pibeste *(Argelès-Gazost)*, Tarbes, Bagnères-de-Bigorre.

Le saviez-vous ?

Parmi les 6 millions de pèlerins dénombrés annuellement, près de 40 % sont Français et 80 000 atteints de maladies. Lourdes est aussi la 2e cité hôtelière en France après Paris (avec 350 hôtels et 40 000 lits). 700 trains spéciaux et 400 avions y arrivent chaque année. Les magasins d'objets pieux représentent 80 % des 600 commerces.

Le célèbre rugbyman **Jean Prat** est né à Lourdes *(voir les personnalités de la région, dans le chapitre « Histoire »)*.

Comprendre

Bernadette et les apparitions – Née le 7 janvier 1844 dans une famille de meuniers, l'aînée des quatre enfants Soubirous passe ses premiers mois à Bartrès (3 km au nord), chez une nourrice. En janvier 1858, à 14 ans, elle vit avec ses parents dans le « cachot », suit le catéchisme paroissial et fréquente la classe des indigents des Sœurs de la Charité. Le jeudi 11 février, alors qu'elle ramasse du bois le long du gave, près du rocher de Massabielle, une « belle dame » lui apparaît pour la première fois. Celle-ci ne se présentera qu'à la seizième apparition, le jeudi 25 mars, sous le nom de « l'Immaculée Conception », une dénomination complètement inconnue à Bernadette, puisque le dogme proclamant la conception immaculée de la Vierge ne datait que de 1854. Si le rocher est d'un accès peu facile à cette époque, une foule chaque jour plus nombreuse, mêlant croyants et incrédules, se presse autour. C'est au cours de la neuvième apparition que Bernadette gratte le sol de ses doigts pour faire jaillir une source.

Naissance du sanctuaire – D'abord mises en doute par les autorités ecclésiastiques de l'époque, les apparitions sont officiellement reconnues par l'église en 1862. L'évêque, Mgr Laurence, décide d'édifier un sanctuaire au-dessus de la grotte, répondant ainsi à l'une des demandes faites par la Vierge à Bernadette. La première procession se déroule en 1864, à l'occasion de la bénédiction de la statue de Notre-Dame de Lourdes. En 1866, la crypte est inaugurée en présence de Bernadette qui entre quelques mois plus tard comme novice au couvent Saint-Gildard, à Nevers, maison mère de la congrégation des Sœurs de la Charité, avant de prendre le voile en 1867 sous le nom de sœur Marie-Bernard. Morte le 16 avril 1879, elle fut béatifiée en 1925 et canonisée en 1933.

Quand la Vierge apparaît

Aux 19e et 20e s, la Vierge a été vue une centaine de fois, mais il semble que ce soit le Moyen Âge qui détienne le record des manifestations mariales avec plus de 4 000 apparitions entre l'an mil et 1515. Face à ce flot incontrôlé, le Ve concile de Latran fixe en 1516 les règles juridiques de l'examen des révélations par le Saint-Siège. Depuis le 19e s., seules 12 manifestations mariales ont été officiellement reconnues : 11 février-16 juillet 1858 à Lourdes ; 1871 à Pontmain (Mayenne) ; 1876 à Pellevoisin (Indre) ; 1877 à Gietzwald (Prusse-Orientale/Pologne) ; 1879 à Knock (Irlande) ; 13 mai-13 octobre 1917 à Fatima (Portugal) ; 1932-1933 à Beauraing (Belgique) ; 1933 à Banneux (Belgique) ; août-septembre 1953 à Syracuse (Italie) ; 1968 à Zeitoun (Égypte) ; 1973-1981 à Akita (Japon) ; 1976-1984 à Betania (Venezuela).

Le plus grand pèlerinage du monde – Aux premiers pèlerinages paroissiaux et diocésains s'ajoute le pèlerinage national organisé de Paris par les pères assomptionnistes en 1873 et dont la deuxième édition, en 1874, comprend 14 malades. Dès lors, la place faite aux malades caractérise l'accueil de Lourdes. L'audace des initiatives prises en ce domaine est illustrée par l'organisation, en 1963, du premier pèlerinage de poliomyélitiques. Des guérisons inexpliquées ont commencé à se produire à Lourdes dès l'époque des apparitions. Parmi près de 7 000 déclarations de guérison déposées depuis, 66 ont été reconnues par l'Église, au terme d'une enquête médicale.

Découvrir

LE DOMAINE DE LA GROTTE

Séparé du reste de la ville par une boucle du Gave, à l'ouest de la ville, le domaine de la grotte, également dénommé « les sanctuaires » en raison du nombre important d'édifices de pèlerinage qu'il rassemble, est un domaine privé et clos de 52 hectares, ouvert tous les jours de l'année. Sept portes permettent d'y accéder : les deux principales, la **porte St-Michel**, qui s'ouvre sur l'esplanade du Rosaire et la **porte Saint-Joseph**, offrant un accès plus rapide aux basiliques et au Forum information *(voir l'encadré pratique)*, sont ouvertes de 5h du matin à minuit. En dehors de ces heures, emprunter la porte des Lacets (ouverte 24h/24), en face de la maison des Chapelains.

Grotte de Massabielle

Le long du gave, la grotte, lieu des apparitions, est une simple anfractuosité dans le rocher de Massabielle *(vieille roche)*, dont la profondeur et la largeur ne dépassent pas 10 m. Une Vierge en marbre de Carrare, sculptée par Fabisch en 1864, marque l'emplacement exact des apparitions. La **source** que fit jaillir Bernadette le 25 février 1858 est toujours visible au fond de la grotte ; des canalisations souterraines conduisent l'eau aux **fontaines**, à gauche de la grotte (robinets à poussoir) et, en aval, aux **piscines** où sont plongés les pèlerins, aidés par des hospitaliers.

Stéphane Sauvignier / MICHELIN

La grotte où Bernadette vit la Vierge.

Sanctuaires et lieux de prière

Premier sanctuaire de Lourdes, la **crypte**, creusée dans le rocher de Massabielle, fut consacrée le 19 mai 1866.

Svelte et blanche, de style néogothique, la **basilique de L'Immaculée Conception**, dite **basilique supérieure**, a été inaugurée en 1871. Au-dessus de la crypte, elle se trouve au sommet du rocher de Massabielle. Elle comprend une seule nef divisée en 5 travées et compte 21 autels. De nombreux ex-voto la décorent, et les ogives des chapelles portent en inscription les paroles que la Vierge adressa à Bernadette.

La **basilique du Rosaire,** de style néobyzantin, bénie en 1889, occupe, entre les deux rampes de l'hémicycle, le niveau inférieur. D'une superficie de 2 000 m², elle

peut recevoir environ 1 500 personnes. Les mosaïques vénitiennes des chapelles intérieures représentent les mystères du Rosaire. En 2006, des travaux de restauration leur ont donné un nouvel éclat.
La **basilique souterraine Saint-Pie-X**, consacrée le 25 mars 1958 à l'occasion du centenaire des apparitions, est aménagée sous l'esplanade en bordure de l'allée sud. Considérée comme l'un des plus vastes sanctuaires du monde, elle mesure, selon ses plus grandes dimensions 201 m de long et 81 m de large. Cet immense vaisseau en amande de 12 000 m^2 peut accueillir 20 000 pèlerins. Seule la technique du béton précontraint a permis de lancer des voûtes aussi surbaissées sans appui intermédiaire.
Deux ponts permettent d'accéder à la prairie de la rive droite où s'élève, depuis 1988, l'**espace Sainte-Bernadette** (4 000 places), construit à l'endroit où Bernadette se tenait lors de la dernière apparition. Il comprend l'église éponyme et l'Hémicycle, où deux fois par an se tient l'assemblée plénière des évêques de France.
Le **chemin de Croix** s'amorce à gauche de la crypte. Long de 1 500 m, bordé de 14 stations composées de groupes monumentaux en fonte, il aboutit aux croix du calvaire et aux grottes Sainte-Madeleine et N.-D.-des-Douleurs aménagées dans la caverne naturelle du mont des Espélugues.

Musées des Sanctuaires

Musée Sainte-Bernadette – *Sortir des sanctuaires par la porte St-Michel puis tourner à droite avant le pont. Bd Rémy-Sempé - ✆ 05 62 42 78 78 - ♿ - avr.-oct. : 9h-12h, 14h-18h ; reste de l'année : vac. scol. 10h-12h, 14h30-17h - gratuit.* Il présente des souvenirs ainsi que des documents iconographiques sur la vie de Bernadette, les apparitions et l'histoire du pèlerinage. Remarquez les différentes effigies de la Vierge qui furent soumises à l'appréciation de Bernadette.

Musée du Trésor des sanctuaires – *Quitter les sanctuaires par la porte de la Crypte, comme pour gagner le chemin de Croix - ✆ 05 62 42 78 78 - ♿ - de Pâques à fin oct. : 9h30-12h, 13h30-17h ; vac. scol. d'hiver : 10h-12h, 14h30-17h - fermé 1er janv., 25 déc. - 5 € (-12 ans gratuit).* Ce musée retrace l'histoire des sanctuaires et des pèlerinages à travers des objets de culte, ornements, vêtements liturgiques et photos de célébrations.

Musée des Miraculés – *Accueil Jean-Paul II, esplanade du Rosaire.* Quelques panneaux présentent brièvement la vie des 66 miraculés « officiels » de Lourdes.

Les sanctuaires pratiques

Pour la ville de Lourdes, voir l'encadré pratique situé à la fin de ce chapitre.

Adresse utile

Forum information – *✆ 05 62 42 78 78 - www.lourdes-france.com - avr.-oct. : 8h30-12h15, 13h45-18h30 ; de déb. fév. à fin mars et 1re quinz. nov. : 9h-12h, 14h-18h ; de mi-nov. à fin janv. : 9h-12h, 13h30-17h30.* Dans ce forum situé à l'intérieur des sanctuaires, vous obtiendrez des renseignements sur les célébrations, les visites, la garderie, les objets trouvés…

Visites

Quelques consignes – Une tenue décente est exigée au sein des sanctuaires. Il est interdit d'y fumer, d'y entrer avec un animal ou à vélo. L'entrée dans les lieux de culte est gratuite et ouverte à tous (silence demandé).

Comprendre le message de Lourdes – Le Forum information projette une vidéo (30mn) sur l'histoire des apparitions *(se renseigner pour les horaires - gratuit).*

Sur les pas de Bernadette – Ce circuit fléché à travers la ville (départ du musée Ste-Bernadette) permet de découvrir les principaux lieux de vie de la sainte. On le parcourt seul, avec un audioguide *(voir ci-dessous)* ou en visite guidée.

Audioguides – Deux circuits sont commentés, l'un à travers le domaine de la grotte et les musées des sanctuaires, l'autre incluant la grotte et le parcours sur les pas de Bernadette. *6 €.*

Processions et célébrations – D'avril à octobre, de nombreuses messes sont célébrées chaque jour (de 7h à 23h) dans les différents sanctuaires. Messe internationale à 9h30 (basilique souterraine) les merc. et dim. Chaque jour, à 17h, procession eucharistique et bénédiction des malades (de la prairie à la basilique souterraine) ; à 21h, procession aux flambeaux, reliant la grotte à l'esplanade du Rosaire.

Cinéma Sainte-Bernadette – *Avenue Mgr-Schoepfer - ✆ 05 62 42 79 19.*
À quelques pas des sanctuaires, on peut y voir le film *Bernadette* de Jean Delannoy (1988 - 2h).

LE SOUVENIR DE BERNADETTE

Une promenade en ville et dans les environs vous permettra de découvrir les lieux qui ont marqué l'enfance de Bernadette. Le circuit « Sur les pas de Bernadette », proposé par les sanctuaires, relie ces différents points d'intérêt *(voir l'encadré pratique)*.

Maison natale de Bernadette

12 r. Bernadette-Soubirous - ✆ 05 62 42 78 78 - ♿ - avr.-oct. : 9h-12h, 14h-19h ; reste de l'année : 15h-17h, vac. scol. 10h-12h, 15h-17h - gratuit.

Le **moulin de Boly**, apporté en dot par la mère de Bernadette, vit naître et grandir la fillette jusqu'à sa dixième année. Ruinée, la famille fut contrainte de vendre puis de quitter le moulin en 1854. Une exposition présente les Soubirous.

Ne confondez pas le moulin de Boly avec le moulin paternel, non loin, où s'installa la famille dès 1860, l'année où Bernadette devint pensionnaire à l'Hospice. C'est aujourd'hui un magasin-musée.

Cachot

15 r. des Petits-Fossés - ✆ 05 62 94 51 30 - ♿ - avr.-oct. : 9h-12h, 14h-19h ; reste de l'année : 15h-17h, vac. scol. : 10h-12h, 15h-17h - gratuit.

C'est dans cette simple pièce sombre et froide, installée dans une ancienne prison désaffectée, que vivait la famille Soubirous au moment des apparitions, en 1858.

Église du Sacré-Cœur

Jugée trop petite, l'église paroissiale Saint-Pierre, dans laquelle Marie-Bernarde Soubirous avait été baptisée le 9 janvier 1844, fut détruite en 1904, un an après l'inauguration de l'église du Sacré-Coeur, dont la construction fut dictée en 1875 par l'abbé Peyramale, curé de Lourdes au temps des apparitions. Les fonts baptismaux échappèrent à la destruction (première chapelle du transept gauche). Dans la crypte, tombeau de l'abbé Peyramale.

Hospice Sainte-Bernadette

Centre hospitalier - 2 av. Alexandre-Marqui - ♿ - ✆ 05 62 42 42 42 ou 05 62 94 40 11 - ♿ - avr.-oct. : 9h-12h, 14h-19h ; reste de l'année : 15h-17h ; vac. scol. : 14h-17h - gratuit.

Dans cet ancien hospice, aujourd'hui centre hospitalier, Bernadette suivait l'école des Sœurs de la Charité, avant d'y être admise comme pensionnaire, de 1860 à 1866. Au parloir sont exposés des souvenirs personnels de la sainte et des photographies, tandis que dans la petite chapelle où elle a fait sa première communion, on peut voir sa pèlerine de communiante, son catéchisme, son histoire sainte et son prie-Dieu.

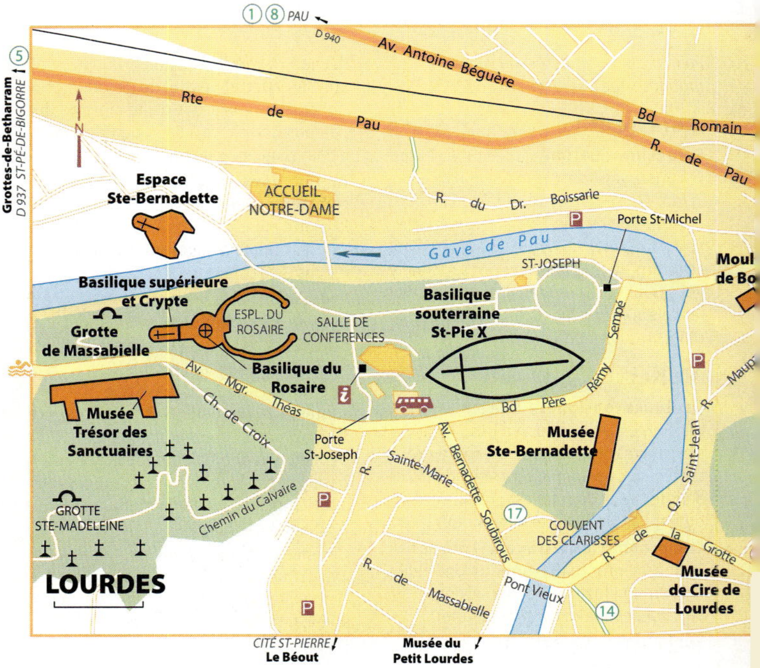

Bartrès

À 3 km au nord (accessible à pied par le chemin de Bernadette - 1h30 AR). Bernadette y fut mise en nourrice chez Marie Aravant-Lagües. Elle revint ensuite occasionnellement dans le village pour raison de santé et y rendit quelques menus services. Son souvenir est conservé dans la **maison Lagües** (reconstruite après un incendie), belle maison à entrée charretière, située en contrebas de l'église à droite, où sont réunis, dans la cuisine, quelques meubles paysans de l'époque. *05 62 42 02 03 - - de déb. avr. à mi-oct. : tlj sf dim. 9h-12h, 14h-18h - gratuit.*
En revenant, laissez la voiture près d'un oratoire consacré à sainte Bernadette et montez jusqu'à la bergerie où la jeune fille rentrait son troupeau jusqu'en janvier 1858.

Visiter

Château fort★

Accès r. du Fort par l'ascenseur, l'escalier des Sarrasins (131 marches) au niveau du pont-levis, ou par la rampe du Fort depuis la rue du Bourg, permettant de découvrir le petit cimetière situé à flanc de pente et ses stèles discoïdales - 05 62 42 37 37 - www.lourdes.fr - de mi-juil. à mi-août : 9h-18h30 (dernière entrée 1h av. fermeture) ; de déb. avr. à mi-juil. et de mi-août à fin sept. : 9h-12h, 13h30-18h30 ; oct.-mars : 9h-12h, 14h-18h (vend. 17h) - possibilité de visite guidée (1h30) - fermé 1er janv., 1er et 11 Nov., 25 déc. - 5 € (6-12 ans 2,50 €).
Érigé sur un piton rocheux dominant la ville et l'entrée des sept vallées du Lavedan, cette ancienne résidence des comtes de Bigorre aux 11e et 12e s., prison d'État aux 17e et 18e s., abrite depuis 1921 le **Musée pyrénéen**, qui présente les arts et traditions populaires des Pyrénées. Belles collections sur la cuisine béarnaise, les costumes, les instruments de musique, les surjougs et les céramiques (magnifique service en faïence de Samadet). Les salles de paléontologie et de préhistoire regroupent les découvertes effectuées dans différentes grottes pyrénéennes. Enfin, une salle d'honneur est consacrée au pyrénéisme. La **chapelle du château** *(côté est)* contient les boiseries, autel, statues en bois polychrome du 18e s. qui ornaient l'ancienne église paroissiale de Lourdes. Sur l'esplanade, plusieurs maquettes au 1/10 illustrent l'architecture pyrénéenne française et espagnole : cathédrale de Saint-Bertrand-de-Comminges, église de Luz-Saint-Sauveur, abbaye de Saint-Martin-du-Canigou, maison béarnaise…

Musée de Cire de Lourdes★

87 r. de la Grotte - 05 62 94 33 74 - de mi-juil. à fin août : 9h-18h30, dim. 10h-18h30 ; de déb. avr. à mi-juil. et sept.-oct. : 9h-12h, 13h45-18h30, dim. 10h-12h, 13h45-18h30 - fermé nov.-mars - 6 € (enf. 3 €).

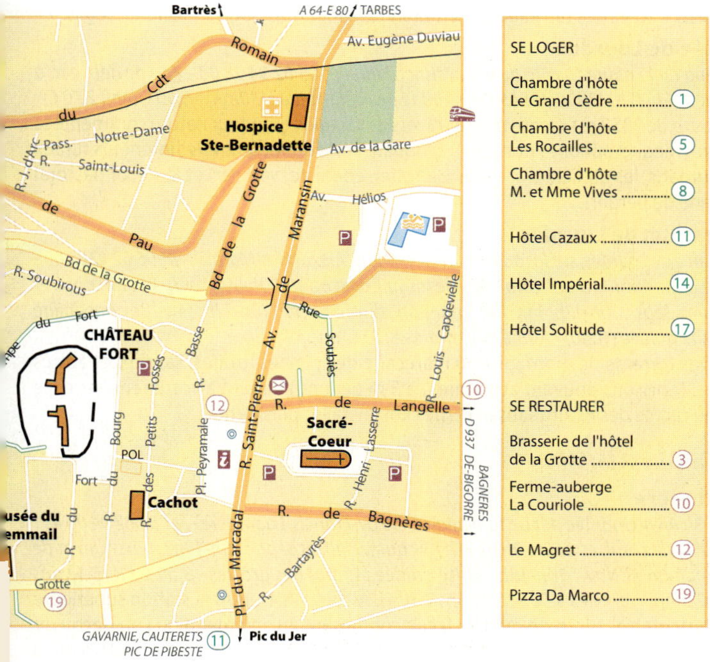

Stéphane Sauvignier / MICHELIN

Vue générale de Lourdes depuis le donjon du château.

Aménagé sur cinq niveaux, il retrace les principaux épisodes de la vie de Bernadette Soubirous et de celle du Christ (voir *La Cène*, réalisée d'après l'œuvre de Léonard de Vinci). De la terrasse, belle vue sur le château, le gave de Pau et les sanctuaires.

Musée du Petit Lourdes

68 av. Peyramale - ☎ 05 62 94 24 36 - de déb. avr. à mi-oct. : 9h-12h, 13h30-18h45 - 5 € (enf. 2,70 €).

C'est une reconstitution en plein air de Lourdes et de ses environs à l'époque des apparitions (1858). Depuis la bergerie de Bartrès jusqu'au quartier des Cagots, le visiteur découvre les maisons, les monuments historiques, les moulins bordant les rues ou les cours d'eau, reproduits à l'échelle de 1/20 d'après des documents du 19e s.

Musée du Gemmail

74 r. de la Grotte - ☎ 05 62 94 13 15 - www.gemmail.com - de Pâques à mi-oct. : 9h-12h, 14h-19h, dim. 10h-12, 14h-19h - gratuit.

Nombre d'artistes se sont passionnés pour cette technique juxtaposant des fragments de verres multicolores. Sont exposés Gauguin (*Qui sommes-nous, où sommes-nous, où allons-nous ?*), Picasso (*Nature morte à la tête de mort*), Toffoli (*Le Pèlerin de la paix*), Grotti (*Vierge à l'enfant*) et Bajen (*Magnificat*). Le musée rassemble également des œuvres réalisées d'après des tableaux de Rembrandt, Manet, Van Gogh, Vuillard et Degas.

Musée de Lourdes

Parking de l'Égalité (à côté du vieux cimetière) - ☎ 05 62 94 28 00 - ♿ - de déb. avr. à mi- oct. : 9h-12h, 13h30-18h45 - possibilité de visite guidée (30mn) - 5,50 € (enf. 2,70 €).

Le bourg de 1858 est reconstitué à travers des scènes grandeur nature commentées (via des magnétophones portatifs), évoquant la vie quotidienne, les intérieurs ruraux bigourdans, les ateliers d'artisans (sabotier, ébéniste, vannier) et le décor pastoral (cabane de berger).

Aquarium de Lourdes

À l'entrée de Lourdes, sur la route de Tarbes - 71 av. Alexandre-Marqui - ☎ 05 62 42 01 00 - www.aquarium-lourdes.com - ♿ - de mi-juil. à fin août : 10h-19h ; avr., 1re quinz. juil. et 1re quinz. sept. : 10h-12h, 14h-18h ; mai-juin : tlj sf lun.-mar. 10h-12h, 14h-18h - possibilité de visite guidée (1h30) - fermé nov.-mars - 8,20 € (enf. 5,95 €).

Des torrents de montagne au marécage des plaines, truites, sandres et autres silures (poissons pouvant atteindre 4 à 5 m de long) nagent à votre rencontre. Le bassin tactile des esturgeons et carpes koï ravira les plus petits.

Aux alentours

Pic du Jer★

3h AR ou montée par un funiculaire - 59 av. Francis-Lagardère - ☎ 05 62 94 00 41 - ♿ - 2e quinz. juil. et août : 9h30-21h ; 1re quinz. juil. et sept. : 10h-19h ; mars-juin et de déb. oct. au 11 Nov. : 10h-18h - visite guidée (40mn) des grottes - 8,50 € AR (6-12 ans 6,50 €), suppl. grottes 3,50 € (6-12 ans 2,50 €). Alt. 948 m. Depuis la station supérieure du **funiculaire**, 10mn de marche facile conduisent au sommet d'où l'on découvre un beau panorama sur les Pyrénées centrales. On peut prolonger agréablement la

promenade (🥾 ♿ *1/2h AR)* en abandonnant le chemin goudronné de l'observatoire dans le 1er lacet à gauche *(sens de la descente)* pour suivre l'étroit sentier *(« promenade du panorama de Castelloubon »)* menant au piton sud de la montagne. Vue sur le confluent des vallées d'Argelès et de Castelloubon.
Au pied du funiculaire, possibilité de visiter les grottes *(apr.-midi seulement)*.

Le Béout★

🥾 Alt. 791 m. Montez à pied par un sentier partant de la cité Saint-Pierre. Beau **panorama** sur Lourdes, le pic du Jer, le pic de Montaigu, la vallée d'Argelès, les vallées de Batsurguère et de Castelloubon. Poursuivez la montée le long de la crête semée de blocs erratiques, témoignage de la puissance de l'ancien glacier du Lavedan (le Béout était alors submergé), et gagnez le point culminant. On découvre alors le pic du Midi de Bigorre, le lac de Lourdes, et, du côté de la haute chaîne, le pic Long (alt. 3 192 m, massif du Néouvielle), le « cylindre » du Marboré et le mont Perdu.

Grottes du Loup

Rte de la Forêt - ✆ 05 62 94 20 91 - juil.-août : 9h-19h - de déb. mai à fin juin et sept. : 9h-18h - 8,50 € (5-10 ans 2 €).
Au terme d'une montée en lacets, ce sont là entre 35 et 70 m de souterrains déployés sur 600 à 700 m de long, où l'on peut observer les dépôts de calcaire sur la roche (stalagtites et stalagmites) et la trace d'un tremblement de terre, où l'on peut entrevoir des galeries ouvertes à la spéléologie et même une colonie de chauves-souris !

Saint-Pé-de-Bigorre

Quitter Lourdes par la D 937. Avant St-Pé, traverser le gave à gauche, puis s'orienter à droite sur la route de la forêt communale qui rejoint la D 937 à l'ouest, peu avant St-Pé.
Prisée comme base de plein air, la ville a pour origine une abbaye dédiée à saint Pierre (Pey en gascon, devenu Pé). L'église, dont l'abside ronde apparaît dans la perspective de la place centrale à arcades, ferme le quadrilatère des bâtiments de l'abbaye. Cette ancienne abbatiale romane, réalisée par les clunisiens sur la route de Compostelle, était le plus beau et le plus vaste monument religieux des Pyrénées jusqu'aux dégâts que lui causèrent les guerres de Religion et le tremblement de terre de 1661. Du sanctuaire ouest qui abritait un transept et une tour de croisée, il ne reste qu'une petite aile à décoration romane placée sous la tour (voir le baptistère actuel, à gauche de l'entrée). Dans l'église, on peut observer une statue de N.-D. des Miracles, du 14e s. *Visite guidée merc. et w.-end 15h-18h.*

Grottes et sanctuaire de Bétharram★

16 km à l'ouest par la D 937. Découvertes en 1819, les **grottes** de Bétharram offrent 5 200 mètres de galerie, répartis sur cinq étages, où scintillent de véritables trésors d'Ali Baba naturellement taillés dans la roche : stalagmites, stalactites, pendeloques, draperies, colonnes… Le parcours s'effectue à pied, en barque et en petit train. *✆ 05 62 41 80 04 - visite guidée (1h20) juil.-août : 9h-18h ; du 25 mars au 30 juin et du 1er sept. au 25 oct. : 9h-12h, 13h30-17h30 ; du 5 fév. au 24 mars : tlj sf w.-end 13h30 et 16h, vend. 14h30 - 10 € (enf. 6 €).*
Lieu de pèlerinage marial depuis le 15e s., le **sanctuaire** de Bétharram est surtout remarquable pour sa chapelle Notre-Dame au décor baroque (17e s.), ses vastes bâtiments conventuels et son chemin de croix dont les bas-reliefs furent peints par Alexandre Renoir (1845). *Pour en savoir plus, voir* Le Guide Vert Aquitaine.

Circuit de découverte

ROUTE DE LA CROIX BLANCHE★

48 km – environ 2h. Quitter Lourdes à l'est par la D 937. Parcours très accidenté et sinueux à travers les avant-monts pyrénéens. Prendre à droite la D 935 vers Bagnères-de-Bigorre.

Pouzac

L'église du 16e s., protégée par un mur d'enceinte percé d'un portail classique, renferme un imposant retable du 17e s. sculpté par Élie Corau de Bagnères et Jean Ferrère d'Asté. La voûte en bois (fin 17e s.) a été peinte par Jean Catau. Une galerie d'art contemporain, **L'Art en stalles**, est aménagée dans les anciens haras Empire. *✆ 05 62 91 14 05 - galerielartenstalles.monsite.wanadoo.fr - merc.-dim. : 15h-19h30 - gratuit.*

Poursuivre à l'ouest par la D 26.

Entre les vallées de l'Oussouet et de Castelloubon, les vues s'orientent au sud vers le pic de Montaigu et le pic du Midi de Bigorre, au nord-est vers la coulée de l'Adour et le bas pays, au sud-ouest vers le massif du Balaïtous (reconnaissable à son glacier).

Rentrer à Lourdes par la N 21.

Lourdes pratique

Pour toute information concernant les sanctuaires, se reporter à l'encadré pratique situé aussitôt après la description du domaine de la grotte.

Adresses utiles

Office du tourisme de Lourdes – *Pl. Peyramale - 65100 Lourdes - ✆ 05 62 42 77 40 - www.lourdes-infotourisme.com - juil.-août : 9h-19h, dim. et j. fériés 10h-18h ; avr.-juin et sept. : 9h-18h30, dim. 10h-12h30, j. fériés 10h-18h ; janv.-mars et oct.-déc. : tlj sf dim. 9h-12h, 14h-18h - fermé 1er janv., 1er et 11 Nov., 25 déc.*

Syndicat d'initiative de Saint-Pé-de-Bigorre – *Pl. des Arcades - Mairie - 65270 St-Pé-de-Bigorre - ✆ 05 62 41 88 10 - juil.-août : tlj sf dim. 10h-12h, 15h-19h - fermé j. fériés.*

Visite

Visite en petit train – ♿ - *De fin mars à déb. nov. : 9h-12h, 13h30-18h30, nocturne 20h-23h (mai-sept.) - dép. ttes les 20mn au kiosque situé à droite de la porte Saint-Joseph ou devant chaque site Visa - 5,50 € (6-12 ans 2,70 €).* Le passeport « Visa pour Lourdes » permet de visiter les principaux sites de la ville avec le petit train. *29,50 € (6-12 ans 15 €), 2e enf. gratuit pour deux adultes payant. ✆ 06 11 40 25 16 - www.lourdesvisites.com*

Se loger

⊖ **Hôtel Cazaux** – *2 chemin des Rochers - ✆ 05 62 94 22 65 - fermé de fin oct. à Pâques - 20 ch. 35/52 € - ☕ 5,50 €.* Tenue rigoureuse, accueil sympathique et prix doux sont les atouts principaux de ce petit hôtel familial proche des halles, où vous séjournerez dans des chambres simples et fraîches.

⊖ **Chambre d'hôte M. et Mme Vives** – *28 rte de Bartrès - 65100 Loubajac - 6 km au NO de Lourdes par D 940 dir. Pau - ✆ 05 62 94 44 17 - www.anousta.com - fermé 11 Nov.-vac. de fév. - 6 ch. 40/45 € ☕ - repas 15 €.* Vous aimez la campagne, le calme et l'atmosphère d'une ferme ? Cette maison est pour vous. Moutons, poules et canards y sont élevés face aux Pyrénées et dégustés à la table d'hôte. Quatre chambres garnies de poutres et mansardées, deux autres avec terrasse. Beau jardin et jeux d'enfants.

⊖⊖ **Hôtel Solitude** – *3 passage St-Louis - ✆ 05 62 42 71 71 - www.hotelsolitude.com - fermé 6 nov.-31 mars - 281 ch. 70/115 € - ☕ 13 €.* Au bord du gave de Pau, ce grand hôtel moderne en impose avec sa petite piscine sur le toit. La salle à manger en rotonde se prolonge d'une terrasse sur la rivière. Les chambres, actuelles et garnies de petits fauteuils rouges, sont confortables. Préférez celles au bord de l'eau.

⊖⊖ **Chambre d'hôte Le Grand Cèdre** – *6 r. du Barry - 65270 St-Pé-de-Bigorre - ✆ 05 62 41 82 04 - www.grandcedre.com - 🚭 🅿 - 4 ch. 64 € ☕.* Tout concourt à vous charmer dans cette noble maison de maître du 17e s. : chambres personnalisées – Art déco, Louis XV, Henri II, Louis-Philippe –, belle salle à manger bourgeoise, salon de musique et superbe parc avec serre et jardin potager à la française.

⊖⊖ **Chambre d'hôte Les Rocailles** – *Les Rocailles - 65100 Omex - 4,5 km au SO de Lourdes par D 13, puis D 213 - ✆ 05 62 94 46 19 - www.lesrocailles.com - fermé nov.-Pâques - 🚭 - 3 ch. 68 € ☕* Cette maison en pierre, nichée dans un coquet jardin, est un nid douillet ! La propriétaire, ancienne costumière à l'Opéra de Paris, a aménagé les chambres avec goût et raffinement : bois chaleureux et tissus chatoyants s'y marient avec bonheur.

⊖⊖⊖ **Hôtel Impérial** – *3 av. du Paradis - ✆ 05 62 94 06 30 - www.mercurelourdes.com - fermé 16 déc.-31 janv. - 93 ch. 84/163 € - ☕ 10 € - restaurant 32/40 €.* Proche de la grotte, cet hôtel de 1935, entièrement rénové, a gardé un style Art déco. Les chambres sont agréables et feutrées avec leur mobilier aux couleurs acajou. Un bel escalier d'origine dessert la grande salle à manger classique et le salon orné d'un vitrail.

Se restaurer

⊖ **Pizza Da Marco** – *47 r. de la Grotte - ✆ 05 62 94 03 59 - marc.dandre@wanadoo.fr - fermé dim. et lun. - 7,50/12 €.* Le pizzaïolo est installé dans la première salle (récemment rafraîchie), mais l'on préfèrera s'attabler dans la deuxième, plus au calme. Pizzas croustillantes et service efficace.

⊖⊖ **Brasserie de l'Hôtel de la Grotte** – *66 r. de la Grotte - ✆ 05 62 42 39 34 - www.hoteldelagrotte.com - 1er avr.-31 oct. - 18/24 €.* L'agréable brasserie contemporaine se compose d'une salle à manger aux murs et tentures de couleur ocre, d'une véranda et d'une sympathique petite terrasse sous les tilleuls. Des menus assez soignés y sont proposés à tous les prix. Pour quelques euros de plus, vous vous ouvrirez les portes du restaurant gastronomique attenant.

⊖⊖ **Ferme-auberge La Couriole** – *3 imp. la Passade - 65380 Layrisse - 4,5 km au NO de Loucrup par D 937, D 407, puis rte secondaire - ✆ 05 62 45 42 25 - fermé 2-15 janv., dim. soir au jeu. soir - 🚭 - réserv. obligatoire - 18/26 €.* La vue qui embrasse les majestueux pics du Midi de Bigorre, de Montaigu et de Vignemale est admirable ! La maison est neuve, avec encadrements de fenêtres et portes du 19e s. Au menu : garbure, magrets aux pêches et pâtisseries maison, servis dès beaux jours sous la pergola jouxtant l'auberge, au milieu d'un parc arboré et fleuri.

⊜⊜ **Le Magret** – *10 r. des Quatre-Frères-Soulas - ✆ 05 62 94 20 55 - www.lemagret.com - fermé 5-26 janv. et lun. - 13 € déj. - 26/33 €.* Ce petit restaurant vous recevra dans une salle à manger campagnarde, avec poutres apparentes et chaises paillées. On y apprécie les recettes du Sud-Ouest sans prétention, mitonnées avec les bons produits bigourdans : tournedos de magret au jus de cèpes, crème de haricots tarbais…

Sports & Loisirs

Lac de Lourdes – *Quitter Lourdes à l'ouest (direction Pau) par la D 940 et prendre à gauche le chemin menant au bord du lac par le restaurant L'Embarcadère.* Situé à 421 m d'altitude, profond de 11 m, ce petit lac d'origine glaciaire offre les attraits des sports nautiques (baignade interdite), de la pêche et du golf. Beau point de vue sur les montagnes. Un sentier piétonnier fait le tour du lac.

Voie verte des Gaves – Une piste cyclable protégée existe entre Lourdes et Soulom-Pierrefitte (au sud de Lourdes) sur un parcours de 17 km. Accès interdit à tout engin à moteur. Renseignement : *Association française de développement des Véloroutes et Voies Vertes - Chez Association Ve'lo - 5 av. F.-Collignon - 31200 Toulouse - ✆ 05 34 30 05 59 - www.af3v.org*

Sarl La Truite des Pyrénées – *65400 Lau-Balagnas - ✆ 05 62 97 02 05 - avr.-sept. : 9h-12h, 15h-19h ; oct.-mars : tlj sf dim. 9h-12h, 15h-18h - fermé 1er et 11 Nov.* Vous saurez tout sur la truite grâce au parcours de pêche à la mouche (matériel fourni et cours d'initiation possibles) et à une exposition sur la pisciculture. Vente de produits artisanaux à base de poisson.

Sports Natures - Hautes Pyrénées Sport Nature – *3 imp. la Pradette - 65270 St-Pé-de-Bigorre - ✆ 05 62 41 81 48 - www.sport-nature.org - de déb. avr. à mi-sept. : 24h/24 ; hiver : 8h30-17h30 - 23,50 €.* Cette base d'eaux vives permet de découvrir toutes les activités d'eaux vives et de montagne à travers des animations de groupe, des stages ou des séjours (avec ou sans hébergement). Gîte et aire de campement.

Luz-Saint-Sauveur

1 098 LUZIENS
CARTE GÉNÉRALE A4 – CARTE MICHELIN LOCAL 342 L5 – SCHÉMA P. 229 – HAUTES-PYRÉNÉES (65)

Luz-Saint-Sauveur doit sa fortune à l'impératrice Eugénie qui lança la vogue des stations thermales pyrénéennes. Les nombreux témoignages de cette période mondaine ne doivent cependant pas faire oublier les vestiges, plus anciens, du farouche pays de Toy, ni la station de Luz-Ardiden qui a su préserver son site.

- **Se repérer** – À une trentaine de kilomètres au sud de Lourdes, Luz et Saint-Sauveur se font face de part et d'autre de la coupure du gave de Pau, dans un cadre pittoresque de montagnes.
- **À ne pas manquer** – L'église fortifiée Saint-André ; le cirque de Troumouse ; la vue depuis le pont Napoléon.
- **Organiser son temps** – Prévoyez au moins une demi-journée (et de bonnes chaussures) pour l'excursion qui conduit au cirque de Troumouse : la fin du parcours ne peut s'effectuer qu'à pied *(3/4h AR)*.
- **Avec les enfants** – La via ferrata et le circuit aventure près du pont Napoléon.
- **Pour poursuivre la visite** – Voir aussi le cirque de Gavarnie, Barèges, Argelès-Gazost.

Se promener

Château Sainte-Marie

30mn AR. À Esquièze, juste avant d'entrer à Luz par la D 921, prendre à gauche la D 172 qui conduit à Vizos. L'étroit sentier s'engage sur la droite, le long du jardin de l'hôtel Montaigu (voir l'encadré pratique). Construit au 10e s. par les comtes de Bigorre, ce château fut tour à tour occupé par les Hopitaliers de Saint-Jean, les Chevaliers de Malte, puis par les Anglais à qui il fut repris en 1404. Depuis les ruines se dégage une belle vue sur la vallée.

Luz

Dans un canton montagnard longtemps isolé du bas pays par le mauvais passage des Échelles de Barèges, la petite capitale du **pays Toy** *(terme désignant les habitants des*

Le saviez-vous ?

Si Saint-Sauveur (Salvador) s'est placé sous la protection du Salvator, nom mystique du Christ, faut-il voir dans Luz une allusion à la lumière *(lux)* émanant de celui-ci ?

D'un naturel farouche, les habitants de la vallée n'ont pourtant pas ménagé leur reconnaissance à Napoléon III et à l'impératrice Eugénie de Montijo pour leurs bienfaits. Le tour du bassin de Luz, du pont de la Reine (Hortense de Beauharnais, mère de l'empereur) au **pont Napoléon** en passant par la chapelle de Solférino, prend l'allure d'un véritable « circuit Napoléon III ».

hautes vallées) surprend par son animation et par son équipement touristique. Les 18e et 19e s. y ont laissé un certain nombre de maisons de belle allure, blanches sous leur toit d'ardoise, avec corniches, linteaux sculptés et balcons de fer forgé.

L'**église fortifiée Saint-André★** fut bâtie à la fin du 12e s. et fortifiée au 14e s. par les hospitaliers de Saint-Jean-de-Jérusalem (ce qui explique sans doute la confusion qui la fait souvent dénommer, à tort, « église des Templiers ») avec un chemin de ronde, une enceinte crénelée enserrant un vieux cimetière et deux tours carrées.

Pour une description en image, reportez-vous à l'ABC d'architecture p. 73.

Son portail présente un Christ en majesté entouré des évangélistes ; à l'intérieur, boiseries du 18e s., **musée d'Art religieux** dans la chapelle N.-D.-de-la-Pitié, et petit **Musée ethnographique** local dans la tour de l'Arsenal. *05 62 92 32 88 - 8h30-19h30.*

Séjourner

Saint-Sauveur

L'unique rue, en corniche au-dessus du gave, est dédiée successivement à la duchesse de Berry, grande animatrice de la saison 1828, et à l'impératrice Eugénie dont les séjours, surtout celui de 1859, apportèrent à la station sa consécration. Les thermes, de style Napoléon III, sont spécialisés dans le traitement médical des insuffisances veineuses, des affections gynécologiques et des troubles ORL. Ils bénéficient d'eaux jaillissant à 34 °C, riches en soufre et en barégine.

Domaine skiable de Luz-Ardiden

À 15 km de Luz-Saint-Sauveur par la D 12. Alt 1 700-2 550 m. 19 remontées mécaniques. Le site de la station est demeuré presque intact, sans immeuble et presque pas de chalets. Les skieurs séjournent donc dans la vallée, avant de rejoindre les pistes par une petite route de montagne. Les secteurs d'Aulian et de Bédéret, reliés par des remontées mécaniques, totalisent 50 km répartis en 33 pistes de ski alpin, ouvertes aux skieurs de tous niveaux et plus particulièrement aux amateurs de ski sportif. On y pratique toutes les formes de glisse. La station est équipée d'une piste de ski de bosses, d'une piste de slalom et d'un *snowboard space*.

Circuit de découverte

VALLÉE DE GAVARNIE★★

50 km – 1h30. De Luz-Saint-Sauveur à Gavarnie.

George Sand écrivait : « De Luz à Gavarnie, c'est le chaos primitif, c'est l'enfer », tandis que Victor Hugo, traversant le chaos de Coumély, s'exclamait : « Noir et hideux sentier… ». Tout au long de cette vallée, les glaciers ont « surcreusé » les bassins de Pragnères, Gèdre et Gavarnie. Les eaux ont scié les « verrous » rocheux qui les séparent et créé des « étroits » dont le plus caractéristique est la gorge de Saint-Sauveur. Sur les replats sont juchées des habitations temporaires. Du haut des vallées affluentes, les torrents dévalent en cascades.

Quitter Luz-St-Sauveur au sud par la D 921.

Pont Napoléon

Évitez les files de cars d'excursion qui s'y forment en haute saison vers 15h. Par ce pont d'une seule arche, construit en 1860 sur les ordres de Napoléon III, la route venant de Saint-Sauveur franchit le gave profondément encaissé entre les parois abruptes de la gorge. À la sortie, côté rive droite, s'élève une colonne commémorative de marbre, surmontée d'un aigle. Vue plongeante sur la gorge broussailleuse.

Continuer sur la D 921. La route, taillée dans le roc, parcourt un défilé. Le hameau de la Sia apporte un intermède. Bientôt apparaissent les téléphériques montés le long des conduites forcées de Pragnères.

Centrale de Pragnères

Ne se visite pas. La plus importante usine hydroélectrique des Hautes-Pyrénées « turbine » les eaux collectées dans le massif de Néouvielle, sous 1 250 m de hauteur de chute, et dans les vallées affluentes de la rive gauche du gave de Pau, sous 900 m de hauteur de chute. La centrale est utilisée à pleine puissance aux périodes de pointe d'hiver. Elle comprend 40 km de galeries, quatre barrages dont celui de Cap-Long (le plus grand des Pyrénées), une centrale de production et deux stations de pompage.

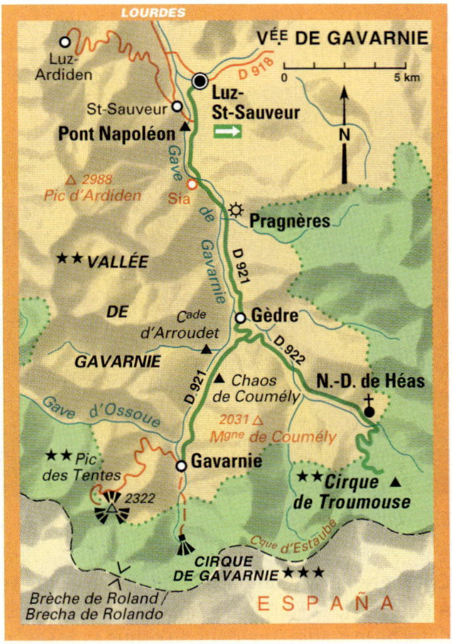

Peu avant Gèdre apparaît, à droite du Coumély rayé par une conduite forcée, le pic pointu de Pimené (alt. 2 801 m) précurseur du cirque de Gavarnie.

Gèdre

Aux confluents des gaves de Gavarnie et de Héas, dans un bassin de prairies coupées de rideaux de peupliers, voilà un exemple typique de commune rurale où l'activité pastorale rythme la vie quotidienne. De l'hôtel de la Brèche de Roland, on aperçoit la fameuse coupure du rocher et, plus à droite, la dépression neigeuse de la « Fausse Brèche » d'où pointe le rocher du « Doigt ».

Passé le village, prendre la D 922 sur la gauche vers le cirque de Troumouse (à 15 km), via Héas. Attention, cette route, bordant le gave d'Héas, reste généralement obstruée par la neige de décembre à avril. Route payante après Héas.

La route remonte la vallée pastorale d'Héas dont les pentes gazonnées sont interrompues par une coulée de blocs descendue de la montagne de Coumély, puis par un autre chaos dont le plus gros rocher sert de piédestal à la Vierge du Mail d'Arraillé.

Héas

Élevant son dôme dans le dernier bouquet d'arbres de la vallée, la **chapelle** de pèlerinage fut emportée par une avalanche en 1915 et reconstruite en 1925. Du mobilier de l'ancien sanctuaire, il reste la nef latérale de gauche, des statues, des tableaux, une croix de procession (18e s.), la cloche de 1643, le bénitier… La statue vénérée de Notre-Dame d'Héas, retrouvée intacte sous l'avalanche, a été replacée dans le chœur. Plusieurs pèlerinages sont organisés en l'honneur des grandes fêtes de la Vierge *(voir l'encadré pratique). La chapelle est ouverte de début mai à début novembre.*

La route, attaquant le versant sud de la vallée, offre des vues très intéressantes sur l'ancienne « auge » glaciaire d'Héas : remarquez l'épaulement continu du versant nord, interrompu au-dessus de la chapelle d'Héas par l'encoche d'un torrent descendu d'un bassin de réception en forme d'entonnoir régulier. Au sud, en contre-haut, se rapproche un cirque de sommets dont la structure plissée montre une extraordinaire houle de strates claires.

Cirque de Troumouse★★

Gagner la statue de la Vierge (3/4h à pied AR) érigée sur un piton formant belvédère.
Site grandiose, d'une capacité de trois millions de « spectateurs », le cirque présente un fond de prairies légèrement convexe. Il est fermé par des montagnes dressant un rempart, à peine découpé, de 10 km de développement. L'ensemble culmine au pic de la Munia (alt. 3 133 m), reconnaissable à son vestige de glacier suspendu. À gauche, en contrebas du glacier, on découvre les « Deux Sœurs », deux petites aiguilles jumelles.

De retour à Gèdre, reprendre sur la gauche la route de Gavarnie.

La vallée redevient sauvage. À droite, en contre-haut, on aperçoit la vallée suspendue du gave d'Aspé. Le torrent tombe dans la vallée principale en formant la cascade d'Arroudet. La route traverse un chaos de blocs écroulés, au pied de la **montagne de**

Marie-Hélène Carcanague / MICHELIN

L'immense cirque de Troumouse.

Coumély. Puis commence la dernière montée vers les hauteurs de Gavarnie. À gauche de la Fausse Brèche et de la crête des Sarradets située en avant-plan, se détache le gradin supérieur du cirque avec ses corniches neigeuses, les sommets du Casque, de la Tour et du pic du Marboré. À droite apparaît le hameau de Bareilles, puis, sur le Turon de Holle, au débouché de la vallée d'Ossoue, la monumentale statue de Notre-Dame des Neiges.

Gavarnie *(voir ce nom)*

Luz-Saint-Sauveur pratique

Adresses utiles

Office du tourisme de Luz-Saint-Sauveur – *Pl. du 8-Mai - 65120 Luz-St-Sauveur - 05 62 92 81 60/30 30 - www.luz.org - de mi-juil. à mi-août : 9h-19h, dim. et j. fériés 9h-12h, 16h-19h ; de Pâques à mi-juil. et de mi-août à fin nov. : 9h-12h, 14h-18h30, dim. et j. fériés 9h-12h ; de déb. déc. à Pâques : 8h30-19h, dim. et j. fériés 8h30-12h, 16h-19h.*

Maisons du Parc et de la vallée – *05 62 92 38 38 - 9h-12h, 14h-19h, sam. et j. fériés 16h-19h.* Outre une exposition permanente sur le Parc national des Pyrénées *(voir p. 327)* où l'on peut voir des animaux naturalisés, la maison abrite temporairement peintures, photographies, etc. En juil.-août, tous les lun. à 21h : film et débat animé par un garde-moniteur.

Se loger

Chambre d'hôte Le Palouma – *65120 Chèze - 5 km au N de Luz-St-Sauveur par D 921, puis D 12 - 05 62 92 90 90 - rene.theil.le.palouma@wanadoo.fr - fermé 30 sept.-1er fév. - - 3 ch. 35 €* . Le propriétaire, ancien gendarme de haute montagne, saura vous conseiller pour vos itinéraires et balades. À votre retour, reposez-vous dans une des chambres simples et lambrissées aménagées sous le toit. Du jardin, belle vue sur les Pyrénées.

Chambre d'hôte La Munia – *65120 Saligos - 3 km au N de Luz-St-Sauveur par D 921, puis D 12 - 05 62 92 84 74 - fermé 1 sem. en juin - - 3 ch. 38 € - repas 12 €.* Voilà une adresse intéressante pour petits budgets. Les chambres, simples et agréables, s'ouvrent sur la vallée. Si vous restez dîner, vous goûterez la viande des moutons que la patronne élève et prépare de multiples façons. Un gîte disponible.

Chambre d'hôte Eslias – *Les Cabannes - 65120 Viella - 2,5 km à l'E de Luz-St-Sauveur par D 918, puis rte secondaire - 05 62 92 84 58 - - réserv. conseillée - 3 ch. 45 € - repas 15 €.* Les chambres de cette petite maison jouissent d'une grande tranquillité et d'un bon confort. La terrasse panoramique ouvre sur les sommets environnants. Un gîte est également disponible.

Hôtel Terminus – *65120 Esquièze-Sère - 05 62 92 80 17 - fermé mai et nov. - P - 16 ch. 46/55 € - 6 €.* Cet hôtel qui occupe une grande maison de village dispose de chambres toutes rénovées et colorées. Possibilité de petit-déjeuner dans le jardin.

Se restaurer

Auberge de Viella – *Pl. de la Mairie - 65120 Viella - 1,5 km au NE de Luz-St-Sauveur par D 918 rte de Barèges et chemin à droite - 05 62 92 85 14 - fermé nov.-mai et lun. sf vac. scol. - réserv. obligatoire -*

14/20 €. Dressée sur la place de la Mairie, cette petite auberge est appréciée pour son cadre rustique, réchauffé l'hiver par de belles flambées, son ambiance bon enfant, sa cuisine basée sur les produits de la ferme et bien sûr sa garbure, spécialité maison.

La Grange aux Marmottes – *Au village - 65120 Viscos - ✆ 05 62 92 88 88 - www.grangeauxmarmottes.com - fermé 15 nov.-15 déc. - ⊭ - 19/43 €.* Cette ancienne grange à toit d'ardoise, bâtie sur les hauteurs d'un village de montagne fleuri, offre à ses hôtes un refuge on ne peut plus cosy. La table, dressée au grenier aménagé dans le style rustique, propose d'appétissantes spécialités comme le bœuf Wellington, le saumon frais au champagne ou la croustade à l'armagnac. La piscine, installée face aux sommets, invite au farniente.

Le Montaigu – *Rte de Vizos - 65120 Esquièze-Sère - ✆ 05 62 92 81 71 - fermé oct.-nov. - 18/25 €.* Établissement récent situé au pied du château Sainte-Marie *(voir « Se promener »)*. Chambres spacieuses et fonctionnelles ; certaines possèdent un balcon avec vue sur les montagnes. Restaurant au cadre empreint de sobriété et lumineux salon-bar tourné vers le jardin.

Sports & Loisirs

Luzéa – *Les Thermes - ✆ 05 62 92 81 58 - www.luz.org - 16h-20h ; vac. scol. en hiver : 10h-12h30.* Ce centre de remise en forme, installé dans les thermes de Luz, vous fera découvrir les bienfaits de la balnéothérapie. L'eau de la source, riche en gaz rares, minéraux et soufre, renforce les défenses naturelles du corps. Les plus gourmands apprécieront le massage au chocolat, aux vertus supposées relaxantes.

Via ferrata – Une via ferrata a été aménagée près du pont Napoléon où il est possible de pratiquer aussi le saut à l'élastique (90 m). Vous pouvez l'inclure dans un circuit aventure avec tyrolienne de 120 m et franchissement du gave par un pont népalais (3 câbles suspendus). *Renseignements : bureau des guides de Luz, ✆ 05 62 92 87 28/91 07.*

Événements

Pèlerinages à la chapelle d'Héas – Les 15 août, 8 sept. et pour la Fête du rosaire, 1er dim. d'octobre.

Marciac

1 160 MARCIACAIS
CARTE GÉNÉRALE A3 – CARTE MICHELIN LOCAL 336 C8 – GERS (32)

La cité gersoise s'est forgée une réputation internationale grâce à son Festival de jazz, attirant les plus grands musiciens et drainant une foule considérable. Mais les charmes de cette bastide se passent largement de cadre musical. Fier de son marché coloré et gourmand, installé sur la place centrale à couverts, Marciac s'honore de posséder la plus haute flèche du Gers et quelques petites rues médiévales aux tonalités ocre. Il est agréable d'y séjourner, d'autant qu'une base nautique et des chemins de randonnées complètent le tableau.

Se repérer – La ville, toute proche du département des Hautes-Pyrénées, est située à mi-distance entre Tarbes (40 km) et Auch (45 km).

À ne pas manquer – Le festival Jazz in Marciac la première quinzaine d'août ; les Territoires du jazz en toute saison.

Avec les enfants – Une randonnée avec un âne *(voir l'encadré pratique)*. Marciac a obtenu le label Famille Plus *(voir p. 42)*.

Pour poursuivre la visite – Voir aussi Mirande, Bassoues.

Visiter

Église Notre-Dame

Cette église du 14e s. est surmontée d'une haute flèche de pierre (90 m) qui couronne un clocher carré.

> **Le saviez-vous ?**
>
> La bastide de Marciac fut fondée à la fin du 13e s. Jusqu'au 19e s., une importante halle occupait le milieu de la place, entourée de couverts.

Les Territoires du jazz

Pl. du Chevalier-d'Antras - ✆ 05 62 08 26 60 (office de tourisme) - www.bastidesetvallonsdugers.com - ♿ - avr.-sept. : 9h30-12h30, 14h30-18h30 ; oct.-mars : tlj sf sam. 9h30-12h30, 14h-18h, dim. 11h-13h - fermé j. fériés (oct.-mars) - 5 € (-18 ans 3 €).

Aménagés dans une ancienne abbaye, ils composent un espace muséographique original et proposent un parcours initiatique dans l'histoire du jazz, depuis ses origines africaines jusqu'à ses manifestations les plus contemporaines. Muni d'un casque récepteur, le visiteur plonge dans l'univers du swing en traversant des lieux mythiques comme New Orleans et le *Cotton Club*, au rythme d'airs de blues, de dixieland ou de ragtime ravivant la mémoire de Duke Ellington, Charlie Parker ou Miles Davis.

Jean Malburet / MICHELIN

La place à arcades de Marciac.

Circuit de découverte

LA RIVIÈRE BASSE

90 km - environ 2h. Quitter Marciac au nord-ouest par la D 3.

Beaumarchés

Un chapiteau dans l'**église** orné d'un écusson aux armes de France illustre le contrat de paréage passé entre le sénéchal de Beaumarchés et le comte de Pardiac, qui présida à la fondation de cette bastide en 1288. Dans le Midi, le sénéchal était l'équivalent du bailli dans le Nord : un officier chargé de rendre la justice au nom du roi. Eustache de Beaumarchés, sénéchal de Toulouse lorsque le comté fut rattaché à la couronne, fut aussi, entre 1272 et 1294, l'un des grands fondateurs de bastides.

L'édifice gothique à nef unique frappe par son aspect extérieur massif et surtout par son porche élevé au 15e s. qui devait servir de clocher, mais ne fut jamais achevé. Détaillez la frise de têtes d'hommes et de femmes qui court autour de la galerie supérieure.

En suivant toujours la D 3, puis la D 946 à gauche, gagner Plaisance (qui est peuplée, ça ne s'invente pas, de Plaisantins). Traverser Préchac-sur-Adour et à l'intersection avec la D 935, tourner à gauche, puis encore à gauche sur la D 65.

Mazères

L'**église** romane fortifiée présente en façade un clocher-pignon flanqué d'échauguettes sur contreforts. À l'intérieur, l'arcature décorative ornant le chœur a conservé des chapiteaux romans. À l'opposé, dans la salle sous clocher, la châsse en marbre de sainte Libérate (1342) est dressée sur un piédestal formant « confession » : le pèlerin, en rampant sous le monument, se mettait sous la protection des reliques.

Reprendre la D 935.

À votre droite s'étend le vignoble de **Madiran**. Dans le village éponyme, une maison des vins vous fournira toutes les adresses souhaitables *(voir l'encadré pratique)*.

Maubourguet

Le village est traversé par l'Adour et le GR 653, chemin de Saint-Jacques-de-Compostelle (venant d'Arles). Outre une grande et belle halle métallique, il s'enorgueillit d'une église romane avec ses trois absides du 11e s. et son portail du 12e s.

Continuer sur la D 935 avant de dévier à droite pour entrer dans Vic-en-Bigorre.

Vic-en-Bigorre

Bâti dans la plaine entre l'Adour et l'Echez, sa forme urbaine s'apparente aux sauvetés. Élément central bordé par l'hôtel de ville et des immeubles privés, l'**église Saint-Martin**, richement ouvragée et colorée, renferme un précieux mobilier liturgique. La pièce maîtresse est un retable en bois doré du 17e s., œuvre de Simon Boysson. Le travail de ce maître sculpteur de Montpellier s'inscrit dans la lignée des frère Ferrère dans les Hautes-Pyrénées (vallée de Campan, *voir Bagnères-de-Bigorre*). Autour de l'église se distribuent rues et ruelles qui font le charme des lieux. On y aperçoit des hôtels particuliers du 18e s., une maison romane du 12e s. ornée de fenêtres géminées en brique, quelques moulins alimentés par un canal de 13 km puisé dans l'Echez, un pont, une halle, construite au 19e s. sur le modèle des halles centrales de Paris, sous laquelle se tient un marché au gras réputé…

Emprunter la D 934 à l'est.

Rabastens-de-Bigorre

Fondée, à l'orée du 14e s., par le sénéchal Guillaume de Rabastens qui lui donna son nom et ses armoiries (un chevron surmonté d'une fleur de lys), cette bastide s'articule autour d'une vaste place où s'élève une halle lumineuse. Elle est formée d'une grande verrière posée sur une structure massive de tôle et d'acier. L'ancienne halle (désaffectée) occupe la place de l'église Saint-Louis. De style gothique, conservant toujours son portail en calcaire du 14e s., cette dernière forme le plus bel élément de l'ensemble médiéval.

Quitter Rabastens par la N 21, à l'est. Après Villecomtal-sur-Arros, la route monte jusqu'au **puntous de Laguian**, d'où le **panorama**★★ s'étend, par temps clair, sur 150 km de front pyrénéen. *On regagne Marciac par la D 3, sur la gauche avant Miélan.*

Marciac pratique

Adresse utile

Office du tourisme des bastides et vallons du Gers – *Pl. du Chevalier-d'Antras - 32230 Marciac - ☎ 05 62 08 26 60 - www.bastidesetvallonsdugers.com - avr.-sept. : 9h30-12h30, 14h30-18h30 ; oct.-mars : tlj sf sam. 9h30-12h30, 14h-18h, dim. 11h-13h.* Au rez-de-chaussée de l'abbaye où sont installés les Territoires du jazz.

Se loger

⊖ **Chambre d'hôte au Château** – *32230 Juillac - 4 km au nord-ouest de Marciac par D 255 - ☎ 05 62 09 37 93 - www.auchateaujuillac.com - fermé 1 sem. en sept.-oct. - ⊭ - 4 ch. 50 € ☕ - repas 20 €.* Au cœur d'une exploitation agricole toujours en activité, belle chartreuse du 18e s. abritant de vastes chambres décorées avec goût. La table d'hôte est basée sur les produits de la ferme. Côté activités : prêt de vélos et balades dans le parc.

Que rapporter

Maison des vins de Madiran et pacherenc du Vic-Bilh – *4 r. de l'Église - 65700 Madiran - ☎ 05 62 31 90 67 - de mi-juin à mi-sept. : lun.-vend. 9h-18h30, sam. 9h-14h, 15h30-18h30, dim. 14h30-18h30 ; de mi-sept. à mi-juin : tlj sf dim. 8h30-12h30, 13h30-17h30.*

Cave de Crouseilles – *64350 Crouseilles - ☎ 05 59 68 10 93 - mai-sept. : 9h-13h, 14h-19h, dim. 10h-19h ; oct.-avr. : 9h30-12h30, 14h-18h, dim. 13h-18h.* En moins de 50 ans la cave de Crouseilles, sise au château du même nom, a acquis une renommée incontestable. Dans sa salle de vente et de dégustation, vous ferez connaissance avec le madiran rouge et le pacherenc du Vic-Bilh sec ou moelleux, appellations phares du domaine.

Château d'Aydie Vignobles Laplace – *64330 Aydie - ☎ 05 59 04 08 00.* En 1961, la famille Laplace fut la pionnière de la mise en bouteilles à la propriété. Les quatre enfants de Pierre Laplace se consacrent aujourd'hui exclusivement au travail de la vigne. Le domaine compte 55 ha plantés sur des sols argilo-calcaires et argilo-siliceux. Les madirans sont élevés en barriques durant 18 mois.

Sports & Loisirs

Flânerie – *Hameau de Mazères - 65700 Castelnau-Rivière-Basse - ☎ 05 62 31 90 56 - flanerie.65@wanadoo.fr.* La Flânerie, qui fut le siège de la renaissance de l'âne des Pyrénées, propose des randonnées pédestres avec âne de bât le long des berges de l'Adour et dans le vignoble de Madiran. Cette belle propriété agricole du 18e s. abrite aussi de confortables chambres d'hôte.

Événement

Jazz in Marciac – Soutenu dès son origine par Bill Coleman, ce festival convivial et de haute tenue réunit chaque première quinzaine d'août des milliers d'amateurs pour des moments de jazz exceptionnels. *Réserv. au bureau du festival, ☎ 0 892 690 277 (0,34 €/mn).* Quant à l'hébergement, mieux vaut s'y prendre à l'avance !

Grotte du Mas-d'Azil★★

1 117 AZILIENS (VILLAGE)
CARTE GÉNÉRALE B3 – CARTE MICHELIN LOCAL 343 G6 – ARIÈGE (09)

Site préhistorique célèbre dans le monde scientifique (au point d'avoir donné son nom à la civilisation « azilienne »), le Mas-d'Azil est aussi l'une des curiosités naturelles les plus spectaculaires de l'Ariège. Raison de plus pour marcher sur les traces de nos lointains ancêtres !

Se repérer – Au nord de l'Ariège, le Mas-d'Azil est également un village situé à 23 km au nord-est de Saint-Girons et à 34 km au nord-ouest de Foix.

À ne pas manquer – Au musée de la Préhistoire, le délicat propulseur de l'époque magdalénienne : le « faon aux oiseaux ».

Avec les enfants – L'Affabuloscope.

Pour poursuivre la visite – Voir aussi Saint-Girons, Saint-Lizier, Foix, Pamiers (Mirepoix).

Le saviez-vous ?

L'étymologie qui suit est probablement fantaisiste, mais elle est trop belle pour être passée sous silence... En 1625, des centaines de huguenots trouvèrent *asile* dans la grotte alors qu'ils étaient assiégés par les troupes du maréchal de Thémines, à la tête d'une armée de 140 000 hommes. Cependant, la bastide de Mas-d'Azil avait été fondée quatre siècles auparavant...

Édouard Piette découvrit en 1887 une couche originale d'habitat humain, entre le magdalénien finissant (11 000 ans av. J.-C.) et le début du néolithique : l'**azilien** (9 500 ans av. J.-C.). Après lui, l'abbé Breuil et Joseph Mandement continuèrent les recherches, mais aussi Boule et Cartailhac...

Visiter

Grotte

05 61 69 97 71 - visite guidée (1h) juil.-août : 10h-18h ; juin et sept. : tlj sf lun. 10h-12h, 14h-18h ; avr.-mai : tlj sf lun. 14h-18h, dim. et j. fériés 10h-12h, 14h-18h ; mars et oct.-nov. : dim., vac. scol. de la Toussaint et j. fériés 14h-18h - fermé déc.-fév. - 6,10 €(6-15 ans 3,10 €) billet combiné avec le musée.

Creusée par l'Arize sous le Plantaurel, cette grotte est un tunnel long de 420 m, d'une largeur moyenne de 50 m. En amont, l'arche d'entrée est magnifique (65 m de haut). En aval, l'ouverture, surbaissée (7 à 8 m), est forée dans un rocher à pic d'une hauteur de 140 m. La route utilise ce passage, côtoyant le torrent dont les eaux sapent les parois calcaires et s'enfoncent sous une voûte majestueuse, étayée au centre par un énorme pilier rocheux.

Les quatre étages de galeries fouillées se développent sur 2 km, dans un calcaire dont l'homogénéité empêche les infiltrations et la propagation de l'humidité. On visite, entre autres, la **salle du Temple**, lieu de refuge protestant lors du siège de 1625. Des vitrines présentent des pièces remontant aux époques magdalénienne (grattoirs,

Antonin Thuillier / MICHELIN

L'Arize a donné naissance à la grotte du Mas-d'Azil et a livré passage à la route.

burins, aiguilles, moulage de la célèbre tête de cheval hennissant) et azilienne (harpons en bois de cerf, pointes, galets coloriés, outillage miniaturisé).
Dans la salle Mandement apparaissent, parmi les déblais, des vestiges de faune (mammouth et ours) amoncelés en ossuaire sans doute par des crues souterraines (les eaux de l'Arize, dix fois plus considérables qu'aujourd'hui, pouvaient atteindre le niveau de la voûte).
Les objets trouvés lors des différentes campagnes de fouilles sont exposés dans la grotte et au bourg du Mas-d'Azil.

Musée de la Préhistoire

✆ 05 61 69 97 22 - www.cesta.fr - juil.-août : 11h-13h, 14h-19h ; avr.-juin et sept. : tlj sf lun. 14h-18h ; mars et oct.-nov. : dim., vac. scol. de la Toussaint et j. fériés 14h-18h - fermé déc.-fév. - 4,60 € (enf. 2,30 €) ; 6,10 € (6-15 ans 3,10 €) billet combiné avec la grotte.
À 800 m de la grotte, le musée est situé au centre du village, à l'emplacement de l'ancienne mairie. Collection de pièces d'époque magdalénienne, dont quelques galets peints et le célèbre propulseur dit « faon aux oiseaux ».

Affabuloscope

R. de l'Usine - ✆ 05 61 69 72 10 - www.affabuloscope.fr - juil.-aout : 14h30-19h ; reste de l'année : sur RV le matin tlj sf mar. - 5 € (-6 ans gratuit, 6-8 ans 3,50 €, 8-10 ans 4 €).
La salle principale expose une multiplicité d'affabulations jouant avec leur propre titre : machine à verser dans le tragique, retardateur d'échéance, redresseur de torts, semoir à tout vent… Autant d'œuvres en bois sculpté, polies, vernies, parfois encastrées dans un jeu de poulies, de ressorts, de cordes, de roues montées sur un socle ou sur un pied. La « Machine à réduire » ressemble à une guillotine, le « Pèse-mot » est doté d'un fin duvet… Au 1er étage, d'autres drôles de sculptures sont exposées, constituées de matériaux de récupération (entonnoir, cylindre, radio, hélice, selle de tracteur), un bric-à-brac hétéroclite qui poursuit le voyage imaginaire.

Grotte du Mas-d'Azil pratique

Adresse utile

Office du tourisme des vallées de l'Arize et de la Lèze – *17 av. de la Gare - 09290 Le Mas-d'Azil - ✆ 05 61 69 99 90 - www.tourisme-arize-leze.com - tlj sf dim. 9h30-12h30, 14h-18h, sam. (juin-sept.) 9h30-12h30 - fermé 1er janv., 1er Mai et 25 déc. - point info près de la grotte - 10h-19h.*

Se loger

Chambre d'hôte Domaine de Terrac – *09420 Rimont - 15 km au SO du Mas-d'Azil par D 119 et D 18 - ✆ 05 61 96 39 60 - www.hoteterrac.fr - fermé janv. - P - 5 ch. 60/80 €.* Cette ferme merveilleusement restaurée n'aura aucun mal à vous séduire. Ses chambres concilient charme et tranquillité ; deux d'entre elles possèdent une terrasse dominant la vallée. Côté restauration, la propriétaire férue de cuisine propose des plats régionaux, végétariens et indiens.

Se restaurer

Restaurant de la Poste – *Pl. du 8-Mai - 09420 Rimont - 15 km au SO du Mas-d'Azil par D 119 et D 18 - ✆ 05 61 96 33 23 - fermé 12-25 fév., 16-26 oct., lun. soir, mar. soir et merc. soir sf juil.-août - 11/28 €.* Établissement des années 1950 dont la salle à manger cohabite avec un café-bar, rendez-vous des habitants du village. Ambiance agréablement provinciale.

Le Jardin de Cadettou – *Fg St-Ferréol - 09290 Le Mas-d'Azil - ✆ 05 61 69 95 23 - www.cadettou.fr - fermé déc.-fév., sam. midi, dim. soir et lun. - formule déj. 12 € - 15/35 €.* Dans une maison couverte de vigne vierge, à l'entrée du village, découvrez la « cuisine des femmes » transmise de mère en fille autour du fourneau. Une cuisine du terroir, qui parfois se parfume de quelques saveurs exotiques, à déguster à côté de la baie vitrée donnant sur le jardin.

Maison Gardel – *Pl. du Champ-de-Mars - 09290 Le Mas-d'Azil - ✆ 05 61 69 90 05 - www.ariege.com/hotel-gardel - fermé dim. soir et lun. soir du 1er nov. à Pâques - 15/28 € - 20 ch. 35/45 € - 6 €.* Véritable institution attirant une clientèle dans toute la région, cette auberge familiale compte 20 chambres qui autrefois accueillaient les pèlerins de St-Jacques. Aujourd'hui, les connaisseurs se pressent autour des tables pour y savourer une assiette ariégeoise ou une croustade.

Que rapporter

Asinerie de Feillet « Asinus » – *« Feillet » - 09420 Castelnau-Durban - ✆ 05 61 96 38 93 - www.asinus.fr - juil.-nov. : tlj sf dim. 14h-16h.* Cette entreprise de production de lait d'ânesse est un lieu unique en France et peut-être en Europe. Le lait, dont les propriétés légendaires ne sont plus à prouver, sert à la fabrication de savonnettes artisanales.

Mazamet

10 544 MAZAMÉTAINS
CARTE GÉNÉRALE D3 – CARTE MICHELIN LOCAL 338 G10 – TARN (81)

Au pied de la Montagne noire, Mazamet est surtout connue pour ses installations de délainage et ses mégisseries. La ville s'est également illustrée en disputant le bouclier de Brennus lors de la finale du championnat de France de rugby, en 1958, sous la direction du deuxième ligne (et, dans le civil, médecin) Lucien Mias. Malheureusement, Lourdes était alors imbattable…

Se repérer – À 3 km au sud, sur la D 118, le belvédère du **Plo de la Bise** offre une vue intéressante sur les ruines d'Hautpoul et sur Mazamet qui se développe en éventail au débouché des gorges de l'Arnette. On distingue la vieille ville serrée autour de l'église Saint-Sauveur et, sur la rive gauche, la cité moderne ceinturée par les zones industrielles de Bonnecombe et d'Aussillon.

Organiser son temps – Tout passage à Mazamet suppose forcément de s'aventurer dans la Montagne Noire voisine.

Avec les enfants – La Maison du bois et du jouet.

Pour poursuivre la visite – Voir aussi Castres, la Montagne noire.

Le saviez-vous ?

Ce fut, sur la colline, Hautpoul (*alt pujòl*, ou « puy en hauteur »), puis, après le siège de Simon de Montfort (1212), lorsque le village descendit dans la vallée, Le Mas Arnette, du nom de la rivière. Ce mot vient peut-être de l'ancien occitan *arn* qui désigne un buisson de plantes épineuses ; ils sont en effet nombreux à border ses rives.

Comprendre

De nid d'aigle en bas de laine – Au contact des plaines où l'on cultivait pastel, garance ou safran, et de la Montagne noire où broutaient les moutons, Mazamet avait une situation rêvée pour devenir une capitale lainière. La pureté des eaux de l'Arnette, idéale pour le lavage de la laine, et leur force motrice poussèrent les Hautpoulois à abandonner leur nid d'aigle. En 1851, l'industrie du délainage naquit lorsque la maison Houlès Père et Fils et Cormouls importa des peaux de Buenos Aires qu'elle fit délainer. Séparée de la peau et lavée, la laine était cardée, peignée, filée et tissée. Quant à la peau (le « cuirot »), elle était dirigée vers les mégisseries. Les peaux étaient importées d'Australie, d'Afrique du Sud et d'Argentine avant d'être traitées à Mazamet, qui exportait ensuite la laine, surtout vers l'Italie. Les « cuirots » étaient expédiés vers l'Espagne, la Belgique, l'Italie et les États-Unis.
Aujourd'hui, la Chine a remporté les meilleurs marchés ; les mégisseries et les usines de filature et de tissage installées dans le sillon de l'Arnette et le long du Thoré jusqu'à Labastide-Rouairoux, se sont progressivement transformées en friche industrielle. De nouvelles industries font vivre la région dans le secteur automobile (Valeo) ou alimentaire (Menguy's).

Pour compléter vos connaissances, vous pouvez parcourir les circuits balisés « Mazamet au fil de la laine » au départ de l'office de tourisme ou du jardin public, visiter la filature Ramond à Lacaune *(voir ce nom)* et les anciennes maisons de tisserands à Castres ou le quai des Jacobins *(voir Castres)*.

Visiter

Maison des Mémoires de Mazamet

R. des Casernes - ✆ 05 63 61 56 56 - www.maison-memoires.com - ♿ - mai-sept. : 15h-18h ; oct.-déc. et fév.-avr. : tlj sf lun.-mar. 14h30-17h30 - visite guidée (1h15) sur réserv. - fermé janv., 1er Mai, 24, 25 et 31 déc. - 3 € (+6 ans 2 €), 4 € visite guidée.
Siège de l'office de tourisme, l'hôtel Fuzier, maison bourgeoise du 19e s., abrite l'exposition « Catharisme occitan, la mémoire retrouvée ». On y part à la découverte de cette religion qui trouva refuge sur le versant tarnais de la Montagne noire, dans les bourgs et les châteaux du pays occitan (ainsi de Hautpoul). Reconstitutions historiques, ambiances sonores et vidéos retracent la vie des cathares pendant trois siècles : leur organisation, leurs croyances, la répression, l'Inquisition et les croisades.

Église du Sacré-Cœur de Bonnecousse

À Aussillon-Plaine. Accès par l'avenue Jean-Mermoz, direction Toulouse. Conçue notamment par Joseph Belmont, l'église du Sacré-Cœur fut édifiée en 1959 dans un style

Hautpoul, le berceau de Mazamet.

résolument moderne. À l'intérieur, Vierge à l'Enfant en plomb habillée d'un tissu dû à Simone Prouvé. Dans le baptistère, vitrail de dom Ephrem, moine de l'abbaye d'En Calcat.

Aux alentours

Hautpoul

4 km au sud par la D 54 et la première route à droite.
Ce village, bâti sur un éperon portant les ruines du château et d'une église, fut le berceau de Mazamet. En à-pic sur les **gorges de l'Arnette**, une belle **vue** se dégage sur Mazamet et la vallée du Thoré.
La **Maison du bois et du jouet** permet, aux uns d'effectuer quelques emplettes, aux autres de retrouver leur âme d'enfant. *05 63 61 42 70 - www.hautpoul.org - juil.-août : 14h-19h ; 2e quinz. de juin et 1re quinz. de sept. : tlj sf lun. 14h-18h ; de mi-sept. à mi-juin : merc., w.-end, j. fériés et vac. scol. 14h-18h - fermé 1er janv. et 25 déc. - 5 € (4-14 ans 3 €).*

Lac des Montagnès

6 km au sud par la D 118. Situé dans un écrin de collines et de bois, ce beau lac artificiel, réservoir d'eau pour Mazamet, est fréquenté par les pêcheurs, les baigneurs et les promeneurs (base de loisirs).

Labastide-Rouairoux

23 km à l'est par la N 112. 2,5 km - 1h30. Pour parcourir le village, empruntez le sentier « Art et Textile » au départ de l'office de tourisme *(Bd Carnot)*, ponctué de 24 étapes comme autant de sites historiques à découvrir et d'œuvres à contempler : la tendo (en occitan « l'étendoir »), la Carrieyrasse (« grand chemin pavé » en latin), les moulins à foulons, la teinturerie, le quartier protestant, le Musée du textile *(voir ci-dessous)*, etc. Chemin faisant, profitez de la belle vue sur le village et la vallée. *05 63 98 07 58 - demandez le dépliant à l'office de tourisme.*

Musée du textile – Voilà une belle collection disposée dans une ancienne manufacture du 19e s. et un voyage à travers le temps, les techniques et les modes. De la matière première au produit fini, filature, tissage, teinture, impression et apprêt, chaque étape est expliquée, associée à une machine donnant parfois lieu à une démonstration. Outre des métiers à tisser sont exposés une visiteuse pour contrôler la qualité de la pièce, un foulon pour feutrer et rétrécir, une tondeuse-velouteuse pour obtenir un « velours ras », une chardonneuse-gîteuse pour ajouter du brillant… Expositions temporaires à l'étage. *05 63 98 08 60 - - mai-oct. : tlj sf mar. 10h-12h, 14h-18h ; nov.-avr. : tlj sf lun.-mar. 14h-18h - possibilité de visite guidée (1h30) - 3,80 € (-18 ans gratuit), gratuit 1er dim. du mois.*
Possibilité de participer à des ateliers (1h à 1h30), sur réservation. Parmi les thématiques : impressions textiles, secrets de musées, textiles performants. *2,30 €.*

Circuits de découverte

VALLÉE DU THORÉ

41 km – environ 2h. Quitter Mazamet à l'est par la N 112 en direction de St-Pons.

Saint-Amans-Soult

Saint-Amans-la-Bastide a pris le nom du plus illustre de ses enfants, le **maréchal Soult** (1769-1851). Son tombeau se trouve dans le flanc droit de l'église.

Prendre à gauche la D 53 qui franchit un pont puis s'élève, après St-Amans-Valtoret, parmi les prairies. 1,8 km au-delà du lieu-dit Le Banquet, laisser la voiture au panneau « Gorges du Banquet, belvédère à 150 m ».

Nicolas Jean de Dieu Soult

Engagé très tôt dans l'armée (il est caporal du régiment royal d'infanterie dès 1787), Soult s'illustre surtout au service de Napoléon. Il participe aux batailles d'Austerlitz, d'Iéna et d'Eylau ainsi qu'à la prise de Koenigsberg. Nommé colonel général de la garde consulaire, il est fait maréchal en 1804 et Grand Aigle de la Légion d'honneur en 1805. Rallié, après une période d'exil, à la monarchie de Juillet, il occupe, sous Louis-Philippe, d'importants postes ministériels ainsi que la présidence du Conseil.

Gorges du Banquet

15mn à pied AR. Du belvédère aménagé sur des rochers en surplomb, vue impressionnante sur ces gorges très encaissées et profondes d'une centaine de mètres, où l'Arn se fraie un chemin à travers les chaos des rochers.

Poursuivre la route jusqu'au Vintrou, puis tourner à droite dans la D 161 vers le barrage des Saints-Peyres.

Lac des Saints-Peyres

Ce lac, d'une superficie de 211 ha, est retenu par un barrage. Entouré de forêts, il a beaucoup de charme et attire les amateurs de planche à voile.

Revenir au Vintrou et prendre la D 54 qui ramène à Mazamet en traversant Pont-de-Larn.

MONTAGNE NOIRE

Un circuit incluant le **pic de Nore★** (point culminant du massif), les gorges de la Clamoux et le gouffre de Carespine est décrit dans *Le Guide Vert Languedoc Roussillon* (chapitre Carcassonne).

Mazamet pratique

Adresse utile

Office du tourisme de Mazamet – *Maison Fuzier - R. des Casernes - 81200 Mazamet - ✆ 05 63 61 27 07 - www.ville-mazamet.com - mai-sept. : 9h30-12h, 14h-19h, dim. et j. fériés 15h-18h, janv.-avr. et oct.-déc. : 10h-12h, 14h30-18h30, dim. et j. fériés (sf en janv.) 14h30-17h30.*

Visite

Visite théâtrale – Visite guidée (1h30) en juil.-août ; vous suivrez un parcours à travers la ville : Maison Fuzier, rue Houlès, Temple Neuf, chambre de commerce et d'industrie, église St-Sauveur, pl. Laurent Jalabert… *Informations à l'office de tourisme - 3 €.*

Se loger

La Ranquière – *La Ranquière - 81240 Rouairoux - ✆ 05 63 98 87 50 - 4 ch. 50/65 € - repas 17 €.* Cette ravissante ferme du 17e s. isolée sur un domaine de 2 ha propose des chambres personnalisées et pétries de charme. Accueil agréable, coquet jardin, petit verger, belle piscine et jolie terrasse tournée vers la Montagne noire ajoutent à l'attrait de cette maison d'hôte.

Mets et Plaisirs – *7 av. Albert-Rouvière - ✆ 05 63 61 56 93 - www.metsetplaisirs.com - fermé 2-9 janv. et 9-23 août - 11 ch. 48/55 € - 6 € - rest. 23/50 €.* Cette ancienne maison de maître est située en face de la Poste. Petites chambres au décor sobre. Au tableau d'honneur de la carte et des menus, des recettes bien d'ici.

Chez Françoise – *En Rosières - 81240 St-Amans-Soult - ✆ 05 63 97 90 68 - www.chez-françoise.com - 3 ch. 64 € - repas 18 €.* Parée d'un enchevêtrement de plantes grimpantes, cette superbe bâtisse du début du 20e s. ouvre sur un joli parc arboré. Ses 3 chambres, dont 2 suites, bénéficient chacune d'une décoration soignée. Jolie piscine et plage en bois. Petits-déjeuners complets avec charcuterie et fromage. Table d'hôte franco-suisse.

Se restaurer

Métairie Neuve – *81660 Bout-du-Pont-de-Larn - 2 km à l'E par N 112 et D 54 - ✆ 05 63 97 73 50 - www.metairieneuve.com - fermé 15 déc.-23 janv. - 25 €.* Métairie du

18e s. rénovée avec goût. Cour pavée, joli salon au coin du feu et chambres portant les noms de grands crus bordelais. Coquette salle à manger rustique et terrasse aménagée sous une ancienne grange, face au beau jardin fleuri et à sa piscine.

Événement

Fête du fil – Le 15 août à Labastide-Rouairoux : spectacles, animations, ateliers d'initiation.
Renseignements à l'office de tourisme ✆ 05 63 98 07 58.

Canal du Midi★

CARTE GÉNÉRALE C3 – CARTE MICHELIN LOCAL 343 H4-I4-J5-K5 – HAUTE-GARONNE (31)

Le canal joua longtemps un rôle important dans le transport des marchandises. Aujourd'hui, on l'aime surtout pour la beauté de ses berges, la tranquillité de son cours qui nous fait traverser, de bout en bout, tout le Languedoc, de Sète à Toulouse, de la Méditerranée au Lauragais, retenant au passage de bucoliques paysages et des cités pleines d'histoire et de monuments intéressants. Sa majesté et celle de ses ouvrages lui valent d'être inscrit au patrimoine mondial de l'humanité par l'Unesco. Vous faut-il d'autres arguments pour vous inciter à venir flâner au fil de l'eau, à goûter un rythme de vie hors du temps ?

- **Se repérer** – La partie du canal qui concerne ce guide est le tronçon qui, de Toulouse au seuil de Naurouze, serpente à travers la plaine du Lauragais. La partie plus à l'est est décrite dans *Le Guide Vert Languedoc Roussillon*.
- **À ne pas manquer** – Le seuil de Naurouze.
- **Organiser son temps** – On peut découvrir le canal en voiture, mais si l'on veut capter la douceur de vivre de ses rives ou de son cours, il faut suivre ses berges à pied ou à vélo ou, mieux encore, à bord d'une péniche.
- **Pour poursuivre la visite** – Voir aussi Toulouse, Saint-Félix-Lauragais, Revel (Montagne noire).

Comprendre

L'œuvre d'un seul homme – Grandiose idée que celle de relier l'Atlantique et la Méditerranée, déjà évoquée à l'époque romaine. Les études successives de François Ier, Henri IV et Richelieu ne suffirent pas à faire aboutir le projet. C'est finalement à **Pierre-Paul Riquet**, baron de Bonrepos (1604-1680) et fermier de la gabelle de Languedoc, qu'en revint le mérite. Dans les projets de construction d'un canal « des Deux-Mers », le franchissement du seuil de Naurouze (alt. 194 m) était un obstacle insurmontable. En explorant le site dans tous ses détails, Riquet, homme de réflexion, trouva la solution : au seuil de Naurouze sourdait la fontaine de la Grave (disparue

Jean Malburet / MICHELIN

Le canal du Midi offre ses berges ombragées aux marcheurs, cyclistes et autres promeneurs.

après les travaux) dont les eaux se séparaient immédiatement en deux ruisseaux coulant l'un vers l'ouest, l'autre vers l'est. Il suffisait donc d'accroître ce flot pour constituer un bief de partage suffisamment alimenté, permettant l'aménagement d'écluses sur l'un et l'autre versant. Pour ce faire, Riquet eut l'idée d'utiliser le réseau hydrographique de la Montagne noire. Avec l'aide du fils d'un fontainier de Revel, il capta et amena les eaux de l'Alzeau, de la Bernassonne, du Lampy et du Sor par la rigole de la Montagne jusqu'au barrage de Saint-Ferréol, puis à Naurouze par la rigole de la Plaine.
En 1662, il réussit à intéresser Colbert à son projet. L'autorisation est accordée en 1666. Riquet engloutit dans cette œuvre gigantesque le tiers des dépenses des travaux, soit plus de 5 millions de livres, contractant les emprunts les plus onéreux, sacrifiant les dots destinées à ses filles. Épuisé, il meurt en 1680, six mois avant l'inauguration du canal. Rétablis dans leurs droits sous la Restauration, les représentants de la famille consentent en 1897 au rachat par l'État du canal, désormais administré sous le régime du service public.

Le saviez-vous ?

Ce fameux canal a eu plusieurs noms : appelé canal royal en Languedoc puis canal des Deux-Mers, il fut enfin baptisé canal du Midi en 1789.

Saluons ici le courage et la ténacité des quelque 12 000 ouvriers, femmes et enfants compris, qui, durant quatorze ans, furent durement mis à contribution pour bâtir ce gigantesque monument.

Chiffres clés : 240 km de long, 91 écluses, 300 millions de m^3/an. Encore au 19e s., il fallait huit jours pour aller d'Agde à Toulouse avec une barge de 120 t.

L'héritage et l'avenir – Ouvrage pharaonique réalisé à une époque où s'intensifiaient les relations commerciales entre pays toulousain et bas Languedoc, le canal du Midi répondait à une préoccupation économique majeure. S'il a pleinement rempli, deux siècles durant, sa fonction de fret de marchandises, la concurrence d'autres moyens de transport, en particulier du rail, a eu raison de ses activités commerciales ; ses écluses, calculées à l'époque pour les navires de mer les plus courants en Méditerranée, n'admettent pas les bateaux de plus de 30 m de long. La modernisation du canal a commencé par la section Toulouse Villefranche-de-Lauragais (43 km). Il est aujourd'hui presque exclusivement voué à la navigation de plaisance et fait les délices des promeneurs et cyclistes séduits par le charme de ses berges plantées de platanes, de ses nombreuses courbes serrées, de ses écluses aux bassins ovales, de son cours rétréci par de gracieux ponts de brique, et, plus spécifiquement sur le versant méditerranéen, de ses cyprès et de ses pins parasols. Les eaux du canal permettent également d'irriguer 40 000 ha de terres dans le Lauragais.

ABC DU CANAL

Le canal du Midi présente une véritable architecture constituée par le canal lui-même, mais également par tous les ouvrages construits autour, servant à son fonctionnement ou à son exploitation.

L'alimentation en eau – Les eaux d'alimentation sont rassemblées loin du bief de partage par de petits canaux appelés **« rigoles »**. La rigole de la Montagne alimente le bassin de Saint-Ferréol d'où part la rigole de la Plaine qui se déverse dans le bief de partage du canal au seuil de Naurouze.
Pour rassembler les eaux, on a d'abord créé des étangs artificiels, comme celui de Naurouze, puis des **réservoirs** contenus par des barrages en maçonnerie, comme celui de Saint-Ferréol, afin d'alimenter le canal durant la saison sèche.
Les **déversoirs** ou **épanchoirs** servent à évacuer le trop-plein d'eau du canal dû aux variations saisonnières ou encore à vider un bief, un bassin ou un réservoir pour le nettoyer, le réparer. L'épanchoir coupe parfois le chemin de halage ; on construit alors un pont à arcades au-dessus de l'épanchoir, comme on l'a fait pour celui de l'Argent-Double. Dans le système de l'épanchoir « à fond », l'eau excédentaire s'écoule par l'action d'une vanne, comme à Gailhousty ; les deux systèmes sont réunis dans l'épanchoir « à siphon » (Ventenac).

Les franchissements – Pour franchir un ruisseau, le canal passe sur un aqueduc voûté. Pour franchir une rivière, on préfère utiliser un **pont-canal**, véritable pont enjambant la rivière. Le premier à être construit en Europe est le **pont-canal de Répudre** ; il en existe également au-dessus de la Cesse, du Fresquel ou de l'Orbiel.
Grâce aux **souterrains**, le canal peut traverser une montagne ou une colline sans que son niveau soit élevé ; c'est le cas du tunnel de Malpas, près de l'oppidum d'Ensérune, et de la percée des Cammazes (ou voûte de Vauban), creusée dans la Montagne

noire et permettant à l'eau de la rigole de la Montagne de venir alimenter le bassin de Saint-Ferréol.

Tout au long du canal du Midi, les **écluses** ponctuent la vie du marinier comme du plaisancier. Au nombre de 63, elles permettent de passer d'un plan d'eau (bief) à un autre situé plus haut ou plus bas. Le bateau qui descend vers l'aval (on dit qu'il « avale ») entre dans l'écluse au sas rempli d'eau ; la porte amont se ferme et le bateau descend avec l'eau du sas qui s'écoule dans le bief inférieur ; la porte aval s'ouvre alors pour laisser passer le bateau. Les écluses du canal du Midi ont été construites en ellipse (elles sont ovales), forme qui offre une meilleure résistance à la poussée des terres. Pour monter ou descendre une forte pente, on créa des échelles d'écluses : celle de Saint-Roch, à la sortie de Castelnaudary, comporte quatre écluses, celle de Fonséranes huit.

Les architectures du canal – Sur chaque canal, les **maisons éclusières** sont toutes identiques ; ce sont des bâtisses rectangulaires comportant une ou deux pièces de plain-pied. Sur leur façade est apposée une plaque indiquant la distance qui sépare l'écluse amont de l'écluse aval.

Les **ports** servent à l'exploitation du canal. On les reconnaît par la présence d'un quai de pierre. Certains ne sont que des relais où l'on trouve le plus souvent une auberge (la « dînée ») avec des écuries pour les chevaux de halage, parfois un lavoir, une chapelle ou une glacière, comme c'est le cas au port du Somail. D'autres possèdent une cale de radoub, plan incliné à sec où l'on peut réparer la coque du bateau. Ces derniers ports, nécessitant plus de place, forment un véritable bassin, comme à Castelnaudary.

Les plantations – Elles servent tout d'abord à l'agrément des haleurs, mais elles apportent également un ombrage au canal afin d'éviter l'évaporation de l'eau. On plante plus volontiers des arbres à croissance rapide : platanes, peupliers, pins maritimes (canal de jonction vers la Robine). Aux abords des ouvrages les plus imposants, on a parfois créé de véritables promenades : ainsi, le bassin de Naurouze est planté d'essences diverses, formant un arboretum très agréable à parcourir.

Circuits de découverte

LA PLAINE DU LAURAGAIS 1

De Toulouse au seuil de Naurouze – 52 km – environ 2h. Quitter Toulouse par la N 113 au sud-est.

Cet itinéraire traverse la plaine du Lauragais, une région agricole fertile où l'on peut voir de belles constructions en brique. On y croise également des églises de style gothique toulousain à clocher-mur et des châteaux, témoins de l'époque faste où le pastel fit de la région un « pays de cocagne ». Pour les plus sportifs, cette portion du canal du Midi est dotée d'une piste cyclable balisée et bien aménagée.

Montgiscard

Bastide fondée par Alphonse de Poitiers, frère de Saint Louis, au 13e s. L'église gothique du 14e s. possède un clocher-mur en brique percé de six arcs en mitre et flanqué de deux tourelles, dû à Nicolas Bachelier, architecte de l'hôtel d'Assézat à Toulouse. Derrière l'église, côté parking, une curieuse maison est décorée sur toute sa largeur par une marquise en fer ouvragé.

Descendre de Montgiscard par la N 113 en direction d'Ayguesvives.

Écluse d'Ayguesvives

Elle est entourée des quelques constructions formant le hameau de Ticaille. En face de la maison éclusière se dresse un moulin datant de 1831.

Ayguesvives

On entre dans le village par un portail monumental en brique, ouvrant sur une allée de platanes qui mène au château. Le château, prolongé par un parc planté de grands arbres, fut construit durant la première moitié du 19e s. Sur la droite, l'église en brique à clocher-mur est de style gothique toulousain.

Montesquieu-Lauragais

Situé au sommet d'un coteau, le village conserve son château Renaissance en brique et pierre, agrandi au 19e s. et aujourd'hui occupé par la mairie. À sa gauche se trouve un autre château, édifié, lui, au 19e s. En face, l'église de brique est surmontée d'un clocher massif à deux tours carrées portant de faux mâchicoulis. Le porche qui la précède est un ajout du 19e s.

Négra

Ce petit port formait, du temps de Riquet, un relais comportant une auberge, des écuries, une glacière et une chapelle. Un petit pont en dos d'âne enjambe la Thésauque, ruisseau perpendiculaire au canal qui le traverse sur un aqueduc.

Traverser le canal pour rejoindre Saint-Rome.

On passe devant la ferme de Bordeneuve, typiquement lauragaise : il s'agit d'un long bâtiment de plain-pied, prolongé par des granges ouvertes par de grandes arcades en plein cintre.

Saint-Rome

Un parc de buis taillés entoure un château d'esprit Renaissance, domaine du marquis de la Panouse construit au 19e s. Tout le village constitue un seul et même domaine agricole organisé, avec sa maison de maître entourée de bâtiments agricoles (granges, entrepôts, porcheries…) et d'habitations d'ouvriers. Les bâtiments furent construits dans le goût éclectique en vogue durant la seconde moitié du 19e s., époque où le pastiche était roi : influences arabe (arcs outrepassés et moucharabiehs), scandinave (balcon en bois ajouré), flamande (pignon à redans), baroque (fronton en arc brisé) sont visibles dans les pavillons. Tuiles vernissées et carreaux de céramique polychromes décorent cet ensemble insolite.

La D 97 franchit le canal pour rejoindre la

Jean Malburet / MICHELIN

Écluse arrondie du canal du Midi.

D 16 et, à gauche, Gardouch. Descendre par la D 622 qui passe par l'agréable port de Gardouch. Après avoir traversé ce village, on s'éloigne provisoirement du canal en poursuivant sur la D 622 jusqu'à Nailloux où l'on prend à gauche la direction de Montgeard.

Montgeard

2,5 km au sud de Nailloux. Dans cette petite bastide rose et fleurie, on découvre maints témoignages de la piété populaire (oratoires, statues), notamment une **église** fortifiée qui fut achevée en 1561 par la construction d'une énorme tour carrée de façade à gargouilles et faux mâchicoulis, qu'un clocher-mur est venu couronner au 19e s. Remarquez le porche extérieur Renaissance avec sa voûte de brique compartimentée, aux clés ornées de médaillons de pierre à personnages. En passant dans la travée sous la tour, admirez le pavement de galets de rivière aux motifs décoratifs, revêtement fréquent dans l'avant-pays pyrénéen. À l'intérieur, quatre albâtres du 16e s. : l'Assomption, sainte Catherine, le Couronnement de la Vierge et le Trône mystique.

Revenir à Gardouch et, de là, rejoindre Villefranche-de-Lauragais où l'on emprunte au sud la N 113 vers Avignonet.

Avignonet-Lauragais

Lorsqu'on vient du pays toulousain, Avignonet marque une sorte de frontière : ici s'achève le royaume de la brique qui fait place à la pierre. Régulièrement ordonnée à flanc de pente, la petite cité, qui a conservé quelques vestiges de son enceinte, domine la plaine où courent le canal et la route nationale. La petite ville, qui connut la prospérité au 14e s. grâce au pastel, s'est aujourd'hui reconvertie dans l'agriculture. Dans l'**église Notre-Dame-des-Miracles**, édifiée à partir de 1385 en grès appareillé, un tableau évoque le « massacre d'Avignonet » qui eut pour conséquence la prise du château de Montségur. Un messager de Raimond VII de Toulouse avait alors informé les cathares occupant Montségur que les inquisiteurs (soutenus par le pouvoir royal) s'étaient établis à Avignonet pour y ouvrir un tribunal. Dans la nuit du 28 au 29 mai 1242, un « commando » pénètre dans le château (aujourd'hui disparu) et massacre les onze moines inquisiteurs. Ces exécutions devaient être le coup d'envoi du dernier sursaut du Languedoc contre la Couronne : en 1243, la paix de Lorris contraint tous les châteaux languedociens (hormis Montségur) à jurer fidélité au roi de France et à l'Église.

À Avignonet-Lauragais, prendre la D 80 en direction de Baraigne.

Aire de Port-Lauragais

Cette aire de repos sur l'autoroute A 61, à mi-chemin entre Villefranche-de-Lauragais et Castelnaudary, occupe le site du port Lauragais. Au milieu du port, sur une presqu'île, un vaste bâtiment abrite des boutiques, un restaurant-cafétéria et, dans la **Maison du tourisme de la Haute-Garonne**, une exposition consacrée au canal du Midi et à son constructeur Pierre-Paul Riquet. Le canal est évoqué à travers son histoire, sa géographie, ses activités : métiers, pièces de navigation, variété de poissons et de fleurs, restitution d'une cabine de péniche traditionnelle, équipement de cyclotouristes longeant le canal en roue libre, plans et cartes de Toulouse à l'étang de Thau, maquette fictive d'un port… *✆ 05 61 81 69 46 - juil.-août : 9h-19h ; de mi-avr. à fin juin et sept.-oct. : 9h-18 ; de déb. nov. à mi-avr. : 10h-18h - possibilité de visite guidée (30mn) - fermé 1er janv., 25 déc. - gratuit.*
Installée sous le prolongement de son toit, une capitainerie accueille les bateaux de passage. À l'entrée, une sculpture-fontaine, œuvre de Sylvain Brino, illustre le système d'alimentation en eau du canal et le fonctionnement des écluses.
L'aire de Port-Lauragais se veut également sportive l'été avec la possibilité d'y pratiquer la voile, l'aviron, le canoé-kayak et l'escrime.

Revenir à Avignonet. À l'est, la N 113 mène à Montferrand.

Montferrand

Perché à 300 m d'altitude, Montferrand abrita une forteresse cathare qui tomba en 1211, et dont il ne reste qu'une porte fortifiée. L'église Notre-Dame, désaffectée, possède un clocher-mur du 16e s. Un phare aéronautique a été installé au sommet du village en 1927. Il servait de signal aux appareils de l'Aéropostale sur les lignes Toulouse-Dakar et Toulouse-Santiago du Chili…

Descendre de Montferrand sur la N 113 que l'on traverse vers Naurouze par la D 218.

Obélisque de Riquet

Laisser la voiture au parking situé près de l'obélisque. Élevé en 1825 par les descendants de Riquet, il se dresse dans un enclos sur le socle naturel des « pierres de Naurouze », entre le col de Naurouze (N 113) et le canal. Selon la légende, quand les fissures qui strient les pierres de Naurouze viendront à se fermer, la société sombrera dans une débauche annonciatrice de la fin du monde. L'obélisque est entouré d'une double couronne de cèdres. Vue à l'ouest sur la butte de Montferrand.

Se diriger à pied vers le seuil de Naurouze.

Seuil de Naurouze★

C'est à cet endroit que les eaux captées dans la Montagne noire viennent alimenter les deux versants, méditerranéen et atlantique, du canal du Midi. Riquet voulait créer une ville au seuil de Naurouze. Son projet n'a pas abouti et les constructions furent uniquement consacrées à l'entretien et à l'exploitation du canal.

Contourner le bassin à gauche. Un agréable sentier ombragé fait le tour du bassin de décantation, de forme octogonale, creusé de 1669 à 1673. On voit successivement la station de pompage destinée à l'irrigation du Lauragais, l'épanchoir permettant d'évacuer le trop-plein du bassin vers le Fresquel, le **bief de partage** des eaux, l'écluse qui déverse l'eau de la rigole de la Montagne noire dans le bief et enfin l'écluse de l'Océan (1671). Le bassin est entouré d'un **arboretum** planté de pins d'Alep, de micocouliers, d'érables sycomores, de cèdres de l'Atlas (allée menant à l'écluse de l'Océan), de merisiers, etc. *Revenir au parking par une allée de platanes traversant le bassin.*

Antonin Thuillier / MICHELIN

Pierre-Paul Riquet, héros du canal du Midi.

LES EAUX CAPTIVES 2 *(voir La Montagne noire)*

Canal du Midi pratique

Adresses utiles

Syndicat d'initiative d'Avignonet-Lauragais – *Mairie - Pl. de la République - 31290 Avignonet-Lauragais - ✆ 05 61 81 63 67 - www.avignonet-lauragais.com - tlj sf w.-end 9h-12h, 14h-17h (lun. et vend. 18h)- fermé j. fériés.*

Office du tourisme de Villefranche-de-Lauragais – *Pl. du Gén.-de-Gaulle - 31290 Villefranche-de-Lauragais - ✆ 05 61 27 20 94 - http://assoc.orange.fr/otvillefranche31 - juil.-août : tlj sf dim. 9h-12h, 14h-18h ; reste de l'année : lun.-mar. 8h30-12h, 14h-18h, merc.-jeu. 8h30-12h, 14h-16h, vend.-sam. 10h-12h, 14h-16h - fermé j. fériés.*

Site Internet – *www.canalmidi.com.* Réalisé bénévolement par un instituteur, il présente l'histoire du canal, agrémentée de nombreuses photos prises sur son parcours.

Transports

Quand naviguer ? – De déb. mars à fin nov. La pleine saison (juil.-août) engendre un certain nombre d'inconvénients : moins de bateaux à louer, circulation intense à certaines écluses, tarifs plus élevés, etc. En mai-juin, berges fleuries d'iris et de diverses plantes aquatiques, en sept.-oct. (arrière-saison souvent magnifique), couleurs fauves assurées.

Les écluses sont ouvertes de juin à août (9h-12h30, 13h30-19h). Certaines sont automatiques, d'autres encore manuelles, ce qui permet de faire un brin de causette avec l'éclusier (passage 15mn).

Louer un bateau – Il s'agit de bateaux sans permis ; une initiation est généralement proposée par les loueurs avant le départ. Vitesse maxi : 6 km/h.

On peut louer à la semaine ou au week-end, pour un aller simple (si le loueur a plusieurs bases sur le parcours) ou pour un aller-retour. Pour naviguer en été, réserver à l'avance, si possible à la base d'où l'on souhaite partir.

Voir les coordonnées des loueurs de bateaux habitables dans le chapitre « À faire et à voir » dans la partie « Organiser son voyage », en début de guide.

À emporter sur le bateau – Des chaussures antidérapantes, une lampe de poche pour retrouver son bateau lorsque l'on rentre tard le soir à bord, éventuellement du matériel de pêche (gardons, carpes, perches, sandres – permis obligatoire).

Les **vélos** sont fortement conseillés pour se déplacer de temps en temps hors du canal (location chez certains loueurs). Enfin, n'oubliez pas de vous munir de cartes nautiques et cartes-guides, vendues par les loueurs de bateaux ou aux adresses suivantes :

Éditions Grafocarte-Navicarte – *125 r. Jean-Jacques-Rousseau - BP 40 - 92132 Issy-les-Moulineaux Cedex - ✆ 01 41 09 19 00.*

Éditions du Plaisancier – *43 porte du Grand-Lyon - 01700 Neyron - ✆ 04 72 01 58 68 - www.cordes-vagnon.fr*

Se loger et se restaurer

Ferme-auberge Pagnard – *31560 Saint-Léon - 10 km au SO de Montesquieu-Lauragais - ✆ 05 61 81 92 21 - fermé janv. - - 5 ch. + 4 gîtes 40/44 € - repas 10/26 €.* Cette ferme-auberge du 18e s., plantée au milieu des collines du Lauragais, fera le bonheur des amateurs de tranquillité. Ses chambres, vastes, sont dotées de meubles de famille d'époques variées. La table régionale est basée sur les produits fermiers.

Chambre d'hôte « Maison Joséphine » – *1 r. des Écoles - 31290 Villenouvelle - ✆ 05 34 66 20 13 - http://maison.josephine.free.fr - - 5 ch. 55 € - repas 20 €.* Dans une petite rue au cœur du village, cette maison de maître du 18e s. entourée d'un espace verdoyant, compte 5 chambres alliant personnalité et bon goût. On appréciera une petite pause dans le salon de détente ou dans la salle de billard. Table d'hôte régionale, avec quelques produits d'Irlande et de Normandie.

Chambre d'hôte Bigot – *Lieu-dit « Bigot » - 31450 Montesquieu-Lauragais - ✆ 05 61 27 02 83 - hotelbigot.chez.tiscali.fr - fermé 2 sem. en fév. - - 5 ch. + 1 gîte 50/65 € .* Au bout d'une allée bordée d'arbres centenaires, cette grande ferme du 17e s. abrite, derrière ses murs en terre crue, ses piliers et arceaux en brique rouge typiques du Lauragais, 5 chambres confortables, garnies de beaux meubles anciens. Coin cuisine à disposition dans une superbe étable convertie en salle d'accueil. Vaste terrasse couverte avec poutres apparentes.

Chambre d'hôte La Péniche Soleïado – *Pont de Mange-Pomme - 31520 Ramonville-St-Agne - à Port-Sud, au rd-pt, rte derrière la pharmacie, dir. « Ferme-Cinquante » - ✆ 06 86 27 83 19 - fermé nov.-mars - - 3 ch. 60/80 € - repas 30 €.* Cette accueillante péniche permet de conjuguer charme de la navigation fluviale et service hôtelier de qualité. De Ramonville à Baziège, une autre façon de découvrir le Lauragais !

La Pradasse – *39 chemin de Toulouse - 31450 Ayguesvives - ✆ 05 61 81 55 96 - www.lapradasse.com - 5 ch. 80 € .* Cette grange lauragaise des années 1800 joliment restaurée offre un charme fou : beau salon aménagé derrière une verrière, chambres superbement décorées et personnalisées, vaste parc avec jardin fleuri, potager et piscine. Un havre de paix d'où il sera difficile de repartir !

Sports & Loisirs

Bon à savoir – De Toulouse à Port-Lauragais, vous pourrez emprunter le chemin de halage sur un parcours de 49 km aménagé pour les piétons et les cyclistes.

Bateau « Lucie » - promenade en barge – *31290 Avignonet-Lauragais - ✆ 04 68 60 15 98 ou 06 88 12 92 24 - www.bateaulucie.com - avr.-sept. : sur demande préalable - fermé oct.-mars.* Promenades en barge, dont une avec traction par âne, (30mn à 2h) sur le canal du Midi au départ de l'aire de Port-Lauragais.

Événement

Festival – De mi-juin à mi-juillet et début août, le festival itinérant Convivencia suit le canal du Midi en escales musicales où l'on peut danser et écouter des musiciens languedociens, gascons et méditerranéens. *✆ 05 62 19 08 08.*

Pic du **Midi de Bigorre**★★★

CARTE GÉNÉRALE A4 – CARTE MICHELIN LOCAL 342 M5 –
SCHÉMA P. 329 – HAUTES-PYRÉNÉES (65)

« Il y a là des matinées à donner aux saints la nostalgie de la terre ! », s'écria le comte Henry Russel, fameux pyrénéiste, au sommet du pic. Sa silhouette familière nettement détachée de la chaîne, reposant sur le point le plus avancé du principal contrefort des Pyrénées centrales, un panorama exceptionnel et des installations scientifiques ont largement contribué à la renommée du pic, surnommé « Le vaisseau des étoiles ». Il est bon de respirer l'air des cimes depuis le sommet où se déploient des paysages impressionnants et des cols que l'on dirait aménagés pour de gigantesques titans…

- **Se repérer** – Le nom du pic décrit exactement sa situation, sentinelle postée au sud (Midi) du pays bigourdan. L'ancienne route à péage du Tourmalet aux Laquets est fermée aux piétons, cyclistes et automobilistes (risque de chute de pierres). L'accès au sommet du pic (2 877 m) se fait par téléphérique depuis la station de La Mongie *(voir Barèges)* ou à pied *(voir ci-dessous)*.
- **À ne pas manquer** – La vue depuis les terrasses et l'espace muséographique.
- **Organiser son temps** – Comptez une demi-journée de visite sans vous presser. Avant de partir, jetez un œil vers le sommet du pic : s'il est dans les nuages, le panorama risque d'être très limité, mieux vaut reporter l'excursion. Enfin, même par très beau temps, prévoyez un vêtement chaud, en plus des indispensables lunettes de soleil et de la crème solaire.
- **Avec les enfants** – Le site est déconseillé aux enfants en bas âge. Il plaira beaucoup, en revanche, aux petits curieux à partir de 8 ans.
- **Pour poursuivre la visite** – Voir aussi Barèges, Bagnères-de-Bigorre.

Comprendre

Aux origines de l'observatoire – L'aventure du pic du Midi débuta en réalité à 300 m en contrebas du sommet, avec une station météorologique installée en 1873 par le général en retraite Nansouty et l'ingénieur Vaussenat sur le col de Sencours (visible depuis la terrasse à gauche du lac d'Oncet). En 1878, les deux hommes posent en haut du pic la première pierre de l'observatoire qui ne sera achevé que quatre ans plus tard, les travaux ne pouvant se poursuivre entre novembre et juin à cause de la neige. Inauguré en 1882, l'observatoire est cédé à l'État par manque de moyens et c'est Vaussenat qui en devient le premier directeur. La vie quotidienne au sommet est alors très pénible : la montée nécessite plusieurs heures, dans des conditions parfois extrêmes, le chauffage est insuffisant, la nourriture mal équilibrée. Ce n'est qu'en 1952 qu'est installé le premier téléphérique, qui révolutionne complètement la fréquentation du site et permet l'installation de nouveaux instruments.

Une réputation internationale – Plusieurs fois menacé de fermeture, l'observatoire doit sa survie à la ténacité de ses différents directeurs, convaincus de l'intérêt du site. Un intérêt d'ailleurs démontré par les faits, tout au long du 20e s. : en 1930, l'astronome Bernard Lyot invente sur le pic le coronographe, destiné à observer la couronne solaire ; en 1963, la NASA demande à l'observatoire une série de photographies de la lune pour préparer la mission Apollo. La remarquable transparence de l'atmosphère permet en effet une rare qualité d'observation. Mais un nouveau risque d'abandon se profile dans les années 1990 et c'est son ouverture au public, en 2000, qui assure son sauvetage.

Le saviez-vous ?

L'installation du premier télescope par Benjamin Baillaud, directeur de l'observatoire de Toulouse, fut une véritable expédition qui ne dura pas moins de deux ans : acheminé de Paris à Bagnères-de-Bigorre en train, l'instrument parvint au col du Tourmalet par char à bœufs, puis les 22 caisses de 300 à 800 kg furent montées (en un mois) par un régiment d'artillerie de Tarbes jusqu'au col de Sencours où elles passèrent tout l'hiver. L'été suivant, en 1907, le télescope finit par atteindre le sommet, mais il fallut encore un an pour le mettre en état de marche.

Découvrir

La montée

La montée en téléphérique s'effectue en deux temps : un premier téléphérique vous conduit au **Taoulet** (2 341 m). Ce contrefort du pic du Midi de Bigorre offre

Le célèbre observatoire, au sommet du pic du Midi de Bigorre.

des **vues★★** rapprochées, au sud, sur le massif de Néouvielle et l'Arbizon. Au nord-est se creuse la vallée de Campan. L'ascension se poursuit immédiatement grâce à un deuxième téléphérique relié au pic du Midi. Les câbles ne sont ici soutenus que par un seul pylône.

4h30. De Sainte-Marie-de-Campan en montant vers le col du Tourmalet, le chemin démarre discrètement sur la droite, après avoir laissé sur la gauche la route menant à Artigues. Si vous souhaitez monter à pied, comme le faisaient les porteurs jusque dans la première moitié du 20e s. (plaque commémorative à l'entrée du chemin), empruntez le chemin des mulatiers. Attention, cette randonnée nécessite un équipement adapté, une bonne condition physique et n'est accessible qu'en été. Au sommet, la terrasse panoramique est gratuite mais le reste du site est payant *(voir l'encadré pratique)*.

Le sommet

750 m^2 de terrasses vous permettent de contempler un superbe **panorama★★★** sur la chaîne pyrénéenne. D'est en ouest, l'horizon s'ouvre sur plus de 300 km de montagnes. Des tables d'orientation permettent de repérer les principaux sommets : Crabère, Arbizon, Pic d'Aneto, Néouvielle, Mont Perdu, Vignemale, Balaïtous et Pic du Midi d'Ossau…

L'espace muséographique★

L'aventure céleste débute au niveau 6 par la maquette du site et la chronologie des étapes les plus marquantes de l'observatoire. La première partie de l'exposition est consacrée au soleil : on y découvre des instruments d'observation comme le sidérostat ou encore le coronographe *(voir « comprendre »)*, inventé en 1930 par Bernard Lyot, à qui l'on doit aussi le plus grand téléscope de France (maquette à l'étage inférieur). La visite se poursuit par la présentation des recherches effectuées à l'observatoire sur les planètes. On y apprend qu'avant d'envoyer des hommes sur la Lune, c'est au pic du MIdi que la Nasa demanda une cartographie de l'astre. Au niveau 5, retour sur Terre, telle que la voient les sondes spatiales, livrant les mystères de la météo, de la foudre, de la couche d'ozone ou encore des séismes. Entre autres petits films projetés, nourris d'images d'archives, d'entretiens et d'anecdotes, ne ratez pas celui relatant l'épopée humaine de la conquête du sommet et de la construction de l'observatoire, les temps forts et l'évolution des conditons de vie.

Pic du Midi de Bigorre pratique

Voir les encadrés pratiques de Bagnères-de-Bigorre, Luz-Saint-Sauveur et Barèges.

Visite du site

0 825 002 877 (0,15 €/mn) - www.picdumidi.com - ♿ - juin-sept. : 9h-19h (dernier dép. en téléphérique de la Mongie 16h30) ; oct.-mai : 10h-17h30 (dernier dép. 15h30), mar., jeu., vend. (vac. scol. fév.) 10h-19h (dernier dép. 17h30) - fermé de déb. nov. à déb. déc. et mar. (hors vac. scol.), quelques jours fin avr. - le tarif comprend les trajets en téléphérique et la visite de l'espace muséographique : 25 € haute sais. (6-16 ans 12 €), 23 € basse sais. (6-16 ans 12 €), suppl. 3 € pour location d'audioguide, 13 € tarif randonneur (6-16 ans 7 €) avec possibilité de descendre par le téléphérique.

Mises en garde – Le site est déconseillé aux femmes enceintes et aux personnes présentant des risques cardiaques. Les animaux sont interdits.

VISITES ORIGINALES

Une soirée dans les étoiles – Proposée en juin, juillet et septembre à dates fixes, cette formule comprend la visite d'une coupole, les ateliers d'animations astronomiques et d'observation. *80 € repas compris (-16 ans 38 €).*

« Une nuit sur le toit des Pyrénées » – En juillet-août, pour admirer le soleil couchant, observer les astres à travers un télescope et apprécier les premières lueurs du soleil sur les cimes. *195 €.*

Bon à savoir – Pour obtenir des informations sur la région, adressez-vous à l'office du tourisme de La Mongie – *05 62 91 94 15 - www.bagneresdebigorre-lamongie.com - juin-sept. : 8h45-12h30, 13h30-16h30 (sam. 17h) ; mai : w.-end et j. fériés 10h-12h30 ; oct. : tlj sf mar. 10h-12h30, 13h30-15h30 ; du dernier w.-end de nov. à fin avr. : 9h-12h30, 13h30-17h30 (sam. 18h).*

Mirande

3 568 MIRANDAIS
CARTE GÉNÉRALE A3 – CARTE MICHELIN LOCAL 336 E8 – GERS (32)

Une place à couverts, des maisons à pans de bois, un plan régulier… Ajoutons à cela la saveur de l'armagnac ! Décidément, une visite à l'accueillante Mirande, ancienne capitale de l'Astarac, s'impose pour qui souhaite connaître le pays des bastides !

- **Se repérer** – La ville est située à 25 km au sud-ouest d'Auch, sur la N 21 menant à Tarbes.
- **À ne pas manquer** – Le musée des Beaux-Arts.
- **Pour poursuivre la visite** – Voir aussi Auch, Bassoues, Marciac.

Se promener

Depuis sa fondation en 1281 par l'abbé de Berdoues, Bernard VII, comte d'Astarac, et Eustache de Beaumarchés, Mirande a conservé son plan régulier de bastide, avec ses îlots d'habitation d'environ 50 m de côté et sa place d'Astarac à couverts marquant le centre du damier.

On prend plaisir à flâner sur la **place d'Astarac** et dans les ruelles avoisinantes, en particulier dans la **rue de l'Évêché** qui a conservé quelques belles maisons à pans de bois ainsi que dans la rue du Président-Wilson (intéressante maison à colombages au nº 20).

Église Sainte-Marie

Elle date du début du 15e s. Le pittoresque clocher à tourelles pouvait servir de réduit de défense. Sa spécificité tient en son avant-porche voûté d'ogives qui enjambe la rue de l'Évêché, l'ensemble étant contrebuté par deux énormes arcs. Le clocher est ajouré de baies gothiques dont le fenestrage s'enrichit d'étage en étage. À l'intérieur, le vaisseau gothique languedocien a été surélevé au 19e s.

Le clocher à tourelles de l'église de Mirande.

Visiter

Musée des Beaux-Arts★

13 r. de l'Évêché - 05 62 66 68 10 - www.gers-gasgogne.com - - tlj sf dim. 10h-12h, 14h-18h - fermé j. fériés - 2 € (1,20 €).

Le saviez-vous ?

Comme nombre de bastides, « Mirande la Jolie » s'est mise sous la protection d'une cité prestigieuse de son temps et en a adopté le nom. En l'occurrence, il s'agirait de la ville castillane de Miranda de Ebro… Souvenons-nous aussi que le terme occitan *miranda* désigne une tour de guet… On en trouve justement une à Mirande !

Joseph Delort, né à Mirande en 1789, se voulut peintre. Il étudia avec David avant de se consacrer au portrait. Mais son principal titre de gloire est d'avoir fondé un musée des Beaux-Arts dans sa ville natale.

Soigneusement présentées et bien mises en valeur, les œuvres exposées ont été léguées par des amateurs d'art locaux. On s'attarde notamment devant les vitrines du hall : céramiques anciennes, faïences et porcelaines (du 17e au 19e s.) proviennent de fabriques renommées, comme Moustiers, Samadet, Dax ou Nevers.

La collection de peintures du 15e au 19e s., rassemblée dans la grande salle, ne manque pas non plus d'intérêt. Remarquez les petits tableaux flamands peints sur cuivre, dont une *Adoration des Mages* (du 17e s.) d'un éclat particulier et une truculente *Mascarade italienne* de Michelangelo Cerquozzi. La peinture française du 16e s. se distingue par une œuvre magistrale de Claude Vignon (1593-1670), *Le Prophète Zacharie*, imprégnée de l'influence du maître du clair-obscur, le Caravage : un personnage fougueux semble surgir de l'ombre. Trois marines de l'école française du 19e s., dont l'une peinte sur galet, s'inspirent de maîtres hollandais du 17e s., tandis qu'au centre de la pièce, sous la pyramide, d'intéressants portraits attirent l'attention, comme cette *Tête d'étude* de l'école de Jacques-Louis David (18e s.).

Des porcelaines dorées à l'or fin n'échappent pas au regard. Sur un panneau extérieur, la comparaison s'impose entre les trois saintes Familles dues à trois écoles différentes : la hollandaise et la flamande du 17e s. répondent à une italienne du 16e s. Dans une petite salle, un diaporama permet de découvrir, selon le choix de chacun, des œuvres habituellement en réserve.

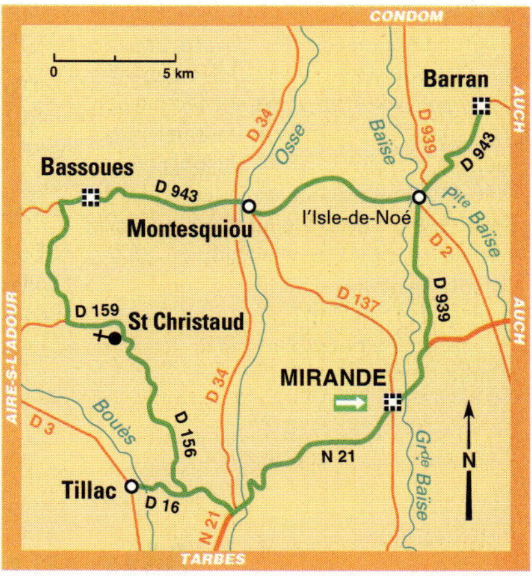

Circuit de découverte

ENTRE BASTIDES ET CASTELNAUX★

93 km. Compter une journée.

Ce circuit permet de découvrir les bastides et les castelnaux typiques de l'Astarac et du Pardiac, anciens comtés relevant du duché de Gascogne.

Quitter Mirande au nord par la N 21, direction Auch. À 3 km, prendre à gauche la D 939.

La route traverse **L'Isle-de-Noé** qui, au confluent de la Grande et de la Petite Baïse, possède un château du 18e s. On y emprunte, sur la droite, la D 943.

Barran

Cette bastide établie sur le site d'une ancienne sauveté possède une particularité : la flèche hélicoïdale du clocher de son **église**. Le bourg conserve une halle et une porte fortifiée à l'est.

Faire demi-tour et poursuivre la D 943 vers l'ouest.

Montesquiou

Ce castelnau de hauteur (peuplé d'Esquimontais) s'étirant sur un coteau étroit surplombe le vallon de l'Osse. Il a donné son nom à la branche cadette des comtes de Fézensac, d'où sont issus les seigneurs de d'Artagnan et de Monluc.

Au bout de la rue principale subsiste une porte, vestige de l'enceinte fortifiée du 13e s. (bel alignement de maisons à colombages à proximité).

Bassoues *(voir ce nom)*

Poursuivre sur la D 943 qui, tournant à gauche après Bassoues, rejoint la route de la Ténarèze (voir Bassoues). Après 6 km, tourner à gauche vers Saint-Christaud (D 159).

La D 159 propose un parcours de crête de 2 km en vue des Pyrénées.

Saint-Christaud

L'**église** (13e s.), tout en brique, de style de transition, occupe un site dominant face aux Pyrénées. Remarquez, entre les contreforts, la forme des ouvertures carrées disposées sur la pointe.

Emprunter la D 156. À 9 km, prendre à droite la D 16.

Tillac

Ce minuscule castelnau de plaine aligne de pittoresques maisons à cornières et colombages, de part et d'autre de la rue principale reliant la tour fortifiée à l'**église** du 14e s.

Regagner Mirande par la D 16, puis la N 21.

Mirande pratique

Adresse utile

Office du tourisme de Mirande – *R. de l'Évêché - 32300 Mirande - ✆ 05 62 66 68 10 - tlj sf dim. (hors juil.-août) 9h-12h, 14h-18h, sam. 10h-12h, 15h-18h, dim. 10h-12h - fermé j. fériés sf 14 Juil. et 15 août.*

Se restaurer

Bon à savoir – Si, lors de votre passage en ville, votre faim de saveurs locales se fait sentir, vous trouverez satisfaction dans le restaurant galerie Alain-Fournier. Cuisine gersoise « au goût du jour » à déguster tout en contemplant les œuvres exposées en salle. Quelques auberges plus simples méritent aussi le détour.

Faire une pause

Ferme de Bordeneuve – *32320 Montesquiou - ✆ 05 62 70 94 20 - infos@fermedebordeneuve.com - tlj à partir de 15h pour les goûters et 10h-20h pour la vente.* Une halte très nature que la découverte de cette charmante ferme et du chemin de randonnée balisé, long de 3 km, qui l'entoure. Après la visite (gratuite), une dégustation de produits du terroir vous sera offerte sous un sympathique préau.

Que rapporter

Marchés – Marché sous la halle les lun. et sam. Marché traditionnel le lun.

Événement

Festival de Country Music – 2e sem. de juillet à Mirande. Concerts de country, cours de danse, rassemblement de montgolfières, motos, 4 x 4, stands western. *www.country-musique.com*

Mirepoix

3 061 MIRAPICIENS
CARTE GÉNÉRALE C3 – CARTE MICHELIN LOCAL 343 J6 – ARIÈGE (09)

Nous sommes au cœur du pays cathare, à deux pas de Montségur, dans une bastide médiévale abritant l'une des plus belles places à couverts qui soit. Il y règne une atmosphère étrange qui nous entraîne dans le glorieux passé toulousain. Sincèrement, on ne s'étonnerait pas de voir arriver quelque « joglar » (jongleur) juché sur un destrier, la vielle en bandoulière, venu interpréter un sirventès (poème satirique ou moral) de Marcabru ou de Pèire Cardenal…

- **Se repérer** – À 22 km à l'est de Pamiers, Mirepoix se situe à quelques pas du département de l'Aude.
- **À ne pas manquer** – Vous l'aurez compris, la place à couverts et tout particulièrement la maison des Consuls.
- **Avec les enfants** – La fête médiévale en juillet et le Festival international de la marionnette en août.
- **Pour poursuivre la visite** – Voir aussi Foix, le château de Montségur.

A. Thuillier / MICHELIN

Sous les couverts de Mirepoix, les terrasses de café offrent un point de vue idéal.

Comprendre

La cité engloutie – Mirapixo a donné en occitan Mirapeis : de *mirar*, « regarder », et de *peis*, « poisson ». Les armoiries de la ville représentent d'ailleurs un poisson surmonté de trois étoiles. Au 13e s., de nombreux cathares étaient établis à Mirepoix, parmi lesquels le seigneur des lieux, **Pierre Roger de Mirepoix**, qui joua un grand rôle dans la défense lors du siège de Montségur en 1242. Mais la ville avait été assiégée et prise en 1209 par Simon de Montfort qui la confia à son principal lieutenant, Guy de Lévis. En 1279, le paisible étang de Puivert rompit ses digues et se vida, engloutissant en quelques minutes la petite cité de Mirepoix. C'est le duc Jean, fils de Guy de Lévis, qui fit reconstruire la ville dans un lieu jugé plus sûr, au confluent de l'Hers et du Countirou, donnant naissance à la bastide que l'on connaît aujourd'hui.

Un exemple réussi d'intégration – Descendant direct de ces « barons du Nord » qui avaient mis la région à feu et à sang, le duc de Lévis-Mirepoix (1884-1981), auteur de nombreux ouvrages historiques et d'un roman sur le drame de Montségur, fut élu à l'Académie française en 1953. Cet étonnant aficionado ne dédaignait pas d'affronter des vachettes, cape en main, jusqu'à un âge avancé…

Se promener

Place principale★★ (place du Maréchal-Leclerc)

Cette place est entourée de maisons (fin 13e s.-15e s.) dont le 1er étage s'avance sur des couverts en charpente ; remarquez en particulier la **maison des Consuls** avec ses têtes sculptées. Aux angles nord-ouest et nord-est de la place, observez la disposition caractéristique des cornières : les couverts se rejoignent et ne laissent aux voies de desserte qu'un interstice. Tout semble résumer l'Occitanie : ombre où il fait bon se réfugier pour regarder les vitrines des boutiques, grands cafés dont les calendriers vantent les exploits des rugbymen locaux et où retentit la voix rocailleuse des Mirapiciens avec leurs expressions imagées et leur langage où oc et oïl se mêlent savoureusement… En somme, un lieu où, le soir, on pourrait fort bien s'imaginer que les barons du Nord n'ont jamais fondu sur le Midi !

Cathédrale Saint-Maurice

Qui se douterait, en découvrant cet édifice que couronne une élégante flèche gothique, qu'il fallut cinq siècles (de 1343 à 1865) pour l'achever ?
Entrer par le portail nord. La nef (début du 16e s.), flanquée de chapelles engagées entre les contreforts intérieurs suivant la tradition du gothique du Midi, est la plus large (21,60 m) que l'on n'ait jamais construite pour une église gothique française.

Aux alentours

Camon

8 km au sud-est par la D 625, puis la D 7. Ramassé autour de sa puissante **abbaye**, Camon apparaît dans un site dominé par les collines ariégeoises. ✆ *05 61 68 88 26 (office de* *tourisme) - visite guidée (1h) mai-sept.: 10h, 11h, 14h30, 15h30, 16h30, w.-end et j. fériés 14h30, 15h30, 16h30; oct.-avr.: sur demande - fermé janv. - 4,60 € (enf. 1,25 €).*

Après avoir fait le tour des fortifications, on pénètre dans le village par la porte de l'Horloge (belle maison d'angle à colombages) et on accède aux bâtiments conventuels remis en état au 16e s.: vestiges de l'ancien cloître, bel escalier à vis aménagé dans la tour ronde, oratoire décoré de peintures murales du 14e s. L'église, ancienne abbatiale, abrite un retable de l'école espagnole du 17e s. et une croix du 14e s.

A. Thuillier / MICHELIN

L'église rupestre de Vals.

Vals

12 km à l'ouest de Mirepoix par la D 119 en direction de Pamiers puis, aux Pujols, la petite D 40 sur la droite. L'oppidum de Vals fut occupé de l'âge du bronze au Moyen Âge, comme en témoignent ossements, céramiques et verrerie trouvés sur les lieux. Le roc de l'Éperon semble taillé selon une technique archaïque, tandis que la case-encoche du roc Taillat présente des cannelures probablement travaillées au moyen d'outils de métal. L'ensemble de la plate-forme a pu être la base d'un ancien temple.

C'est cependant l'**église rupestre★** de Vals, dominant la plaine, qui attire tout d'abord l'attention. On y accède par un escalier creusé dans un boyau rocheux. L'abside, du 11e s., abrite des peintures murales du 12e s. d'une remarquable unité qui montrent, selon un plan logique assez rare, trois aspects de la vie du Christ: sa naissance, sa vie publique et sa glorification. Sur ces tableaux stylisés, dessin au trait plutôt que peinture, les personnages aux grands yeux en amande, figés dans des attitudes hiératiques selon la tradition byzantine, s'apparentent à ceux que l'on peut découvrir sur les fresques catalanes romanes.

Dressée sur le socle rocheux, la tour massive abrite une chapelle romane (terminée au 14e s.) dédiée à l'archange saint Michel.

Pamiers

21 km à l'ouest de Mirepoix par la D 119. La ville la plus importante de l'Ariège, avec ses quelque 13 400 âmes, est entourée de canaux. Son nom provient d'Apamée (Asie Mineure), en souvenir de la participation à la première croisade de Roger II, comte de Foix. Le grand compositeur **Gabriel Fauré** (1845-1924), « le musicien le plus musical, avec Mozart », selon Arthur Honegger, est né à Pamiers. Son buste a été érigé **promenade du Castella**. Cette promenade est dessinée sur l'emplacement de l'ancien château, qui portait le même nom et dont on voit encore les soubassements en sortant par la porte de Nerviau et en se dirigeant vers le pont Neuf. À la **cathédrale Saint-Antonin**, seul le portail témoigne de l'église d'origine édifiée au 12e s. Le beau clocher, de style toulousain, repose sur une assise fortifiée. L'**église N.-D.-du-Camp** présente une façade monumentale crénelée, en brique, que surmontent deux tours. La nef unique date du 17e s. D'autres tours dominent la ville, parmi lesquelles le **clocher des Cordeliers** *(dans la rue du même nom)*, copie de celui des Cordeliers de Toulouse, la **tour de la Monnaie** *(près du CES Rimbaud)*, la **tour carrée du Carmel** *(pl. Eugène-Soula)*, ancien donjon édifié en 1285 par Roger Bernard III de Foix, la tour de l'ancien couvent des Augustins *(près de l'hôpital)* et la porte de Nerviau *(près de la mairie)*, en pierre et brique.

Mirepoix pratique

Adresses utiles

Office du tourisme de Mirepoix – *Pl. du Mar.-Leclerc - 09500 Mirepoix - ✆ 05 61 68 83 76 - www.ot-mirepoix.fr - 9h15-12h15, 14h-18h30 (oct.-juin 18h), w.-end et j. fériés 10h-12h, 14h-18h (oct.-juin fermé le dim.)*

Office du tourisme de Pamiers – *Bd Delcasse - 09103 Pamiers - ✆ 05 61 67 52 52 - www.pamierstourisme.com - tlj sf dim. 9h-12h, 14h-18h - fermé j. fériés.*

Se loger

Les Minotiers – *Av. du Mar.-Foch - ✆ 05 61 69 37 36 - www.lesminotiers.com - 27 ch. 45/55 € - 5,50 € - rest. 11,90/35 €.* Cette ancienne minoterie convertie en hôtel-restaurant a su préserver quelques traces de son passé comme ses murs en pierre apparente et son auvent en fer. Les chambres, fonctionnelles et bien équipées, sont souvent très spacieuses. Agréable terrasse couverte pour les repas d'été. Accueil charmant et bon rapport qualité-prix.

Hôtel de la Paix – *4 pl. A.-Tournier - 09100 Pamiers - ✆ 05 61 67 12 71 - www.hoteldelapaix-pamiers.com - P - 14 ch. 52/65 € - 8 € - rest. 20/34 €.* Chambres rustiques, colorées et assez soignées dans cet ancien relais de poste qui bénéficie d'une cure de jouvence. Joli plafond mouluré, etc. : le décor originel (1760) de la salle à manger a été élégamment mis en valeur.

Chambre d'hôte Domaine de Marlas – *09500 Rieucros - 1,5 km à l'E de Rieucros par D 119, dir. Mirepoix, puis petite rte à gauche - ✆ 05 61 02 30 80 - www.france-bonjour.com/domaine-de-marlas - 5 ch. 65/68 € - repas 20 €.* Si l'apparence de cette ancienne maison de maître n'a rien d'exceptionnel, on découvre avec surprise son intérieur plein de charme, tour à tour tendance ou campagnard, mais toujours magnifiquement réalisé. Aux étages, 5 chambres, décorées de façon particulièrement réussie. Table d'hôte aux saveurs du sud.

Se restaurer

Les Remparts – *6 cours Louis-Pons-Tande - ✆ 05 61 68 12 15 - www.hotelremparts.com - fermé 20-28 fév., 20 juil.-20 août, mar. midi et lun. - 22/50 €.* Ce restaurant dispose de deux salles à manger : l'une égayée de poutres et de murs aux tons chaleureux, l'autre aménagée dans une jolie cave voûtée. Cuisine traditionnelle.

France – *5 cours Rambaud - 09100 Pamiers - ✆ 05 61 60 20 88 - www.hoteldefrancepamiers.com - fermé 24 déc.-15 janv., lun. midi et dim. - 16/50 €.* Poutres apparentes et meubles rustiques président au plaisant décor de la salle à manger, où règne une ambiance sympathique. On y sert une cuisine de qualité mettant à l'honneur les spécialités régionales. Aux étages, quelques chambres garnies d'un mobilier de style ou aménagées dans un esprit plus actuel.

Que rapporter

La Brouette – *15 r. St-Antonin - 09100 Pamiers - ✆ 05 34 01 02 64 - www.labrouette.com - tlj sf dim. et lun. 9h-12h, 15h30-19h30, fermé merc. mat. - fermé j. fériés.* Cette épicerie propose un grand choix de produits fermiers, glanés dans 120 exploitations locales. On y trouve de tout : de l'alimentaire bien sûr, mais aussi des cosmétiques, de la laine mohair… Animations régulières autour d'un produit et dégustations commentées.

Événements

Fête médiévale – Le 3e w.-end de juil.

Festival international de la marionnette – Le 1er w.-end d'août.

Marché des potiers – Les mar. et merc. de la 1re ou 2e sem. d'août.

Fête des roses – Camon, le village aux 100 rosiers, célèbre chaque année fin mai la Fête des roses. *✆ 05 61 68 88 26.*

Moissac★★

12 321 MOISSAGAIS
CARTE GÉNÉRALE B2 – CARTE MICHELIN LOCAL 337 C7 – TARN-ET-GARONNE (82)

Dans un cadre d'eau et de verdure, entouré de coteaux couverts de vergers et de vignobles prometteurs, Moissac s'élève autour de son ancienne abbaye, sur la rive droite du Tarn et de part et d'autre du canal latéral à la Garonne. L'été, pour couronner le tout, ses soirées musicales et son Festival de la voix réveillent les vieilles pierres…

- **Se repérer** – Pour atteindre l'abbaye lorsqu'on arrive à Moissac en voiture, une seule solution : suivre les panneaux et surtout les grosses flèches orange.
- **À ne pas manquer** – Le portail méridional et le cloître de l'abbaye ; une dégustation de moissac *(voir l'encadré pratique)*.
- **Organiser son temps** – Comptez une heure pour la visite de l'abbaye.
- **Pour poursuivre la visite** – Voir aussi Montauban, Beaumont-de-Lomagne, Lectoure.

Comprendre

Heures de gloire – Si le moine bénédictin venu de Saint-Wandrille qui fonda probablement l'abbaye au 7e s. est resté anonyme, celui qui permit à l'abbaye et à la ville de connaître leur âge d'or, en revanche, est bien connu. Il s'agit de saint Odilon, le prestigieux abbé de Cluny : de passage en 1047, il unit à l'abbaye de Cluny celle de Moissac qui vivotait difficilement après les pillages successifs des Arabes, des Normands et des Hongrois. Grâce à ce prestigieux parrainage, une ère de prospérité commence alors : l'abbaye de Moissac établit partout des prieurés et étend son influence jusqu'en Catalogne !

Gros malheurs – Déjà victime de la guerre de Cent Ans et des guerres de Religion, gravement endommagée pendant la Révolution lorsque ses archives furent dispersées, ses trésors pillés et ses statues mutilées, l'abbaye de Moissac faillit recevoir le coup de grâce au milieu du 19e s. En effet, les savants calculs des ingénieurs chargés de tracer la ligne de chemin de fer de Bordeaux à Sète aboutirent à un résultat d'une imparable logique : le cloître, qui se trouvait au beau milieu du tracé, devait être abattu pour que les convois puissent circuler ! Insensibles à ces arguments, les Monuments historiques entamèrent alors un farouche combat et réussirent à obtenir de ces adeptes de la ligne droite un tracé curviligne du plus bel effet, qui permit de sauver l'édifice.

Visiter

L'ABBAYE★★

Église Saint-Pierre★

C'est l'ancienne abbatiale, dont il ne subsiste de l'édifice d'origine que le clocher-porche qui fut fortifié vers 1180. La fortification comporte un chemin de ronde, un parapet crénelé, des archères et une galerie à mâchicoulis *(ne se visite pas)*.
De l'extérieur, on voit apparaître nettement les deux périodes de construction de la nef avec une partie romane (en pierre) et une autre gothique (en brique). On retrouve la partie romane dans le soubassement des murs de la nef et dans les fenêtres en plein cintre des parties basses. Le reste fut exécuté au 15e s. dans le style gothique méridional.

Portail méridional★★★ – Le tympan de ce portail, exécuté vers 1130, compte parmi les chefs-d'œuvre de la sculpture romane. La majesté de sa composition, l'ampleur des scènes traitées, l'harmonie des proportions sont d'une puissance et d'une beauté auxquelles la maladresse de certains gestes et la rigidité de quelques attitudes ne font qu'ajouter un charme supplémentaire, empreint d'émotion.
Le thème traité est celui de la vision de l'Apocalypse d'après saint Jean l'Évangéliste. Trônant au centre de la composition, le Christ, couronné et nimbé, serrant dans la main gauche le Livre de la vie, lève la main droite dans un geste de bénédiction. Ses traits fortement marqués, ses yeux brillants, sa barbe et ses cheveux divisés en mèches symétriques ajoutent à l'impression de puissance et de majesté qui se dégage de sa personne.
Il est entouré des quatre évangélistes, représentés par leurs symboles : un jeune homme ailé (saint Matthieu), un lion (saint Marc), un taureau (saint Luc) et un aigle

Le cloître de Moissac, un lieu d'une rare élégance, propice à la méditation.

(saint Jean). Tout simplement magnifique. Le reste du tympan est occupé par les vingt-quatre vieillards de l'Apocalypse qui, étagés sur trois registres superposés, tournent leurs visages étonnés vers le Christ (dans des positions parfois inconfortables !). L'ensemble, avec sa composition axée sur le personnage principal vers qui convergent tous les regards, atteint une rare intensité. On ne se lasse pas de détailler la beauté et l'élégance des formes, la perfection du modelé et des draperies, la précision des détails, l'expression des visages de cet admirable tableau.
Cet ensemble repose sur un remarquable linteau, décoré de huit rosaces encadrées par un câble sortant de la gueule de deux monstres placés à chaque extrémité. Le trumeau, vigoureux, est un magnifique bloc monolithe orné de trois couples de lions dressés, dont les corps, croisés en X, se superposent. Les deux figures longilignes de saint Paul, à gauche, et, surtout, de Jérémie, à droite, sont sculptées sur les faces latérales du trumeau. Le prophète Jérémie s'est rendu célèbre par ses « jérémiades » en prophétisant, entre autres catastrophes, la ruine de Jérusalem. Qui le croirait en découvrant ce visage empreint de sérénité ? Sur les piédroits apparaissent saint Pierre, patron de l'abbaye, et le prophète Isaïe. De chaque côté des piédroits sont sculptées des scènes historiées dans des éléments de sarcophages en marbre des Pyrénées.
Pour une description en image, reportez-vous à l'ABC d'architecture p. 72.

Intérieur – On pénètre dans le narthex dont la voûte repose sur huit puissantes colonnes engagées à grands chapiteaux très stylisés (11e et 12e s.) soutenant la retombée de quatre nervures en croisée d'ogives. La nef a conservé une partie de son mobilier. Remarquez une Vierge de Pitié de 1476 **(a)**, une charmante Fuite en Égypte de la fin du 15e s. **(b)** ainsi qu'un admirable **Christ★** roman du 12e s. **(c)** et enfin une Mise au tombeau **(d)** de 1485. Le chœur est entouré d'une clôture en pierre sculptée, du 16e s., derrière laquelle on a dégagé une abside carolingienne. Stalles du 17e s. **(e)**. Dans une niche placée sous l'orgue, sarcophage mérovingien **(f)** en marbre blanc des Pyrénées.

Cloître★★★

Accès par l'office de tourisme - ☎ 05 63 04 01 85 - juil.-août : 9h-19h ; avr.-juin et sept.-oct. : 9h-12h, 14h-18h, w.-end et j. fériés 10h-12h, 14h-18h ; nov.-mars : 10h-12h, 14h-17h, w.-end et j. fériés 14h-17h - fermé 1er janv. et 25 déc. - 5 € (-11 ans gratuit) billet jumelé avec le musée Marguerite-Vidal et le Centre d'art roman.
Remarquable par la légèreté de ses arcades et de ses colonnes, alternativement simples ou géminées, l'harmonie des tons de ses marbres – blanc, rosé, vert, gris – et la richesse de sa décoration sculptée, ce cloître de la fin du 11e s., qu'ombrage un grand cèdre, dégage un charme incomparable.
On détaillera à loisir les quatre galeries voûtées en appentis avec charpente apparente qui reposent sur 76 arcades renforcées de piliers aux angles et au milieu des côtés. Ces piliers, revêtus de blocs de marbre provenant d'anciens sarcophages, sont décorés de bas-reliefs : on y trouve neuf effigies d'apôtres et, sur le pilier placé au milieu de la galerie située du côté opposé à l'entrée, l'effigie de l'abbé Durant de Bredon **(g)**, évêque de Toulouse, mort en 1071 : un véritable portrait exécuté avec réalisme. Les

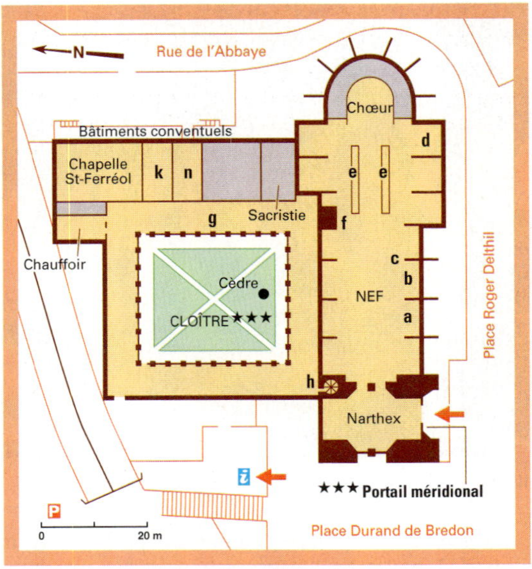

chapiteaux présentent une grande variété : animaux, feuillages, motifs géométriques, scènes historiées sont traités avec art, empruntant leurs sujets à l'Ancien et au Nouveau Testament : épisodes de la vie du Christ, scènes de l'Apocalypse et de la vie des saints honorés dans l'abbaye. À l'angle sud-ouest, un escalier **(h)** conduit à la salle haute, puis au toit d'où l'on découvre une jolie vue, aussi bien sur la ville et, au-delà, sur la vallée du Tarn et les coteaux du Moissagais, que sur le cloître lui-même.
Parmi les bâtiments conventuels, on remarque le chauffoir (les scribes et les enlumineurs l'appréciaient beaucoup l'hiver !), la chapelle Saint-Ferréol où ont été rassemblés des chapiteaux du 12e s. et une salle **(k)** dans laquelle des photos (remarquables) évoquent le rayonnement de la sculpture moissagaise en Quercy ; à côté, une pièce **(n)** abrite une collection d'orfèvrerie religieuse.

Musée Marguerite-Vidal

✆ 05 63 04 03 08 - ♿ - juil.-août : tlj sf lun. 9h-19h, dim. 14h-19h ; avr.-juin et sept.-oct. : tlj sf dim. apr.-midi et lun. 9h-12h, 14h-18h ; nov.-mars : tlj sf dim. apr.-midi et lun. 10h-12h, 14h-17h - fermé 1er janv. et 25 déc. - 5 € (-11 ans gratuit) billet jumelé avec le cloître et le Centre d'art roman.
Il est installé dans l'ancien logis des abbés, imposante construction flanquée d'une tour crénelée. Deux cartes permettent d'apprécier le rayonnement de l'abbaye au Moyen Âge. Dans la vaste cage d'escalier, objets liés à l'histoire de l'abbaye. Les amateurs d'art régional pousseront leur ascension jusqu'à l'étage afin de découvrir céramiques (surtout d'Auvillar), mobilier, coiffes moissagaises ou encore la reconstitution d'une cuisine du bas Quercy au 19e s.

Aux alentours

Boudou

7 km à l'ouest. Quitter Moissac par la N 113 en direction d'Agen, puis prendre à droite, après le pont suspendu de St-Nicolas, une petite route menant au village. Du promontoire, au sud de l'église (table d'orientation), **panorama★** étendu sur la vallée de la Garonne, dont la rive droite passe au pied de collines en partie couvertes de vignes, tandis que la rive gauche, très plate, est tapissée de cultures coupées de peupleraies. À gauche apparaissent le confluent de la Garonne et du Tarn et le lac de barrage de Saint-Nicolas-de-la-Grave.

Castelsarrasin

7 km au sud par la N 113. Cette ville très ancienne, aujourd'hui sous-préfecture du Tarn-et-Garonne, est située au cœur du vignoble de Lavilledieu. Elle connut au fil des âges des épisodes mouvementés : mentionnons, entre autres tribulations, la croisade des albigeois au 13e s. et les guerres de Religion qui virent s'opposer, à partir de 1560, Castelsarrasin la catholique à Montauban la protestante.
Illustration du style gothique méridional, l'**église Saint-Sauveur**, reconstruite en 1254, abrite un intéressant mobilier baroque des 17e et 18e s. (les boiseries proviennent de

l'abbaye cistercienne voisine de Belleperche). Autre attrait de la ville, les rives ombragées du **canal** invitent, les belles journées d'été, à la promenade et à la détente.

Castelsagrat

18 km au nord-ouest. Quitter Moissac par la D 7 en direction de Brassac. 2,5 km après avoir traversé la D 953, prendre sur la gauche la D 28. Une jolie petite bastide de plus ! Place à cornières avec, au milieu, un vieux puits, maisons coiffées de tuiles rondes, bref, un ensemble plein de charme. La façade de l'église, du 14e s., très sobre, dissimule une nef gothique dont le chœur est orné d'un retable en bois sculpté et doré aussi gigantesque qu'inattendu…

Moissac pratique

Adresse utile

Office du tourisme de Moissac – *6 pl. Durand-de-Bredon - 82200 Moissac - ☏ 05 63 04 01 85 - www.moissac.fr - juil.-août : 9h-19h ; avr.-juin et sept.-oct. : 9h-12h, 14h-18h, w.-end et j. fériés 10h-12h, 14h-18h ; nov.-mars : 10h-12h, 14h-17h, w.-end et j. fériés 14h-17h.*

Visite

Centre d'art roman Marcel-Durliat – *Bd Léon-Cladel - ☏ 05 63 05 08 05 - tlj sf lun. 10h-12h, 14h-17h, sam. 9h-12h, 14h-17h, dim. 14h-17h - billet combiné avec le cloître de Moissac et le musée Marguerite-Vidal.* Possibilité de consulter des documents iconographiques (diapositives et clichés couleur) sur l'enluminure et sur les peintures murales médiévales.

Se loger

⊖ **Chambre d'hôte Ferme de la Marquise** – *Brassac - 82190 Bourg-de-Visa - 16 km au NO de Moissac - ☏ 05 63 94 25 16 - mglamarquise@infonie.fr - ⊭ - 4 ch. 44 € ☕ - repas 19 €.* Cette vénérable ferme quercinoise, toujours en activité, a gardé toute son authenticité. Les chambres possèdent de belles poutres apparentes et des meubles de famille. La cuisine, préparée à base de produits fermiers, honore le Sud-Ouest.

⊖ **Chambre d'hôte « Les Dantous Sud »** – *82100 Castelsarrasin - 4 km de Moissac par N 113, près du canal, rte de Toulouse - ☏ 05 63 32 26 95 - ⊭ - 5 ch. 45 € ☕.* À deux pas de Castelsarrasin, cette ancienne ferme et son séchoir à tabac constitueront un joli point de chute pour votre visite des environs. Les 5 chambres, toutes à l'étage, offrent un agréable confort. Grande salle de jeux et aire de loisirs de plein air. Également un gîte pour 4 personnes.

⊖⊖ **Chambre d'hôte Le Platane** – *Coques-Lunel - 82130 Lafrançaise - 10 km à l'E de Moissac par D 927, D 2, puis D 68 - ☏ 05 63 65 92 18 - www.leplatane.fr.tt - ⊭ - 4 ch. 70 € ☕ - repas 20 €.* Cette maison de maître en brique, flanquée d'écuries et d'un pigeonnier, a été restaurée avec un grand souci de confort. Reposez-vous à l'ombre des grands arbres au bord de la piscine. Possibilité de pratiquer l'équitation.

Se restaurer

⊖ **L'Auberge du Cloître** – *5 pl. Durand-de-Bredon - centre-ville, derrière l'abbaye - ☏ 05 63 04 37 50 - fermé 8-15 mars, 15-30 nov., merc. soir en hiver, dim. soir et lun. - réserv. conseillée - 12,60/24,50 €.* Ce bistrot est juste en face de l'abbaye, avec une agréable terrasse. Les menus inspirés du terroir sont affichés sur une ardoise.

⊖⊖ **Le Chapon Fin** – *3 pl. des Récollets - ☏ 05 63 04 04 22 - www.lechaponfin-moissac.com - 25/55 €.* Sur la place du marché et à deux pas de l'abbaye romane, adresse où vous serez traité comme des « coqs en pâte » : chambres rénovées, accueillante salle à manger actuelle aux tons pastel et cuisine classique. En saison, goûtez au fameux chasselas doré de Moissac.

⊖⊖ **Le Moulin de Moissac** – *Esplanade du Moulin - ☏ 05 63 32 88 88 - www.lemoulindemoissac.com - fermé sam. midi et dim. - 22 € déj. - 26/34 €.* Sur les bords du Tarn, vous remarquerez forcément l'imposante silhouette de cet ancien moulin reconverti en hôtel-restaurant. Le chef René Bajard, ancien de chez Troisgros et fort d'une solide expérience en France et à l'étranger, a composé une carte et des menus d'esprit traditionnel qui changent au gré des saisons. Les produits du terroir (foie gras, truffe, chasselas) y occupent bien sûr une place de choix.

Que rapporter

Bon à savoir – Les coteaux du bas Quercy produisent chaque année plus de 6 500 t d'un chasselas AOC de tout premier choix. Le moissac véritable se reconnaît à ses belles grappes longues, à grains ronds, bien détachés, d'une couleur nacrée légèrement dorée ; très sucré et parfumé, il est réputé pour son goût particulièrement fin. Une dégustation ? À l'extrémité de la promenade du Moulin, en bordure du Tarn, un uvarium édifié dans les années 1930, à remarquer particulièrement pour ses fresques colorées à la gloire du chasselas, propose des rafraîchissements en période estivale (se renseigner à l'office de tourisme pour les périodes d'ouverture). *www.chasselas-de-moissac.com*

Jacques Laporte – *6 r. du Marché - ☏ 05 63 04 03 05 - tlj sf lun. 8h-12h30,*

14h30-19h30, dim. 8h-13h - fermé 1 sem. fin janv. et 2 sem. en juil. Les gâteaux et autres douceurs de cet artisan pâtissier-chocolatier-glacier jouissent d'une très bonne réputation locale. La spécialité maison est le Grain Doré de Moissac, succulent chocolat contenant un grain de chasselas et une liqueur à l'armagnac. Également, confitures aux fruits de la région et tartelettes aux noix.

« La rue des Arts » – *9 r. Jean-Moura - ✆ 05 63 04 21 46 - ouv. tlj à partir de 9h.* Sitôt franchi le porche, vous serez séduit par ce lieu dédié à l'artisanat d'art. Peintres figuratifs, souffleur de verre, maroquinier et sculpteur sur pierre, chacun de ces artisans vous fera découvrir son métier avec passion.

Boucherie-Charcuterie Vernet – *14 r. Mary-Lafon - 15 km à l'est de Moissac par la D 927 - 82130 Lafrançaise - ✆ 05 63 65 81 42 - christinevernett@voila.fr - tlj sf lun. 7h30-12h30, 15h-19h30, dim. 8h-12h30 - fermé 3 sem. en hiver, 1er janv., 1er Mai, 25 déc. et j. fériés apr.-midi.* Au cœur du bas Quercy, la maison Vernet concocte avec soin et passion de nombreuses spécialités régionales : saucisses, fritons, pâtés et un fameux boudin primé par une médaille d'or. La boutique propose également des conserves, des volailles, du fromage à la coupe, des salades et des plats cuisinés.

Sports & Loisirs

Moissac Navigation Plaisance – *Quai Charles-de-Gaulle - ✆ 05 63 04 09 89 - www.bourgogne-fluviale.com - mars-fin oct. : 9h-12h, 14h-19h.* Cette lente navigation à bord d'une péniche sur le canal des Deux-Mers et le Tarn permet d'emprunter la célèbre pente d'eau de Montech et d'admirer, entre autres, le pont-canal de Moissac.

Événements

Les Vibrations de Moissac – En juil., festival, polyphonies, Jardins secrets de la voix, animations de rue, soirées grand public. *✆ 05 63 04 63 85.*

Soirées musicales – Série de concerts classiques juil.-août. *✆ 05 63 04 06 81 (Mlle Argoul).*

Fête des fruits – Un w.-end en sept. Le chasselas y est mis à l'honneur, aux côtés de fruits du verger et de produits du terroir.

La Montagne noire★

CARTE GÉNÉRALE C3 – CARTE MICHELIN LOCAL 338 E-F-G-H10 – TARN (81)

On est fasciné par cette montagne qui se présente sous deux visages. Un versant nord couvert de sombres forêts de hêtres, de chênes, de sapins et d'épicéas, où règnent fraîcheur et odeurs d'humus… Une déclivité sud qui étonne par son paysage méditerranéen, sec et dénudé, où se côtoient genêts, garrigues, vignes et oliviers. Des paysages contrastés à découvrir !

Se repérer – La Montagne noire constitue l'extrême sud-ouest du Massif central. Elle est séparée du massif de l'Agout (Sidobre, monts de Lacaune, monts de l'Espinouse) par le sillon du Thoré que prolongent les vallées du Jaur et de l'Orb supérieur. Elle se caractérise par un fort contraste entre son versant nord, qui s'élève brusquement au-dessus du Thoré, et son versant sud, doucement incliné vers les plaines du Lauragais et du Minervois, en vue des Pyrénées. Le pic de Nore (1 210 m) culmine sur l'abrupt versant nord.

À ne pas manquer – Le bassin de Saint-Ferréol ; l'abbaye-collège de Sorrèze.

Organiser son temps – Sur un week-end, consacrez la première journée à la découverte du Parc naturel régional du Haut-Languedoc en faisant halte dans les villages. Le lendemain, poussez plutôt à travers la plaine du Lauragais pour rejoindre le canal du Midi.

Avec les enfants – Sylvea à Revel, Explorarôme à Montégut-Lauragais.

Pour poursuivre la visite – Voir aussi Saint-Félix-Lauragais, Castres, Mazamet, le canal du Midi. Pour explorer le versant méditerranéen de la Montagne noire, utilisez *Le Guide Vert Languedoc Roussillon.*

Circuits de découverte

LE PARC NATUREL RÉGIONAL DU HAUT-LANGUEDOC 1

83 km – 2h. Quitter Revel par la D 629 au sud-est, puis, aux Cammazes, prendre sur la gauche la D 44 qui parcourt les pittoresques gorges du Sor.

Le saviez-vous ?

- Ce sont les sombres forêts de chênes rouvres, hêtres, sapins et épicéas couvrant le versant nord, plus arrosé, qui ont valu ce nom au massif. Il étonnera ceux qui limitent leur visite au versant sud, âpre et dénudé, à la végétation méditerranéenne.
- Revel a vu naître en 1884 **Vincent Auriol**, homme politique aussi brillant que populaire : l'humour comme l'accent du terroir de celui qui, de 1947 à 1954, fut le premier président de la IVe République, ne pouvaient que le faire apprécier des Français.
- Sur ce relief diversifié, les vents se transforment : ceux de l'ouest, chargés de pluie, se font violents et secs quand ils atteignent la plaine du Bas-Languedoc ; le « marin », venu de l'est chargé d'humidité, devient le sec vent d'autan du Haut-Languedoc. Résultat, la Montagne noire reçoit plus d'1 m d'eau par an !

Durfort

Au seuil de la vallée encaissée du Sor, Durfort s'est depuis toujours consacré à l'industrie du cuivre. La tradition perdure aujourd'hui grâce à l'artisanat d'art ! Des chaudronniers travaillent sur le dernier « martinet » encore en activité (15e s.) pour façonner divers objets en cuivre. Un **musée du Cuivre** est installé dans une ancienne maison de chaudronnier. *☏ 05 63 74 22 77 ou 06 19 59 02 95 - www.durfort.village.com - ♿ - visite guidée (1h30) de mi-juin à mi-sept. : w.-end et lun. 15h-19h - 2 € (7-12 ans 1 €).*

Poursuivre la route jusqu'à Pont-Crouzet et prendre à droite la D 45.

Sorèze

Ce village s'est développé au 8e s. autour d'une abbaye bénédictine et en partagea la destinée, alternant périodes d'extension, de destruction et de reconstruction. En 1573, durant les guerres de Religion, Sorèze voit son abbaye pillée et incendiée et son village ruiné ; l'église paroissiale Saint-Martin, témoin de la prospérité du 14e s., est détruite : seul subsiste le **clocher-chœur** encore visible aujourd'hui à proximité de l'abbaye.

Abbaye-école★ *– 1 r. St-Martin - ☏ 05 63 50 86 38 - www.abbayeecoledesoreze.com - ♿ - avr.-sept. : 10h-12h, 14h-18h ; oct.-mars : 10h-12h, 14h-17h30 - possibilité de visite guidée (1h30) - fermé 1er janv., 1er Mai, 25 déc. - 4 € (enf. 2 €).*

Après un difficile siècle de reconstruction, en 1682, l'abbaye ouvre ses portes à un séminaire pour les enfants des familles peu fortunées. Son succès et sa renommée grandissent rapidement au point que l'extension des bâtiments est nécessaire. Les familles aisées réclament de voir leur progéniture également acceptée.

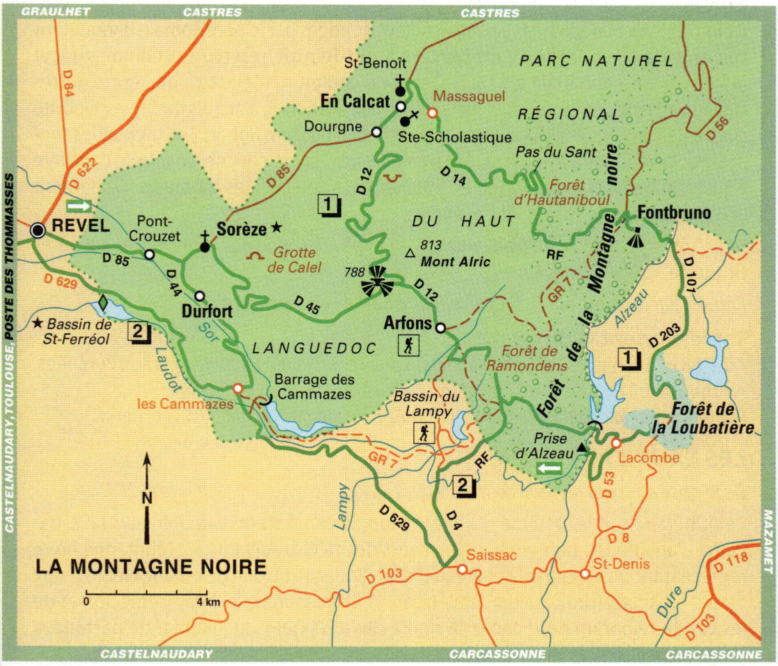

Sous Louis XVI, l'établissement devient l'une des 12 écoles royales militaires de France. Sa renommée rebondit une seconde fois grâce à l'arrivée d'un dominicain, le père **Lacordaire** (sa statue domine la cour d'entrée), qui en assurera la direction de 1854 à sa mort, en 1861. « Religion, sciences, arts et armes » (devise de l'école) offrent une éducation très large de l'esprit et du corps où chacun peut trouver sa voie (nombreux sont les militaires, politiques, écrivains, philosophes… qui ont passé leur enfance à Sorèze). Le port de l'uniforme permettait de ne pas faire de différence entre les élèves boursiers et les autres. Seul signe de distinction : selon leur âge, les élèves portaient un collet vert, bleu, jaune ou rouge, un système de classification qui était également appliqué à l'enseignement et aux bâtiments. Quelques grandes nouveautés pour l'époque : on y enseigne l'anglais et l'allemand ainsi que la natation, dans un grand bassin extérieur. Les élèves affluent même de l'étranger. L'enseignement des dominicains perdura jusqu'en 1974. L'établissement a été transformé en hôtel *(voir l'encadré pratique)*. L'immense **parc** de 6 ha et les bâtiments permettent de comprendre comment s'organisaient la scolarité et la vie en internat. On admirera tout particulièrement la grande façade classique, rue Saint-Martin.

À la sortie de Sorèze, prendre à droite l'agréable D 45, puis encore à droite la D 12.

Arfons

Autrefois propriété des hospitaliers de Saint-Jean-de-Jérusalem (l'ordre de Malte), Arfons est aujourd'hui un paisible village de montagne aux toits d'ardoise. Entouré de forêts, c'est le point de départ de belles promenades à pied (sentier GR 7). À l'angle d'une maison de la rue principale, belle Vierge de pierre du 14e s.

D'Arfons, on gagnera au sud-est Lacombe, à travers la forêt de la Montagne noire. Puis on rejoindra la D 203 qui remonte vers le nord (Laprade) à travers la forêt de la Loubatière.

Forêt de la Loubatière

La route qui traverse cette forêt, dont le nom fait sans doute allusion aux hôtes qui la peuplèrent autrefois, est particulièrement agréable à parcourir, parmi les hêtres, les chênes et les sapins.

Fontbruno

Au-dessus d'une crypte se dresse le monument aux morts du maquis de la Montagne noire. De là, belle vue sur la plaine.

Aussitôt après le monument, tourner à gauche dans la forêt d'Hautaniboul. La route forestière atteint, à la croisée de trois routes, le **Pas du Sant**.

Prendre à gauche la D 14 et, après Massaguel, de nouveau à gauche la D 85 vers Saint-Ferréol.

En Calcat

Deux abbayes bénédictines y sont installées, fondées par le père Romain Banquet sur sa propriété personnelle. Le **monastère Saint-Benoît**, réservé aux hommes, reçut la bénédiction abbatiale en 1896. C'est une communauté active qui, entre autres travaux artistiques (poterie, ateliers de vitraux, lutherie), a acquis quelque célébrité pour l'atelier qui exécute les cartons de tapisserie de Dom Robert. Les tapisseries sont ensuite fabriquées à Aubusson. Un peu plus loin, sur la gauche, se dresse l'**abbaye Sainte-Scholastique**, fondée en 1890 et occupée par des moniales, également actives (ateliers de tissage et de reliure).

Poursuivre jusqu'à **Dourgne**, village qui exploite des ardoisières et des carrières de pierre.

Prendre sur la gauche la D 12 qui ramène à Sorèze par le mont Alric.

Table d'orientation du mont Alric

Alt. 788 m. La vue s'étend à l'ouest sur la plaine de Revel, au sud jusqu'aux Pyrénées. Au premier plan, à l'est, le mont Alric (813 m).

Reprendre sur la droite la D 45 jusqu'à Sorèze, puis, à gauche, la D 85 vers Revel.

LES EAUX CAPTIVES★ 2

De la prise d'Alzeau au seuil de Naurouze – 75 km – environ 5h. Schéma p. 277.

Cet itinéraire suit le système d'alimentation du canal du Midi imaginé au 17e s. par Pierre-Paul Riquet, puis amélioré au cours des siècles suivants. La Montagne noire représentant un formidable château d'eau, Riquet eut l'idée de rassembler les eaux de ses ruisseaux (principalement l'Alzeau, la Bernassonne, le Lampy et le Sor) et de les conduire par un petit canal (la rigole de la Plaine) jusqu'au bief de partage, à Naurouze.

Atteindre la prise d'Alzeau par la D 353 au départ de St-Denis et en direction de Lacombe, puis par une route forestière à droite.

Prise d'Alzeau

Un monument élevé à la mémoire de Pierre-Paul Riquet retrace les étapes de la construction du canal du Midi. Il marque l'origine de la rigole de la Montagne qui capte les eaux de l'Alzeau, puis, au cours de son cheminement, celles de la Coudière, de Cantemerle, de las Nobiès, de la Bernassonne, de la Falquette, du Lampy et enfin du Rieutord, et les conduit au bassin régulateur du Lampy. On peut voir, derrière la maison de garde, le départ de la rigole de la Montagne.

Faire demi-tour et continuer jusqu'à Lacombe. Tourner à gauche et suivre, par les routes forestières, la direction du Lampy.

Forêt domaniale de la Montagne noire

Forêt de 3 650 ha, essentiellement peuplée de hêtres et de sapins. C'est début novembre qu'il faut admirer ses couleurs flamboyantes.

Bassin du Lampy

Cette retenue de 1 672 000 m^3 d'eau sur le Lampy se déverse dans la rigole de la Montagne noire qui, de la prise d'Alzeau, se poursuit jusqu'au bassin de Saint-Ferréol. Riquet avait installé un bassin régulateur de 6 ha environ (le Lampy-Vieux) qui s'avéra très vite insuffisant. À la fin du 18e s., l'ouverture de l'embranchement de la Robine imposa l'aménagement d'un bassin de plus grande capacité (le Lampy-Neuf). Le barrage actuel fut ainsi construit de 1776 à 1780 par l'ingénieur Garipuy. De magnifiques hêtraies, sillonnées de sentiers ombragés, font du bassin du Lampy un but de promenade apprécié.

Prendre la D 4 en direction de Saissac, puis tourner à droite dans la D 629. Avant Les Cammazes, prendre à droite la route conduisant au barrage.

Barrage des Cammazes

Constituée par un barrage-voûte de 70 m de hauteur, la retenue alimente le canal du Midi, fournit de l'eau potable à 116 communes et irrigue toute la plaine du Lauragais à l'est de Toulouse. Des sentiers permettent de descendre au bord du Sor, dans un beau site boisé.

Reprendre la D 629 à droite. Dans un site verdoyant, la route se poursuit en longeant la rigole de la Montagne.

Voûte de Vauban

À l'entrée du village des Cammazes se trouve la voûte de Vauban, sous laquelle passe la rigole de la Montagne avant de se déverser dans le bassin de Saint-Ferréol. Cette galerie souterraine de 122 m de long permet à la rigole de changer de bassin-versant.

Bassin et barrage de Saint-Ferréol★

Le bassin et son barrage constituent le principal réservoir du canal du Midi, sur le versant océanique.

A. Thuillier / MICHELIN

Le bassin de Saint-Ferréol.

Encadré de collines boisées, le **bassin** s'étend sur 67 ha. Il est alimenté par le Laudot supérieur et par la rigole de la Montagne, venue du bassin du Lampy. Avant d'entrer dans le bassin, les eaux sont divisées en deux par une vanne-épanchoir : une partie entre dans le bassin, l'autre est dirigée dans la « rigole de ceinture » qui contourne le bassin et rejoint le Laudot moyen en aval du barrage. La vanne-épanchoir sert à évacuer les eaux du Laudot supérieur lors de la vidange du bassin, environ tous les dix ans.
Un sentier permet aux promeneurs de faire le tour du bassin et une plage a été aménagée sur la rive nord : il est possible en été de s'adonner à la pratique de la voile et de se baigner.
Le **barrage** fut construit par Riquet de 1667 à 1672 ; un millier d'ouvriers, femmes et enfants compris, y travaillèrent. Il se compose de trois murs parallèles : le mur amont, immergé sous l'eau du bassin, le « grand mur » (35 m de haut) et le mur aval. Entre le mur amont et le « grand mur » passent la « voûte d'enfer » et, au-dessus d'elle, la « voûte du tambour » ; entre les murs amont et aval sont situées la voûte de vidange et, juste au-dessus, la voûte des robinets. L'espace entre les trois murs a été comblé par un remblai de 120 m d'épaisseur.
Le **parc** fut aménagé au milieu du 19e s. pour célébrer la visite de Napoléon III, qui, du reste, ne vint jamais. Conçu dans l'esprit des jardins à l'anglaise traversés d'allées sinueuses, il est boisé principalement d'essences résineuses : pins sylvestres, cèdres, pins parasols, pins Laricio, sapins de Douglas, séquoias, etc.

Revel

Son passé de bastide (fondée en 1342) lui vaut un réseau de rues disposées géométriquement autour de la place centrale à couverts. La **halle** du 14e s., dont la taille est impressionnante, a conservé sa charpente de bois et son beffroi (remanié au 19e s.) ; tout autour, les galeries (17e-18e s.) du Nord, du Levant, du Midi et du Couchant complètent le charme de la place. Des fabriques de meubles, des ateliers d'ébénisterie et de marqueterie, le travail du bronze, de la dorure et de la laque ainsi que des distilleries sont les principales activités de Revel.

Sylvea – *13 r. Jean-Moulin - 05 61 27 65 50 - www.sylvea.com - - avr.-oct. : tlj sf lun. 10h-12h, 14h-18h, w.-end 14h-18h - fermé j. fériés - 3 € (-15 ans gratuit), gratuit 1er dim. du mois.* Ce musée offre un panorama très complet de la filière bois, de l'exploitation de la forêt et de l'arbre aux nombreux métiers du bois reconstitués sous forme de scènes. Certains ont disparu (charron, sabotier), d'autres sont toujours vivants (charpentier, menuisier, tonnelier, luthier). Le travail de marqueterie est évoqué à travers quelques mobiliers et des panneaux explicatifs sur les techniques. Expositions temporaires au 2e étage.
Un espace (avec jeux et livres) est aménagé pour les enfants. Un jeu de piste autour du bois et de la forêt est également proposé, ainsi que des ateliers de marqueterie ou de moulage et des sorties en forêt *(sur inscription préalable).*

Prendre la D 85 à l'est en direction de Pont-Crouzet.

Pont-Crouzet

C'est le point de départ de la rigole de la Plaine, canal qui conduit les eaux du Sor vers le poste des Thommasses où elles rejoignent le Laudot moyen, lui-même venu du bassin de Saint-Ferréol.

Revenir à Revel et prendre la D 622 au sud, puis la D 624 vers Castelnaudary.

Poste des Thommasses

Il sert à capter les eaux du Laudot moyen arrivant de Saint-Ferréol ainsi que celles du Sor, elles-mêmes captées à Pont-Crouzet et acheminées par la rigole de la Plaine. Les eaux ainsi réunies sont ensuite dirigées vers le seuil de Naurouze.

Seuil de Naurouze★ *(voir le canal du Midi)*

Aux alentours

Explorarôme à Montégut-Lauragais

À 7 km à l'ouest de Revel par la D 1. 05 62 18 53 00 - visite guidée (2h) vac. de printemps et juil.-août : mar., jeu. et dim. 15h - 9 € (-11 ans 5,50 €).
Un plongeon enivrant et initiatique dans l'univers des parfums et des arômes, aussi bien destiné aux enfants qu'aux parents. La visite se partage entre le laboratoire, lieu de travail et d'expériences, rempli d'essences que vous apprendrez à sentir, à reconnaître et à capturer, le jardin où s'épanouissent des centaines de végétaux et la salle d'expositions.

La Montagne noire pratique

Adresses utiles

Office du tourisme de Revel Saint-Ferréol Montagne noire – *Pl. Philippe-VI-de-Valois-Beffroi - 31250 Revel - ☏ 05 34 66 67 68 - www.revel-lauragais.com - juil.-août : 9h-19h (sam. 18h30), dim. 10h-12h30, 15h-18h ; sept.-juin. : tlj sf lun. 9h30-12h30, 14h30-18h30, sam. 9h-13h, 15h-18h30, dim. 10h-12h30, 15h-18h - fermé 1re sem. janv. et j. fériés.*

Point info à Saint-Ferréol – *Av. de la Plage - de fin juin à déb. sept. : 10h-13h, 15h-19h.*

Office du tourisme de Sorèze-Saint-Ferréol – *R. St-Martin - 81540 Sorèze - ☏ 05 63 74 16 28 - www.ville-soreze.fr - juin-sept. : 10h-12h, 14h-18h ; oct.-mai : 10h-12h, 14h-17h30, w.-end 14h-17h30.*

Se loger

⊖ **Camping Le Martinet Rouge** – *11390 Brousses-et-Villaret - 4,5 km au SO de St-Denis par D 103 et D 203 - ☏ 04 68 26 51 98 - ouv. avr. à oct. - ⊭ - réserv. conseillée du 10 juil. au 20 août - 35 empl. 9,91 €.* Dans un paysage chaotique de roches et de chênes-lièges, ce camping possède de superbes emplacements, qui font oublier les sanitaires un peu justes. Piscine.

⊖⊖ **Hôtel Le Pavillon des Hôtes** – *81540 Sorèze - www.hotelfp-soreze.com - P - 17 ch. 50/60 € - ☕ 11 € - restaurant 20/34 €.* Cette annexe de l'Abbaye-Logis des Pères occupe les anciens dortoirs de filles de l'abbaye-école. Les chambres, simples et de bon goût, sont réparties autour d'un joli patio et ouvrent sur le beau parc ou sur le village de Sorèze. De nombreuses activités culturelles sont également proposées sur le site.

⊖⊖ **Hôtellerie du Lac** – *31250 St-Ferréol - 3 km au SE de Revel par D 629 - ☏ 05 62 18 70 80 - www.hotellerie-du-lac.com - P - 25 ch. 69/80 € - ☕ 8,50 € - rest. 15/36 €.* En surplomb du lac, cette ancienne maison de maître du 19e s. est un havre de paix. La moitié des chambres, toutes récentes et fonctionnelles, ouvrent sur ce spectacle paisible. Jardin fleuri, piscine chauffée et petite salle de fitness.

⊖⊖⊖ **Hôtel Demeure de Flore** – *81240 Lacabarède - 18 km à l'E de Mazamet par N 112 - ☏ 05 63 98 32 32 - www.demeuredeflore.com - fermé janv. et lun. hors sais. - P - 11 ch. 89/140 € - ☕ 9,50 € - rest. 26/34 €.* Entrez par l'allée bordée de tilleuls et découvrez le charme de cette maison du 19e s. où l'on se sent comme chez soi. Coquettes chambres personnalisées ; meubles anciens et œuvres d'art un peu partout. Belle salle à manger avec terrasse donnant sur le jardin fleuri et sa piscine.

⊖⊖⊖ **Hostellerie de L'Abbaye-Logis des Pères** – *81540 Sorèze - A 61 sortie 20 ou 21, dir. Revel, puis Sorèze - ☏ 05 63 74 44 80 - www.hotelfp-soreze.com - P - 52 ch. 90/145 € - ☕ 11 € - rest. 20/34 €.* Les cellules de moines sont devenues des chambres élégantes et raffinées, avec vue sur le parc (6 ha), le cloître ou la cour des Rouges. Beau restaurant contemporain dans l'ancien réfectoire.

Se restaurer

⊖ **Auberge des Mazies** – *31250 Revel - ☏ 05 61 27 69 70 - 13 € déj. - 16/48 € - 7 ch. 50/55 € - ☕ 7 €.* Poutres apparentes et vaste cheminée président au décor campagnard des deux belles salles à manger ; l'une d'elles s'agrémente d'une mezzanine coquettement aménagée. Les soirs d'été, c'est sur la terrasse, dans un beau jardin fleuri, que vous vous attablerez devant de roboratives spécialités régionales. Quelques chambres confortables et au grand calme.

⊖⊖ **Midi** – *34 bd Gambetta - 31250 Revel - ☏ 05 61 83 50 50 - 20/45 €.* Il fait bon vivre dans cet ancien relais de poste du 19e s. réhabilité en hôtel-restaurant familial. Un petit couloir rustique dessert un salon orné d'une ravissante fresque murale représentant Saint-Guilhem-le-Désert. Plats traditionnels gorgés de soleil et produits du terroir se marient parfaitement avec les bons crus du pays. L'hôtel propose des chambres confortables, plus au calme sur l'arrière.

Que rapporter

Marché du terroir – *Sam. mat.* Classé parmi les plus beaux marchés de France.

Ferme de las Cases – *81700 Blan - ☏ 05 63 75 48 25 - tlj sf dim. et lun. 8h-19h30.* Las Cases, compagnon de Napoléon, a vu le jour dans cette ferme du 17e s. aujourd'hui dédiée à l'élevage et à la transformation des porcs. La boutique propose du melsat, la spécialité maison, des saucissons à l'ail rose de Lautrec, du cassoulet, du pâté à l'armagnac.

Sports & Loisirs

Se munir des cartes IGN 2344 Ouest, 2244 Est et 2244 Ouest. Le **GR 7** longe la rigole de la Montagne, du bassin du Lampy au barrage des Cammazes (11 km), à travers la forêt. Entre l'épanchoir-vanne du Conquet et le barrage des Cammazes, la rigole est dallée de brique ; du Conquet au Plo de la Jasse, 14 petites chutes ont été aménagées sur la rigole afin de régulariser le courant (la rigole est en pente sur cette portion). Le **GR 653**, variante « Pierre-Paul Riquet » du GR 7, part du bassin de St-Ferréol et rejoint la rigole de la Plaine à Revel, longe celle-ci jusqu'au poste des Thomasses (9 km), puis jusqu'au seuil de Naurouze (24 km supplémentaires).

Montauban★

53 300 MONTALBANAIS
CARTE GÉNÉRALE B2 – CARTE MICHELIN LOCAL 337 E7 – TARN-ET-GARONNE (82)

À la limite des collines du bas Quercy et des riches plaines alluviales de la Garonne et du Tarn, Montauban est une ville animée toute l'année. Une bastide qui mérite une halte, ne serait-ce que pour visiter ses vieux quartiers de brique rouge, son musée exceptionnel consacré à Ingres et son Pont-Vieux du 14e s. qui ne demande qu'à être franchi. Une bonne base de départ pour déguster quelques produits du vignoble frontonnais, un peu plus au sud.

Se repérer – Préfecture du Tarn-et-Garonne, Montauban est desservie par l'A 20.

Se garer – Arrivant à Montauban depuis le sud (Auch, Toulouse) ou l'ouest (Agen), on longe le Tarn avant de prendre la rue de la Mandoune qui mène à la place Prax-Paris où des parkings sont aménagés.

À ne pas manquer – Le musée Ingres ; la place Nationale dans le vieux Montauban, la pente d'eau de Montech.

Organiser son temps – Partagez votre journée entre promenade dans le vieux Montauban et visite des musées (attention, en dehors des mois de juillet et d'août, le musée Ingres est fermé le dimanche matin et le lundi). Si vous disposez d'une journée supplémentaire, profitez-en pour rayonner dans les alentours.

Pour poursuivre la visite – Voir aussi Moissac, Bruniquel, Beaumont-de-Lomagne.

Comprendre

Les abus de l'abbé – Dans l'actuel faubourg du Moustier, sur un coteau dominant le Tescou, les habitants de Montauriol cohabitaient plutôt difficilement avec l'abbé du couvent local de bénédictins. Lassés de ses abus, ils demandèrent aide et protection au comte de Toulouse, Alphonse Jourdain qui, en 1144, fonda une bastide sur un plateau dominant la rive droite du Tarn et la dota de nombreux avantages. Il n'en fallait pas plus pour que les habitants de Montauriol accourussent, contribuant à l'essor de la nouvelle localité, Montauban.

Un bastion réformé – Très tôt, Montauban adhère à la foi protestante. La réaction catholique ne parvient pas à endiguer ce mouvement en faveur des idées nouvelles et, lors de la paix de Saint-Germain en 1570, la ville est reconnue comme place de sûreté protestante. Henri de Navarre renforce ses fortifications et à trois reprises s'y tiennent les assises de toutes les églises réformées du royaume.

Quand Louis s'en mêle – Avec Louis XIII, l'heure de la « reconquête catholique » a sonné : en 1621, la ville est assiégée par une armée de 20 000 hommes, commandée par le roi et son favori, le duc de Luynes. Mais Montauban résiste, repousse les assauts

A. Thuillier / MICHELIN

La place nationale, cœur et âme de Montauban.

Le saviez-vous ?

Montauban vient sans doute de l'occitan *montalba*, « mont des saules », qui désigne la colline peuplée de saules sur laquelle la ville fut créée.

Les célébrités ne manquent pas ici ! Dans le domaine des arts en particulier : **Ingres** et **Bourdelle** en sont les exemples les plus frappants. Autre Montalbanais célèbre, le journaliste de télévision, réalisateur et écrivain **Philippe Labro**, qui évoque son enfance montalbanaise sous l'Occupation dans *Le Petit Garçon*. Sans doute connu d'un public plus restreint que ses illustres devanciers, **Robert Lapoujade** mérite aussi d'être cité ici. Peintre et réalisateur de cinéma, il est également l'auteur d'une œuvre exigeante et de quelques « films cultes » (*Le Socrate*, 1971, *Le Sourire vertical*, 1973).

et, après trois mois de siège, le roi doit se résoudre à abandonner la place. Ce succès est cependant éphémère, et dès la prise de La Rochelle en 1628, Montauban, dernier bastion du protestantisme, doit de nouveau affronter l'armée de Louis XIII. Cette fois-ci, la ville se rend sans combattre et acclame le roi et Richelieu. Les fortifications sont détruites. Les huguenots bénéficient de la clémence royale.

Découvrir

INGRES ET BOURDELLE À MONTAUBAN

Un maître du dessin... – Né à Montauban en 1780, d'un père artisan décorateur qui lui donne de solides bases en musique et en peinture, **Jean Auguste Dominique Ingres** fréquente à Toulouse l'atelier du peintre Roques, puis devient à Paris l'élève de David. Grand prix de Rome à 21 ans, il se fixe près de vingt ans en Italie avant d'ouvrir un atelier et de fonder une école à Paris. Il est surtout reconnu comme un extraordinaire dessinateur, touchant à la perfection grâce à la pureté et à la précision de son trait, et a laissé d'innombrables portraits et études, exécutés en général à la mine de plomb. Ingres avait conservé de son éducation musicale une passion pour le violon, au point d'être, dans sa jeunesse, membre de l'Orchestre du Capitole de Toulouse. Cette passion ne se démentit jamais, même si son activité principale l'obligea à ne s'y adonner qu'à ses moments perdus. D'où l'expression « violon d'Ingres » pour désigner un hobby. Comblé d'honneurs, il meurt à 87 ans, léguant à sa ville natale un ensemble de plusieurs milliers d'œuvres, aujourd'hui déposées au musée qui porte son nom.

... et un grand sculpteur – Né lui aussi à Montauban, **Antoine Bourdelle** (1861-1929) doit beaucoup à son maître, Rodin. Il a su, dans ses compositions (bustes ou groupes sculptés), allier la virilité des attitudes, la simplicité des lignes et la noblesse des sentiments. Son *Héraclès archer*, au musée Bourdelle de Paris, constitue l'un des sommets de son art.

Musée Ingres★

19 r. de l'Hôtel-de-Ville - ✆ 05 63 22 12 91 - juil.-sept. : 10h-18h ; reste de l'année : tlj sf dim. mat. et lun. 10h-12h, 14h-18h - fermé 1er janv., 1er Mai, 14 Juil., 1er nov. et 25 déc. - 6 € avec exposition, 4 € hors exposition (enf. gratuit), gratuit 1er dim. du mois.

Il est installé dans l'ancien palais épiscopal, construit en 1664 sur l'emplacement de deux châteaux. Le « château-bas », bâti au 12e s. par le comte de Toulouse et démantelé en 1229, fut remplacé un siècle plus tard par une autre forteresse dont subsistent quelques salles, élevée sur l'ordre du Prince Noir. Le palais fut racheté par la ville lors de la suppression du diocèse, à la Révolution, et aménagé en musée à partir de 1843. C'est un sobre et imposant édifice de brique rose dont le corps de bâtiment principal est flanqué de deux pavillons.

Le **1er étage** est le pôle d'attraction du musée puisqu'il est en grande partie consacré à l'**œuvre d'Ingres**. Les plafonds à la française et les planchers en marqueterie en font un écrin de choix. Après une salle consacrée à la tradition classique chez Ingres, d'où ressort son admirable composition de *Jésus parmi les docteurs*, achevée à l'âge de 82 ans, une grande salle renferme de nombreuses esquisses, des études d'académie et des **portraits**. On peut également y voir le *Songe d'Ossian*, vaste toile exécutée en 1812 pour la chambre à coucher de Napoléon à Rome, ainsi que *Roger délivrant Angélique*, réplique ovale de l'original du Louvre. Des œuvres de David, Chassériau, Géricault et Delacroix complètent cette présentation, tandis qu'une vitrine expose des objets personnels de l'irascible Montalbanais (n'y manquent ni la boîte à peinture ni le proverbial violon !). On peut aussi admirer un choix de ses 4 000 **dessins** exposés par roulement et qui constituent la plus grande richesse du musée.

On a rassemblé au **2e étage** d'excellents **primitifs** et des **peintures du 14e au 18e s.**, léguées pour la plupart par Ingres. Remarquez des œuvres italiennes du 15e s., de belles toiles des écoles flamande (Jordaens, Van Dyck), hollandaise et espagnole (José de Ribera) du 17e s. exposées parmi du mobilier Louis XV et Louis XVI. Mais la contemplation des tableaux ne doit pas dispenser de regarder par les fenêtres d'où l'on a une vue plongeante sur le Tarn et le Pont-Vieux.
Au **rez-de-chaussée**, une très vaste salle consacrée à **Bourdelle** permet de suivre l'évolution de l'artiste. On y découvre son *Héraclès archer* en plâtre patiné, des bustes de Beethoven, Rodin, Léon Cladel et, bien sûr, Ingres, ainsi que d'autres bronzes comme *La Nuit* et *Rembrandt vieux*. Une salle rassemble les œuvres du peintre montalbanais Armand Cambon (1819-1885) qui, élève d'Ingres, a su retenir les leçons de son maître.
Dans la partie en **sous-sol** qui subsiste du château du 14e s., et sur deux niveaux, sept salles remarquablement voûtées sont consacrées à l'**archéologie régionale**, à l'**histoire locale**, aux **arts appliqués** et à des expositions temporaires. L'ancienne **salle des gardes**, dite salle du Prince-Noir, renferme des collections lapidaires médiévales et possède deux belles cheminées du 15e s. aux armes de Cahors. La salle Jean-Chandos abrite des bronzes, des terres cuites antiques et une **mosaïque** gallo-romaine trouvée à Labastide-du-Temple, au nord-ouest de Montauban.
La salle **François-Desnoyer** rassemble les principales œuvres de ce peintre (1894-1972) né à Montauban et qui vécut à Sète : remarquez *La Fête à Carmaux*, d'inspiration fauve, et *Le Port de Moguiriec*, qui tend vers le cubisme. Une belle collection de **faïences régionales** (Montauban, Auvillar) complète la visite.
Face au musée Ingres, en bordure du square du Général-Picquart, remarquez l'admirable bronze du **Dernier centaure mourant★**, une œuvre puissante et ramassée (1914) de Bourdelle, et près du Pont-Vieux, sur le quai de Montmurat, le **monument aux Combattants de 1870**, où se manifeste l'esprit architectural de l'artiste.

Se promener

LE VIEUX MONTAUBAN★

Il fait depuis quelques années l'objet de travaux de restauration qui rendent sa découverte à pied fort agréable.

Place Nationale★

Cette place, âme et centre névralgique de Montauban, était autrefois bordée de maisons reposant sur des couverts en bois. Après deux incendies successifs, les arcades furent, au cours du 17e s., reconstruites en brique, par les Toulousains Levesville et Campmartin. Voûtées en arcs brisés ou surbaissés, elles offrent une double galerie de circulation : l'intérieure était une simple voie de circulation tandis que l'extérieure était réservée aux marchands. Il en résulte une place qui frappe par une homogénéité non dépourvue d'une fantaisie bienvenue, d'autant que les tons chauds de la brique atténuent la rigueur de la composition. Les maisons qui entourent cette belle place se raccordent à chacun des angles par un portique en pan coupé. Les maîtres drapiers ont fait graver sur le 1er pilier, à l'angle de la rue Malcousinat, leur mètre-étalon qui, pour n'être pas de platine, n'en fit pas moins longtemps autorité ! Le marché qui s'y tient chaque matin ajoute à l'ensemble une touche de couleur, aussi bien visuelle qu'auditive !

Quitter la place à l'ouest vers la rue Cambon.

L'**hôtel Lefranc de Pompignan** possède un beau **portail★** d'entrée en brique. Dans la cour du n° 12 *(s'avancer jusqu'à la grille)*, l'élégante galerie en bois reposant sur une colonnade en pierre appartient à l'ancienne université de théologie protestante, fondée par Henri de Navarre en 1598.

Au bout de la rue, prendre à gauche, puis à nouveau à gauche.

Place Léon-Bourjade

De la terrasse de la brasserie, vue intéressante sur le Pont-Vieux et le Tarn.

On pousse alors jusqu'au Tarn.

Pont-Vieux

Édifié en brique au début du 14e s. par les architectes Étienne de Ferrières et Mathieu de Verdun, il mesure 205 m de longueur et franchit le Tarn en sept arches qui reposent sur des piles protégées par des avant-becs. Au-dessus des piles, les hautes arcades permettent aux eaux du Tarn en crue de s'écouler facilement. Contemporain du pont Valentré à Cahors, le Pont-Vieux était lui aussi fortifié.

SE LOGER

Chambre d'hôte Maison des Chevaliers .... (1)
Hôtel du Commerce.............. (2)

SE RESTAURER

Au Chapon Fin .... (4)
Celyn et Ric .... (7)
Au Fil de l'Eau......................... (8)

Bourjade (Pl.) 6
Cambon (R.) 9
Carmes (R. des) 10
Hôtel-de-Ville (R. de l') 31
République (R. de la) 63
F. Roosevelt (Pl.) 66

Ancienne Cour des Aides .. M
Bronze du Dernier centaure mourant .... B
Hôtel Lefranc de Pompignan .... E
Monument aux Combattants de 1870 .... K

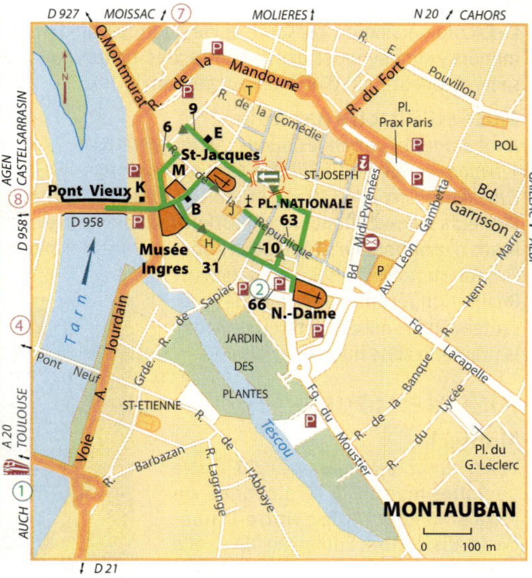

Ancienne Cour des Aides

Ce bel immeuble construit au 17e s. abrite deux musées : le musée du Terroir et le musée d'Histoire naturelle *(voir « Visiter »).*

Église Saint-Jacques

Dominant la ville, cette église fortifiée porte sur la façade de la tour la trace des boulets du siège de 1621. Après la reconquête catholique, Louis XIII y fut reçu solennellement, et l'église, élevée au rang de cathédrale en 1632, le resta jusqu'en 1739. Reposant sur une tour carrée à mâchicoulis, le **clocher** date de la fin du 13e s. Il est bâti en brique sur plan octogonal, avec trois rangées de fenêtres.

Poursuivre dans la rue de la République en longeant l'église St-Jacques jusqu'à la rue des Carmes que l'on prend à droite.

Rue des Carmes

Au n° 24, l'**hôtel Mila de Cabarieu** offre une intéressante composition architecturale avec son portique en brique rose à arcades surbaissées.

Prendre à droite la rue de l'Hôtel-de-Ville.

Rue de l'Hôtel-de-Ville

Elle est bordée, entre autres, par l'hôtel Sermet-Deymie (fin 18e s.), caractéristique avec les quatre colonnes ioniques de son portail d'entrée.

Revenir sur ses pas et prendre la rue du Dr-Lacaze.

Cathédrale N.-D.-de-l'Assomption

Construit au 18e s., cet édifice classique de vastes proportions symbolise la toute-puissance du culte catholique et la fin du protestantisme à Montauban. La façade, encadrée de deux tours carrées, s'ouvre par un imposant péristyle qui supporte les statues colossales des quatre évangélistes, copies de celles qui se trouvent à l'intérieur. Dans le bras gauche du transept se trouve un tableau d'Ingres, *Le Vœu de Louis XIII*. Le roi se tourne vers la Vierge tenant l'Enfant Jésus dans ses bras et lui offre le sceptre et la couronne, symboles de son royaume.

Place Franklin-Roosevelt

À côté de l'immeuble à cariatides (*Pour une description en image, reportez-vous à l'ABC d'architecture p. 77*), le passage partiellement voûté du Vieux-Palais relie deux cours d'hôtels de style Renaissance et permet de ressortir au n° 25 de la **rue de la République**. *Passage ouv. 10h-12h30, 14h-19h - fermé dim. et lun. matin.*

Revenir à la place Nationale par la rue de la Résistance et à gauche la rue Michelet.

Visiter

Musée du Terroir

Au rez-de-chaussée de l'ancienne Cour des Aides - ✆ 05 63 66 46 34 - tlj sf dim. et lun. 10h-12h, 14h-18h - fermé j. fériés - 2,50 € (enf. gratuit).

L'« Escolo Carsinolo » présente la vie quotidienne dans le bas Quercy. Les anciens métiers y sont évoqués par des outils, des instruments, des mannequins. Dans une salle, reconstitution d'un intérieur paysan du 19e s.

Musée d'Histoire naturelle

Au 2e étage de l'ancienne Cour des Aides - ✆ 05 63 22 13 85 - tlj sf dim. mat. et lun. 10h-12h (dernière entrée 11h30), 14h-18h (dernière entrée 17h30) - possibilité de visite guidée (1h) - fermé j. fériés - 2,50 € (enf. gratuit), gratuit 1er dim. du mois.

Plusieurs salles abritent une collection de zoologie avec, en particulier, un important fonds d'ornithologie : 4 000 pièces dont des oiseaux exotiques comme le perroquet, l'oiseau-mouche, l'oiseau de paradis...

Réalisation récente, des dioramas présentent quatre milieux naturels : le jardin, la prairie, la zone humide et la forêt.

Aux alentours

Montech

14 km au sud-ouest par la D 928. Outre quelques maisons à colombages, on verra à Montech l'**église Notre-Dame-de-la-Visitation**. Édifiée au 15e s., elle est surtout remarquable par son clocher toulousain d'une hauteur de 46 m.

Alain Cassaigne / MICHELIN

La pente d'eau de Montech.

Pente d'eau★ – Ce procédé dû à Jean Aubert, appliqué pour la première fois dans le monde en 1974 sur le canal latéral à la Garonne, permet d'éviter les éclusages le long de biefs en escalier. L'innovation réside dans le déplacement du bateau dans un bief mobile, suivant la pente régulière (3 % sur 443 m de longueur) d'une rigole. L'impulsion est donnée par deux automotrices sur pneus enjambant la fosse de cette rigole et y refoulant une tranche d'eau navigable, sous la poussée d'un « masque » étanche. À l'entrée, le bateau passe sous le masque, en position relevée, et s'engage jusqu'à l'extrémité de la cuvette navigable, à l'amorce de la rigole. Le masque s'abaisse alors et le bateau est isolé dans un « coin d'eau ». L'engin peut démarrer et pousser le masque, le bateau flottant dans un bief qui s'élève le long de la rigole. Le coin d'eau se rapproche de la porte, maintenant le niveau du bief en amont. Lorsque les niveaux coïncident, la porte se rabat d'elle-même et le bateau reprend sa navigation. Durée de l'opération : 20mn environ, soit un gain de temps de 45mn par rapport au passage des 5 écluses. Quant à la descente, elle s'effectue en inversant les différentes manœuvres. Une véritable providence pour les mariniers pressés. Mais la pente n'est ouverte qu'aux bateaux de 30 à 40 m : les autres doivent emprunter les 5 écluses...

Abbaye de Belleperche à Cordes-Tolosannes

De Montech, traverser la Garonne, puis prendre la D 26 à droite. ✆ 05 63 95 62 75 - www.cg82.fr - juil.-sept. : tlj sf lun. 10h-12h, 14h-18h, dim. 14h-18h ; mai-juin : tlj sf lun. 14h-18h - fermé oct.-avr. - 1,50 € (-18 ans gratuit), gratuit 1er dim mois.

Bâtie au 12e s. sur les bords de la Garonne, elle comptait un siècle plus tard parmi les trois plus puissantes abbayes cisterciennes du Sud de la France. Si l'église a été rasée, subsistent encore le grenier à grains, la salle à manger, le réfectoire des moines, les galeries et le grand cloître. L'enceinte accueille des expositions temporaires dont certaines, tournées vers l'alimentaire, témoignent du passé hôtelier des lieux.

Le Frontonnais

Calé entre la Garonne et le Tarn, autour de la petite cité de Fronton, marqué par un dégradé de vignobles coupés de vergers au gré des vallons et des pentes douces, le Frontonnais produit un vin rouge et quelques rosés. De Reyniès à Villemur-sur-Tarn en passant par Fronton, cités aux tonalités ocre, la composition du sol se partage entre un gravier rouge rehaussé de fer et des boulbènes limoneuses constituées d'argile. Un terroir propice à produire un vin fruité, composé d'au moins 50 % de négrette, au faible tanin, mélangé au cabernet-sauvignon, au cabernet franc voire au Fer Servadou.

Belleperche (littéralement « beau domaine ») devrait prochainement abriter le Centre des arts du goût et de la table.

Château de Reyniès

Quitter Montauban au sud par la D 21 en direction de Villemur-sur-Tarn. Visite extérieure uniquement. Visite guidée (20mn) juil.-sept. : tlj sf merc. 10h-18h - 2 € (-18 ans gratuit). Il s'agit d'un bâtiment en brique flanqué de trois tours rondes d'angle, ce qui lui donne une forme triangulaire. Un château fort, érigé en 1289, fut détruit au cours du siège de 1622, la famille Latour de Reyniès s'étant convertie au protestantisme. Le château actuel fut construit en 1650 et rehaussé d'un étage en 1786 (on voit la trace des créneaux au niveau du 1er étage). La façade nord-est est la plus curieuse : les deux tours rondes encadrent deux corps de bâtiment à angles saillants, flanquant eux-mêmes l'entrée (fronton triangulaire au-dessus de la porte). La façade sud, qui surplombe le Tarn, offre une belle ordonnance. Une salle ouverte dans la tour est abrite des expositions de peinture. Enfin, sur la façade ouest, un beau porche en anse de panier ouvre sur les caves voûtées datant du 13e s.

Villemur-sur-Tarn

23 km au sud-est. Après Villebrumier, ancienne bastide, la D 87 s'élève à flanc de coteau avant d'atteindre Villemur. Le bourg, ancienne place forte, est dominé par la tour sarrasine du Vieux-Moulin, seul vestige des fortifications.

Montauban pratique

Adresses utiles

Office du tourisme de Montauban – *4 r. du Collège (accès piéton pl. Prax) - 82000 Montauban - ✆ 05 63 63 60 60 - www.montauban-tourisme.com - juil.-août : 9h30-18h30, dim. 10h-12h ; reste de l'année : tlj sf dim. 9h30-12h, 14h-18h30.*

Office du tourisme de Montech – *Pl. Jean-Jaurès - 82700 Montech - ✆ 05 63 64 16 32 - www.cc-garonne-canal.fr/tourismeculture - tlj sf dim. 9h-12h, 14h-18h, sam. 9h-12h.*

Office du tourisme intercommunal de Villemur-sur-Tarn – *1 r. de la République - 31340 Villemur-sur-Tarn - ✆ 05 34 27 97 40 - www.ot-villemur.fr - juil.-août : 9h30-13h, 15h30-19h, dim. 10h-12h ; mai-juin et sept.-oct. : tlj sf dim. et lun. 10h-12h, 14h-17h ; nov.-déc. et fév.-avr. : tlj sf dim. et lun. 14h-17h, sam. 10h-12h, 14h-17h - fermé janv.*

Visite

Visites guidées de la ville – Montauban, qui porte le label Ville d'art et d'histoire, propose des visites-découvertes (1h30) animées par des guides-conférenciers agréés par le ministère de la Culture et de la Communication. *Juil.-août : tlj sf dim. 10h. 5 €. Se renseigner à l'office de tourisme.*

Se loger

⊖⊖ **Hôtel Du Commerce** – *9 pl. Roosevelt - ✆ 05 63 66 31 32 - fermé 15-31 janv. - 27 ch. 48/65 € - ☕ 8 €.* Vaste bâtisse du 18e s. à deux pas de la cathédrale. Hall et salon garnis de beaux meubles anciens, chambres sobres, bien entretenues, et salles de bains colorées.

⊖⊖ **Chambre d'hôte Maison des Chevaliers** – *Pl. de la Mairie - 82700 Escatalens - 17 km au SE de Moissac par N 113, puis rte secondaire - ✆ 05 63 68 71 23 - www.maisondeschevaliers.com - ⊠ - 6 ch. 75 € ☕ - repas 22 €.* Difficile de résister au charme de cette maison de maître du 18e s. restaurée avec goût et parfois audace. Les chambres, repeintes aux couleurs du Sud, sont dotées de beaux meubles d'époque et de superbes baignoires anciennes. Délicieuse cour et agréable piscine aménagée au milieu d'une prairie.

Se restaurer

⊖ **Au Fil de l'Eau** – *14 quai Dr-Lafforgue - ✆ 05 63 66 11 85 - fermé dim. sf le midi de sept. à juin et lun. - 13,50/31 €.* Les Montalbanais aiment à se retrouver dans cette maison du 19e s. sise près du Pont-Neuf. L'une des deux salles vient d'être rénovée. Répertoire culinaire traditionnel.

⊖⊖ **Celyn et Ric** – *110 av. de Falguières - ✆ 05 63 63 77 73 - 15/24,50 €.* Ce sympathique restaurant dispose d'une terrasse de grande capacité où il fait bon s'attarder les soirs d'été. La salle à manger offre quant à elle un décor sans prétention. La cuisine met à l'honneur les produits du terroir et puise également son inspiration de l'autre côté des Pyrénées.

⊖⊖ **Au Chapon Fin** – *1 pl. St-Orens - ✆ 05 63 63 12 10 - www.auchaponfin.com - fermé 4-20 août, vend. soir et sam. - 17/31 €.* Au bord du pont Neuf sur la rive gauche du Tarn, ce restaurant attire de nombreux Montalbanais qui apprécient sa cuisine traditionnelle servie dans une salle à manger claire au décor contemporain.

Faire une pause

Crumble Tea – *25 r. de la République, passage du Vieux Palais - ✆ 05 63 20 39 43 - tlj sf dim. et lun. 10h-19h.* Pas facile de dénicher ce plaisant salon de thé, situé dans un passage discret. Décor simple : murs en briques, baies vitrées, donnant sur une petite cour entourée de maisons rosées et jolis cadres suspendus ici et là. Au menu, tartes salées et sucrées maison.

Que rapporter

La Tome du Ramier – *Le Ramier - 7 km au nord-est de Montauban - ✆ 05 63 22 26 19 - vente à la ferme : tlj ; visite de la ferme : merc.-sam. 16h.* Cette ferme familiale se visite toute l'année : découverte du troupeau de vaches laitières, démonstration du robot de traite, visite de la fromagerie et de la cave d'affinage où mûrissent 4 000 tommes et raclettes. Dégustation et vente des fromages.

Événements

Alors… Chante ! – En mai. Des artistes de toutes les générations, de Moustaki à Bénabar, célèbrent la chanson française. *✆ 05 63 63 66 77 - www.alorschante.com*

Jazz à Montauban – En juil. Avec des musiciens du monde entier. *✆ 05 63 63 56 56 - www.jazzmontauban.com*

Saveurs et senteurs du frontonnais – En août. *✆ 05 61 82 60 60.*

Montmaurin

198 MONTMAURINOIS
CARTE GÉNÉRALE B3 – CARTE MICHELIN LOCAL 343 B5 – HAUTE-GARONNE (31)

À Montmaurin, des points de vue sur les Pyrénées, l'accès aux gorges de la Save, mais, surtout, une étonnante villa gallo-romaine… bref, de quoi concilier amour de la randonnée et goût pour l'archéologie.

- **Se repérer** – Dans la région des coteaux de Gascogne drainée par la haute Save, Montmaurin est situé à 10 km au sud de Boulogne-sur-Gesse, à l'écart de la D 653 qui relie cette petite cité à Montréjeau.
- **À ne pas manquer** – La villa gallo-romaine ; le panorama depuis la table d'orientation, au nord de Montmaurin.
- **Pour poursuivre la visite** – Voir aussi Saint-Gaudens, Saint-Bertrand-de-Comminges, Aurignac.

Découvrir

LES TERRES DE NEPOTIUS

Villa gallo-romaine

♿- mai-août : 9h30-12h, 14h-18h ; reste de l'année : tlj sf lun. 9h30-12h, 14h-17h - fermé 1er janv., 1er Mai, 1er et 11 Nov., 25 déc. - 5 € (-17 ans gratuit), gratuit 1er dim. du mois (oct.-avr.).

Il s'agit en fait d'une vaste exploitation composée d'une *villa rustica* (1er s.) qui concentrait ses bâtiments agricoles autour de la résidence du maître des lieux, comme dans nos grands domaines agricoles de plaine. Après sa destruction (peut-

M.-H. Carcanague / MICHELIN

La villa gallo-romaine de Montmaurin ou le luxe patricien au pied des Pyrénées.

être due à une crue de la Save), cette demeure fit place, au 4e s., à un palais de marbre, clos sur lui-même et éloigné des bâtiments utilitaires dispersés sur les terres. Délassement, loisirs et accueil inspirèrent la conception de cette *villa urbana*, dotée de jardins, de portiques et d'un nymphée. Deux cents pièces étaient réparties autour de trois cours en enfilade, agrémentées de péristyles et de pergolas. À gauche de la cour centrale, à proximité des cuisines et des jardins, les salles exposées au nord-ouest étaient en partie chauffées et servaient sans doute de salles à manger. Au nord-est, l'ensemble s'achevait sur des appartements d'été surélevés, aux terrasses étagées. Quant aux thermes, ils étaient installés du côté des communs. Des gentlemen-farmers qui ne se refusaient rien : tels semblent avoir été les occupants de la villa, qui disposaient de thermes privés et du chauffage assuré par la circulation d'air chaud sous les dallages (hypocaustes)... De plus, extrêmement raffinés, ils avaient pour habitude de consommer régulièrement des huîtres !

Le saviez-vous ?

Qui était ce Nepotius qui aurait laissé son nom à la région du Nébouzan ? Un homme fort riche puisque, au 4e s. de notre ère, ses héritiers disposaient à Montmaurin d'un terroir de quelque 7 000 ha et d'une villa, véritable palais de 200 pièces (4e s.), qui est aujourd'hui le principal centre d'intérêt du village.

C'est dans le vallon de Lespugue *(voir le circuit de découverte)* que fut découverte une statuette de femme... aux formes pour le moins rebondies, baptisée la Vénus de Lespugue. Taillée dans une défense de mammouth, on peut en voir un moulage à la mairie de Montmaurin (l'original est au musée des Antiquités nationales de Saint-Germain-en-Laye).

Musée

05 61 88 17 18 - visite guidée sur demande mai-août : 9h30-12h, 14h-18h ; reste de l'année : tlj sf lun. 9h30-12h, 14h-17h - fermé 1er janv., 1er Mai, 1er et 11 Nov., 25 déc. - 1 €.
Aménagé au rez-de-chaussée de la mairie, il comprend deux salles, l'une consacrée aux fouilles préhistoriques et aux chercheurs qui illustrèrent la région, l'autre à la civilisation gallo-romaine. Une maquette de la villa et des découvertes faites sur le site de celle-ci, dont un buste d'adolescent, retiennent tout particulièrement l'attention.

Aux alentours

Table d'orientation

À 800 m au nord de Montmaurin, on découvre un **panorama★★** très étendu, allant des Pyrénées ariégeoises au pic du Midi de Bigorre et au pic de Ger. La trouée de la Garonne dévoile le massif de la Maladetta et la partie glaciaire des montagnes frontières de Luchon.

Saint-Plancard

8 km au sud par la D 69C, puis la D 633 en direction de Montréjeau. 05 61 88 95 13 (café Lamaure) - sur demande 9h-12h, 15h-18h.
Édifiée à l'emplacement d'un sanctuaire gallo-romain, la chapelle **Saint-Jean-des-Vignes** (début du 11e s.) a livré des stèles, des autels votifs et des monuments funéraires. Son décor peint, peu distinct *(l'interrupteur face à l'entrée est le bienvenu)*, remonte par endroits à la fin du 11e s. Dans l'abside principale, à gauche, trône le Christ en gloire entouré des évangélistes. Au centre défilent les Mages, tandis qu'à droite se superposent la Crucifixion et l'Ascension. Le décor de l'absidiole sud montre au cul-de-four le Christ trônant dans une mandorle en forme de huit, soutenue par quatre anges très expressifs ; les parois sont consacrées à la mission de saint Jean-Baptiste. À droite de l'entrée, le péché originel.

Notre-Dame-de-Garaison

18 km à l'ouest de Montmaurin par la D 17, puis la D 34 à droite après Balesta.
Ici, la Vierge est apparue à une bergère. C'est la raison pour laquelle, dans ce vallon isolé du plateau de Lannemezan, un sanctuaire de pèlerinage est né... puis un couvent qui se voua d'abord à l'évangélisation des campagnes et, depuis 1847, à l'éducation. La visite commence par le **collège**, élégant bâtiment Louis XIII.
La **chapelle** permet de découvrir, dans le vestibule, des peintures naïves (1702) représentant les pèlerinages du passé avec leurs files de pénitents encagoulés de blanc, bleu, gris ou noir, suivant la couleur de leur confrérie. Dans le vaisseau, très beau **mobilier★** du 17e s., œuvre du sculpteur toulousain Pierre Affre. Autour de la Pietà du 16e s. s'ordonnent, dans un cadre de boiseries noir et doré, 12 statues de prophètes et d'héroïnes de l'Ancien Testament. Dans la 1re chapelle de gauche, admirez un Christ

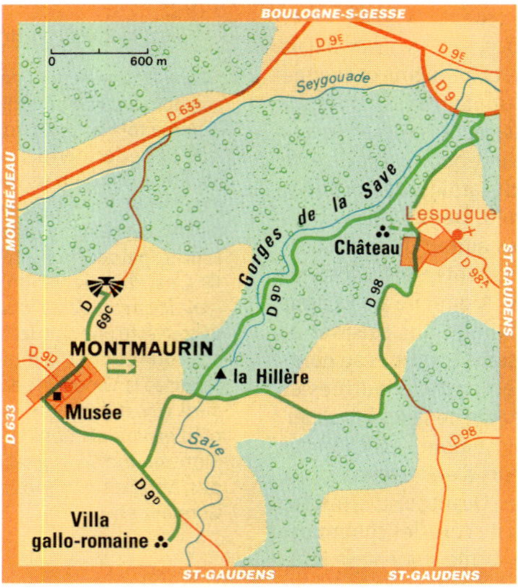

du 17e s. D'importants fragments de peintures murales du 16e s. ont été dégagés : remarquez en particulier la représentation du site de Garaison vers 1550 *(haut des parois nord et sud de la nef)*, les scènes de la vie de sainte Catherine *(1re chapelle à droite)* et de la vie de saint Jean-Baptiste *(2e chapelle à droite)*.

Manoir de Garaison – En face du collège, de l'autre côté de la route, des bâtiments d'époque Henri IV s'organisent autour d'une cour. Ils comprennent une maison d'habitation à pans de bois et galets, une étable-écurie, une bergerie, des hangars ainsi qu'une métairie.

Pour compléter la visite de Garaison, un tour à l'**église** paroissiale de **Monléon-Magnoac** *(7 km au nord par la D 9)* permet d'apercevoir des boiseries et des statues (notamment celles des Évangélistes) provenant du sanctuaire. *05 62 99 49 21 (Père Bordère) - visite le dim.*

Circuit de découverte

GORGES DE LA SAVE

Descendre la vallée de la Save sur 1 km, puis traverser la rivière.

Château de Lespugue

C'est dans ce vallon que fut découverte la statue dite « Vénus de Lespugue » *(voir « Le saviez-vous ? »)*. Descendez à pied à travers la belle chênaie du vallon et, remontant directement à travers bois sur le versant opposé, gagnez (prudemment) les ruines de cette forteresse du 13e s., au bord d'un à-pic des gorges de la Save.

Reprendre la voiture et descendre jusqu'à la Save. Aussitôt avant le pont, tourner à gauche.

Gorges de la Save

La rivière, en s'encaissant, a mordu ici dans les plis calcaires qui prolongent les Petites Pyrénées. Plusieurs abris sous roche, fouillés de 1912 à 1922, ont permis de mettre au jour du matériel magdalénien et azilien.

La Hillère

À la sortie des gorges, en contrebas de la route, des fouilles ont révélé un sanctuaire des eaux (temples, thermes, fontaine et marché) construit autour d'une résurgence de la Save au 4e s.

Remonter au bourg de Montmaurin.

Montmaurin pratique

Se restaurer

Auberge « La Ferme de Préville » – *Rte d'Auch - 31350 Boulogne-sur-Gesse - 9 km au nord de Montmaurin par D 633 - 05 61 88 23 12 - fermé sam. midi, mar. et de fin août à déb. sept. ; l'hiver, fermé aussi le soir sf merc., vend. et sam. - formule déj. 11 € - 14/39 €.* Murs blancs, poutres et meubles en bois : le décor de cette auberge est résolument rustique. La cuisine, élaborée uniquement avec les produits des fermiers locaux, privilégie le canard et l'agneau (élevé sur place). On peut venir aussi simplement y prendre un goûter.

Montségur★★

CARTE GÉNÉRALE C4 – CARTE MICHELIN LOCAL 343 I7 – ARIÈGE (09)

L'émotion est forte dans ce lieu où l'épopée cathare a pris fin. Un site grandiose et isolé, un « pog » (rocher) sur lequel s'inscrit, tel un aigle, un château où les « parfaits » s'étaient réfugiés. Du haut de ce pic, on embrasse un paysage extraordinaire, en imaginant ce que fut l'holocauste de Montségur...

Se repérer – 12 km au sud de Lavelanet et 33 km au sud-est de Foix.

Se garer – Laissez la voiture au parking le long de la D 9.

Organiser son temps – Avant de partir à l'assaut du pog, prévoyez de vraies chaussures de marche : il faut compter une bonne heure à pied aller-retour par un sentier escarpé et rocailleux pour accéder au château.

Pour poursuivre la visite – Voir aussi Foix, Mirepoix.

A. Cassaigne / MICHELIN

La forteresse de Montségur perchée sur son « pog ».

Comprendre

Un lieu de mémoire et d'émotion - Reconstruit en 1204 à l'emplacement d'une forteresse antérieure, le château de Montségur abrite une centaine d'hommes sous le commandement de Pierre Roger de Mirepoix. À l'extérieur, mais toujours sur le pog, vit une communauté de réfugiés cathares avec son évêque, ses diacres, ses parfaits et ses parfaites. Le prestige du lieu, les pèlerinages qu'il génère, sa fière indépendance, bien que la croisade contre les albigeois soit en voie de s'achever, portent ombrage à l'Église et à la royauté. Le massacre des membres du tribunal de l'Inquisiton à Avignonet, par une troupe venue de Montségur le 28 mai 1242, met le feu aux poudres et la décision est prise de réduire ce foyer de résistance. Le siège, dirigé par le sénéchal de Carcassonne, Hugues des Arcis, à la tête d'une armée de 10 000 hommes, commence en juillet 1243. Entrecoupé de combats, il dure 10 mois et s'achève une nuit de janvier 1244 lorsqu'une escouade de montagnards basques, escaladant à la faveur de la nuit la falaise abrupte, prend pied sur le plateau supérieur. Elle y installe un trébuchet monté par pièces détachées avec lequel les murailles sont criblées de boulets.

Les secours promis par le comte de Toulouse n'arrivant toujours pas, Pierre Roger de Mirepoix offre de rendre la place et obtient la vie sauve pour la garnison. Une trêve de 15 jours est conclue, du 1er au 15 mars 1244. Refusant d'abjurer, les religieux cathares, au nombre de 207, descendent de la montagne le matin du 16 mars et montent sur le gigantesque bûcher du « Camp dels Cremats », sous la conduite de leur évêque, Bertrand Marty. Parmi eux, Esclarmonde de Péreilhe, fille du seigneur de Montségur et épouse de Pierre Roger de Mirepoix, et sa mère, qui choisirent de recevoir la mort avec les autres albigeois réfugiés sur le site. Depuis lors, érudits, tenants de la tradition occitane, chercheurs d'un prétendu trésor cathare et adeptes de théories ésotériques fréquentent le pog où s'élève un nouveau château édifié après 1245 par le nouveau seigneur de Mirepoix, Guy de Lévis II, sur les ruines de celui qui connut le drame.

Pour plus d'informations sur le catharisme, se reporter au chapitre « Histoire » p 63. Par ailleurs, les 4 volumes de Michel Roquebert, L'Épopée cathare *(éd. Privat, Toulouse), font toujours autorité.*

Le saviez-vous ?

Du latin *securus, segur* exprime l'impression de sécurité et désigne souvent des lieux fortifiés.

Perché sur son « pog » à 1 216 m d'altitude, le château occupe un **site★★** dominant des à-pics de plusieurs centaines de mètres. Il offre un panorama remarquable sur les rides du Plantaurel, la coupure de la vallée de l'Aude et le massif du Saint-Barthélemy.

Visiter

Château★

05 61 01 10 27/06 94 - www.montsegur.fr - mai-août : 9h-19h30 ; avr. et sept.-oct. : 9h30-18h ; mars : 10h-17h ; nov. : 10h-17h30 ; fév. : 10h30-16h (si météo favorable) ; déc. : 10h-16h30 (si météo favorable) - possibilité de visite guidée (50mn) - fermé janv. - 4 € (enf. 2,10 €).

Avant de parvenir au château, voyez, au bord du sentier, la stèle portant la croix de Toulouse érigée en 1960 à la mémoire des cathares. On accède à la forteresse, dont le plan pentagonal épouse le contour de la plate-forme du sommet, par une porte au sud. Autour de la cour intérieure, divers bâtiments (logis, annexes) étaient adossés au rempart.

Autrefois, une porte au 1er étage du donjon permettait d'y accéder à partir du rempart. Un escalier intérieur menait à la salle basse, réservée à la défense et à l'entrepôt de vivres. Aujourd'hui, on pénètre dans la salle basse après avoir contourné l'enceinte par la porte nord, à travers une brèche qui donne sur l'ancienne citerne. Deux meurtrières de la salle basse reçoivent le soleil du solstice d'été de telle sorte que la lumière ressort par les deux meurtrières qui leur font face. Cette curiosité, sans doute fortuite, n'a pas manqué de débrider l'imagination des ésotéristes qui y ont vu on ne sait quel culte cathare au soleil… oubliant seulement que le château actuel n'est plus celui de 1244 !

Au pied du donjon, côté nord-ouest, s'étagent les vestiges du village cathare qui font encore aujourd'hui l'objet de fouilles.

Village

Il s'étend au pied du rocher, dans la vallée du Lasset. Le bâtiment de la mairie abrite le **Musée archéologique du château de Montségur** qui expose des objets révélés par des fouilles effectuées sur les lieux : important mobilier du 13e s., outillage permettant de faire remonter au néolithique l'occupation du « pog » et documentation sur le catharisme. *05 61 01 10 27/06 94 - juin-août : 10h-12h30, 14h-19h30 ; mai : 10h30-12h30, 14h-19h ; sept. : 10h30-12h, 14h-18h ; avr. et oct. : 14h-18h ; mars et nov. : 14h-17h ; fév. et déc. : 14h-16h30 - fermé janv., 25 déc. - 0,25 € (enf. gratuit).*

Montségur pratique

Adresse utile

Office du tourisme de Montségur – *09300 Montségur - 05 61 03 03 03 - www.montsegur.fr*

Se loger

Hôtel Costes – *05 61 01 10 24 - info@chez.costes.com - fermé 12 nov.-31 mars, dim. soir et lun. - 9 ch. 34/40 € - 7 € – rest. 20/27 €.* Cette modeste maison de village abrite de multiples activités : bar, bureau de tabac, boutique de souvenirs, restaurant et hôtel. Les chambres sont simples et bien tenues. Quant à la cuisine, servie dans une salle rustique ou sur la terrasse ombragée, elle opte pour le registre régional.

Mur-de-Barrez

880 BARRÉZIENS
CARTE GÉNÉRALE D1 – CARTE MICHELIN LOCAL 338 H1 – AVEYRON (12)

Une petite bourgade pittoresque, campée sur une crête volcanique séparant les vallées du Goul et de la Bromme, où laves et lauzes se mêlent dans un joli camaïeu de gris. On peut y soigner son âme en faisant une retraite dans un couvent, et faire de grandes balades pour découvrir la campagne environnante…

- **Se repérer** – Une région calme et isolée entre Aveyron et Cantal, au nord-est de Conques… idéale pour des « vacances vertes ».
- **À ne pas manquer** – La vieille ville ; le barrage de Sarrans et la presqu'île de Laussac.
- **Avec les enfants** – Les sentiers de l'Imaginaire *(voir l'encadré pratique)*.
- **Pour poursuivre la visite** – Voir aussi Entraygues-sur-Truyère, Laguiole.

Se promener

La vieille ville

On pénètre dans la petite cité par la porte de Monaco, pour flâner le long d'agréables ruelles, bordées (en particulier la Grand-Rue) de façades Renaissance parfois armoriées, comme la maison consulaire.

Château

Il n'en reste que quelques ruines… d'où l'on découvre une vue très étendue sur toute la région environnante : monts du Cantal, vallée de la Bromme, Planèze, monts d'Aubrac, Barrez, Carladez. À l'est, en contrebas, bâtiments du couvent Sainte-Claire *(on peut y loger)*, entourés de maisons typiques du pays, dont les toits de lauze en forte pente possèdent quatre pans.

Église

Cet édifice gothique fut démoli jusqu'au transept au cours des guerres de Religion. À l'intérieur, remarquez quelques curieux chapiteaux, des clefs de voûte, dont l'une, au-dessus de la tribune, présente l'aspect d'un gisant et un retable du 17e s. représentant l'assassinat de Thomas Becket. On peut se demander pourquoi les Barréziens vouent un culte aussi fervent à l'évêque de Canterbury, au point de lui avoir dédié leur église… C'est tout simplement un vestige de l'occupation anglaise de la place durant la guerre de Cent Ans.

Le saviez-vous ?

Le « mur » dénote la présence de murettes de pierres sèches, probables vestiges d'un oppidum. Quant à « Barrez », nom de la petite région volcanique dont Mur est la capitale, il vient de *barro*, « sommet ».

De 1643 à la Révolution, les Barréziens furent les sujets des princes de Monaco, qui laissèrent leur nom à la porte donnant accès à la cité.

Antonin Thuillier / MICHELIN

À Mur-de-Barrez, laves et lauzes se mêlent dans un joli camaïeu de gris.

Circuit de découverte

LE CARLADEZ

35 km – 2h. Quitter Mur-de-Barrez au sud-est par la D 900.

Gorges de la Bromme

Cet affluent de la Truyère a creusé dans le basalte des gorges profondes et sauvages dont la route offre un bon aperçu.

Plus loin, on rejoint le cours de la Truyère dont les eaux sont, à cet endroit, dérivées par le **barrage de la Barthe** par une conduite souterraine forcée longue de 10,5 km. Cet ouvrage fait partie de l'ensemble Sarrans-Brommat, une des réalisations hydroélectriques les plus importantes de France. Au barrage de la Barthe, trois conduites forcées établies dans des puits verticaux de 250 m de hauteur amènent les eaux de la Truyère à l'usine souterraine de Brommat, construite en plein granit. Après un passage dans le poste d'interconnexion de Rueyres, le courant est évacué en 220 000 et en 380 000 volts sur le réseau français de répartition.

Après plusieurs virages en lacet, prendre la D 537 à gauche vers le barrage de Sarrans, puis la D 98.

Un belvédère aménagé *(à 1,5 km du barrage)* permet d'avoir une vue d'ensemble des installations de Sarrans.

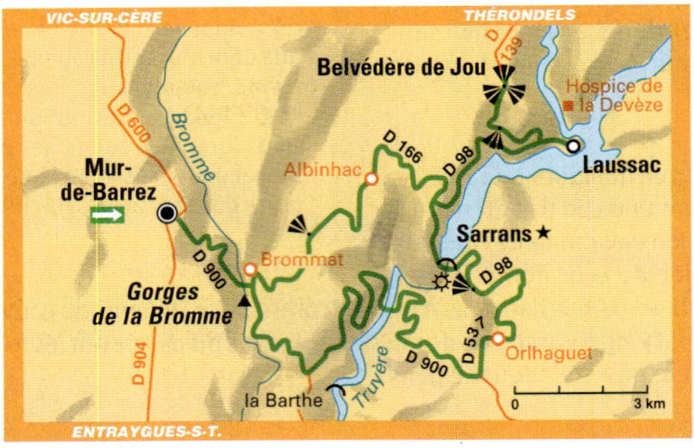

Barrage de Sarrans★

Le barrage de Sarrans, l'un des principaux ouvrages hydroélectriques du Massif central, transforme en lac une partie des gorges de la Truyère. Long de 220 m, haut de 105 m et épais de 75 m à la base, il est de type « barrage-poids », c'est-à-dire qu'il résiste par sa masse à la poussée des eaux, tandis qu'une légère courbure à l'amont fait effet de voûte.

Après avoir passé la crête du barrage, la D 98 longe le lac de retenue jusqu'aux abords du village de Laussac que l'on atteint par la D 537.

Laussac

Le village est bâti sur un promontoire que l'immersion de la vallée a transformé en presqu'île. Vue particulière sur la Truyère s'enroulant autour du village.

Revenir sur la D 98 que l'on emprunte à droite.

À 1,5 km de l'embranchement, belle vue sur le lac.

Poursuivre sur la D 98 jusqu'à un croisement où l'on prend la D 139 à droite.

Belvédère de Jou

Après le hameau de Jou, on découvre un panorama sur la presqu'île de Laussac, l'hospice de la Devèze et la retenue de Sarrans.

Revenir vers Laussac en suivant à gauche la D 98, puis la D 166 vers Albinhac et Brommat.

La route offre des vues étendues sur le pays du Barrez, les monts du Cantal et l'Aubrac. Remarquez les jolis toits à quatre pans, avec leurs lauzes en forme d'écailles.
Après Brommat, la D 900 mène à Mur-de-Barrez.

Mur-de-Barrez pratique

Adresse utile

Office du tourisme de Mur-de-Barrez – *12 Grand-Rue - 12600 Mur-de-Barrez - ✆ 05 65 66 10 16 - www.carladez.fr - juil.-août : 9h-19h, vend. et sam. 10h-12h30, 15h-18h30, dim. et j. fériés 10h-12h30 ; reste de l'année : tlj sf dim. 9h-12h, 14h-17h, sam. 10h-12h - fermé 1er janv., lun. Pâques, 1er Mai, 1er et 11 Nov., 25 déc.*

Se loger et se restaurer

⊜⊜ **Auberge du Barrez** – *✆ 05 65 66 00 76 - www.aubergedubarrez.com - fermé 3 janv.-7 fév. - P - 18 ch. 46/78 € - ☕ 7 € - rest. 21/36 €.* À l'écart du centre, cette bâtisse moderne est une halte bien pratique. Les chambres affichent deux niveaux de confort : certaines simples et fonctionnelles, les autres plus design et spacieuses. Joli jardin et cuisine traditionnelle soignée.

Sports & Loisirs

Les sentiers de l'Imaginaire en Carladez – Six sentiers à thème (l'eau, la géologie, l'histoire, le feu, la forêt et la prairie), d'accès facile, parcourent le Carladez depuis Brommat, Lacroix-Barrez, Mur-de-Barrez, Murols, Taussac et Thérondels. Jalonnés de sculptures en bois ou en fer forgé, d'enluminures, de passerelles, de cabanes, nés de l'imagination d'artistes locaux, ces itinéraires sont tout particulièrement destinés aux enfants. *Brochure et informations pratiques disponibles à l'office de tourisme - ✆ 05 65 66 10 16/18 99 (Nadine Vignolo).*

Muret

20 735 MURÉTAINS
CARTE GÉNÉRALE B3 – CARTE MICHELIN LOCAL 343 F4 – HAUTE-GARONNE (31)

La ville fut commingeoise du 12e s. à la Révolution… Et elle ne s'est guère privée de narguer sa grande voisine, Toulouse, au cours de l'histoire ! Comble d'ironie, c'est Muret et non la « capitale de l'aéronautique » qui a donné naissance à l'inventeur de l'aviation… Un magistral pied de nez à la grande sœur !

- **Se repérer** – Traversé par la Garonne et la Louge, le vieux Muret, à 12 km au sud de Toulouse, développe aujourd'hui de nouveaux quartiers édifiés sur la plaine.
- **Avec les enfants** – L'aquarium de la Garonne et des Pyrénées.
- **Pour poursuivre la visite** – Voir aussi Toulouse, Rieux.

Comprendre

Le jour où le destin bascula - On a peine à imaginer aujourd'hui Muret comme la place forte investie d'où sortirent, ce 12 septembre 1213, les trois corps de bataille des croisés de Simon de Montfort. Ils partaient alors à la rencontre des milices urbaines et de la chevalerie languedocienne commandées par Raimond VI de Toulouse et aidées par les troupes de Pierre II d'Aragon, auréolé de sa victoire contre les Maures à la bataille de Las Navas de Tolosa (1212). Pierre II fut tué dès le premier choc et les troupes de Raimond VI, soudain privées de la couverture de la cavalerie, furent balayées de la plaine, « comme le vent fait de la poussière à la surface du sol ». En quelques heures, le grand rêve d'un royaume méditerranéen sous la houlette du roi d'Aragon s'était effondré. C'est que son aide au turbulent voisin (et néanmoins beau-frère) toulousain s'accompagnait de quelques arrière-pensées : déjà en possession de la Provence, du Gévaudan et de la région de Montpellier, une victoire lui aurait sans doute permis d'étendre son influence sur le Languedoc et de poser les bases du futur royaume.
Deux monuments commémorant la bataille (inscriptions en occitan) furent élevés au bord de la route de Seysses (D 12), à 1 km au nord.

Se promener

Église Saint-Jacques

Entrer par le côté droit (passage rue St-Jacques). Dans la chapelle du Rosaire (12e s.) s'ouvrant sur le bas-côté gauche, où saint Dominique se serait retiré en prière au matin de la bataille de Muret, remarquez les voûtes de brique enrichies de belles clés. Dehors, un soldat de pierre attend toujours l'issue de la bataille.

Le père de l'avion

Natif de Muret, **Clément Ader** (1841-1925) a enrichi notre langue du mot « avion » dont il a baptisé ses modèles successifs. Il construisit d'abord un drôle d'engin, l'*Éole*, qui, le 9 octobre 1890, se souleva du sol sur une cinquantaine de mètres, au grand étonnement de l'assistance. Le « plus lourd que l'air » allait-il l'emporter face aux partisans des dirigeables et autres aérostats ? Hélas, l'*Avion III* fut balayé par le vent lors d'une séance d'essai, si bien que les pouvoirs publics cessèrent de financer les recherches de cet hurluberlu qui dut abandonner ses projets... avant de passer à la postérité !

A. Cassaigne / MICHELIN

Jardin Clément-Ader

À cheval sur la Louge, il forme un lien entre les deux rives de la cité. Il est consacré aux pionniers de l'aviation et, en premier lieu, au souvenir de Clément Ader : une grande statue d'*Icare s'essayant au vol*, par Landowski, commémore le premier envol de l'*Éole*, le 9 octobre 1890.

Visiter

Aquarium de la Garonne et des Pyrénées

13 r. Cugnot - ✆ 05 61 51 50 51 - www.aquarium-muret.com - juil.-août : 14h-19h ; reste de l'année : merc., w.-end et j. fériés 14h-19h (sf tlj vac. scol zone A) - possibilité de visite guidée (1h15) - fermé 25 déc. - 7,80 € (enf. 4,80 €).

Ici pas de requins ni de poissons-clowns, mais seulement des carpes, brochets, truites... bien de chez nous. Des bassins tactiles permettent de caresser les esturgeons, et des guides vous initient aux mystères des anguilles ou à la technique de chasse du brochet. Dehors, le parc, planté de bambous, comporte deux étangs botaniques. À deux pas de là, une miniferme abrite des mini-animaux (ânesse, cochon, bœuf, cheval... nains).

Muret pratique

Adresse utile

Office du tourisme de Muret – *8 r. Jean-Jaurès - 31600 Muret - ✆ 05 62 23 05 03 - www.ot-muret.fr - tlj sf dim. 10h-13h, 14h-18h30 - fermé j. fériés.* Exposition sur l'histoire de la ville.

Que rapporter

Faïencerie du Matet – *15 r. du Matet - 31200 Martres-Tolosane - ✆ 05 61 98 81 30 - www.matet.com - 9h-12h, 14h-18h ; juil.-août : fermeture à 19h ; dim. et j. fériés : 15h-18h - fermé 1er janv., 1er Mai et 25 déc.* Spécialisée dans la réalisation artisanale de faïences pour la décoration de la maison et les arts de la table, cette entreprise perpétue une tradition vieille de trois siècles. La visite (gratuite) permet de découvrir les étapes de la fabrication : explications sur la tournerie, le coulage, le four, la cuisson et la finition qui reste l'étape la plus minutieuse.

Sports & Loisirs

Muret Olympique Canoë-Kayak – *14 r. Castelvielh - ✆ 05 61 51 38 21 - muret.olympique.ck@free.fr - tlj en été ; sept.-avr. : mar.-vend. 10h-12h, 16h-17h - de 10 à 19 €/pers.* Location de matériel et sorties accompagnées par des moniteurs diplômés. Descentes à la journée sur la Garonne paisible et sur l'Ariège sauvage, depuis Muret ou Valcabrère (près de Saint-Bertrand-de-Comminges).

Événements

Festival Diaz de Muret – Début juil. Ce festival vise à encourager la création dans les domaines de la poésie, de la musique, de l'artisanat d'art, du théâtre, du cinéma, de la danse... *Renseignements à l'office de tourisme.*

Fête de la Saint-Vidian – Le dim. de la Trinité (en juin) à Martres-Tolosane. Reconstitution de la bataille qui coûta la vie à Vidian, au 9e s.

Najac★

744 NAJACOIS
CARTE GÉNÉRALE C2 – CARTE MICHELIN LOCAL 338 D5 – AVEYRON (12)

Campé tout en longueur sur son promontoire, le vieux bourg s'assoupit sous ses toits d'ardoises que dominent encore les tours du château fort. Devenu « site remarquable du goût » autour des Fêtes de la fouace (sorte de brioche) et de la Saint-Barthélemy, Najac est avant tout un bourg vivant que dynamisent les deux villages de vacances des environs.

Se repérer – Deux accès permettent de gagner le bourg : le plus pittoresque se fait par la vallée, l'autre par le plateau, à l'ouest, qui, depuis la D 239, propose une très belle vue sur le **site★★** de Najac.

Se garer – En haute saison, les voies du Barriou et du Bourguet, situées au cœur du village, sont interdites à la circulation. Privilégier les trois parkings situés à l'entrée du bourg, côté ouest et côté nord.

À ne pas manquer – La forteresse.

Pour poursuivre la visite – Voir aussi Cordes-sur-Ciel, Saint-Antonin-Noble-Val, Villefranche-de-Rouergue.

Se promener

Bourg

Il se développe jusqu'au pied de la forteresse. La place du Faubourg est déjà très développée au 14e s., époque où se dissocient le côté sud, appelé l'adret, et le côté nord, l'hiversenc. Au-delà, la rue du Bourguet, voie principale du village, est bordée de quelques maisons à encorbellement construites pour la plupart entre le 13e et le 16e s. À deux pas de la mairie, une fontaine à vasque monolithe porte la date de 1344 et les armes de Blanche de Castille, mère de Saint Louis (13e s.).

Non loin, prendre à droite dans la même rue du Bourguet et laisser la rue des Comtes-de-Toulouse sur la gauche.

Bordant la rue Médiévale à hauteur d'une ancienne porte fortifiée, le **château des Gouverneurs** fut la résidence de quelques seigneurs, tout comme la **maison du Sénéchal** (13e-15e s.), située sur la gauche, un peu plus haut en direction de la forteresse.

Le saviez-vous ?

Alain Peyrefitte (1925-1999) naquit dans la cité rouergate. L'inamovible maire de Provins (Seine-et-Marne), fut tour à tour député, ministre, académicien et auteur de *Quand la Chine s'éveillera…*

Venu s'installer à Najac en 1995, le réalisateur **Jean-Henri Meunier** y a tourné deux films : *La Vie comme elle va* (2004) et *Ici Najac, à vous la Terre* (2006). Ces documentaires sont d'abord le fruit d'une amitié entre le réalisateur et les habitants du village, attachés à leur terroir, pleins de bon sens, riches d'un bonheur simple à contre-courant du mouvement de mondialisation.

Forteresse★

✆ 05 65 29 71 65 - www.seigneurs-du-rouergue.com - visite guidée (1h) juil.-août : 10h-13h30, 14h30-19h ; avr.-mai et sept. : 10h-12h30, 15h-17h30 ; juin : 10h-12h30, 15h-18h30 - fermé oct.-mars - 4 € (enf. 2,70 €).

Chef-d'œuvre de l'art militaire du 13e s., cette forteresse, qui surveille la vallée de l'Aveyron, était dotée d'une importante garnison et le village comptait alors plus de 2 000 habitants. Les parties ruinées que vous découvrez sont essentiellement dues à la transformation de l'édifice en carrière au 19e s.

Des trois enceintes primitives subsiste un important système fortifié flanqué de grosses tours rondes. En forme de trapèze, le château proprement dit, bâti en partie en grès clair, est défendu par d'épaisses murailles. La plus puissante des tours, au sud-est, constituait le donjon.

Après avoir franchi, par des poternes, les enceintes successives, on atteint la plate-forme du donjon. De là, magnifique **vue★** sur la forteresse, le village en enfilade, la pittoresque vallée de l'Aveyron et l'église, bâtie entre le château et la rivière, au cœur de la bourgade primitive.

Une maquette permet d'apprécier l'ampleur de la forteresse à ses débuts, avec ses différentes enceintes.

Descendre du château vers la rue de l'Église.

Najac et sa forteresse : une vigie en Aveyron.

La **porte de la Pique** (13e s.), munie d'un assommoir, est le dernier vestige des dix portes qui protégeaient autrefois le bourg.

Église

Malgré des ajouts, c'est un intéressant édifice de style gothique. La façade ouest est surmontée d'une rosace, et la nef unique terminée par un chevet plat. À l'intérieur est conservée une curieuse cage en fer forgé *(dans la nef à gauche)* : elle était destinée à recevoir la « chandelle Notre-Dame » ou cierge pascal. Remarquez dans le chœur l'autel primitif (14e s.) constitué par une vaste dalle de grès fin, un Christ de l'école espagnole du 15e s., deux statues (la Vierge et saint Jean) du 15e s., ainsi qu'une belle statue de saint Pierre assis, en bois polychrome, du 16e s.

Regagner le faubourg par la rue des Comtes-de-Toulouse, bordée de maisons médiévales.

Aux alentours

Abbaye de Beaulieu-en-Rouergue★

À l'ouest de Najac. 20 km par la D 39, la D 75, puis la D 33. Parking en amont des bâtiments sur la D 33. ✆ 05 63 24 50 10/60 00 - de déb. avr. à déb. nov. : 10h-12h, 14h-18h, fermé. sam., dim. et j. fériés sf 1er Mai - 6,50 € (enf. gratuit) abbaye et expositions d'art contemporain.

Alliance parfaite de l'histoire et de la modernité, cette abbaye cistercienne du 13e s. a été transformée, en 1970, en centre d'art contemporain.

Les débuts de cette fille de l'abbaye de Clairvaux sont assez obscurs. Sa fondation date vraisemblablement de 1144, moment où Adhémar III, évêque de Rodez, réussit à constituer une communauté suffisante. L'abbaye traverse sans trop d'encombre le tumulte des guerres de toutes sortes, les préjudices se « limitant » alors à la destruction du cloître et à la perte de ses archives. Après la Révolution, elle est transformée en exploitation agricole. Ce n'est qu'en 1959 que de nouveaux propriétaires entreprennent sa restauration poursuivie, à partir de 1973, par le Centre des Monuments nationaux qui reçoit le monument et la collection d'art contemporain en donation.

Bel exemple de l'architecture cistercienne, l'**église★** du 13e s. est représentative du style gothique le plus pur. Sa nef unique est voûtée d'ogives et éclairée par des lancettes et des roses taillées en arabesques. L'abside à sept pans est précédée par la croisée du transept que surmonte une **coupole** octogonale sur trompes. Chaque croisillon du transept s'ouvre sur une chapelle carrée. L'église abrite la collection permanente de l'abbaye, des œuvres de Simon Hantaï, Michaux Serpan, Dubuffet, Roger Bissière ou encore Arpad Szenes et Maria Vieira da Silva.

La **salle capitulaire**, partie la plus ancienne, s'ouvrait par trois arcs d'ogive sur le cloître, aujourd'hui disparu. Elle se compose de deux travées couvertes chacune de trois voûtes d'ogives retombant sur deux colonnes plutôt imposantes. Le **cellier**, au rez-de-chaussée du bâtiment des frères convers, comprend dix voûtes sur croisée d'ogives reposant sur quatre colonnes dont les **chapiteaux** sont décorés de feuilles plates. La beauté de cette salle et le raffinement dont témoignent les sobres clefs de voûte montrent le soin que les moines cisterciens apportaient à l'édification de chaque bâtiment, même annexe. Au-dessus, à l'étage, était installé le dortoir, aujourd'hui reconverti en salle d'exposition temporaire, dont le thème varie chaque année. Le bâtiment des moines fut entièrement remanié au 17e s. et flanqué de deux tourelles un siècle plus tard.

Najac pratique

Adresse utile

Office du tourisme de Najac – *Pl. du Faubourg - 12270 Najac - ☎ 05 65 29 72 05 - juil.-août : 9h-12h30, 14h-18h30, dim. 10h-13h ; avr.-juin et sept. : tlj sf dim. 9h-12h, 14h-18h ; oct.-mars : tlj sf sam. apr.-midi et dim. 9h-12h, 14h30-17h30.*

Se loger

Chambre d'hôte Cambayrac – *Castanet - 82160 Cambayrac - 12 km au NO de Najac par D 39, D 84, puis rte secondaire - ☎ 05 63 24 02 03 - dvidal@wanadoo.fr - fermé 15 nov.-1er avr. - - 4 ch. 30/40 €* . Accueil chaleureux dans cette maison bien tenue. Les chambres au mobilier rustique et confortable sont aménagées sous les combles de l'ancienne grange. Bon rapport qualité/prix. Piscine.

Hôtel Belle Rive – *3 km au NO de Najac par D 39 - ☎ 05 65 29 73 90 - www.labellerive.com - fermé nov.-mars, dim. soir et lun. midi en oct. - P - 28 ch. 52/56 € - 9 € - rest. 19/39 €.* Au bord de l'Aveyron, dominé par le château, cet hôtel est idéal pour une halte paisible. Les chambres sont fonctionnelles et bien tenues. Salle à manger avec grande terrasse ombragée. Cuisine traditionnelle. Piscine.

Se restaurer

L'Oustal del Barry – *☎ 05 65 29 74 32 - www.oustaldelbarry.com - fermé du 16 nov. au 31 mars, lun. midi, mar. midi d'avr. à juin et de sept. à nov. - 19 € déj. - 23/49 €.* Faites une halte dans cet oustal bordant la place centrale d'un village médiéval reconnu comme l'un des plus beaux de France. Son chef-patron, enfant du pays, concocte une fine cuisine aux accents régionaux, que vous pourrez savourer dans la coquette salle à manger de style « rustique chic ». Belle terrasse d'été et chambres confortables pour prolonger l'étape.

Que rapporter

Jacky Carles « Ferme Carles » – *Au bourg - 9 km au N de Najac par D 149 et D 47 - 12200 Monteils - ☎ 05 65 29 62 39 - à partir de 9h.* Depuis 20 ans, cet ambassadeur du terroir aveyronnais élève et gave ses canards à l'ancienne, les cuit au feu de bois dans des chaudrons en cuivre et les met en conserve selon les recettes traditionnelles. Visite du laboratoire et repas à la table paysanne.

Événements

Fête de la fouace – Elle a lieu le w.-end suivant le 15 août. Des fouaces de 80 kg sont promenées dans les rues du village le dim. apr.-midi.

En été, l'abbaye de Beaulieu-en-Rouergue abrite des **expositions** et des **animations musicales**. N'oubliez pas de vous renseigner à l'avance sur le programme.

Massif de Néouvielle★★★

CARTE GÉNÉRALE A4 – CARTE MICHELIN LOCAL 342 M5 – SCHÉMA P. 328-329 – HAUTES-PYRÉNÉES (65)

« On trouve dans les monts des lacs de quelques toises, purs comme des cristaux, bleus comme des turquoises », s'exclamait Théophile Gautier. Des paysages somptueux, une flore et une faune exceptionnelles et de nombreux lacs dans lesquels se reflète un ciel d'une rare pureté… cette réserve naturelle est un lieu enchanteur, paradis des promeneurs et des naturalistes. Le massif granitique de Néouvielle, qui culmine à 3 192 m au pic Long, permet d'observer de nombreux exemples de relief glaciaire. En janvier, on « craque » devant les sculptures de glace à Piau-Engaly…

Se repérer – C'est la station de Saint-Lary-Soulan et la route du tunnel de Bielsa qui donnent accès à ce massif que l'on aborde avec toute la prudence (routes parfois hasardeuses) et l'équipement nécessaires.

À ne pas manquer – Le col d'Aubert ; le lac d'Oredon ; le lac d'Aumar.

Organiser son temps – Le circuit de Saint-Lary aux lacs est à suivre de préférence au début de l'été, dès que la route (généralement fermée d'octobre à juin) et le sentier du col d'Aubert sont déneigés, pour admirer les cascades et les lacs en hautes eaux.

Pour poursuivre la visite – Voir aussi Saint-Lary-Soulan, le Parc national des Pyrénées.

Le saviez-vous ?

Néouvielle, c'est la *nèu vielha*, c'est-à-dire la « vieille neige ».

Abondants dans le massif, les **desmans**, petits mammifères semblables à des taupes, se nourrissent essentiellement d'insectes et vivent près des cours d'eau. Ils sont seulement présents dans les Pyrénées et dans le sud de la Russie.

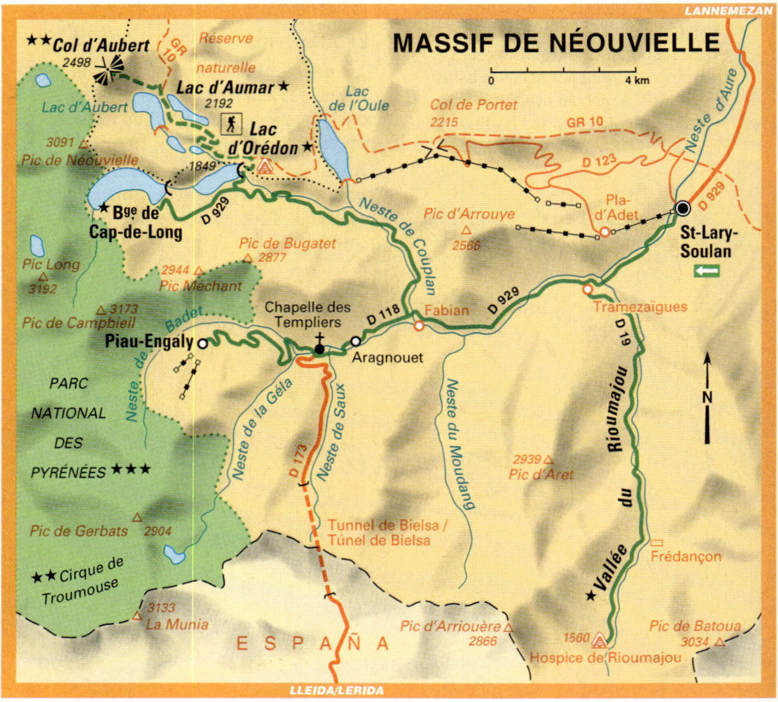

La réserve naturelle de Néouvielle : une beauté à couper le souffle.

Circuit de découverte

DE SAINT-LARY AUX LACS

70 km, de St-Lary-Soulan (voir ce nom) au lac d'Orédon – environ 3h. Quitter St-Lary par la D 929 au sud-ouest.

La vallée se resserre en gorge. Le village de Tramezaïgues, dont le château défendait la vallée contre les incursions aragonaises, est posté en surveillance, à gauche.

À Tramezaïgues, prendre la D 19 (attention : sections non revêtues et, au-delà de la clairière de Frédançon, croisement impossible sur les 4 derniers kilomètres.)

Vallée du Rioumajou★

Une vallée très boisée, animée de nombreuses cascades. L'ancien hospice de Rioumajou (alt. 1 560 m), transformé en auberge d'altitude, se dresse dans un beau cirque aux pentes gazonnées ou forestières très inclinées.

Revenir à Tramezaïgues et prendre à gauche. Dans l'enfilade de la vallée de la Neste d'Aure se détache le pic de Campbieil (alt. 3 173 m), l'un des points culminants du massif de Néouvielle, reconnaissable à son arête à deux pointes soulignée d'un névé.

Peu après Fabian, prendre la D 118 à gauche. La route qui remonte la Neste de la Géla traverse les hameaux d'**Aragnouet**. À droite en contrebas apparaît le clocher-mur (12e s.) de la **chapelle des Templiers**, un sanctuaire réaménagé qui abrite deux statues anciennes. *✆ 05 62 39 62 63 - de mi-juil. à fin août : tlj sf lun. et mar. 15h-18h ; hors sais. : sur demande à la mairie.*
Laisser à gauche la route du tunnel de Bielsa.

Piau-Engaly

À 1 850 m d'altitude, la plus haute station des Pyrénées françaises, installée dans un **site★★ superbe**, côtoie une nature préservée, à deux pas du Parc national des Pyrénées *(voir ce nom)* et du Parque nacional de Ordesa y Monte Perdido (Espagne). Au pied des pistes, les façades inclinées des immeubles disposés en demi-cercle épousent le relief de la montagne.

Revenir à Fabian et prendre sur la gauche la D 929. C'est l'ancienne route construite par EDF pour le chantier du barrage de Cap-de-Long. Elle remonte la vallée de la Neste de Couplan en escaladant un verrou glaciaire par les lacets « des Edelweiss ».
La poursuivre jusqu'au lac de Cap-de-Long.

Barrage de Cap-de-Long★

L'ouvrage, d'une hauteur maximale de 100 m, a créé une retenue de 67,5 millions de m^3, pièce maîtresse de l'aménagement hydroélectrique de Pragnères. Le lac artificiel (alt. 2 160 m), aux rives inaccessibles, souvent pris par la glace jusqu'en mai, forme un fjord au pied des murailles du Néouvielle.

Faire demi-tour. À partir de l'embranchement d'Orédon s'amorce la route des Lacs.

Lac d'Orédon★

Alt. 1 849 m. Ce lac de barrage occupe un bassin aux versants d'éboulis masqués par les sapinières. Il constitue une base de tourisme en montagne (chalet-hôtel). La coupure de la vallée est obturée en amont par le mur du barrage de Cap-de-Long.

Laisser la voiture au parking du lac d'Orédon (300 places - 30mn : gratuit ; moins de 3h : 2 € ; moins de 8h : 4 € ; plus de 8h : 5 €) avant de pénétrer à pied (ou en navette) au cœur de la réserve naturelle de Néouvielle, zone de protection de la faune et de la flore, dont la richesse n'a d'égale que la beauté des eaux bleues des lacs.

Randonnées

Lac d'Aubert

On peut le rejoindre à pied en 1h30 par le sentier balisé des Laquettes ou prendre la **navette** *(voir l'encadré pratique)*.

De là, il est possible de poursuivre l'excursion vers le col d'Aubert ou de rattrapper le sentier balisé GR 10 longeant le lac d'Aumar.

Lac d'Aumar★

Alt. 2 192 m. Paisible lac d'origine glaciaire alimentant le lac d'Aubert, il est cerné de gazon où poussent des pins à crochets. À l'extrémité nord du lac, on découvre le sommet principal du pic de Néouvielle avec son petit glacier.

Col (ou hourquette) d'Aubert★★

3h à pied depuis le lac d'Aubert. Prendre le sentier balisé (sentier de la hourquette d'Aubert) contournant le lac au nord-est. Ce col (alt. 2 498 m) fait communiquer le bassin des lacs d'Aubert et d'Aumar avec la combe désolée d'Escoubous sur le versant de Barèges. **Vue★★** harmonieuse sur les lacs étagés d'Aumar, d'Aubert et le plan d'eau inférieur des Laquettes, au pied du pic de Néouvielle. Loin au sud-est, ensemble glaciaire de la Maladetta.

Massif de Néouvielle pratique

Voir aussi l'encadré pratique de Saint-Lary-Soulan.

Adresse utile

Office du tourisme d'Aragnouet Piau-Engaly – *Bât. Le Pôle - 65170 Aragnouet - 05 62 39 61 69 - www.piau-engaly.com - juil.-août et déc.-avr. : 9h-19h ; reste de l'année : tlj sf w.-end 9h-12h, 13h-17h - fermé 1er et 8 Mai, Ascension, lun. Pentecôte.*

Visite

La zone comprise entre les lacs d'Aumar, d'Aubert et les Laquettes a été érigée en réserve naturelle en 1968. Il était en effet temps de protéger cet environnement où vivent isards, perdrix grises et desmans, animaux typiquement pyrénéens, qui apprécient aussi peu l'exploitation hydroélectrique des eaux locales que la circulation automobile entraînée par une fréquentation intensive du massif.

La route des Lacs est interdite à la circulation de 9h à 18h30 du 1er juin au 30 septembre. Des navettes sont alors mises en place *(toutes les 30mn environ)* à partir du parking du lac d'Orédon vers les lacs d'Aumar et d'Aubert. *05 62 39 62 63 - 4 € AR (2,50 € trajet simple).*

Par ailleurs, la route n'est déneigée qu'à partir de la fin du mois de mai. Elle est donc généralement fermée de novembre à mai (dates variables suivant les conditions climatiques).

Sports & Loisirs

Domaine skiable de Piau – Alt. 1 420-2 600 m. 17 remontées mécaniques. C'est l'un des plus beaux domaines skiables des Pyrénées. Il s'étire dans un impressionnant cirque glaciaire dont l'ampleur accorde aux skieurs une très grande liberté. Son enneigement et son ensoleillement exceptionnels, ses 40 pistes de ski alpin combinées au très bon rendement de ses remontées mécaniques font de Piau-Engaly un centre de qualité adapté aux skieurs de niveau moyen à confirmé. La « Grande Bleue », avec ses 7 km de long et ses 1 100 m de dénivelé, est la plus longue piste bleue des Pyrénées.

Randonnées – Le massif de Néouvielle est un lieu idéal pour la randonnée, que l'on soit en famille ou un montagnard plus averti. De nombreux itinéraires sont balisés. On peut se procurer les topo-guides dans les commerces ou à la Maison du Parc à St-Lary *(05 62 39 40 91)* ou se renseigner auprès du bureau des guides de St-Lary *(05 62 40 02 58 ou 05 62 39 41 97).*

Grotte de Niaux★★

201 NIAUSIENS (VILLAGE)
CARTE GÉNÉRALE C4 – CARTE MICHELIN LOCAL 343 H8 – SCHÉMA P. 218-219 – ARIÈGE (09)

Les remarquables dessins qui ornent les parois de cette grotte de la vallée de Vicdessos en font un des hauts lieux de l'art pariétal préhistorique. Le Salon noir, atteint au terme d'un parcours de 800 m à travers de surprenantes galeries, nous fait pénétrer dans le monde de nos ancêtres magdaléniens. Un fascinant voyage dans le temps !

Se repérer – On accède à la grotte en empruntant la D 8, à la sortie de Tarascon-sur-Ariège, qui parcourt la vallée de Vicdessos, puis en prenant une petite route dans le village de Niaux.

Organiser son temps – Le nombre de visiteurs admis dans la grotte étant limité (20 par visite), il est indispensable de réserver (1 à 2 semaines avant en été).

À ne pas manquer – Les peintures rupestres du Salon noir.

Avec les enfants – À partir de 8 ans, car il s'agit de marche à pied. Demandez le jeu-dépliant « découverte pédagogique », autour de la préhistoire (outils, peintures, instruments de musique et animaux).

Pour poursuivre la visite – Voir aussi Tarascon-sur-Ariège, la grotte de Lombrives, Foix.

Le saviez-vous ?

On désigne aujourd'hui la grotte du nom de la commune sur le territoire de laquelle elle est située. Mais les autochtones l'appellent depuis toujours la grotte de la Calbière (nom du lieu-dit).

Les peintures rupestres qui décorent la grotte sont datées de l'époque magdalénienne (fin du paléolithique supérieur, vers 12 000 ans avant J.-C.). *Pour plus d'informations sur la préhistoire, se reporter au chapitre « Histoire » de la partie « Comprendre la région ».*

Visiter

Le porche

Il abrite une gigantesque structure métallique créée par un architecte italien, Fuksas (1994). C'est de là, à 678 m d'altitude, que l'on peut comprendre parfaitement le travail de l'érosion glaciaire qui se produisit dans ce massif du cap de la Lesse. Au cours de millénaires, des glaciers successifs ont parfois comblé la vallée et complètement couvert le massif. D'énormes masses d'eau s'engouffrèrent alors dans les anfractuosités. Taraudant la roche, elles creusèrent peu à peu l'immense réseau dont le porche et la grotte sont les éléments les plus apparents. Avec le temps, le niveau de fond de vallée s'est abaissé ; la rivière coule maintenant le long de la D 8, une centaine de mètres en contrebas. Ainsi apparaît le profil caractéristique des vallées glaciaires, à fond plat et à terrasses et versants abrupts.

Le cheval et le bouquetin sont deux des motifs récurrents du Salon noir, dans la grotte de Niaux.

La grotte★★

☎ 05 61 05 10 10/88 37 - visite guidée uniquement sur réservation - fermé 1er janv., 25 déc. - 9,40 € (-5 ans gratuit, 5-12 ans 5,70 €, 13-18 ans 7 €). Parcours long, accidenté et glissant, prévoir des vêtements chauds et de bonnes chaussures.

Elle se compose de salles très vastes et très hautes et de longs couloirs qui, à 775 m de l'entrée, conduisent à une sorte de rotonde naturelle, le **Salon noir**, dont les parois sont décorées de dessins de bisons, de chevaux, de bouquetins et d'un cerf vus de profil.Les dessins exécutés avec des oxydes de manganèse traduisent la vision du monde des peuples chasseurs d'Europe occidentale à la fin du paléolithique. Leur facture, leur finesse et leur réalisme témoignent d'une maîtrise exceptionnelle.

Grotte de Niaux pratique

Se restaurer

La Petite Auberge de Niaux – *Au village - 09400 Niaux - N 20 jusqu'à Tarascon-sur-Ariège et D 8 dir. Vicdessos - ☎ 05 61 05 79 79 - ariege.com/aubergedeniaux - fermé 3 sem. en mars, 3 sem. en nov. - réserv. conseillée - formule déj. 13,50 € - 22,50/36 €.* Vous allez aimer ce restaurant sis dans cette maison en pierre du pays. Sa salle à manger est coquette avec ses poutres, sa cheminée, ses chaises en bois et ses nappes colorées. Le charmant accueil et la cuisine soignée - valorisant les produits ariégeois - attirent les connaisseurs. Terrasse et véranda.

Que rapporter

Filature Jean-Jacques Laffont – *Filature Laine des Pyrénées - 09400 Niaux - ☎ 05 61 01 43 43 - juil.-août : visite des ateliers de tissage de laine tlj sf lun. et w.-end 15h - fermé vac. de fév.*

Nogaro

1 881 NOGAROLIENS
CARTE GÉNÉRALE A2 – CARTE MICHELIN LOCAL 336 B7 – GERS (32)

Sur la rive gauche du Midour, au milieu des vignobles et des champs de maïs du bas Armagnac, Nogaro réunit les adeptes des sports mécaniques... On se retrouve à l'aérodrome pour pratiquer du vol à voile ou au circuit Paul-Armagnac pour assister à d'importantes compétitions automobiles et motocyclistes. Le 14 Juillet, on fonce dans les arènes pour le concours de la Corne d'Or !

- **Se repérer** – À l'extrême ouest du département du Gers, Nogaro n'est qu'à 21 km d'Aire-sur-l'Adour dans les Landes. On y accède par la N 124 (64 km d'Auch).
- **À ne pas manquer** – Les peintures murales de l'église Saint-Nicolas et un petit tour au circuit automobile, un jour de Grand prix *(voir l'encadré pratique)*.
- **Avec les enfants** – La base de loisirs de Lupiac.
- **Pour poursuivre la visite** – Voir aussi Eauze, Bassoues, Marciac.

Visiter

Église Saint-Nicolas

Église romane du 12e s. bâtie en pierre de Saint-Griède (village des alentours), elle a subi quelques destructions et transformations au fil des siècles. Les absidioles abritent les peintures murales les plus importantes du Gers, découvertes en 1995. Celles de l'absidiole nord, dont les couleurs et les traits se sont estompés malgré les restaurations, retracent les épisodes de la vie de Saint-Laurent. Au sud est représenté un Christ en majesté entouré des symboles des quatre évangélistes (faisant écho à celui placé dans le tympan, au-dessus du portail septentrional).

Le saviez-vous ?

- Le nom de la ville laisse supposer que jadis de nombreux noisetiers (*nogaret* signifie « noiseraie ») poussaient dans la région !
- Saint Austinde, évêque d'Auch au 11e s., fonda la sauveté de Nogaro (qui devait accueillir entre 1060 et 1315 plusieurs conciles) ainsi que la **collégiale**, au flanc sud fortifié, près de laquelle on remarque les vestiges de l'ancien cloître, avec ses arcades murées au décor ciselé.

Alain Cassaigne / MICHELIN

Course automobile sur le circuit de Nogaro.

Circuit de découverte

AU PAYS DES MOUSQUETAIRES

55 km - 1h. Quitter Nogaro au sud par la D 25, puis prendre à gauche la D 111. Par une petite route en forte montée, gagner Sabazan.

Sabazan

Ce village perché mérite un détour, car il possède une église romane remarquablement élancée. Admirez les hourds (charpente disposée en encorbellement au sommet d'une tour ou de murailles, permettant aux assiégés de répandre toutes sortes de projectiles sur les agresseurs parvenus au pied de la muraille) qui couronnent le clocher.

Aignan

À l'orée d'une vaste forêt, Aignan, ancien castelnau réputé pour sa production d'armagnac, conserve quelques vestiges de son passé médiéval : une place à couverts que supportent des piliers de bois, des maisons à colombages et une église romane qui s'ouvre par un beau portail sculpté.

Prendre la D 20, puis à droite la D 174 vers Lupiac

Lupiac

Le **musée d'Artagnan** est installé dans une ancienne chapelle du 14e s. Un parcours audioguidé évoque, au rez-de-chaussée, l'histoire des mousquetaires et la légende de d'Artagnan. Ce personnage central du roman de Dumas (dont plusieurs éditions françaises et étrangères sont exposées) a donné lieu à de nombreuses adaptations cinématographiques (voir la belle collection d'affiches). Le premier étage met en scène le vrai d'Artagnan, né Charles de Batz Castelmore à Lupiac en 1611, et retrace sa vie et le contexte historique de l'époque. *✆ 05 62 09 24 09 - juil.-août : 10h30-19h (dernière entrée 18h) ; reste de l'année : tlj sf lun. 14h-18h (dernière entrée 17h) - fermé de déb. janv. à mi-fév., 25 déc. - 5 € (enf. 2,50 €).*

Devant le musée, vue magnifique sur la chaîne des Pyrénées.

Revenir à Aignan et, par la D 48, gagner Termes-d'Armagnac.

Termes-d'Armagnac

Dressée au-dessus du confluent de l'Adour et de l'Arros, la forteresse de Thibaut de Termes (1405-1467), compagnon de Jeanne d'Arc, ne possède plus aujourd'hui que son donjon ainsi qu'une partie du corps de logis. Sur la terrasse sud, après avoir gravi un escalier à vis aussi raide qu'obscur, on pourra découvrir les figures de cire du **musée du Panache gascon** : mousquetaires gascons (d'Artagnan en tête), Henri IV et le départ de Thibaut en sont les points forts, avec la plus paisible *espelonquere* ou « veillée d'automne ». *✆ 05 62 69 25 12 - www.tourdetermes.com - juin-sept. : 10h-19h30, mar. 15h-19h30 ; reste de l'année : tlj sf mar. 14h-18h - fermé 1er janv. et 25 déc. - 5 € (7-18 ans 4 €).*

De la plate-forme du donjon haut de 39 m, beau **panorama★** sur la vallée de l'Adour : la trouée du fleuve, au sud, dévoile un large pan des Pyrénées centrales (pic du Midi de Bigorre). *Retour à Nogaro par les D 108 et D 25.*

Nogaro pratique

Adresses utiles

Office du tourisme de Nogaro – *77 r. Nationale - 32110 Nogaro - ✆ 05 62 09 13 30 - www.nogaro.fr - juil.-août : 9h30-12h30, 14h-18h30, dim. et j. fériés 10h-12h30 ; sept.-juin : tlj sf dim. 10h-12h, 14h-18h - fermé j. fériés sf 14 Juil. et 15 août.*

Syndicat d'initiative d'Aignan – *Pl. du Colonnel-Parisot - 32290 Aignan - ✆ 05 62 09 22 57 - juil.-août : tlj sf dim. 10h-12h30, 14h30-18h30, sam. 10h-12h30, 15h-17h ; reste de l'année : tlj sf w.-end 10h-12h, 15h-17h - fermé j. fériés.*

Visite

L'office de tourisme propose, tous les mercredis à 15h en juillet-août, un circuit de visite (2h30) comprenant l'église, le circuit automobile, l'aéroclub et les arènes de courses landaises. *4 € (12-18 ans 1,50 €).*

Se loger

⊖ **La Chaumière de Bidouze** – *Bidouze - 32400 Riscle - 3 km rte de Pau et chemin à droite - ✆ 05 62 69 86 56 - www.chaumieredebidouze.com - fermé 24 déc.-1er janv. - 14 ch. 40/50 € - ☕ 6 € - rest. 12/30 €.* Ambiance chaleureuse, calme et bons produits du terroir assurent l'image de marque de cette chaumière, située au cœur de la campagne gersoise. Nombreuses formules d'hébergement : chambres classiques, suite ou studios. Divine cuisine gasconne.

⊖⊖ **Solenca** – *✆ 05 62 09 09 08 - www.solenca.com - P - 48 ch. 59 € - ☕ 7,50 € - rest. 14,50/39 €.* Une étape conviviale au cœur du pays gersois : chambres bien tenues et pratiques, équipées de systèmes Wifi, et agréable piscine entourée d'un jardin arboré. Restaurant sous charpente apparente, terrasse face à la verdure et cuisine orientée terroir.

Se restaurer

⊖⊖ **La Bonne Auberge** – *✆ 05 62 08 50 04 - fermé 2-16 janv., dim. soir et lun. - 23/32 €.* Maison centenaire abritant deux chaleureuses salles à manger : l'une, en véranda, ouverte sur la terrasse ; l'autre avec cheminée, boiseries et une belle collection d'armagnacs.

Sports & Loisirs

Bon à savoir – Pour vous rafraîchir, la base de loisirs de **Lupiac** vous propose son lac de 13 ha (plage de sable, voile, canoë…).

Événement

Concours de la Corne d'Or – Elles ne sont pas toujours commodes, les vaches landaises qu'affrontent les écarteurs et sauteurs dans les arènes de Nogaro pour ce concours célébré chaque année le 14 Juillet. La meilleure vache remporte le prix et ses supporters font des kilomètres pour assister à ses prestations. Bref, une affaire d'honneur, ce qui, en terre gasconne, n'est pas un vain mot !

Courses automobiles – Le circuit Paul-Armagnac s'anime trois jours à Pâques, du samedi au lundi, pour les Courses de Pâques. L'autre grand rassemblement de voitures a lieu fin septembre, autour du Grand prix auto.

Peyrusse-le-Roc★

229 PÉTRUCIENS
CARTE GÉNÉRALE C1 – CARTE MICHELIN LOCAL 338 E4 – AVEYRON (12)

Sur les plateaux basaltiques qui séparent les vallées de l'Aveyron et du Lot, la cité de Peyrusse offre une promenade dans le temps… On s'y balade à travers de nombreux vestiges disséminés un peu partout dans la verdure, témoins du passé mouvementé de ce site médiéval. Le temps semble ici avoir suspendu son vol !

Se repérer – À 15 km au sud-est de Capdenac et à 19 km de Decazeville.

Se garer – En arrivant par la D 87 au village de Peyrusse, on laissera la voiture au parking aménagé sur la place Saint-Georges, afin de découvrir le site à pied.

À ne pas manquer – Une vue d'ensemble depuis le sommet du roc del Thaluc.

Organiser son temps – Comptez 1h30 pour parcourir tranquillement le site. Vous pouvez également opter pour une visite guidée (seulement le matin entre octobre et mai).

Pour poursuivre la visite – Voir aussi Decazeville, Belcastel, Villeneuve, Villefranche-de-Rouergue.

Comprendre

Village fantôme – Le nom latin *Petrucia* a donné en occitan *Peirosa* qui signifie « terre pierreuse ». Conquise en 767 par Pépin le Bref, Peyrusse fut rattachée en 781 par Charlemagne au royaume d'Aquitaine (ce qui lui valut d'être quelques temps anglaise lorsque Aliénor d'Aquitaine divorça du roi de France pour épouser celui d'Angleterre). Chef-lieu de bailliage jusqu'au début du 18e s., elle dut sa richesse à des mines argentifères qui furent abandonnées au cours du 18e s., lorsque la concurrence du métal américain devint trop rude. Dès lors, à l'instar des villages fantômes de l'Ouest américain à l'époque de la ruée vers l'or, la ville basse, fortifiée, fut désertée par ses habitants, et le village actuel, sur la hauteur, servit de refuge aux derniers Pétruciens.

Se promener

SITE MÉDIÉVAL

✆ 05 65 80 49 33 - juil.-août : 10h-12h, 15h-18h ; reste de l'année : tlj sf dim. 10h-12h - gratuit. Possibilité de visite guidée.
Après avoir traversé la **place Saint-Georges**, qui possède une belle croix de pierre du 15e s. où se distingue une Vierge et l'Enfant sous un dais (13e s.), on franchit la **porte du Château**, vestige de l'enceinte médiévale, pour accéder à la **place des Treize-Vents**, tracée à l'emplacement du château médiéval des seigneurs de Peyrusse. Il ne reste aujourd'hui de celui-ci qu'une salle qui servait de prison et une tour (le clocher de l'église) qui abrite un petit **Musée archéologique** *(actuellement fermé. Se renseigner, ✆ 05 65 80 49 33).*

Édifiée au 18e s., l'**église** se signale par sa grande nef unique de cinq travées et ses voûtes à pénétration portées par des piliers carrés. À l'intérieur, on découvre une Pietà polychrome du 15e s., ainsi que des sculptures et des fresques de l'artiste de Bozouls Henri Vernhes.

Sur la gauche de l'église, après avoir franchi la porte Neuve et les fortifications, prendre à gauche le sentier qui descend vers le site médiéval et, après le cimetière, tourner à droite (escalier).

Des escaliers métalliques (comportant des passages délicats) donnent accès au **roc del Thaluc**. C'est au sommet de ce roc, hérissé des deux tours carrées du château inférieur et dominant de 150 m la vallée de l'Audierne, que l'on comprend l'importance stratégique de Peyrusse durant les périodes troublées du Moyen Âge.

Suivre le sentier vers le fond de la vallée.

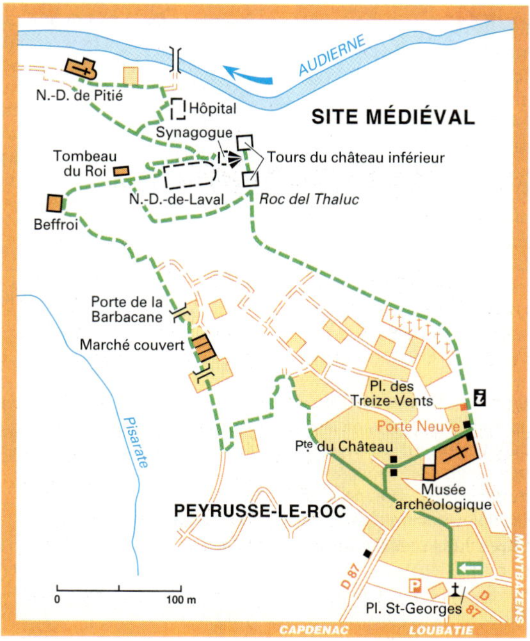

Peyrusse-le-Roc, une ville médiévale abandonnée au 18e s.

Abrité sous un édicule, le **tombeau du Roi** est un mausolée richement sculpté, datant probablement du 14e s.
Sur la droite se dressent les ruines de l'ancienne église paroissiale **Notre-Dame de Laval** dont subsistent, à l'aplomb des deux tours du roc del Thaluc, les imposants arcs en ogive de la nef effondrée, les vestiges des cinq chapelles latérales droites et du chœur à trois pans adossé au rocher et, à gauche, les restes d'un tombeau.
On arrive à la **synagogue** où des juifs auraient trouvé refuge au 13e s. ; il pourrait s'agir de la base d'une tour du château inférieur.
En revenant sur ses pas, puis en prenant à droite, on remarque la belle cheminée extérieure ronde de l'**hôpital des Anglais** (13e s.) avant de gagner, au bord de la rivière, la chapelle **Notre-Dame-de-Pitié**, élevée en 1874 à l'emplacement d'un oratoire. Ancien clocher de Notre-Dame de Laval, la haute tour carrée du **beffroi** défendait la ville au nord-ouest avec la porte de la Barbacane (bel arc ogival de décharge). Enfin, en regagnant le village, ne manquez pas à gauche le **marché couvert**, ensemble de caves voûtées.

Peyrusse-le-Roc pratique

Adresse utile

Point information tourisme de Peyrusse-le-Roc – *Le Rempart - Place des Treize-Vents - 12220 Peyrusse-le-Roc - 05 65 80 49 33 - juil.-août : 10h-12h, 15h-18h ; reste de l'année : tlj sf dim. 10h-12h.*

Se loger

Chambre d'hôte Mme Camille Auffret – *Nissols - 12300 Bouillac - 12 km au N de Peyrusse-le-Roc par D 40, puis D 994 par les Albres - 05 65 80 41 03 ou 06 70 77 66 83 - http://perso.wanadoo.fr/camille.auffret - fermé nov.-mars - 3 ch. 52 € - repas 17 €.* Offrant une vue exceptionnelle sur la vallée du Lot, cette ferme entièrement restaurée date de 1834. Chacune des chambres, aménagées dans la grange, bénéficie d'une décoration personnalisée, tandis que l'ancienne étable abrite une pièce à vivre spacieuse. Table d'hôte originale et inventive.

Chambre d'hôte La Melessens – *Tournhac - 12700 Sonnac - 12 km au N de Peyrusse-le-Roc par D 87, puis D 40 - 05 65 80 86 59 - www.la-melessens.fr - fermé janv.-fév. - 3 ch. 60 € - repas 15 €.* Rien ne saurait troubler la tranquillité de ce corps de ferme magnifiquement restauré. Les 3 grandes chambres allient caractère et excellente tenue ; chacune bénéficie d'une spacieuse mezzanine. Une bibliothèque de 6 000 ouvrages pour élever l'esprit ou des cours de yoga pour la détente. Table d'hôte végétarienne, savoureuse et copieuse.

Se restaurer

Restaurant Savignac – *Au bourg - 05 65 80 43 91 - 10/25 €.* C'est le tabac-restaurant du village tenu par la même famille depuis quatre générations. La patronne mitonne des plats du terroir dont une insolite omelette aux pommes flambées à la vieille prune… Ambiance simple et campagnarde. Exposition de peintres régionaux.

Événement

Un pèlerinage à N.-D.-de-Pitié a lieu le 8 septembre. Autrefois, on y menait les teigneux. Aujourd'hui, les enfants y sont envoyés pour guérir leurs yeux.

Parc national des Pyrénées★★★

CARTE GÉNÉRALE A4 – CARTE MICHELIN LOCAL 432 K5 – PYRÉNÉES-ATLANTIQUES (64) ET HAUTES-PYRÉNÉES (65)

Un chapelet de magnifiques cascades, des lacs aux eaux vert émeraude, des gouffres bouillonnants, des pics majestueux et altiers, des panoramas à couper le souffle... Mais une seule façon de découvrir tous ces trésors : la marche à pied. Les sentiers de ce Parc nous plongent dans une nature sauvage où cohabitent de nombreuses espèces animales et végétales que les plus discrets et les plus observateurs auront peut-être la chance d'apercevoir.

Se repérer – Le Parc national des Pyrénées dessine le long de la chaîne frontière, sur plus de 100 km, entre la vallée d'Aspe (Béarn) à l'ouest et la vallée d'Aure à l'est, une bande large de 1 à 15 km. Doté d'une frontière commune de 15 km avec le Parc national espagnol d'Ordesa et du Mont-Perdu (au sud de Gavarnie), il s'étend sur 45 700 ha compris entre 1 000 m et 3 298 m d'altitude (sommet du Vignemale). Le Parc national proprement dit, ou cœur du Parc, est entouré d'une zone périphérique de 206 000 ha partagée entre 86 communes des départements des Hautes-Pyrénées et des Pyrénées-Atlantiques.

À ne pas manquer – Une randonnée avec un garde moniteur ou un accompagnateur en montagne pour mieux découvrir la faune et la flore du Parc.

Organiser son temps – La visite d'une Maison du Parc *(voir l'encadré pratique)* constitue un bon préalable à toute excursion. Vous y trouverez des conseils, des plans et des indications sur les randonnées les plus adaptées à votre niveau et au temps dont vous disposez. Voir aussi nos conseils aux randonneurs p. 34.

Pour poursuivre la visite – Voir aussi le massif de Néouvielle, Argelès-Gazost, Cauterets, Luz-Saint-Sauveur, le cirque de Gavarnie, Saint-Lary-Soulan, Barèges, le pic du Midi de Bigorre (zone périphérique).

Comprendre

Missions et objectifs – Créé en 1967 pour la protection de la nature, le Parc national des Pyrénées est l'un des sept Parcs nationaux français. Il se prolonge à l'est par la réserve naturelle du Néouvielle (*voir ce nom*) dont il assure la gestion. Afin de protéger au mieux le territoire dont il a la charge, le Parc national inventorie et suit les évolutions des espèces végétales ou animales. La préservation renforcée mise en place dans la zone centrale n'exclut pas la poursuite des activités humaines comme le pastoralisme ou la sylviculture, car les objectifs du Parc concilient la protection de la nature avec ces activités économiques. Dans la zone périphérique, le Parc national poursuit une politique d'aide au développement local, compatible avec le souci de protection du milieu. Il a également pour mission d'éduquer et d'accueillir les milliers de touristes qui s'y rendent chaque année.

Marie-Hélène Carcanague / MICHELIN

La grande cascade du cirque de Gavarnie.

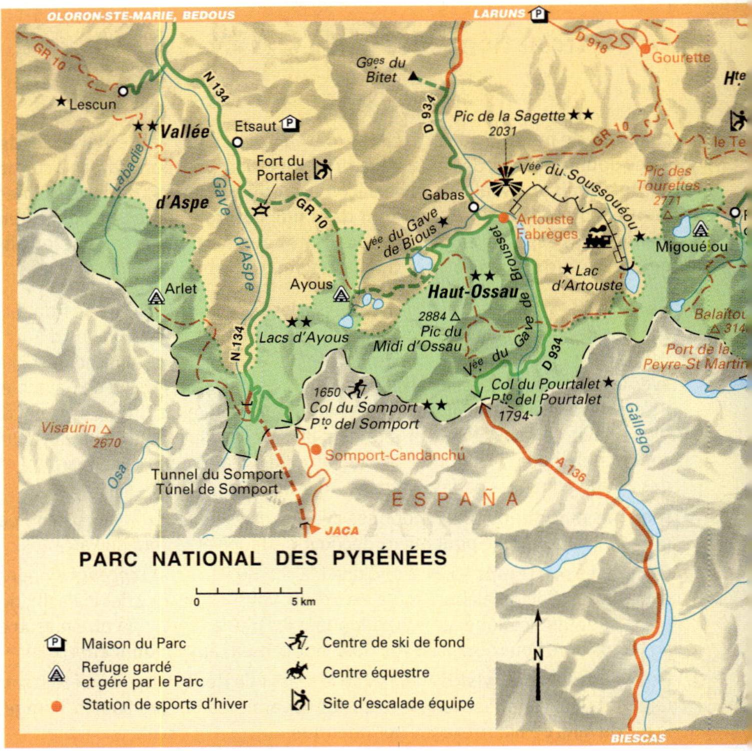

Un territoire inhabité ou presque – Nulle habitation ne trouve sa place au cœur du Parc, zone de haute montagne ; seuls les bergers et les gardiens de refuge viennent s'y installer en été. C'est ce qui explique la présence de nombreux animaux. Le Parc national donne asile à plus de 6 500 isards, surtout visibles dans les vallées d'Ossau et de Cauterets, ainsi qu'à plus de 200 colonies de marmottes. La découverte des derniers ours bruns est devenue quasiment impossible *(voir p. 56)*, alors qu'il n'est pas exceptionnel d'apercevoir en vol des vautours fauves, des aigles royaux ou des gypaètes barbus dans ces régions des Pyrénées encore fréquentées par le coq de bruyère, le lagopède (ou perdrix des neiges) et le desman dit « des Pyrénées » (petit mammifère aquatique très rare sur la terre).

Une flore abondante – Riche d'environ 60 espèces endémiques de fleurs, le Parc compte parmi ses protégés la ramonde des Pyrénées, le lis jaune, la valériane, l'asphodèle et le chardon bleu. À chaque étage sa végétation : l'étage montagnard (900 à 1 800 m), frais et humide, se partage entre une forêt de hêtres sur le versant nord et une autre de pins sylvestres au sud, tandis que l'étage subalpin (1 800 à 2 400 m) privilégie un paysage de forêt claire planté de pins à crochets, de landes de rhododendrons, de genévriers, bouleaux et sorbiers des oiseleurs… Plus haut, à l'étage alpin (2 400 à 2 900 m), la végétation se fait courte et rase, dominée par les saules nains, le silène sans tige et le pavot parfumé. Enfin, l'étage nival n'est traversé que de quelques lichens et algues.

Découvrir

Le Parc national couvre six vallées dont quatre se situent dans les Hautes-Pyrénées : Arrens, Cauterets, Luz-Gavarnie et Aure. C'est à ces quatre vallées que nous nous limiterons ici.

Pour en savoir plus sur les randonnées possibles au départ des vallées d'**Aspe** et d'**Ossau**, dans les Pyrénées Atlantique, reportez-vous au *Guide Vert Aquitaine*.

Plus de 350 km de sentiers tracés et balisés (dont par endroits le GR 10) permettent de rayonner dans les vallées du Parc. Plusieurs possibilités s'offrent à vous, de la randonnée itinérante de refuge en refuge, à la balade d'une demi-journée depuis un lieu de séjour fixe, en passant par une sortie encadrée par un garde-moniteur *(programme estival disponible auprès des Maisons du Parc)*.

Vallée d'Arrens

La vallée d'Arrens ou val d'Azun, dominée par le **Balaïtous** (3 144 m), regroupe les hautes vallées d'Arrens-Marsous, d'Estaing et la vallée de l'Ouzom. Surnommée « l'Éden des Pyrénées » par le pyrénéiste Louis Ramond de Carbonnières, elle est restée en autarcie jusqu'au milieu du 19e s., sans relation avec les vallées voisines. Moins célèbre que les autres vallées des Hautes-Pyrénées, le val d'Azun, encore à l'abri des foules, a conservé toute son authenticité. Idéal pour les randonnées en famille. La Maison du Parc du val d'Azun a été tout particulièrement aménagée pour l'accueil de personnes handicapées.

Accessibles en voiture, la **porte d'Arrens** et le **lac d'Estaing**★ sont des points de départ pour de nombreuses randonnées *(voir Argelès-Gazost)*.

Vallée de Cauterets★★

C'est le thermalisme qui fit le succès de cette vallée au 19e s. Fière de posséder le plus haut sommet des Pyrénées françaises, le **Vignemale** (3 298 m), la vallée de Cauterets est particulièrement remarquable pour ses fameuses **cascades** (**Val de Jéret**★★) et le site du **Pont d'Espagne**★★★, où les pins sylvestres ont un port particulièrement majestueux. Granitique, le paysage laisse apparaître des blocs arrondis et de très beaux polis glaciaires. Le pin à crochets est l'un des seuls à apprécier ce milieu.

De belles randonnées au départ du Pont d'Espagne : le **lac de Gaube**★★ (également accessible en télésiège) et la **vallée du Marcadau**★★. À explorer également, la **vallée de Lutour**★ *(voir Cauterets)*.

Vallée de Luz-Gavarnie★★

Réputée sombre et étroite, la vallée de Luz-Gavarnie a beaucoup cultivé ses relations avec le versant espagnol. Regroupant la vallée de Gavarnie et celle de Barèges, elle est surtout célèbre pour ses **cirques** (Gavarnie, Troumouse, Estaubé), dont les différentes couches de calcaires, superposées en gradin, sont parfois nettement visibles. De nombreux sommets y sont supérieurs à 3 000 m. Ici encore, le développement du thermalisme s'est accompagné d'un désenclavement au 19e s. avec la construction de routes carrossables. La vallée attira et inspira dès cette époque de nombreux pyrénéistes, naturalistes, artistes et écrivains.

Les randonnées vers les cirques sont les plus prisées : si vous souhaitez éviter les foules, sachez que le cirque de **Troumouse★★** et plus encore celui d'**Estaubé** sont beaucoup moins fréquentés que leur homologue de **Gavarnie★★★**. L'excursion vers le **pic des Tentes★★** donne un autre point de vue sur le cirque de Gavarnie *(voir Gavarnie et Luz-Saint-Sauveur)*.

Vallée d'Aure★

Particulièrement ensoleillée, balayée par un vent chaud et sec qui dégage les cols, la vallée d'Aure est très prisée depuis le lancement des grandes stations de ski de **Saint-Lary-Soulan** et de **Piau**, et le développement récent d'un tourisme haut-de-gamme. La liaison vers l'Espagne, assurée par le tunnel de Bielsa, participe au succès de cette vallée dont les cours d'eau, appelés Nestes, rejoignent la Garonne. Principal point d'accès à la **réserve naturelle de Néouvielle★★★**, la vallée d'Aure est réputée pour ses nombreux lacs.

Le massif de Néouvielle s'explore surtout à partir du **lac d'Orédon★**, duquel on accède au **lac d'Aubert**, au **lac d'Aumar★** et au **col d'Aubert★★**. Des randonnées sont également possibles au départ de Piau ou de la D 118, peu après Aragnouet. À parcourir également, la **vallée du Rioumajou★** *(voir le massif de Néouvielle, Saint-Lary-Soulan et Arreau)*.

Parc national des Pyrénées pratique

Les Pyrénées
Parc National

Parc national des Pyrénées

Le logo du Parc.

Adresses utiles

Parc national des Pyrénées – *59 rte de Pau - 65000 Tarbes - ✆ 05 62 44 36 60 - www.parc-pyrenees.com - un déménagement en centre-ville de Tarbes est en projet.*

Maisons du Parc – Les Maisons du Parc national, présentes dans chaque vallée, donnent des informations sur la flore et la faune du Parc, les randonnées en montagne. Certaines présentent diverses expositions permanentes ou temporaires, ainsi que des films ou documents multimédia.

Pour des renseignements plus précis sur chacune des Maisons, reportez-vous aux encadrés pratiques des villes d'Argelès-Gazost, Cauterets, Gavarnie, Luz-Saint-Sauveur et Saint-Lary-Soulan.

Maison du Parc **(vallée d'Aure)** - *65170 Saint-Lary-Soulan - ✆ 05 62 39 40 91.*

Maison du Parc et de la vallée **(vallée de Luz-Gavarnie)** - *65120 Luz-St-Sauveur - ✆ 05 62 92 38 38.*

Maison du Parc **(vallée de Luz-Gavarnie)** - *65120 Gavarnie - ✆ 05 62 92 42 48.*

Maison du Parc **(vallée de Cauterets)** - *65110 Cauterets - ✆ 05 62 92 52 56.*

Maison du Parc et de la vallée **(vallée d'Azun)** - ♿ - *65400 Arrens-Marsous - ✆ 05 62 97 43 13.*

Maison du Parc **(vallée d'Ossau)** - *64440 Laruns - ✆ 05 59 05 41 59.*

Maison du Parc **(vallée d'Aspe)** - *64880 Etsaut - ✆ 05 59 34 88 30.*

Respecter la nature

Réglementation – Outre le camping sont interdits les chiens, les feux, la chasse, la cueillette, les prélèvements, le vélo tout-terrain. Pour plus d'informations, consulter la documentation disponible dans les Maisons du Parc.

Se loger

Refuges du Parc – Il faut distinguer les refuges gardés, au nombre de cinq, qui ne sont ouverts que de mi-juin à mi-sept., et les refuges non gardés (10 places en général). Tous sont destinés aux randonneurs de passage. Dans les refuges gardés, on mange ses propres provisions ou le repas préparé par le gardien. Leur capacité d'accueil étant limitée à 30 ou 40 places, ils sont pris d'assaut en été. Il est donc conseillé de réserver à l'avance :

Refuge de Barroude (2 377 m), dans la vallée d'Aure, 35 pl., *✆ 05 62 39 61 10.*

Refuge des Espuguettes (2 027 m), dans la vallée de Luz, 60 pl., *✆ 05 62 92 40 63.*

Refuge de Migouélou (2 280 m), dans le val d'Azun, 35 pl., *✆ 05 62 97 44 92.*

Refuge d'Ayous (1 980 m), dans la vallée d'Ossau, 50 pl., *✆ 05 59 05 37 00.*

Refuge d'Arlet (1 990 m), dans la vallée d'Aspe, 40 pl., *✆ 05 59 36 00 99.*

Refuges gérés par le Club alpin – Les refuges n'appartenant pas au Parc national des Pyrénées sont pour la plupart gérés par la Fédération française des clubs alpins et de montagne – *Service du Patrimoine bâti - 24 av. de Laumière - 75019 Paris - ✆ 01 53 72 87 55.*

Bivouac – Si le camping est interdit, le bivouac est toléré de 19h à 9h (ou en cas d'intempéries), à condition d'être à plus d'une heure de marche de tout accès motorisé. Les offices de tourisme et syndicats d'initiative distribuent la liste des campings à proximité du Parc national.

Rieux★

1 899 RIVOIS
CARTE GÉNÉRALE B3 – CARTE MICHELIN LOCAL 343 F5 – HAUTE-GARONNE (31)

Lovée à l'intérieur d'une boucle de l'Arize, c'est une ville pleine de charme. Des ruelles aux vieilles maisons à pans de bois sont dominées par le rose de l'une des plus jolies tours du Toulousain. Et, de plus, le premier week-end de mai, c'est la Fête du papogay… Il ne faut surtout pas rater ça !

Se repérer – Entre Ariège et Garonne s'étend le Volvestre, pays de coteaux de **terreforts**, terres argileuses, lourdes à travailler mais fertiles, porteuses de céréales et traversées par l'Arize. Là, parmi de charmantes bastides roses, s'élève la petite cité épiscopale de Rieux.

À ne pas manquer – La cathédrale ; les maisons à colombage dans le centre.

Avec les enfants – Le village gaulois de Saint-Juilen (au moins une demi-journée de visite).

Pour poursuivre la visite – Voir aussi Aurignac, Muret, la grotte du Mas-d'Azil.

Le saviez-vous ?

Le papogay, c'est le perroquet de bois fixé au faîte d'un mât haut de 45 m. Celui qui arrive à le « descendre » devient Roi de Rieux, et le restera toute l'année… Tentez donc votre chance ! *Pour plus d'informations sur cette fête originale, rendez-vous au musée du Papogay à l'office de tourisme. Voir aussi l'encadré pratique.*

Le nom de Rieux est dérivé du mot occitan *riu* qui signifie « ruisseau ». Comment une bourgade aussi petite, si charmante soit-elle, a pu devenir le siège d'un évêché ? L'explication est simple : Rieux doit cette promotion à Jacques Duèze ! Originaire de Cahors, ce brave homme fut élu pape en Avignon en 1316 et n'eut alors de cesse de favoriser sa région. C'est ainsi qu'il démembra le vaste diocèse de Toulouse et celui de Pamiers en créant des évêchés à Montauban, Rieux, Lombez, Saint-Papoul, Lavaur et Alet-les-Bains…

Visiter

CATHÉDRALE★

05 61 87 63 33 (office de tourisme) - visite guidée mai-août : 14h30 et 16h15 ; avr. et sept. : tlj sf dim. 14h30 et 16h15 ; oct.-mars : tlj sf dim. 14h30 et 15h45.

Pour l'admirer, il est tout d'abord conseillé de prendre un peu de recul ! Traversez le pont sur l'Arize, vers le calvaire du monument aux morts, et découvrez une belle **vue★** d'ensemble de l'édifice : devant, le chevet plat, fortifié, de la première église du 13e s., assise sur les maçonneries de l'ancien château fort, baignant dans la rivière ; à droite, le vaisseau transversal du chœur des Évêques ; à l'arrière-plan, la tour-clocher octogonale, avec ses trois étages ajourés. Au débouché du pont, une vieille maison à colombages, l'eau verte de l'Arize, la brique rose et la végétation composent un ensemble plein d'une grâce ingénue, empreinte de sérénité. Puis on pénètre dans la nef principale par le grand portail gothique mutilé.

Chœur des Évêques

Construite au 17e s. pour le chapitre, cette chapelle est meublée de stalles de noyer inspirées de celles de la cathédrale de Toulouse. Le maître-autel aux marbres polychromes (le marbre jaune est superbe !) lui donne un cachet « Grand Siècle ».

Sacristie des Chanoines

05 61 87 63 33 - ♿ - visite guidée (1h) avr.-sept. : 14h30, 16h15 (fermé dim. en avr. et sept.) ; oct.-mars : tlj sf dim. 14h30, 15h45 - fermé 1er janv, 1er et 11 Nov., 25 déc. - 3,50 € (-12 ans gratuit).

C'est ici, dans la grande armoire du 14e s. ornée de ferrures d'époque, qu'est conservé le **trésor★** de Rieux : bustes-reliquaires et châsse en bois de saint Cizi (1672), patron de l'ancien diocèse. La petite armoire abrite son impressionnant buste-reliquaire, en argent repoussé sur âme de bois, travail d'un orfèvre toulousain. Le soldat-martyr, tué par les Sarrasins lors de leurs incursions au 8e s., est représenté en guerrier antique.

Ancien palais épiscopal

C'est aujourd'hui un établissement médical. On peut cependant pénétrer dans la cour d'honneur pour admirer la légèreté de la tour de la cathédrale.

Autres dépendances

Devant la cathédrale, remarquez les maisons à colombages (15e et 16e s.) qui abritent de nos jours l'hôtel de ville. Elles témoignent de la grandeur passée de la capitale du Volvestre.

Aux alentours

Village gaulois de Saint-Julien

5 km au sud-ouest par la D 25 - ✆ 05 61 87 16 38 - www.archeosite-gaulois.asso.fr - juil.-août : 10h-19h ; des vac. de printemps à fin juin et de déb. sept. à fin nov. : merc., dim. et j. fériés 14h-18h - possibilité de visite guidée (1h) - fermé de déc. à Pâques - saison 9 € (+5 ans 6 €), hors sais. 7 € (+5 ans 4 €).

Sur plus de 5 ha, en bordure de Garonne, deux passionnés ont fidèlement reconstitué un **village gaulois**. À l'entrée du village, ceint de remparts en bois, une porte fortifiée donne le ton. Maisons de torchis avec toits de chaume, quartier de pêcheurs et d'artisans. Différents ateliers, aux accents à la fois spectaculaires et pédagogiques, s'articulent autour de la vie des Gaulois : vannerie, orfèvrerie, orpaillage, poterie, forge, tissage, bronze… Vous voilà revenus près de deux mille ans en arrière chez les Volques Tectosages.

Le village, également lieu de colloques et rencontres, comprend une salle d'exposition temporaire. À la sortie, un espace boutique propose divers produits confectionnés sur place tandis que la librairie est spécialisée sur la protohistoire et les Gaulois.

Circuit de découverte

LE VOLVESTRE

De Rieux à Carla-Bayle – 34 km – environ 1h1/2.

Avec les cols pyrénéens en toile de fond, le Volvestre offre, à travers villages de crête et bastides de vallée, l'occasion de maints itinéraires panoramiques. Au départ de Rieux, la route que nous proposons (D 627) s'engage dans la dépression de l'Arize, rivière sourdant à 1 200 m d'altitude, dans un massif boisé.

Montesquieu-Volvestre

Cette jolie bastide, créée dans une boucle de l'Arize par Raimond VII de Toulouse, et rebâtie en brique au 16e s., est ceinturée de boulevards ombragés ; elle possède une belle place à arcades et une halle du 16e s. L'**église fortifiée** du 14e s. se distingue par son clocher polygonal à 16 pans : effet d'illusion, on le croirait volontiers ovale.
✆ 05 61 90 19 55 (office de tourisme) - visite guidée tlj sf dim. et lun. 9h-17h.

À Daumazan-sur-Arize, prendre à droite la D 19.

Montbrun-Bocage

La petite **église** abrite un remarquable ensemble de **peintures murales★** du 16e s., interrompu par une voûte gothique postiche ; on reconnaît dans le chœur saint Christophe, l'Arbre de Jessé et des scènes de la vie de saint Jean-Baptiste. Côté nord, des

ARCHEOSITE GAULOIS

Le village gaulois de Saint-Julien.

scènes de la Passion et l'Enfer. *℘ 05 61 98 10 82 - juil.-sept. : 9h-17h ; reste de l'année : visite sur demande à la mairie.*

Quitter Montbrun-Bocage par la D 74, puis prendre à droite la D 628 que l'on suit sur 3 km environ. S'engager ensuite sur la D 14 et suivre la direction Carla-Bayle.

Carla-Bayle

Village fortifié perché sur un éperon rocheux, Carla-le-Peuple fut, après la Révolution, rebaptisé Carla-Bayle en l'honneur du philosophe protestant Pierre Bayle qui y vit le jour en 1647. Le côté sud des remparts offre une jolie vue sur les Pyrénées. Principale curiosité du village, le musée Bayle, aménagé dans la maison natale de l'écrivain, fut inauguré en 1989. Il permet de se familiariser avec la vie et l'œuvre de l'auteur du *Dictionnaire historique et critique*. *℘ 05 61 68 53 53 - juil.-août : 10h-12h, 13h-19h ; sept. et nov.-juin : tlj sf mar. 9h-12h, 13h-18h - possibilité de visite guidée (1h) - fermé oct. - gratuit.*

Rieux pratique

Adresses utiles

Office de tourisme du canton de Rieux-Volvestre – *9 r. de l'Évêché - 31310 Rieux - ℘ 05 61 87 63 33 - www.tourisme-volvestre.com - avr.-sept. : 10h-12h, 14h-18h, dim. (hors avr. et sept.) 14h-18h ; reste de l'année : 10h-12h, 14h-17h - fermé 1er janv., 1er et 11 Nov., 25 déc.*

Office du tourisme de Montesquieu-Volvestre – *20 pl. de la Halle - 31310 Montesquieu-Volvestre - ℘ 05 61 90 19 55 - tlj sf dim. et lun. 9h-12h, 14h-17h.*

Se loger

⊖ **Chambre d'hôte Namasté** – *Lieu-dit Primoulas - 31310 Latour - ℘ 05 61 97 46 87 - www.primoulas.com - ⊭ - 5 ch. 46 € ☕.* Cette ancienne exploitation agricole sur les hauteurs bénéficie de quelques éléments originaux en matière de décoration. Dans la salle à manger, dotée par ailleurs d'une jolie baie vitrée panoramique, trône une cheminée réalisée par un artiste. Agencement des 5 chambres plus classique.
Table d'hôte à tendance bio.

⊖⊖ **Chambre d'hôte La Halte du Temps** – *72 r. Mage - 31310 Montesquieu-Volvestre - ℘ 05 61 97 56 10 - lahaltedutemps@free.fr - 5 ch. 54/75 € ☕ - repas 20 €.* Cet hôtel particulier du 17e s. ne paie pas de mine, pourtant son intérieur est des plus remarquables. Escaliers, sols, cheminées, meubles... tout est d'époque. Les chambres sont décorées avec goût, la cour intérieure est charmante et la cuisine goûteuse.

Sports & Loisirs

Base de loisirs – *Camping municipal du Plan d'Eau - A 64 sortie N° 27 - ℘ 05 61 87 63 33 - otrieuxvolvestre@wanadoo.fr.* Piscines couverte et découverte, tennis, voile (école), canotage, randonnée, pétanque, ping-pong, jeux pour enfants. Camping et aire naturelle.

Événements

Fête du papogay – Fête traditionnelle le 1er w.-end de mai à Rieux. Une confrérie d'archers effectue le tir au papogay.

Expo-vente de plantes rares – À Saint-Élix-le-Château, dans les jardins du Pigeonnier (bâtisse du 17e s.), le dernier w.-end d'oct.

Rue des Arts – Ce festival d'arts plastiques et visuels a lieu chaque année à Carla-Bayle, de juillet à septembre. Des peintres, sculpteurs, graveurs, céramistes, photographes, plasticiens exposent leurs œuvres dans une quinzaine de lieux à travers la ville.

Rodez★

23 707 RUTHÉNOIS
CARTE GÉNÉRALE D1 – CARTE MICHELIN LOCAL 338 H4 – AVEYRON (12)

Une jolie ville plantée aux confins de deux régions très différentes : les plateaux secs des causses et les collines humides du Ségala. Elle est perchée sur une butte et les plus beaux paysages de la région s'étalent à ses pieds. La ville ancienne, qui domine de 120 m le lit de l'Aveyron, est un régal pour les yeux !

Se repérer – Après avoir traversé des faubourgs, on atteint le « tour de ville », ceinture de boulevards entourant la vieille ville.

Se garer – On pourra laisser la voiture au parking du boulevard de la République, à moins de s'engager dans la ville *(en face du square François-Fabié)* pour tenter sa chance dans celui du boulevard Galy qui conduit à la place Foch.

À ne pas manquer – Le clocher de la cathédrale ; le musée Fenaille.

Organiser son temps – Sur un week-end, commencez par visiter la cathédrale, puis enchaînez avec un tour dans le vieux Rodez. L'après-midi sera consacré aux musées. Le lendemain, passez la journée, avec un pique-nique, dans le parc du château du Colombier.

Avec les enfants – La visite guidée « Sur les pas d'un enfant au Moyen Âge » ; le haras ; le château du Colombier à Mondalazac.

Pour poursuivre la visite – Voir aussi Bozouls, Belcastel, Sauveterre-de-Rouergue.

Stéphane Sauvignier / MICHELIN

Façade de la cathédrale Notre-Dame.

Comprendre

Meurtre à Rodez – Bonapartiste convaincu, **Fualdès**, procureur de Rodez sous l'Empire, avait été par la suite révoqué par Louis XVIII. Un matin de mars 1817, son cadavre fut découvert flottant sur l'Aveyron. Dépêchés sur les lieux, les fins limiers de la région établirent que l'ancien magistrat avait été assassiné dans un bouge de la ville par deux de ses amis, royalistes notoires, auxquels ils mirent la main au collet. Le procès, à Rodez, puis à Albi, fut fertile en incidents et en coups de théâtre. Le lieu suspect où le meurtre avait été commis, les circonstances grand-guignolesques qui l'avaient entouré, la présence insolite d'une « dame de bien » dans la maison du crime et, surtout, les divergences politiques entre la victime et les accusés, tous les ingrédients étaient réunis pour passionner les foules et défrayer la chronique. Crime passionnel ou crapuleux ? Affaire politique ? Des empoignades homériques mirent aux prises partisans de l'une ou l'autre thèse, et l'affaire, jamais élucidée de manière totalement satisfaisante, donna lieu à la création de la *Complainte de Fualdès*, restée longtemps populaire.

Découvrir

CATHÉDRALE NOTRE-DAME★★

La cathédrale, construite en grès rose, fut mise en œuvre en 1277 à la suite de l'effondrement, un an plus tôt, du chœur et du clocher de l'édifice précédent. Un demi-siècle plus tard, l'abside et deux travées du chœur étaient achevées. Au 14e s., un transept et deux travées de la nef l'étaient à leur tour, puis, au 15e s., l'ensemble de l'édifice était terminé.

Le saviez-vous ?

Segodunum, la « hauteur fortifiée », fut, dès le 1er s. av. J.-C., la capitale d'une peuplade gauloise, les Rutènes : d'où le nom de Civitas Rutenensis qui évolua au cours des siècles, d'une part en « Rodez », d'autre part en « Rouergue ».

Le poète **Antonin Artaud** fut interné à l'hôpital psychiatrique de la ville en 1943 ; il y écrivit les *Lettres de Rodez*.

Extérieur

La façade ouest donnant sur la place d'Armes frappe par son allure de forteresse avec son mur nu jusqu'à mi-hauteur, sans porche, percé de rares meurtrières, ses contreforts massifs, ses tourelles aux ouvertures ébrasées et ses deux tours dépourvues d'ornements. Cette façade austère, édifiée en dehors du mur d'enceinte de la ville, jouait en quelque sorte le rôle de bastion avancé pour la défense de la cité. Seule la partie haute, achevée au 17e s., entre les deux tours présente une décoration Renaissance que surmonte un fronton classique.

Faire le tour de l'église par la gauche. Le portail nord, dit portail de l'Évêché (fin 15e s.), s'ouvre sous trois rangées d'archivoltes et un galbe aigu. Sur le linteau, les sculptures mutilées représentent la Nativité, l'Adoration des bergers et des Mages, la présentation au Temple et, sur le tympan, le couronnement de la Vierge.

Remarquable par sa position détachée de la cathédrale, le magnifique **clocher★★★**, édifié sur une tour massive du 14e s. et haut de 87 m, compte six étages. Il dépasse de 28 m le clocher de Villefranche-de-Rouergue *(voir ce nom)*, pourtant conçu pour rivaliser en hauteur avec celui de Rodez. Mais l'argent vint à manquer et Villefranche dut interrompre son méritoire effort. Ici, le 3e étage, élevé au 16e s., offre de grandes ouvertures fortement moulurées. Au 4e étage, de plan octogonal, des statues des apôtres garnissent les niches qui cantonnent les baies, et au 5e, des tourelles, des arcatures flamboyantes et des pinacles enrichissent encore la décoration. La partie supérieure avec sa terrasse à balustrade, son dôme et son lanternon porte une statue de la Vierge.

05 65 75 76 77 - *visite sur demande à l'office de tourisme tlj sf w.-end 15h-17h.*

Le chevet mérite l'attention pour ses chapelles et son déambulatoire couverts en terrasses, sur lesquelles des arcs-boutants à double volée reçoivent, au niveau des retombées des voûtes, les poussées exercées par les parties hautes du chœur.

Sur le portail sud, œuvre de Jacques Maurel (fin 15e s.), observez le fenestrage élégant qui garnit le tympan.

Pour une description en image, reportez-vous à l'ABC d'architecture p. 75.

Intérieur

Visite : 1h. L'élégance du gothique apparaît dans la verticalité du chœur aux fines lancettes, dans la légèreté des piliers de la nef à peine moulurés à l'emplacement des chapiteaux, dans l'élévation des grandes arcades surmontées d'un triforium dont l'ordonnance reprend celle des fenêtres hautes.

La beauté de la grande nef et de ses vastes bas-côtés, flanqués de chapelles latérales très éclairées, apparaît au mieux lorsqu'on se place derrière l'autel paroissial, à l'extrémité ouest de la nef.

Le chœur est meublé de **stalles★** dues à André Sulpice (15e s.) sur le modèle du chœur de Saint-Aphrodise de Béziers. Des 62 stalles hautes sous dais gothiques en chêne, la plus remarquable, la stalle de l'évêque, est surmontée d'un pyramidion et d'un ange (refait au 19e s.) présentant les armoiries de Bertrand de Chalençon, évêque de Rodez. Observez la délicatesse et les scènes amusantes qui décorent les miséricordes des stalles.

La 3e chapelle latérale du bas-côté droit est fermée par une belle **clôture de pierre★** du 16e s., dont les sculptures ont été malheureusement très mutilées. Sur les piliers figuraient douze statues de sibylles, prophétesses de l'Antiquité qui, selon la tradition chrétienne, prédirent la venue du Messie. Quatre seulement de ces statues subsistent, ainsi qu'un Ecce Homo, sur la face intérieure de la clôture. Cette chapelle contient, en outre, un autel Renaissance (1523) surmonté d'un grand retable comprenant une Mise au tombeau, trois petites scènes de la Résurrection et un Christ sortant du tombeau. Malheureusement, les figures ont été grossièrement repeintes à la fin du 19e s.

Dans le bras gauche du transept de la cathédrale, un buffet d'orgue majestueux.

Dans la chapelle suivante, on peut admirer un beau retable du 15e s., le Christ au jardin des Oliviers. Dans le bras droit du transept a été transporté le grand **jubé★** qui rompait la perspective de la nef : c'est une œuvre très riche de 1470. Il était orné à l'origine de 38 statues dont l'a privé la Révolution. Dans le bras gauche, le **buffet d'orgue★** est une superbe boiserie sculptée du 17e s., haute de 20,5 m.
Sur le maître-autel, remarquez une belle statue de la Vierge à l'Enfant de la fin du 14e s. Le chœur (stalles du 15e s.) est entouré d'un déambulatoire sur lequel s'ouvrent les chapelles. Deux beaux sarcophages en marbre furent disposés dans la première travée des collatéraux du chœur, ainsi qu'une Mise au tombeau du 15e s. Dans les chapelles se trouvent les tombeaux de plusieurs évêques de Rodez : parmi ceux-ci, remarquez celui de l'évêque Gilbert de Cantobre (mort en 1349) dans la chapelle située dans l'axe de la nef principale. Il est surmonté d'une table d'autel romane en marbre à pourtour de lobes. La chapelle Renaissance à l'entrée de la sacristie mérite également l'attention.

Se promener

LE VIEUX RODEZ

Autour de la célèbre cathédrale ruthénoise s'étend le quartier ancien de la cité, autrefois domaine des évêques. Quelques maisons et hôtels particuliers y subsistent. Un circuit piétonnier à travers le vieux Rodez est disponible à l'office de tourisme.

Du portail nord de la cathédrale, traverser la rue Frayssinous et entrer dans la cour du palais épiscopal.

Palais épiscopal

Il date de la fin du 17e s. et fut partiellement reconstruit au 19e s. De sa cour, on profite de la plus belle **vue** sur le clocher de Notre-Dame. Remarquez l'escalier à double révolution qui n'est pas sans rappeler celui de Fontainebleau.

Tour Corbières et tour Raynalde

Toutes deux du 15e s., elles sont les témoins des murailles et des trente tours qui fortifiaient la ville.

Face au portail de l'église du Sacré-Cœur, emprunter l'escalier qui mène à l'impasse Cambon.

Hôtel Delauro

Jadis résidence d'un chanoine, cet hôtel bâti aux 16e et 17e s. est aujourd'hui la Maison des compagnons du devoir, qui l'ont restauré.

Rejoindre la rue Frayssinous, puis gagner la place de la Cité.

Place de la Cité

À l'extrémité est se dresse la statue de bronze d'un glorieux enfant du pays, Mgr Affre, archevêque de Paris, tué le 25 juin 1848 sur la barricade du faubourg Saint-Antoine, alors qu'il s'efforçait de faire cesser le combat.

Prendre les rues de Bonald puis de l'Embergue, bordées de maisons anciennes, de magasins d'antiquités et d'échoppes d'artisans. Entre ces deux rues a été aménagé, vers 1970, l'**espace public des Embergues**, sorte de place à l'italienne où, en été, cafés et restaurants installent leurs terrasses.

Traverser en diagonale la place de la Cité et prendre la rue du Touat, jusqu'à son croisement avec la rue Bosc.

Maison de Guitard dite tour des Anglais

Cette maison du 14e s. présente une massive tour fortifiée et de belles fenêtres géminées. Les Guitard étaient de riches banquiers du 14e s. Leur blason apparaît sur la façade.

Maison de Benoît

Pl. d'Estaing. Une galerie gothique occupe deux des côtés de la cour (privée) de cette demeure Renaissance.

Maison Molinier

2 r. Penavayre. Cette ancienne maison canoniale, construite au 15e s., est précédée d'un mur de clôture surmonté d'une galerie et de deux loggias gothiques (15e s.).

Continuer la rue Penavayre et tourner à droite.

Chapelle des Jésuites

✆ 05 65 73 80 68 - de déb. juil. à mi-sept. : 9h-13h, 14h-19h.
Cet édifice de style baroque (17e s.) est aujourd'hui un lieu de conférences et d'expositions. Elle appartenait à l'un des tout premiers collèges de jésuites de France (1562). Appelée par la suite « chapelle Foch » (le lycée attenant a eu pour élève le futur maréchal), elle possède un retable monumental et surtout de très belles **tribunes en bois★** décorées de fresques dont le naturalisme a de quoi étonner.

Remonter la rue Louis-Blanc, puis contourner les bâtiments de la préfecture et de l'hôtel du département pour admirer l'hôtel 18e s. où ceux-ci sont établis.

Place du Bourg

Centre de l'ancien quartier du Bourg, domaine des comtes et des marchands, cette place, qui a gardé sa vocation marchande, est entourée de rues piétonnes où abondent les magasins. Autour de la place s'élèvent quelques maisons anciennes.

Maison de l'Annonciation

Un bas-relief de l'Annonciation, situé sur l'élégante tourelle d'angle, a donné son nom à cette maison du 16e s.

Maison dite d'Armagnac

4 pl. de l'Olmet. La façade de ce bel édifice du 16e s. est ornée de charmants médaillons à l'effigie des comtes et comtesses de Rodez. De la place de l'Olmet, on aperçoit dans la rue d'Armagnac la maison Trouillet, jolie demeure bâtie au 15e s. et aujourd'hui occupée par un commerce.

Église Saint-Amans

✆ 05 65 42 56 90 - tlj sf dim. 9h-12h, 14h-18h.
Bâtie au 12e s. (extérieur entièrement refait au 18e s. dans le style baroque), elle conserve à l'intérieur de beaux chapiteaux romans. Dans le chœur et le déambulatoire ont été placées des tapisseries du 16e s. La chapelle des fonts baptismaux abrite une curieuse statue de la Trinité en pierre polychrome.

LE TOUR DE VILLE

Construite sur une butte, Rodez offre de nombreux points de vue sur la région. On peut entreprendre le tour de la ville en voiture (en dehors des heures d'affluence) en suivant les boulevards établis sur l'emplacement des anciens remparts.

Partir de la place d'Armes et prendre le boulevard d'Estourmel. À droite, vestiges des remparts (16e s.) et terrasses de l'évêché se terminant à la tour Corbières (14e s.).

Square Monteil

Vue sur le causse du Comtal, les monts d'Aubrac et du Cantal.

Square des Embergues

Vues vers le nord et l'est. Table d'orientation.

Square François-Fabié

Vue sur le Ségala *(voir p. 54)*. Monument à la mémoire du poète rouergat François Fabié (1846-1926).

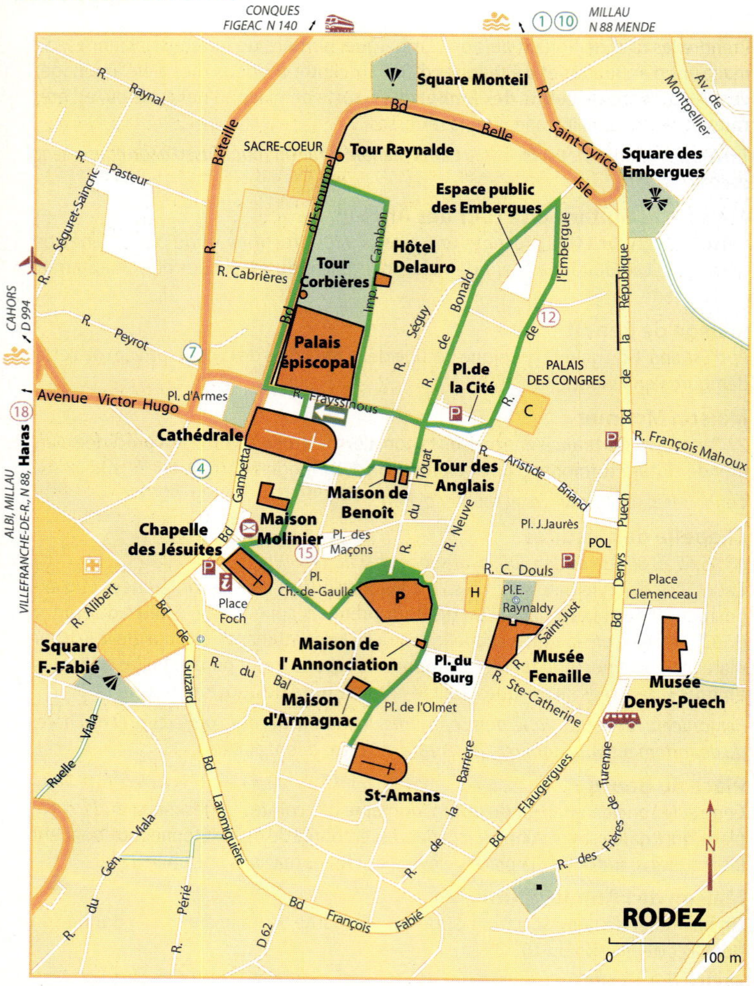

SE LOGER

Deltour Hôtel .... (1)
Hôtel Biney .... (4)
Hôtel du Midi .... (7)
Hôtel Ibis .... (10)

SE RESTAURER

La Taverne .... (12)
Le Petit Moka ....
Les Jardins d'Acropolis .... (18)

Visiter

Musée Fenaille★★

14 pl. Raynaldy - ✆ 05 65 73 84 30 - www.musee-fenaille.com - ♿ - tlj sf dim. mat. et lun. 10h-12h, 14h-18h, merc. et sam. 13h-19h - fermé 1er janv., 1er Mai, 1er nov. et 25 déc. - 3 € (enf. gratuit), gratuit 1er dim. du mois.

À l'hôtel particulier le plus ancien de Rodez (hôtel de Jouéry), dont la façade du 13e s. a évolué jusqu'au 18e s., et qui contenait autrefois les collections de la ville, a été accolé un bâtiment moderne, donnant un ensemble parfaitement cohérent. Vous y trouverez un remarquable **musée d'Archéologie et d'Histoire du Rouergue**. Une échelle du temps, présente à chaque début de section, permet de se repérer dans les différentes époques évoquées.

Pour suivre la progression chronologique, commencez par le 3e étage, dans le bâtiment moderne consacré à la **préhistoire**. Ici sont rassemblées les mystérieuses **statues-menhirs★** provenant du sud de l'Aveyron (3300-2200 av. J.-C.), dont la plus célèbre est « la dame de Saint-Sernin ».

Le 2e étage évoque l'**époque gallo-romaine**. Attardez-vous devant la vitrine sur l'écriture cursive en gaulois (très rares traces en France). On retrouve, comme au musée de Millau, une collection de poteries de la Graufesenque, provenant du fameux centre

de poteries de Condatomagus. Une maquette montre l'implantation gallo-romaine sur le piton de Rodez, une autre le forum de la ville.
On pénètre ensuite dans l'**ancien hôtel★★**, dont l'intérieur est merveilleusement mis en valeur. Les galeries, aux étages, et la cour, au rez-de-chaussée, sont désormais couvertes (toit de verre) donnant au bâtiment un charme intime particulier.
Le **Moyen Âge** est évoqué à travers la vie quotidienne (tissus, céramiques, armes...), la vie religieuse (pietà) et la cathédrale (Christ roman en marbre blanc).
Le 1er étage, consacré à la **Renaissance**, contient de belles statues (Christ de Bonnecombe en bois polychrome, croix d'oratoire) et des éléments d'architecture (clôture du chœur de la cathédrale au 16e s.).

Musée Denys-Puech

Pl. Georges-Clemenceau - ✆ 05 65 77 89 60 - www.mairie-rodez.fr - ♿ - tlj sf lun. 10h-12h, 14h-18h, mar., dim. et j. fériés 14h-18h - possibilité de visite guidée (1h) - fermé 1er janv., 8 Mai, 25 déc. - 2,50 € (-18 ans gratuit), 4 € billet combiné avec le musée Fenaille, gratuit vend. et 1er dim. du mois.
Fondé en 1910 par le sculpteur académique aveyronnais Denys Puech (1854-1942), artiste officiel de la IIIe République, ce musée propose, d'une part au rez-de-chaussée, des collections permanentes des 19e et 20e s. (Denys Puech, Maurice Bompard, peintre orientaliste, et Eugène Viala, graveur proche des symbolistes) et d'autre part au 1er étage, des expositions temporaires qui font la part belle à l'art contemporain. Depuis sa rénovation en 1989, le bâtiment présente sur le pignon des façades nord et sud deux adjonctions de François Morellet baptisées *Intégration*, véritables jeux avec le parement en pierre blanche, qui sonnent tel un dialogue avec les aînés, comme autant de commentaires et d'échos à l'académisme de Puech.

Haras

R. Eugène-Loup, par l'av. Victor-Hugo - ✆ 05 65 75 76 77 - www.haras-nationaux.fr - ♿ - visite guidée sur demande (1h15) de déb. juin à fin juil. et 2e quinz. août : mar. et jeu. 10h ; de fin juil. à mi-août : mar.-vend. 10h - fermé j. fériés - 4,50 € (10-18 ans 3 €).
Primitivement installé dans la vieille ville, le haras de Rodez fut transféré en 1806 dans une ancienne chartreuse des 16e et 17e s. Il se consacre aujourd'hui à l'élevage des étalons, plus particulièrement des anglo-arabes. On y trouve également des chevaux de trait comme le postier breton.

Aux alentours

Salles-la-Source

12 km au nord-ouest de Rodez par la D 901. S'élevant au flanc du causse du Comtal, Salles-la-Source se compose de trois hameaux superposés aux belles maisons de pierre. La source à laquelle son nom fait allusion est la résurgence d'une rivière souterraine qui sort du causse sous forme de cascades aujourd'hui canalisées par EDF. La présence de cette eau et de son énergie avait attiré ici de nombreux moulins et quelques usines, entre autres la filature où le **musée des Arts et Métiers★ (musée du Rouergue)** s'est installé. La grande salle du rez-de-chaussée, dont le plafond est soutenu par de solides colonnes de pierre, abrite des machines anciennes évoquant la longue quête de l'homme cherchant à maîtriser l'énergie de l'eau et du vent : pressoirs, moulin à huile, à farine, martinet, scierie... Le 1er étage illustre les rapports de l'homme avec le monde minéral, le 2e étage ses rapports avec le milieu végétal : agriculture, arboriculture, métiers du bois (sabotier, tonnelier, charron, menuisier, tourneur, etc.). *✆ 05 65 73 80 68 - www.aveyron-culture.com - juil.-août : tlj sf sam. matin 10h-12h30, 14h-19h ; mai-juin et sept. : tlj sf sam. 14h-18h ; avr. et oct. : merc. et dim. (à partir du dim. de Pâques) 14h-18h - possibilité de visite guidée (1h30) - fermé nov.-mars - 4 € (enf. 2,50 €).*

Le musée de Salles-la-Source est associé à une dizaine d'autres musées de la région sous l'appellation commune « **musée du Rouergue** ». Pour compléter votre découverte de la vie du Rouergue, visitez donc aussi : le musée du Rouergue à Espalion *(voir ce nom)* ; le Musée archéologique à Montrozier *(voir Bozouls)* ; le musée du Charroi à Salmiech *(à 24 km au sud de Rodez)* ; le musée de la Mine à Aubin *(voir Decazeville)*.

Château du Colombier

À Mondalazac, 20 km au nord. Sortir de Rodez par la D 988 ; à Sébazac-Concourès, prendre la D 904, et aux Espeyroux, prendre à gauche la D 227 ; suivre ensuite les panneaux. ✆ 05 65 74 99 79 - http://colombier.thoiry.net - ♿ - juil.-août : 10h30-18h30 ; de Pâques à fin juin : 14h-18h ; de fév. à Pâques et sept.-oct. : merc. et sam. 14h-17h - dernière entrée 1h avant fermeture - possibilité de visite guidée (1h30 château et jardin, 1h30 parc anima-

lier) - fermé de mi-nov. à fin janv. - 9,80 € (enf. 7,20 €).

Le grand parc abrite un château des 13e-14e s. dont on visite plusieurs salles au mobilier rudimentaire : coffres en bois transformés en placards, chaises ou tabourets, table montée sur tréteaux… Et un lit que le seigneur partageait souvent avec sa famille, parfois avec ses hôtes. Aux pieds du château ont été reconstitués des jardins médiévaux gardant jalousement à l'abri de leurs palissades fleurs d'ici et d'ailleurs, plantes médicinales et fruitiers : galegas, colchiques, cognassiers, absinthe, mélisse, etc. Longeant le château et le labyrinthe (en construction), une tonnelle de glycines mène à la roseraie plantée d'environ 150 variétés d'origine française, chinoise, écossaise ou anglaise. Plus loin, vers les terrasses de jeux (échiquier géant, grenouille et palet breton), la pivoineraie voit s'épanouir, dans la rocaille, des espèces rares venues de Chine. Le reste du domaine est consacré aux animaux (singes, rapaces, lions, daims, ours et loups) enfermés, rassurez-vous, dans de vastes enclos.

Alain Cassaigne / MICHELIN

Le château du Colombier.

Des visites guidées en costume permettent de tout savoir sur le château et les jardins médiévaux ou d'assister au nourrissage des animaux. *Juil.-août : tlj ; de Pâques à fin juin et sept. : dim. et jours fériés.*

Sainte-Radegonde

12 km au sud-est. Sortir de Rodez par la route de la Gare, puis suivre la signalisation vers le monastère. Après avoir traversé la banlieue de Rodez, prendre la D 12 vers Ste-Radegonde. Ce village, aux grosses maisons de pierres grises, est dominé par le puissant donjon-clocher et les tours de défense de l'**église**. Construite au 13e s., elle fut fortifiée à la fin du 14e s. pour abriter la population du village lors des conflits. Les soixante pièces qui y sont aménagées étaient « louées » aux villageois qui venaient s'y installer avec troupeaux, fourrages et provisions ! *05 65 42 46 00 - tlj sf merc. mat. et w.-end 8h-12h, 14h-18h (vend. 17h).*

Inières

À partir de Ste-Radegonde, prendre au sud la D 12, puis la D 112 vers Inières. Sous l'énorme donjon carré en pierre ocre, dominé par un chemin de ronde, on découvre une petite **église** fortifiée abritant une ravissante **Annonciation★** en pierre polychrome du 15e s. Au-dessus, comme à Ste-Radegonde, des chambres étaient aménagées pour accueillir la population. *05 65 42 46 00 - tlj sf merc. mat. et w.-end 8h-12h, 14h-18h (vend. 17h).*

Lacs du Lévézou★

24 km au sud-est de Rodez par les N 88 et D 911 jusqu'à Pont-de-Salars. Pour tout renseignement, s'adresser à l'office du tourisme de Pareloup-Lévézou (voir l'encadré pratique).

Le Lévézou est une région vallonnée, aux confins du Massif central, qui offre aux amoureux de nature et de grand air ses paysages verdoyants même au cœur de l'été. Avec ses grands espaces, ses multiples rivières et ses lacs, elle apporte le soir une agréable fraîcheur.

À 805 m d'altitude, le **lac de Pareloup★**, retenue artificielle aux multiples presqu'îles, s'étend sur plus de 1 000 ha et offre 120 km de berges aux touristes, pêcheurs et amateurs de sports nautiques. C'est le plus grand de la zone. Deux plages à Arvieu et Salles-Curan. Nombreuses activités nautiques dont des découvertes du lac en bateau au départ de Salles-Curan *(voir l'encadré pratique)*.

Deux autres lacs, moins étendus, permettent aussi la baignade : ceux de **Villefranche-de-Panat** et de **Pont-de-Salars**.

Rodez pratique

Adresses utiles

Office du tourisme de Rodez – *Pl. Mar.-Foch - 12005 Rodez - ✆ 05 65 75 76 77 - www.ot-rodez.fr - juin-sept. : 9h-12h30, 13h30-18h30, dim. et j. fériés (sf juin et sept.) 10h-12h ; oct.-mai : tlj sf dim. 9h-12h30, 13h30-18h, lun. 14h30-18h, sam. 9h30-12h30, 14h30-18h - fermé j. fériés sf 14 Juil. et 15 août.*

Office du tourisme de Pareloup-Lévézou – *Pl. de la Mairie - 12290 Pont-de-Salars - ✆ 05 65 46 89 90 - www.levezou-viaur.com - tlj sf w.-end 9h-12h30, 13h30-18h (vend. 17h) - fermé j. fériés.*

Office du tourisme municipal de Salles Curan – *Pl. de la Mairie - 12410 Salles-Curan - ✆ 05 65 46 31 73/68 04 - www.salles-curan.fr*

Visite

Visite guidée de la ville – L'office de tourisme propose une découverte du clocher de la cathédrale et une visite des haras en sais. 2 j par sem., hors sais. sur demande. *Renseignements et inscription obligatoire à l'office de tourisme (4,50 € par visite).*

Se loger

⊖ **Deltour Hôtel** – *Av. de la Gineste - ✆ 05 65 71 22 71 - www.deltourhotel.com - P - 26 ch. 43/46 € - ☕ 5 €.* Un peu à l'écart du centre-ville, mais facile d'accès et bien indiqué, cet établissement « de chaîne familiale » propose 26 chambres de confort actuel. Mobilier standard de bonne qualité, salle de bains et w.-c. séparés, prix très corrects, particulièrement bas en week-end. Une aubaine pour visiter les environs.

⊖⊖ **Hôtel Ibis** – *46 r. St-Cyrice - ✆ 05 65 76 10 30 - h2748gm@accor.com - 45 ch. 46/65 € - ☕ 6,50 € - rest. 16 €.* Au cœur d'un quartier totalement restauré, hôtel de chaîne disposant de petites chambres fonctionnelles, parfois dotées d'un balcon. Salle de réunions et salon-bar.

⊖⊖ **Hôtel du Midi** – *1 r. Béteille - ✆ 05 65 68 02 07 - www.hotelmidi.com - fermé 20 déc.-6 janv. - P - 34 ch. 48/52 € - ☕ 7,50 € - rest. 10,50/26 €.* Face à la cathédrale, cet hôtel propose des chambres simples, claires et bien tenues, mieux insonorisées sur l'arrière. Deux salles à manger. Cuisine classique régionale.

⊖⊖⊖⊖ **Hôtel Biney** – *R. Victoire-Massol - ✆ 05 65 68 01 24 - www.hotel-biney.com - 26 ch. 105/135 € - ☕ 15 €.* Cet hôtel récent situé tout près du centre-ville est intégré à un carré d'immeubles délimitant un espace vert appréciable pour sa tranquillité. Coquet salon bourgeois et chambres sobrement aménagées.

Se restaurer

⊖ **Le Petit Moka** – *Pl. des Maçons - ✆ 05 65 75 63 34 - tlj sf dim. et lun. 8h-19h - 8/10 €.* Cette sympathique adresse occupe une situation idéale dans le vieux Rodez. Agencée sur deux étages, elle propose salades, croques et tartines variés au déjeuner, crêpes, gaufres et pâtisseries maison l'après-midi. La carte compte 20 cafés et 23 thés différents.

⊖ **La Taverne** – *23 r. de l'Embergue - ✆ 05 65 42 14 51 - www.tavernerodez.com - fermé 1 sem. en mai, 2 sem. en sept., dim. et j. fériés - 11/16 €.* Le patron qualifie son restaurant de « ferme-auberge à la ville ». La cuisine se veut résolument aveyronnaise : choux farcis, picaucel, farçous et bien sûr l'aligot. Grande salle voûtée au sous-sol. On lui préférera, l'été, la terrasse donnant sur une petite place piétonne.

⊖⊖ **Les Jardins de l'Acropolis** – *R. Athènes - ✆ 05 65 68 40 07 - acropolys@wanadoo.fr - fermé 2-16 août, dim. soir et lun. - 16 € déj. - 22/60 €.* Ce restaurant abrite deux élégantes salles à manger contemporaines agrémentées de boiseries cérusées couleur bois de rose. La cuisine au goût du jour, sophistiquée mais bien maîtrisée, mitonnée par le patron fait de cette adresse l'une des bonnes tables de Rodez.

Que rapporter

C'est la foire – Marché samedi matin pl. de la Cité et pl. du Bourg, vendredi après-midi pl. du Sacré-Cœur.

Domaine du Vieux Porche - Jean-Luc Matha – *Lieu-dit Bruéjouls - 12330 Marcillac-Vallon - ✆ 05 65 72 63 29 - jl.matha@wanadoo.fr - tlj sf dim. 9h-12h, 14h-18h, (tlj en juil.-août) - fermé j. fériés.* Boutique de produits locaux installée dans une cave voûtée. Vous y trouverez les vins de Marcillac, rouge et rosé, ainsi que trois apéritifs maison : Lo Grabel, Lo rascalou et Lo ratafia, respectivement à base de vins et pissenlits, noix vertes et moût de raisin.

Sports & Loisirs

Bateau-restaurant « Emmanuel-III » – *Lac de Pareloup - 12410 Salles-Curan - ✆ 05 65 46 31 04.* Tour du lac de Pareloup.

Événements

Si elles n'attirent plus comme autrefois les foules, les quatre foires de Rodez ont toujours lieu les derniers vendredis de mars et juin et les premiers vendredis de septembre et décembre. La foire à la sauvagine a quant à elle disparu ; on y vendait, entre autres, des peaux de renard.

La Romieu★

532 ROMÉVIENS
CARTE GÉNÉRALE A2 – CARTE MICHELIN LOCAL 336 E6-F6 – GERS (32)

Cette étape sur le chemin de Saint-Jacques - un *romieu* désignait autrefois un pèlerin sur le chemin de Compostelle -, qui fut aussi une cité ecclésiastique, était autrefois entourée de fossés et de murailles. Il faut choisir le moment privilégié où la lumière inonde la jolie place à arcades pour s'y promener.

Se repérer – Au nord-est de Condom, La Romieu se trouve sur le chemin de Saint-Jacques qui, venant du Puy, passe à Moissac puis à Flaran. Alors pourquoi ne pas prendre votre bâton de pèlerin et emprunter le GR 65 pour vous y rendre ?

À ne pas manquer – La collégiale et son cloître ; les statuettes de chats disséminées dans la ville.

Pour poursuivre la visite – Voir aussi Condom, Lectoure.

Stéphane Sauvignier / MICHELIN

Comprendre

La cité des chats – De nombreuses effigies de ces charmants félins guettent leur proie, font le gros dos ou sommeillent à l'encoignure des fenêtres de la ville. Ces statuettes, œuvres de Maurice Serreau, viennent rappeler la légende d'Angéline, une jeune fille qui aimait beaucoup les chats, au point d'en abriter clandestinement quelques-uns, lorsqu'une famine contraignit les habitants du village à dévorer leurs matous lors du terrible hiver de 1342. Mais les chats n'étaient pas rancuniers et, l'année suivante, ceux à qui Angéline avait évité de finir en civet croquèrent les rats qui mettaient à mal les récoltes, sauvant ainsi les habitants. Quant à Angéline, elle est également représentée sur la place : la légende dit qu'au fil des années son visage ressembla de plus en plus à celui d'un chat…

Visiter

Collégiale★

05 62 28 86 33 - www.la-romieu.com - (dernière entrée 45mn av. fermeture) juin-sept. : 10h-19h, dim.14h-19h ; oct.-avr. : tlj sf dim. mat. 10h-12h, 14h-18h ; mai : 10h-18h30, dim. 14h-18h30 - fermé 1er janv., 1er nov. et 25 déc. - 4,50 € (-12 ans gratuit).

On doit l'édifice au cardinal Arnaud d'Aux, né à La Romieu vers 1270, qui fut camérier des papes d'Avignon Clément V (son cousin) et Jean XII. Bien que ses motifs décoratifs aient été dégradés, le **cloître** a survécu aux guerres de Religion et à la Révolution ; il offre un ensemble d'une belle pureté. Par un portail ouvert sous un arc à mâchicoulis, on descend à l'église, dont le chœur abrite les tombeaux du cardinal d'Aux et de ses neveux. Sous la voûte en étoile, admirez les anges musiciens.

Tour est

Plantée hors œuvre, cette magnifique tour octogonale est occupée par des salles gothiques superposées. Au rez-de-chaussée, la sacristie a conservé ses peintures murales du 14e s. En empruntant un escalier à vis de 153 marches, on accède à la plate-forme d'où se découvre une vue intéressante sur les combles, la tour-clocher de l'ouest, la tour du Cardinal, le cloître et la place à couverts.

Tour du Cardinal

Accès au sud du cloître. C'est le seul vestige du palais du cardinal d'Aux.

Les Jardins de Coursiana

05 62 68 22 80 - www.jardinsdecoursiana.com - - de Pâques à la Toussaint : tlj sf merc. (hors juil.-août) et dim. 10h-20h - 6 € (7-16 ans 4 €).

Au milieu des vergers de pruniers, le jardin fut créé en 1974 par un botaniste passionné. Repris par la famille Delannoy, il abrite un arboretum de 700 espèces d'arbres et arbustes, ainsi qu'une collection nationale de tilleuls, des massifs fleuris et un jardin de plantes médicinales et aromatiques. Cadre agréable et belle vue sur la collégiale.

Un jeu-découverte donne une dimension ludique à la visite.

La Romieu pratique

Adresse utile

Office du tourisme de La Romieu – *R. du Dr-Lucante - 32480 La Romieu - ☎ 05 62 28 86 33 - www.la-romieu.com - juin-sept. : 10h-19h, dim. 14h-19h ; oct.-avr. : tlj sf dim. mat. 10h-12h, 14h-18h ; mai : 10h-18h30, dim. 14h-18h30 - fermé 1er janv., 1er Nov. et 25 déc.*

Se loger

⊖⊖ **Le Relais des Arcades** – *6 pl. Bouet - ☎ 05 62 28 10 29 - - 4 ch. 65/76 €* . Au centre du village, et au pied de la collégiale, cette vieille bâtisse du 15e s. compte 4 chambres pleines de caractère. Pierres apparentes ou coloris assortis, chacune offre un confort et une simplicité faisant la joie des pèlerins. Un prix un peu élevé mais encore raisonnable pour une halte dans la région.

Se restaurer

⊖⊖ **Le Cardinal** – *Pl. Bouet - ☎ 05 62 68 42 75 - fermé 16 nov.-14 mars, dim. soir et lun. - 16 €.* Connu et apprécié dans la région, ce restaurant limite volontairement son service à une cinquantaine de couverts, par souci de qualité. Mieux vaut donc penser à réserver si l'on veut apprécier le cadre rustique et la cuisine savoureuse, à base de produits locaux. Un accueil très agréable.

⊖⊖ **Ferme-auberge Chèvre Feuille** – *32100 Castelnau-sur-l'Auvignon - 3 km à l'O de La Romieu par D 41 - ☎ 05 62 28 25 24 - jeanlouis.charrois@worldonline.fr - ouv. tlj en été sf sam. midi et merc. - - réserv. obligatoire - 20/23 €.* Jolie ferme du 18e s. entourée par un jardin fleuri et boisé. La cuisine « maison » est réalisée avec les produits de l'exploitation agricole (cochon, coq, etc.) et servie dans une petite salle à manger rustique réchauffée par une grande cheminée en pierre.

Événements

La nuit des Bandas – Le 13 juillet, dans les rues de la ville.

La Fête des chats – À la mi-août (!). Exposition féline internationale (près de 200 chats de race). Artisans et artistes autour du chat.

Saint-Antonin-Noble-Val★

1 887 SAINT-ANTONINOIS
CARTE GÉNÉRALE C2 – CARTE MICHELIN LOCAL 337 G7 – TARN-ET-GARONNE (82)

Les rayons du petit matin, dans la vallée de l'Aveyron, rosissent un peu plus les tuiles rondes qui couvrent les toits de cette cité ancienne à la limite du Quercy, de l'Albigeois et du Rouergue. Organisée autour d'une rare mairie médiévale, Saint-Antonin est l'avant-poste idéal pour parcourir les gorges de l'Aveyron et un véritable pôle d'activités en pleine nature.

Se repérer – Les deux axes qui permettent d'accéder facilement au bourg sont la D 115, qui longe la berge gauche de l'Aveyron, et la D 958, qui longe la droite. Attention, la circulation est délicate dans le centre aux rues et ruelles étroites.

Se garer – D'où que l'on vienne, le vieux bourg est ceint de parkings, plus ou moins ombragés : sur la route de Caussade, en direction de Caylus, place des Tilleuls, ou encore en direction du Bosc, vers la salle polyvalente.

À ne pas manquer – L'ancien hôtel de ville ; le château de Penne ; le musée Marcel-Lenoir à Montricoux.

Organiser son temps – Après une promenade dans la cité, prenez la route des gorges de l'Aveyron, propices aux pique-niques.

Pour poursuivre la visite – Voir aussi Bruniquel, Cordes-sur-Ciel, Najac.

Se promener

Au Moyen Âge, la présence d'un point de passage assurait à la bourgade d'importantes sources de revenus (octroi) ainsi qu'une grande circulation commerciale ! Saint-Antonin était fréquenté par de riches marchands de draps, de fourrures et de cuirs qui s'installèrent dans de belles demeures des 13e, 14e et 15e s., dont certaines subsistent.

Ancien hôtel de ville★

Bâti en 1125 pour un riche bourgeois anobli, Pons de Granolhet, ce bâtiment est l'un des plus anciens spécimens d'architecture civile en France. Au 14e s., il fut utilisé comme maison des Consuls. Viollet-le-Duc le restaura au siècle dernier et lui accola un beffroi carré, couronné d'une loggia à mâchicoulis dans le style italien toscan, selon le projet qu'il présenta en 1845. Cette construction, un peu inattendue, a alimenté bien des polémiques... La façade se compose de deux étages. La galerie de colonnettes du 1er étage de l'ancien hôtel de ville est ornée de deux piliers portant les statues de l'empereur Justinien, d'Adam et Ève. Au rez-de-chaussée, des arcades en arc brisé s'ouvrent sur un musée.

Musée

☏ 05 63 68 23 52 ou 05 63 30 63 47 (Office de tourisme) - juil.-août : tlj sf mar. 10h-13h, 15h-18h ; reste de l'année : sur demande 2 ou 3 j. à l'avance - 2,50 € (enf. 1,80 €).

Il abrite des collections de préhistoire, parmi lesquelles la période magdalénienne est particulièrement bien représentée. Une salle est réservée au folklore.

Le saviez-vous ?

◉ Son site agréable a valu à la station gallo-romaine, ancêtre de la ville actuelle, le nom de Noble-Val (Nobilis Vallis). La première partie du nom a été donnée en souvenir d'Antonin, le saint qui, selon la tradition, serait venu évangéliser les confins du Rouergue. Martyrisé à Pamiers, ses reliques auraient été placées par les anges dans une barque qui, guidée par des aigles blancs, aurait descendu l'Ariège et la Garonne.

◉ Le vicomte de Saint-Antonin, Ramon Jordan, né vers 1150, comptait parmi les plus brillants troubadours de son temps.

Rue Guilhem-Peyre

Débutant sous le beffroi de l'ancien hôtel de ville, c'était la voie noble qu'empruntaient tous les cortèges. À droite s'élève l'ancienne caserne royale dite « caserne des Anglais », et dans le coude de la rue une splendide demeure du 12e s.

Descendre la rue vers la place de Payrols, puis s'engager à droite à la hauteur de la perception.

Rue des Grandes-Boucheries

À l'angle de la rue de l'Église, la « maison du Roy » présente au rez-de-chaussée cinq arcades ogivales, et au 1er étage autant de baies géminées, aux chapiteaux ornés de têtes juvéniles.

Remonter la rue de l'Église vers la nouvelle mairie.

Ancien couvent des Génovéfains

Construit en 1751, il accueille la mairie et le syndicat d'initiative. Un panneau placé à l'entrée de la galerie sud permet d'en connaître l'historique.

Gagner la place de la Halle par la rue Saint-Angel et la place du Buoc.

Croix de la Halle

Devant la halle aux robustes piliers se dresse une curieuse croix du 15e s. « à raquette », sculptée sur ses deux faces. Cet ouvrage original et rare, offert par la confrérie des orfèvres, aurait figuré primitivement à l'entrée ou au centre de l'ancien cimetière. Sur ce dernier, alors situé aux abords de l'Aveyron, a été aménagée l'actuelle promenade des Moines.

Rue de la Pélisserie

Elle est bordée des riches maisons des maîtres tanneurs et fourreurs (13e et 14e s.).

Tourner à gauche dans la rue des Banhs.

Rue Rive-Valat

Longée par un petit canal enjambé par des ponts, c'est une des nombreuses dérivations de la rivière Bonnette creusées au Moyen Âge pour servir de tout-à-l'égout et alimenter les tanneries ; celles-ci possèdent un dernier étage à claire-voie, à usage d'entrepôt et de séchoir, semblable à un *soleilho.*

La rue Rive-Valat débouche sur la rue Droite qui regagne, sur la droite, la place de la Halle.

Rue Droite

Dans cette rue, deux habitations se distinguent par la qualité de leurs clefs de voûte figurées, la **maison de l'Amour** (fin du 15e s.) et la maison du Repentir, où, à l'inverse, deux visages se détournent l'un de l'autre. Vers le milieu de la rue, très belle façade à double encorbellement, avec colombage garni de tuf calcaire et croisillons de bois.

Par la gauche, on débouche sur la place des Capucins d'où part la rue du Pont-des-Vierges.

Rue du Pont-des-Vierges

Au niveau de la place du Bessarel, anciens moulin et pressoir à huile de noix, aujourd'hui encore en état de fonctionnement. *✆ 05 63 30 63 47 - visite guidée (20mn) sur demande à l'Office de tourisme - 0,50 € - visite incluse dans la visite guidée de la ville ou du musée.*

Hervé Champollion / MICHELIN

À l'abri sur son rocher, le château de Penne.

Circuit de découverte

GORGES DE L'AVEYRON★

49 km – environ 3h. Quitter St-Antonin au sud par la D 115 qui longe l'Aveyron.

Penne

Dominé par son château, Penne occupe un **site★** remarquable. Son nom évoque le piton rocheux, surplombant l'Aveyron, auquel s'accroche le village. On en a une jolie vue depuis la D 33, au nord du village, ainsi que depuis la D 133 au sud. Au-dessus des maisons se découpe la silhouette tourmentée de la puissante forteresse médiévale, dont certains pans de murs déchiquetés, posés à l'extrême pointe du rocher, semblent défier les lois de l'équilibre.

Laissez la voiture sur la D 9, à l'entrée du village, pour partir à l'assaut de celui-ci. Une rue étroite mène à l'église dont le clocher-beffroi, percé d'une porte ogivale, sert d'entrée au village fortifié.

Une rue pittoresque, bordée de maisons anciennes, monte en direction du château, puis redescend vers la porte Peyrière, à l'autre extrémité du bourg.

La croix de la Peste (17e s.), commémorant le fléau qui s'abattit à plusieurs reprises sur le village, marque le départ du sentier qui grimpe, à flanc de rocher, vers les tours en ruine du **château**. Ce dernier, par sa situation, a joué un rôle important dans l'histoire locale. Lors de la croisade contre les albigeois, il fut l'enjeu d'escarmouches sanglantes entre le seigneur local, rallié à l'hérésie, et l'inévitable Simon de Montfort. Plus tard, pendant la guerre de Cent Ans, il fut convoité par les Anglais et routiers qui s'en rendirent maîtres tour à tour, avant de tomber en ruine au 19e s. De l'extrémité du promontoire, belle **vue★** sur les tours et les murailles de la forteresse, le village et la vallée de l'Aveyron.

Quitter Penne au sud par la D 9 qui offre des **vues★** *magnifiques sur le village.*

La route escalade le rebord du plateau sur lequel elle court ensuite au milieu d'une maigre végétation d'arbustes rabougris mêlés de quelques vignes. Elle redescend ensuite vers la vallée, dans un paysage de hautes collines boisées, laissant apparaître, de temps à autre, la roche à nu.

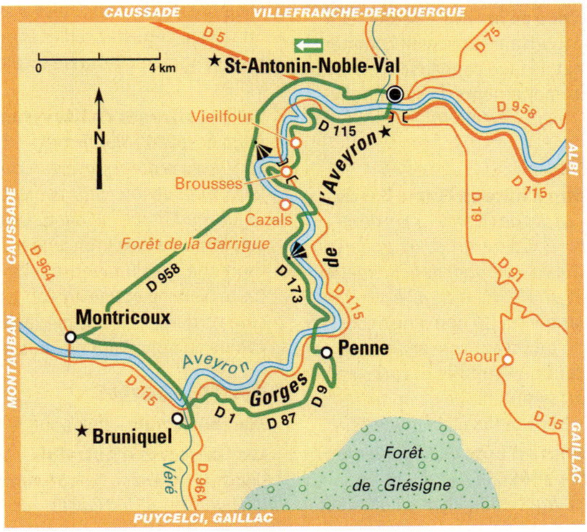

Les aléas de la postérité

Né à Montauban, Jules Oury, alias Marcel Lenoir (1872-1931), fut après 1918 l'une des grandes figures de Montparnasse, admiré par Modigliani, Braque et Matisse. Cependant, cultivant la marginalité, brouillé avec l'ensemble de la critique, refusant de se figer dans un style et adoptant une démarche profondément personnelle (des fresques de grande dimension sur des thèmes souvent religieux), il n'accéda pas à la même célébrité que ses contemporains. Il termina ses jours dans l'oubli à Montricoux. Saura-t-on un jour redécouvrir cette œuvre, surprenante d'originalité, et appréhender l'art avec lequel Marcel Lenoir savait faire passer dans la gestuelle l'âme de ses personnages ? La visite du musée de Montricoux aura au moins le mérite de poser la question.

Par la D 1E que l'on prendra sur la gauche, on atteint Bruniquel.

Bruniquel★ *(voir ce nom)*

Quitter Bruniquel à l'ouest en franchissant l'Aveyron.

Montricoux

Bâti en terrasse sur la rive droite de l'Aveyron, Montricoux a conservé ses anciennes murailles. La place Marcel-Lenoir et certaines ruelles bordées de pittoresques maisons datant des 13e, 14e et 15e s., en encorbellement et à colombages, offrent une agréable flânerie.

Le château de Montricoux abrite le **musée Marcel-Lenoir★** où vous pourrez découvrir l'œuvre puissante et originale d'un peintre injustement oublié. *✆ 05 63 67 26 48 - www.marcel-lenoir.com - ♿ - de déb. mai à fin sept. : 10h30-18h - possibilité de visite guidée (45mn) - 5 € (enf. gratuit).*

La D 958 traverse la forêt de la Garrigue et offre des échappées sur les gorges de l'Aveyron en contrebas. Puis la route en corniche longe la rivière avant de rejoindre St-Antonin.

Saint-Antonin-Noble-Val pratique

Adresses utiles

Office du tourisme de Saint-Antonin-Noble-Val – *Place de la Mairie - 82140 St-Antonin-Noble-Val - ✆ 05 63 30 63 47 - www.saint-antonin-noble-val.com - juil.-août : 9h30-12h30, 14h-19h ; avr.-juin et sept. : 10h-12h30, 14h-18h ; oct.-mars : tlj sf lun. matin 10h-12h30, 14h-17h (fermé dim. et sam. matin de nov. à fév.).*

Office du tourisme de Penne et du Pays du Vaour – *Le Bourg - 81140 Penne - ✆ 05 63 56 36 68 - en saison 10h-12h, 15h-19h ; hors saison 14h-17h.*

Visite

Visite guidée de la ville – S'adresser à l'office de tourisme - un circuit commenté (2h) permet de faire connaissance avec les principaux monuments de St-Antonin - *juil.-août : merc. et vend. 10h - 3 P.*

Se loger

⊖ Chambre d'hôte La Ferme Bès de Quercy – *Le Bès de Quercy - 5 km de St-Antonin par D 926 rte de Caylus, puis petite rte à gauche après le pont de la Bonnette - ✆ 05 63 31 97 61 - ⊭ - 4 ch. 42 € ☕ - repas 15 €.* Implantée sur un domaine de 230 ha, cette exploitation agricole en activité abrite 4 chambres simples et confortables. Accueil fort sympathique et, en table d'hôte, de bons petits plats mijotés.

⊖⊖ Chambre d'hôte La Résidence – *37 r. Droite - ✆ 05 63 67 37 56 - www.laresidence-france.com - fermé 2 sem. en fév. et 2 sem. en nov. - ⊭ - 5 ch. 67/80 € ☕.* Charme « british » et couleurs du Sud se conjuguent avec bonheur dans cette maison de maître du 18e s. tenue par un couple germano-hollandais. La plupart de ses chambres ouvrent sur le jardin et celle qui a une terrasse a un succès fou !

Se restaurer

⊖⊖ La Corniche – *Brousses - 9 km au SO de St-Antonin par D 115 - ✆ 05 63 68 26 95 - fermé 15 déc.-1er mars - ⊭ - réserv. conseillée - 18/28 €.* Sur la route des gorges de l'Aveyron, cette coquette maison de village, à l'ambiance chaleureuse, sert une cuisine authentique. En saison, dégustez cailles et agneaux du terroir. Agréable terrasse surplombant la vallée.

⊖⊖ Les Gorges de l'Aveyron – *Le Bugarel - 82800 Montricoux - ✆ 05 63 24 50 50 - www.gorges-aveyron.com - fermé janv., mars et nov. ; mar. et merc. sf du 15 juin au 15 sept. - 25/60 €.* Un parc en surplomb de l'Aveyron, une grande villa moderne, une lumineuse salle à manger toute blanche et une agréable terrasse côté verdure,... La cuisine classique y évolue au bon plaisir des saisons.

Que rapporter

Marché de nuit – Juil.-août, le jeudi.

Les Conserves d'Autrefois – *Las Couchos - 12 km au N de St-Antonin-Noble-Val par D 19 - 82160 Caylus - ✆ 05 63 67*

06 14 - www.ramond-fils.fr - tlj sf dim. 9h-12h30, 14h-19h. Depuis quatre générations, les Ramond se transmettent de père en fils leur savoir-faire et leurs recettes : pavé caylusien (médaillon de foie de canard), magret de canard fourré, bûche de dinde au foie gras, plats cuisinés, etc. La découverte de l'atelier est instructive et la boutique décorée avec goût (visite et dégustation gratuites).

Événements

Fête des moissons – En juillet.

Fête des battages – En août.

Saint-Bertrand-de-Comminges★★

237 SAINT-BERTRANAIS

CARTE GÉNÉRALE A/B4 – CARTE MICHELIN LOCAL 343 B6 – HAUTE-GARONNE (31)

Dressée sur un piton rocheux avec pour toile de fond les premières hauteurs du piémont pyrénéen et ceinturée de remparts médiévaux, la ville domine le bassin de la Garonne. Elle est traversée de ruelles, peuplée d'artisans d'art, plantée de boutiques et de vieilles demeures à colombages. Dans la partie haute depuis la cathédrale Sainte-Marie, à 515 m d'altitude, on peut contempler les pics neigeux du Cagire, du Gar ou du Montsacon… La partie basse, demeurée plus « authentique », moins touristique, conserve une activité pastorale et agricole.

Se repérer – Saint-Bertrand ne se trouve qu'à 10 km au sud de l'A 64, sortie 17 (Montréjeau, Luchon, Saint-Bertrand-de-Comminges). Une fois arrivé à proximité du village, nul danger de se perdre, la cathédrale se voit de loin.

Se garer – En juil.-août, la route d'accès à la partie haute de St-Bertrand est fermée. Soit on laisse la voiture au parking et on marche jusqu'à la porte Majou, d'où l'on peut emprunter le petit train (1 €) ; soit on se gare sous les platanes de la grand-place (accès près du camping Es Pibous de Valcabrère) et on prend les escaliers qui, bien qu'un peu raides, raccourcissent considérablement l'ascension.

À ne pas manquer – Le cloître et les boiseries du chœur des chanoines, dans la cathédrale Sainte-Marie.

Organiser son temps – Démarrez la visite par les vestiges dans la partie antique avant de grimper jusqu'à la cathédrale Sainte-Marie. Après une petite promenade dans les ruelles de la ville, vous redescendrez sur Valcabrère en direction de la basilique Saint-Just. Prévoyez au moins une demi-journée.

Avec les enfants – La maison des Sources à Mauléon-Barousse.

Pour poursuivre la visite – Voir aussi Saint-Gaudens, Bagnères-de-Luchon, la proposition d'escapade en Espagne depuis Saint-Béat *(p. 15)*.

Ludovic Cazenave / MICHELIN

Une vue nocturne de la cathédrale Saint-Bertrand-de-Comminges.

Comprendre

Le souvenir d'Hérode – Fondée par le général romain Pompée à la fin du 1er s. av. J.-C., Lugdunum Convenarum, capitale des Convènes (peuple Celte), se développa surtout à partir du règne d'Auguste (27 av. J.-C. - 14 apr. J.-C.). Selon l'historien Flavius Josèphe, elle aurait servi à cette époque de lieu d'exil à Hérode Antipas, le tétrarque de Galilée qui fit décapiter saint Jean-Baptiste pour accéder au désir de sa belle-fille, Salomé. Dans sa période la plus florissante (la seconde moitié du 2e s.), la cité comptait entre 5 000 et 10 000 habitants et couvrait 32 ha. Elle déclina à la chute de l'empire romain avant d'être « rasée » en 585 par les Burgondes. Le déplacement de l'habitat du bas vers le haut, de la plaine vers la colline tel qu'on le connaît aujourd'hui, eut lieu au 5e s.

Le saviez-vous ?

Baptisée Lugdunum Convenarum sous l'Antiquité, la cité a pris au 5e s. le nom de sa population, comme nombre d'autres villes françaises. De Convenæ à Combenæ et Commenæ, le nom s'est progressivement transformé jusqu'à devenir Commenges puis Comminges au Moyen Âge. On y accola le nom du saint patron de la ville après sa canonisation vers 1220.

Ancienne province de la Gascogne, située au cœur de la chaîne pyrénéenne, à mi-chemin entre l'Atlantique et la Méditerranée, le Comminges recouvre une partie des départements de la Haute-Garonne, de l'Ariège, du Gers et des Hautes-Pyrénées.

Les deux Bertrand – Vers 1120, Bertrand de L'Isle-Jourdain, évêque du Comminges et petit-fils du comte de Toulouse Guillaume Taillefer, lance la fondation de la cathédrale Sainte-Marie. À sa mort, son œuvre est poursuivie par un autre Bertrand, de Got, devenu sous le nom de Clément V le premier pape d'Avignon. Plus tard, face au flot de pèlerins, ce dernier entreprit d'agrandir la cathédrale. Des travaux qui ne s'achevèrent qu'en 1352.

Se promener

Site antique

Les fouilles (toujours en cours) ont permis de dégager, dans la partie basse, un temple consacré sans doute à Rome et à Auguste, deux établissements thermaux, un théâtre, une basilique paléochrétienne du 5e s., un marché précédé d'une grande place bordée de portiques, monuments publics attestant la réalité d'une cité populeuse et animée. À l'entrée de chacun de ces vestiges, visibles depuis le haut de la cité, est apposé un panneau explicatif.

Visiter

CATHÉDRALE STE-MARIE★

Accès payant au cloître, aux terrasses et dans la partie droite de l'église (trésor, stalles), accès libre dans le reste de la cathédrale - 05 61 89 04 91 (bureau des guides) - juin-sept. : 9h-19h, dim. 14h-19h ; fév.-avr. et oct. : 10h-12h, 14h-18h, dim. 14h-18h ; mai : 9h-18h, dim. 14h-18h ; nov.-janv. : 10h-12h, 14h-17h, dim. 14h-17h - possibiilité de visite guidée à 11h - 4 € (+10 ans 1,50 €). La cathédrale comprend une partie romane : la façade, le porche et les trois travées occidentales. Le portail montre au tympan une Adoration des Mages et l'évêque saint Bertrand. Le reste de l'édifice est gothique.

Cloître★★

Une situation exceptionnelle en hauteur donne à ce lieu, au-delà de ses qualités architecturales, une spiritualité et une poésie particulières. La galerie sud, ouverte sur l'extérieur, confère au visiteur le rare privilège de pouvoir contempler le paysage alentour depuis le jardin clos.

Seule la galerie occidentale date de l'époque romane (12e s.). Quoique d'inspiration gothique, les galeries sud et est s'intègrent parfaitement à l'ensemble architectural. La galerie nord, située contre l'église, a été refaite aux 15e et 16e s. et contient des sarcophages. Abandonnant notre méditation, on détaillera les remarquables chapiteaux décorés d'entrelacs, de feuillages ou de scènes bibliques et on s'attardera devant le célèbre pilier **(1)** des quatre évangélistes (Matthieu, Marc, Luc et Jean), dont le chapiteau représente les signes du zodiaque associés à chaque saison de l'année.

Trésor★

Au-dessus de la galerie nord du cloître ; accès par l'intérieur de l'église, à droite de la Chapelle Sainte-Marguerite.

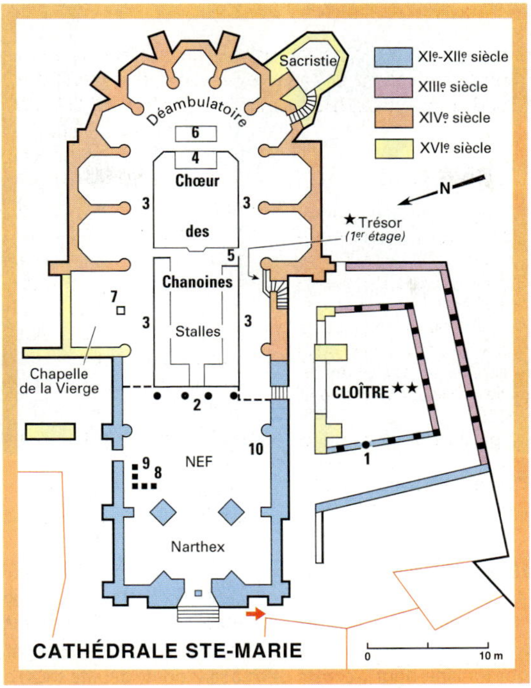

Dans la chapelle surélevée et l'ancienne salle capitulaire sont exposés des tapisseries de Tournai du 16e s., des vases sacrés et des ornements : chape de la Vierge et chape de la Passion (splendide travail de broderie liturgique dite anglaise) offertes en 1309 par Bertrand de Got à l'occasion du transfert des reliques de Saint-Bertrand, mitre, gants, sandales et crosse de Saint-Bertrand en « corne d'alicorne » (défense de narval).

Chœur des chanoines

Église de bois dans une église de pierre, ce chœur, réalisé grâce au mécénat de l'évêque Jean de Mauléon, est formé de splendides **boiseries★★** Renaissance : le jubé **(2)**, la clôture du chœur **(3)**, le retable du maître-autel **(4)** (dont les deux étages de niches contiennent des objets recouverts au 18e s. de peintures et dorures criardes), le trône épiscopal **(5)** surmonté d'un dôme pyramidal à trois étages garnis de clochetons et enfin 66 **stalles** dont 38 hautes et 28 basses. Seules les stalles hautes possèdent de hauts dossiers surmontés d'un dais ou baldaquin. Ces bois sculptés traitent d'une grande variété de sujets : les modèles sont religieux (saints, prophètes, vertus…) mais aussi mythologiques et même profanes. Les motifs les plus extravagants sont taillés dans les parcloses (séparations) et les miséricordes (mini-sièges d'appui).

Mausolée de saint Bertrand (6)

Édicule de pierre en forme de châsse (15e s.) et couvert de peintures représentant les miracles de saint Bertrand.

Chapelle de la Vierge

À l'entrée, tombeau en marbre de Hugues de Châtillon **(7)**, qui termina la cathédrale au 14e s.

Nef et narthex

Au revers du jubé, les fidèles disposaient d'un espace réduit mais riche en mobilier. De biais dans l'encoignure, un superbe buffet d'**orgue★** du 16e s. **(8)** dont les sculptures traitent de sujets profanes (scènes champêtres, travaux d'Hercule). La chaire est du 16e s. **(9)**, l'autel paroissial (1621) **(10)** est décoré d'un beau devant d'autel (antependium) en cuir de Cordoue.

Circuits de découverte

ENTRE GARONNE ET NESTE D'AURE 1

32 km - 45mn. Quitter Saint-Bertrand au nord-est par la D 26.

Au pied de Saint-Bertrand, la basilique romane de Saint-Just de Valcabrère.

Basilique Saint-Just de Valcabrère★

✆ 05 61 95 49 06 - juil.-sept. : 9h-19h ; avr. et 1re quinz. d'oct. : 10h-12h, 14h-18h ; mai-juin : 9h-12h, 14h-19h ; 2e quinz. d'oct. : 14h-18h ; de nov aux vac. de Toussaint : 14h-17h - après la Toussaint à fin mars : w.-end et vac. scol. d'hiver14h-17h - 2 € (-10 ans gratuit).

Cette basilique romane, dont la construction a sans doute débuté sous l'ère de Saint-Bertrand, est isolée au milieu des champs, entourée d'un cimetière de campagne planté de cyprès se prolongeant de l'autre côté par un enclos funéraire (également accessible depuis la basilique par une porte latérale). C'est face à son chevet que l'on a la vue la plus saisissante de Saint-Bertrand-de-Comminges.

L'édifice, bâti aux 11e et 12e s., en bonne part avec des matériaux provenant de la cité antique de Lugdunum Convenarum, est dédié à saint Just et saint Pasteur, deux jeunes frères mis à mort en Espagne pendant la persécution de Dioclétien, et à saint Étienne, premier martyr chrétien. En pénétrant dans le cimetière, on remarquera, de part et d'autre du portail, une belle inscription funéraire du 4e s., puis le portail latéral nord (12e s.) de l'église pour ses quatre statues-colonnes qui évoquent le martyre des trois saints patrons du lieu. Le quatrième personnage, une femme présentant une croix, serait sainte Hélène.

Mais ce qui fait l'originalité de l'église, c'est son **chevet★** en « relief en creux », évidé de niches triangulaires encadrant un réduit central, rare exemple d'architecture romane où le constructeur a laissé libre cours à sa fantaisie à l'extérieur de l'édifice.

Pour une description en image, reportez-vous à l'ABC d'architecture p. 73.

À l'intérieur, vous remarquerez, face à l'entrée, la pierre tombale de la chrétienne Valeria Severa, du 4e s., vestige d'une importante nécropole qui devait s'étendre sur ces lieux. Des fragments de sarcophages enchâssés dans les murs, des frises antiques (boucliers, casques) rappellent la proximité de la ville romaine.

Emprunter la N 125 au nord de Valcabrère.

Montréjeau

Bâtie sur une terrasse dominant le confluent de la Neste et de la Garonne, cette ancienne bastide (prononcer Monréjeau), fondée en 1272, prend tout son caractère les jours de marché. Sa position d'observatoire a justifié l'aménagement de belles esplanades ou avenues panoramiques : place de Verdun (halle et jardin public), place Valentin-Abeille (fontaine au centre, arcades sur les côtés, au n° 21 belle maison à colombages), boulevard de Lassus tracé en corniche. Les **vues★** s'étendent sur les Pyrénées luchonnaises, au-delà des monts boisés de la Barousse. On jettera volontiers un coup d'œil à l'église Saint-Jean-Baptiste, bâtie entre les 13 et 15e s., qui possède une jolie voûte en carène de vaisseau.

Quitter Montréjeau à l'ouest (D 638).

Château de Valmirande

✆ 06 21 05 40 16 (Yvonne Corrégé) - visite guidée (jardin et dépendances) de déb. juil. à mi-août : 15h ; reste de l'année sur demande - 5 € (- 12 ans 2 €).

Construit dans un domaine caché par de hauts murs, à la fin du 19e s. par le baron Bertrand de Lassus, le château de Valmirande (littéralement « la vallée qui s'émerveille ») offre une vue exceptionnelle sur Saint-Bertrand-de-Comminges et au-delà sur les sommets des Pyrénées : pic du Midi de Bigorre, Cagire et Maladetta. Surmonté d'un belvédère de 40 m de haut, richement ouvragé, son architecture rappelle les demeures Renaissance des bords de la Loire. La propriété, étendue sur une quarantaine d'hectares aménagés par les frères Bülher, abrite un lac, une fontaine, un puits en trompe-l'oeil, un donjon et des dépendances formant un petit village. L'intérieur du château n'est pas accessible. La visite, agréable flânerie dans le parc et les jardins, riche de fragrances et d'essences (plus de 180 espèces d'arbres et d'arbustes), se partage entre les écuries, la sellerie et la chapelle.

La D 638 se transforme en D 938 à son entrée dans le département des Hautes-Pyrénées. Tourner à gauche au niveau de Saint-Laurent-de-Neste.

Nestier

Surprenant, ce **calvaire du mont Arès** ! En 1854, le curé de Nestier décida la construction de douze chapelles en pierre et lauze alignées au flanc du mont Arès. La douzième, la plus grande, est ornée sur son tympan d'une céramique représentant la crucifixion du Christ. Un théâtre de verdure ajouté en 1990 abrite divers spectacles.

Emprunter la D 26 en direction de Saint-Bertrand-de-Comminges.

Grottes préhistoriques de Gargas★

☏ 05 62 39 72 39 - www.gargas.org - visite guidée (50mn) sur réserv. - dernière entrée 1h avant fermeture - juil.-août : 9h30-12h30, 14h-19h ; avr.-juin et sept. : 10h-12h, 14h-18h ; oct.-nov. et janv.-mars : 10h-12h, 14h-17h ; déc. : 10h-12h, 14h-16h - 7 € (6-16 ans 4 €).

Sur deux niveaux, ces grottes contiennent plus de 200 énigmatiques empreintes de mains aux phalanges incomplètes, peut-être mutilées. Ces peintures, réalisées « au pochoir » (mains négatives), pourraient se rattacher à un rituel de magie ou d'initiation. À voir également, des gravures d'animaux, mais aussi quelques belles peintures et concrétions.

LE PORTET D'ASPET 2

88 km - environ 2h. Quitter St-Bertrand au sud-est par la D 26 et gagner la N 125 que l'on prend à droite sur une douzaine de kilomètres. Traverser la Garonne par le pont de Chaum, tourner à droite puis, après le virage, à gauche dans la D 618.

À droite apparaissent les ruines de la **tour de Fronsac**, vestiges d'une forteresse des comtes de Comminges.

Bastion des Frontignes

Du lacet après le village d'Antichan, **vue** sur le massif de Luchon et ses petits glaciers. Table d'orientation.

Poursuivre sur la D 618. La montée se poursuit, régulière, à travers le joli pays des Frontignes, jusqu'au col des Ares (797 m). *Après Juzet-d'Izaut et le col de Buret, prendre la D 5 à gauche pour rejoindre le village de Sengouagnet.*

Les Jardins de Sortilège

☏ 05 61 88 59 51 - www.terran.fr - juil.-août : tlj sf lun. 10h-12h, 15h-18h ; juin et sept. : w.-end 10h-12h, 15h-18h - possibilité de visite guidée (1h) en juil.-août - fermé oct.-mai - 4 € (5-16 ans 3 €), visite guidée 6 € (5-16 ans 5 €).

Ici, pas de buis taillés ni de parc à l'anglaise. Ces sept jardins à thème vous dévoilent les secrets de plantes courantes trop souvent ignorées et leur long passé avec l'homme. On pourra ainsi (re)découvrir les multiples vertus de l'ortie, l'utilisation culinaire des « mauvaises » herbes... Un jardin original et fort intéressant.

Faire demi-tour pour rejoindre la D 618 à gauche. Passé Henne-Morte, la montée s'accentue dans la vallée du Ger, à travers une belle gorge boisée, vers le col de Portet-d'Aspet.

Col de Portet-d'Aspet

Alt. 1 069 m. Panorama depuis les pentes en face du chalet-hôtel : le mont Valier (alt. 2 838 m), au dernier plan forme pyramide sombre légèrement inclinée. À l'est du col, on pénètre dans le Couserans.

Faire demi-tour. Avant Henne-Morte, tourner à gauche dans la D 85, puis s'engager à droite sur la D 44 dans la côte de la Mole.

Le vallon resserré du haut Ger est semé de granges et de hameaux perchés, dont les églises montrent un clocher-mur portant trois aiguilles à boules **(Couret, Ger-de-Boutx)**. La route gravit le versant est du **col de Menté** (alt. 1 349 m). C'est en 1971 dans la descente de ce col que, sous un orage diluvien, le champion espagnol Luis Ocaña, alors maillot

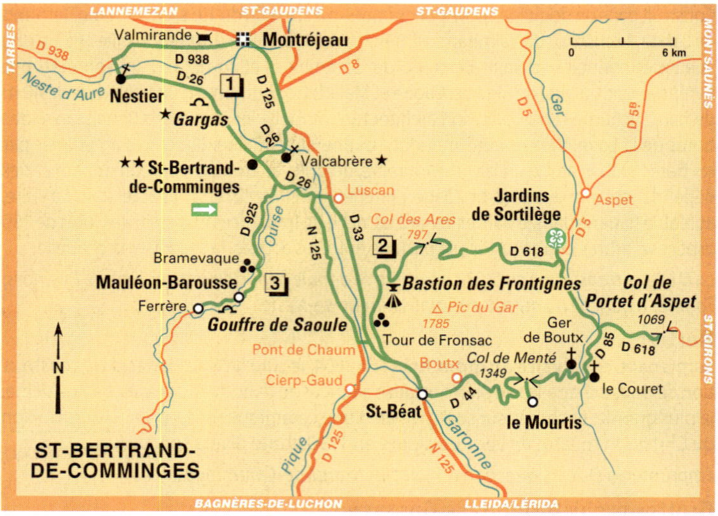

jaune, chuta et dut abandonner la victoire finale à Eddy Merckx. Plus tragique encore fut la chute, en 1995, dans le col de Portet-d'Aspet du coureur italien Fabio Casartelli qui devait y trouver la mort. Une plaque commémore ce funeste accident.

Au niveau du col, prendre à gauche vers le Mourtis.

Le Mourtis

Station de sports d'hiver calme et conviviale. Les chalets et résidences, habités surtout à la saison du ski, sont disséminés sous une forêt de vieux sapins frangés de lichens, partie d'un vaste ensemble boisé à cheval sur les vallées de la Garonne et du Ger.

Faire demi-tour et revenir sur la D 44.

La route redescend en décrivant quelques lacets en forêt de résineux, puis plonge rapidement au-dessus des toits d'ardoise tout comprimés de Boutx et de Lez.

Saint-Béat

Ville natale du maréchal Gallieni et ancienne place forte, la « clé de la France » (comme le rappellent ses armes) commandait le débouché du val d'Aran vers la Gascogne. Les maisons grises baignées par le torrent se courbent en arc au fond de la gorge. Les marbres blancs ou gris ont fait la renommée de Saint-Béat dès l'époque romaine *(voir Montmaurin)*, et au Grand Siècle puisqu'ils furent utilisés pour les bassins et les statues du parc de Versailles. La carrière romaine est visible à la sortie du village, sur la D 44. L'église romane du village date du 11e s. Son portail présente un intéressant tympan sculpté figurant notamment le Christ en majesté. La sacristie abrite un trésor remarquable : observez en particulier les jolies statues en bois polychrome *Notre-Dame de l'Espérance, Saint Roch en pèlerin* ou *La Trinité.* ✆ *05 61 79 77 07 - visite guidée (1h30) merc., sam. 16h - dép. bureau des guides de pays - 4,60 € (enf. 2,30 €).*

Revenir à Saint-Bertrand par les N 125, D 33 et D 26.

VALLÉE DE L'OURSE 3

12 km - 30mn. Quittez St-Bertrand au sud par la D 26 en direction d'Izaourt. Après 2 km, tourner à droite en direction de Mauléon-Barousse. Encore sauvage, la vallée de l'Ourse (ou de la Barousse) frappe par la multitude de villages lilliputiens semés sur ses pentes. *On parvient à Bramevaque.*

Château des Comtes de Comminges

20mn AR, en montée depuis le petit parking de Bramevaque. De ce château du 11e s. ne subsistent que des ruines. Au 15e s., Matthieu de Foix y enferma pendant 22 ans son épouse la comtesse Marguerite de Comminges, dans l'attente d'hériter par elle du comté. Libérée par le roi de France, elle mourut au bout de quelques mois ; quant au Comminges, il échut à Matthieu de Foix jusqu'à sa mort, avant de revenir à la couronne de France à la demande des Commingeois.
La restauration en cours permet déjà d'accéder au donjon (escalier étroit et sombre), du haut duquel on profite d'une belle vue sur la vallée.

Poursuivre le circuit par la D 925.

Maison des Sources

À Mauléon-Barousse - ✆ 05 62 39 23 85 - http://perso.orange.fr/sourceneree - avr.-sept. : 10h-19h ; reste de l'année : 10h-18h - possibilité de visite guidée (1h30) et/ou de visite combinée avec les ouvrages du Syndicat des Eaux Barousse Comminges Save (parc des sources, station de filtration et usine d'embouteillage) en juil.-août à 14h - 4 € (7-15 ans 2 €) ; 6,50 € billet combiné (7-15 ans 2,50 €).

Située dans un parc de 11 ha (arboretum, jeux pour enfants, pêche à la truite, tables de pique-nique), la Maison présente les traditions et les activités de ce pays de montagnes et de vallées : le bois, le marbre, l'élevage, le fromage mais surtout l'eau. Des maquettes explicitent son cycle, depuis sa captation jusqu'à son retour à la rivière, en passant par les différentes formes de son utilisation et de son traitement. Petit clin d'œil toujours lié à l'eau, dans une représentation de la grotte « abri du moulin », située près de Troubat, une vidéo sur les modes de vie entre – 16 000 et – 8 000 ans av. J.-C. et des objets tels qu'outils, armes et vertèbres de saumon...

Se diriger vers l'ouest (D 925), le long de l'Ourse de Ferrère.

Gouffre de Saoule

11 km de St-Bertrand au sud par la D 26^A vers Luchon, puis la D 925 vers Sarp. Franchir le pont à Mauléon pour longer l'Ourse de Ferrère et laisser la voiture près du sentier qui mène au gouffre. Pont naturel sur le torrent, dans un site ombragé (belvédère).

Saint-Bertrand-de-Comminges pratique

Adresses utiles

Les Olivétains – *Parvis de la cathédrale - ✆ 05 61 95 44 44 - www.tourisme-haute-garonne.com - juil.-août : 10h-19h ; avr.-juin et sept.-oct. : 10h-18h ; fév.-mars : tlj sf lun. 10h-17h ; nov. : 10h-17h - fermé janv. (hors vac. scol.).* Ce centre touristique départemental, installé dans un ancien couvent du 19e s., propose de la documentation sur la région et abrite une librairie (histoire, histoire de l'art, régionalisme, randonnée, musique, spiritualité). Une salle attenante présente le trophée augustéen (dont la découverte a fait la renommée archéologique de la cité en 1926). Au sous-sol, expositions temporaires d'art contemporain.

Office du Canton d'Aspet – *Maison des 3 Vallées - r. Armand-Latour - 31160 Aspet - ✆ 05 61 94 86 51 - http://otaspet.free.fr - juil.-août : 9h-12h30, 14h30-18h30, dim. 9h30-12h30 ; reste de l'année : tlj sf sam. apr.-midi (hors avr.-juin et sept.), dim. et lun. 9h-12h30, 14h30-17h30 - fermé j. fériés.*

Office de tourisme intercommunal de Montréjeau – *22 pl. Valentin-Abeille - 31210 Montréjeau - ✆ 05 61 95 80 22 - http://otimontrejeau.ifrance.com - juil.-août : tlj sf dim. 9h30-18h30 ; reste de l'année : tlj sf w.-end 9h-12h, 14h-18h - fermé 1er janv., jeu. Ascension, 1er Nov. et 25 déc.*

Maison de la Haute-Garonne – *Aire du Comminges - Sortie 17 de l'A 64 (proche de l'échangeur de Montréjeau) - 31210 Clarac - ✆ 05 62 00 88 11 - juil.-août : 9h-19h ; reste de l'année : 10h-18h, sam. 9h-18h.* Informations touristiques, boutique de produits régionaux, librairie. En hiver, vente de forfaits ski journée pour les stations de Peyragudes, Superbagnères et Le Mourtis.

Se loger

⊖ **Hôtel Comminges** – *Face à la cathédrale - ✆ 05 61 88 31 43 - fermé nov.-mars - 14 ch. 45/52 € - ☕ 6 €.* Cet hôtel tranquille est ouvert sur le parvis de la cathédrale, aménagé l'été venu en zone piétonne. La maison ne manque pas de caractère : une partie abritait jadis un couvent et les chambres, souvent spacieuses, sont meublées à l'ancienne.

⊖ **Chambre d'hôte Château de Vidaussan** – *31510 Labroquère - ✆ 05 61 95 05 68 - www.chateauvidaussan.com - 5 ch. 47 € ☕ - repas 18 €.* Cette gentilhommière datant de 1329 trouve sa place au milieu d'un parc aux arbres centenaires au bord de la Garonne. 3 de ses 5 chambres, aux décors personnalisés, donnent directement sur la rivière. Un caractère médiéval particulièrement présent dans le salon, doté de mobilier ancien et d'une superbe cheminée.

⊖⊖ **Hôtel L'Oppidum** – *R. de la Poste - ✆ 05 61 88 33 50 - www.oppidum.com - fermé 15 nov.-15 déc., dim. soir et lun. hors sais. - 15 ch. 48/54 € - ☕ 7 € - rest. 18,50/38 €.* Cet établissement jouit d'un bel emplacement, au pied de la cathédrale Sainte-Marie. Les chambres, dont une accessible aux personnes à mobilité réduite, sont peu spacieuses, mais correctement équipées et possèdent des salles de bains neuves ; l'une d'entre elles est dotée d'une terrasse.

⊖⊖ **Domaine de Jean-Pierre** – *20 rte de Villeneuve - 65300 Pinas - A 64 sortie 15 ou 16, N 117 dir. Toulouse et D 158 à Pinas - ✆ 05 62 98 15 08 - www.domainedejeanpierre.com - réserv. obligatoire en hiver - 3 ch. 50 € ☕.* Cette belle demeure, tapissée de vigne vierge, se niche à 600 m d'altitude, sur le plateau de Lannemezan, face aux Pyrénées. Ses chambres, vastes, calmes et meublées d'ancien, ouvrent sur le parc. L'été, les petits-déjeuners sont servis sur la terrasse.

Se restaurer

Le Citron Bleu – *8 r. du Barry - 31210 Montréjeau - ✆ 05 61 89 08 38 - pattyjose@wanadoo.fr - fermé merc. - formule déj. 8,50 € - 6/24 € - 1 ch. 30 € - 5 €.* Tons jaunes dominants parsemés de touches bleues et frises représentant des citrons… Pas de doute, vous êtes bien au Citron Bleu ! La patronne, d'origine belge, sélectionne avec soin ses produits et prépare une cuisine régionale assortie de quelques recettes inspirées de son pays natal. Galerie d'art au 1er étage.

Chez Simone – *R. du Musée - ✆ 05 61 94 91 05 - www.planet-artisans.com - fermé vac. de Toussaint, de Noël et le soir hors sais. - - 15/18 €.* Ce restaurant vous accueille dans un sympathique cadre campagnard (poutres apparentes, toiles cirées Vichy, cuivres accrochés aux murs) ou sur sa jolie terrasse dressée sous les tilleuls. La cuisine est simple et familiale, et la poule farcie vous attend tous les dimanches !

Le Lugdunum – *31510 Valcabrère - ✆ 05 61 94 52 05 - www.lugdunum-restaurant.com - fermé merc. soir et jeu. pdt les vac. scol., dim. soir et lun. - réserv. obligatoire - 35/55 €.* Le chef a reconstitué, en partenariat avec le CNRS, les recettes de la Rome antique telles que les préparait Apicius. Décor ad hoc et explications à l'appui : dépaysement garanti !

Sports & Loisirs

Les Hommes-Oiseaux – *Serre - 31510 Lourde - ✆ 05 61 79 67 62 ou 06 14 60 90 59.* École de parapente.

Événements

Festival du Comminges – En juil.-août : une vingtaine de concerts classiques dans trois des plus prestigieux monuments historiques des Pyrénées : la cathédrale de St-Bertrand-de-Comminges, la basilique St-Just de Valcabrère et la collégiale de St-Gaudens. *✆ 05 61 88 32 00 ou 06 83 26 07 79 - www.festival-du-comminges.com.*

Festival mondial de Folklore – À Montréjeau, mi-août, 5 jours et 5 nuits animées par 500 participants venus des cinq continents. Au programme : spectacles traditionnels costumés (mêlant danses, chants, musiques) et animations gratuites dans les rues. *Renseignements et réservations à l'office de tourisme - ✆ 05 61 95 80 22 et sur www.ifrance.com/festivalfolkloriquemontrejeau*

Saint-Félix-Lauragais

1 301 SAINT-FÉLICIENS
CARTE GÉNÉRALE C3 – CARTE MICHELIN LOCAL 343 J4 – HAUTE-GARONNE (31)

Dans un site★ dominant la plaine du Lauragais, Saint-Félix est entré dans l'histoire pour avoir été, en 1167, le siège du premier concile des cathares, au cours duquel ces derniers auraient organisé leur Église. Toujours est-il que ce village est fort sympathique… Surtout à Pâques durant la Fête de la cocagne, où jongleurs, personnages en costumes d'époque et jeux traditionnels sont au rendez-vous !

Se repérer – À 10 km à l'ouest de Revel, non loin de Toulouse et du canal du Midi, Saint-Félix domine la riche plaine du Lauragais dont il fut la capitale.

À ne pas manquer – Le château-musée du pastel à Magrin.

Organiser son temps – Consacrez une bonne demi-journée à parcourir le pays du pastel.

Pour poursuivre la visite – Voir aussi la Montagne noire, Castres, le canal du Midi.

Comprendre

Le grand bleu - Connu pour ses vertus médicinales depuis la plus haute Antiquité et encore utilisé de nos jours comme plante fourragère et mellifère, l'*Isatis tinctoria*, ou pastel, est la plante qui permet aux teinturiers d'obtenir toutes les nuances de bleu. Principalement cultivé sur le pourtour méditerranéen, le pastel atteignit une exceptionnelle densité de production dans un triangle ayant pour sommets Albi,

Stéphane Sauvignier / MICHELIN

Produits élaborés à partir du pastel.

Le saviez-vous ?

Si le pastel valut au Lauragais le surnom de « pays de cocagne », sa plaine et ses coteaux sont aujourd'hui parsemés d'« attrape-vent » (les moulins) et voués aux cultures (blé, maïs, tournesol) et à l'élevage, qui a permis l'installation de conserveries

Sur la place de Saint-Félix se trouve la maison natale du compositeur **Déodat de Séverac** (1873-1921). Élève de Vincent d'Indy et de Magnard à la Schola cantorum de Paris, il fut profondément influencé par Debussy. Ses recueils *Le Chant de la Terre*, *En Languedoc* ou *En vacances* figurent parmi les chefs-d'œuvre de la musique pour piano du 20e s., tandis que ses mélodies évoquent avec sensibilité la beauté de la nature et de sa terre d'oc (*Flors d'Occitania*, 1913), au point que Debussy n'hésitait pas à dire de sa musique qu'elle « sentait bon » !

Guillaume de Nogaret, légiste saint-félicien chancelier de Philippe le Bel, fut l'âme damnée du roi capétien et l'exécuteur de ses basses œuvres. Grand pourfendeur des templiers, il saisit les biens des juifs de Toulouse après leur expulsion (1309) et tenta de prendre en otage le pape Boniface VIII qui voulait excommunier le roi !

Toulouse et Carcassonne. C'est au 14e s. que sa culture et son commerce connaissent un essor étonnant aux environs d'Albi. Le succès de l'expérience entraîne alors le développement de la production d'*Isatis* vers le sud, pour atteindre le Lauragais. Au 15e s., quelques riches Toulousains intensifient la culture du pastel dans leurs domaines en y ajoutant des moulins pastelliers permettant d'obtenir, à partir des feuilles broyées, une pâte presque homogène qui, distribuée en piles et laissée en fermentation quelques jours, donnera les si précieuses cocagnes, coques de pastel. Celles-ci subissent un traitement complémentaire de quatre mois au terme duquel on obtient l'agranat de pastel, prêt pour l'exportation. De *coca*, « gâteau », « pain blanc », *cocanha* est le nom occitan du pain de pastel (cocagne). Toulouse, capitale financière, saisit l'importance de sa situation géographique entre les zones pastellières et les ports de l'Océan. Les Toulousains prennent le contrôle des productions teinturières locales tout d'abord, puis du commerce régional et européen. La richesse que le pastel procura fut jugée si fabuleuse que le nom « cocagne » a fini par désigner un pays imaginaire où tout prospère. Il est utilisé par les Languedociens, en interjection, pour exprimer leur satisfaction lorsque le sort est favorable. Mais l'âge d'or ne durera guère plus de soixante ans. Les guerres de Religion et l'apparition de l'indigo (ou teinture « des Indes ») entraîneront ce rapide déclin.

Vers le renouveau ? – Le pastel connaît aujourd'hui un regain d'intérêt, d'ordre scientifique, grâce aux recherches de l'École nationale de chimie de Toulouse, et agricole, avec 60 ha de pastel à nouveau cultivés dans le Lauragais. De nouveaux débouchés sont recherchés dans le domaine de la cosmétologie, tandis que l'on étudie la possibilité de réutiliser le bleu tiré du pastel pour la teinture des fils destinés au tissage de tapisseries.

Se promener

Le village s'ordonne autour d'une place de caractère, la place Guillaume-de-Nogaret, pourvue d'une halle surmontée d'un beffroi.

Château

Édifié au 13e s. puis agrandi et remanié, il est entouré d'une agréable promenade qui procure des vues étendues à l'est sur la Montagne noire au pied de laquelle s'étend Revel *(voir la Montagne noire)*. Au nord, on distingue le clocher de Saint-Julia et le château perché de Montgey. On comprend pourquoi les révolutionnaires avaient rebaptisé Saint-Félix « Bellevue » !

Église

Cette collégiale date du début du 14e s. ; sa voûte, incendiée, fut reconstruite au début du 17e s. On reconnaît à droite la sobre façade de la maison capitulaire. Le puits creusé dans le mur *(à gauche du portail d'entrée de l'église)* serait aussi profond que le beau clocher de style toulousain est haut, soit 42 m. L'intérieur est intéressant en particulier pour l'élégance de l'abside à sept pans, éclairée de fenêtres à remplage trilobé. La nef est surmontée d'une voûte en bois peinte, du 18e s. Dans la 3e chapelle à droite, belle Vierge à l'Enfant en bois polychrome, du 14e s. Les orgues sont du 18e s.

Promenade

Non loin de l'église, un passage voûté y conduit : vue à l'ouest sur un paisible paysage de collines et de cyprès.

Circuits de découverte

LA PLAINE DU LAURAGAIS 1

Elle longe le canal du Midi *(voir ce nom - schéma p. 277).*

LE PAYS DU PASTEL

80 km – environ 2h. Quitter St-Félix au nord par la D 67.

Saint-Julia

Ancienne ville « libre » fortifiée qui conserve des remparts et une église au curieux clocher-mur.

Rejoindre au nord la D 1 que l'on prend à droite vers Montégut-Lauragais. Tourner tout de suite à gauche en direction de Puéchoursi. À la sortie du village, prendre à droite.

Montgey

Construit sur une butte, ce village possède un vaste **château**, ancienne forteresse médiévale prise par Simon de Montfort en 1211, puis remaniée aux 15e et 17e s.
De la terrasse, vue sur les coteaux du Lauragais. À l'ouest du château, beau parc planté de cyprès. ✆ *05 63 75 75 81 - visite du parc uniquement - gratuit.*

Rejoindre Aguts au nord-ouest par la D 45, puis prendre la D 92 au nord-est jusqu'à Puylaurens. Sortir de Puylaurens par la N 126 à gauche, puis emprunter la D 12 à droite vers Magrin.

Château de Magrin-musée du Pastel★

✆ *05 63 70 63 82 - www.pastel-chateau-musee.com - visite guidée (1h15) juil.-sept. : 15h-18h ; de mi-janv. à fin juin et de déb. oct. à mi-déc. : dim. et j. fériés 15h-18h - fermé de mi-déc. à mi-janv. - 7 € (enf. 6 €).*

À l'écart du bourg, au sommet d'une butte, ce château (12e-16e s.) offre un splendide **panorama★** sur la Montagne noire et les Pyrénées. Son musée permet de découvrir la culture du pastel et les divers stades de fabrication du bleu. Provenant d'une vieille ferme du village d'Algans, le **moulin pastellier**, intégralement reconstitué, se compose d'une énorme meule de granit (1,40 m sur 0,40 m) d'un poids de deux tonnes, d'une poutre transversale en chêne massif reposant sur des axes de fer et de deux timons d'entraînement en bois. Une exposition est consacrée à l'empire des Wisigoths de Toulouse au 6e s. (reproduction de sculptures, bustes de souverains, orfèvrerie et médaillons). Le 1er étage est réservé aux « princes du pastel », avec les comtes de Toulouse et les marchands enrichis par le commerce du pastel qui leur offrit les moyens financiers de bâtir leur palais. Sous verre sont disposées plante et

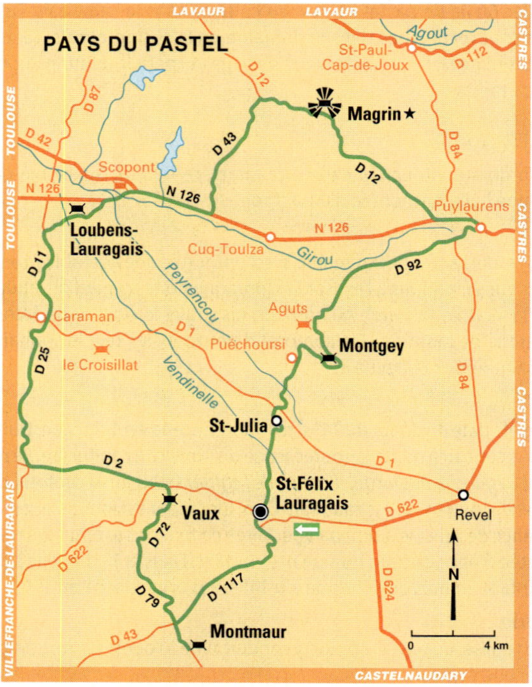

cocagne. Au 2e étage, on peut voir le **séchoir** (18e s.), dont ne subsistent que quatre des huit grilles originelles sur lesquelles on empilait les coques de pastel séparées par des clayonnages. Chacune d'elles permettait de stocker près de 14 000 cocagnes d'un poids total de deux tonnes. Au même étage, une centaine de photographies retracent la restauration du château depuis 1971. Dans la salle audio visuelle, au 3e étage, un film présente l'histoire du pastel et celle des seigneurs de Magrin.

Quitter le château à l'ouest pour rejoindre la D 130 au niveau d'Algans. À l'intersection avec la N 126, prendre à droite en direction de Toulouse, puis la D 20D sur la gauche.

Loubens-Lauragais

Charmant village fleuri adossé à un **château**. En visitant celui-ci, on plonge dans l'histoire de la famille de Loubens qui donna de grands serviteurs à l'État, dont Hugues de Loubens qui fut cardinal, prince et souverain de l'ordre de Malte. Son frère Jacques rebâtit le château, à la fin du 16e s. La façade, avec ses deux grosses tours en avancée, donne sur un parc paisible. À l'intérieur, attardez-vous dans la belle bibliothèque gothique et devant une suite de neuf tapisseries des Flandres (16e s.). *✆ 05 61 83 12 08 - www.chateaudeloubens.com - août : jeu.-dim. 14h30-18h30 ; mai-juin et de déb. sept. à mi-nov. : dim. et j. fériés 14h30-18h30 - 5 € (7-17 ans 3 €).*

Rejoindre Caraman par la D 20D puis la D 11, prendre ensuite la D 25 vers Villefranche-de-Lauragais. Au bout de 8 km, prendre la D 2 à gauche.

Vaux

Ce village perché possède une église qui a gardé son clocher-mur à tourelles (1551). Le **château** est en fait un hôtel particulier construit sur le modèle des hôtels toulousains. Il s'agit d'un édifice Renaissance (1550-1560) comme en témoignent ses nombreuses fenêtres à meneaux, parfois sculptées (façade méridionale), et sa porte armoriée surmontée d'un fronton triangulaire et entourée de claveaux vermiculés. *✆ 05 62 18 94 00 - visite guidée (45mn) mai-oct. : w.-end 14h30-18h - fermé j. fériés (sf si w.-end) - 4 € (-12 ans gratuit).*

Prendre la D 72 au sud jusqu'à Mourvilles-Hautes, puis la D 79 à gauche.

Château de Montmaur

Visite extérieure. Ce château fut pris et repris par Simon de Montfort en 1211 et 1212, pillé par les protestants en 1577, reconstruit et remanié aux 16e et 17e s. Le corps de logis carré, en pierre, est flanqué de quatre tours rondes ; au centre se dresse le donjon. La courtine principale est percée d'une porte surmontée d'une bretèche sur mâchicoulis. Des meurtrières sont visibles sur les tours et les courtines. Des fenêtres à meneaux ont été aménagées au 16e s.

Revenir à St-Félix par la D 1117.

Saint-Félix-Lauragais pratique

Adresse utile

Syndicat d'initiative de Saint-Félix-Lauragais – *Pl. Guillaume-de-Nogaret - 31540 St-Félix-Lauragais - ✆ 05 62 18 96 99.*

Se loger

⊖⊖ **Auberge du Poids Public** – *Fg St-Roch - ✆ 05 62 18 85 00 - www.auberge-du-poidspublic.com - fermé janv. et 25 oct.-1er Nov. - 9 ch. 60/98 € - ☕ 11 € - rest. 28/68 €.* La pesée des marchandises s'effectuait jadis sur la bascule publique devant cette maison de pays. Certaines chambres offrent une vue étendue sur la campagne, à l'instar de la terrasse panoramique du restaurant. La savoureuse cuisine est également servie dans une salle à manger rustique.

Se restaurer

⊖ **Auberge des Remparts** – *31540 St-Julia - ✆ 05 61 83 04 79 - fermé dim. soir, mar. soir et lun. - 12 € déj. - 24/30 €.* Les tons azurés qui colorent les murs de la salle à manger dite « de passage » rendent hommage au pastel. Une autre pièce, plus rustique, accueille à midi la clientèle locale. La carte est volontairement ramassée pour permettre au chef d'offrir une cuisine fraîche et de qualité.

Événement

Fête historique de la cocagne – Dim. et lun. de Pâques. Concerts, spectacles de cirque, jongleurset défilés historiques.

Saint-Gaudens

10 845 SAINT-GAUDINOIS
CARTE GÉNÉRALE B3 – CARTE MICHELIN LOCAL 343 C6 – HAUTE-GARONNE (31)

Ancienne capitale du Nébouzan, Saint-Gaudens est aujourd'hui sous-préfecture de la Haute-Garonne. À mi-chemin entre Toulouse et l'Espagne, la ville jouit d'une situation privilégiée face au massif du Cagire. Une curiosité pour les touristes amateurs de veaux : tous les jeudis, un grand marché de veaux blancs du Comminges s'y déroule…

- **Se repérer** – Accessible par l'A 64, Saint-Gaudens se trouve à 100 km de Toulouse et à 70 km de Tarbes.
- **À ne pas manquer** – Les chapiteaux historiés ; les tapisseries et le chœur de la collégiale Saint-Pierre-et-Saint-Gaudens.
- **Pour poursuivre la visite** – Voir aussi Montmaurin, Saint-Bertrand-de-Comminges, Aurignac.

Se promener

Il existe à Saint-Gaudens une voie panoramique de près de 2 km de long, constituée par le boulevard Jean-Bepmale prolongé, au sud-ouest, par le boulevard des Pyrénées. Depuis les **belvédères★**, en particulier à côté du **monument des Trois-Maréchaux** (Foch, Joffre et Gallieni, tous trois pyrénéens), belle vue sur la chaîne des Pyrénées ariégeoises jusqu'au massif de la Maladetta *(table d'orientation, fort utile pour qui souhaite identifier les différents sommets)*.

Jardin public

Il est orné, au sud-ouest, d'une série de colonnes jumelées, vestiges de l'ancienne abbaye de Bonnefont.

SE LOGER

Ferme-auberge Chez Angeline .... (1)

Hôtel du Commerce .... (5)

SE RESTAURER

La Pyrène .... (8)

Monument des Trois Maréchaux .... B

Musée de St-Gaudens et du Comminges .... M

Visiter

Collégiale Saint-Pierre-et-Saint-Gaudens

Ce bel édifice roman se compose d'une nef centrale à cinq travées et de deux bas-côtés surmontés de tribunes voûtées en demi-berceau. À l'intérieur, une minuterie met en valeur le patrimoine artistique de la collégiale. Les nombreux chapiteaux historiés coiffant les colonnes trouvent ainsi un éclat particulier. De belles tapisseries d'Aubusson du 18e s. garnissent les collatéraux (voir notamment *Le Martyre de saint Gaudens*, et *Le Triomphe de l'Église,* inspiré de Rubens). Avec ses stalles du 17e s. et sa galerie, le chœur est remarquable. Notez le buffet d'orgue sculpté et en partie doré, qui s'inspire du style classique du 17e s.
De l'angle de la place Jean-Jaurès et de la rue Thiers, belle vue d'ensemble sur le chevet de la collégiale.

Cloître

Adossé au flanc sud de la collégiale, ce cloître du 12e s., démoli en 1807, a été reconstitué entre 1986 et 1989 avec ses arcades, colonnes et chapiteaux historiés qui, côté église, sont de facture commingeoise et, côté salle capitulaire, de style gothique (14e s.). À l'ouest, le dallage dessine le tracé des fondations de l'ancien collège des chanoines.

Musée de Saint-Gaudens et du Comminges

✆ 05 61 89 05 42 - de mi-mai à fin sept. : tlj sf dim. et lun. 9h-12h, 14h-18h - possibilité de visite guidée (1h30) sur demande 1 j à l'avance - fermé j. fériés - 3 € (+7 ans 1,50 €).

Le sous-sol, où l'on peut voir une importante collection minéralogique, est surtout réservé au folklore et aux traditions populaires. Les métiers traditionnels (cordonnier, sabotier, tisserand, tailleur de pierre), des outils de la ferme et la reconstitution d'un intérieur rural commingeois avec son mobilier, ses ustensiles de ménage et ses personnages en costumes d'époque évoquent la vie d'autrefois. Au rez-de-chaussée, lithographies et parchemins manuscrits du 13e au 16e s. rappellent l'histoire locale. Des porcelaines de Valentine y sont également exposées. Parmi les objets d'art religieux, remarquez un Christ en Croix du 13e s., offert par Louis XIV à une noble famille de verriers du Quercy, et un bel ensemble de statues en bois polychrome du 14e s. Quelques souvenirs des maréchaux pyrénéens de la guerre 1914-1918 complètent les collections du musée.

Le saviez-vous ?

👁 Le bienheureux Gaudentius, jeune berger, fut, en 475, martyrisé dans la région (bien que le persécuteur fût Euric, roi des Wisigoths, la légende n'hésite pas à mettre en cause les malheureux Sarrasins… 130 ans avant l'hégire !). C'est donc en son honneur que l'ancien Mas-Saint-Pierre fut rebaptisé « Saint-Gaudens ».

👁 On ne sait pourquoi les Pyrénées ont donné tant de maréchaux aussi bien sous l'Empire que lors de la Première Guerre mondiale. Économes, les Saint-Gaudinois en honorent trois en un seul monument : le Catalan Joffre (de Rivesaltes), Gallieni (de Saint-Béat, Haute-Garonne) et Ferdinand Foch (1851-1929), Tarbais peut-être, mais qui fit de fréquents séjours à Valentine où ses parents possédaient une maison (aujourd'hui mairie de la commune).

Aux alentours

Valentine

2 km au sud-ouest par la route de Bagnères-de-Luchon (D 5). Outre le souvenir du maréchal Foch, Valentine conserve une **villa gallo-romaine** qui appartint à Nymfius, gouverneur de la province d'Aquitaine au 4e s. Derrière un bâtiment de façade, une cour d'honneur longue de 52 m, qui était entourée d'un portique, donne accès à une vaste piscine en hémicycle, autrefois alimentée (canalisations visibles) par les eaux thermales captées au village voisin. Plusieurs des colonnes de marbre gris qui la cernaient ont été redressées. Au-delà, on reconnaît la salle de réception, carrée avec absides d'angle. Les appartements s'ordonnaient autour d'une cour à péristyle de 33 m de côté. Remarquez, à droite du chemin, une grande salle chauffée par hypocauste à conduits rayonnants. *✆ 05 61 89 05 91 - visite guidée (1h) sur demande à la mairie 2 j à l'avance - gratuit.*

À 50 m au sud-ouest de la villa se trouvent des vestiges d'édifices religieux. On reconnaît le tracé d'un temple. Au fond, à l'angle gauche, remarquez les murets d'une chapelle paléochrétienne à abside carrée, qui fut aménagée à partir du mausolée de Nymfius. D'autres bâtiments postérieurs ont été mis au jour. De nombreuses tombes attestent la présence de nécropoles sur les lieux entre le 4e et le 13e s.

Saint-Gaudens pratique

Adresse utile

Office du tourisme de Saint-Gaudens – *2 r. Thiers - 31800 St-Gaudens - ✆ 05 61 94 77 61 - www.tourisme-stgaudens.com - juil.-août : tlj sf dim. 9h-19h ; reste de l'année : tlj sf dim. 9h-12h, 13h30-18h - fermé 1er janv., 17 avr., 8 juin, 1er Nov. et 24 déc.*

Se loger

Ferme-auberge Chez Angeline – *R. Principale - 31360 Auzas - 15 km au NE de St-Gaudens - ✆ 05 61 90 23 61 - fermé janv. - 3 ch. et 1 gîte 35/42 € - repas 14 €.* Cette ferme, toujours en activité, possède de précieux atouts. Outre ses possibilités d'hébergement – agréables chambres d'hôte ou gîte –, elle abrite une conserverie dédiée au canard (foie, magret, confit…) et concocte de délicieux plats du Sud-Ouest.

⊖⊖ **Hôtel du Commerce** – *Av. Boulogne - ✆ 05 62 00 97 00 - www.commerce31.com - fermé 22 déc.-7 janv. - 48 ch. 52/68 € - ☕ 8,50 € - restaurant 18/34 €.* Construction moderne à deux pas du centre-ville. Les chambres, fonctionnelles, sont diversement meublées et presque toutes climatisées. Au restaurant, couleurs ensoleillées, mélange d'ancien et de contemporain et carte où le cassoulet figure en bonne place.

Se restaurer

⊖ **La Pyrène** – *60 av. Joffre - rte de Montréjeau, à la sortie de la ville - ✆ 05 61 89 60 98 - le.pyrene@wanadoo.fr - 13,90/25 €.* En sortant de St-Gaudens, vous trouverez facilement ce restaurant-pizzeria où l'on déguste en toute simplicité des recettes presque 100 % « maison » (buffets d'entrées et de desserts compris). Le service, efficace, n'est pas en reste, et si le lieu peut s'avérer bruyant en été, la terrasse ombragée vous tend les bras.

Que rapporter

Marché aux bestiaux – Ceux qui rêvent de fréquenter un marché aux bestiaux, un vrai, mettront à sonner le réveil aux premières heures le jeudi matin : c'est le jour où l'on vend et achète les fameux veaux blancs du Comminges à Saint-Gaudens.

Saint-Geniez-d'Olt

1 841 MARMOTS
CARTE GÉNÉRALE D1 – CARTE MICHELIN LOCAL 338 J4 – AVEYRON (12)

Une petite ville d'architecture classique en bordure du Lot, voilà une chose à laquelle on ne s'attendrait pas ! Et pourtant, si : c'est le commerce du drap qui enrichit cette agréable cité, qui fut un temps renommée auprès des gourmands pour ses fraises, aujourd'hui disparues.

- **Se repérer** – Une cité au bord du Lot, à 27 km à l'est d'Espalion et en vue des dernières pentes du massif de l'Aubrac, ainsi se présente Saint-Geniez.
- **À ne pas manquer** – La vallée d'Olt et ses jolis villages.
- **Organiser son temps** – Entre la ville et la vallée d'Olt, prévoyez une journée.
- **Pour poursuivre la visite** – Voir aussi Espalion, Aubrac.

Se promener

Saint-Geniez est construit sur les deux rives du Lot. Celle de droite a gardé son caractère médiéval tandis que celle de gauche témoigne de la richesse de la ville aux 17e et 18e s., lorsque l'industrie drapière lui fit connaître son âge d'or et que la bourgeoisie commanda à un élève de Mansart des hôtels classiques dignes de sa nouvelle prospérité.

Rive droite

C'est sur le site du château rasé en 1620 que se dresse le **monument Talabot** : un riche mausolée, orné de bas-reliefs de Denys Puech *(voir Rodez)*, est élevé à la mémoire de

Le saviez-vous ?

Situé dans la plaine alluviale du Lot, Saint-Geniez-d'Olt est depuis le Moyen Âge un point de passage entre les Causses et l'Aubrac.

« Marmot », appellation officielle des habitants de la commune, provient tout droit d'une légende. Deux enfants auraient suivi un jour une marmotte pendant qu'un orage emportait leur maison et leurs parents. Les gamins sauvés des eaux furent nommés les « marmots », nom qui passa aux habitants de leur quartier avant de s'étendre à ceux de la ville tout entière. Une statue sur le pont Vieux rappelle cette légende.

La région célèbre, entre autres, deux grands hommes qui n'avaient rien pour s'entendre. L'un est Mgr Frayssinous (1765-1841), prélat qui passa à la clandestinité sous la Terreur avant de connaître tous les honneurs à la Restauration. Précepteur du comte de Chambord (fils de Charles X), grand maître de l'Université, académicien et pair de France, il partit en exil à Rome lors de la révolution de 1830. L'autre, François Chabot (1756-1794), moine capucin, siégea à l'extrême gauche de la Convention. Il fut en 1793 un des plus populaires de la sans-culotterie et œuvra beaucoup pour la déchristianisation. Il fut guillotiné en 1794.

La ville de Saint-Geniez autour du Lot.

Marie Salvy, épouse Talabot, sur une terrasse d'où la vue sur Saint-Geniez et le Lot est pittoresque. Marie Salvy, native de Saint-Geniez, devint par son mariage avec un ingénieur des chemins de fer une dame de la haute bourgeoisie parisienne. Snobée par la bourgeoisie locale, elle jura de les « dominer après sa mort ». C'est pourquoi elle fit élever ce mausolée sur les hauteurs du village.
On accède à l'**église** par un escalier monumental à double révolution, du 18e s. Cet édifice du 12e s. a été complètement remanié au 17e s. Le chœur abrite un beau retable en bois doré du 17e s. à la gloire de saint Geniez. Dans une chapelle, à droite de l'entrée, le mausolée de Mgr Frayssinous fut élevé au 19e s. par Gayrard, sculpteur aveyronnais, et offert par le duc de Bordeaux, comte de Chambord, en témoignage de reconnaissance à celui qui fut son précepteur.

Rive gauche

Vestige de l'ancien couvent des Augustins, la **chapelle des Pénitents**, du 14e s., possède un beau retable gothique dont le triptyque représente l'Adoration des Mages. Elle est flanquée d'un cloître et de bâtiments abbatiaux (17e s.), qui abritent des services administratifs.

Aux alentours

Château de Galinières

✆ 05 65 70 75 11 - 3 €. En fait de château, il s'agit d'une ancienne grange cistercienne dépendante de l'abbaye de Bonneval (en Aubrac) et dont la fondation remonte au début du 12e s. Les abbayes cisterciennes, qui possédaient des domaines agricoles très étendus, avaient créé des granges. Elles en confiaient la gestion et l'exploitation à une équipe de convers. Un maître de grange était nommé par l'abbé pour diriger les convers et les *mercenari* (ouvriers salariés).
Le donjon, de plan carré, s'il n'a jamais eu d'utilité agricole, joua un rôle défensif pendant la guerre de Cent Ans, symbolisant de tout temps le pouvoir. Au 15e s., Galinières devient une résidence abbatiale, d'où son élégant corps de logis. On visite le donjon, avec ses salles superposées, que les propriétaires des lieux restaurent avec passion année après année.

Circuit de découverte

LA VALLÉE D'OLT

43 km – environ 4h. Quitter Saint-Geniez à l'ouest par la D 988.

De son entrée en Aveyron, à Saint-Laurent-d'Olt, jusqu'à Entraygues, le Lot retrouve son nom occitan d'Olt et traverse une plaine alluviale où se sont installées plusieurs villes.

Sainte-Eulalie-d'Olt★

Prenez le temps de flâner dans ce village médiéval fleuri et restauré avec goût, surplombant la haute vallée du Lot. Après avoir laissé la voiture sur le grand parking à l'entrée, suivez au hasard les ruelles étroites et tortueuses où se dressent quelques belles demeures (15e-18e s.) aux murs de galets du Lot, avec ou sans colombages. Remarquez notamment le musée-école, où figurent les œuvres d'un artiste local et diverses expositions temporaires. Au milieu de la façade, entre les fenêtres, se dresse une tour élancée et pointue. Autres bâtisses dotées d'une tour : l'hôtel particulier Renaissance, massif, dont la façade est percée de fenêtres à meneaux et chanfreinées, ainsi que le château de Curières de Castelnau (15e s.), traversé par un porche voûté. Sur la place se dresse l'église, de style roman et gothique. Jouxtant le parking, une ancienne grange abrite, outre le syndicat d'initiative qui organise des visites guidées de la ville *(voir l'encadré pratique)*, six ateliers de création (vitrail, vannerie, poterie céramique, etc.) ouverts à la visite et aux démonstrations, tandis que d'autres artistes (souffleur de verre, peintre sur meubles et objets, verrier, tonnelier) se répartissent dans le village.

Saint-Côme-d'Olt★

Saint-Côme est une petite ville fortifiée où l'on pénètre par l'une des trois portes de l'enceinte, aujourd'hui intégrée aux habitations. Les ruelles sont bordées de maisons des 15e et 16e s. Surmontée d'un curieux clocher en vrille de style flamboyant (16e s.), l'**église** possède aussi un intéressant portail aux vantaux sculptés Renaissance. À l'intérieur, un mausolée renferme le cœur de Mgr Frayssinous, toujours lui !

Espalion★ *(voir ce nom)*

Quitter Espalion par l'avenue de la Gare, passer devant l'église de Perse (voir Espalion), puis tourner à gauche vers St-Côme-d'Olt et prendre aussitôt, à droite, une route étroite et en montée.

Plus loin, la route traverse une curieuse coulée de basalte, les **clapas★**. Le mont de Roquelaure est en effet un piton de basalte dominant la vallée du Lot.

Château de Roquelaure

Ne se visite pas. Longtemps en ruine, il a été presque entièrement reconstruit. De la terrasse, dans un paysage coloré, belle **vue★** sur la vallée du Lot au nord, tandis qu'au sud s'étend le causse de Gabriac avec, en lointaine toile de fond, les sommets du plateau de Lévézou. La chapelle romane, au pied du château, abrite une Mise au tombeau du 15e s. et une Pietà Renaissance du 16e s.

Traverser le village et prendre à gauche une petite route qui rejoint la D 59 puis la D 6, que l'on prend à droite pour regagner St-Geniez-d'Olt.

Saint-Geniez-d'Olt pratique

Adresses utiles

Office du tourisme de Saint-Geniez-d'Olt – *4 r. du Cours - 12130 St-Geniez-d'Olt - ✆ 05 65 70 43 42 - juil.-août : 9h-12h, 15h-19h, dim. 10h-12h ; janv.-juin et 1re quinz. de sept. : tlj sf dim. 9h-12h, 14h-17h ; de mi-sept. à fin déc. : tlj sf dim. 9h-12h - fermé j. fériés sf 14 Juil. et 15 août.*

Point accueil tourisme de Sainte-Eulalie-d'Olt – *« Eulalie d'Art » - Espace Louis-Marcilhac - 12130 Sainte-Eulalie-d'Olt - ✆ 05 65 47 82 68 - www.mairie-ste-eulalie-olt.fr - juil.-août : tlj sf dim. matin 9h-12h30, 15h-19h ; mai, juin et sept. : tlj sf dim. et lun. 9h-12h, 14h-18h ; oct.-mars : lun.-mar. et jeu.-vend. 9h-12h30, 14h-17h ; avr. : tlj sf dim. et lun. 9h-12h30, 14h-17h.*

Visites

Visite guidée de Sainte-Eulalie-d'Olt – (1h30) juil.-août : sam. 11h et 17h, lun. 17h ; reste de l'année : sur réservation. Départ devant le Point accueil tourisme - 2 €.

Se loger

⊖ **De la Poste** – *3 pl. du Gén.-de-Gaulle - ✆ 05 65 47 43 30 - www.hoteldelaposte12.com - fermé nov.-mars - P - 50 ch. 42/52 € - ☕ 7,50 €.* D'importants travaux ont donné une seconde jeunesse à cet hôtel central. Chambres bien refaites à l'annexe, rafraîchies mais plus désuètes dans le bâtiment principal.

⊖⊖ **Les Clédelles du Colombier** – *R. Rivié - ✆ 05 65 47 45 72 - www.lescledelles.com - ouv. mars-15 nov. - ⊠ - 41 villas 300 €/sem. pour 5/6 pers.* Associant la fraîcheur des rives du Lot à la proximité du village et de ses commerces, ces petites villas très bien équipées vous feront passer un agréable séjour. Un bon point de départ pour visiter la région, disposant en outre d'une piscine et de terrains de jeux. Club enfants et sorties familiales en saison.

⊖⊖ **De France** – *18 Pl. du Gén.-de-Gaulle - ✆ 05 65 70 42 20 - hoteldefrance@free.fr - fermé 26 oct.-1er avr. - 48 ch. 55 € - ☕ 5,60 € - restaurant 18/35 €.* Cet hôtel progressivement relooké s'avère commode pour rayonner dans le nord de l'Aveyron. Chambres fonctionnelles ; celles sur l'arrière sont plus calmes. À table, aligot, tripoux et fraises - grandes spécialités locales - tiennent souvent la vedette.

Se restaurer

⊜⊜ **Le Rive Gauche** – *3 pl. du Gén.-de-Gaulle - ☎ 05 65 47 43 30 - www.hoteldelaposte12.com - fermé nov.-mars - 23/50 € - 50 ch. 42/52 € - ☕ 7,50 €.* D'importants travaux ont donné une seconde jeunesse à cette maison. De petites salles à manger et une terrasse dressée face à la piscine composent le restaurant.

Que rapporter

Association Téranga - Pascal Leroy – *12560 St-Laurent-d'Olt - ☎ 05 65 47 42 63 - teranga3@wanadoo.fr - tlj sf dim. 9h-12h, 14h-18h - fermé janv.* Stages de poterie et de céramique.

Événements

Marché de pays – Tous les samedis matin.

Fête de l'estive – Le samedi le plus proche du 25 mai.

Fête de la rive droite – 1er w.-end d'août.

Fête de la race aubrac – Le sam. le plus proche du 15 août.

Fête de la Sainte-Épine – Le 2e dim. de juil., à Sainte-Eulalie-d'Olt, procession en costumes autour du reliquaire-buste dans lequel sont conservées deux épines de la couronne du Christ.

Saint-Girons

6 254 SAINT-GIRONNAIS
CARTE GÉNÉRALE B4 – CARTE MICHELIN LOCAL 343 E7 – ARIÈGE (09)

Pour rayonner dans le Couserans, Saint-Girons est une base d'excursions tout à fait indiquée... Aux alentours, des vallées verdoyantes, des torrents, des cascades et des lacs s'intègrent dans de merveilleux paysages. Quant à la ville, c'est une cité commerçante où il est agréable de flâner en bordure du Salat, sur une promenade ombragée de vénérables platanes.

- **Se repérer** – Les rivières du Baup, du Lez et du Salat se rencontrent à Saint-Girons. Il n'en fallait pas plus pour que la petite cité devînt un important marché et, aujourd'hui, un lieu de séjour idéal pour la découverte du pays de Foix.
- **À ne pas manquer** – Le col de Pause ; la cascade d'Arse ; une visite du dernier atelier de sabots bethmalais.
- **Organiser son temps** – Passez une journée dans le Couserans, en sillonnant ses vallées (de Biros et de Bethmale, du haut Salat et du Garbet).
- **Pour poursuivre la visite** – Voir aussi Saint-Lizier, la grotte du Mas-d'Azil.

Comprendre

Le pays aux 18 vallées – Étroitement associé au Comminges à l'époque féodale, tout en ayant son propre évêque à Saint-Lizier, le Couserans « aux 18 vallées », terre des Consorani lorsqu'elle faisait partie de la Novempopulanie, correspond géographiquement au bassin du haut Salat, avec Saint-Girons pour chef-lieu. Lacérés par les nombreux affluents du torrent, les terrains sédimentaires relativement tendres de la zone axiale (schistes en particulier) forment des monts très ramifiés séparés par d'amples vallées. Un ciel calme et lumineux, une végétation fraîche et touffue constituent les attraits de ce pays où les conditions de vie, sinon précaires, du moins fort rudes, engendrent un dépeuplement que l'absence de foyers industriels ne fait qu'aggraver. La chaîne frontière, connue surtout pour la silhouette du mont Valier (alt. 2 838 m), sommet dont la sombre pyramide entre dans le champ de vision des Toulousains, reste le domaine des randonneurs con-

Antonin Thuillier / MICHELIN

La cascade d'Arse.

firmés à qui des marches d'une dizaine d'heures ne font pas peur !

Circuits de découverte

LE COUSERANS

Vallées de Biros et de Bethmale 1

78 km – compter 4h environ. Quitter St-Girons au sud-ouest par la D 618 en direction de Luchon.

La route, fort jolie, suit le cours du Lez dans une large vallée ensoleillée. D'agréables villages ponctuent le parcours.

Audressein

Site agréable au confluent de la Bouigane et du Lez.

Juste après le pont de la Bouigane, l'**église** de pèlerinage Notre-Dame de Tramezaygues (du 14e s. pour l'essentiel) est rehaussée d'un campanile ajouré. Le porche central est décoré de peintures murales du 15e s.

Prendre la D 4, au sud. La route remonte la vallée du Lez.

Castillon-en-Couserans

Petit village situé sur une terrasse de la rive droite du Lez, au pied d'une butte boisée. Dans le parc du Calvaire, en aplomb sur la vallée, la **chapelle Saint-Pierre** jouit d'une situation magnifique. Construite au 12e s., elle fut fortifiée au 16e s.

Les Bordes-sur-Lez

À l'entrée du village, à hauteur d'une croix, jolie vue sur le plus vieux pont du Couserans et sur l'église romane d'Ourjout.

On s'engage alors sur la gauche dans la vallée de Biros.

Vallée de Biros

La route, pittoresque, remontant la vallée du Lez, ouvre par les vallées affluentes des perspectives sur les cimes de la chaîne frontière : mont Valier dans l'enfilade du Riberot et Mail de Bulard au fond de la vallée d'Orle.

Sentein

Ce village, base d'excursions en montagne, possède une église flanquée de deux tours quadrangulaires, vestiges de l'enceinte fortifiée dont le pourtour mesurait 200 m. Beau clocher à trois étages et flèche.

Les amateurs de randonnées et ceux que le paysage a charmés pourront poursuivre jusqu'au fond de la vallée où la route s'achève à Eylie.

Faire demi-tour et, aux Bordes, prendre à droite la D 17.

Vallée de Bethmale★

Vallée largement ouverte, aux paysages harmonieux, aux versants bosselés semés de granges et, le long de la route, de villages aux maisons étroitement imbriquées.

Ayet

Un très joli village qui possède une **église** dans laquelle on découvre des boiseries naïves du 18e s., en particulier le décor rocaille de la chapelle du baptistère.

Laisser la voiture dans un lacet à gauche, à l'entrée de la forêt domaniale de Bethmale.

Le saviez-vous ?

- Le nom de Saint-Girons célèbre un évêque de Milan du 5e s., le bienheureux Gerontius.
- Née à Saint-Girons en 1933, Josée Servent, peintre et céramiste, a trouvé l'inspiration grâce à la... moto !
- Bamalous, moulis ou bethmale..., le Couserans peut s'enorgueillir de posséder des fromages de caractère. À base de lait de vache ou de brebis, ils sont affinés en cave et se caractérisent par un arôme doux et fruité. Vous les trouverez sur le marché de Saint-Girons (le samedi matin) ou au cœur du pays Couserans (Bethmale, Engomer)

Curieuse et intéressante vallée

La population de la vallée n'est guère pléthorique : on y trouve deux communes, Arrien-en-Bethmale et Bethmale. Cette dernière ne comptait pas plus de 96 habitants en 1990, ce qui ne l'a pas empêché d'attirer l'attention des ethnologues et des spécialistes du folklore. Ceux-ci se sont en effet longtemps intéressés au costume bethmalais masculin dont la veste de laine écrue, garnie de parements multicolores, rappelait certaines tenues paysannes d'apparat dans les Balkans... Les visiteurs ne manqueront pas l'occasion de se procurer des sabots (avec un cœur gravé sur la pointe s'ils souhaitent les offrir à la dame de leurs pensées). Quant aux gourmets, ils dégusteront le délicieux fromage local (le bien-nommé bethmale) qui, à la coupe et consommé sur place, a autrement plus de goût que les échantillons que l'on trouve dans les rayons des supermarchés !

Lac de Bethmale

1/4h à pied AR. Étang situé dans un beau décor de hêtres qui lui confèrent un charme on ne peut plus romantique.

Gagnant de l'altitude dans un cirque de pâturages, la route atteint le col de la Core (alt. 1 395 m), offrant une dernière vue sur la vallée de Bethmale. Sur le versant est du col, le vallon d'Esbints présente un paysage boisé plus solitaire. Au sud-ouest, légèrement en arrière, se déroule le chaînon du mont Valier. En fin de descente, les arbres fruitiers et les granges se multiplient à nouveau, tandis que le bassin de confluence d'Oust, centre géographique du haut Salat, se rapproche.

Seix

Jadis ville franche jouissant de la protection royale, Seix est aujourd'hui un petit village dominé par un château du 16e s.

Vic

Le village possède une **église** typiquement ariégeoise avec son clocher-mur et sa triple abside romane. La nef et les bas-côtés sont couverts d'un plafond du 16e s. à petits caissons peints, qui trouvent leur réplique dans les peintures murales de la voûte du chœur. Sur la placette, du côté du portail, une croix en fer forgé, témoin de l'habileté des ferronniers de l'Ariège, fut érigée comme monument aux morts des guerres mondiales.

Rentrer à Saint-Girons en prenant sur la gauche la D 3, par les gorges de Ribaouto.

Vallées du haut Salat et du Garbet★ 2

170 km au départ de Seix – compter une journée. Prendre sur la droite, après Seix, la D 3 vers la vallée du haut Salat. Après 10 km d'un parcours très encaissé au bord du torrent, bifurquer, à l'entrée de Couflens, à droite vers le col de Pause (route du port d'Aula).

Étroite et tracée sur des versants raides, la petite route s'élève au-dessus de l'impressionnante vallée forestière d'Angouls. Par l'encoche du Salat apparaissent les sommets du cirque terminal de la vallée, au-dessus de Salau (mont Rouche, alt. 2 858 m). Au-delà du village-balcon de Faup, superbement exposé, poussez jusqu'au col de Pause.

La chaussée, mauvaise et ravinée, est souvent obstruée par la neige entre oct. et mai.

Col de Pause★★

Alt. 1 527 m. Prenez de la hauteur sur la pente à droite, en direction du pic de Fonta, pour découvrir le mont Valier au-delà de la coupure de la vallée d'Estours. Vue sur les abîmes de la face est de ce sommet et sur les arêtes de son chaînon nord.

Revenir au pont de la Taule et prendre la D 8 à droite.

La route traverse la vallée d'Ustou, monte sur quelques kilomètres avant de redescendre en lacet jusqu'à Aulus-les-Bains. Belles vues dans la descente.

Guzet

Occupant un site exceptionnel à l'amont de la vallée de l'Ustou, cette paisible station de sports d'hiver s'illustre par ses chalets blottis sous les sapins.

Aulus-les-Bains

Les eaux sulfatées, calciques et magnésiennes qui sourdent à Aulus sont employées dans le traitement des maladies métaboliques et sont spécialement efficaces dans le traitement de l'hypercholestérolémie et des maladies de l'appareil urinaire. La station propose également des semaines thermales axées sur la remise en forme. Sa situation permet des excursions en montagne, dans la fourche des trois vallées supérieures du Garbet (Fouillet, Ars et haut Garbet), embellies de cascades et de lacs.

Monter la vallée du Garbet (vers l'est). À 1 km, laisser la voiture et prendre à droite le GR 10 (5 km à pied).

Cascade d'Arse★

Traversez le torrent et suivez le GR 10 vers l'ouest puis vers le sud pour parvenir au pied de la cascade bondissant de 110 m de hauteur, en trois chutes.

Revenir à Aulus et prendre la D 32 au nord pour descendre la vallée du Garbet.

Vallée du Garbet★

C'est l'une des vallées les plus régulièrement évidées et l'une des mieux orientées du haut Couserans. Ensoleillée, parsemée de nombreux hameaux gardant parfois des chaumières à pignons à redans, elle était appelée autrefois « Terra Santa » en raison du grand nombre de chapelles et d'oratoires que l'on y recensait.

La route traverse les villages d'Oust et de Vic avant de rejoindre Seix.

Saint-Girons pratique

Adresses utiles

Office de tourisme de Saint-Girons et du Couserans – *Pl. Alphonse-Sentein - 09200 St-Girons - ✆ 05 61 96 26 60 - www.ville-st-girons.fr - juil.-août : 10h-18h30, dim. 10h-13h ; reste de l'année : tlj sf dim. 10h-12h, 14h-18h - fermé j. fériés sf 14 Juil. et 15 août.*

Office du tourisme du Haut-Couseran – *09140 Seix - ✆ 05 61 96 00 01 - www.haut-couserans.com - de mi-juil. à fin août : 9h-12h30, 15h-19h ; reste de l'année : tlj sf mar. 9h-12h, 14h-18h, dim. 9h-12h30.*

Office du tourisme du Biros – *09800 Sentein - t 05 61 96 10 90 - http://otbiros.free.fr - juil.-août : tlj sf dim. 14h-18h30 ; reste de l'année : mar. et ven. 9h-12h, 14h-18h, sam. 9h-12h.*

Office du tourisme du Castillonnais – *Av. Noël-Peyrevidal - 09800 Castillon-en-Couserans - ✆ 05 61 96 72 64 - www.ot-castillon-en-couserans.fr*

Se loger

Camping Parc d'Audinac les Bains – *✆ 05 61 66 44 50 - www.audinac.com - ouv. avr.-sept. - - 100 empl. 20 €.* Les 15 ha d'un ancien parc thermal assurent espace et calme à ce camping, niché au milieu d'arbres tricentenaires. Vous ne serez pas insensible à la beauté des bâtiments d'époque chargés d'histoire. Côté divertissement : piscine, mini-club enfants, animations ado, tournois sportifs, soirées familiales… Location de chalets et de bungalows.

Camping Le Coulédous – *09140 Aulus-les-Bains - ✆ 05 61 96 02 26 - couledous@wanadoo.fr - 70 empl. 22 € - restauration.* À proximité de la ville, ce terrain est connu des curistes qui y séjournent une bonne partie de l'année. Son cadre verdoyant est son atout majeur. Location de chalets.

Camping La Vie en Vert – *09800 Augirein - 12 km à l'O de Castillon-en-Couserans par D 4 jusqu'à. Cescau puis D 618 - ✆ 05 61 96 82 66 - daffis@lavieenvert.com - 15 mai-15 sept. - - réserv. conseillée - 15 empl. 20 €.* Bercé par le bruit d'un petit torrent, ce camping est sympathique et joliment fleuri. Grâce aux efforts de décoration et de plantation, ce lieu, certes simple, a du charme. Deux chambres d'hôte dans une ancienne grange en pierre de pays.

Camping Les Quatre Saisons – *Rte d'Aulus-les-Bains - 09140 Oust - ✆ 05 61 96 55 55 - www.camping4saisons.com - ouv. 15 avr.-oct. - - réserv. conseillée - 108 empl. 21 €.* Adeptes du camping - emplacements délimités par de hautes haies pour préserver un espace d'intimité - ou de la location de gîtes ou de mobil-homes (capacité de 4 à 5 personnes, avec terrasse, salon de jardin et barbecue), les 3 ha du complexe des Quatre Saisons est fait pour vous. Pétanque, volley, ping-pong et aire de jeux pour enfants. Location de VTT. Aux alentours, rivières réputées pour les truites, activités de montagne…

Chambred'hôte Maison de la Grande Ourse – *09800 Salsein - 3 km à l'O de Castillon-en-Couserans - ✆ 05 61 96 06 25 - ouv. le w.-end en hiver - - 2 ch. 48 € - repas 18 €.* Admirez les étoiles avant de vous endormir dans cette charmante maison montagnarde au cœur d'un petit village typique. Les petits-déjeuners et les repas sont servis dans une belle cuisine au décor gai et chaleureux : sol en pierre et couleurs du Sud. Coup de cœur !

Les Gîtes Nature Chalets de Rimont – *09420 Rimont - 05 61 64 53 53 - www.seronais.com - - 5 chalets 400/500 €/sem. pour 6 pers.* Bien intégrés dans le paysage, ces 5 chalets nichés dans un hameau bénéficient d'équipements fonctionnels. Situation idéale pour profiter en famille des activités de pleine nature. Belle vue sur la vallée.

Clairière – *Av. de la Résistance - 05 34 14 07 93 - www.domainedebeauregard.com - fermé mars - P - 8 ch. 55/80 € - 10 €.* Cette insolite construction moderne, dotée d'un toit de bardeaux tombant jusqu'au sol, propose des petites chambres fonctionnelles. Au restaurant, décor ethnique « évolutif », cuisine traditionnelle et cave riche en vins du Languedoc-Roussillon.

Hôtel Eychenne – *8 av. P.-Laffont - 05 61 04 04 50 - www.ariege.com/hotel-eychenne - fermé déc.-janv., dim. soir et lun. de nov. à fin mars - P - 43 ch. 65/119 € - 9,50 € - rest. 26/55 €.* Cet ancien relais de poste, tenu par la même famille depuis plusieurs générations, est une véritable institution locale. Chambres et salle à manger bénéficient d'une plaisante atmosphère bourgoise. Agréable terrasse d'été dressée face au jardin fleuri et à la piscine.

Se restaurer

Le Bouchon – *4 pl. des Poilus - 05 61 96 00 18 - fermé dim. soir - formule déj. et dîner 9 € - 17/35 €.* Une mise en place simple et sans prétention pour ce restaurant qui bénéficie d'une terrasse plaisante dans le quartier dit historique de la ville. Sa carte, traditionnelle, se compose surtout de produits frais et compte quelques spécialités qui font le bonheur d'une clientèle de connaisseurs. Pâtisseries maison.

Domaine de Beauregard - La Clairière et l'Auberge d'Antan – *Av. de la Résistance - 05 61 66 66 66 - contact@domainedebeauregard.com - - 20/65 €.* Ce petit château et son pavillon de chasse, bâtis au 19e s., bénéficient du calme d'un joli parc agrémenté d'une roseraie. Chambres au charme « rétro ». À l'Auberge d'Antan, décor rustique, cheminée ancienne et plats du terroir.

L'Auberge d'Audressein – *09800 Audressein - 1 km de Castillon-en-Couserans par rte de Luchon - 05 61 96 11 80 - www.auberge-audressein.com - fermé 10 janv.-4 fév., dim. soir et lun. du 15 sept. au 5 mai sf vac. scol. - 16/85 € - 9 ch. 37/54 € - 9,50 €.* Au pied de cette maison de pierre, ancienne forge du 19e s., coule un torrent qui rafraîchira votre séjour. La salle à manger, rustique, est prolongée par une véranda. Cuisine bien tournée et prix raisonnables. Chambres plaisantes.

Que rapporter

Croustades Martine Crespo – *38 r. Pierre-Mazaud - 05 34 14 30 20 - www.croustade.com - 9h-12h30, 15h-19h, sam. 8h-19h30, dim. 8h-13h - fermé 1er janv. et 25 déc.* La spécialité de cette boutique décorée à l'ancienne, c'est la croustade du Couserans, dessert offert traditionnellement lors des repas de fêtes gascons. Plusieurs parfums existent : pomme, poire, etc. Également : quiches, tartes, croustades au fromage de montagne et au foie gras frais.

Pascal Jusot – *Aret - 09800 Arrien-en-Bethmale - 05 61 96 74 39 - tlj à partir de 9h (visite sur réserv.).* Cet artisan sabotier ouvre son atelier aux visiteurs toute l'année et fournit aimablement des explications sur la fabrication et sur les différents bois utilisés. La boutique propose sabots bethmalais et de jardin ainsi que des objets décoratifs en bois.

Antonin Thuillier / MICHELIN

Sports & Loisirs

Horizon Vertical – *Ancienne gare SNCF - 05 61 96 08 22 - 05 61 04 71 42 - www.horizonvertical.net - été : 10h-12h30, 16h-19h - réservation obligatoire.* Spéléo, canyoning, escalade, parcours aventure et séjour sport-aventure. Stages d'initiation ou de perfectionnement, sur un ou plusieurs jours, assurés par des guides diplômés d'État.

Pyren'Aventure – *09200 Moulis - 05 61 04 84 84 ou 06 84 08 01 34.* École de parapente du Couserans.

Aéro-club de l'Ariège – *Aérodrome de St-Girons-Antichan - 05 61 66 11 00.*

Domaine skiable de Guzet-Neige – Altitude 1 100-2 100 m, 28 pistes de ski alpin diversifiées et 4 km de piste de ski de fond, au milieu des sapins. Une aire de ski avec 2 remontées mécaniques adaptées est réservée aux enfants.

Événement

Rencontres internationales Tradition et Ethnie – À l'initiative des Bethmalais, un des premiers groupes folkloriques français, invitation de groupes folkloriques du monde entier début août.

Saint-Lary-Soulan

1 024 SAINT-LARYENS
CARTE GÉNÉRALE A4 – CARTE MICHELIN LOCAL 342 N6 – SCHÉMA P. 318 – HAUTES-PYRÉNÉES (65)

Au cœur de la vallée d'Aure, Saint-Lary-Soulan attire chaque année en hiver les amateurs de glisse. C'est aussi, en été, la principale porte d'accès à la réserve de Néouvielle, le point de départ de sublimes randonnées à travers la montagne. Malgré ses nombreuses infrastructures et son flot de touristes, la ville a su conserver le cachet des villages pyrénéens avec leurs toits en ardoise, leurs façades de pierre où paraissent çà et là des colombages.

Se repérer – Saint-Lary est situé au débouché de la vallée d'Aure sur l'artère transpyrénéenne ouverte en 1976 en direction de Lérida (Espagne) par la percée du tunnel de Bielsa.

Organiser son temps – En période estivale, prévoyez de rayonner dans les alentours, dans la vallée d'Aure ou autour des lacs dans le massif de Néouvielle.

Avec les enfants – La maison de l'Ours. Saint-Lary est labellisé Famille Plus *(voir p. 42)*.

Pour poursuivre la visite – Voir aussi la vallée d'Aure (Arreau), le circuit de Saint-Lary-Soulan aux lacs (massif de Néouvielle), le Parc national des Pyrénées, la proposition d'escapade en Espagne *(p. 15)*.

Séjourner

Domaine skiable

Alt. 1 700-2 515 m. Station leader des Pyrénées inaugurée en 1957, Saint-Lary déploie un vaste domaine skiable sur 700 ha et 53 pistes. Reliés à la vallée par un seul téléphérique (le pic Lumière) et une route de montagne, les trois domaines du Pla d'Adet, d'Espiaube et du Vallon du Portet occupent les ressauts ouest de la vallée d'Aure. Les 100 km de pistes qui s'étendent dans de grands espaces ensoleillés conviennent à toutes les catégories de skieurs. Si le cœur du Pla d'Adet s'adresse plutôt aux débutants ou aux familles, les sportifs privilégieront plutôt le secteur d'Espiaube, dont deux pistes, dans la combe du Lita, bénéficient d'un enneigement exceptionnel. Les amateurs de « nouvelles » glisses, de bosses et de surf, se donneront rendez-vous du côté du vallon de Portet, au Snowpark Quicksilver. Quant à ceux qui privilégient les panoramas grandioses ouvrant sur les profondes vallées et les pics déchiquetés, ils s'orienteront sur les pistes du Soum de Matte, de la Corniche et du Balcon, trait d'union entre Espiaube et Pla d'Adet. Équipement récent, le téléski du Glacier achemine les skieurs sur de nouvelles pistes situées à 2 515 m. Les fondeurs, enfin, disposent de 10 km de pistes en 3 boucles, au sein du domaine d'Espiaube.

Activités d'été

Outre les nombreuses possibilités de randonnées, au cœur du massif du Néouvielle (*voir ce nom*) tout proche, la montée au pic Lumière en téléphérique, la station offre également les plaisirs de l'eau au **centre thermoludique Sensoria** *(voir l'encadré pratique)* et ceux, plus sportifs, du parapente, de l'escalade, de la trotinette de montagne, de l'équitation, des sports d'eau vive…

Le saviez-vous ?

Le nom honore un des deux saints Hilaire (il y eut un évêque de ce nom à Poitiers au 4e s. et un autre à Arles un siècle plus tard), Ilari en occitan. Sant Ilari est devenu peu à peu Sant Lari par contraction. Quant à Soulan, ce nom immortalise un colon gallo-romain, Solus, selon certains. À moins qu'il ne s'agisse tout simplement de la transcription de l'occitan *solan* désignant un versant exposé au soleil.

Skieurs dans l'âme, les Saint-Laryens n'ont pas oublié **Isabelle Mir**, qui fut championne du monde de descente en 1968. Ni son père d'ailleurs… **Vincent Mir** qui, maire du village pendant près de 50 ans, a fait de la station une des plus importantes des Pyrénées.

C'est dans la rue Vincent-Mir, entre l'office du tourisme et la mairie, que vous pourrez observer les plus beaux exemples de restauration de maisons de pierre. La Maison du Parc national *(voir l'encadré pratique)* est installée dans la tour Hachan, du 16e s.

Visiter

Maison de l'Ours

Accès par la route du Corps-Franc-Pommiès - ✆ 05 62 39 50 83 - juil.-août : 9h30-12h30, 13h30-18h30 ; de mi-avr. à fin juin et de mi-sept. à fin déc. : tlj sf lun. 9h-12h15, 13h45-17h30 ; des vac. de Noël à mi-avr. : 9h-12h30, 13h-17h30 - 6 € (5-12 ans 4 €).

Photos, coupures de presse, panneaux nourris d'anecdotes (telle la naissance du *teddy bear*) et agrémentés de commentaires en bande sonore, des jeux, un petit coin lecture et un film court animent cet espace entièrement conçu pour les enfants, où vivent également deux ours dans un petit parc. Outre le mode de vie et l'habitat de cette espèce dont la population a chuté, en un siècle, de 90 % dans les Pyrénées, sont présentées l'ichnologie (identification des traces), la taxidermie (naturalisation) et l'ostéologie (reconstitution du squelette).

Saint-Lary-Soulan pratique

Adresses utiles

Office du tourisme de Saint-Lary – *37 r. Vincent-Mir - 65170 St-Lary-Soulan - ✆ 05 62 39 50 81 - www.saintlary.com - juil.-août et de mi-déc. à mi-avr. : 9h-19h ; reste de l'année : 9h-12h, 14h-19h (dim. 18h), sam. 10h-12h, 14h-19h.*

Point info St-Lary 1700 – *Pla d'Adet - juil.-août : tlj sf dim. 9h15-12h15, 14h-17h30 ; déc.-avr. : 8h30-17h30.*

Maison du Parc national des Pyrénées – *Tour Hachan - Pl. de la Mairie - 65170 St-Lary-Soulan - ✆ 05 62 39 40 91 - www.parc-pyrenees.com* - Elle fournit toutes les informations nécessaires à la découverte du Parc *(voir p. 327)*. Présentation de la flore, exposition d'animaux naturalisés.

Se loger

Chambre d'hôte La Couette de Biéou – *65170 Camparan - 4 km au N de St-Lary-Soulan, rte d'Arreau et à droite - ✆ 05 62 39 41 10 - - 3 ch. 42/45 €.* Cette ferme en pierres de pays, aux balcons fleuris, offre un panorama exceptionnel sur la vallée et les Pyrénées. Les chambres, où domine le bois, sont coquettes. À voir : la cuisson du gâteau à la broche.

Hôtel Pergola – *25 r. Vincent-Mir - ✆ 05 62 39 40 46 - www.lapergola.fr - fermé 10-19 mai et 4 nov.-17 déc. - P - 23 ch. 63/114 € - 9 €.* Cet accueillant chalet et son jardin forment un havre de paix au cœur de la station. Ses grandes chambres ont été personnalisées avec goût et sont parfois dotées d'une terrasse ou d'un balcon tourné vers les cimes. Une carte actuelle et un menu du terroir sont présentés dans les deux salles de L'Enclos des Saveurs.

Hôtel Aurélia – *65170 Vielle-Aure - 1,5 km au N de St-Lary-Soulan par D 19 - ✆ 05 62 39 56 90 - www.hotel-aurelia.com - fermé 25 sept. au 15 déc. - P - 20 ch. demi-pension seult 46/51 €.* L'accueil est charmant dans cet hôtel familial situé dans un quartier résidentiel calme. Vous admirerez la montagne tout en nageant dans la piscine. Les chambres sont confortables et fonctionnelles, mansardées au 3e étage.

Chambre d'hôte La Ferme de Soulan – *À Soulan - ✆ 05 62 98 43 21 - http://fermedesoulan.free.fr - fermé nov. - - 4 ch. 82/88 € - repas 22 €.* Calme absolu et air pur dans cette ancienne ferme située au cœur d'un village d'altitude. Les bâtiments, agencés autour d'une cour pavée, abritent au rez-de-chaussée une salle à manger rustique agrémentée d'une cheminée et deux chambres confortables de même style. À l'étage, deux autres chambres joliment mansardées et un salon panoramique.

Se restaurer

Le Pic Assiette – *Quartier Pradet - 65170 Guchan - ✆ 05 62 39 96 24 - www.picassiette.net - fermé dim. soir et lun. - 12 € déj. - 16,50/32 €.* Les familles apprécient ce restaurant situé face à une aire de jeux pour adolescents et doté d'un minigolf pour les plus petits. L'hiver, vous vous sustenterez au coin du feu, l'été sur la terrasse au pied des Pyrénées. Cuisine régionale et service efficace.

Pons « Le Dahu » – *4 r. Coudères - ✆ 05 62 39 43 66 - www.hotelpons.com - 15/20 €.* Construction des années 1950 située dans un quartier résidentiel proche du téléphérique et du centre. Les plus grandes chambres, toutes dotées d'un balcon, sont à l'annexe. Repas traditionnel goûteux dans une atmosphère de pension de famille.

La Grange – *Quartier d'Autun - ✆ 05 62 40 07 14 - www.hotel-angleterre-arreau.com - fermé 24 avr.-17 mai, 6 nov.-14 déc., mar. soir et merc. hors sais. - 18/34 €.* Cette ancienne grange abrite aujourd'hui un coquet restaurant. Murs lambrissés, éclairage feutré, mobilier agreste et cheminée composent le chaleureux décor de la salle à manger rustique. Vous aurez le choix entre plusieurs menus mettant à l'honneur les réjouissantes spécialités régionales (garbure, marinade de truite à la tapenade et au magret séché).

Sports & Loisirs

Office des Sports de Montagne – *9 rte de Soulan - ✆ 05 62 39 42 92 - www.office-sports-montagne.com - 9h-13h, 15h-20h.* Cette agence regroupe la quasi totalité des activités proposées dans la région : initiation à la conduite d'attelage de chiens de traîneau, scooter des neiges, raquettes en hiver ; canyoning, randonnée, parapente, rafting, arapaho (trottinette de montagne), hydro speed et escalade en été, etc.

Sensoria – *Jardin des Thermes - ✆ 05 62 40 71 71 - www.saintlarysoulan.com - 10h-22h.* Ce centre thermo ludique s'articule autour de 2 secteurs. L'espace détente trouve sa place dans un décor inspiré des canyons aragonais. Bains de vapeur, d'eau chaude ou froide, il y en a pour tous les goûts. L'espace soins propose quant à lui une gamme complète de massages et de thérapies naturelles.

Forfaits ski – Pour les habitués de Saint-Lary, la carte magnétique Altiplus permet de moduler la journée de ski en conservant le temps non consommé pour une prochaine sortie.

Saint-Lizier★

1 592 LICÉROIS OU SAINT-LIZERANS
CARTE GÉNÉRALE B4 – CARTE MICHELIN LOCAL 343 E7-E6 – ARIÈGE (09)

Jadis capitale du Couserans et siège d'un évêché, Saint-Lizier est aujourd'hui une petite ville charmante dotée de deux cathédrales et d'un joli cloître. Selon la tradition, elle aurait été fondée par Pompée alors qu'il revenait d'Espagne où il avait vaincu Sertorius…

- **Se repérer** – À 2 km au nord de Saint-Girons *(voir ce nom)*, l'ancienne capitale du Couserans occupe un site agréable sur une colline dominant le Salat, face aux Pyrénées sur lesquelles elle offre un vaste panorama.
- **À ne pas manquer** – Le palais épiscopal ; les fresques de la cathédrale.
- **Organiser son temps** – Faites une halte d'une demi-journée dans la ville.
- **Avec les enfants** – Au Pays des Traces en emportant un pique-nique et sur réservation pour certaines activités.
- **Pour poursuivre la visite** – Voir aussi Saint-Girons.

Le saviez-vous ?

Le nom de Saint-Lizier vient de l'évêque local Lycerius qui, au 6ᵉ s., fonda les deux cathédrales. Après sa mort, ses anciens fidèles du Couserans lui attribuèrent des guérisons du « mal de terra » (rage). Reconnaissants, ceux-ci donnèrent à leur cité, jusque-là Civitas Conseranorum, le nom de Sanct Leze, bientôt francisé en Saint-Lizier.

L'anonyme Maître de Saint-Lizier, qui peignit les fresques de la cathédrale, serait également l'auteur des peintures murales d'églises de Catalogne désormais exposées à Barcelone au Museu Nacional d'Art de Catalunya (MNAC).

Se promener

VILLE HAUTE

Flâner dans la ville haute, enserrée par ses remparts romains des 3ᵉ et 4ᵉ s. dont une bonne partie subsiste encore, est un vrai bonheur. On entre dans la cité par la tour de l'Horloge afin de découvrir, au hasard des ruelles, quelques vieilles maisons du 15ᵉ s. à colombages et encorbellement, en particulier rue Notre-Dame, place de l'Église et place des Étendes. On remarque, rue des Nobles, une maison du 18ᵉ s. ornée de boiseries, de gypseries et d'un bel escalier à rampe de bois sculpté. Enfin, on arrive en haut du village devant le **palais épiscopal** (17ᵉ s.), qui abrite aujourd'hui le **musée départemental d'Art et de Traditions populaires**, d'où l'on découvre une belle vue sur l'ensemble de la ville et les Pyrénées. *✆ 05 61 04 81 86. Fermé pour travaux jusqu'en 2009.*

Visiter

Cathédrale Saint-Lizier★

La construction de cet édifice, dont le clocher octogonal du 14ᵉ s. relève du style gothique toulousain, s'est échelonnée du 10ᵉ au 15ᵉ s. On peut voir, dans la souche de la construction, des débris de pilastres cannelés prélevés sur des monuments romains disparus. À l'intérieur, remarquez le plan, très irrégulier, avec un chœur roman désaxé où de superbes **fresques romanes★★** (12e s.) représentent les apôtres. Par leur style et leur thème, elles rappellent les peintures byzantines (stylisation des yeux, du nez et de la bouche, absence de décor et de paysage autour des personnages) et sont très proches des fresques que l'on peut trouver dans les églises catalanes contemporaines.

Cloître★ – Du 12e s., il possède des chapiteaux sculptés de style typiquement roman, s'inspirant de motifs gallo-romains (éléments floraux), mozarabes (vannerie), syriens *(chapiteau central de la galerie ouest)* et chaldéens *(1er chapiteau de la galerie est, en partant de la droite)*. La galerie supérieure, élevée au 14e s., conserve quelques traces de fresques.

Stéphane Sauvignier / MICHELIN

Saint-Lizier vu du château.

Trésor – Il contient le buste-reliquaire en argent de saint Lizier (16e s.), une crosse en ivoire (12e s.) ainsi que des statues en bois polychrome du 16e s.

Hôtel-Dieu

Attenant à la cathédrale, il possède une **pharmacie** du 18e s. dont les quatre murs sont plaqués de vitrines en bois roux contenant une belle collection de pots en faïence bleue ou polychrome. *✆ 05 61 96 77 77 - ♿ - visite guidée tlj sf dim. mat. 11h, 15h, 17h (toutes les heures de 10h30 à 17h30 en juil.-août) - 2,40 € (-12 ans gratuit).*

Au Pays des Traces

Ferme du Miguet - ✆ 05 61 66 47 98 - www.paysdestraces.fr - de mi-juin à mi-sept. : 10h-19h, dim. 13h30-19h ; vac. de la Toussaint, de fév. et de printemps : 13h30-18h30 - 9 € (enf. 7 €), forfait saison (permettant de revenir à volonté) 11 € (enf. 9 €).

Ce parc original installé en bordure du Salat, autour de la grotte du Loup, initie à l'ichnologie (la science des traces). Enquête nature, fouilles, moulages en plâtre ou en argile, parcours ludiques (ornithologique, cavernicole, montagne, archéologique) permettent aux enfants d'observer et d'interpréter des traces tout en s'amusant. Deux espaces muséographiques (expositions temporaires) et un bestiaire de buis complètent la visite. Une veillée trappeur anime les jeudis d'été, à partir de 17h30. Au menu : soupe à l'ortie, lapin rôti à la broche, pain cuit au feu de bois, etc. (sur inscription préalable).

Aux alentours

Château de Prat

11 km au nord-ouest, sur la D 117 en direction de Salies-du-Salat - ✆ 05 61 96 68 01 ou 06 77 12 08 34 - http://chateau-de-prat.ifrance.com - visite guidée (1h) de mi-juil. à fin août : 16h-19h (dernière entrée 18h) ; reste de l'année : sur demande - 6 € (- 12 ans gratuit).

Surplombant le village de Prat, ce château des 16e et 19e s. a connu d'intenses travaux de restauration qui durent encore. Outre les jardins et la terrasse, plusieurs salles sont ouvertes au public et retracent l'histoire du mobilier français de Louis XIII à l'Empire.

Saint-Lizier pratique

Voir aussi l'encadré pratique de Saint-Girons.

Adresse utile

Office du tourisme de Saint-Lizier – *Pl. de l'Église - 09190 St-Lizier - 05 61 96 77 77 - www.ariege.com/st-lizier - 10h-12h, 14h-18h, dim. 15h-18h - fermé j. fériés sf 14 Juil. et 15 août.*

Se loger et se restaurer

La Tour – *R. du Pont - 05 61 66 38 02 - www.hotel-restaurant.net/hoteldelatour - fermé 15 nov.-15 déc. - 15/40 € - 9 ch. 38/65 € - 6,50 €.* Cette bâtisse avec sa tour de guet carrée du 12e s. domine la rivière. La cuisine d'inspiration régionale est servie dans une salle bordée de baies vitrées. Neuf chambres simples et bien tenues.

Sauveterre-de-Rouergue

832 SAUVETERRATS
CARTE GÉNÉRALE D2 – CARTE MICHELIN LOCAL 338 F5 – AVEYRON (12)

Une « sauveté » avec sa place à couverts, le Ségala verdoyant... Bref, un lieu empreint de sérénité et, semble-t-il, à l'abri de toutes surprises. Pourtant celles-ci ne manquent pas ! En effet, on y rencontre Toulouse-Lautrec enfant, des aurochs reconstitués, et un audacieux viaduc de métal jeté sur le Viaur...

- **Se repérer** – La petite cité est idéalement située pour les amateurs de tourisme vert ! En plein cœur du Ségala, à mi-chemin entre Rodez, Albi et Villefranche-de-Rouergue.
- **À ne pas manquer** – La place centrale à couverts ; le viaduc du Viaur.
- **Organiser son temps** – Si vous disposez d'une journée, consacrez la matinée à la visite de la ville et de ses alentours. L'après-midi, parcourez la vallée du Viaur.
- **Avec les enfants** – Le parc animalier de Pradinas.
- **Pour poursuivre la visite** – Voir aussi Belcastel, Carmaux, Rodez, Villefranche-de-Rouergue.

Se promener

Bâtie selon un plan rectangulaire, Sauveterre a gardé sa vaste **place centrale★** bordée de couverts (appelés ici les *chitats*), dont les voûtes ogivales remontent pour la plupart aux 14e et 15e s. Sur cette place s'ouvre le bel escalier en pierre de la mairie.

La collégiale gothique du 14e s., la maison Unal avec ses encorbellements, ses colombages et ses pierres de taille ainsi que les vieilles maisons de la rue Saint-Vital retiennent aussi l'attention.

Sur la promenade, qui a remplacé l'enceinte fortifiée dont il subsiste quelques vestiges, s'élève un calvaire du 16e s., la croix de la Merette.

Aux alentours

Parc animalier de Pradinas

12 km. Sortir de Sauveterre à l'ouest par la D 71. À Pradinas, prendre au nord la D 85. 05 65 69 96 41 - www.parc-animalier-pradinas.com - - juil.-août : 10h-20h ; avr.-juin et de déb. sept. à mi-nov. : 14h-19h, w.-end et j. fériés 11h-19h ; de mi-nov. à fin mars : dim., j. fériés et vac. scol. 14h-18h - possibilité de visite en petit train tlj en juil.-août, reste de l'année dim. apr.-midi - 8 € (3-14 ans 4 €), +2,30 € (3-14 ans 1,50 €) petit train.

Consacré pour l'essentiel aux cervidés (élan du Cap, mouflon de Corse, grand koudou) et aux bovidés (bison), ce

Le saviez-vous ?

Salvaterra signifie « terre du salut ». Rien de plus approprié pour désigner cette bastide fondée en 1281 par le sénéchal du Rouergue, Guillaume de Mâcon, pour accompagner, sous l'autorité du roi, un développement des activités commerciales.

Journaliste à *L'Express* et à Europe 1, cofondateur du *Point*, **Claude Imbert** est un proche voisin puisqu'il est né en 1929 à Quins, à quelques kilomètres au nord-est de Sauveterre.

Antonin Thuillier / MICHELIN

La place centrale aux « chitats » (couverts du 15e s.).

parc vallonné présente, entre autres raretés, le cerf blanc, originaire du Danemark, le lynx, ainsi que quelques aurochs. Pour ressusciter ces animaux préhistoriques, on effectua des croisements entre certains spécimens de bovins contemporains (taureaux d'Écosse, taureaux de combat espagnols...) ayant conservé quelques-unes des caractéristiques de leur grand ancêtre. Aire de jeux pour les enfants ; expositions temporaires de photos animalières ; animaux naturalisés.

Chapelle de Rieupeyroux

23 km. Quitter Sauveterre au nord par la D 997, prendre à gauche la D 911. Perchée sur une des buttes qui donnent aux plateaux du Ségala sa physionomie ondulée, cette chapelle fut bâtie par un seigneur de la région pour remercier Dieu de l'avoir sauvé des mains de brigands qui l'avaient attaqué à cet endroit. De la **table d'orientation**, panorama sur les monts d'Aubrac et du Cantal au nord-est et, du sud-est au sud, sur les Cévennes, les monts de Lacaune et la Montagne noire.

Circuit de découverte

VALLÉE DU VIAUR

60 km – environ 3h. Quitter Sauveterre au sud par la D 997. À Naucelle-Gare, prendre la D 10 puis la 1re route à gauche.

Église de Camjac

L'église campagnarde de Camjac a de quoi étonner. Son architecture banale du 19e s. dissimule en effet des peintures murales exécutées dans les années 1960 par des artistes de l'école des beaux-arts de Clermont-Ferrand.

Revenir sur la D 10, que l'on prend à gauche. Suivre les panneaux indiquant le château du Bosc.

Château du Bosc

✆ 05 65 69 20 83 - www.toulouselautreclebosc.com - visite guidée 9h-19h - fermé 25 déc. - 5 € (enf. 1 €).

Dans ce château, propriété de sa famille située parmi bosquets et prairies, Toulouse-Lautrec séjourna à plusieurs reprises lors de son enfance. À l'intérieur, on visite la salle des Gardes, parée d'une cheminée Renaissance, les salons décorés de belles tapisseries d'Aubusson, la salle à manger qui a conservé le charme des grandes maisons de famille d'autrefois et la chambre du jeune Henri où sont exposés des jeux d'enfants, tandis qu'un musée du souvenir familial rassemble de nombreux dessins. Sur un mur, on voit que chaque membre de la famille a inscrit sa taille au crayon. Pauvre Henri, son trait est visiblement plus bas que celui de ses cousins !

Revenir sur la D 10 que l'on suit jusqu'à Castelpers. De là, prendre à droite la D 532.

La route longe le Viaur et passe sous le **viaduc★** dont les jambes métalliques qui s'élancent à 116 m de hauteur sont assez impressionnantes.

Prendre à droite la N 88. À Baraque-St-Jean, tourner à droite, puis encore à droite dans la D 574.

Le viaduc du Viaur, œuvre d'un émule de Gustave Eiffel.

Viaduc du Viaur★

Cette masse de 3 734 t, œuvre de l'ingénieur Paul Bodin, émule de Gustave Eiffel, enjambe le Viaur depuis 1902 sur une longueur de 460 m. Reposant sur un arc central de 200 m d'envergure, cet ouvrage métallique, inscrit dans un site verdoyant, ne manque pas d'élégance et permet à la voie ferrée Carmaux-Rodez de franchir la rivière. La percée du chemin de fer dans la région, au début du 20e s., a beaucoup contribué à désenclaver le Ségala, jusqu'alors plongé dans un isolement préjudiciable à son décollage économique.

Revenir sur la N 88 que l'on prend à droite pour rejoindre Sauveterre-de-Rouergue.

Sauveterre-de-Rouergue pratique

Adresse utile

Office du tourisme de Sauveterre-de-Rouergue – *Pl. des Arcades - 12800 Sauveterre-de-Rouergue - ✆ 05 65 72 02 52 - www.aveyron-segala-tourisme.com - tlj sf lun. 10h-12h, 14h-18h, w.-end 14h-17h.*

Visite

Visite guidée de la bastide – Elle permet de faire le tour des principaux monuments et rues de Sauveterre (1h30). 3 €. S'adresser à l'office de tourisme.

Maison du Patrimoine – Une maquette scénographiée y conte la vie de la bastide au 16e s (25mn). *Juil.-août : tous les après-midi ; reste de l'année : sur demande auprès de l'office de tourisme.*

Se loger et se restaurer

Chambre d'hôte Lou Cambrou – *Jouels - 3 km au N de Sauveterre par D 997 - ✆ 05 65 72 13 40 - - 4 ch. 50/57 € - repas 16 €.* Ce bâtiment abritait jadis un couvent ; aujourd'hui, l'austérité monacale a laissé la place à une atmosphère chaleureuse. Les 4 belles chambres, équipées tout confort, ont été décorées avec beaucoup de caractère. Table d'hôte aux saveurs du terroir, révélant la passion et le savoir-faire de la propriétaire.

Hôtel Sénéchal – *✆ 05 65 71 29 00 - www.hotelsenechal.com - fermé de déb. janv. à mi-mars, dim. soir et lun. sf juil.-août - 8 ch. 105/150 € - 16 € - restaurant 28/120 €.* La maison, récente mais construite dans le style du pays, est élégante. À l'intérieur, décor raffiné et sobre à la fois, associant meubles contemporains et anciens. Faites-vous plaisir le temps d'un repas et goûtez à la cuisine originale, fine et savoureuse de cette table réputée. Jolie piscine intérieure.

Événements

Fête de la lumière – 2e sam. d'août. La place des Arcades illuminée ; carnaval.

Fête de la châtaigne et du cidre doux – Dernier w.-end d'oct. Dégustation…

Le Sidobre★

CARTE GÉNÉRALE C/D3 – CARTE MICHELIN LOCAL 338 F9 – TARN (81)

Compris dans le périmètre du Parc naturel régional du Haut-Languedoc, le Sidobre présente un double intérêt. D'une part, les carrières gigantesques qui l'entaillent, quelquefois cruellement, témoignent de son importance économique. D'autre part, il offre aux touristes ses curieux paysages de roches granitiques sculptées en boules par l'érosion. D'énormes masses arrondies, en équilibre les unes sur les autres, des rivières de rochers, les *compayrés* (véritables chaos formés de blocs isolés par le ruissellement de la rivière qu'ils recouvrent), en font un site touristique réputé.

- **Se repérer** – Le Sidobre s'étend à l'est de Castres. Il est délimité par l'Agout, encaissé dans de profondes gorges, et son affluent la Durenque.
- **À ne pas manquer** – La Peyro Clabado et le rocher de Sept-Faux
- **Organiser son temps** – La découverte du Sidobre s'accompagne nécessairement de marche à pied : n'oubliez pas vos chaussures de marche, une gourde et, si vous y passez une journée complète, votre pique-nique.
- **Avec les enfants** – La promenade vers le roc de l'Oie (en contant la légende).
- **Pour poursuivre la visite** – Voir aussi Castres.

Le saviez-vous ?

De nombreuses interprétations ont été proposées pour expliquer le nom du massif : entre « Montagne de feu », « Pluie céleste » et « Mont allongé »… la querelle n'est toujours pas tranchée !

Émile Combes, artisan de la séparation des Églises et de l'État, a vu le jour à Roquecourbe, le 6 juin 1835.

Comprendre

Exploitation du granit – Massif granitique vieux de 290 millions d'années, le Sidobre constitue l'un des plus importants gisements d'Europe : 150 kilotonnes de granit brut y sont extraites chaque année. Sa production est principalement destinée au secteur funéraire, au bâtiment et à la voirie. Une partie est façonnée et polie sur place. On estime que les activités d'exploitation et de transformation du granit occupent environ 250 entreprises et génèrent 1 500 emplois.

À l'abri – De nombreux clandestins, qu'ils fussent prêtres proscrits pendant la Révolution ou maquisards au cours de la Seconde Guerre mondiale, ont trouvé dans les forêts sauvages du Sidobre un refuge les mettant à l'abri des persécutions.

Peyro Clabado, une roche granitique en équilibre instable.

Circuit de découverte

53 km au départ de Castres – environ 3h. Quitter Castres à l'est par la D 622 en direction de Brassac. Au hameau de la Fontasse, tourner à droite.

Chaos de Saint-Dominique

Dans un agréable site boisé, cette rivière de rochers recouvre le Lézert sur une longueur d'environ 4 km.

Grotte de Saint-Dominique

1/4h à pied AR. Attention, rochers très glissants. Bonnes chaussures et corde recommandées. Descendre le long de la rive droite de la rivière, puis la traverser. Donnant sur une clairière, la grotte aurait abrité, sinon saint Dominique en personne, du moins un de ses lointains disciples traqué sous la Révolution.

Revenir sur la D 622 et reprendre la direction de Brassac. Après 5 km, juste après un café, tourner à gauche, puis, dans le hameau de l'Oustalou, s'arrêter au café-tabac « Au Rocher Tremblant ».

Rocher de Sept-Faux

C'est le plus bel exemple de « rocher tremblant » du Sidobre. Deux blocs juchés l'un sur l'autre, d'une masse de 900 t, peuvent être ébranlés par simple pression sur un levier de bois.

Reprendre la route de Brassac. Au niveau de Vialavert, tourner à gauche sur la D 30 en direction de Lacrouzette.

Lac du Merle

Alimenté par les eaux du Lignon, ce beau lac, d'où émergent de gros blocs arrondis, est entouré de forêts. Une aire de pique-nique aménagée permet de déjeuner en bordure du lac.

Chaos de la Resse (ou rivière de rochers)

En s'approchant, on entend les grondements du Lignon qui disparaît totalement sous ce chaos de rochers.

Peyro Clabado

La Peyro Clabado (ou roc Clabat) est la curiosité la plus impressionnante du Sidobre. Un bloc de granit, dont le poids est estimé à 780 t, se maintient en équilibre sur un socle de très petites dimensions. Un coin, naturellement disposé entre le piédestal et le rocher, assure la stabilité de l'ensemble.

Lacrouzette

Une grande partie de sa population vit de l'exploitation et du travail du granit.

De Lacrouzette, prendre la D 58 vers Thérondel. Cette très belle route offre des vues plongeantes sur la vallée de l'Agout.

S'arrêter au village de Ricard, le traverser pour prendre le sentier vers les Trois Fromages et le roc de l'Oie.

Trois Fromages et roc de l'Oie

3/4h à pied AR, suivre la signalisation rouge et blanc du GR, agréable sentier en sous-bois. Les **Trois Fromages** sont un unique bloc divisé par diaclase (fissure) en trois parties arrondies par l'érosion. Plus loin, le **roc de l'Oie**, vu du sentier en provenance de Crémaussel, présente une ressemblance frappante avec l'animal familier des amateurs de foie gras. On raconte qu'un tyran n'autorisait son oie à ne couver que la nuit, l'obligeant à rentrer à l'aube. Un matin, l'animal s'attarda et ne revint que bien après le lever du soleil. Furieux, le maître la pétrifia sur place avec son œuf… D'où ce curieux rocher sur le plateau !

Le Sidobre pratique

Pour les adresses d'hébergement et de restauration, consultez l'encadré pratique de Castres.

Adresse utile

Maison du Sidobre – *Vialavert - 81260 Le Bez - 05 63 74 63 38 - juil.-août : 10h-18h ; mai-juin et sept.-oct. 10h-12h, 14h-17h ; nov. et fév.-avr. : tlj sf sam. et dim. mat. 10h-12h, 14h-17h ; déc.-janv. : tlj sf vend. et w.-end 10h-12h, 14h-17h - fermé vac. de Noël.*

Reprendre la D 58 en direction de Lacrouzette et Burlats. Environ 2 km après Lacrouzette, après l'embranchement de Campselves, une petite route à gauche est signalée.

Saut de la Truite

S'arrêter près du Lignon, puis prendre un chemin à droite du torrent. 10mn à pied AR jusqu'au pied de la cascade. Le paysage, généralement verdoyant, présente, à hauteur de cette cascade aux eaux tumultueuses, un aspect plus aride.

Burlats

Au débouché des gorges de l'Agout se dresse un ensemble (aujourd'hui occupé par la mairie) comprenant les vestiges d'une abbaye bénédictine fondée au 10e s., ornée de portails romans, de chapiteaux et moulures, de fenêtres à croisillons. Derrière, remarquez le **pavillon d'Adélaïde**, belle maison romane aux ravissantes fenêtres, qui abrita au 12e s. Adélaïde de Toulouse, fille de Raimond V, et sa cour d'amour où venaient chanter *joglars* (jongleurs) et troubadours.
Revenir à Castres par les Salvages et la D 89.

Tarascon-sur-Ariège

3 446 TARASCONNAIS
CARTE GÉNÉRALE C4 – CARTE MICHELIN LOCAL 343 F7 – SCHÉMA P. 218 – ARIÈGE (09)

Tarascon est « le » rendez-vous pyrénéen de la spéléologie scientifique (étude du néolithique surtout), touristique et mythique ! Il faut reconnaître que la légende et le mystère n'ont pas cessé de fleurir dans ce confluent de vallées connu sous le nom de Sabarthès, aux parois percées d'une cinquantaine de grottes préhistoriques…

- **Se repérer** – Le bassin de Tarascon occupe un site privilégié au centre du val d'Ariège. Les falaises calcaires creusées par la rivière lui ont réservé un décor attrayant, agrémenté par le cours d'eau du Vicdessos, affluent de l'Ariège.
- **Organiser son temps** – Pour la visite du parc de la Préhistoire, comptez une bonne demi-journée. Restauration possible sur place.
- **Avec les enfants** – Le parc de la Préhistoire et ses ateliers participatifs (surtout à partir de 7 ans).
- **Pour poursuivre la visite** – Voir aussi les grottes de Niaux et de Lombrives, Foix, Ax-les-Thermes.

Le saviez-vous ?

Le nom de Tarascon vient d'une racine d'origine ligure, *tar*, signifiant « rivière », « ruisseau » ou « cours d'eau ». Voilà un nom bien mérité !

Un enfant du pays, **Christian Bernadac**, s'est illustré comme journaliste à la télévision et auteur d'ouvrages, souvent consacrés à la Seconde Guerre mondiale.

Découvrir

LA PRÉHISTOIRE EN ARIÈGE

Douze grottes préhistoriques ornées font de la région de Tarascon une véritable capitale de la préhistoire, incontournable pour les passionnés qui s'intéressent à la vie de nos lointains ancêtres… D'autant qu'un superbe Parc de la Préhistoire permet aux profanes, jeunes ou plus âgés, de s'initier aux mystères des premiers balbutiements de l'humanité. *Pour plus d'informations sur la préhistoire, se reporter au chapitre Histoire (partie « Comprendre la région »).*

Parc de la Préhistoire★★

1 km au nord. Prendre la N 20 en direction de Foix, puis suivre le fléchage. Parking aménagé - ✆ 05 61 05 10 10 - www.sesta.fr - juil.-août : 10h-20h ; avr.-juin : lun.-vend. 10h-18h, w.-end et j. fériés 10h-19h ; sept.-oct. : tlj sf lun. (hors vac. scol.) 10h-18h, w.-end et j. fériés 10h-19h - fermé de déb. nov. à fin mars - 9,40 € (5-12 ans 5,70 €, 13-18 ans 7 €).

Aménagé dans un beau cadre de montagne, le parc est consacré à l'art pariétal et à la vie des magdaléniens. Étape essentielle de la visite, le Grand Atelier propose un parcours dans la pénombre au long duquel le visiteur, muni d'un audio guide, découvre des reconstitutions et des maquettes de la grotte de Niaux, dont certaines portions, comme le réseau Clastres, sont inaccessibles au public. Particulièrement émouvante en début de visite, la dune des Pas laisse apparaître les pas de trois enfants vieux de plus de 5 000 ans. Plusieurs espaces vidéo permettent de mieux comprendre les méthodes de fouilles et de datation, les techniques utilisées par les artistes du magdalénien et un diaporama lance un aperçu de l'art pariétal à travers le monde. Le parcours évoque également les indéchiffrables signes peints et présente une belle collection de bijoux et d'armes sculptés. La visite s'achève par le fac-similé du Salon Noir de la Grotte de Niaux, réalisé par Renaud Sanson, auteur de Lascaux 2 à Montignac. Les représentations sont ici plus complètes qu'on ne peut les voir en réalité : en effet, utilisant une couverture photographique sous luminescence ultraviolette, il restitue les dessins dans leur état d'origine, avant que la calcite n'en ait altéré le tracé.
Dans le vaste parc de plein air, plusieurs ateliers permettent de découvrir et, dans certains cas, de pratiquer différentes techniques magdaléniennes : la chasse, armé d'une sagaie et d'un propulseur, la peinture sur parois, la reconnaissance des traces d'animaux ou des sons, la taille de la pierre et l'allumage du feu. Un atelier archéologie permet de comprendre le travail de l'archéologue.

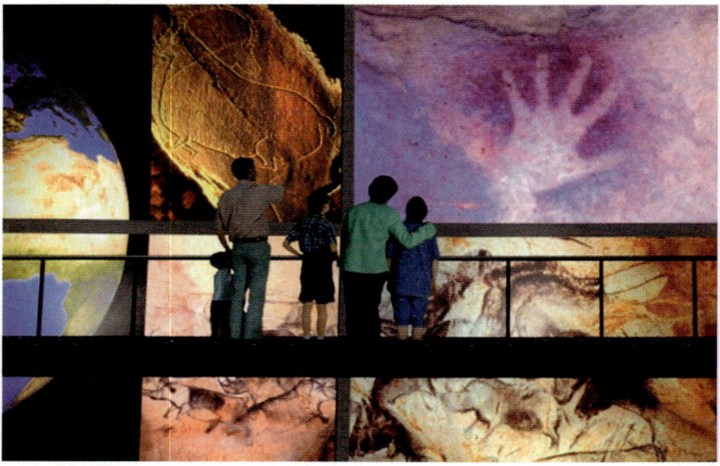

Visite en famille au parc de la Préhistoire.

Grotte de Niaux★★ *(voir ce nom)*

5 km au sud de Tarascon par la N 20 vers Ax, puis la D 8 que l'on prend à droite.

Grotte de la Vache

8 km au S par la D 8, puis par une petite route qu'on prend à droite à hauteur de Niaux en direction d'Alliat - ✆ 05 61 05 95 06 - www.grotte-de-la-vache.org - visite guidée (1h30) juil.-août : 10h-18h (dernière entrée 17h30) ; mai-juin, sept. et vac. scol. : 14h30 et 16h - 8 € (+ 5 ans 5 €).

Un sentier pédestre mène à la grotte que des chasseurs nomades occupèrent à la fin du magdalénien. Ce site comprend deux salles dont celle dite « Monique » explorée jusqu'en 1967. Des milliers d'os d'animaux, des armes (harpons et sagaies), des outils (aiguilles à coudre, lampes à graisse) et des œuvres sculptées ou gravées (sur de l'os ou du bois de cervidés) furent trouvés lors des fouilles ; ils prouvent le passage de divers groupes d'hommes de Cro-Magnon durant 500 ans et aident les chercheurs à reconstituer la vie de nos ancêtres. Il y a 13 000 ans…

Grotte de Bédeilhac

6 km au nord-ouest par la D 618 - ✆ 05 61 05 95 06 - visite guidée (1h30) juil.-août : 10h-18h (dern. entrée 17h30) ; mai-juin, sept. et vac. scol. : 14h30 et 16h - 9 € (+ 5 ans 5 €).

La grotte de Bédeilhac s'ouvre par un immense porche, tellement vaste que, pour les besoins d'un film, on a pu y faire atterrir et décoller un avion. Après avoir contourné une énorme concrétion stalagmitique de 120 m de circonférence, on atteint, à 800 m de l'entrée, la salle terminale. L'étanchéité absolue de la voûte depuis 15 000 ans y a favorisé la conservation de gravures (certaines sur le sol même de la grotte) et peintures d'animaux, rendues plus expressives par l'utilisation du modelé naturel de la roche (grand bison, très beau renne, chevaux). On trouve également, à même le sol, des modelages d'argile en bas relief représentant des animaux (bison) ; sur une colonne, deux mains positives. Ces œuvres datent de l'époque magdalénienne.

Grotte de Lombrives★ *(voir ce nom)*

3 km au sud par la N 20.

Se promener

Vieille ville de Tarascon

Au départ du pont enjambant l'Ariège, la **rue du Barri**, légèrement montante, aux maisons colorées, constituait au Moyen Âge le quartier des paysans en dehors des murs de l'enceinte primitive. À l'intersection marquée par une fontaine, la **porte de Leule** ouvre sur la rue Naugé, dont la plupart des maisons possèdent des ouvertures en forme d'arc. La rue de la Tour, aux larges escaliers, conduit à la **tour du Castella**, bâtie en 1775 sur l'emplacement d'un ancien donjon et surmontée d'une cloche. Depuis la tour *(ne se visite pas)*, vue plongeante sur l'Ariège et sur la vallée. On redescend la rue du Castella sur la droite. Blotti entre trois maisons se dresse le **château Lamotte**, ancienne forteresse du 13e s. *(ne se visite pas)*, que l'on distingue mieux depuis le square en bas de la rue. À peine plus bas, la **porte d'Espagne**, à créneaux, commandait autrefois l'entrée sud de la cité. Dépourvue de son pont-levis et de sa herse, elle conduit à la place Garrigou, bordée d'arcades et où s'élève l'**église de la Daurade** (tirant son nom de la Vierge dorée qui orne la chapelle de gauche). Édifiée au 16e s., sa porte d'entrée du 13e s. provient d'une ancienne église romane. À ses côtés se dresse encore la **tour Saint-Michel** (14e s.) tandis que l'avenue Laguerre mène aux halles aux pommes de terre, érigées en 1905, toutes de briques et de bois. Plus en bas encore sur la gauche, la **porte Lacaussade** (16e s.), signifiant « la chaussée en bois », permet de regagner la rue du Barri.

Circuits de découverte

HAUTE VALLÉE DE L'ARIÈGE★

De Tarascon-sur-Ariège vers le col de Puymorens – 54 km – environ 1/2 journée. Quitter Tarascon par la N 20 en direction d'Ax-les-Thermes.

L'Ariège prend naissance aux confins de l'Andorre dans le cirque de Font-Nègre et rejoint la Garonne peu avant Toulouse, après un parcours de 170 km. Dans son cours supérieur, elle suit un sillon glaciaire qui s'élargit et change de direction à hauteur d'Ax-les-Thermes. Les traces de l'ancien glacier sont particulièrement remarquables de part et d'autre de Tarascon. Par le défilé de Labarre, l'Ariège tranche les chaînes calcaires du Plantaurel et, gagnant la plaine de Pamiers que ses alluvions ont constituée, s'évade du domaine pyrénéen. La diversité des affleurements géologiques et des filons minéraux fait de l'Ariège une véritable encyclopédie des ressources minières. On y a exploité (avec plus ou moins de régularité) le fer, la bauxite, le zinc, le manganèse et, dernièrement, le tungstène (à Salau). Aujourd'hui, seul le talc de Luzenac constitue une ressource minérale d'importance (10 % de la production mondiale).

Marie-Hélène Carcanague / MICHELIN

Quand vient l'heure de monter à l'alpage.

Grotte de Lombrives★ *(voir ce nom)*

On traverse jusqu'au bassin de Cabannes, au débouché de la vallée de l'Aston, le Sabarthès dont les escarpements criblés de grottes constituent le val d'Ariège, ancienne auge glaciaire, profonde et régulière à cet endroit.
Aux Cabannes, l'étroite D 522, sur la droite, permet d'atteindre le **plateau de Beille** (alt. 1 800-2 000 m), l'un des plus beaux sites de ski de fond des Pyrénées *(voir Ax-les-Thermes)*, offrant un panorama sur la chaîne des Pyrénées et les pics andorrans. Son altitude lui garantit un enneigement de décembre à mai, sur 60 km de pistes tracées. Une piste pour chiens de traîneau et un itinéraire en raquettes complètent la gamme des activités du domaine.

Poursuivre sur la N 20.
Le contraste entre le versant ensoleillé, où s'étalent cultures et habitations, et le versant d'ombre, couvert de forêts, devient frappant. Sur les plus proches promontoires se détachent les ruines de l'ermitage Saint-Pierre et du château de Lordat *(voir Foix)*, tandis qu'à gauche se dégage le pic de Saint-Barthélemy (alt. 2 438 m).

Luzenac *(voir Ax-les-Thermes)*

On longe alors, jusqu'à Ax-les-Thermes, la rive gauche de l'Ariège. Remarquez au passage le beau clocher roman de l'église d'Unac, campée sur l'autre rive.

Ax-les-Thermes *(voir ce nom)*

Poursuivre sur la N 20 en direction de Puymorens et d'Andorre.

La route longe les ouvrages d'art de la ligne transpyrénéenne, l'une des plus élevées d'Europe.

Mérens-les-Vals

Le village s'est reconstitué le long de la route après l'incendie de Mérens-d'en-Haut, allumé par les Miquelets (irréguliers espagnols craints depuis le 16e s.) en 1811, au cours de la guerre napoléonienne d'Espagne.

Après Mérens et les gorges du même nom, on remonte la haute vallée de l'Ariège, encadrée de superbes forêts. Sur la gauche, on aperçoit la dent d'Orlu.

Centrale de Mérens

Alt. 1 100 m. Cette usine automatique constitue le palier intermédiaire de l'aménagement du même nom, rendu possible par la surélévation de l'étang de Lanoux. Ce captage, dérivant dans le bassin de la Garonne des eaux tributaires du Sègre (bassin de l'Èbre), a donné lieu à un accord avec l'Espagne, afin de compenser la perte d'eau subie par le pays voisin. Une table d'orientation permet d'identifier les sommets du fond de la vallée.

L'Hospitalet

Premier village de la vallée de l'Ariège, à 1 436 m d'altitude. On l'atteint après avoir traversé un paysage qui, à mesure que l'on s'élève, devient de plus en plus sévère, tandis que l'on aperçoit des troupeaux de chevaux en liberté.
Au-delà de L'Hospitalet, on pourra choisir d'emprunter la N 22 vers le Pas de la Casa et la principauté d'Andorre *(voir ce nom)* ou de monter vers le **col de Puymorens** et de pénétrer en Cerdagne, puis en Catalogne espagnole. Depuis 1994, un tunnel permet d'éviter le col de Puymorens, toujours très difficile en hiver. Le tunnel de Puymorens, long de 4 820 m, concrétise l'ouverture économique et culturelle de l'Ariège à la Catalogne, et doit favoriser l'essor des échanges franco-espagnols. Une liaison autoroutière entre Toulouse et Barcelone devrait voir le jour en 2010.

ROUTE DU PORT DE LERS

87 km – environ 3h. Quitter Tarascon en direction d'Ax-les-Thermes et prendre immédiatement à droite la D 8 en direction d'Alliat.

Cette route révèle un contraste sensible entre des paysages bocagers « atlantiques » et la nature méditerranéenne, plus âpre.

Grotte de Niaux★★ *(voir ce nom)*

Niaux

À l'entrée du village, le **Musée pyrénéen de Niaux** est consacré aux métiers et traditions populaires des vallées ariégeoises : nombreux objets liés aux activités pastorales (moules à fromages, sonnailles), au tissage de la laine et du chanvre, à la fabrication des peignes en corne. On peut y voir des outils de forges catalanes, des maquettes d'orris (voir encadré), etc. ✆ *05 61 05 88 36 - www.musee-pyreneen-de-niaux.com - juil.-août : 9h-20h ; reste de l'année : 10h-12h, 14h-19h - 8 € (enf. 5 €).*

Les orris

Les orris sont des cabanes de bergers construites en pierres sèches et coiffées d'une voûte en encorbellement recouverte de mottes de gispet (une herbe assurant l'étanchéité), fréquentes dans le pays d'Auzat et du Vicdessos. Les bergers se servaient de ces abris, dont le nom viendrait du latin *horreum* (« grenier »), pendant l'estivage. En occitan, le verbe *orriar* a pris le sens d'« aller sur la montagne ».
Deux chemins aménagés permettent de découvrir les orris, dont certains auraient été construits dès le 13e s. Le premier part de Pradières et son tracé recoupe en grande partie celui du GR 10. Il permet de découvrir les orris de la Caudière et de Journosque, en passant au-dessus de l'étang d'Izourt et de la vallée d'Arties. Le second circuit, au départ des orris de Carla, fraîchement restaurés, passe par de nombreux orris et par les étangs de Roumazet et de Soucarrane.

Les ruines claires du château perché de Miglos (14e s.) se dressent sur un promontoire rocheux. On poursuit la route vers Junac dont le monument aux morts de 1914-1918 est une œuvre de Bourdelle.
À Laramade s'ouvre, à gauche, la vallée de Siguer. Le port de Siguer (alt. 2 396 m) était un passage très fréquenté pour les échanges entre la France, l'Andorre et l'Espagne. Il fut emprunté, sous l'Occupation, par de nombreux Français, juifs et résistants, à la recherche d'un refuge en territoire neutre.
La route suit la profonde et rude **vallée du Vicdessos** où les vastes étendues pastorales accueillent de nombreux troupeaux, laissant peu de place aux habitations. À droite se succèdent les villages balcons d'Illier et d'Orus.

Vicdessos

Village montagnard qui occupe un site de verrou glaciaire, en contrebas de la vallée suspendue de Suc.

On prend alors à droite la D 18 qui monte vers le port de Lers.

Port de Lers

Alt. 1 517 m. Au cours de la montée au col, belle vue (en arrière) sur la vallée du Goulier. La route, égayée de cascades, domine un profond torrent. C'est au cours de cette ascension qu'apparaissent le plus clairement les différences entre les végétations atlantique et méditerranéenne.

Étang de Lers★

Superbe site solitaire au pied du pic de Montbéas, il est embelli au début de l'automne par la floraison des ajoncs, au cœur d'un beau paysage de moyenne montagne aux reliefs chahutés par les glaciers. **Domaine skiable de l'Étang de Lers-Trois Seigneurs** *(voir l'encadré pratique).*

On traverse le cirque de Lers où l'on rencontre chevaux et moutons tandis que, tout près, les sonnailles harmonieuses des bovins accompagnent le voyageur.

Alain Cassaigne / MICHELIN

L'étang de Lers dans son cadre de montagne.

Peyre Auselère

Faites halte dans ce premier hameau de la vallée du Courtignou aux granges éparses, et quittez la voiture pour un instant de détente près des gracieuses chutes du torrent. Un pont permet de passer sur la rive gauche.

Au fil de la descente, le paysage devient plus souriant, en particulier après Mouréou. La route s'engage ensuite dans des vallons étroits ouverts en pays schisteux.

Massat *(voir Foix)*

Col de Port *(voir Foix)*

Revenir à Tarascon par la D 618.

Tarascon-sur-Ariège pratique

Adresses utiles

Office de tourisme des vallées de Tarascon et d'Auzat-Vicdessos :

Bureau de Tarascon - *Av. Paul-Joucia - 09400 Tarascon-sur-Ariège - ✆ 05 61 05 94 94 - www.pays-du-montcalm.com - tlj sf dim. (hors vac. scol.) 9h-13h, 14h-18h - fermé 1er janv., 1er Mai, 1er et 11 Nov., 25 déc.*

Bureau d'Auzat - *R. des Pyrénées - ✆ 05 61 64 87 53 – tlj sf dim. (hors vac. scol.) 8h-12h, jeu. 14h-18h, sam. 9h-12h - fermé 25 déc.*

Visite

Découvertes libres ou accompagnées sur demande. Contacts et informations auprès de l'Office de tourisme des vallées de Tarascon et d'Auzat-Vicdessos - *✆ 05 61 64 87 53/05 94 94.*

Se loger

⊖ **Chambre d'hôte Domaine Fournié** – *✆ 05 61 05 54 52 - www.domaine-fournie.com - fermé 23 déc.-3 janv. -* ⊭ P *- 5 ch. 52 €* ☕. Le décor des chambres de cette maison du 17e s. rend hommage au cinéma. Certaines s'agrémentent de meubles anciens. Salle de petit-déjeuner dotée d'une cheminée.

⊖⊖ **Hôtel Confort** – *Quai A.-Sylvestre - ✆ 05 61 05 61 90 - www.hotelconfort.fr - fermé 4-28 janv. -* P *- 14 ch. 50 € - ☕ 5 €.* Petit hôtel familial au bord de l'Ariège, à proximité du parc de la préhistoire. Chambres simples et propres. Agréable patio pour le petit-déjeuner.

⊖⊖ **Chambre d'hôte Les Forges d'Enfalits** – *Chemin d'Enfalits - 09400 Rabat-les-Trois-Seigneurs - ✆ 05 61 03 83 45 - www.forgesdenfalits.com -* ⊭ *- 5 ch. 54 € ☕ - repas 20 €.* Sur le site des anciennes forges, cette maison de plain-pied abrite une magnifique pièce à vivre de 110 m², ainsi que 5 chambres dont le style dépouillé ne fait que mieux ressortir le charme. Tout autour, un parc de 7 ha, avec ses étangs et ses chutes d'eau. Vaste salle d'activités, piscine et court de tennis.

Que rapporter

Hypocras – *1 r. Croix-de-Quié - centre-ville, face à l'Office de tourisme - ✆ 05 61 05 60 38 - www.hypocras.com - tlj sf dim. et lun. 15h-19h - fermé j. fériés.* L'hypocras est un apéritif d'origine médiévale à base d'épices. Sa recette précise, récemment retrouvée, est jalousement préservée. On raconte que Gaston Fébus appréciait particulièrement cette boisson. Goûtez-le ! Et tentez aussi la gelée d'hypocras ou les pépites d'Ariège…

Sports & loisirs

Domaine skiable de l'Étang de Lers-Trois Seigneurs – Altitude 1 275-1 600 m, 35 km de pistes de ski de fond sont tracés autour de l'étang, au pied du pic de Montbéas.

Tarbes

46 275 TARBAIS
CARTE GÉNÉRALE A3 – CARTE MICHELIN LOCAL 342 M3 – HAUTES-PYRÉNÉES (65)

Deuxième agglomération de la région Midi-Pyrénées, Tarbes était autrefois peuplée de chevaux et de hussards. Capitale de la Bigorre depuis le 9e s., ville de garnison, c'est une cité dynamique située à proximité des stations de sports d'hiver pyrénéennes.

Se repérer – Tarbes se trouve à 150 km de Toulouse, par l'A 64 ; Pau n'est qu'à 45 km à l'ouest, par la même autoroute. Les Pyrénées apparaissent au loin.

Se garer – On peut garer son véhicule en plein centre-ville, au parking de la place de Verdun, non loin de l'office de tourisme : idéal pour qui souhaite visiter les haras ou profiter du jardin Massey.

À ne pas manquer – En septembre, la Journée nationale du cheval, qui se combine avec la fête des produits régionaux labellisés : Terro'art.

Organiser son temps – Prévoir une journée pour visiter la ville et sillonner les alentours. Notez que le haras n'est ouvert qu'en semaine (5 visites guidées par jour).

Avec les enfants – Le haras, maison du Cheval ; les promenades en calèche.

Pour poursuivre la visite – Voir aussi Lourdes, Bagnères-de-Bigorre.

Marie-Hélène Carcanague / MICHELIN

Le musée Massey, surmonté de sa tour d'observation, dans le jardin Massey.

Se promener

Jardin Massey

Situé au cœur de Tarbes, autour du musée Massey *(voir « Visiter »)*, ce très beau parc à l'anglaise est doté d'une végétation luxuriante et d'essences variées, dont nombre d'espèces exotiques. Il fut aménagé par son propriétaire Placide Massey, naturaliste et paysagiste de talent, qui en fit don à la ville à sa mort en 1853. L'orangerie, serre à structure métallique, fut construite quelques années plus tard. Peuplé de paons et de canards, garni de quelques bancs, le jardin invite à la promenade ou au repos. C'est aussi un lieu chargé d'histoire puisqu'il abrite le cloître de l'abbaye Saint-Sever-de-Rustan *(voir « aux Alentours »)*.

En face du jardin, le **Carmel** est aujourd'hui un lieu d'expositions temporaires (peinture, photographie).

Visiter

Musée Massey

05 62 51 30 31 - Le musée est fermé jusqu'en 2008.
Le bâtiment du musée fut avant tout la résidence de Placide Massey, créateur du jardin du même nom. Surmonté d'une tour d'observation, l'édifice romantique a été conçu l'architecte tarbais Jean-Jacques Latour.

Le saviez-vous ?

👁 *Tarba* était autrefois le lieu de résidence des Tarbelli qui, selon Strabon, y exploitaient des mines d'or. Leur nom pourrait venir d'un mot celtique, *tarvo*, le « taureau ».
👁 Provocateur et dandy de l'époque romantique, célèbre dans les salons parisiens pour ses tenues excentriques et sa « chevelure mérovingienne » descendant sur les épaules, **Théophile Gautier** est né à Tarbes en 1811. Abandonnant les effusions du lyrisme romantique pour rechercher la perfection formelle, il a inspiré la génération des poètes parnassiens et Baudelaire, qui l'admirait… Les jeunes lisent encore deux de ses romans : *Le Capitaine Fracasse* et *Le Roman de la momie*.
👁 Le haricot tarbais, compagnon de la garbure, est couronné d'un Label Rouge. Sec, on le reconnaît à sa forme plate, sa couleur proche du blanc cassé et son calibre (2 cm).

Musée des Hussards – Les « huszars », cavaliers légers hongrois (le terme désignerait en magyar une troupe de vingt cavaliers, ancêtre du « peloton » des unités de cavalerie modernes), sont apparus à la fin du 17e s. dans les armées d'Europe occidentale. Leurs uniformes seyants, exotiques, et leur aptitude à mener la « petite guerre » les ont imposés. Il fallut cependant combattre leur comportement indiscipliné, brutal (que traduit encore l'expression « à la hussarde »), et leur propension à la désertion par une discipline de fer. En France, le premier véritable régiment de hussards fut levé en 1720 par Ignace Stanislas de Bercheny, gentilhomme hongrois. Le 1er hussard parachutiste, basé à Tarbes depuis 1963, en est l'héritier direct.
La volonté de tous les chefs militaires d'enrôler des hussards provoqua le tarissement du recrutement hongrois, et on dut recourir à des Turcs, des Polonais, des Allemands… Il n'y eut bientôt plus, pour rappeler l'origine de cette cavalerie, que l'uniforme, adopté dans 34 pays. Mais la bravoure et la compétence ne fléchirent pas ; les hussards continuèrent à se couvrir de gloire et à enfanter des soldats aussi remarquables que les maréchaux Ney, Kellerman, Blücher ou Lyautey.
Uniformes, équipements et armements provenant d'unités de 18 pays habillent plus de 130 mannequins. Ils retracent l'évolution des effets caractéristiques du hussard : le marteau d'armes, le sabre-lance (« hegyestor ») et la hache des premiers temps ; la fameuse sabretache, véritable trousse de voyage palliant l'absence de poches d'un uniforme très ajusté ; le dolman et la pelisse barrés de tresses ou de brandebourgs ; la large ceinture-écharpe bicolore ; les coiffures : colback, mirliton, shako…
Si l'époque contemporaine est illustrée par des tenues portées au Liban ou pendant la guerre du Golfe, les plus beaux ensembles appartiennent au passé : hussard de la garde allemande en tenue de parade (1913), général de hussards de la garde russe en tenue de gala…
Particulièrement impressionnants, et de sinistre mémoire, les « hussards de la mort » germaniques. Insolites, les uniformes de hussards français détachés en 1914-1918 dans l'aéronautique ou les groupes alpins.
De très nombreuses illustrations (précieuse « gouache habillée » du début du 19e s., souvenirs régimentaires éclatants de couleurs, tableaux de maîtres, etc.) et une riche collection de guidons, fanions ou flammes de trompette accentuent le prestige de cette présentation.

Archéologie et beaux-arts – Une salle du musée expose des couteaux et fibules du 1er âge du fer, ainsi qu'un masque de bronze d'époque gallo-romaine trouvé à Montésérié (Hautes-Pyrénées), figurant probablement le dieu pyrénaïque Ergé. D'autres salles rassemblent des tableaux des écoles française, flamande, italienne et espagnole du 15e au 19e s. Remarquez le triptyque de Cock *La Vierge, l'Enfant, saint Jean et saint Jérôme,* du 15e s., une *Sainte Famille* (école italienne, 16e s.) où la félicité peut se lire sur les visages, une *Chasse au sanglier* (17e s., école flamande) et un *Marché bigourdan*, œuvre du peintre régional Henri Borde (1888-1958).

Maison natale du maréchal Foch

2 r. Victoire - ✆ 05 63 93 19 02 - visite guidée (1h) de fin mai à fin sept. : tlj sf mar. 9h-12h, 14h-18h30 ; reste de l'année : tlj sf mar. 9h-12h, 14h-17h - fermé 2e et 4e dim. du mois (hors juil.-août), 1er janv., 1er Mai, 1er nov. et 25 déc. - 5 € (-18 ans gratuit), gratuit 1er dim. du mois (nov.-avr.).
Ferdinand Foch y naquit le 2 octobre 1851. La salle du rez-de-chaussée rassemble des portraits, photographies et sculptures du héros. Au 1er étage, parmi des meubles provenant de son appartement de la rue de Grenelle à Paris, on remarque le fauteuil dans lequel il s'est éteint. Une salle évoque sa carrière : le lycée, Polytechnique, la Grande Guerre, les plus hautes distinctions (il était également maréchal de Grande-

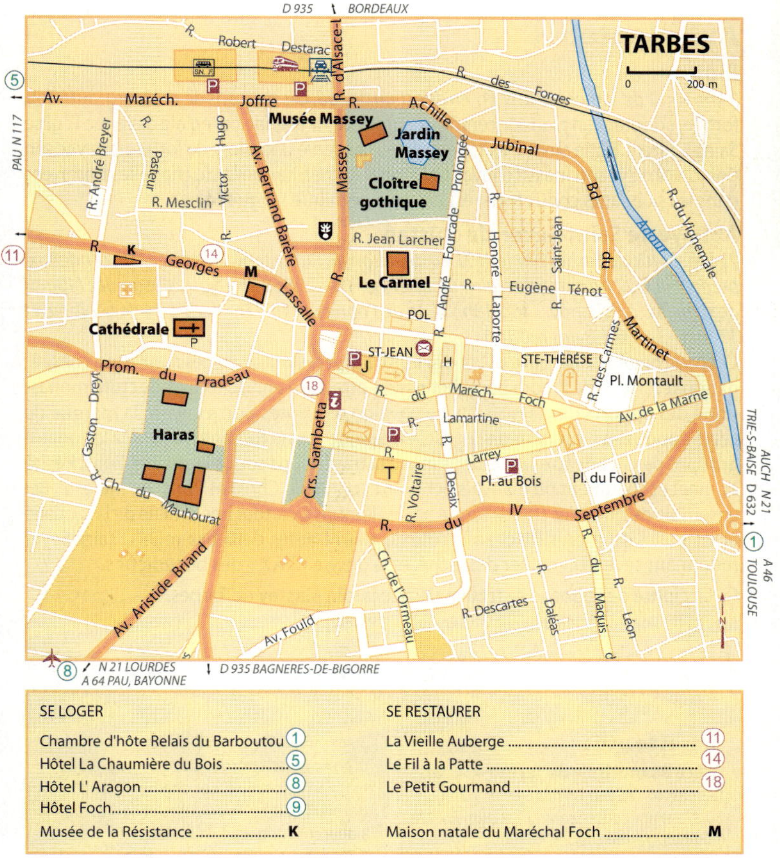

Bretagne et de Pologne), l'Académie française (près des uniformes de soldat, on peut voir le célèbre habit vert). La salle des souvenirs renferme de nombreux titres honorifiques et témoignages de reconnaissance français et étrangers.

Cathédrale N.-D.-de-la-Sède

Pl. Charles-de-Gaulle. D'origine romane, elle a fait l'objet, du 13e au 19e s., d'importants remaniements, qui rendent difficile la perception de l'édifice médiéval. La partie la plus intéressante est le chevet avec son appareillage de pierre et de brique. Dans la partie supérieure, les rangées de pierres et de galets alternent.

Haras, Maison du cheval

70 av. du Régiment-de-Bigorre - ✆ 05 62 56 30 80 - www.haras-nationaux.fr - ♿ - visite guidée (1h) vac. scol. 10h, 11h, 14h, 15h, 16h, w.-end et j. fériés sur demande ; hors vac. scol. : 14h, 15h, 16h, le matin sur réservation - 5,50 € (enf. 2,30 €).

Dans un parc de 9 ha, ombragé de cèdres et de magnolias, il forme avec ses pavillons clairs et bas un ensemble empreint de la distinction du Premier Empire. Les écuries furent, au 19e s., le berceau du fameux « tarbais », l'anglo-arabe des hussards et des chasseurs montés qui firent les beaux jours de la ville de garnison. Les chevaux sont maintenant orientés vers la compétition (saut d'obstacles), le dressage, le tourisme équestre et les utilisations d'agrément. Après une visite des installations (écuries, maréchalerie, sellerie d'honneur, unité de reproduction…), l'ancien manège transformé en Maison du cheval vous apprendra, entre autres, qu'une rainette n'est pas seulement un petit batracien…

Musée de la Déportation et de la Résistance

63 r. Georges-Lassalle - ✆ 05 62 51 11 60 - www.ville-tarbes.fr - tlj sf w.-end 8h30-12h, 14h-17h30 - fermé 1er janv., 1er et 8 Mai, 14 Juil., 15 août, 11 Nov. et 25 déc. - gratuit.

Ce petit musée (deux salles de classe) retrace la chronologie des événements mondiaux et locaux de 1939 à 1945, à travers l'évocation des déportés, des évadés et des Résistants de la région (Corps-Franc Pommiès, régiment de Bigorre).

Aux alentours

Ibos

7 km. Sortir de Tarbes par la N 117 en direction de Pau. Les maisons de ce bourg, autrefois fortifié, adoptent un plan concentrique autour de l'ancienne collégiale devenue l'église Saint-Laurent. Bâtie aux 14e et 15e s., celle-ci conserve une allure de forteresse avec son donjon carré et son massif chevet polygonal. La nef, flanquée de chapelles enserrées dans les puissants contreforts, est de style gothique languedocien.

Abbaye de Saint-Sever-de-Rustan

22 km. Sortir de Tarbes par la N 21 en direction de Rabastens. À l'entrée d'Escondeaux, prendre la D 27 à droite (itinéraire jalonné) - ✆ 05 62 96 69 85 - ♿ - visite guidée (40mn) de déb. fév. à déb. nov. : 14h-18h ; reste de l'année : 14h-17h - fermé 24 déc.-2 janv. et 1er Mai - 3,50 € (-8 ans gratuit).

L'abbaye bénédictine, qui existait dès le 10e s., fut restaurée par les mauristes, congrégation réformée de l'ordre bénédictin qui s'attacha à ennoblir l'architecture monastique des apports du classicisme. Le pavillon des Hôtes porte encore la marque de cette époque. À l'intérieur de l'église, en grande partie romane, observez les quatre groupes de chapiteaux (hauteur : 1 m) de la travée sous coupole : aigles, lions, Péché originel et châtiment du mauvais riche, arrestation du Christ et Christ en majesté. Bel ensemble de boiseries (18e s.) formé par les lambris à cartouches rocaille de la sacristie et les stalles du chœur. De chaque côté du maître-autel, deux bas-reliefs : saint Sever redonnant sève à un néflier desséché, et la devise « PAX » des bénédictins.

Le cloître de l'abbaye se trouve dans le jardin Massey de Tarbes.

Tarbes pratique

Adresse utile

Office du tourisme de Tarbes – *3 cours Gambetta - 65000 Tarbes - ✆ 05 62 51 30 31 - www.tarbes.com - tlj sf dim. 9h-12h, 14h-18h - fermé j. fériés.*

Visite

Promenades en calèche – Deux parcours sont proposés de fin juin à début septembre : le tour du jardin Massey (10mn) ou la découverte de Tarbes au rythme inattendu d'un attelage (30mn). Dans les deux cas, départ à la buvette du jardin Massey (14h30-18h).

Se loger

⊖ Chambre d'hôte Relais du Barboutou – *15 Cami Deth Barboutou - 65190 Oueilloux - 13 km à l'E par N 117, rte de Toulouse et à droite par D 5 - ✆ 05 62 35 07 66 - ⊭ - 3 ch. et 1 gîte 40 € ☕ - repas 15 €.* Les chambres ont été aménagées dans une grange restaurée attenante à la ferme des propriétaires ; elles sont mansardées, à la fois simples et joliment décorées (murs blancs et bois omniprésent). Table d'hôte dans une salle à manger avec cheminée et meubles anciens.

⊖⊖ Hôtel L'Aragon – *2 ter rte de Lourdes - 65290 Jullian - ✆ 05 62 32 07 07 - www.hotel-aragon.com - fermé 1er-15 août et dim. soir - P - 12 ch. 51/58 € - ☕ 7 €.* Chaque chambre propose un thème différent au décor contemporain (rugby, golf, mer, vin etc.). Recettes au goût du jour servies dans l'élégante salle à manger.

⊖⊖ Hôtel Foch – *18 pl. de Verdun - ✆ 05 62 93 71 58 – fermé 24 déc.-2 janv. - 30 ch. 56/70 € - ☕ 7,50 €.* Cet établissement bordant une place animée est bien insonorisé. Les chambres des deux derniers étages, spacieuses et confortables, s'ouvrent sur d'agréables balcons.

⊖⊖ Hôtel La Chaumière du Bois – *65420 Ibos - 6 km à l'O de Tarbes par N 117 - ✆ 05 62 90 03 51 - www.chaumieredubois.com - P - 22 ch. 64/72 € - ☕ 8 € - restaurant 18/28 €.* Des chaumières récentes dans un parc paysager et ombragé, au milieu des prairies. Tranquille, ce motel est agréable avec ses chambres ouvertes sur la piscine. Salle à manger en rotonde sous une haute charpente apparente. Terrasse sous les arbres.

Se restaurer

⊖⊖ Le Fil à la Patte – *30 r. Georges-Lassalle - ✆ 05 62 93 39 23 - lefilalapatte@cegetel.net - fermé 11-18 janv., 8-31 août, sam. midi, dim. et lun. - 18/25 €.* Dans une maison du centre-ville, ce restaurant est fort sympathique. Coquette petite salle à manger avec parquet acajou et murs jaunes où sont accrochées affiches et ardoises (menu-carte). Le patron aux fourneaux vous mitonnera une bonne cuisine du marché très ancrée dans le terroir.

⊖⊖ Le Petit Gourmand – *62 av. Bertrand-Barère - ✆ 05 62 34 26 86 - fermé 15-31 août, sam. midi, dim. soir et lun. - 18 €.* C'est une brasserie, c'est un bistrot, ou plutôt les deux à la fois. Avec ses banquettes et chaises en velours rouge et ses vieilles affiches publicitaires, le décor a un charmant petit air « rétro ». Cuisine au

La place de Verdun.

goût du jour ; belle sélection de vins régionaux à prix sages.

⊖⊖ **La Vieille Auberge** – *Côte de Ger - 65420 Ibos - 7 km à l'O de Tarbes par RN 117, rte de Pau. A 64 sortie n° 12 - ✆ 05 62 31 51 54 - www.vieille-auberge.com - fermé 2e quinz. de juil., 2e quinz. d'août, dim. soir et lun. - 18/40 €.* En bordure de nationale, belle auberge en pierre, parfaitement rénovée. Les deux salles à manger sont plaisantes : tables en bois, nappes vertes et blanches, murs couleur tilleul avec rideaux assortis... Terrasse ombragée d'une glycine. Cuisine soignée, basée sur les produits frais.

Faire une pause

Nectar – *19 pl. Marcadieu - ✆ 05 62 44 19 44 - nectar.65@wanadoo.fr - tlj sf dim. et lun. 9h-19h, sam. 9h-12h, 14h-19h, jeu. 8h-19h - fermé 1er-15 août.* Situé face aux halles Marcadieu, ce salon de thé propose des cafés torréfiés sur place, une sélection de soixante-dix thés et de délicieux chocolats. La maîtresse des lieux sait recevoir avec beaucoup d'amabilité.

Le Pic Bigourdan – *1 r. du Moulin - 65360 Momères - ✆ 05 62 45 31 28 - tlj 8h-18h.* Installée dans une ferme restaurée, cette entreprise familiale vous dévoile les secrets de fabrication du gâteau à la broche, connu sous le nom de « Rocher des Pyrénées ». La préparation est artisanale et la cuisson se fait au feu de bois. Goûters sur réservation.

En soirée

Le Monocle – *1 av. Bertrand-Barère - ✆ 05 62 34 29 29 - traiteur.monocle@free.fr - lun.-jeu. 8h30-2h, vend.-sam. 8h30-3h - fermé dim. et j. fériés.* Également brasserie et salon de thé, ce bar-restaurant élégant offre un grand choix de bières, de whiskies et de coupes glacées. Soirées *lounge* le week-end.

Que rapporter

Grand marché – *Halle Marcadieu - jeu. 7h-12h30.* C'est le plus grand marché de spécialités régionales (alimentaires et non-alimentaires) à des lieues à la ronde.

Christian Laporte – *65500 Nouilhan - ✆ 05 62 96 75 80 - tlj 8h-19h.* Ce producteur de haricots tarbais vend ses produits secs en vrac, en sacs de 500 g, 2,5 kg ou 5 kg, ou cuisinés selon des recettes personnelles : haricots tarbais aux gésiers confits, aux aiguillettes de canard... Un régal !

Événements

Equestria, festival européen de la création équestre – Le haras national est le théâtre de cette grande manifestation organisée autour du cheval, animal roi à Tarbes. Des spectacles équestres ont lieu en soirée et des animations (cirque, voltige, baptêmes à poney, présentations d'étalons et d'attelages) sont proposées en journée, avec la participation des clubs équestres de la région. On peut également assister à des animations musicales, chorégraphiques, folkloriques ou voir des artistes peintres et sculpteurs travailler. Enfin produits du terroir, artisanat d'art et cabaret équestre avec restaurants à thèmes sont présents dans le village d'exposants de 10h30 à 01h, durant 7 jours fin juillet. *Renseignements auprès de l'office de tourisme - www.festivalequestria.com*

Terro'art – Un samedi à la mi-sept. Fête des produits régionaux labellisés : porc noir de Bigorre, haricot tarbais, agneau de Barèges. Concours.

Toulouse★★★

431 500 TOULOUSAINS (761 090 AGGLOMÉRATION)
CARTE GÉNÉRALE B/C3 – CARTE MICHELIN LOCAL 343 G3 – HAUTE-GARONNE (31)

« Ville rose à l'aube, ville mauve au soleil, ville rouge au crépuscule »… Toulouse mélange les couleurs et les époques ! Cette ancienne capitale des terres d'Oc et des capitouls, qui vole aujourd'hui vers l'avenir avec ses usines aéronautiques bien connues, ravit les touristes qui s'y arrêtent. En se promenant dans ses vieux quartiers, on découvre de superbes cours Renaissance envahies de fleurs et de magnifiques maisons cachées derrière de lourdes portes. Toulouse est aussi une ville universitaire (la deuxième après Paris), dynamique, animée et riche de plats gourmands, entre saucisse et cassoulet. En un mot, il ne faut pas seulement s'y arrêter, mais y rester plusieurs jours !

Se repérer – Accès par l'A 20 en venant de Paris ou l'A 62 depuis Bordeaux. Ouvrage en béton d'une grande simplicité de ligne, le **pont Saint-Michel** offre un point de vue intéressant, surtout si l'on se place entre le milieu du pont et la rive gauche : par temps clair, la chaîne des Pyrénées se profile au sud. Du côté opposé, le regard embrasse une bonne partie de la ville, des Jacobins à la Dalbade.

Se garer – Difficile de circuler en centre-ville, sutout dans le vieux Toulouse. Des parkings sont aménagés place du Capitole, place Wilson, place Esquirol, place des Carmes et sur les allées Carnot. Pour se déplacer, voir l'encadré pratique.

À ne pas manquer – La place du Capitole ; la basilique St-Sernin ; les Jacobins ; le musée des Augustins ; la fondation Bemberg (hôtel d'Assézat) ; les berges de la Garonne entre pont Neuf et pont St-Pierre.

Organiser son temps – Sur un week-end, comptez une journée pour visiter la vieille ville, les églises, les musées. Le deuxième jour, privilégiez le pôle aéronautique : cité de l'espace et Airbus Visit.

Avec les enfants – La Cité de l'espace ; AfricanSafari à Plaisance-du-Touch ; le Labyrinthe des Merveilles au château de Merville (prévoir un pique-nique).

Pour poursuivre la visite – Voir aussi Muret, L'Isle-Jourdain, Lavaur, Saint-Félix-Lauragais, le canal du Midi.

Le saviez-vous ?

La brique, seul matériau fourni en abondance par la plaine alluviale de la Garonne, a longuement dominé dans les constructions toulousaines et donné son cachet à la cité. Légère et adhérente au mortier, elle a permis aux maîtres d'œuvre des églises de lancer de larges voûtes couvrant une nef unique.

C'est à Toulouse, dans les années 1890-1907, que le rugby venu d'Angleterre a été pour la première fois pratiqué en France. Les rouges et noirs du Stade Toulousain (16 fois champions de France) portent haut les couleurs de la ville depuis 1912.

La ville attire chaque année environ 12 000 habitants supplémentaires.

Comprendre

La cité des capitouls – Le nom Tolosa viendrait d'une racine *tul* signifiant « hauteur ». Si Toulouse n'est pas précisément construite sur une butte, elle a conservé, en se déplaçant dans la plaine, le nom de l'oppidum des Volques Tectosages situé à l'emplacement de l'actuelle Vieille-Toulouse, à 9 km au sud. Plaque tournante du commerce des vins sous les Romains, Tolosa devient le centre intellectuel de la Narbonnaise. Au 3e s., la ville est gagnée par le christianisme, au moment du martyre de l'évêque Saturnin (Sernin). Capitale des Wisigoths au 5e s., elle passe ensuite dans le domaine des Francs. Après Charlemagne, elle est gouvernée par des comtes qui, du fait de l'éloignement du pouvoir franc, prennent de plus en plus d'autonomie. Du 9e au 13e s., sous la dynastie des comtes Raimond, Toulouse est le siège de la cour la plus aimable et la plus magnifique d'Europe. Des consuls ou capitouls (le nom vient probablement du latin *capitulares* : membres du chapitre), choisis dans la bourgeoisie commerçante, administrent la cité, une véritable « république » à l'italienne. Le comte les consulte pour la défense de la ville et pour toute question de relations extérieures. Le capitoulat permettait aux riches marchands toulousains d'accéder à la noblesse. Pour symboliser leur élévation, les nouveaux promus flanquaient leurs demeures de tours.

Le pont Neuf et la Ville rose hérissée de clochers.

Mais le pouvoir des capitouls perdra de sa substance (même si le titre subsiste) après le rattachement à la Couronne, à l'issue de la crise albigeoise en 1271 *(voir p. 63)*. Le nouveau comte, Alphonse de Poitiers, frère de Saint Louis, réside à Vincennes et reproche amèrement aux capitouls de n'en faire qu'à leur tête. Il faut prendre des mesures ; ce sera fait. Le parlement, créé en 1420, supervise la justice et les finances.

La doyenne des académies – Après la tourmente albigeoise, Toulouse retrouve son rayonnement artistique et littéraire. En 1324, sept notables qui veulent « maintenir » la langue d'oc fondent la « compagnie du Gai-Savoir », la plus ancienne des sociétés littéraires d'Europe. Chaque année, le 3 mai, les mieux « disants » des poètes reçoivent une fleur d'orfèvrerie. Ronsard et Victor Hugo en furent honorés ainsi que Nazaire-François Fabre (1755-1794), auteur du calendrier républicain et de la fameuse romance *Il pleut, il pleut bergère*, qui tint à immortaliser son prix en modifiant son patronyme en Fabre d'Églantine. En 1694, Louis XIV avait érigé la société en académie des Jeux floraux.

Le boom du pastel – Au 15e s., le commerce des coques de pastel jette les négociants toulousains dans l'aventure du commerce international : Londres et Anvers figurent parmi les principaux débouchés. La spéculation permet aux Bernuy et aux Assézat de mener un train de vie princier. De splendides hôtels-palais sont élevés à cette époque, symboles de la fortune, de la puissance et de la richesse des « princes du pastel ». L'influence italienne et plus particulièrement le renouveau florentin vont harmonieusement modifier la physionomie de cette cité florissante, encore largement médiévale. Mais à partir de 1560, l'indigo, en provenance d'Amérique, apparaît et le marasme s'installe avec les guerres de Religion (Toulouse se rallie à la cause catholique). Le système s'effondre.

Une tête qui tombe – Un épisode de la rébellion de la noblesse contre Richelieu connaît sa conclusion tragique à Toulouse. Henri de Montmorency, gouverneur du Languedoc, « premier baron chrestien », appartient à la plus grande famille de France. D'une bravoure éclatante, beau, généreux, il devient rapidement populaire dans sa province d'adoption. Entraîné par Gaston d'Orléans, frère de Louis XIII, il prend les armes en 1632 et fait renaître quelque temps le rêve d'un Midi débarrassé de la sujétion à la couronne. Mais tous deux sont défaits à Castelnaudary. Montmorency s'est battu désespérément ; atteint de dix-sept blessures, il est fait prisonnier. Le parlement de Toulouse le condamne à mort. Personne n'imagine possible l'exécution d'un si haut personnage. Mais le roi, qui est venu en personne à Toulouse avec le cardinal, résiste aux supplications de la famille, de la cour et du peuple. « Je ne serais pas roi, si j'avais les sentiments des particuliers », répond-il avec hauteur.

L'affaire Calas

Jean Calas, marchand toulousain protestant, avait été accusé d'avoir tué son fils parce que celui-ci voulait se convertir au catholicisme. De nombreux intellectuels, dont Voltaire, prirent sa défense avec assez de véhémence pour que le roi Louis XVI cassât le jugement avant de promulguer l'édit de Tolérance en 1787.

La cité des violettes

On raconte que c'est au 19e s. que la violette, originaire de Parme, arriva à Toulouse : elle aurait été rapportée par des soldats français à l'issue des guerres napoléoniennes en Italie. Aussitôt adoptée par les Toulousains, elle fit la fortune des fleuristes, des parfumeurs et des confiseurs (avec leurs fameuses violettes cristallisées). Au début du 20e s., on expédiait quelque 600 000 bouquets par an vers la capitale, l'Europe du Nord et même le Canada ! Malheureusement, les virus et les champignons eurent bientôt raison de cette délicate fleur hivernale. Depuis 1985, cependant, des chercheurs se sont mobilisés afin de sauver la petite fleur mauve. Cinq ans plus tard, ils sont parvenus à la cultiver *in vitro*. Les serres, au nord de Toulouse, sont désormais emplies du parfum si caractéristique de la violette qui, plantée de mai à juin, est cueillie d'octobre à mars. Unique pour ses fleurs doubles et son bleu mauve, elle est redevenue l'emblème de la ville qui la fête chaque année en février.

La seule faveur accordée au condamné est d'être décapité à l'intérieur du Capitole, au lieu de subir son supplice sur la place publique. L'échafaud est dressé dans la cour, au pied de la statue de Henri IV. Le duc meurt avec l'élégance d'un grand seigneur. Le peuple, assemblé devant le Capitole, pousse des cris de vengeance à l'adresse du cardinal quand, d'une fenêtre, le bourreau vient montrer la tête sanglante.

Un décollage économique réussi mais tardif – Au 19e s., la plupart des notables toulousains continuent à tirer profit de l'exploitation de leurs biens fonciers et immobiliers. La ville se tient en retrait des transformations introduites par la révolution industrielle. Un frémissement survient, en 1856, avec l'arrivée du chemin de fer : Toulouse s'impose alors logiquement comme capitale régionale. La création de rues nouvelles, à l'architecture haussmannienne, facilite la circulation des hommes et des marchandises. Le véritable décollage économique ne vient cependant qu'au lendemain de la Première Guerre mondiale, notamment avec l'implantation d'industriels du secteur aéronautique *(sur Toulouse et l'aéronautique, voir plus bas la section « Découvrir »)*.

Le drame d'AZF – Plus grande catastrophe industrielle en France depuis la Seconde Guerre mondiale, la dramatique explosion de l'usine chimique AZF, survenue le 21 septembre 2001, fit 30 morts et 2 500 blessés. Le montant des dégâts se chiffre à environ 2 milliards d'euros, et près de 30 000 logements ont été touchés. Ce tragique événement, qui a rouvert le débat sur la question de l'implantation de sites industriels potentiellement dangereux dans des zones habitées, a eu pour conséquence la quasi-suppression du pôle chimique toulousain. Les friches industrielles de l'usine vont, d'ici 2008, laisser la place au projet « Canceropôle », centre de recherche dédié à la lutte contre le cancer.

Célébrités toulousaines – Parmi elles, citons les écrivains **José Cabanis** et **Pierre Gamarra**, le comédien à la proverbiale faconde **Lucien Baroux** (1888-1968), mais aussi **Laurent Terzieff**, **Daniel Sorano** (1920-1962), qui émut la France entière à l'époque de la télévision en noir et blanc par son interprétation (en direct !) jamais égalée de *Cyrano de Bergerac*, **Jean-Marcel Bouguereau**, l'un des journalistes qui participèrent à la fondation de *Libération*, le « fondateur de la géographie humaine » **Jean Brunhes**, le journaliste de télévision **Georges de Caunes**, le psychiatre **Esquirol** (1772-1840), le leader syndical **Georges Séguy**… Côté chanson, **Claude Nougaro** (1929-2004) s'est illustré par la richesse de sa voix et la beauté sauvage de ses textes, rythmes et mélodies. *Toulouse*, véritable hymne d'amour à la Ville rose, résonne encore dans toutes les mémoires. Près de 10 000 personnes se sont réunies le mercredi 10 mars 2004 en la basilique Saint-Sernin pour lui rendre hommage. Mais il ne fut pas le seul musicien de la ville : sans remonter au troubadour Pèire Vidal, on citera dans le domaine lyrique les cantatrices Mady Mesplé et Jeanine Michau ; dans celui du tango argentin, l'idole des *muchachos* de Buenos Aires, Carlos Gardel, né ici Charles Gardes ; le groupe Gold, auteur de plusieurs « tubes » mémorables autour de 1985 ; la chanteuse Juliette ; l'auteur-compositeur Jean-Pierre Mader ; le groupe Zebda qui nous conseille de « tomber la chemise »… Dans un autre style le groupe de rap occitan Fabulous Troubadours prend son essor.

Saint Sernin, un destin tragique

Apôtre du Languedoc, saint Sernin fut le premier évêque de Toulouse. Il fut martyrisé en 250, attaché à un taureau (la rue du Taur commémore l'événement). Très populaire en Languedoc, on le retrouve sous les noms de Saturnin, Satur, Savournin en de nombreux lieux.

SE LOGER

- Hôtel Albert 1er 12
- Hôtel Castellane 15
- Hôtel de France 18
- Hôtel de l'Ours Blanc-Centre 21
- Hôtel de l'Ours Blanc-Victor-Hugo 24
- Hôtel le Capitole 30
- Hôtel Saint-Sernin 37

INDEX DES RUES

SE RESTAURER

- 7 Place St-Sernin 40
- Brasserie "Beaux Arts" 43
- Brasserie de l'Opéra 47
- Colombier 50
- J'Go 53
- La Cave des Blanchers 59
- La Faim des Haricots 62
- La Madeleine de Proust 65
- La Régalade 68
- Le Châteaubriand 73
- Le Mangevins 76
- Michel, Marcel, Pierre et les Autres 82
- Rôtisserie des Carmes 85

SE LOGER

Hôtel Barry .... (1)

Chambre d'hôte
Château des Varennes .... (5)

Hôtel Hermès .... (9)

Hôtel Mermoz .... (33)

SE RESTAURER

L'Envers du décor .... (56)

Le Bellevue .... (71)

Galerie municipale du Château d'eau ..... **D**

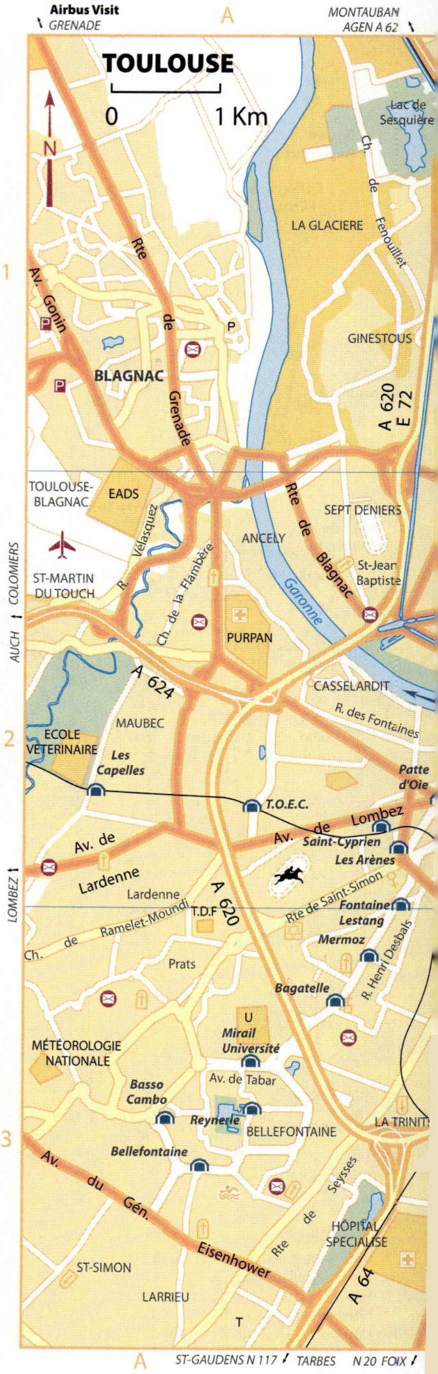

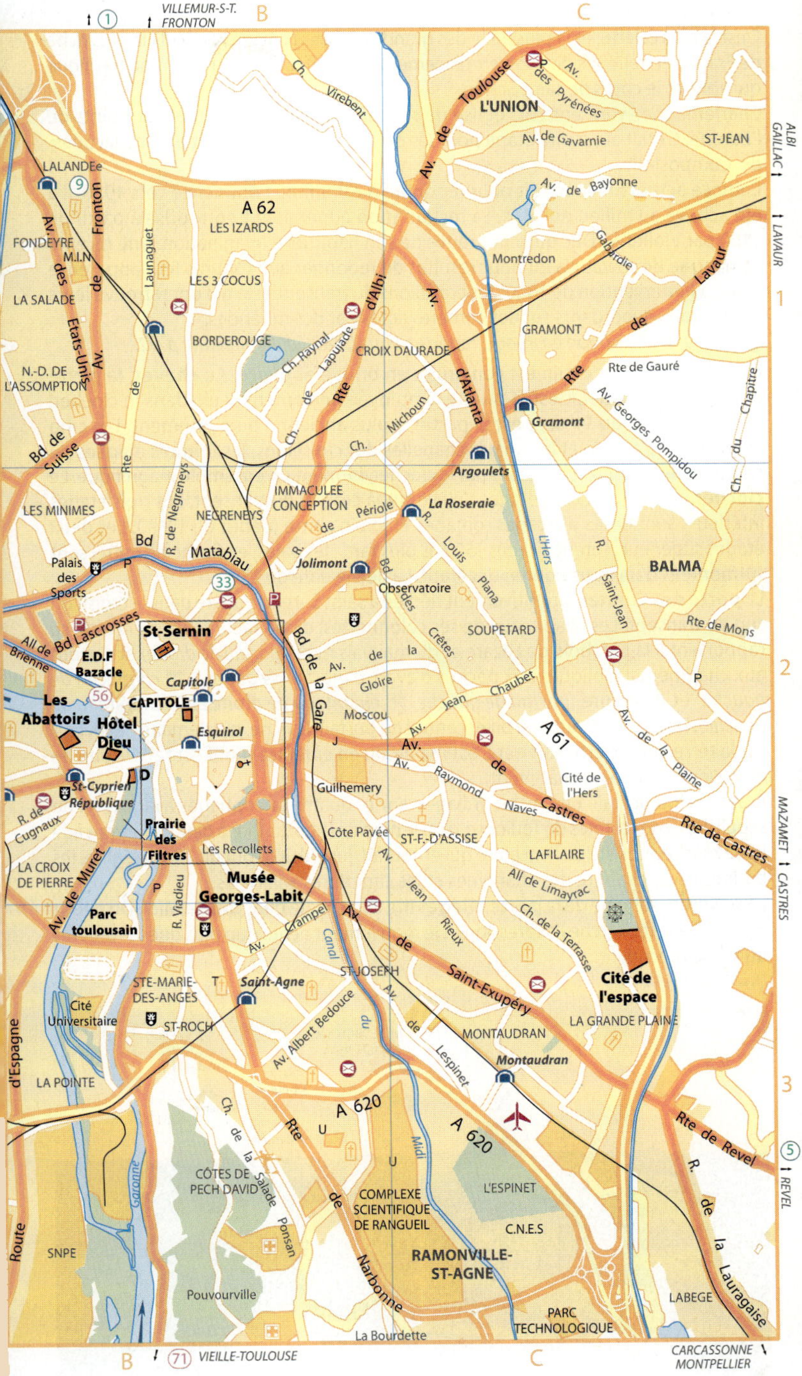
1
VILLEMUR-S-T.
FRONTON
B
C
Ch. Virebent
Av. de Toulouse
L'UNION
Av. des Pyrénées
Av. de Gavarnie
ST-JEAN
ALBI
GAILLAC
Av. de Bayonne
LAVAUR
LALANDE
9
Av. de Fronton
A 62
LES IZARDS
FONDEYRE
M.I.N.
Av. des Etats-Unis
Launaguet
LES 3 COCUS
Rte d'Albi
Av. d'Atlanta
Montredon
Gabardie
Rte de Lavaur
LA SALADE
BORDEROUGE
Ch. Raynal
Ch. de Lapujade
CROIX DAURADE
GRAMONT
N.-D. DE L'ASSOMPTION
Rte de
Ch. Michoun
Gramont
Rte de Gauré
Av. Georges Pompidou
Ch. du Chapitre
Bd de Suisse
Argoulets
LES MINIMES
R. de Negreneys
NEGRENEYS
IMMACULEE CONCEPTION
Ch. Périole
La Roseraie
R. de
R. Louis Plana
L'Hers
R. Saint-Jean
BALMA
Bd Matabiau
Palais des Sports
P
33
Jolimont
Bd des Crêtes
Observatoire
Rte de Mons
2
All de Brienne
Bd Lascrosses
E.D.F Bazacle
St-Sernin
Bd de la Gare
Av. de la Gloire
SOUPETARD
56
Capitole
CAPITOLE
Moscou
Av. Jean Chaubet
A 61
Av. de la Plaine
Les Abattoirs
Hôtel Dieu
Esquirol
Av. de Castres
Av. Raymond Naves
Cité de l'Hers
St-Cyprien République
R. de Cugnaux
Guilhemery
Prairie des Filtres
Côte Pavée
ST-F.-D'ASSISE
LAFILAIRE
Rte de Castres
MAZAMET
CASTRES
LA CROIX DE PIERRE
Les Recollets
Musée Georges-Labit
Av. Jean Rieux
All de Limayrac
Av. de Muret
Parc toulousain
R. Vladieu
Av. Crampel
Canal du Midi
Av. de Saint-Exupéry
Ch. de la Terrasse
Cité de l'espace
STE-MARIE-DES-ANGES
Saint-Agne
ST-JOSEPH
Cité Universitaire
ST-ROCH
Av. Albert Bedouce
Av. de Lespinet
MONTAUDRAN
LA GRANDE PLAINE
Montaudran
Rte d'Espagne
LA POINTE
A 620
3
Rte de Revel
5
REVEL
Ch. de la Salade Ponsan
CÔTES DE PECH DAVID
Rte de Narbonne
Garonne
COMPLEXE SCIENTIFIQUE DE RANGUEIL
L'ESPINET
R. de la Lauragaise
C.N.E.S
SNPE
RAMONVILLE-ST-AGNE
Pouvourville
PARC TECHNOLOGIQUE
LABEGE
La Bourdette
71
VIEILLE-TOULOUSE
CARCASSONNE
MONTPELLIER

Se promener

LE VIEUX TOULOUSE★★★

De Saint-Sernin au Capitole 1

Basilique Saint-Sernin★★★

C'est la plus célèbre et la plus belle des grandes églises romanes du Midi, la plus riche de France en reliques. Sur son emplacement s'élevait, à la fin du 4e s., une basilique qui abritait le corps de saint Sernin.
Charlemagne ayant enrichi l'église de reliques, on y venait de tous les points de l'Europe. C'était aussi une étape pour les pèlerins qui se rendaient à Saint-Jacques-de-Compostelle.
L'édifice actuel fut construit pour répondre à cet afflux. Commencé vers 1080, il a été achevé au milieu du 14e s. Sa restauration générale fut entreprise à partir de 1860 par Viollet-le-Duc qui y fit preuve de son habituelle imagination. Une récente campagne de travaux a eu pour résultat de redonner aux toitures leur apparence d'avant l'intervention de 1860 : les croisillons du transept et la nef ont retrouvé leurs grands toits débordants sur des combles aérés par des mirandes.
Pour une description en image, reportez-vous à l'ABC d'architecture p. 72.

Extérieur – Saint-Sernin est construite en brique et pierre. Au **chevet**, la pierre domine ; dans la nef, c'est la brique, employée finalement seule dans le clocher. Le **chevet** date du 11e s. ; c'est la partie la plus ancienne du monument. Les cinq chapelles de l'abside et les quatre chapelles des croisillons, les toitures étagées du chœur et du transept, dominées par le clocher, forment un ensemble magnifique. Le **clocher** octogonal à cinq étages s'élève sur la croisée du transept. Les trois étages inférieurs sont ornés d'arcades romanes en plein cintre (début du 12e s.). Les deux étages supérieurs furent ajoutés 150 ans plus tard ; les baies, en forme de mitre, sont surmontées d'un petit fronton décoratif. La flèche date du 15e s.
La **porte des Comtes**, primitivement dédiée à saint Sernin, s'ouvre dans le croisillon sud du transept. Les chapiteaux de ses colonnettes, d'une facture encore fruste, se rapportent à la parabole de Lazare et du mauvais riche *(portail de droite)* et surtout aux châtiments appliqués aux péchés d'avarice *(portail de gauche, 1er chapiteau de gauche)* et de luxure *(portail de gauche, 1er chapiteau de droite et 2e chapiteau de gauche)*. De part et d'autre du pilier central du portail, le riche, qui demande à revenir sur la terre pour avertir son frère, est maintenu en enfer (ce motif est répété afin de marquer l'éternité du châtiment).
À gauche du portail, une niche grillagée abrite quatre sarcophages ayant servi de sépultures à des comtes de Toulouse, d'où le nom de la porte. Plus à gauche, une arcade Renaissance subsiste de l'enceinte qui entourait, jusqu'au début du 19e s., l'église, les bâtiments du chapitre des chanoines et les cimetières adjacents.
La sculpture romane de la **porte Miégeville** a fait école dans tout le Midi. Du début du 12e s., elle recherche l'expression et le mouvement beaucoup plus que les œuvres du siècle précédent.

Ludovic Cazenave / MICHELIN

La basilique Saint-Sernin dans les lumières du couchant.

Intérieur – Ce qui frappe au premier abord en entrant dans Saint-Sernin, c'est l'immensité de l'église : 115 m de longueur, 64 m de largeur au transept et 21 m de hauteur sous voûte. Saint-Sernin est le type accompli de la grande église de pèlerinage. Elle est conçue pour faciliter les dévotions des foules et rendre possible la célébration des offices par un chœur de chanoines : une nef flanquée de doubles collatéraux, un immense transept et un chœur avec déambulatoire sur lequel ouvrent cinq chapelles rayonnantes. La coupe de l'église montre la perfection de son élévation et de son équilibre. La nef principale, voûtée en berceau plein cintre, est épaulée par un premier bas-côté voûté d'arêtes et surmonté de tribunes très décoratives (voûtées en demi-berceau), qui lui-même prend appui sur un second bas-côté de moindre hauteur, encore voûté d'arêtes et adossé à un contrefort. Ainsi, tous les éléments de cette énorme masse concourent harmonieusement à la solidité de l'ensemble.

Chœur – Sous la coupole de la croisée, belle table en marbre des Pyrénées de l'ancien autel roman signée Bernard Gilduin et consacrée en 1096 par le pape Urbain II.

Transept – Le vaste transept présente une structure à trois nefs et chapelles orientées. Admirez les chapiteaux de la galerie de la tribune et les peintures murales romanes. Dans le croisillon nord on a mis au jour deux ensembles de peintures murales romanes (Résurrection, l'Agneau de Dieu présenté par des anges).

Dans le croisillon sud, voir particulièrement la 2e chapelle orientée dédiée à la Vierge (statue de « Notre-Dame la Belle » du 14e s.) : au cul-de-four, fresques superposées mêlant les thèmes de la Vierge assise en majesté (13e s.) et du Couronnement de la Vierge.

Tour des Corps-Saints et cryptes – *✆ 05 61 21 70 18 (mat.) - juil.-sept. : 10h-18h, dim. 12h-18h ; reste de l'année : tlj sf dim. mat. 10h-11h30, 14h30-17h - fermé j. fériés - 2 € (enf. gratuit).*

C'est la présence de nombreux retables et reliquaires qui est à l'origine de la dénomination attribuée au déambulatoire. Dans les réceptacles en bois sculpté, doré et peint sont disposées, entre autres, des reliques de saint Asciscle, de sainte Victoire, de saint Hilaire et de saint Papoul.

Les sept **bas-reliefs★** de la fin du 11e s. en marbre de Saint-Béat, provenant de l'atelier de Bernard Gilduin, sont encastrés contre le mur de la crypte. Ils représentent le Christ en majesté avec les symboles des Évangélistes, entouré d'anges et d'apôtres.

La crypte supérieure abrite le reliquaire de saint Saturnin (13e s.), et la crypte inférieure des châsses et des statues d'apôtres (14e s.).

Prendre la rue du Taur, très fréquentée par les étudiants et bordée de nombreuses librairies, de neuf ou d'ancien.

Collège de l'Esquila

Il s'ouvre au n° 69 de la rue du Taur par un portail à bossages, œuvre Renaissance du sculpteur toulousain **Nicolas Bachelier** (1487-1557). Auteur de nombreux hôtels toulousains (dont l'hôtel d'Assézat, son chef-d'œuvre), celui-ci conçut également en 1539 un projet pour le futur canal du Midi.

S'engager dans la rue du Périgord, à gauche.

Ancienne chapelle des Carmélites

1 r. du Périgord - ✆ 05 61 21 27 60 - mai-sept. : tlj sf lun. 9h30-13h, 14h-18h ; reste de l'année : tlj sf lun. 10h-13h, 14h-17h - fermé 1er janv., 1er Mai, 1er et 11 Nov., 25 déc. - gratuit.

De l'ancien couvent des Carmélites, édifié au 17e s., ne subsiste que la chapelle. Sa décoration ainsi que ses boiseries et peintures célébrant la gloire de l'ordre du Carmel (œuvre du peintre toulousain du 18e s., Jean-Baptiste Despax) constituent un très bel ensemble.

Poursuivre dans la rue du Taur.

Bibliothèque municipale

Née en 1866 de la réunion de la bibliothèque du clergé (fondée en 1772) et de celle du Collège royal, grossie, à la Révolution, par la confiscation d'une dizaine de bibliothèques conventuelles, elle est installée dans un bâtiment œuvre de Montariol. C'est un bel exemple d'architecture des années 1930 : rigueur et grandeur des volumes, volonté de fonctionnalisme et de luminosité (voir la salle de lecture : grandes baies, plafond dallé de verre et large coupole). Décoration caractéristique de l'époque utilisant volontiers le fer forgé et le bas-relief. Majestueuse façade de brique et pierre, centrée autour d'une imposante porte de bronze.

Revenir à la rue du Taur que l'on reprend sur la gauche.

Église Notre-Dame-du-Taur

Appelée Saint-Sernin-du-Taur jusqu'au 16e s., elle a remplacé le sanctuaire élevé à l'endroit où le corps du martyr fut inhumé. Le mur-pignon de la façade, flanqué de tours octogonales et percé d'arcs en mitre, est d'un type fréquent dans la région, où il servit de modèle à maintes églises de campagne. Le clocher est crénelé et coiffé d'un pignon triangulaire. Observez les combinaisons décoratives que permet la brique : baies en losange, frises en dents d'engrenage.

Débouchant sur la place du Capitole, on prend sur la droite la rue Romiguières, puis à gauche la rue Lakanal.

Les Jacobins★★

En 1215, saint Dominique, effrayé par les progrès de l'hérésie albigeoise, avait fondé l'ordre des Frères prêcheurs. Le premier couvent des dominicains fut installé à Toulouse en 1216. Lorsque ceux-ci arrivent à Paris en 1217, ils s'installent dans une chapelle consacrée à saint Jacques : ceci leur valut le nom de « Jacobins ».

La construction de l'église et du couvent, première université toulousaine, commencée en 1230, se poursuivit aux 13e et 14e s. L'ensemble fut par la suite défiguré par sa transformation en quartier d'artillerie sous le Premier Empire. L'église servit d'écurie avant d'être intégrée dans le lycée Pierre-de-Fermat. Certains anciens élèves se souviennent de quelques parties de ballon dans le cloître ! De longs travaux de dégagement et de restauration ont abouti, en 1974, à la réhabilitation de l'église, du cloître ainsi que des bâtiments conventuels rescapés, dont la grande sacristie.

L'église de brique est un chef-d'œuvre de l'école gothique du Midi, dont elle marque l'apogée. L'« église mère » de l'ordre des Frères prêcheurs, achevée vers 1340, accueillit en 1369 le corps de saint Thomas d'Aquin. Extérieurement, elle frappe par ses grands arcs de décharge disposés entre les contreforts et surmontés d'oculi, et par sa tour octogonale allégée d'arcs en mitre qui servit de modèle pour de nombreux clochers d'églises de la région ; elle reçut, à son achèvement en 1298, la cloche unique de l'Université dominicaine. *Voir la description intérieure dans « Visiter ».*

Hôtel de Bernuy (lycée Pierre-de-Fermat)

1 r. Gambetta - visite des 2 cours Renaissance uniquement, tlj sf w.-end 8h-17h - fermé j. fériés et vac. scol.

Il fut bâti en deux campagnes au début du 16e s. La porte *(1 r. Gambetta)* associe courbes et contre-courbes, de tradition gothique, à des médaillons. La 1re cour offre un intermède d'architecture de pierre. Le faste de la Renaissance s'y manifeste par un portique à loggia, au revers de l'entrée, et par une arcade très surbaissée, à droite. Par le passage voûté d'ogives, gagnez la 2e cour où l'on retrouve le charme de la Ville rose. La **tour d'escalier★** octogonale montée sur trompe, une des plus hautes du vieux Toulouse, prend jour par des fenêtres gracieusement agencées à la rencontre de deux pans.

Par la rue Gambetta, rejoindre la place du Capitole.

Place du Capitole

Cette grande place, lieu de rendez-vous des Toulousains, est bordée à l'est par la majestueuse façade du Capitole à laquelle fait face une rangée d'arcades. Au centre de la place, une croix du Languedoc est incrustée, formant un lacis de rubans de bronze ; aux extrémités, inscrits dans des cercles, figurent les douze signes du zodiaque, œuvre de Raymond Moretti, également auteur des 29 tableaux évoquant sous les arcades, avec des couleurs très vives, certains des épisodes et personnages qui ont fait l'histoire de Toulouse, de la Vénus de Lespugue à Airbus en passant par Carlos Gardel. On prend le temps d'une pause pour se joindre aux Toulousains qui envahissent les terrasses des brasseries afin de dévorer la légendaire *Dépêche du Midi*.

Capitole★

✆ 05 61 22 29 22 - de Pâques à Toussaint : 9h-19h ; reste de l'année : 9h-17h (1er w.-end du mois et j. fériés 19h) - fermé 1er janv. - gratuit.

L'hôtel de ville de Toulouse tire son nom de l'ancienne assemblée des capitouls, autrefois en charge de l'administration de la ville, représentés sur la façade (milieu 18e s.) par les huit colonnes de marbre rose. Longue de 128 m, ornée de pilastres ioniques, c'est un bel exemple d'architecture colorée, jouant habilement des alternances de la brique et de la pierre. Dans l'aile droite se trouve le théâtre, réaménagé en 1995-1996.

Pénétrer dans la cour. Dans la cour du Capitole en 1632, eut lieu la fameuse exécution du duc de Montmorency, gouverneur du Languedoc, entré en rébellion armée contre le pouvoir de Louis XIII (remarquez la dalle commémorative sur le pavé). L'escalier,

S. Sauvignier / MICHELIN

L'imposante façade du Capitole.

le vestibule et diverses salles, surtout la **salle des Illustres**, dédiée aux gloires toulousaines, furent décorés avec la pompe qu'il fallait par des peintres témoins de l'art officiel, au temps de la IIIe République.
Traversez la cour, puis le jardin en biais pour aller voir le donjon, reste de l'ancien Capitole (16e s.), restauré par Viollet-le-Duc. Il abrite aujourd'hui l'office de tourisme.

Autour du Capitole 2

Quitter la place du Capitole au sud par la rue Saint-Rome.

Rue Saint-Rome

Tronçon de l'antique voie qui traversait la ville du nord au sud, elle est aujourd'hui devenue piétonne et accueille de nombreuses boutiques. À son début (n° 39), remarquable maison du médecin de Catherine de Médicis, Augier Ferrier. Dans la **rue Jules-Chalande**, sur la gauche, au n° 4 *(entrer dans la cour)*, on voit la belle tour gothique de Pierre Séguy. Au n° 3 de la rue Saint-Rome, hôtel de Gomère du début du 17e s.

Rue des Changes

Le carrefour dit « Quatre Coins des Changes » est dominé par la **tour de Sarta**. Remarquez les n° 20, 19 et 17 ; au n° 16, l'hôtel d'Astorg et Saint-Germain du16e s. présente une façade à mirandes (larges ouvertures ou galeries sous comble d'où l'on peut « mirer » sans être vu) et une cour pittoresque avec ses galeries et escaliers en bois.

Tourner à droite avant d'arriver au carrefour de la place Esquirol.

Rue Malcousinat

Au n° 11, agréable corps de logis gothique-Renaissance flanqué d'un sévère donjon du 15e s.

Prendre à droite la rue de la Bourse.

Rue de la Bourse

S'arrêter au n° 15 : hôtel de Nupces (18e s.) et au n° 20 : maison de Pierre Del Fau (15e s.). L'histoire de ce dernier est l'illustration de l'adage selon lequel il ne faut jamais vendre la peau de l'ours avant de l'avoir tué. Il espéra longtemps devenir capitoul, d'où la tour qu'il fit édifier... Mais sa nomination ne vint jamais. La tour est néanmoins fort belle. Haute de 24 m, elle est percée de cinq larges baies dont deux d'entre elles, aux 2e et 5e étages, présentent un élégant linteau en forme d'arc en accolade.

Par la rue Cujas, à gauche, gagner la place de la Daurade.

Basilique Notre-Dame-de-la-Daurade

Héritière d'un temple païen, devenu une église dédiée à la Vierge dès le 5e s., et d'un monastère bénédictin, l'église actuelle, à laquelle les Toulousains sont très attachés, remonte au 18e s. Sa façade au lourd péristyle, dominant la perspective de la Garonne, est intéressante. Plusieurs cérémonies s'y déroulent : pèlerinage à Notre-Dame la Noire, recommandation des futures mères ou encore bénédiction des fleurs décernées aux lauréats des Jeux floraux...

Dès les beaux jours, les pelouses du quai de la Daurade prennent des airs de station balnéaire.

C'est un plaisir de flâner sur le **quai de la Daurade**, un de ces lieux où l'on ne peut que se sentir bien, en aval du pont Neuf (16e-17e s.). Bordé par l'école des beaux-arts, il offre une vue sur le quartier Saint-Cyprien *(rive gauche)* avec l'hôtel-Dieu et le dôme de l'hospice de la Grave.

Pont Neuf

Reliant la Gascogne au Languedoc, le pont Neuf est le plus ancien pont de Toulouse. Sa construction, ordonnée par François Ier, fut entreprise en 1544 sous l'égide de Nicolas Bachelier. Elle ne fut achevée qu'en 1632.

Prendre la rue de Metz à gauche et obliquer de nouveau à gauche.

Hôtel d'Assézat★★

C'est incontestablement le plus bel hôtel de Toulouse. Il fut élevé en 1555-1557 sur les plans de Nicolas Bachelier, le plus grand architecte toulousain de la Renaissance, pour le capitoul d'Assézat. Tout réussissait à ce négociant enrichi dans le commerce du pastel, jusqu'à sa conversion au protestantisme. Résultat : ruine et exil immédiat, tandis que l'hôtel, orgueilleux témoignage d'une réussite sociale, demeurait inachevé… Peut-être pour illustrer la fragilité des biens de ce monde !

Sur les façades des bâtiments de gauche et de face, pour la première fois à Toulouse s'est développé le style classique caractérisé par la superposition des trois ordres antiques : dorique, ionique et corinthien. Pour donner de la variété à ces façades, l'architecte a ouvert, au rez-de-chaussée et au 1er étage, des fenêtres rectangulaires sous des arcades de décharge. Au 2e étage, c'est l'inverse : la fenêtre est en plein cintre sous un entablement droit.

À cette recherche correspond la décoration poussée des deux portes, l'une avec ses colonnes torses, l'autre avec ses cartouches et ses guirlandes. L'art de la sculpture s'est en effet ranimé à la Renaissance, la pierre venant dès lors à nouveau se mêler à la brique. Au revers de la façade donnant sur la rue s'ouvre un portique élégant, à quatre arcades, surmonté d'une galerie. Le 4e côté est resté inachevé : le mur est seulement décoré d'une galerie couverte reposant sur de gracieuses consoles.

Pour une description en image, reportez-vous à l'ABC d'architecture p. 77.

L'hôtel abrite la **fondation Bemberg** *(voir la description dans « Visiter »)* ainsi que les six sociétés savantes de Toulouse, dont l'académie des Jeux floraux.

Suivre à droite la rue des Marchands, puis prendre à droite la rue des Filatiers et encore à droite la rue des Polinaires et la rue H.-de-Gorsse, qui possède de belles maisons du 16e s. Puis prendre à gauche la rue de la Dalbade.

Église Notre-Dame-la-Dalbade

05 61 52 68 90 - 8h-12h, 14h-19h. Le nom de l'église vient de la blancheur (« albade ») des murs du premier édifice. L'église actuelle, construite au 16e s., endommagée par l'écroulement de son clocher (1926), a été restaurée, et son bel appareil de brique remis en valeur. Portail Renaissance (le tympan en céramique date du 19e s.).

Rue de la Dalbade

Les demeures parlementaires (des capitouls) s'y succèdent. Les n° 7, 11, 18 et 20 montrent d'élégantes façades du 18e s. Remarquer au n° 22 le grand portail sculpté, d'inspiration on ne peut plus païenne (16e s.), de l'hôtel Molinier. Au n° 25, l'**hôtel de Clary** comporte une belle cour intérieure Renaissance ; sa façade en pierre, « un peu » chargée, fit sensation lorsqu'elle fut élevée au 17e s. C'était là un signe d'opulence en cette ville de brique ! Du coup, l'édifice en a gardé le sobriquet d'« hôtel de pierre ». L'hôtel des Chevaliers de Saint-Jean-de-Jérusalem (n° 30), robuste et noble construction du 17e s., fut le siège local du grand prieuré de l'ordre de Malte.

Rue Pharaon

Hôtel du capitoul Marvejol (jolie cour) au n° 47, façade du 18e s. au n° 29, tour de 1478 au n° 21.

Remonter par la rue Pharaon jusqu'à la place des Carmes et prendre sur la droite la rue Ozenne (angle très aigu).

Hôtel Béringuier-Maynier, dit aussi du Vieux-Raisin

Le corps de logis au fond de la cour marque la première manifestation de la Renaissance italianisante à Toulouse, dans le style des châteaux de la Loire. Le décor des ailes, aux fenêtres à cariatides, reflète un style plus tourmenté, proche du baroque.

Derrière l'hôtel du Vieux-Raisin, prendre la rue Ozenne.

Rue Ozenne

Au n° 9, remarquable ensemble de la fin du 15e s. : l'hôtel Dahus et la tour de Tournoër.

Prendre à gauche la rue de la Pleau. L'hôtel Pierre-Besson abrite aujourd'hui le musée Paul-Dupuy *(voir description dans « visiter »).*

Rue Mage

C'est une des mieux conservées du vieux Toulouse : demeures d'époque Louis XIV (n° 20 et n° 16) et Louis XIII (n° 11) ; au n° 3, hôtel d'Espie, de style Régence.

Rue Bouquières

L'hôtel de Puivert (18e s.) y déploie sa grande architecture d'apparat.

Hôtel de Fumel (palais consulaire)

Siège de la chambre de commerce. Belle façade du 18e s., en équerre, sur jardin.

À l'angle de la rue Tolosane, on a devant soi la façade et la tour de la cathédrale, tandis qu'on aperçoit, sur la gauche, la tour des Augustins enfouie dans la verdure. Au n° 24 de la **rue Croix-Baragnon**, centre culturel de la ville. Plusieurs demeures d'antiquaires ont été restaurées : au n° 15, « la plus vieille maison de Toulouse », du 13e s., se reconnaît à ses baies géminées.

Ludovic Cazenave / MICHELIN

La cathédrale Saint-Étienne.

Place Saint-Étienne

La place Saint-Étienne est agrémentée d'une fontaine du 16e s., le « Griffoul » (« fontaine » en occitan). Un marché au livre s'y déroule tous les samedis matins : une occasion de promenade dans le quartier des antiquaires et des grands bijoutiers.

Cathédrale Saint-Étienne★

Comparée à la lumineuse unité de Saint-Sernin, la cathédrale apparaît curieusement disparate. C'est que sa construction s'est étendue du 11e au 17e s. ! Les écoles gothiques du Midi et du Nord s'y sont affrontées. Puis, les fonds manquant, on ne put achever la construction de la nef et l'élévation du chœur. Dans la façade de l'église primitive commencée en 1078, les évêques firent percer une rose au 13e s. Plus tard, au 15e s., un portail fut ouvert. Enfin, au 16e s., on éleva un clocher-donjon rectangulaire sans rapport avec les clochers polygonaux ajourés de la région.

Entrer par le portail de la façade. La nef et le chœur ne sont pas dans le même axe et donnent l'impression de n'être pas faits l'un pour l'autre. Cela tient au fait que l'on commença la reconstruction de ce dernier sans se préoccuper de la nef, bâtie en 1209, que l'on comptait jeter bas ultérieurement. On se contenta de procéder à un raccordement de fortune exigeant des prouesses architecturales dans ce qui aurait dû normalement devenir le bras gauche du transept. Puis on en resta là.
La nef unique, aussi large que haute, est la première manifestation de l'architecture gothique du Midi. Au pied du pilier d'Orléans, point de jonction avec le chœur, elle abrite la tombe de **Pierre-Paul Riquet**, le père du canal du Midi décédé en 1680. La voûte unique est ici large de 19 m alors que la voûte romane de Saint-Sernin n'en a que 9. L'austérité des murs est corrigée par une belle collection de tapisseries des 16ᵉ et 17ᵉ s. exécutées à Toulouse et retraçant la vie de saint Étienne. À la clé de la 3ᵉ voûte, remarquez la « croix aux douze perles », emblème des comtes de Toulouse, puis de la province de Languedoc et enfin, plus récemment, de l'Occitanie tout entière.
La construction du chœur, commencée en 1272, fut arrêtée 45 ans plus tard, et l'édifice couvert d'une charpente. En 1609, celle-ci, détruite par un incendie, fut remplacée par la voûte actuelle qui n'a que 28 m de haut au lieu des 37 m prévus au plan initial. Le retable du maître-autel, les stalles, le buffet d'orgue et les vitraux des cinq grandes fenêtres de l'abside datent du 17ᵉ s. Dans le déambulatoire, on peut voir des vitraux anciens.
Le « vitrail du roi de France » est, dans la chapelle immédiatement à droite de la chapelle axiale, un vitrail du 15ᵉ s. reproduisant les traits du roi Charles VII (couronné et revêtu d'un manteau bleu fleurdelisé d'or) et de Louis, dauphin, futur Louis XI (représenté à genoux, vêtu comme un chevalier).
Sortez par la porte droite et contournez l'église ; extérieurement, la puissance des contreforts du chœur est révélatrice de l'ambition des projets jamais menés à leur terme.

Prendre à gauche la rue de Metz, puis à droite la rue des Arts.

Place Saint-Georges

Cette place, l'une des plus fréquentées de Toulouse, fut longtemps le théâtre de l'exécution des condamnées à mort. Elle vit notamment périr le protestant Jean Calas. Entièrement réaménagée à la fin des années 1970, elle offre aux promeneurs et visiteurs d'agréables cafés et restaurants.
Tourner ensuite à gauche dans la rue de la Pomme que l'on suivra jusqu'à la place du Capitole.

Visiter

DANS LE VIEUX TOULOUSE

Église des Jacobins★★

R. Lakanal. Voir description extérieure dans « Se promener » - ✆ 05 61 22 21 92 - www.jacobins.mairie-toulouse.fr - ♿ - 9h-19h - possibilité de visite guidée (1h) - 3 € (enf. gratuit), gratuit 1ᵉʳ dim. du mois.

Marie-Hélène Carcanague / MICHELIN

Le fameux « palmier » des Jacobins, splendide faisceau de nervures.

L'église-mère de l'ordre des Frères prêcheurs, achevée vers 1340, accueillit en 1369 le corps de saint Thomas d'Aquin. Les reliques du « Docteur angélique », transportées à la basilique Saint-Sernin lors de la Révolution française, sont à nouveau exposées sous un maître-autel en marbre gris (monastère de Prouille), depuis les solennités du 7e centenaire de la mort du saint en 1974.
Le grandiose **vaisseau★★** à deux nefs fut bâti par surélévations et agrandissements successifs. Il traduit le rayonnement de l'ordre, sa prospérité et ses deux missions bien tranchées : le service divin et la prédication.
Sur le pavement, le plan du premier sanctuaire (1234), rectangulaire et couvert de charpente, est rappelé par cinq dalles de marbre noir (base des anciens piliers) et par un cordon de carreaux, également noirs (les murs). Les sept colonnes portent la voûte à 28 m de hauteur sous clé. Sur la dernière **colonne★★** repose la voûte tournante de l'abside : ses 22 nervures alternativement minces et larges composent le fameux « palmier ». La décoration polychrome des murs ayant subsisté en grande partie, les restaurateurs ont pu restituer l'ambiance de l'église. Jusqu'à l'appui des fenêtres hautes, les murs présentent un faux appareil de pierres ocre et rosées. D'autres contrastes de teintes soulignent l'élan des colonnettes engagées ainsi que la souplesse des nervures de la voûte. Les verrières (grisailles dans le chœur, plus chaudement colorées dans la nef) furent posées à partir de 1923. Seules les deux roses de la façade datent du 14e s.
Pour une description en image, reportez-vous à l'ABC d'architecture p. 74.

Cloître – La porte nord ouvre sur un cloître à colonnettes jumelées typique du gothique languedocien (autres exemplaires à Saint-Hilaire et Arles-sur-Tech). Les galeries sud et est, qui avaient disparu vers 1830, ont pu être reconstituées à partir d'épaves, retrouvées çà et là dans la région, ou d'autres fragments de la même école.

Chapelle Saint-Antonin – À gauche de la salle capitulaire, elle fut élevée de 1337 à 1341 comme chapelle funéraire par le frère Dominique Grima, devenu évêque de Pamiers (clé de voûte au-dessus de la tête du Christ de l'Apocalypse). Elle constitue une délicate œuvre gothique, parée, en 1341, de peintures murales à dominante bleue. Les médaillons inscrits dans les voûtains sont consacrés à la deuxième vision de l'Apocalypse. Sur les murs, au-dessous d'anges musiciens, se déroulent, en deux registres, les scènes de la fantastique légende de saint Antonin de Pamiers, dont la clé de voûte de l'abside donne la conclusion : les reliques du martyr naviguent sous la garde de deux aigles blancs.

Salle capitulaire – Construite vers 1300. Deux fines colonnes prismatiques en supportent les voûtes. La gracieuse absidiole a retrouvé son décor polychrome.
Grand réfectoire – *Accès par le cloître, à l'angle nord-est.* Construit en 1303, c'est un vaste vaisseau avec couverture de charpente supportée par six arcs diaphragme. Il est aujourd'hui utilisé pour des expositions temporaires d'art moderne, en liaison avec Les Abattoirs, le nouveau musée d'Art contemporain de Toulouse.

Musée Saint-Raymond★★

Pl. St-Sernin - ✆ 05 61 22 31 44 - ♿ - juin-août : 10h-19h ; reste de l'année : 10h-18h - possibilité de visite guidée (1h) - fermé 1er janv., 1er Mai et 25 déc. - 3 € (enf. gratuit), suppl. visite guidée 2,50 €, gratuit 1er dim. du mois.
L'ancien collège Saint-Raymond, reconstruit en 1523 et restauré ensuite par Viollet-le-Duc, a été remarquablement rénové pour présenter sur trois niveaux les collections d'archéologie et d'art antique de la ville. À l'étage supérieur sont présentés des objets (frises, inscriptions, maquettes) provenant de l'antique Tolosa en Narbonnaise ; au 2e étage, ce sont les mosaïques (certaines tout à fait remarquables) et la statuaire de la villa de Chiragan de Martres-Tolosane. Remarquez la superbe collection de têtes d'empereurs disséminée sur les deux étages, du serein Auguste au rubicond Romulus Augustule, en passant par le doux Antonin le Pieux. Ces têtes étaient emboîtées sur une statue acéphale : lorsque l'on changeait d'empereur, il suffisait de visser la tête de son successeur sur la statue. Quant au sous-sol, il fut aménagé pour mettre en valeur les découvertes effectuées lors de la rénovation de l'édifice (un four à chaux, en particulier) et exposer une belle collection de sarcophages paléochrétiens délicatement ouvragés, issus de la nécropole de Saint-Sernin. Au rez-de-chaussée, la salle du Tinel est consacrée à des expositions thématiques qui présentent par roulement des objets provenant des réserves du musée.

Fondation Bemberg★★

Pl. d'Assézat - ✆ 05 61 12 06 89 - www.fondation-bemberg.fr - ♿ - tlj sf lun. 10h-12h30, 13h30-18h (jeu. 21h) - possibilité de visite guidée (1h15) - fermé 1er janv. et 25 déc. - 4,60 € (-8 ans gratuit, 8-18 ans 2,75 €).

Rassemblées par l'amateur d'art Georges Bemberg qui en fit don à la ville de Toulouse, les collections, installées dans le superbe hôtel d'Assézat, comprennent des peintures, sculptures et objets d'art, de la Renaissance au 20e s.
Endommagée par l'explosion de l'usine AZF, la fondation Bemberg a fait peau neuve. La période de remise en état a été mise à profit pour réaménager certaines salles du musée et acquérir de nouvelles œuvres.
L'art ancien (16e-18e s.) est présenté comme dans une maison particulière : peintures vénitiennes avec des *vedute* de Canaletto et de Guardi, flamande du 15e s. avec une *Vierge à l'Enfant* de l'atelier de Rogier Van der Weyden, et hollandaise du 17e s. avec un *Couple jouant de la musique* de Pieter De Hooch ; élégants meubles vénitiens du 18e s. et objets d'art du 16e s. accompagnent ces tableaux. Remarquez un nautile et une plaque d'émail en grisaille de Limoges représentant Saturne. Dans la **galerie des portraits Renaissance**, les tableaux (dont *Charles IX* par François Clouet, *Portrait de jeune femme à la bague* par Benson, *Portrait d'Antoine de Bourbon* par Frans Pourbus) font face à des groupes sculptés du 16e s. Dans le cabinet voisin, des bronzes d'Italie, dont un superbe Mars attribué à Jean de Bologne, côtoient des émaux de Limoges, des tableaux de Véronèse (grande toile du Fauconnier), du Tintoret et de Bassano. Une aile est consacrée au 18e s. à travers la peinture, le mobilier et les arts décoratifs (porcelaine notamment).

Hervé Champollion / MICHELIN

L'hôtel d'Assézat abrite la fondation Bemberg.

Changement de décor au 2e étage, consacré à l'art moderne. La collection, dominée en nombre par un ensemble de tableaux de Bonnard *(salle 7)* aux couleurs vibrantes *(Femme au peignoir moucheté, Le Cannet, Nature morte aux citrons)*, rassemble pratiquement tous les grands noms de l'école française moderne, offrant un panorama des principaux courants de peinture à la charnière du 19e et du 20e s. : impressionnisme, pointillisme, fauvisme. Parmi bien d'autres, on relève les noms de Louis Valtat *(La Lecture)*, Gauguin *(Tête de jeune paysan)*, Matisse *(Vue d'Antibes)*, H.-E. Cross *(Un canal à Venise)*, Boudin *(Crinolines sur la plage)*, Monet *(Bateaux sur la plage à Étretat)*, Vlaminck *(Nature morte aux poissons)* et Dufy *(La Famille Kessler à cheval)*.
Au sous-sol, les salles voûtées accueillent des expositions temporaires, souvent pleines d'intérêt. Un agréable salon de thé, installé de mai à octobre sur la galerie de l'accueil, ne fait qu'ajouter au charme du lieu.

Musée des Augustins★★

21 r. de Metz - ✆ 05 61 22 21 82 - www.augustins.org - ♿ - 10h-18h (merc. 21h) - possibilité de visite guidée (1h30) - fermé 1er janv., 1er Mai et 25 déc. - 3 € (enf. gratuit), gratuit 1er dim. du mois.
Créé en 1793, peu de temps après le Louvre, il abrite d'exceptionnelles collections de peintures et de sculptures, du Moyen Âge au début du 20e s.
Le musée est installé dans les anciens bâtiments du couvent des Augustins, de style gothique méridional (14e et 15e s.) : salle capitulaire, grand cloître et petit cloître. Le bâtiment ouest, qui borde la rue d'Alsace-Lorraine, fut construit au 19e s. selon un projet de Viollet-le-Duc, à l'emplacement de l'ancien réfectoire. Il accueille aujourd'hui l'admirable collection de sculptures romanes.

Sculptures gothiques (13e-15e s.) – Les galeries du grand cloître (14e s.) abritent une intéressante collection lapidaire paléochrétienne ainsi qu'une série de gargouilles gothiques issues de l'église des Cordeliers *(galerie sud)*. L'aile orientale rassemble la sacristie (belles consoles sculptées du 14e s.), la chapelle N.-D.-de-Pitié (14e s.) et la salle capitulaire. La chapelle N.-D.-de-Pitié est réservée au « cycle de Rieux », ensemble de sculptures d'une chapelle funéraire du 14e s. de Rieux. La salle capitulaire (fin 15e s.) conserve des œuvres du 15e s. dont la pietà des Récollets et la célèbre Notre-Dame de Grasse, aux souples et amples drapés et à l'attitude originale.

Peinture religieuse (14e-18e s.) – L'église conventuelle est caractéristique du gothique méridional avec son chevet à trois chapelles ouvrant directement sur une large nef unique, sans transept. Elle abrite des peintures religieuses des 15e, 16e et 17e s. (le Pérugin, Rubens, le Guerchin, Simon Vouet et Nicolas Tournier sont représentés, ainsi que Murillo) et quelques sculptures des 16e et 17e s.

Sculptures romanes★★★ (12e s.) - C'est, dans l'aile occidentale que rythment de grands arcs en plein cintre, la section à ne manquer sous aucun prétexte ! Les admirables chapiteaux historiés ou à décor végétal qui proviennent essentiellement du cloître de la basilique Saint-Sernin, du monastère Notre-Dame-de-la-Daurade et des bâtiments du chapitre de la cathédrale Saint-Étienne sont les pièces maîtresses du musée. Concentrez-vous sur les chapiteaux : l'histoire de Job (monastère de la Daurade), les Vierges sages et les Vierges folles de Saint-Étienne ou encore, du même endroit, la **mort de saint Jean-Baptiste** attribuée à Gilabertus, un des maîtres les plus importants de la sculpture romane.

Peinture française – À l'étage, les sculptures du 19e s. précèdent une curieuse galerie de peinture, dont le Salon rouge, avec ses tableaux accrochés très haut et semblant « jouer des coudes », évoque les musées d'antan : peintres toulousains, tels que J.-P. Laurens (1838-1921) ou Henri Martin (1860-1943), tableaux de Corot, Gros, Courbet, Isabey, Benjamin-Constant ou encore Delacroix et quelques œuvres de la fin du 19e s. (Toulouse-Lautrec, Vuillard ou Manguin). Le Salon brun présente essentiellement la production toulousaine des 17e et 18e s. Enfin, le Salon vert rassemble des peintures françaises des 17e et 18e s., avec les inévitables Philippe de Champaigne, Largillière et Oudry, grands pourvoyeurs des musées des Beaux-Arts de province.

Une fois la visite du musée terminée, regagnez le cloître où ont été reconstitués les différents jardins des abbayes et monastères médiévaux. En prime, jolie vue sur le clocher et la nef de l'ancienne église des Augustins.

Muséum d'histoire naturelle★★

Fermé pour travaux, réouverture prévue en octobre 2007.

Situé dans le jardin des Plantes, au sud des allées Jules-Guesde qui marquent la limite de la ville historique, il expose de très importantes collections d'histoire naturelle, et plus particulièrement d'ornithologie, de préhistoire et d'ethnographie : 2,5 millions de pièces au total.

Complétant la visite, un second site s'est ouvert dans le parc de la Mourine (quartier Borderouge), autour de l'étang. Un chemin didactique, une tour d'observation avifaune et un jardin botanique permettent d'observer la biodiversité des espèces.

Jardins

Attenant au Muséum d'histoire naturelle, le **jardin des Plantes,** conçu par Louis de Mondran, est un lieu de détente et de promenade où paradent quelques paons, mais aussi un lieu apprécié des enfants, regorgeant de jeux. On trouvera un peu plus au sud, vers l'extrémité des allées Frédéric-Mistral, le **monument de la Résistance** ; un jeu de lentilles ne distribue la lumière du soleil dans la crypte que le 19 août, jour anniversaire de la libération de Toulouse. Diaporama. *05 61 14 80 40 - tlj sf w.-end 10h-12h, 14h-17h - gratuit.* Au 52 allée des Demoiselles, le **musée départemental de la Résistance et de la Déportation** relate les grands faits de la Résistance toulousaine et l'histoire de la Seconde Guerre mondiale. *05 61 14 80 40 - - tlj sf w.-end 9h30-12h, 14h-18h - fermé j. fériés - gratuit.*

L'angle nord-ouest du jardin des Plantes est occupé par la faculté de médecine et pharmacie. Une passerelle fleurie débouche sur le **Grand Rond**, bel espace planté, et permet d'atteindre le **Jardin Royal**, qui abrite une statue de Saint-Exupéry, en compagnie de son personnage, le Petit Prince.

Musée Paul-Dupuy★

13 r. de la Pleau - 05 61 14 65 50/53 48 25 - www.mairie-toulouse.fr - - tlj sf mar. 10h-18h (17h oct.-mai) - possibilité de visite guidée (1h) - fermé j. fériés - 3 € (enf. gratuit), gratuit 1er dim. du mois.

La visite des collections rassemblées au début du 20e s. par le Toulousain Paul Dupuy débute par le 2e étage avec une remarquable collection d'horlogerie et d'instruments de mesure du 16e au 19e s. Le 1er étage est plus diversifié avec des ivoires (olifant dit « cor de Roland », de la 1re moitié du 11e s.), des émaux, l'antependium des Cordeliers (1320), des instruments de musique, des pièces d'orfèvrerie et des costumes (18e-19e s.). Deux cabinets sont accessibles sur réservation : l'un d'estampes, l'autre de dessins (œuvres d'artistes de la région, ainsi qu'un ensemble de dessins vénitiens des 15e-16e s. : Tintoret, Véronèse, Bassano, Bordon...) Au rez-de-chaussée, meubles, terres cuites et faïences régionales (Giroussens, Martres-Tolosane, Samadet…), sculptures sur bois. La plus vaste salle est occupée par la pharmacie du collège des jésuites (17e s.) avec ses pots en faïence et en verre, son beau vase à thériaque en étain (1624). Enfin, les salles du sous-sol abritent une collection d'armes et de pièces de ferronnerie.

Musée du Vieux Toulouse

7 r. du May - ✆ 05 62 27 11 50 - de mi-mai à mi-oct. : tlj sf dim. 14h-18h - possibilité de visite guidée (1h30) merc. et dim. 15h - fermé j. fériés - 2,20 € (10-18 ans 1,10 €).
Il réunit des collections concernant l'histoire de la ville, l'art régional populaire (costumes, mobilier). Céramiques, peintures.

Espace EDF Bazacle

À l'extrémité du quai St-Pierre, n° 11 - ✆ 05 62 30 16 00 - tlj sf lun. et w.-end (hors expositions temporaires) 14h-19h - fermé j. fériés - gratuit.
Cette centrale hydroélectrique occupe un site au bord de la Garonne (offrant l'une des plus belles vues de la ville) qui fut exploité par des moulins privés dès 1189. D'autres activités s'y développèrent : moulins à papier, tanneries, filatures, manufacture des tabacs (bâtiment aujourd'hui occupé par l'université). Il trouve sa vocation en 1890 : l'alimentation électrique de la ville. L'usine fonctionne encore aujourd'hui (on peut voir les machines à travers une baie vitrée, dans le hall d'accueil). Depuis 1989, une passe à poissons permet aux poissons migrateurs de continuer leur migration vers l'Océan sans être bloqués par la chaussée (digue) du Bazacle. Dans les souterrains, une vitre permet de les voir passer, de mai à juillet. L'usine a conservé son ancienne galerie d'amenée et trois chambres d'eau en brique qui abritaient les turbines ayant fonctionné jusqu'en 1972. L'une d'entre elles a été reconstituée. Le site sert également de lieu d'exposition.

QUARTIER SAINT-CYPRIEN

Les Abattoirs★

76 allées Charles-de-Fitte (rive gauche de la Garonne). Métro St-Cyprien-République, bus n° 1 - ✆ 05 34 51 10 60 - www.lesabattoirs.org - ♿ - tlj sf lun. 11h-19h (dernière entrée 18h15) - possibilité de visite guidée (1h) - 6,10 € (enf. gratuit), gratuit 1er dim. du mois.
Pas de cris d'animaux ici, juste les magnifiques bâtiments de brique qui servaient autrefois d'abattoirs, aujourd'hui réhabilités pour recevoir le fonds d'art moderne et contemporain qui manquait tant à la capitale occitane. Divers courants artistiques nés après la Seconde Guerre mondiale sont représentés : expressionnisme abstrait, art brut, art informel, Gutai, arte povera, Support/Surface, figuration libre, etc. Les artistes ? Entre Antoni Tàpies, Pierre Soulages, Simon Hantaï, Lucio Fontana, Jean Dubuffet, Robert Morris ou Richard Baquié (et tous ne sont pas cités !), notre cœur balance… Au sous-sol, six mois par an, vous pourrez admirer le rideau de scène *La Dépouille du Minotaure en costume d'Arlequin* peint par Picasso en 1936 pour la pièce de Romain Rolland *Le Quatorze Juillet*, au théâtre du Peuple. Pour la beauté des lieux et l'inspiration suscitée par tant d'œuvres admirables, un endroit des plus recommandables.

Marie-Hélène Carcanague / MICHELIN

Les abattoirs, bel exemple d'une réhabilitation réussie.

Attenant aux Abattoirs, le **jardin Raymond-IV** s'étend jusqu'à la Garonne. Une digue qui surplombe le fleuve offre une jolie vue sur la rive droite de la ville. Notez le rempart médiéval qui enceint le parc et constitue l'un des rares éléments des fortifications du 16e s. encore debout à Toulouse.

Le Château d'eau

1 pl. Laganne - ✆ 05 61 77 09 40 - www.galeriechateaudeau.org - tlj sf lun. 13h-19h (dernière entrée 18h30) - fermé 1er janv., 1er Mai, 15 août, 1er nov. et 25 déc. - 2,50 € (- 18 ans gratuit).

Les amateurs de photographie doivent absolument traverser le pont Neuf pour visiter cette tour de brique de 1823 posée sur la rive gauche de la Garonne ! Cet ancien château d'eau, désaffecté en 1870, qui signalait la station de pompage alimentant autrefois les 90 fontaines publiques de la ville (l'ancien appareillage hydraulique avec ses deux roues à aubes est encore visible à l'intérieur), abrite depuis 1974 une galerie créée à l'instigation du photographe toulousain Jean Dieuzaide : remarquables expositions temporaires permettant de présenter le fonds et centre de documentation consacré à la photographie, des origines à nos jours.

Derrière le château d'eau, en bord de Garonne, se déploie la **prairie des filtres**. Vaste espace verdoyant planté de peupliers, de saulnes, voué à la détente, au sport et aux piques niques…

Hôtel Dieu

Lieu de charité jusqu'au début du 15e s. avant de devenir hôpital, il recueillait et nourrissait les pauvres, les pèlerins, les malades. En témoigne la remarquable **salle des Pèlerins**, immense, tout en boiseries y compris le plafond. Au-dessus de la porte menant à la chapelle, statue de Saint-Jacques-de-Compostelle. Par le couloir au fond à gauche, on accède à la **salle des Colonnes**, qui tire son nom des colonnes de navires soutenant le plafond, où s'alignaient les lits des malades.

L'aile Viguerie abrite deux musées. D'une part, le **musée d'Histoire de la médecine de Toulouse**, le plus grand et le plus ancien. Il comprend quatre salles dont l'ancienne pharmacie, avec ses mortiers, ses pots, ses balances… D'autres objets soulignent l'évolution des techniques et de l'enseignement médical dans les facultés toulousaines, aux côtés de portraits de bienfaiteurs ou d'illustres médecins. *✆ 05 61 77 84 25 - www.musee-medecine.com - jeu., vend. et dim. : 11h-17h - gratuit.*

D'autre part, le **musée des Instruments de médecine** présente une collection d'objets contemporains (de la deuxième moitié du 19e s. à nos jours), issus de diverses spécialités : chirurgie, obstétrique… *✆ 05 61 77 82 72 - www.chu-toulouse.fr - jeu. et vend. : 13h-17h, 1er dim. mois : 10h-18h - fermé 1 sem. à Noël, de mi-juil. à mi-août - gratuit.*

AUTRES QUARTIERS

Musée Georges-Labit★

En bordure du canal du Midi, 17 rue du Japon - ✆ 05 61 14 65 50 - www.mairie-toulouse.fr - ♿ - tlj sf mar. 10h-18h (17h oct.-mai) - possibilité de visite guidée (1h15) - fermé j. fériés - 3 € (enf. gratuit), gratuit 1er dim. du mois.

Le musée est installé dans la villa mauresque où Georges Labit (1862-1899), collectionneur toulousain passionné par l'Asie, avait réuni les objets rapportés de ses voyages.

Trois belles salles cloisonnées par des arcs outrepassés, typiquement mozarabes, présentent des sculptures khmères, chames, indiennes, du Gandhara (influence de la statuaire grecque) et des poteries Qing. Armures de guerriers japonais, masques de théâtre nô ainsi qu'une belle collection d'estampes japonaises et un fonds de photographies sur le Japon de Felice Beato (fin du 19e s.) attendent les amoureux du pays du Soleil-Levant. Au sous-sol, peintures portatives et statuettes en cuivre ou en laiton du Tibet et du Népal, antiquités égyptiennes : un sarcophage avec ses deux couvercles et la momie d'une femme, une multitude de répondants (petites statuettes représentant le défunt), des amulettes, une barque funéraire, etc.

Découvrir

LE PATRIMOINE AÉRONAUTIQUE ET SPATIAL

La « ligne » – Rien ne semblait prédestiner Toulouse à ce destin aérien, et pourtant la ville prit de l'importance entre les deux guerres comme base de la « ligne », la première ligne aérienne régulière exploitée au départ de France, grâce aux efforts déployés par des industriels comme Latécoère, des organisateurs comme D. Daurat, des pilotes comme Mermoz, Saint-Exupéry ou Guillaumet… Le 25 décembre 1918 a lieu le premier vol d'étude sur le parcours Toulouse-Barcelone. Dès le 1er septembre 1919, on inaugure la première liaison postale entre la France et le Maroc. Les appareils de type militaire relient Toulouse-Montaudran à Rabat, avec escales à Barcelone, Alicante, Málaga et Tanger. Le 1er juin 1925, Dakar est atteint. Les « défricheurs » opèrent en Amérique du Sud, et le 12 Mai 1930 est la date de la première traversée commerciale de l'Atlantique sud par l'équipage Mermoz-Dabry-Gimié. Désormais, la liaison aérienne entre la France et l'Amérique du Sud devient réalité.

L'après-guerre : les succès d'une technologie – Après la Seconde Guerre mondiale et le premier vol d'essai du Leduc 010, prototype des appareils à très haute vitesse (21 avril 1949), quatre grands projets ont contribué à relancer l'aéronautique française et européenne. Deux avions militaires (Transall et Breguet Atlantic) et deux civils (Caravelle et Concorde) permettent aux ingénieurs et bureaux d'études français d'affirmer leurs talents d'avionneurs, souvent en équipe avec leurs homologues anglais et allemands.

Le 1er mai 1959 marque le premier vol de Caravelle, sur l'itinéraire Paris-Athènes-Istanbul, premier avion de transport commercial à réaction. Dix ans plus tard, le 2 mars 1969, le pilote d'essai André Turcat effectue le premier vol aux commandes de « Concorde 001 », premier supersonique de transport commercial. Indéniables succès technologiques, ces deux projets civils n'ont pas connu le développement industriel escompté. L'échec commercial et financier de Concorde servira de leçon pour Airbus. Le 1er janvier 1970 voit la création d'Aérospatiale, regroupement de Nord-Aviation, Sud-Aviation et Sereb.

Le succès d'Airbus – Né de la volonté européenne (franco-anglaise tout d'abord, franco-allemande dès 1969 et espagnole à partir de 1987), Airbus Industrie est devenu en vingt ans le 2e constructeur aéronautique mondial, donnant ainsi au Vieux Continent le moyen de constituer, à partir d'un premier modèle réussi, l'A 300, une gamme complète d'avions de 150 à 330 places. Fruit de la ténacité de trois hommes, Roger Béteille, coordinateur des travaux du projet Airbus, Henri Ziegler, administrateur-gérant d'Airbus Industrie, et Franz-Joseph Strauss, président du conseil de surveillance, ce qui au départ ressemblait un peu à une aventure s'est transformé en une industrie d'importance mondiale s'imposant sur tous les continents.

Au moment du développement de la famille Airbus, la collaboration franco-américaine entre la Snecma et General Electric a donné naissance, en 1981, au moteur CFM-56, l'un des moteurs d'avion les plus vendus au monde.

Le succès d'Airbus réside en grande partie dans la volonté de toujours proposer un avion qui réponde aux besoins du client. Il est aussi dû à une impressionnante série de progrès technologiques comme l'apparition des commandes de vol électriques, la mise au point d'une voilure aérodynamique très performante, le dessin d'un poste de pilotage prévu pour deux membres d'équipage grâce à un système de gestion de vol entièrement nouveau. Le dernier né des longs courriers, l'A 380 (555 passagers) est assemblé, comme les autres, dans l'usine toulousaine, renforçant ainsi la prééminence de l'aéronautique toulousaine en Europe.

Airbus Visit

À Blagnac, dans la banlieue ouest de Toulouse. Rocade direction Blagnac Aéroport, sortie 4 - Village Aéroconstellation - R. Franz-Josef-Strauss - ✆ 05 61 18 06 01 - www.taxiway.fr - ♿ - visite guidée sur réserv. (1 mois à l'avance) au service réserv. de Taxiway - papiers d'identité obligatoires - fermé dim. et j. fériés - 9,50 € A 330/A 340 (+6 ans 8 €), 14 € A 380 (+6 ans 11 €), supplt Concorde 4 € (+6 ans 3 €).

À la visite de l'A 330/A 340 dans l'usine d'assemblage Clément-Ader s'est ajoutée celle de l'A 380. Le circuit démarre dans la salle de télémesure où est projeté le premier vol d'essai (27 avril 2005). Un bus vous conduit ensuite sur le site Jean-Luc Lagardère où différents exemplaires du long-courrier sont assemblés et testés (postes « essais généraux »), à 20 m du sol. Vue panoramique depuis la passerelle d'observation. Il est possible de combiner cette visite avec celle du Concorde (n° 1 de série).

Cité de l'espace★

Au parc de la Plaine, en bordure de la rocade est - Av. Jean-Gonord - ✆ 0 820 377 223 (N° Indigo 0,12 €/mn) - www.cite-espace.com - ♿ - déb. juil. à fin août et de fin avr. à déb. mai : 9h30-19h ; reste de l'année : 9h30-17h, w.-end 9h30-18h ; vac. scol. : 9h30-18h - possibilité de visite guidée (1h) - fermé 3 sem. en janv., lun. (hors vac. scol.) - 19-21 € selon sais. (5-15 ans 12,50 €-14 € selon sais.), supplt. 4 € (5-15 ans 3 €) visite guidée.

Huit programmes de planétarium différents ; animations gratuites régulièrement proposées (programme dans le hall d'accueil) ; boutique et restaurant sur place.

Philippe Gajic / MICHELIN

Cité de l'espace : la fusée Ariane.

Visible de loin grâce à sa fusée et à l'étonnante sculpture, due à Henri-Georges Adam (1904-1967), qui lui sert de bâtiment d'exposition, la Cité de l'espace se veut un lieu à la fois ludique et pédagogique de découverte, d'expérimentation et de compréhension de l'univers.
Dans le pavillon des expositions permanentes, sept thèmes d'**exposition** donnent un vaste aperçu de notre univers, de la Terre aux planètes les plus lointaines. « **Points de repère** » expose les théories qui ont jalonné l'histoire de l'espace. « **De la Terre à l'espace** » permet entre autres de lancer son propre satellite et d'assister aux étapes de lancement d'une fusée depuis la salle de contrôle à Kourou. « **Communiquer à distance** » recense tous les modes de communication par satellite (système GPS, balises Argo, visiophone, etc.). « **Observer la Terre** » montre des images par satellite de notre planète, notamment grâce au géoscope qui peut survoler la Terre à 250 km d'altitude. « **Vivre dans l'espace** » est consacré au quotidien des cosmonautes, soumis aux lois de l'apesanteur ; le visiteur peut expérimenter les sensations physiques éprouvées lors d'un décollage. « **Prévoir le temps** » donne la météo de tous les pays et même le temps qu'il faisait le jour de votre naissance. « **Explorer l'univers** » permet d'observer le mouvement des planètes grâce à des télescopes spatiaux.
Par le hall d'accueil, on accède au **Stellarium** équipé d'un écran hémisphérique et d'un simulateur astronomique. Sur l'écran est projeté *« Le chasseur dans le ciel »*, un conte où les 4-8 ans apprennent que l'on peut se repérer grâce aux étoiles.
Le **parc** est dominé par la maquette grandeur nature d'Ariane 5 (53 m de haut), avec sa table de lancement, réplique de celle qui se trouve à Kourou en Guyane. On y voit également la composition d'un lanceur (divers moteurs). Un passage aménagé sous la fusée mène à la **base des enfants**. Dans ce lieu de jeux interactifs, animé par les mascottes Marcus et Zap, les 6-12 ans deviennent tour à tour astronautes, ingénieurs et astronomes. Un peu plus loin est installé le **square des petits astronautes** pour s'entraîner à monter sur une fusée toboggan, à partir en mission dans une station-cabane et même à conduire une jeep sur la lune. Une allée mène à l'**Astralia**, le 6e continent, l'espace des spectacles en trois dimensions. Il comprend la salle IMAX, dotée d'un écran haut comme un immeuble de 6 étages, et le planétarium.
De l'autre côté du parc se déploie le **Terr@dome**, un hémisphère de 25 m de diamètre à l'intérieur duquel effets spéciaux et images inédites font revivre près de 5 milliards d'années de la vie de notre planète. À côté, la célèbre **station Mir** présente ses modules, permettant de se faire une idée de la vie et du travail des cosmonautes qui l'ont habitée. On peut prendre place à bord de la capsule russe Soyouz.
Difficile de retourner sur terre après ce voyage qui ne pourra que fasciner tous ceux que l'astronomie et la conquête de l'espace passionnent.

Touch and go, visite des coulisses de l'aéroport

À Blagnac, aéroport d'avions d'affaires - ✆ 05 61 71 62 11/06 08 67 72 84 - www.touchandgo.fr - visite guidée (1h30) sur RV - 10/12 € (-10 ans 6 €).

Jean-Luc Perez a quitté l'Éducation nationale et transmet maintenant sa passion, des avions et de leur monde. Il vous fera découvrir la vie quotidienne d'un aéroport et tous les métiers qui le font vivre : des pompiers effrayant les oiseaux sur les pistes aux mécaniciens et météorologues.

Aux alentours

Canal de Garonne

Long de 193 km, le canal de Garonne, anciennement nommé canal latéral à la Garonne, s'étend de Toulouse à Castets-en-Dorthe. Informations sur les possibilités de randonnées pédestres ou cyclistes auprès du Comité départemental de Haute-Garonne. ✆ 05 61 99 44 00.

Moins couru que le canal du Midi qu'il prolonge à partir du bassin de l'Embouchure à Toulouse, le canal de Garonne traverse, en lisière des pays du Frontonnois et de Lomagne, une région pittoresque riche en vignes et vergers. Un itinéraire insolite de 20 km, au départ de Toulouse, a été ouvert au public en septembre 2002. Ce parcours jalonné d'écluses permet aux cyclistes de rejoindre le département du Tarn-et-Garonne, au nord. Il offre également l'occasion de faire des randonnées intéressantes.

Grenade

Bastide fondée en 1290 par Eustache de Beaumarchés et l'abbaye de Grandselve. Le toit de la halle est soutenu par des piliers massifs et rapprochés. On s'arrêtera à Grenade par gourmandise (ses vergers sont réputés) ou pour visiter son église (14e s.-15e s.), majestueux édifice de l'école gothique toulousaine, remarquable par l'ordonnance régulière de ses trois nefs et son clocher de brique, haut de 47 m, inspiré de celui des Jacobins de Toulouse. *05 61 82 61 35 - tlj sf dim. 8h30-12h, 15h-17h.*

Château de Merville

20 km au nord-ouest de Toulouse par la D 902 en direction de Grenade ; 6 km après Seilh, prendre à gauche la D 87A. Le château est à droite à l'entrée du village. La visite du château (visite guidée d'1h) est une option, obligatoirement combinée avec le labyrinthe. Château : 05 61 85 67 46 - www.chateau-merville.com ; labyrinthe : 05 61 85 32 34 - www.labyrinthus.com ; dernière entrée 1h30 av. fermeture - juil.-août : 10h30-19h30 ; mai-juin et sept. : w.-end et j. fériés 10h30-19h30 - fermé oct.-avr. - 8 € (4-11 ans 6 €) labyrinthe seult ; 11 € (4-11 ans 7,50 €) labyrinthe + château.

Cette « maison de campagne » fut construite de 1750 à 1759 à l'emplacement de deux maisons fortes par le marquis de Chalvet-Rochemonteix, grand sénéchal de Toulouse. Les deux façades de brique sont percées de nombreuses fenêtres, suivant le goût de l'époque. Le rez-de-chaussée s'ouvre sur un hall donnant sur une enfilade de pièces : salon d'été, d'un style très frais avec ses 18 panneaux peints d'après des « chinoiseries » de Boucher, salon d'hiver, bureau tendu de tapisseries de la fin du 16e s. ayant pour thème la guerre de Troie, chambre (lit à baldaquin) et salle à manger d'apparat. Chaque pièce est meublée et décorée d'époque ; toutes s'ouvrent sur une belle terrasse dominant le parc paysager.

Bordé à l'est par une grande perspective de pelouses avec un bassin central, le jardin de buis se transforme au printemps (et jusqu'à l'été) en **Labyrinthe des Merveilles** (6 km d'allées palissées). Un livre des sorts est remis à chaque visiteur, détaillant le parcours et les missions à accomplir pour parvenir aux quatre jardins de plantes magiques. Un parcours pédagogique et ludique jalonné d'énigmes, de jeux d'eau et d'obstacles à franchir : miroirs déformants, rivière magique, photos géantes en trompe-l'oeil... À vous de jouer ! *Possibilité de visite guidée l'apr.-midi (45mn).*

Château de Larra

De Merville (5 km), prendre la D 87A au nord-ouest. Traverser la D, 17 puis tourner à droite dans la D 87. Une route à gauche mène à Larra - 05 61 82 62 51 - visite guidée (30mn) juin-sept. : jeu., ven. et w.-end 15h-18h ; de mi-mars à fin mai et de déb. oct. à mi-nov. : w.-end et j. fériés 15h-18h - fermé de déb. déc. à mi-mars - 4,50 € (enf. gratuit) - visite libre parc et jardin - 4,50 € (enf. gratuit).

Cette grande demeure en brique et de plan carré fut construite au 18e s par Guillaume Cammas, architecte de la façade du Capitole à Toulouse, pour le parlementaire de Tournier. La façade principale s'ouvre sur un vaste hall et un escalier à rampe en fer forgé décoré de portraits de famille. Toutes les pièces portent de beaux stucs blancs ou peints en couleur. Le salon, dont chaque dessus-de-porte est orné de copies des *Fêtes galantes* de Boucher, donne sur le jardin agrémenté d'un parterre de buis en forme de fleur de lys et de quatre fontaines. Un grand parc de 15 hectares aux allées bordées de buis centenaires prolonge le château.

African Safari

À Plaisance-du-Touch, 41 r. des Landes - 05 61 86 45 03 - www.zoo-africansafari.com - avr.-sept. : 9h30-20h (dernière entrée 18h30) ; oct.-mars : 10h-18h (dernière entrée 17h30) - 9,50 € (2-10 ans 6,50 €).

Un petit safari vous tente ? La visite débute par un circuit en voiture en charmante compagnie au milieu des lions, zèbres et autres watusis aux cornes si imposantes... Le reste du zoo se découvre à pied. Au rendez-vous : félins, loups, mais aussi singes, kangourous, spectacle d'otaries... tous dans des enclos, bien entendu.

Circuit de découverte

LA PLAINE DU LAURAGAIS 1

Circuit au départ de Toulouse, le long du canal du Midi (voir ce nom - schéma p. 277).

Toulouse pratique

Adresse utile

Office du tourisme de Toulouse – *Donjon du Capitole - 31000 Toulouse - ✆ 05 61 11 02 22 - www.toulouse-tourisme.com - juin-sept. : 9h-19h, dim. et j. fériés 10h30-17h15 ; reste de l'année : 9h-18h, sam. 9h-12h30, 14h-18h, dim. et j. fériés 10h-12h, 14h-17h - fermé 1er janv. et 25 déc.*

Transports

Transports en commun – L'agglomération toulousaine est dotée d'un large réseau de transports en commun : 67 lignes de bus, 1 ligne de métro bientôt complétée (en 2007) par une deuxième. Il est possible de laisser gratuitement sa voiture dans les « parkings d'échange », puis de prendre le métro ou le bus. Un ticket jaune *(1,30 € l'unité)* permet de voyager avec correspondances durant 60mn sur l'ensemble du réseau ; l'AR *(2,40 €)* donne droit à deux déplacements au cours d'une même journée ; tickets journaliers *(4 €)* et abonnements sont également disponibles. La navette électrique Tisséo dessert gratuitement le centre-ville. Pour tout renseignement complémentaire : *Espace Transport - 7 pl. Esquirol - ou Allô Tisséo-Connex - t 05 61 41 70 70 - www.tisseo-connex.com*

Aéroport Toulouse-Blagnac – Vols réguliers Paris-Toulouse, liaisons avec les autres grandes villes : Lille, Lyon, Marseille, Strasbourg, Rennes... *Informations et réservations - ✆ 0 825 380 000.*

Navette aéroport – Une navette relie l'Aéroport-Toulouse Blagnac au centre ville. Départ toutes les 20mn - *✆ 05 34 60 64 00.*

Movimento – Pour sillonner la ville et ses alentours à vélo. Location ½ j. *(1 €)* ou 1 j. *(2 €)*. Service gratuit dans le cas d'une correspondance avec un bus ou un métro. Stations : Capitole, gare Matabiau. *✆ 05 34 30 03 00 - www.movimento.coop*

Visites

Visites guidées de la ville – Toulouse propose des visites guidées à pied (2h) animées par des guides-conférenciers. *De 9 € à 12 € (10-16 ans 6 €)*. Sont également proposées, de juin à sept. à partir de 22h, des visites guidées « Toulouse en lumières » à bord d'un autobus. *12 €. Renseignements à l'Office de tourisme.*

Passeports Musées de Toulouse – Pour les Jacobins, les musées St-Raymond, Paul-Dupuy, Georges-Labit et des Augustins, il existe un passeport donnant droit à 3 entrées *(6 €)* et un autre donnant droit à 6 entrées *(9 €)*. En vente à l'accueil des musées. Par ailleurs, l'entrée aux musées est gratuite le 1er dim. de chaque mois.

Carte privilège - City Pass « Toulouse en liberté » – Carte annuelle et nominative, offrant des réductions sur les sites à visiter, les excursions, les boutiques, les restaurants, les centres de remise en forme, les hôtels. *10 € (-12 ans 5 €), 13 € avec option hébergement (-12 ans 7 €).*

Le petit train touristique – Balade commentée (40mn) à travers le centre historique. *✆ 05 62 71 08 51/06 23 31 04 10 - 5 € (-12 ans 2,50 €).*

Visite en cyclo-pousse électrique – Une manière originale de découvrir le cœur de la ville rose, ses monuments et ses ruelles typiques, à bord d'un tricycle électrique. Circuit d'1h à partir du Capitole. Un autre circuit longe le canal de la Garonne depuis le port St-Sauveur. De *5 € à 20 € (gratuit - 12 ans)*. Renseignements Cyclocity transport - *✆ 06 84 11 76 60.*

Forfaits courts séjours Toulouse Festivals – Une vingtaine de formules et de thématiques (cinéma, arts plastiques, danse, humour, musique classique) sont proposées. Elles comprennent l'hébergement (1 à 4 nuits), des entrées au festival et la carte City Pass. Renseignements à l'Office de tourisme.

Plan lumière – De nombreux sites et monuments sont éclairés la nuit : le pont Neuf, la basilique St-Sernin, le donjon du Capitole, la chaussée du Bazacle... Autant de joyaux qui se dévoilent sous un autre angle, d'autres couleurs, offrant au promeneur un somptueux tableau. Un plan du réseau est disponible à l'Office de tourisme.

Étienne Larribère / MICHELIN

Se loger

⊖ Hôtel de France – *5 r. d'Austerlitz - ✆ 05 61 21 88 24 - www.hotel-france-toulouse.com - 64 ch. 45/80 € - ☕ 7 €.* Depuis 1910, cet hôtel, dont la belle façade toulousaine s'élève à deux pas de la place Wilson, propose des chambres de dimensions variées, sans luxe, impeccablement tenues et à tous les prix ; certaines, parmi les plus vastes, possèdent un balcon.

⊖⊖ Hôtel le Capitole – *10 r. Rivals - ✆ 05 61 23 21 28 - www.capitole-hotel.com - 33 ch. 54/79 € - ☕ 9 €.* Tout près de la place du Capitole, ancien hôtel particulier à la jolie façade en briques. Les chambres, spacieuses, ont toutes été rénovées et la moitié d'entre elles sont climatisées. Le petit « plus » : le petit-déjeuner servi jusqu'à midi.

⊖⊖ **Hôtel Saint-Sernin** – *2 r. St-Bernard, pl. St-Sernin - ✆ 05 61 21 73 08 - www.hotel-saint-sernin-new.fr - P - réserv. conseillée - 18 ch. 55/80 € - ☕ 8 €.* Certaines chambres de cet hôtel familial offrent une jolie vue sur le chevet de la célèbre basilique Saint-Sernin ; toutes sont simples - décorées dans les tons jaune ou rose pâle - et bien tenues. Salle des petits-déjeuners dotée d'une cheminée et de miroirs. Accueil sympathique.

⊖⊖ **Hôtel Hermès** – *49 r. Jean-Zay - ✆ 05 61 47 60 47 - www.hotel-hermes.com - P - 68 ch. 58 € - ☕ 5,50 €.* Établissement en bordure d'un important nœud routier, à 500 m de la zone de loisirs du lac de Sesquières. Chambres fonctionnelles et bien insonorisées.

⊖⊖ **Hôtel Albert 1er** – *8 r. Rivals - ✆ 05 61 21 17 91 - www.hotel-albert1.com - 49 ch. 59/87 € - ☕ 10 €.* Adresse très pratique pour sillonner à pied la « Ville rose ». Préférez les chambres joliment relookées ; celles sur l'arrière sont plus calmes.

⊖⊖ **Hôtel de l'Ours Blanc-Victor Hugo** – *25 pl. Victor-Hugo - ✆ 05 61 23 14 55 - www.hotel-oursblanc.com - 38 ch. 61/95 € - ☕ 7 €.* Cet établissement situé face au marché Victor-Hugo abrite des chambres climatisées et insonorisées ; simples et de bon confort, elles ont été récemment rafraîchies. La salle des petits-déjeuners est lumineuse et agrémentée de tableaux.

⊖⊖ **Hôtel Castellane** – *17 r. Castellane - ✆ 05 61 62 18 82 - castellanehotel@wanadoo.fr - 49 ch. 66/76 € - ☕ 7,50 €.* À deux pas du Capitole, petit hôtel en léger retrait du passage. Les chambres, réparties dans trois bâtiments, sont simples et fonctionnelles ; certaines conviennent particulièrement aux familles. Petit-déjeuner servi en véranda.

⊖⊖ **Hôtel de l'Ours Blanc-Centre** – *2 r. Porte-Sardane - ✆ 05 61 21 25 97 - www.hotel-oursblanc.com - 44 ch. 67/84 € - ☕ 7 €.* Emplacement privilégié à deux pas des lieux les plus en vue de la ville, chambres fonctionnelles bénéficiant en majorité de la climatisation, double vitrage efficace, minifitness… Que demander de plus ?

⊖⊖ **Hôtel Barry** – *R. Barry - 31150 Gratentour - ✆ 05 61 82 22 10 - le-barry@wanadoo.fr - fermé 26-31 déc. - P - 22 ch. 57/63 € - ☕ 8 € - restaurant 23/32 €.* À la campagne, ancienne ferme en briques roses flanquées d'une aile neuve abritant de petites chambres actuelles.

Le célèbre cassoulet toulousain.

Dans le jardin, les chaises longues invitent au farniente. Salle à manger accueillante et soignée ; répertoire culinaire traditionnel.

⊖⊖⊖ **Chambre d'hôte Château des Varennes** – *31450 Varennes - 18 km à l'E de Toulouse par St-Orens-de-Gameville, puis par D 2 - ✆ 05 61 81 69 24 - www.chateaudesvarennes.com - fermé nov.-fév. - 5 ch. 95/130 € - ☕ 5 € - repas 35 €.* Ce château du 16e s., en briques roses, et sa cour d'honneur sont remarquables. Ses chambres, desservies par un bel escalier à deux volées, rivalisent d'élégance ; celle dite du « Bédouin » est très colorée. Superbes caves voûtées et parc aux arbres centenaires.

⊖⊖⊖ **Hôtel Mermoz** – *50 r. Matabiau - ✆ 05 61 63 04 04 - reservation@hotel-mermoz.com - 52 ch. 135 € - ☕ 10 €.* Cet hôtel proche du centre-ville profite du calme de son jardin intérieur fleuri. De nombreux éléments décoratifs, dont plusieurs portraits de pilotes, évoquent les débuts de l'aviation. Les chambres sont spacieuses et meublées dans le style des années 1930.

Se restaurer

⊖ **La Faim des Haricots** – *3 r. du Puits-Vert - ✆ 05 61 22 49 25 - schongfrance@yahoo.com - fermé dim. - 10/14,50 €.* Situé à deux pas du Capitole, ce restaurant végétarien propose des formules copieuses et très variées, à prix tout doux. Le décor, chaleureux, mêle la brique et les tons jaunes. La salle en mezzanine est également très sympathique.

⊖ **Le Mangevins** – *46 r. Pharaon - ✆ 05 61 52 79 16 - fermé août et dim. - 10,30/38 €.* Dans ce bouchon toulousain où le foie gras au sel et la pièce de bœuf se vendent au poids, l'ambiance est paillarde, très décontractée, avec chansons à l'appui. Pas de menu, mais une carte immuable pour les solides appétits. Amateurs d'intimité, passez votre chemin !

⊖ **La Régalade** – *16 r. Gambetta - ✆ 05 61 23 20 11 - la.regalade.31@wanadoo.fr - fermé 2 sem. en août, sam. et dim. - 11/24 €.* Entre le Capitole et la Garonne, petit restaurant abrité derrière une jolie façade de briques roses. L'intérieur est plaisant : poutres apparentes, exposition de toiles contemporaines, mobilier en bois et chaises bistrot. Copieuse cuisine traditionnelle et régionale.

⊖ **La Madeleine de Proust** – *11 r. Riquet - ☏ 05 61 63 80 88 - www. madeleinedeproust.com - formule déj. 12,50 € - 17,50/27,50 €.* Une adresse originale que ce restaurant décoré sur le thème des souvenirs d'enfance. Murs jaunes patinés, tables cirées, jouets anciens, bureau d'écolier, vieux buffet… : le décor est ici particulièrement recherché. La cuisine met en vedette des légumes oubliés.

⊖⊖ **La Cave des Blanchers** – *23 r. des Blanchers - ☏ 05 61 22 47 47 - fermé mar., ouv. le soir - ⊭ - 17/25 €.* Une adresse sympathique située dans une rue jalonnée de restaurants et très animée le soir. Jolie salle installée dans une cave voûtée en briques roses agrandie, en été, d'une miniterrasse dressée sur le trottoir. La cuisine, à base de produits régionaux, prend parfois des saveurs sucrées-salées.

⊖⊖ **J'Go** – *16 pl. Victor-Hugo - ☏ 05 61 23 02 03 - www.lejgo.com - formule déj. 15 € - 18/24 €.* Un décor qui rend hommage à la région (nombreuses photos et affiches dédiées aux mondes du rugby et de la corrida), une cuisine du terroir évoluant avec les saisons et une ambiance conviviale… Une adresse prisée par les Toulousains, particulièrement animée à l'heure de l'apéritif.

⊖⊖ **Colombier** – *14 r. Bayard - ☏ 05 61 62 40 05 - www.restaurantlecolombier. com - fermé août, 1 sem. à Noël, sam. midi et dim. - réserv. conseillée - 11 € déj. - formule déj. 15,90 € - 19,95/36 €.* À Toulouse, un pèlerinage culinaire passe forcément par le Colombier, véritable temple du cassoulet fondé en 1874. Belle salle à manger avec briques roses, galets de la Garonne, fresque à thème gargantuesque et mise en place soignée. Service souriant et décontracté.

⊖⊖ **Rôtisserie des Carmes** – *38 r. Polinaires - ☏ 05 61 53 34 88 - rotisserie@wanadoo.fr - fermé 24 juil.- 20 août, 25 déc.-1er janv., sam., dim. et j. fériés - 21/25 €.* Voisinage du marché des Carmes oblige, la petite carte et le menu du jour évoluent selon les arrivages. Le truculent patron officie dans une cuisine offerte à la vue de tous.

⊖⊖ **Michel, Marcel, Pierre et les Autres** – *35 r. Rémusat - ☏ 05 61 22 47 05 - www.michelmarcelpierre.com - fermé 13- 22 août, dim. et lun. - 22 €.* Convivialité garantie dans ce bistrot dont l'enseigne évoque un film de Claude Sautet. Au programme, affiches anciennes et tauromachiques, tableaux modernes et cuisine du marché.

⊖⊖ **Le Châteaubriand** – *42 r. Pargaminières - ☏ 05 61 21 50 58 - www. restaurant-le-chateaubriand.com - fermé w.-end en juil.-août - 12 € déj. - 23/42 €.* Il règne une ambiance fort sympathique en ce petit restaurant du vieux Toulouse. L'intérieur est cosy : parquet au sol, murs en briques rouges, immense miroir et plantes vertes. Au menu, plats du Sud-Ouest - goûtez le cassoulet - et côte de bœuf.

⊖⊖ **L'Envers du Décor** – *22 r. des Blanchers - ☏ 05 61 23 85 33 - fermé dim. - 23/35 €.* Cuisine du Sud-Ouest avec quelques parfums exotiques, telle est l'affiche de ce restaurant d'une petite rue animée à deux pas de la Garonne.

⊖⊖⊖ **7 Place Saint-Sernin** – *7 pl. St-Sernin - ☏ 05 62 30 05 30 - fermé sam. midi et dim. - 24 € déj. - 34/60 €.* Cette jolie maison toulousaine du 19e s. regarde la basilique. Couleurs catalanes lumineuses (rouge et jaune), mobilier contemporain et exposition de tableaux d'une galerie d'art locale caractérisent la salle à manger. Cuisine dans l'air du temps.

⊖⊖⊖ **Brasserie de l'Opéra** – *1 pl. du Capitole - ☏ 05 61 21 37 03 - fermé dim. - 25 € déj. - 35/55 €.* La brasserie du Grand Hôtel de l'Opéra est le rendez-vous incontournable pour voir ou être vu ! Cadre chaleureux, banquettes en cuir et photos dédicacées par les nombreux artistes qui ont fréquenté la maison créent une sympathique atmosphère. La cuisine fait la part belle au Sud-Ouest.

⊖⊖⊖ **Brasserie « Beaux Arts »** – *1 quai de la Daurade - ☏ 05 61 21 12 12 - www. brasserie-lesbeauxarts.com - 39/50 €.* Retrouvez l'ambiance d'une brasserie des années 1930 avec ses banquettes, chaises bistrot, lustres rétro, boiseries et miroirs. Dans l'assiette, une cuisine en adéquation avec le décor : fruits de mer, poissons, choucroutes et quelques spécialités régionales.

⊖⊖⊖ **Le Bellevue** – *1 av. des Pyrénées - 31120 Lacroix-Falgarde - 13 km au S de Toulouse par D 4 - ☏ 05 61 76 94 97 - fermé 20 oct.-20 nov., mar. et merc. - 19 € déj. - 27/39 €.* Cette ancienne guinguette reconvertie en restaurant a connu ses premières heures de gloire en 1947. Aujourd'hui, ce sont confits de canard aux cèpes et autres spécialités du Sud-Ouest qui attirent ici les Toulousains. Chaleureuse salle à manger ouvrant ses fenêtres sur l'Ariège et vaste terrasse au bord de la rivière.

Faire une pause

Jean Chiche – *3 r. St-Pantaléon - ☏ 05 61 21 80 80 - 8h-15h30, dim. 9h-18h - 8/11 €.* Cette sympathique adresse, à la fois pâtisserie et salon de thé, se trouve à deux pas de la place du Capitole. À la carte : un choix de 12 salades composées, des tartes salées, des pains spéciaux, de succulents gâteaux et d'excellentes glaces.

Maison Octave – *11 allée Franklin-Roosevelt - ☏ 05 62 27 05 21 - octave. fm@wanadoo.fr - 12h-0h.* Une visite s'impose chez ce célèbre glacier toulousain qui met un point d'honneur à confectionner ses délices à partir de produits naturels, sans colorants, stabilisateurs ni conservateurs : sorbets, crèmes glacées… Plus de trente parfums à déguster sur place ou à emporter pour fondre de plaisir !

En soirée

Bon à savoir – Le magazine *Toulouse Cultures* (mensuel gratuit) donne tous les renseignements concernant les spectacles et les manifestations culturelles. N'oubliez pas de consulter le site de l'office de tourisme : *www.toulouse-tourisme.com* et celui de la mairie : *www.mairie-toulouse.fr*

La Maison – *9 r. Gabriel-Péri - ℘ 05 61 62 87 22 - la-maison.toulouse@wanadoo.fr.* Décor éclectique (fauteuils dépareillés, éclairage tamisé et cheminées), tapas et charcuteries accompagnant apéritifs et cocktails, plaisante ambiance musicale : une vraie maison pour noctambules !

Le Bibent – *5 pl. du Capitole - ℘ 05 61 23 89 03 - 7h30-1h30.* Classé monument historique pour son décor Belle Époque, ce grand café dispose d'une superbe terrasse avec vue sur la place du Capitole.

Au Père Louis – *45 r. des Tourneurs - ℘ 05 61 21 33 45 - tlj sf dim. 8h30-14h30, 17h-22h30 - fermé août.* Fondé en 1889 et classé monument historique, ce bar à vins est une véritable institution. Le portrait du père Louis, fondateur de l'établissement, y trône en bonne place et son visage débonnaire orne les étiquettes des bouteilles. La dégustation se fait sur des tonneaux ventrus et, en soirée, un appétissant choix de tartines garnies est proposé pour combler les petits creux.

La Cinémathèque de Toulouse – *69 r. du Taur - ℘ 05 62 30 30 10/11 - contact@lacinemathequedetoulouse.com - tlj sf lun. 14h-22h, dim. 14h-19h - 5 €.* Fondé en 1950 par Raymond Borde, cette cinémathèque propose, outre des expositions en entrée libre et une bibliothèque axée sur le cinéma, des rendez-vous réguliers de rencontre avec des professionnels tels que « le métier du cinéma », des ciné-concerts (des musiciens jouent en direct sur un film muet), une programmation spéciale pour les enfants… Durant l'été, séances en plein air.

Que rapporter

Marchés – Le marché campagnard qui se tient autour de l'église St-Aubin le dimanche matin est le rendez-vous des agriculteurs qui viennent vendre leurs fruits et légumes et leurs volailles, certaines encore vivantes. De novembre à mars, place du Salin, on trouve oies, canards et foies gras le mercredi et le vendredi. Un marché biologique a lieu le mardi et le samedi matin place du Capitole. L'Inquet, le célèbre marché aux puces, se tient le dimanche matin autour de la basilique St-Sernin. Les bouquinistes, quant à eux, se réunissent le samedi place St-Étienne, le jeudi place Arnaud-Bernard (également présents en grand nombre à l'Inquet). Une brocante se tient tous les 1ers w.-ends du mois, allée Jules-Guesde.

Rues commerçantes – Autour de la place du Capitole et de la place St-Georges, ce sont principalement les rues Saint-Rome, des Changes, des Tourneurs, du Taur, de la Pomme, Saint-Antoine-du-T, Boulbonne, dont certaines sont semi-piétonnes. Les rues de Metz et d'Alsace-Lorraine, perpendiculaires, traversent le centre-ville de part en part ; elles sont bordées de nombreuses boutiques et de grands magasins. Entourée de boutiques chic, la place Wilson concentre théâtre, cinémas, cafés, brasserie et glacier réputés. La rue Croix-Baragnon est par excellence la rue des boutiques de luxe à Toulouse. La rue des Arts et la rue Bouquières regroupent des boutiques traditionnelles ou artisanales. Un centre commercial, St-Georges, en plein centre-ville. Enfin, le quartier Saint-Étienne est celui des antiquaires.

Busquets – *10 r. Rémusat - ℘ 05 61 21 22 16 - www.extrawine.com - tlj sf lun. mat. et dim. 9h45-12h45, 14h15-19h15 - fermé j. fériés.* Vins du Sud-Ouest, foie gras, cassoulet, confit et autres spécialités régionales sont en vente dans cette boutique fondée en 1919 et qui fera le bonheur des amateurs de bonne chère.

Atelier du Chocolat de Bayonne – *1 r. du Rempart-Villeneuve - ℘ 05 61 22 97 67 - www.atelierduchocolat.fr - tlj sf dim. 9h30-19h30 (lun. 10h, sam. 9h) - fermé de déb. à mi-août et j. fériés.* Dans cette boutique, tous les chocolats sont garantis 100 % pur cacao et sans ajout de matière grasse. Laissez-vous séduire par l'imagination du maître chocolatier qui créé chaque matin devant les clients ses plaques de chocolat : blanc, au lait, noir, aux amandes, aux noisettes, à la cannelle, à l'orange, au gingembre ou - la spécialité maison - au piment d'Espelette…

Olivier Confiseur-Chocolatier – *10 r. Lapeyrouse - ℘ 05 61 23 21 87 - http://chocolatsolivier.com - tlj sf dim. 9h30-12h30, 13h45-19h15.* Difficile de résister aux spécialités de ce maître chocolatier le plus ancien de France : capitouls (amandes enrobées de chocolat noir), Clémence Isaure (raisins à l'armagnac enrobés de chocolat noir), brindilles (nougatine enrobée de chocolat praliné), le Petit Béret (ganache au chocolat noir rehaussée d'écorces d'orange et de gingembre)

La Maison de la Violette – *Bd de Bonrepos - canal du Midi - ℘ 05 61 99 01 30 - tlj sf dim. 10h-12h30, 14h-19h, lun. 14h-19h - fermé 1 sem. en janv.* La violette de Toulouse est la vedette de cette boutique installée sur une péniche aux tons pastel. La patronne, très accueillante, vous fera partager sa passion pour cette jolie fleur et vous proposera ses produits dérivés : parfums, liqueurs, confiseries, cosmétiques…

Librairie des Arcades – *16 pl. du Capitole - ✆ 05 61 23 19 49 - tlj sf dim. 6h-20h.* Cette boutique spécialisée dans le 9e art propose un grand choix de bandes dessinées.

Ombres Blanches – *50 r. Gambetta - ✆ 05 34 45 53 33 - www.ombres-blanches.fr - tlj sf dim. 10h-19h (19h30 sam. d'avr. à oct.).* La plus grande librairie de Toulouse proposant régulièrement des rencontres et des débats avec des écrivains. Vastes rayons voyages, littérature, beaux-arts, jeunesse…

Privat – *14 r. des Arts - ✆ 05 61 12 64 20 - www.privat.fr - tlj sf dim. 10h-19h.* C'est une véritable institution toulousaine : livres régionaux de qualité et grand choix d'ouvrages dédiés aux sciences de la terre et à la médecine, sans oublier le pôle « Loisirs-voyages ».

Espace Stade Toulousain – *75 r. d'Alsace-Lorraine - ✆ 08 92 69 31 15 - lun.-sam. 10h-19h.* Boutique officielle du Stade Toulousain, qui propose gadgets, parfum, maillots et autres vêtements au sigle du club.

Sports & Loisirs

À vélo le long des canaux – Deux circuits de pistes cyclables s'ouvrent à partir de Toulouse. Le premier, étendu sur 40 km, se déploie jusqu'à Port-Lauragais le long du canal du Midi. Le second, d'environ 20 km sur les bords de la Garonne, rallie St-Rustice. Une plaquette gratuite permettant de visualiser le parcours est disponible auprès du Comité départemental du tourisme de Haute-Garonne. *✆ 05 61 99 44 00.*

Le Capitole – *Quai de la Daurade - ✆ 05 61 25 72 57 - juil.-sept. : 10h30, 15h, 16h30, 18h ; avr.-juin et oct. : 10h30, 15h et 16h30 (8 €, enf. 5 €). Juil.-août : croisières nocturnes 21h et 22h (5 €, enf. 3,50 €).* Pour une croisière sur la Garonne, embarquez à bord du bateau-mouche *Le Capitole.* Vous découvrirez le pont Neuf, le passage de l'écluse Saint-Michel, les berges sauvages de l'île du Grand Ramier… Une vraie récompense pour le regard !

Parc toulousain – Aménagé dans une île de la Garonne, le Parc toulousain compte trois piscines de plein air et une piscine couverte, le Stadium, théâtre des exploits du Stade Toulousain, le parc des expositions et le palais des congrès. La pointe sud de l'île se veut un espace de détente et de découverte du patrimoine naturel (parcours santé, aire de jeux, cheminements, etc.).

Péniche « Baladine » – *Quai de la Daurade - ✆ 05 61 80 22 26 ou 06 74 64 52 36 - www.bateaux-toulousains.com -* Départ quai de la Daurade - Pâques-Toussaint : tlj à 10h50 et 16h pour croisière « été Canal » (1h15) et croisière « été Garonne » (1h15) à 14h30, 17h30 et 19h ; juil.-août : nocturne (45mn) 20h45 et 21h45 - formule repas à bord sur réserv. - fermé 10 nov.-1er mars - *8 € (étudiant 7 €).*

Stéphane Sauvignier / MICHELIN

Drapeau occitan sur la façade du Capitole.

Guide de pêche René Lamoure – *26 allée des Platanes - 31320 Péchabou - ✆ 05 61 27 21 03 -www.eterlou.net - 9h-20h.* Guide de l'école française de pêche et accompagnateur en montagne, René Lamoure vous propose des stages « truite » dans les Pyrénées : le toc en rivière et le lancer en lac de montagne.

Événements

Festival de la violette – *1er w.-end de fév. – ✆ 05 62 16 31 31.* Production, vente, exposition… Pour se familiariser avec la fleur emblème de la Ville rose !

Printemps du rire – *Fin mars - déb. avr. - ✆ 05 62 21 23 24 - www.printemps-du-rire.com.* Un festival de l'humour pour se dérider à l'approche des beaux jours.

Le Marathon des mots – *Mi-juin - 05 61 99 64 01 - www.lemarathondesmots.com -* Lectures et spectacles autour des mots.

Festival Rio Loco ! – *Fin juin - ✆ 05 61 32 77 28 - www.garonne-rioloco.org.* Les grands fleuves du monde s'invitent chez leur cousine la Garonne pour des concerts, échanges, fêtes et animations variées.

Siestes électroniques – *Fin juin-déb. juil. - ✆ 05 62 21 56 55 - www.les-siestes-electroniques.com.* Musiques nouvelles.

Piano aux Jacobins – *Sept. - ✆ 05 61 22 40 05 - www.pianojacobins.com*

Le Printemps de Septembre – *Fin sept. - ✆ 01 43 38 00 11 - www.printempsdeseptembre.com.* Festival de la photographie et des arts visuels.

Toulouse les Orgues – *1re quinz. d'oct. - ✆ 05 61 21 70 51 - www.toulouse-les-orgues.org -* Festival international.

Jazz sur son 31 – *Oct. - ✆ 05 34 45 05 92 - www.jazz31.com.* Créé par le conseil général il y a 18 ans, ce festival du jazz permet d'entendre un large panel d'artistes.

Cinespaña – *Oct. - ✆ 05 61 12 12 20 - www.cinespagnol.com.* Hommage au cinéma espagnol.

Fête des œufs – Chaque année, le w.-end de Pâques, 50 000 oeufs en chocolat sont cachés dans les jardins de buis du château de Merville. *6 € (enf. 4 €).*

Villefranche-de-Rouergue★

11 919 VILLEFRANCHOIS
CARTE GÉNÉRALE C1 – CARTE MICHELIN LOCAL 338 E4 – AVEYRON (12)

Blottie aux confins du Rouergue et du Quercy, l'ancienne bastide de Villefranche, dont les toits se pressent au pied de la puissante tour de l'église Notre-Dame, ne déçoit pas ses visiteurs. C'est une étape pittoresque au confluent de l'Aveyron et de l'Alzou, dans un cadre de collines verdoyantes. Une ville dont les étroites ruelles se prêtent admirablement à la promenade…

Se repérer – La cité est posée sur la rive droite de l'Aveyron, au débouché des gorges, à 40 km à l'ouest de Rodez.

Se garer – Selon que l'on arrive par la D 922, au sud, ou par le nord, on laisse sa voiture au parking de la promenade Saint-Jean, en bordure de la rivière, ou à ceux situés place de la Liberté et promenade du Languedoc, avant de partir explorer à pied les ruelles de la bastide.

À ne pas manquer – La place et la collégiale Notre-Dame ; l'abbaye de Loc-Dieu.

Pour poursuivre la visite – Voir aussi Villeneuve, Peyrusse-le-Roc, Decazeville.

Le saviez-vous ?

Vila Franca, la « ville franche ». Lorsqu'on fonde une ville nouvelle, comment l'aider à développer son économie et son commerce et y attirer de nouveaux habitants, sinon en lui accordant des franchises, exonérations et privilèges divers qui lui permettent de partir d'un bon pied ?

Né à Villefranche en 1925, le pharmacien **Robert Fabre**, maire de la ville entre 1953 et 1983, fut président du Parti des radicaux de gauche (1972-1978), député de l'Aveyron (1962-1980) et médiateur de la République (1980-1986) avant d'achever sa carrière politique comme membre du Conseil constitutionnel (1986-1995).

Comprendre

Un carrefour prospère – Fondée en 1099 par Raimond IV de Saint-Gilles, comte de Toulouse, sur la rive gauche de l'Aveyron, Villefranche connaît un nouvel essor lorsqu'en 1252 Alphonse de Poitiers, frère de Saint Louis, décide de créer une ville nouvelle sur la rive droite de la rivière. Bâtie selon un plan de bastide, elle est terminée en 1256. Malgré le désaccord survenu entre le fondateur et l'évêque de Rodez, qui va jusqu'à excommunier les nouveaux arrivants, le peuplement est rapide. Sa situation au contact du causse et du Ségala, à la croisée de voies de communication empruntées depuis l'Antiquité, fait de Villefranche, au Moyen Âge, un important centre commercial. C'est aussi une étape sur le chemin de Saint-Jacques-de-Compostelle. Au 15e s., la ville obtient de Charles V le privilège de battre monnaie, et l'exploitation des mines d'argent et de cuivre n'a fait qu'ajouter à la prospérité du siège de la sénéchaussée du Rouergue et capitale de la Haute-Guyenne. La prospérité de Villefranche ne devait cependant pas durer et de rudes coups devaient l'atteindre au cours de l'histoire. Son adhésion à la Réforme pendant les guerres de Religion porta un coup d'arrêt à son expansion. Plus tard, en 1628, le fléau de la peste décima la population. Vingt ans après, la ville fut dévastée lors de la révolte des Croquants ! C'est aujourd'hui un centre d'industries agro alimentaires et métallurgiques (boulons).

Se promener

LA BASTIDE★

Si Villefranche a perdu aujourd'hui une partie de son aspect médiéval avec la destruction de ses fossés, de ses remparts et de ses portes fortifiées, elle conserve cependant le visage d'une bastide avec sa place centrale et son plan en damier.

Place Notre-Dame★

Située au cœur de la ville, cette belle place, qui s'anime les jours de marché (jeudi), est encadrée de maisons à couverts dont certaines ont conservé leurs fenêtres à meneaux et leurs clochetons de pierre. Sur l'un des côtés de la place se dresse la haute et massive silhouette de l'ancienne collégiale.

Faites le tour des couverts (en prenant garde aux voitures) afin d'observer les arcades et les anciennes portes sculptées. Un grand Christ en ferronnerie se dresse en avant de la terrasse qui domine la place au nord. L'ensemble offre une physionomie quelque peu espagnole qui permit à André Malraux d'y tourner certaines scènes de son film *L'Espoir/Sierra de Teruel*.

À l'angle de la rue Marcellin-Fabre et de la place donnant sur la rue, très belle maison à colombages, du 15e s., dont le corps central de sept étages abrite l'escalier qui, éclairé par des fenêtres à meneaux, s'ouvre par une belle **porte en pierre**. Remarquez les rinceaux et feuillages sculptés sur la partie inférieure de l'auvent.

Rue du Sergent-Bories, au sud de la place, la 1re **maison** à droite (maison Combettes) présente une autre belle tour d'escalier,de la fin du 15e s., avec pilastres et tympan sculpté.

Maison du président Raynal

Rue de la République. Belle façade du 15e s. dont les fenêtres contiguës, disposées sur trois étages, sont de tradition romane.

Maison Dardennes-Bernays

Au bas de la place Notre-Dame, à l'angle de l'ancienne rue Droite et des arcades du Consulat. Cette demeure appartenait à Jean Imbert Dardennes, bourgeois du 16e s. enrichi dans le négoce du cuivre, qui fit également construire le château de Graves, établi sur une des collines dominant la bastide. Au fond d'une cour, une tour d'escalier Renaissance présente deux galeries ornées de portraits sculptés selon la mode du temps.

Collégiale Notre-Dame★

Commencée en 1260 par l'abside, la construction de cet édifice se prolongea durant trois siècles, avec des fortunes diverses. Avec ses puissants contreforts d'angle décorés de pinacles, le **clocher-porche**, sous lequel passe une rue, a une allure de forteresse. Au 2e étage, une galerie à balustrade règne sur ses quatre faces en retrait ou en encorbellement et se glisse au travers des contreforts. Haut de 59 m, ce clocher illustrerait la rivalité de Villefranche-de-Rouergue et de Rodez *(voir ce nom)*, chacune des deux villes voulant exprimer sa supériorité par la hauteur de la tour de sa cathédrale. À en juger par la puissance des assises de la sienne, Villefranche nourrissait d'immenses ambitions : les guerres et la pénurie de subsides devaient l'empêcher de poursuivre ses efforts et le clocher fut, en 1585, recouvert par la toiture actuelle.

Un portail surmonté d'un gâble ajouré donne accès à l'ample nef unique bordée de chapelles logées entre les contreforts intérieurs, suivant l'usage du gothique méridional. Dans le croisillon gauche, l'autel porte un médaillon de marbre, attribué à l'école de Pierre Puget, représentant la Visitation. Le chœur, éclairé de fenêtres hautes et étroites (deux des vitraux furent offerts par Charles VII), abrite un ensemble de 36 stalles de chêne sortant de l'atelier d'André Sulpice (1473-1487), hélas mutilées pendant les guerres de Religion ; observez les sculptures des panneaux (la Vierge, les prophètes) et celles des miséricordes (animaux fabuleux, personnages…).

À gauche de l'entrée, les fonts baptismaux sont entourés par une grille de ferronnerie qui mérite l'attention.

Visiter

Ancienne chapelle des Pénitents-Noirs

Bd de Haute-Guyenne - ✆ 05 65 45 13 18 (Office de tourisme) - de déb. juil. à mi-sept. : 10h-12h, 14h-18h ; 2e quinz. de sept. et de Pâques à fin juin : se renseigner - fermé d'oct. à Pâques - 3,50 € (+10 ans 2 €).

Coiffée d'un curieux clocheton double ajouré, cette chapelle fut construite au cours du 17e s. pour servir d'oratoire à la confrérie des Pénitents-Noirs. Ces derniers doivent leur nom à l'habit de toile noire (le sac) dont ils se revêtaient les jours de procession. La fondation de leur confrérie, en 1609, traduisait le renouveau de ferveur qui suivit les guerres de Religion. Elle compta jusqu'à 200 membres (laïcs et ecclésiastiques) dont la mis-

Antonin Thuillier / MICHELIN

La chapelle des Pénitents-Noirs.

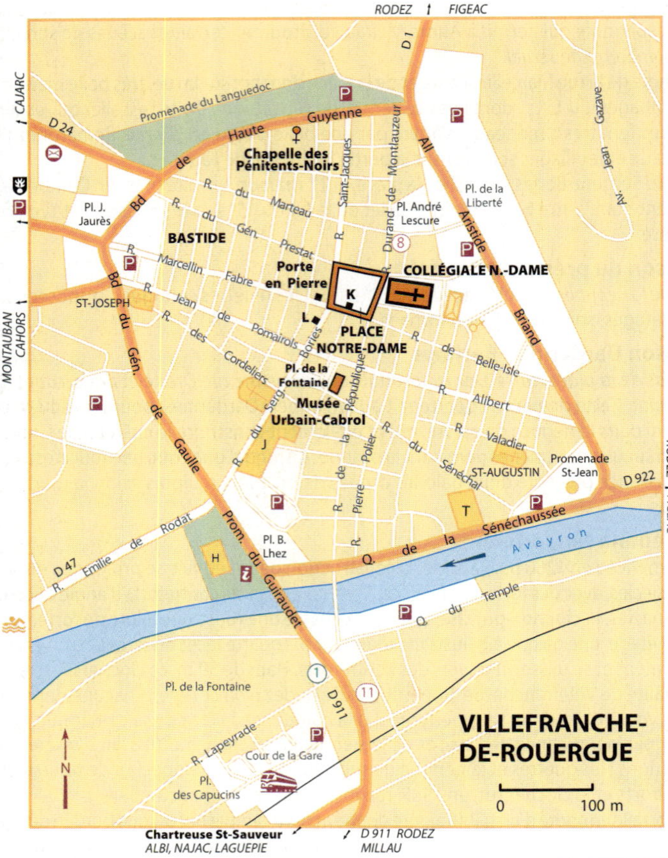

SE LOGER

Hôtel de l'Univers 1

SE RESTAURER

L'Épicurien 8

L' Assiette Gourmande 11

Maison du président Raynal .... K

Maison à tour d'escalier fin 15e s. L

sion, souvent ingrate, consistait à fournir de l'aide aux malades et à enterrer les morts. Elle fut très florissante jusqu'à la Révolution et ne cessa d'exister qu'en 1904.

La chapelle, en forme de croix grecque, est décorée d'un remarquable **plafond peint★** dû à l'atelier de Guy, artiste villefranchois du début du 18e s. Elle abrite un somptueux **retable★** en bois polychrome du 18e s. ; de facture baroque, il est doré à la feuille et représente les scènes de la Passion.

Dans la sacristie sont conservés des ornements sacerdotaux du 18e s., le premier registre de la confrérie, la grande croix processionnelle ainsi que des cagoules et des bourdons, bâtons surmontés de scènes religieuses que portaient les pénitents.

Musée Urbain-Cabrol

✆ 05 65 45 44 37 - juil.-août : tlj sf dim. et lun. 10h-12h, 14h-18h ; mai-juin et sept : tlj sf dim. et lun. 14h-18h - fermé oct.-avr. et j. fériés - gratuit.

Dans un élégant hôtel Louis XV ont été rassemblées les collections d'Urbain Cabrol concernant l'archéologie, l'histoire et les traditions populaires de Villefranche et de sa région. Deux importantes collections occupent le niveau 3 : celle de la chapelle des Pénitents-Noirs et celle du Dr Alibert, fondateur de la dermatologie, né à Villefranche en 1768.

Devant le musée, une belle fontaine du 14e s. a donné son nom à la place.

Ancienne chartreuse Saint-Sauveur★

Accès par la D 922 en direction de Najac et Laguépie, av. Caylet - ✆ 05 65 45 13 18 - de déb. juil. à mi-sept. : 10h-12h, 14h-18h ; 2e quinz. de sept. et de Pâques à fin juin : se renseigner - possibilité de visite guidée (1h) - fermé d'oct. à Pâques - 3,50 € (+10 ans 2 €).

Fondée en 1451 par un riche marchand de la ville, Vézian-Valette, cette chartreuse fut bâtie, en huit ans, d'un seul jet dans un style gothique très pur. Déclarée bien national à la Révolution, elle devait être démolie lorsque la municipalité de Villefranche l'acheta en 1791 pour y installer un hôpital, la sauvant ainsi de la destruction.

Chapelle des Étrangers – À l'origine en dehors de la clôture de la chartreuse, elle recevait les pèlerins se rendant à Saint-Jacques-de-Compostelle et aussi, pour les offices, les fidèles du quartier. Belles voûtes en étoile.

Grand cloître – Ce cloître, l'un des plus vastes de France (66 m x 44 m), frappe par l'harmonie de ses perspectives. Sur ses côtés s'ouvraient les 13 maisons des chartreux : chacune d'elles comprenait quatre pièces, deux au rez-de-chaussée (la réserve de bois et l'atelier) et deux à l'étage (l'oratoire, appelé « Ave Maria », et la chambre) et était entourée d'un jardinet.

Petit cloître – C'est le seul cloître « authentique » au sens monastique du terme (galerie sur laquelle s'ouvrent les locaux de la vie communautaire). Voûté sur croisées d'ogives, c'est un chef-d'œuvre du style flamboyant, avec ses clefs de voûte très ouvragées, ses baies décorées de remplages d'une grande élégance, ses culs-de-lampe ornant la retombée des arcs. À l'entrée du réfectoire, une fontaine représentant le « lavement des pieds » témoigne de l'influence de l'école bourguignonne.

Réfectoire – Suivant la règle, cette vaste salle rectangulaire de trois travées voûtées sur croisées d'ogives n'était utilisée par les chartreux que les dimanches et à l'occasion de certaines fêtes. Dans l'épaisseur du mur est aménagée la **chaire du lecteur★**, en pierre, avec sa balustrade à décoration flamboyante.

Salle capitulaire – Elle est éclairée par des verrières du 16e s. représentant, au centre, l'annonce de la Nativité aux bergers et, de chaque côté, les fondateurs.

Chapelle – Précédée d'un vaste porche, elle se compose d'une nef de trois travées et d'un chœur à abside polygonale. Une porte dont les vantaux représentent deux chartreux portant les armes des fondateurs, des stalles exécutées dans la seconde moitié du 15e s. par le maître menuisier André Sulpice, un autel en bois doré d'époque Louis XV, ainsi qu'un enfeu de style flamboyant au pied duquel sont conservés les tombeaux du fondateur et de sa femme, la décorent.

Aux alentours

Abbaye de Loc-Dieu★

10 km à l'ouest, à l'écart de la D 926, sur le bord de la D 115 - ✆ 05 65 29 51 17 - www.cister.net - ♿ - visite guidée (55mn) de déb. juil. à mi-sept. : tlj sf mar. et dim. mat. 10h-12h30, 14h-18h30 - fermé de mi-sept. à fin juin - 5 € (enf. 3 €, parc 2 €).

L'abbaye de Loc-Dieu fut construite au 12e s., par treize moines cisterciens, en grès de nuances diverses où dominent l'ocre et le jaune. Dans ce coin du Rouergue infesté de malfrats et de brigands, c'était un lieu de paix et de recueillement, donnant naissance au Locus Dei, le « lieu de Dieu ». Restaurés et transformés au 19e s., les bâtiments monastiques sont devenus un château d'allure mi-féodale, mi-Renaissance.

Chefs-d'œuvre en péril

Les Allemands avançant sur Paris, certains conservateurs de musées parisiens s'occupèrent, en 1940, de mettre à l'abri les trésors de la capitale. C'est ainsi que de nombreux chefs-d'œuvre du Louvre, dont la Joconde, trouvèrent asile à Loc-Dieu, le temps d'un été…

Église★ – Bâti de 1159 à 1189, date de sa consécration, ce magnifique exemple de plan cistercien marie pureté, sobriété et harmonie des proportions.
Haute de plus de 20 m, la nef est flanquée d'étroits collatéraux. Exception dans l'architecture cistercienne qui privilégie le chevet plat, le chœur se termine ici par une abside à cinq pans.
Sur le transept s'ouvrent quatre absidioles. Dans la première à droite, ne manquez pas le **triptyque★** du 15e s., en bois sculpté et peint, qui encadre une Vierge à l'Enfant. Subissant les premières influences du style gothique, l'église est voûtée sur croisées quadripartites, mais son élévation demeure romane.
Cloître et salle capitulaire – Détruits pendant la guerre de Cent Ans, ils furent reconstruits au 15e s. Le cloître, encadrant désormais un jardin d'agrément, n'a conservé que trois galeries, restaurées au 19e s. La salle capitulaire, de la même époque, est soutenue par deux colonnes centrales à fines moulures.

Villefranche-de-Rouergue pratique

Adresse utile

Office du tourisme de Villefranche-de-Rouergue – *Prom. du Guiraudet - 12200 Villefranche-de-Rouergue - ✆ 05 65 45 13 18 - www.villefranche.com - mai-sept. : tlj sf dim. 9h-12h, 14h-19h (sam. 18h) ; reste de l'année : tlj sf sam. apr.-midi et dim. 9h-12h, 14h-18h - fermé 1er janv., lun. Pâques, 1er et 11 Nov., 25 déc.*

Visites

Visite guidée de la bastide – L'Office de tourisme organise un circuit commenté dans la ville (1h) *- juil.-août : tlj sf w.-end 11h et 15h - 3,50 P.*

Audioguides – À louer auprès de l'office de tourisme. 22 points d'intérêt du centre ancien commentés (2h) *- 4 € (+ 1 € les 30mn supplémentaires).*

Circuit patrimonial – 20 plaques décrivent l'histoire de la bastide et de ses monuments. Dépliant disponible à l'OT.

Se loger

⊖⊖ Hôtel de L'Univers – *Pl. de la République - ✆ 05 65 45 15 63 - 30 ch. 58 € - ☕ 7,50 € - restaurant 15,50/49 €.* Cet établissement est implanté face au pont qui enjambe l'Aveyron. Chambres simples, réparties dans deux bâtiments ; pour plus de calme, choisissez-en une à l'annexe située à 100 m. Salon, terrasse intérieure, restaurant et bar.

Se restaurer

⊖ L'Épicurien – *8 bis av. Raymond-Saint-Gilles - ✆ 05 65 45 01 12 - fermé 5-15 mars, 20 nov.-8 déc., lun. et mar. hors sais. - 13,50 € déj. - 22/36 €.* La bâtisse daterait du 18e s. Salle coiffée de belles poutres d'époque et terrasse panoramique, très agréable le soir. Courte carte privilégiant poissons et plats du terroir.

⊖⊖ L'Assiette Gourmande – *Pl. André-Lescure - ✆ 05 65 45 25 95 - fermé vac. de printemps, 30 août-5 sept., vac. de Toussaint, mar. soir et merc. hors sais. et dim. - 14,50/33 €.* Tout près de l'église Notre-Dame, cette petite auberge rustique se trouve dans une maison du 13e s. Les grillades sont préparées dans la cheminée face aux clients. La carte présente quelques plats traditionnels.

Faire une pause

La Bastide Gourmande – *Montbressous - 12200 La Bastide-l'Évêque - ✆ 05 65 29 91 59 - tlj à partir de 9h.* Le terroir rouergat est à l'honneur dans cette ferme spécialisée dans l'élevage traditionnel de porcs et de canards, dont les viandes sont ensuite transformées en confits, foies gras, charcuterie… Possibilité de visiter la conserverie et d'acheter les produits.

Que rapporter

Marché – Produits du terroir. Tous les jeudis matin sur la place Notre-Dame.

Pavillon du Causse – *Allée Aristide-Briand - ✆ 05 65 81 25 11 - tlj sf dim. et j. fériés 8h30-12h30, 14h30-19h30 (dès 8h les jeu. et sam.).* Une belle adresse pour faire provision de produits locaux dont les fameux jambons du Causse, qui pendent au-dessus de l'entrée. Très beaux rayons boucherie, charcuterie, crémerie, fromagerie et conserverie (cèpes, fritons de canard…) et vins de pays.

Villeneuve

2 017 VILLENEUVOIS
CARTE GÉNÉRALE C1 – CARTE MICHELIN LOCAL 338 E4 – AVEYRON (12)

Cette bastide rouergate, qui fut jadis une étape sur le chemin de Saint-Jacques-de-Compostelle, est aujourd'hui une halte gastronomique ! Fouace et tripoux sont au menu… Pour l'animation, voyez sa fête médiévale le troisième dimanche de juillet. Et si vous aimez vous plonger dans les confins de l'histoire humaine, rendez-vous aux grottes de Foissac.

Se repérer – Aux confins du Rouergue et du Quercy, sur un causse que limitent les vallées du Lot et de l'Aveyron, cette ancienne bastide est enserrée par un boulevard circulaire sur lequel on laisse sa voiture, près de la porte Haute, avant de suivre le circuit fléché qui permet d'en saisir les aspects les plus curieux.

Avec les enfants – Les grottes de Foissac.

Pour poursuivre la visite – Voir aussi Villefranche-de-R., Peyrusse-le-Roc.

Se promener

La **place à arcades** est bordée sur un côté de vieilles maisons aux façades percées de fenêtres à meneaux. Depuis la place, on aperçoit la silhouette massive de la porte Haute, grosse tour carrée, autrefois utilisée comme prison.

Église

C'est au milieu du 11e s. que Pierre Béranger, évêque de Rodez, fonda le monastère de Villeneuve en l'honneur du Saint-Sépulcre. L'église primitive fut bâtie au début du 12e s. en forme de trèfle autour d'un carré central limité par quatre piliers. Mais, au 14e s., le chœur fut détruit et prolongé par une nef gothique, terminée par une abside à cinq pans dont la voûte repose sur six branches d'ogives, tandis que le clocher roman, élevé sur la croisée du transept, était surhaussé. Dans l'absidiole nord, la voûte est ornée d'une peinture (13e s.) figurant un Christ en majesté entouré des symboles des évangélistes. Voir aussi les peintures murales représentant des pèlerins de Saint-Jacques.

Près du chevet de l'église se dresse la **tour Savignac**, porte fortifiée du 14e s., qui appartenait à la ligne de défense de la ville.

Le saviez-vous ?

Vila Nova signifie « ville neuve ». Dans la région, la cité était connue comme Vilanova la Cremada, c'est-à-dire « la brûlée », car elle fut incendiée par des huguenots en 1562.

Visiter

Musée Mistral

Place des Conques - ✆ 05 65 65 68 15 - www.museemistral.com - mai-sept : tlj sf lun., dim. et j. fériés 10h30-12h30, 14h30-18h30 - 3 € (10-16 ans 2 €).

Dans une bâtisse médiévale sont réunis des centaines d'objets d'art et de tradition populaires issus de toutes les régions de France, collectionnés depuis plus de 30 ans par Aline et Michel Brisebois.

Aux alentours

Grottes de Foissac★

10 km au nord par la D 922 en direction de Figeac, à l'écart au sud du village de Foissac - ✆ 05 65 64 60 52 - www.grotte-de-foissac.com - visite guidée (1h) juil.-août. : 10h-18h (dernière entrée 1h av. fermeture) ; juin et sept. : 10h-11h30, 14h-17h ; avr.-mai et oct. : tlj sf sam. 14h-17h ; nov.-mars : sur demande 48h av. - se renseigner pour les tarifs.

Si le site de Foissac fut mis au jour en 1959, ce n'est qu'en 1965 que le club spéléologique de Capdenac réussit à accéder à la grande salle où sommeillaient les vestiges d'une occupation humaine vieille de 4 000 000 d'années. Entre autres merveilles minérales, la salle de l'Obélisque et la salle Michel-Roques recèlent des fistuleuses étincelantes de blancheur, ainsi que quelques tours d'ivoire. Dans la salle de l'Éboulement, vous verrez un curieux plafond à champignons. Ces derniers témoignent de l'existence de stalagmites antérieures aux séismes qui bouleversèrent la physionomie de la grotte. Enfin, d'originales stalactites bulbeuses ont été surnommées les « Oignons ». Ces grottes conservent aussi des signes de l'occupation humaine à l'âge du cuivre (2 700-1 900 avant J.--C.) ; elles auraient été utilisées comme carrières, caves et, cas plus rare, comme cimetière. On a découvert des foyers de charbon de bois, des ustensiles de cuivre, des poteries galbées de grandes dimensions et, surtout, des squelettes humains, certains accompagnés d'offrandes attestant une inhumation. Trace émouvante : une empreinte de pied d'enfant fixée dans l'argile depuis quarante siècles.

Villeneuve pratique

Adresse utile

Office du tourisme de Villeneuve – *Bd. Cardalhac - 12260 Villeneuve-d'Aveyron - ✆ 05 65 81 79 61 - juil.-sept. : tlj sf dim. apr.-midi 10h-12h15, 14h30-18h ; avr.-juin : tlj sf dim. et lun. 10h-12h, 14h-18h ; oct.-mars : tlj sf w.-end et lun. 10h-12h, 14h30-18h.*

Que rapporter

Étains du Rouergue – *R. des Condamines - 12 km au N par D 922 - ✆ 05 65 81 64 03 - tlj sf dim. 9h-12h, 14h-18h, sam. 10h-12h, 14h-18h - fermé 1 sem. en fév. et j. fériés.* Cette entreprise artisanale créée il y a 50 ans est établie au cœur de la bastide. Vous pourrez y admirer une collection de plus de 500 modèles, essentiellement destinés aux arts de la table et à la décoration.

Sports & Loisirs

Sarl Les Canals - Ferme du Soulie – *✆ 05 65 64 62 98.* Madame Lucienne Raynal met à votre disposition des chariots bâchés ainsi que des ânes de bât et d'attelage qui vous permettront de visiter la région d'une façon très originale. Comptez sur elle pour vous indiquer les meilleurs itinéraires. Camping sur place.

Castres : villes, curiosités et régions touristiques.
Étienne, Jean-Louis : noms historiques et termes faisant l'objet d'une explication.
Les sites isolés (châteaux, abbayes, grottes...) sont répertoriés à leur propre nom.
Nous indiquons par son numéro, entre parenthèses, le département auquel appartient chaque ville ou site. Pour rappel :
09 = Ariège
12 = Aveyron
31 = Haute-Garonne
32 = Gers
65 = Hautes-Pyrénées
81 = Tarn
82 = Tarn-et-Garonne

A

B

C

M

N

O

P

Q

R

S

T

U

V

CARTES ET PLANS

PLANS DE VILLES

PLANS DE MONUMENTS

CARTES DES CIRCUITS

CARTES THÉMATIQUES

LES CARTES ROUTIÈRES QU'IL VOUS FAUT

Vous trouverez la liste complète des cartes Michelin qu'il vous faut pour voyager sur cette destination en p. 21.

Changement de numérotation routière

Sur de nombreux tronçons, les routes nationales passent sous la direction des départements. Leur numérotation est en cours de modification.
La mise en place sur le terrain a commencé en 2006 mais devrait se poursuivre sur plusieurs années. De plus, certaines routes n'ont pas encore définivement trouvé leur statut au moment où nous bouclons la rédaction de ce guide. Nous n'avons donc pas pu reporter systématiquement les changements de numéros sur l'ensemble de nos cartes et de nos textes.
Dans la majorité des cas, on retrouve le n° de la nationale dans les derniers chiffres du n° de la départementale qui la remplace. Exemples : la N 16 devient la D 1016, N 51 devient la D 951.

Manufacture française des pneumatiques Michelin
Société en commandite par actions au capital de 304 000 000 EUR
Place des Carmes-Déchaux - 63000 Clermont-Ferrand (France)
R.C.S. Clermont-Fd B 855 200 507

Dépôt légal : février 2007 – ISSN 0293-9436
Compogravure : Maury ; Malesherbes
Imprimeur : Aubin ; Ligugé
Imprimé en France : février 2007

QUESTIONNAIRE
LE GUIDE VERT

VOTRE AVIS NOUS INTÉRESSE...
TOUTES VOS REMARQUES NOUS AIDERONT À ENRICHIR NOS GUIDES.

Merci de renvoyer ce questionnaire à l'adresse suivante :
MICHELIN
Questionnaire Le Guide Vert
46, avenue de Breteuil
75324 PARIS CEDEX 07

En remerciement,
les 100 premières réponses recevront en cadeau
la carte Local Michelin de leur choix !

VOTRE GUIDE VERT

Titre acheté : ....

Date d'achat : ....

Lieu d'achat *(point de vente et ville)* : ....

VOS HABITUDES D'ACHAT DE GUIDES

1) Aviez-vous déjà acheté un Guide Vert Michelin ?

O oui O non

2) Achetez-vous régulièrement des Guides Verts Michelin ?

O tous les ans O tous les 2 ans
O tous les 3 ans O plus

3) Si oui, quel type de Guides Verts ?

– des Guides Verts sur les régions françaises : lesquelles ? ....

....

– des Guides Verts sur les pays étrangers : lesquels ? ....

....

– Guides Verts Thématiques : lesquels ? ....

....

4) Quelles autres collections de guides touristiques achetez-vous ?

....

5) Quelles autres sources d'information touristique utilisez-vous ?

O Internet : quels sites ? ....

....

O Presse : quels titres ? ....

....

O Brochures des offices de tourisme

Les informations recueillies font l'objet d'un traitement informatique destiné à actualiser notre base de données clients et permettre l'élaboration de statistiques.
Ces données personnelles sont réservées à un usage strictement interne au groupe Michelin et ne feront l'objet d'aucune exploitation commerciale ni de transmission ou cession à quiconque pour des fins commerciales ou de prospection. Elles ne seront pas conservées au-delà du temps nécessaire pour traiter ce questionnaire et au maximum 6 mois, mais seulement utilisées pour y répondre.
Conformément à la loi « Informatique et libertés » du 6 janvier 1978, applicable sur le territoire français, vous bénéficiez d'un droit d'accès, de modification, de rectification ou suppression des données vous concernant. Si vous souhaitez exercer ce droit, veuillez vous adresser à MICHELIN, Guide Vert, 46 avenue de Breteuil, 75324 Paris Cedex 07

VOTRE APPRÉCIATION DU GUIDE

1) Notez votre guide sur 20 : ....

2) Quelles parties avez-vous utilisées ? ....

....

3) Qu'avez-vous aimé dans ce guide ? ....

....

4) Qu'est-ce que vous n'avez pas aimé ? ....

....

5) Avez-vous apprécié ?

	Pas du tout	Peu	Beaucoup	Énormément	Sans réponse
a. La présentation du guide (maquette intérieure, couleurs, photos…)	O	O	O	O	O
b. Les conseils du guide (sites et itinéraires)	O	O	O	O	O
c. L'intérêt des explications sur les sites	O	O	O	O	O
d. Les adresses d'hôtels, de restaurants	O	O	O	O	O
e. Les plans, les cartes	O	O	O	O	O
f. Le détail des informations pratiques (transport, horaires, prix…)	O	O	O	O	O
g. La couverture	O	O	O	O	O

Vos commentaires ....

....

6) Rachèterez-vous un Guide Vert lors de votre prochain voyage ?

O oui O non

VOUS ÊTES

O Homme O Femme Âge :......................

Profession :

O Agriculteur, Exploitant
O Artisan, commerçant, chef d'entreprise
O Cadre ou profession libérale
O Employé
O Enseignant
O Étudiant
O Ouvrier
O Retraité
O Sans activité professionnelle

Nom ....

Prénom ....

Adresse ....

....

....

....

Acceptez-vous d'être contacté dans le cadre d'études sur nos ouvrages ?

O oui O non

Quelle carte Local Michelin souhaitez-vous recevoir ?

Indiquez le département : ....

Offre proposée aux 100 premières personnes ayant renvoyé un questionnaire complet. Une seule carte offerte par foyer, dans la limite des stocks disponibles.